운전직 공무원

도로교통법규

교통안전시설 일람표

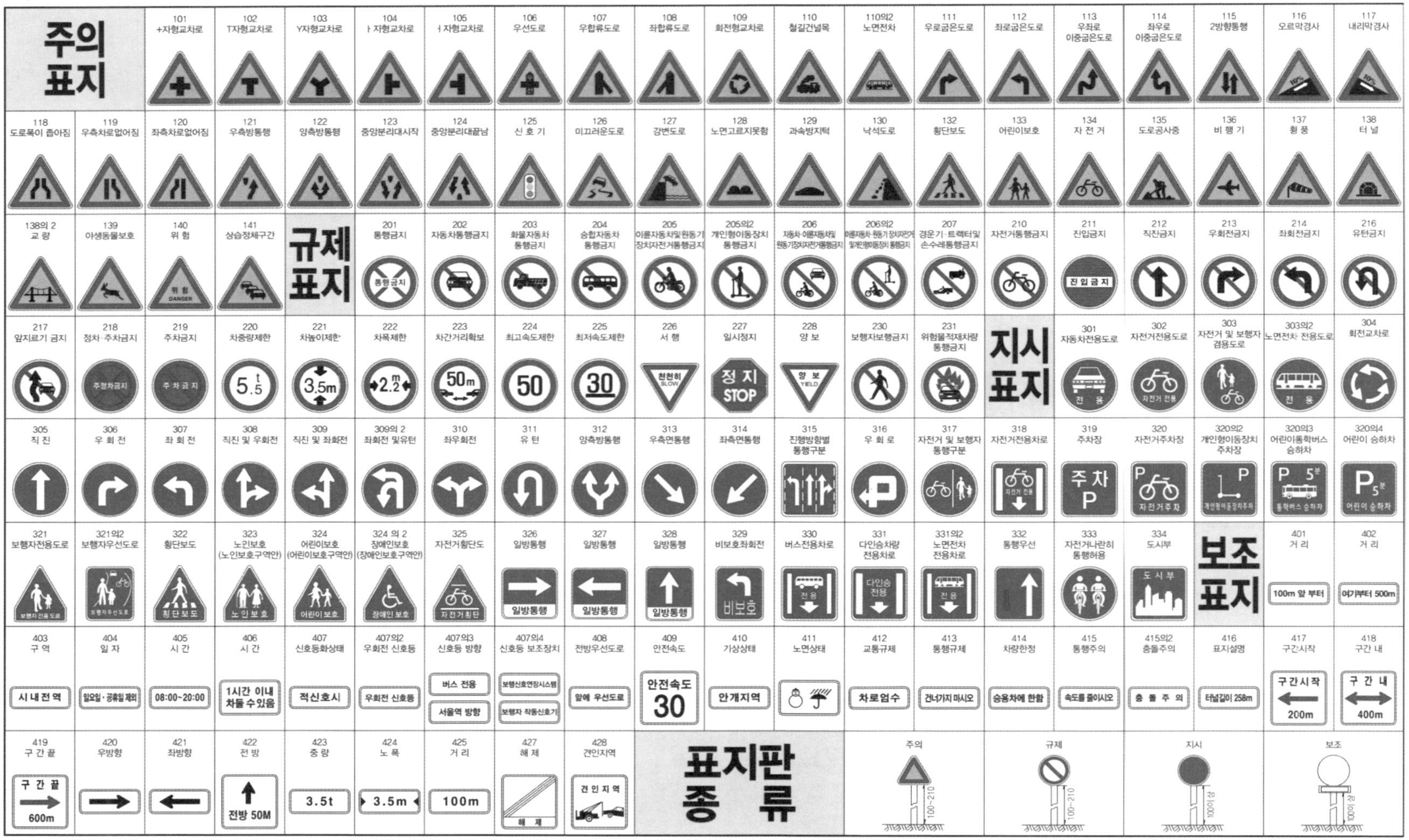

주의표지		101 +자형교차로	102 T자형교차로	103 Y자형교차로	104 ㅏ자형교차로	105 ㅓ자형교차로	106 우선도로	107 우합류도로	108 좌합류도로	109 회전형교차로	110 철길건널목	110의2 노면전차	111 우로굽은도로	112 좌로굽은도로	113 우좌로 이중굽은도로	114 좌우로 이중굽은도로	115 2방향통행	116 오르막경사	117 내리막경사
118 도로폭이 좁아짐	119 우측차로없어짐	120 좌측차로없어짐	121 우측방통행	122 양측방통행	123 중앙분리대시작	124 중앙분리대끝남	125 신호기	126 미끄러운도로	127 강변도로	128 노면고르지못함	129 과속방지턱	130 낙석도로	132 횡단보도	133 어린이보호	134 자전거	135 도로공사중	136 비행기	137 횡풍	138 터널
138의 2 교량	139 야생동물보호	140 위험	141 상습정체구간	규제표지	201 통행금지	202 자동차통행금지	203 화물자동차 통행금지	204 승합자동차 통행금지	205 이륜자동차및원동기 장치자전거통행금지	205의2 개인형이동장치 통행금지	206 자동차·이륜자동차및 원동기장치자전거통행금지	206의2 이륜자동차·원동기장치자전거 및개인형이동장치 통행금지	207 경운기·트랙터및 손수레통행금지	210 자전거통행금지	211 진입금지	212 직진금지	213 우회전금지	214 좌회전금지	216 유턴금지
217 앞지르기 금지	218 정차·주차금지	219 주차금지	220 차중량제한	221 차높이제한	222 차폭제한	223 차간거리확보	224 최고속도제한	225 최저속도제한	226 서행	227 일시정지	228 양보	230 보행자보행금지	231 위험물적재차량 통행금지	지시표지	301 자동차전용도로	302 자전거전용도로	303 자전거 및 보행자 겸용도로	303의2 노면전차 전용도로	304 회전교차로
305 직진	306 우회전	307 좌회전	308 직진 및 우회전	309 직진 및 좌회전	309의 2 좌회전 및유턴	310 좌우회전	311 유턴	312 양측방통행	313 우측면통행	314 좌측면통행	315 진행방향별 통행구분	316 우회로	317 자전거 및 보행자 통행구분	318 자전거전용차로	319 주차장	320 자전거주차장	320의2 개인형이동장치 주차장	320의3 어린이통학버스 승하차	320의4 어린이 승하차
321 보행자전용도로	321의2 보행자우선도로	322 횡단보도	323 노인보호 (노인보호구역안)	324 어린이보호 (어린이보호구역안)	324 의 2 장애인보호 (장애인보호구역안)	325 자전거횡단도	326 일방통행	327 일방통행	328 일방통행	329 비보호좌회전	330 버스전용차로	331 다인승차량 전용차로	331의2 노면전차 전용차로	332 통행우선	333 자전거나란히 통행허용	334 도시부	보조표지	401 거리 100m 앞 부터	402 거리 여기부터 500m
403 구역 시내전역	404 일자 일요일·공휴일 제외	405 시간 08:00~20:00	406 시간 1시간 이내 차둘 수 있음	407 신호등화상태 적신호시	407의2 우회전 신호등 우회전 신호등	407의3 신호등 방향 버스 전용 서울역 방향	407의4 신호등 보조장치 보행신호연장시스템 보행자 작동신호기	408 전방우선도로 앞에 우선도로	409 안전속도 안전속도 30	410 기상상태 안개지역	411 노면상태	412 교통규제 차로엄수	413 통행규제 건너가지 마시오	414 차량한정 승용차에 한함	415 통행주의 속도를 줄이시오	415의2 충돌주의 충 돌 주 의	416 표지설명 터널길이 258m	417 구간시작 구간시작 200m	418 구간 내 구간 내 400m
419 구간 끝 구간 끝 600m	420 우방향	421 좌방향	422 전방 전방 50M	423 중량 3.5t	424 노폭 3.5m	425 거리 100m	427 해제 해제	428 견인지역 견인지역	표지판 종류			주의 100~210		규제 100~210		지시 100이상		보조 100이상	

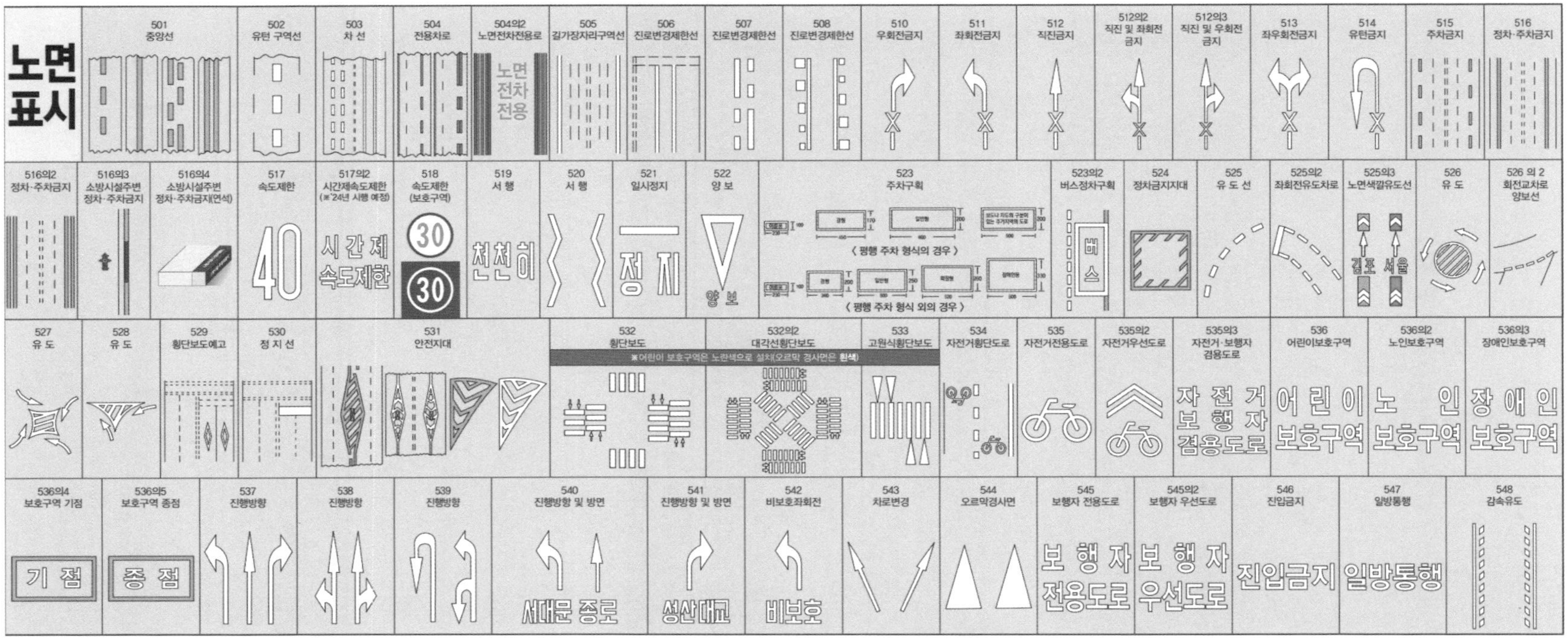

노면표시

- 501 중앙선
- 502 유턴 구역선
- 503 차 선
- 504 전용차로
- 504의2 노면전차전용로 (노면 전차 전용)
- 505 길가장자리구역선
- 506 진로변경제한선
- 507 진로변경제한선
- 508 진로변경제한선
- 510 우회전금지
- 511 좌회전금지
- 512 직진금지
- 512의2 직진 및 좌회전 금지
- 512의3 직진 및 우회전 금지
- 513 좌우회전금지
- 514 유턴금지
- 515 주차금지
- 516 정차·주차금지
- 516의2 정차·주차금지
- 516의3 소방시설주변 정차·주차금지
- 516의4 소방시설주변 정차·주차금지(연석)
- 517 속도제한 (40)
- 517의2 시간제속도제한 (※'24년 시행 예정) (시간제 속도제한)
- 518 속도제한(보호구역) (30)
- 519 서 행 (천천히)
- 520 서 행
- 521 일시정지 (정지)
- 522 양 보 (양보)
- 523 주차구획 (〈 평행 주차 형식의 경우 〉, 〈 평행 주차 형식 외의 경우 〉)
- 523의2 버스정차구획 (버스)
- 524 정차금지지대
- 525 유 도 선
- 525의2 좌회전유도차로
- 525의3 노면색깔유도선 (김포 서울)
- 526 유 도
- 526 의 2 회전교차로 양보선
- 527 유 도
- 528 유 도
- 529 횡단보도예고
- 530 정 지 선
- 531 안전지대
- 532 횡단보도
- 532의2 대각선횡단보도
- 533 고원식횡단보도

※어린이 보호구역은 노란색으로 설치(오르막 경사면은 흰색)

- 534 자전거횡단도로
- 535 자전거전용도로
- 535의2 자전거우선도로
- 535의3 자전거·보행자 겸용도로 (자전거 보행자 겸용도로)
- 536 어린이보호구역 (어린이 보호구역)
- 536의2 노인보호구역 (노인 보호구역)
- 536의3 장애인보호구역 (장애인 보호구역)
- 536의4 보호구역 기점 (기점)
- 536의5 보호구역 종점 (종점)
- 537 진행방향
- 538 진행방향
- 539 진행방향
- 540 진행방향 및 방면 (서대문 종로)
- 541 진행방향 및 방면 (성산대교)
- 542 비보호좌회전 (비보호)
- 543 차로변경
- 544 오르막경사면
- 545 보행자 전용도로 (보행자 전용도로)
- 545의2 보행자 우선도로 (보행자 우선도로)
- 546 진입금지 (진입금지)
- 547 일방통행 (일방통행)
- 548 감속유도

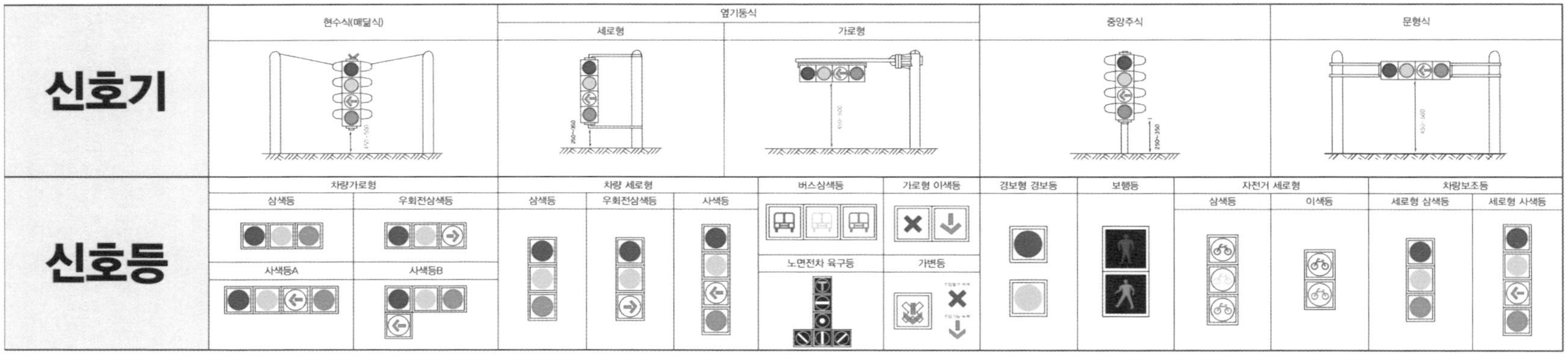

신호기

- 현수식(매달식)
- 옆기둥식: 세로형, 가로형
- 중앙주식
- 문형식

신호등

- 차량가로형: 삼색등, 우회전삼색등, 사색등A, 사색등B
- 차량 세로형: 삼색등, 우회전삼색등, 사색등
- 버스삼색등
- 가로형 이색등
- 노면전차 육구등
- 가변등
- 경보형 경보등
- 보행등
- 자전거 세로형: 삼색등, 이색등
- 차량보조등: 세로형 삼색등, 세로형 사색등

※시행 2023. 12.

경찰청 도로교통공단

운전직 공무원 도로교통법규

초판 인쇄 2025년 1월 22일
초판 발행 2025년 1월 24일

편 저 자 | 공무원시험연구소
발 행 처 | ㈜서원각
등록번호 | 1999-1A-107호
주 소 | 경기도 고양시 일산서구 덕산로 88-45(가좌동)
교재주문 | 031-923-2051
팩 스 | 031-923-3815
교재문의 | 카카오톡 플러스 친구[서원각]
홈페이지 | goseowon.com

PREFACE
이 책의 머리말

운전직 공무원은 각급기관의 차량운행관리 및 각종 공문서 수발업무, 기타업무를 수행하는 직책으로서, 과거에 소수의 인원모집과 10급 기능직 공무원 편성으로 비인기 직렬이었던 것에 반해, 현재는 9급 공무원으로 전환 및 통합되면서 그 관심이 날로 증대되고 있습니다.

특히 서울특별시를 비롯한 각 지역의 지방직 공무원 및 교육청의 운전직 공무원 채용인원이 늘어남에 따라 9급 운전직 공무원의 역할과 활동영역 또한 더욱 확대되는 추세입니다. 9급 운전직 공무원의 시험과목은 지역별로 조금씩 다르지만 서울특별시 같은 경우 기본적으로 [사회]와 [자동차구조원리 및 도로교통법규]를 치르고 있습니다. 두 과목 모두 대다수의 수험생이 고득점을 목표로 하는 과목이기 때문에 한 문제 한 문제가 당락에 영향을 미칠 뿐만 아니라 방대한 양으로 인해 학습에 부담이 있을 수 있지만, 시험의 난도 자체는 높은 편이 아니므로 효율적인 학습전략이 요구됩니다.

본서는 9급 운전직 공무원 채용시험 대비를 위한 기본서로서 여러 과목 중 도로교통법규의 광범위한 내용을 체계적으로 정리하여 수험생으로 하여금 보다 효율적인 학습이 가능하도록 구성하였으며, 핵심이론과 더불어 해당 이론에서 출제될 수 있는 출제예상문제, 최근기출문제를 수록하여 실제 출제경향 파악 및 중요 내용에 대한 점검이 가능하도록 하였습니다.

신념을 가지고 도전하는 사람은 반드시 그 꿈을 이룰 수 있습니다.

본서가 수험생 여러분의 꿈을 이루는 디딤돌이 되기를 바랍니다.

STRUCTURE

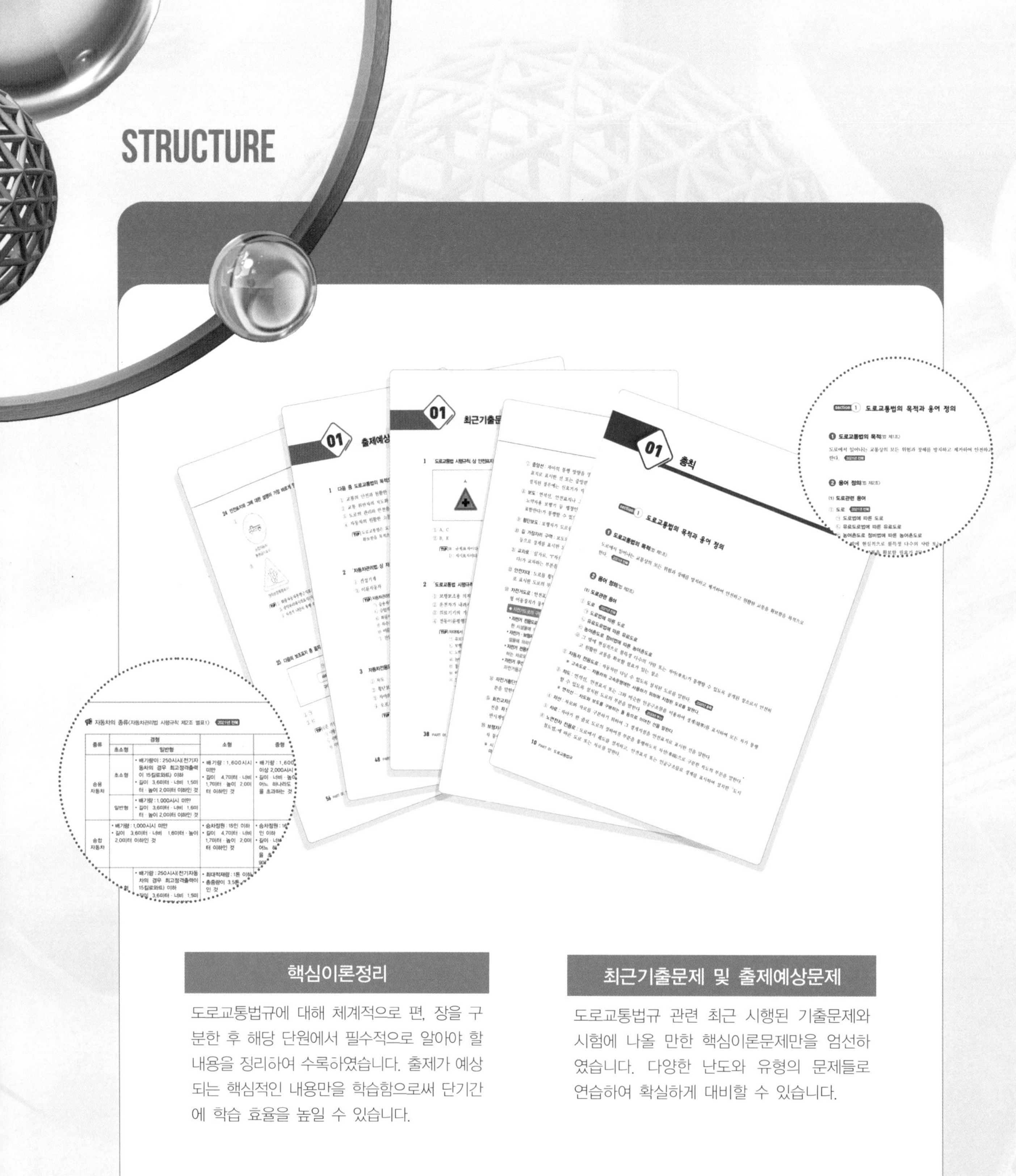

핵심이론정리

도로교통법규에 대해 체계적으로 편, 장을 구분한 후 해당 단원에서 필수적으로 알아야 할 내용을 정리하여 수록하였습니다. 출제가 예상되는 핵심적인 내용만을 학습함으로써 단기간에 학습 효율을 높일 수 있습니다.

최근기출문제 및 출제예상문제

도로교통법규 관련 최근 시행된 기출문제와 시험에 나올 만한 핵심이론문제만을 엄선하였습니다. 다양한 난도와 유형의 문제들로 연습하여 확실하게 대비할 수 있습니다.

CONTETNS

PART 01 도로교통법규

PART 02 교통사고처리특례법

PART

01 도로교통 법규

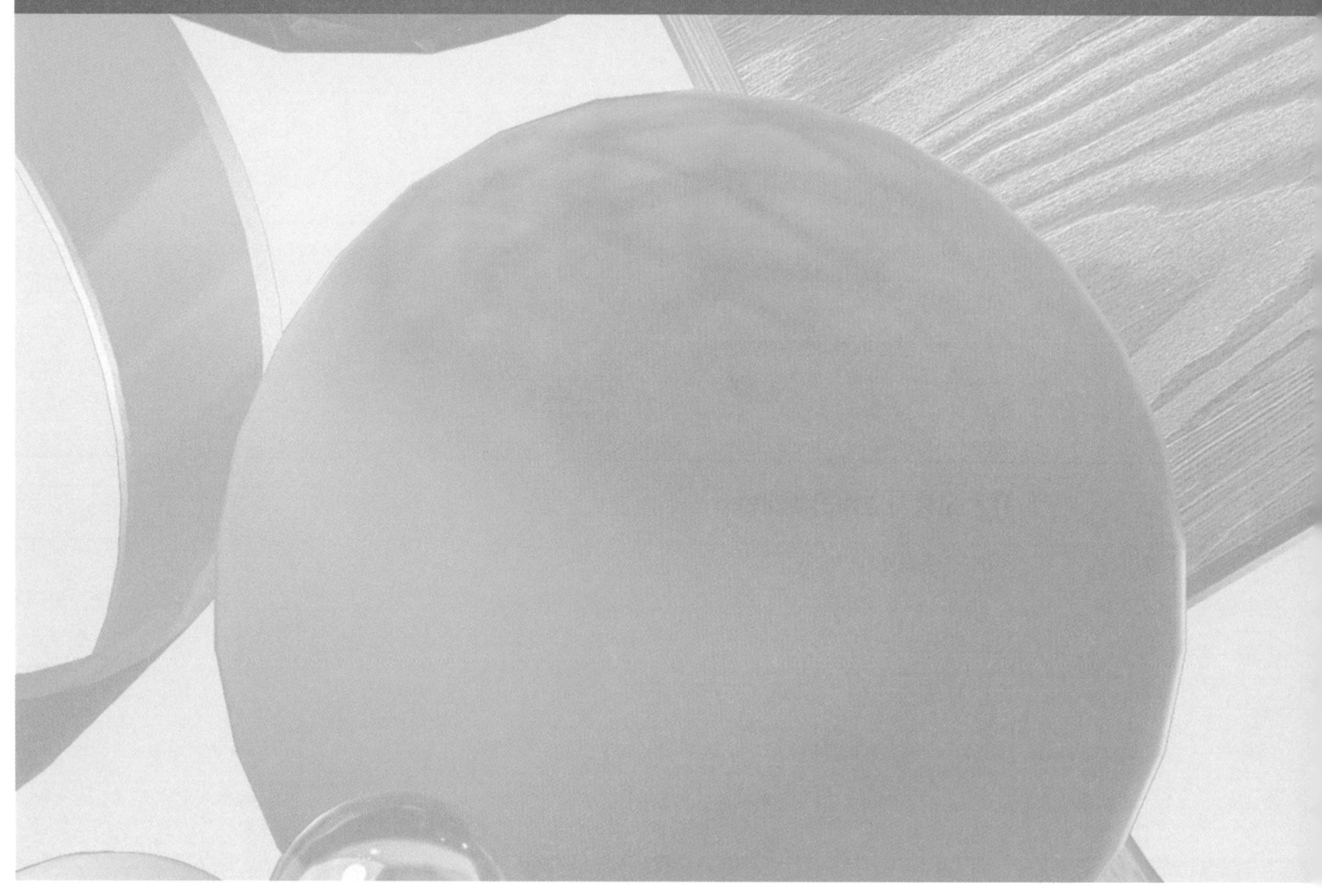

01 총칙

section 1 도로교통법의 목적과 용어 정의

1 도로교통법의 목적〈법 제1조〉

도로에서 일어나는 교통상의 모든 위험과 장해를 방지하고 제거하여 안전하고 원활한 교통을 확보함을 목적으로 한다. 2021년 전북

2 용어 정의〈법 제2조〉

(1) 도로관련 용어

① 도로 2021년 전북
　㉠ 도로법에 따른 도로
　㉡ 유료도로법에 따른 유료도로
　㉢ 농어촌도로 정비법에 따른 농어촌도로
　㉣ 그 밖에 현실적으로 불특정 다수의 사람 또는 차마(車馬)가 통행할 수 있도록 공개된 장소로서 안전하고 원활한 교통을 확보할 필요가 있는 장소

② **자동차 전용도로** : 자동차만 다닐 수 있도록 설치된 도로를 말한다. 2020년 충북
　※ 고속도로 … 자동차의 고속운행에만 사용하기 위하여 지정된 도로를 말한다.

③ **차도** : 연석선, 안전표지 또는 그와 비슷한 인공구조물을 이용하여 경계(境界)를 표시하여 모든 차가 통행할 수 있도록 설치된 도로의 부분을 말한다. 2020년 부산
　※ 연석선 … 차도와 보도를 구분하는 돌 등으로 이어진 선을 말한다.

④ **차선** : 차로와 차로를 구분하기 위하여 그 경계지점을 안전표지로 표시한 선을 말한다.

⑤ **차로** : 차마가 한 줄로 도로의 정하여진 부분을 통행하도록 차선(車線)으로 구분한 차도의 부분을 말한다.

⑥ **노면전차 전용로** : 도로에서 궤도를 설치하고, 안전표지 또는 인공구조물로 경계를 표시하여 설치한 「도시철도법」에 따른 도로 또는 차로를 말한다.

⑦ **중앙선** : 차마의 통행 방향을 명확하게 구분하기 위하여 도로에 황색 실선(實線)이나 황색 점선 등의 안전표지로 표시한 선 또는 중앙분리대나 울타리 등으로 설치한 시설물을 말한다. 다만, 가변차로(可變車路)가 설치된 경우에는 신호기가 지시하는 진행방향의 가장 왼쪽에 있는 황색 점선을 말한다.

⑧ **보도** : 연석선, 안전표지나 그와 비슷한 인공구조물로 경계를 표시하여 보행자(유모차, 보행보조용의자차, 노약자용 보행기 등 행정안전부령으로 정하는 기구 · 장치를 이용하여 통행하는 사람 및 실외이동로봇을 포함한다)가 통행할 수 있도록 한 도로의 부분을 말한다.

⑨ **횡단보도** : 보행자가 도로를 횡단할 수 있도록 안전표지로 표시한 도로의 부분을 말한다.

⑩ **길 가장자리 구역** : 보도와 차도가 구분되지 아니한 도로에서 보행자의 안전을 확보하기 위하여 안전표지 등으로 경계를 표시한 도로의 가장자리 부분을 말한다.

⑪ **교차로** : '십'자로, 'T'자로나 그 밖에 둘 이상의 도로(보도와 차도가 구분되어 있는 도로에서는 차도를 말한다)가 교차하는 부분을 말한다.

⑫ **안전지대** : 도로를 횡단하는 보행자나 통행하는 차마의 안전을 위하여 안전표지나 이와 비슷한 인공구조물로 표시한 도로의 부분을 말한다.

⑬ **자전거도로** : 안전표지, 위험방지용 울타리나 그와 비슷한 인공구조물로 경계를 표시하여 자전거 및 개인형 이동장치가 통행할 수 있도록 설치된 도로를 말한다.

◆ 자전거도로의 구분〈「자전거 이용 활성화에 관한 법률」 제3조〉

- **자전거 전용도로** : 자전거와 개인형이동장치(자전거등)만 통행할 수 있도록 분리대, 경계석, 그 밖에 이와 유사한 시설물에 의하여 차도 및 보도와 구분하여 설치한 자전거도로
- **자전거 · 보행자 겸용도로** : 자전거등 외에 보행자도 통행할 수 있도록 분리대, 경계석, 그 밖에 이와 유사한 시설물에 의하여 차도와 구분하거나 별도로 설치한 자전거도로
- **자전거 전용차로** : 차도의 일정 부분을 자전거등만 통행하도록 차선 및 안전표지나 노면표시로 다른 차가 통행하는 차로와 구분한 차로
- **자전거 우선도로** : 자동차의 통행량이 대통령령으로 정하는 기준보다 적은 도로의 일부 구간 및 차로를 정하여 자전거등과 다른 차가 상호 안전하게 통행할 수 있도록 도로에 노면표시로 설치한 자전거도로

⑭ **자전거횡단도** : 자전거 및 개인형 이동장치가 일반도로를 횡단할 수 있도록 안전표지로 표시한 도로의 부분을 말한다.

⑮ **회전교차로** : 교차로 중 차마가 원형의 교통섬(차마의 안전하고 원활한 교통처리나 보행자 도로횡단의 안전을 확보하기 위하여 교차로 또는 차도의 분기점 등에 설치하는 섬 모양의 시설을 말한다)을 중심으로 반시계방향으로 통행하도록 한 원형의 도로를 말한다.

⑯ **보행자우선도로** : 차도와 보도가 분리되지 아니한 도로로서 보행자의 안전과 편의를 보장하기 위하여 보행자 통행이 차마 통행에 우선하도록 지정한 도로를 말한다〈보행안전법 제2조 제3호〉.

※ 시 · 도경찰청장이나 경찰서장은 보행자우선도로에서 보행자를 보호하기 위하여 필요하다고 인정하는 경우에는 차마의 통행속도를 시속 20킬로미터 이내로 제한할 수 있다〈법 제28조의2〉.

⑰ **보행자전용도로** : 보행자만 다닐 수 있도록 안전표지나 그와 비슷한 인공구조물로 표시한 도로를 말한다.

(2) 자동차관련 용어

① **차마** : 차와 우마를 말한다. 2020년 서울

구분	종류
차	• 자동차 • 건설기계 • 원동기장치자전거 • 자전거 • 사람 또는 가축의 힘이나 그 밖의 동력으로 도로에서 운전되는 것 ☞ 차에 해당되지 않은 것 • 철길이나 가설된 선을 이용하여 운전되는 것 • 유모차, 보행보조용 의자차, 노약자용 보행기, 실외이동로봇 등 행정안전부령으로 정하는 기구 · 장치는 제외한다.
우마	• 교통이나 운수에 사용되는 가축

② 차마에서 제외되는 기구 · 장치(너비 1미터 이하인 것)〈시행규칙 제2조〉 2024년 서울

㉠ 유모차

㉡ 보행보조용 의자차(식품의약품안전처장이 정하는 의료기기의 기준규격에 따른 수동휠체어, 전동휠체어 및 의료용 스쿠터를 말한다)

㉢ 노약자용 보행기

㉣ 놀이기구(어린이가 이용하는 것에 한정)

㉤ 동력이 없는 손수레

㉥ 이륜자동차, 원동기장치자전거 또는 자전거로서 운전자가 내려서 끌거나 들고 통행하는 것

㉦ 도로의 보수 · 유지, 도로상의 공사 등 작업에 사용되는 기구 · 장치(사람이 타거나 화물을 운송하지 않는 것에 한정)

㉧ 실외이동로봇

③ **자동차** : 철길이나 가설된 선을 이용하지 아니하고 원동기를 사용하여 운전되는 차로서 다음의 차를 말한다.

구분	종류
「자동차관리법」에 따른 자동차	• 승용자동차 • 승합자동차 • 화물자동차 • 특수자동차 • 이륜자동차
「건설기계관리법」에 따른 건설기계	

㉠ 「자동차관리법」에 따른 자동차의 종류(원동기장치자전거는 제외)〈자동차관리법 제3조〉 **2022년 인천**

구분	종류
승용자동차	• 10인 이하를 운송하기에 적합하게 제작된 자동차
승합자동차	• 11인 이상을 운송하기에 적합하게 제작된 자동차. 다만, 다음의 어느 하나에 해당하는 자동차는 승차인원과 관계없이 이를 승합자동차로 본다. –내부의 특수한 설비로 인하여 승차인원이 10인 이하로 된 자동차 –국토교통부령으로 정하는 경형자동차로서 승차인원이 10인 이하인 전방조종자동차
화물자동차	• 화물을 운송하기에 적합한 화물적재공간을 갖추고, 화물적재공간의 총적재화물의 무게가 운전자를 제외한 승객이 승차공간에 모두 탑승했을 때의 승객의 무게보다 많은 자동차
특수자동차	• 다른 자동차를 견인하거나 구난작업 또는 특수한 용도로 사용하기에 적합하게 제작된 자동차로서 승용자동차 · 승합자동차 또는 화물자동차가 아닌 자동차
이륜자동차	• 총배기량 또는 정격출력의 크기와 관계없이 1인 또는 2인의 사람을 운송하기에 적합하게 제작된 이륜의 자동차 및 그와 유사한 구조로 되어 있는 자동차

※ 「자동차관리법」상 자동차〈자동차관리법 제2조 제1호〉 … 원동기에 의하여 육상에서 이동할 목적으로 제작한 용구 또는 이에 견인되어 육상을 이동할 목적으로 제작한 용구(이하 "피견인자동차"라 한다)를 말한다. 다만, 대통령령으로 정하는 것은 제외한다.

자동차의 종류〈자동차관리법 시행규칙 제2조 별표1〉 2021년 전북

<table>
<tr><th rowspan="2">종류</th><th colspan="2">경형</th><th rowspan="2">소형</th><th rowspan="2">중형</th><th rowspan="2">대형</th></tr>
<tr><th>초소형</th><th>일반형</th></tr>
<tr><td rowspan="2">승용 자동차</td><td>초소형</td><td>• 배기량이 : 250시시(전기자동차의 경우 최고정격출력이 15킬로와트) 이하
• 길이 3.6미터 · 너비 1.5미터 · 높이 2.0미터 이하인 것</td><td rowspan="2">• 배기량 : 1,600시시 미만
• 길이 4.7미터 · 너비 1.7미터 · 높이 2.0미터 이하인 것</td><td rowspan="2">• 배기량 : 1,600시시 이상 2,000시시 미만
• 길이 · 너비 · 높이 중 어느 하나라도 소형을 초과하는 것</td><td rowspan="2">• 배기량 : 2,000시시 이상
• 길이 · 너비 · 높이 모두 소형을 초과하는 것</td></tr>
<tr><td>일반형</td><td>• 배기량 : 1,000시시 미만
• 길이 3.6미터 · 너비 1.6미터 · 높이 2.0미터 이하인 것</td></tr>
<tr><td>승합 자동차</td><td colspan="2">• 배기량 : 1,000시시 미만
• 길이 3.6미터 · 너비 1.6미터 · 높이 2.0미터 이하인 것</td><td>• 승차정원 : 15인 이하
• 길이 4.7미터 · 너비 1.7미터 · 높이 2.0미터 이하인 것</td><td>• 승차정원 : 16인 ~ 35인 이하
• 길이 · 너비 · 높이 중 어느 하나라도 소형을 초과하고, 길이가 9미터 미만인 것</td><td>• 승차정원 : 36인 이상
• 길이 · 너비 · 높이 모두 소형을 초과하고, 길이가 9미터 이상인 것</td></tr>
<tr><td rowspan="2">화물 자동차</td><td>초소형</td><td>• 배기량 : 250시시(전기자동차의 경우 최고정격출력이 15킬로와트) 이하
• 길이 3.6미터 · 너비 1.5미터 · 높이 2.0미터 이하인 것</td><td rowspan="2">• 최대적재량 : 1톤 이하
• 총중량이 3.5톤 이하인 것</td><td rowspan="2">• 최대적재량 : 1톤 초과 5톤 미만
• 총중량이 3.5톤 초과 10톤 미만인 것</td><td rowspan="2">• 최대적재량 : 5톤 이상
• 총중량이 10톤 이상인 것</td></tr>
<tr><td>일반형</td><td>• 배기량 : 1,000시시 미만
• 길이 3.6미터 · 너비 1.6미터 · 높이 2.0미터 이하인 것</td></tr>
<tr><td>특수 자동차</td><td colspan="2">• 배기량 : 1,000시시 미만
• 길이 3.6미터 · 너비1.6미터 · 높이 2.0미터 이하인 것</td><td>• 총중량 : 3.5톤 이하인 것</td><td>• 총중량 : 3.5톤 초과 10톤 미만인 것</td><td>총중량 : 10톤 이상인 것</td></tr>
</table>

◆ 적용이 제외되는 자동차〈자동차관리법 시행령 제2조〉

- 「건설기계관리법」에 따른 건설기계
- 「농업기계화 촉진법」에 따른 농업기계
- 「군수품관리법」에 따른 차량
- 궤도 또는 공중선에 의하여 운행되는 차량
- 「의료기기법」에 따른 의료기기

㉡ 건설기계관리법에 따른 건설기계의 종류〈건설기계관리법 제26조 제1항 단서〉

- 덤프트럭
- 아스팔트살포기
- 노상안정기

• 콘크리트믹서트럭
• 콘크리트펌프
• 천공기(트럭적재식을 말한다)
• 특수건설기계 중 국토교통부장관이 지정하는 건설기계

④ 긴급자동차 2020년 부산 2021년 서울 2021년 경북

㉠ 용어의 뜻 : 소방차, 구급차, 혈액공급차량, 그 밖에 대통령령으로 정하는 자동차로서 그 본래의 긴급한 용도로 사용되고 있는 자동차를 말한다.

㉡ 긴급자동차의 구분〈시행령 제2조〉 2022년 전남

구분	긴급자동차
도로교통법상	• 소방자동차 • 구급자동차 • 혈액 공급차량 • 대통령령으로 정한 자동차
대통령령으로 정하는 긴급자동차	• 경찰용 자동차 중 범죄수사, 교통단속, 그 밖의 긴급한 경찰업무 수행에 사용되는 자동차 • 국군 및 주한 국제연합군용 자동차 중 군 내부의 질서 유지나 부대의 질서 있는 이동을 유도하는 데 사용되는 자동차 • 수사기관의 자동차 중 범죄수사를 위하여 사용되는 자동차 • 다음에 해당하는 시설 또는 기관의 자동차 중 도주자의 체포 또는 수용자, 보호관찰 대상자의 호송 · 경비를 위하여 사용되는 자동차 – 교도소 · 소년교도소, 구치소 – 소년원 또는 소년분류심사원 – 보호관찰소 • 국내외 요인에 대한 경호업무 수행에 공무로 사용되는 자동차
신청에 의하여 시 · 도경찰청장이 지정하는 경우	• 전기사업, 가스사업, 그 밖의 공익사업을 하는 기관에서 위험 방지를 위한 응급작업에 사용되는 자동차 • 민방위업무를 수행하는 기관에서 긴급예방 또는 복구를 위한 출동에 사용되는 자동차 • 도로관리를 위하여 사용되는 자동차 중 도로상의 위험을 방지하기 위한 응급작업에 사용되거나 운행이 제한되는 자동차를 단속하기 위하여 사용되는 자동차 • 전신 · 전화의 수리공사 등 응급작업에 사용되는 자동차 • 긴급한 우편물의 운송에 사용되는 자동차 • 전파감시업무에 사용되는 자동차
긴급자동차에 준하는 자동차 (긴급자동차로 간주됨)	• 경찰용 긴급자동차에 의하여 유도되고 있는 자동차 • 국군 및 주한 국제연합군용의 긴급자동차에 의하여 유도되고 있는 국군 및 주한 국제연합군의 자동차 • 생명이 위급한 환자 또는 부상자나 수혈을 위한 혈액을 운송 중인 자동차

㉢ 긴급자동차의 준수 사항〈시행령 제3조〉

구분	내용
준수사항	• 자동차안전기준에서 정한 긴급자동차의 구조를 갖출 것 • 사이렌을 울리거나 경광등을 켤 것(우선 통행, 특례 및 그 밖에 법에 규정된 특례를 적용받으려는 경우에만 해당한다)
준수사항 제외대상	• 경찰용 긴급자동차에 의하여 유도되고 있는 자동차 • 국군 및 주한 국제연합군용의 긴급자동차에 의하여 유도되고 있는 국군 및 주한 국제연합군의 자동차 • 생명이 위급한 환자 또는 부상자나 수혈을 위한 혈액을 운송 중인 자동차 • 속도에 관한 규정을 위반하는 자동차등 및 노면전차를 단속하는 긴급자동차 • 국내외 요인에 대한 경호업무 수행에 공무로 사용되는 긴급자동차
긴급한 목적으로 운행되고 있음을 표시해야 할 자동차	• 국내외 요인에 대한 경호업무 수행에 공무로 사용되는 긴급자동차 • 경찰용 긴급자동차에 의하여 유도되고 있는 자동차 • 국군 및 주한 국제연합군용의 긴급자동차에 의하여 유도되고 있는 국군 및 주한 국제연합군의 자동차 • 생명이 위급한 환자 또는 부상자나 수혈을 위한 혈액을 운송 중인 자동차

㉣ 긴급자동차의 지정신청 및 지정취소〈시행규칙 제3조 및 제4조〉 2024년 서울

구분		내용
지정신청	신청기관	• 시 · 도경찰청장
	신청대상	• 긴급자동차의 지정을 받으려는 사람 또는 기관
	지정신청서에 첨부 할 서류	• 임대차계약서 사본 1부(자동차가 다른 사람의 소유인 경우에 한정한다) • 지정받을 차량 사진 2매
	긴급자동차지정증	• 교부 : 긴급자동차의 지정을 하는 때 시 · 도경찰청장이 긴급자동차지정증을 신청인에게 교부 • 부착 : 교부받은 긴급자동차지정증은 그 자동차의 앞면 창유리의 보기 쉬운 곳에 부착 • 재발급 : 잃어버렸거나 헐어 못쓰게 된 때에는 재교부 받을 수 있음
지정취소	취소권자	• 시 · 도경찰청장
	취소사유	• 자동차의 색칠 · 사이렌 또는 경광등이 자동차안전기준에 규정된 긴급자동차에 관한 구조에 적합하지 아니한 경우 • 그 차를 목적에 벗어나 사용하거나 고장이나 그 밖의 사유로 인하여 긴급자동차로 사용할 수 없게 된 경우
	긴급자동차지정증	• 지정취소 시 긴급자동차지정증을 즉시 회수

⑤ **노면전차** : 「도시철도법」에 따른 노면전차로서 도로에서 궤도를 이용하여 운행되는 차를 말한다.

⑥ **원동기장치자전거**

㉠ 이륜자동차 가운데 배기량 125cc 이하(전기를 동력으로 하는 경우에는 최고정격출력 11킬로와트 이하)의 이륜자동차

㉡ 그 밖에 배기량 125시시 이하(전기를 동력으로 하는 경우에는 최고정격출력 11킬로와트 이하)의 원동기를 단 차(「자전거 이용 활성화에 관한 법률」에 따른 전기자전거 및 실외이동로봇은 제외)

⑦ **자율주행시스템** : 「자율주행자동차법」에 따라 운전자 또는 승객의 조작 없이 주변상황과 도로 정보 등을 스스로 인지하고 판단하여 자동차를 운행할 수 있게 하는 자동화 장비, 소프트웨어 및 이와 관련한 모든 장치를 말한다.

◆ 자율주행시스템의 종류〈자동차규칙 제111조〉

- **부분 자율주행시스템** : 지정된 조건에서 자동차를 운행하되 작동한계상황 등 필요한 경우 운전자의 개입을 요구하는 자율주행시스템
- **조건부 완전자율주행시스템** : 지정된 조건에서 운전자의 개입 없이 자동차를 운행하는 자율주행시스템
- **완전 자율주행시스템** : 모든 영역에서 운전자의 개입 없이 자동차를 운행하는 자율주행시스템

※ 자율협력주행시스템 … 「도로교통법」에 따른 신호기, 안전표지, 교통시설 등을 활용하여 국토교통부령으로 정하는 바에 따라 자율주행기능을 지원 · 보완하여 효율성과 안전성을 향상시키는 지능형교통체계를 말한다.

⑧ **자율주행자동차** : 「자동차관리법」에 따라 운전자 또는 승객의 조작 없이 자동차 스스로 운행이 가능한 자동차를 말한다. **2022년 인천**

◆ 자율주행자동차의 종류

- **부분 자율주행자동차** : 제한된 조건에서 자율주행시스템으로 운행할 수 있으나 작동한계상황 등 필요한 경우 운전자의 개입을 요구하는 자율주행자동차
- **완전 자율주행자동차** : 자율주행시스템만으로 운행할 수 있어 운전자가 없거나 운전자 또는 승객의 개입이 필요하지 아니한 자율주행자동차

※ 자율주행자동차 시범운행지구 … 자율주행자동차의 연구 · 시범운행을 촉진하기 위하여 규제특례가 적용되는 구역으로 지정되는 구역을 말한다.

⑨ **자동차등** : 자동차와 원동기장치자전거를 말한다.

⑩ **어린이통학버스** : 다음의 시설 가운데 어린이(13세 미만인 사람을 말한다)를 교육 대상으로 하는 시설에서 어린이의 통학 등(현장체험학습 등 비상시적으로 이루어지는 교육활동을 위한 이동을 제외한다)에 이용되는 자동차와 여객자동차운송사업의 한정면허를 받아 어린이를 여객대상으로 하여 운행되는 운송사업용 자동차를 말한다.

㉠ 유치원 및 유아교육진흥원, 초등학교, 특수학교, 대안학교 및 외국인학교
㉡ 어린이집
㉢ 학원 및 교습소
㉣ 체육시설
㉤ 아동복지시설(아동보호전문기관은 제외한다)
㉥ 청소년수련시설
㉦ 장애인복지시설(장애인 직업재활시설은 제외한다)
㉧ 공공도서관
㉨ 시 · 도평생교육진흥원 및 시 · 군 · 구평생학습관
㉩ 사회복지시설 및 사회복지관

(3) 자전거와 개인형 이동장치 등

① **자전거** : 「자전거법」에 따른 자전거 및 전기자전거를 말한다.

※ 자전거〈자전거법 제2조 제1호〉 … 사람의 힘으로 페달이나 손페달을 사용하여 움직이는 구동장치와 조향장치 및 제동장치가 있는 바퀴가 둘 이상인 차로서 행정안전부령으로 정하는 크기와 구조를 갖춘 것을 말한다.

② **자전거등** : 자전거와 개인형 이동장치를 말한다.

③ **개인형 이동장치** : 원동기장치자전거 중 시속 25킬로미터 이상으로 운행할 경우 전동기가 작동하지 아니하고 차체 중량이 30킬로그램 미만인 것으로서 행정안전부령으로 정하는 것을 말한다. **2021년 서울**

◆ 개인형 이동장치의 기준〈시행규칙 제2조의3〉

• 다음의 어느 하나에 해당하는 것으로서 안전확인의 신고가 된 것을 말한다.
– 전동킥보드
– 전동이륜평행차
– 전동기의 동력만으로 움직일 수 있는 자전거

④ **실외이동로봇** : 「지능형로봇법」 제2조 제1호에 따른 지능형 로봇 중 행정안전부령으로 정하는 것을 말한다.

※ 실외이동로봇의 기준〈시행규칙 제2조의4〉 … 「지능형로봇법」 제2조 제4호의2에 따른 실외이동로봇 중 운행안전인증을 받은 것을 말한다. **2023년 신설 법조항**

◆ 지능형로봇 및 실외이동로봇〈지능형로봇법 제2조〉

• **지능형 로봇** : 외부환경을 스스로 인식하고 상황을 판단하여 자율적으로 동작하는 기계장치(기계장치의 작동에 필요한 소프트웨어 포함)를 말한다.
• **실외이동로봇** : 배송 등을 위하여 자율주행(원격제어포함)으로 운행할 수 있는 지능형 로봇이다.

(4) 주 · 정차 및 운행관련 용어 2022년 경북

① **주차** : 운전자가 승객을 기다리거나 화물을 싣거나 차가 고장 나거나 그 밖의 사유로 차를 계속 정지 상태에 두는 것 또는 운전자가 차에서 떠나서 즉시 그 차를 운전할 수 없는 상태에 두는 것을 말한다.

② **정차** : 운전자가 5분을 초과하지 아니하고 차를 정지시키는 것으로서 주차 외의 정지 상태를 말한다. 2022년 경북

③ **서행** : 운전자가 차 또는 노면전차를 즉시 정지시킬 수 있는 정도의 느린 속도로 진행하는 것을 말한다.

④ **앞지르기** : 앞서가는 다른 차의 옆을 지나서 그 차의 앞으로 나가는 것을 말한다.

⑤ **일시정지** : 차 또는 노면전차의 운전자가 그 차 또는 노면전차의 바퀴를 일시적으로 완전히 정지시키는 것을 말한다.

(5) 운전관련 용어

① **운전** : 도로에서 차마 또는 노면전차를 그 본래의 사용방법에 따라 사용하는 것(조종 또는 자율주행시스템을 사용하는 것을 포함)을 말한다.

② **초보운전자** : 처음 운전면허를 받은 날(처음 운전면허를 받은 날부터 2년이 지나기 전에 운전면허의 취소처분을 받은 경우에는 그 후 다시 운전면허를 받은 날을 말한다)부터 2년이 지나지 아니한 사람을 말한다. 이 경우 원동기장치자전거면허만 받은 사람이 원동기장치자전거면허 외의 운전면허를 받은 경우에는 처음 운전면허를 받은 것으로 본다.

③ **모범운전자** : 무사고운전자 또는 유공운전자의 표시장을 받거나 2년 이상 사업용 자동차 운전에 종사하면서 교통사고를 일으킨 전력이 없는 사람으로서 경찰청장이 정하는 바에 따라 선발되어 교통안전 봉사활동에 종사하는 사람을 말한다.

④ **자동차운전학원** : 자동차등의 운전에 관한 지식 · 기능을 교육하는 시설을 말한다.

자동차운전학원이 아닌 시설

- 교육관계법령에 따른 학교에서 소속 학생 및 교직원의 연수를 위하여 설치한 시설
- 사업장 등의 시설로서 소속직원의 연수를 위한 시설
- 전산장치에 의한 모의운전 연습시설
- 지방자치단체 등이 신체장애인의 운전교육을 위하여 설치하는 시설 가운데 시 · 도경찰청장이 인정하는 시설
- 대가를 받지 아니하고 운전교육을 하는 시설
- 운전면허를 받은 사람을 대상으로 다양한 운전경험을 체험할 수 있도록 하기 위하여 도로가 아닌 장소에서 운전교육을 하는 시설

⑤ **음주운전 방지장치** : 술에 취한 상태에서 자동차등을 운전하려는 경우 시동이 걸리지 아니하도록 하는 것으로서 행정안전부령으로 정하는 것을 말한다. 2024년 신설 법조항

◆ 행정안전부령으로 정하는 음주운전 방지장치〈시행규칙 제3조의2〉

• 자동차등의 시동을 걸기 전 운전자의 호흡을 측정하여 혈중알코올농도가 0.03퍼센트 이상인 경우 시동이 걸리지 않도록 하는 장치로서 다음의 세부장치를 갖춘 것을 말한다.
- 음주호흡 분석기
- 제어장치
- 운행기록 저장부
- 카메라

section 2 신호기 · 신호등 및 안전표지

❶ 신호기〈시행규칙 제6조〉

(1) 정의 및 설치 · 관리기준 준수

① 정의 : 신호기란 도로교통에 관하여 문자나 기호 또는 등화로써 진행 · 정지 · 방향전환 · 주의 등의 신호를 표시하기 위하여 사람이나 전기의 힘에 의하여 조작되는 장치를 말한다.

② 설치 · 관리기준 준수〈법 제3조 제2항〉 : 시장등 및 도로관리자는 교통안전시설을 설치 · 관리할 때에는 교통안전시설의 설치 · 관리기준에 적합하도록 하여야 한다.

(2) 신호기 등의 설치 및 관리〈제3조〉 2021년 경기

① 교통안전시설의 설치 및 관리

㉠ 설치 · 관리권자 2022년 경기

• 특별시장 · 광역시장 · 제주특별자치도지사
• 시장 · 군수(광역시의 군수는 제외, 이하 "시장등"이라 한다)

㉡ 설치 · 관리의 목적 : 도로에서의 위험을 방지하고 교통의 안전과 원활한 소통을 확보하기 위하여 필요하다고 인정하는 경우에는 신호기 및 안전표지(이하 "교통안전시설"이라 한다)를 설치 · 관리하여야 한다.

㉢ 유료도로 : 「유료도로법」 제6조에 따른 유료도로에서는 시장등의 지시에 따라 그 도로관리자가 교통안전시설을 설치 · 관리하여야 한다.

㉣ 교통안전시설의 설치기준〈법 제4조 제2항〉 : 교통안전시설의 설치 · 관리기준은 주 · 야간이나 기상상태 등에 관계없이 교통안전시설이 운전자 및 보행자의 눈에 잘 띄도록 정한다.

㉤ 비용의 보조 : 도(道)는 시장이나 군수가 교통안전시설을 설치 · 관리하는 데에 드는 비용의 전부 또는 일부를 시(市)나 군(郡)에 보조할 수 있다.

② 교통안전시설 관련 비용의 부담

㉠ 비용의 부담 : 시장등은 대통령령으로 정하는 사유로 도로에 설치된 교통안전시설을 철거하거나 원상회복이 필요한 경우에는 그 사유를 유발한 사람으로 하여금 해당 공사에 드는 비용의 전부 또는 일부를 부담하게 할 수 있다.

㉡ 교통안전시설 관련 비용 부담의 사유〈시행령 제4조〉

- 차 또는 노면전차의 운전 등 교통으로 인하여 사람을 사상하거나 물건을 손괴하는 사고(이하 "교통사고"라 한다)가 발생한 경우
- 분할할 수 없는 화물의 수송 등을 위하여 신호기 및 안전표지(이하 "교통안전시설"이라 한다)를 이전하거나 철거하는 경우
- 교통안전시설을 철거 · 이전하거나 손괴한 경우
- 도로관리청 등에서 도로공사 등을 위하여 무인 교통단속용 장비를 이전하거나 철거하는 경우
- 그 밖에 고의 또는 과실로 무인 교통단속용 장비를 철거 · 이전하거나 손괴한 경우

③ 부담금의 부과기준 및 환급〈시행령 제5조〉

㉠ 부담금의 산출 : 시장등은 교통안전시설의 철거나 원상회복을 위한 공사비용 부담금(이하 "부담금"이라 한다)의 금액을 교통안전시설의 파손 정도 및 내구연한 경과 정도 등을 고려하여 산출한다.

㉡ 분담하여 부담 : 부담금 부담 사유를 유발한 사람이 여러 명인 경우에는 그 유발 정도에 따라 부담금을 분담하게 할 수 있다.

㉢ 부담금의 면제

- 면제 : 파손된 정도가 경미하거나 일상 보수작업만으로 수리할 수 있는 경우 또는 부담금 총액이 20만원 미만인 경우에는 부담금 부과를 면제할 수 있다.
- 분할납부 : 2024년 9월 1일부터 2026년 8월 31일까지 발생한 사유로 인한 부담금 총액이 20만원 이상인 경우에는 부담금을 분할하여 납부하게 할 수 있다.

㉣ 초과부과된 부담금의 환급 : 부과한 부담금이 교통안전시설의 철거나 원상회복을 위한 공사에 드는 비용을 초과한 경우에는 그 차액을 환급하여야 한다. 이 경우 환급에 필요한 사항은 시장등이 정한다.

㉤ 부담금의 미납자 : 시장등은 부담금을 납부하여야 하는 사람이 지정된 기간에 이를 납부하지 아니하면 지방세 체납처분의 예에 따라 징수한다.

※ 무인 교통단속용 장비의 철거나 원상회복을 위한 부담금의 부과 기준 및 환급에 대해서는 ㉠ ~ ㉣을 준용한다. 이 경우 "교통인전시설"은 "무인 교통단속용 장비"로, "시장등"은 "시 · 도경찰청장, 경찰서장 또는 시장등"으로 본다.

(3) 신호기의 설치권자 및 종류

① 신호기의 설치권자 및 설치 · 관리기준 준수〈시행규칙 제6조 3항〉

㉠ 설치권자 : 시 · 도경찰청장 또는 경찰서장

㉡ 설치장소 : 신호기는 시 · 도경찰청장 또는 경찰서장이 필요하다고 인정하는 교차로 그 밖의 도로에 설치하되, 그 앞쪽에서 잘 보이도록 설치하여야 한다.

② 신호기의 종류〈시행규칙 제6조 제1항 별표1〉

㉠ 현수식(매닮식)

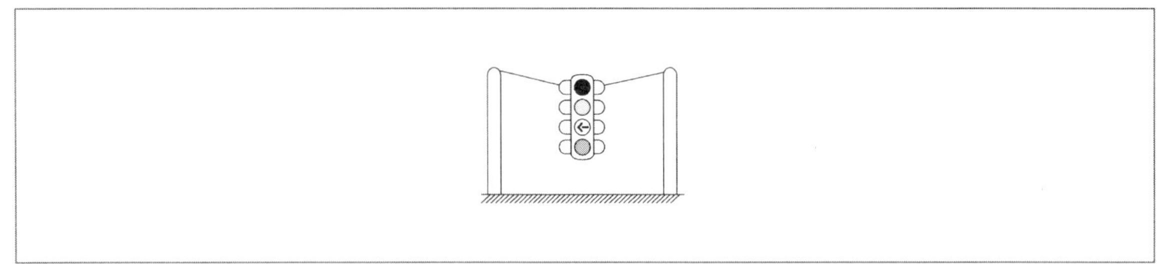

㉡ 옆기둥식

㉢ 중앙주식

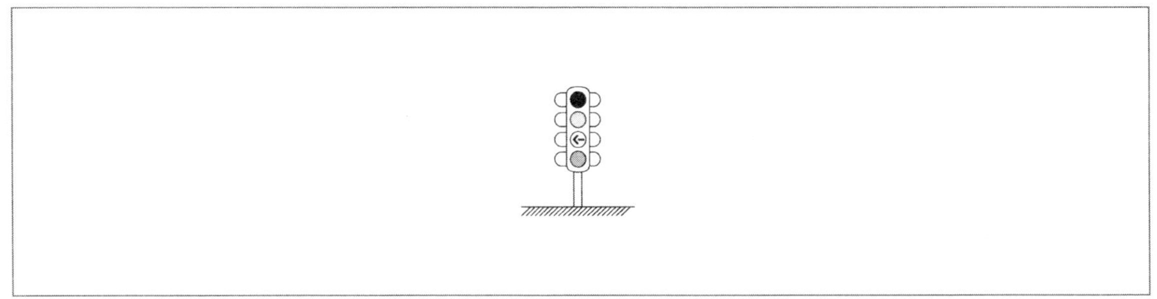

㉣ 문형식

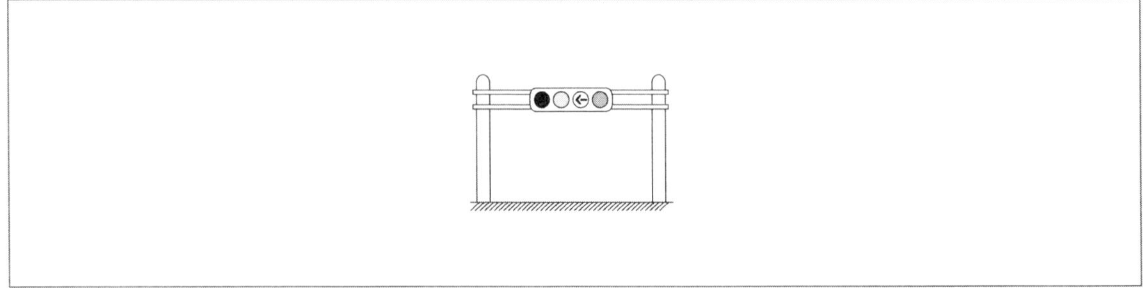

(4) 신호기가 표시하는 신호의 종류 및 신호의 뜻〈시행규칙 제6조 제2항 별표2〉

① 차량신호등 2021년 전북 2022년 서울

구분	신호의 종류	신호의 뜻
원형등화	녹색의 등화	• 차마는 직진 또는 우회전할 수 있다. • 비보호좌회전표지 또는 비보호좌회전표시가 있는 곳에서는 좌회전할 수 있다.
	황색의 등화	• 차마는 정지선이 있거나 횡단보도가 있을 때에는 그 직전이나 교차로의 직전에 정지하여야 하며, 이미 교차로에 차마의 일부라도 진입한 경우에는 신속히 교차로 밖으로 진행하여야 한다. • 차마는 우회전할 수 있고 우회전하는 경우에는 보행자의 횡단을 방해하지 못한다.
	적색의 등화	• 차마는 정지선, 횡단보도 및 교차로의 직전에서 정지해야 한다. • 차마는 우회전하려는 경우 정지선, 횡단보도 및 교차로의 직전에서 정지한 후 신호에 따라 진행하는 다른 차마의 교통을 방해하지 않고 우회전할 수 있다. • 차마는 우회전 삼색등이 적색의 등화인 경우 우회전할 수 없다.
	황색등화의 점멸	• 차마는 다른 교통 또는 안전표지의 표시에 주의하면서 진행할 수 있다.
	적색등화의 점멸	• 차마는 정지선이나 횡단보도가 있을 때에는 그 직전이나 교차로의 직전에 일시정지한 후 다른 교통에 주의하면서 진행할 수 있다.
화살표등화	녹색화살표의 등화	• 차마는 화살표시 방향으로 진행할 수 있다.
	황색화살표의 등화	• 화살표시 방향으로 진행하려는 차마는 정지선이 있거나 횡단보도가 있을 때에는 그 직전이나 교차로의 직전에 정지하여야 하며, 이미 교차로에 차마의 일부라도 진입한 경우에는 신속히 교차로 밖으로 진행하여야 한다.
	적색화살표의 등화	• 화살표시 방향으로 진행하려는 차마는 정지선, 횡단보도 및 교차로의 직전에서 정지하여야 한다.
	황색화살표등화의 점멸	• 차마는 다른 교통 또는 안전표지의 표시에 주의하면서 화살표시 방향으로 진행할 수 있다.
	적색화살표등화의 점멸	• 차마는 정지선이나 횡단보도가 있을 때에는 그 직전이나 교차로의 직전에 일시정지한 후 다른 교통에 주의하면서 화살표시 방향으로 진행할 수 있다.
사각형등화	녹색화살표의 등화(하향)	• 차마는 화살표로 지정한 차로로 진행할 수 있다.
	적색×표 표시의 등화	• 차마는 ×표가 있는 차로로 진행할 수 없다.
	적색×표 표시 등화의 점멸	• 차마는 ×표가 있는 차로로 진입할 수 없고, 이미 차마의 일부라도 진입한 경우에는 신속히 그 차로 밖으로 진로를 변경하여야 한다.

② 보행신호등

신호의 종류	신호의 뜻
녹색의 등화	• 보행자는 횡단보도를 횡단할 수 있다.
녹색등화의 점멸	• 보행자는 횡단을 시작하여서는 아니 되고, 횡단하고 있는 보행자는 신속하게 횡단을 완료하거나 그 횡단을 중지하고 보도로 되돌아와야 한다.
적색의 등화	• 보행자는 횡단보도를 횡단하여서는 아니 된다.

③ 자전거 신호등

구분	신호의 종류	신호의 뜻
자전거 주행 신호등	녹색의 등화	• 자전거등은 직진 또는 우회전할 수 있다.
	황색의 등화	• 자전거등은 정지선이 있거나 횡단보도가 있을 때에는 그 직전이나 교차로의 직전에 정지해야 하며, 이미 교차로에 차마의 일부라도 진입한 경우에는 신속히 교차로 밖으로 진행해야 한다. • 자전거등은 우회전할 수 있고 우회전하는 경우에는 보행자의 횡단을 방해하지 못한다.
	적색의 등화	• 자전거등은 정지선, 횡단보도 및 교차로의 직전에서 정지해야 한다. • 자전거등은 우회전하려는 경우 정지선, 횡단보도 및 교차로의 직전에서 정지한 후 신호에 따라 진행하는 다른 차마의 교통을 방해하지 않고 우회전할 수 있다. • 자전거등은 우회전 삼색등이 적색의 등화인 경우 우회전할 수 없다.
	황색등화의 점멸	• 자전거등은 다른 교통 또는 안전표지의 표시에 주의하면서 진행할 수 있다.
	적색등화의 점멸	• 자전거등은 정지선이나 횡단보도가 있는 때에는 그 직전이나 교차로의 직전에 일시정지한 후 다른 교통에 주의하면서 진행할 수 있다.
자전거 횡단 신호등	녹색의 등화	• 자전거등은 자전거횡단도를 횡단할 수 있다.
	녹색등화의 점멸	• 자전거등은 횡단을 시작해서는 안 되고, 횡단하고 있는 자전거등은 신속하게 횡단을 종료하거나 그 횡단을 중지하고 진행하던 차도 또는 자전거도로로 되돌아와야 한다.
	적색의 등화	• 자전거등은 자전거횡단도를 횡단해서는 안 된다.

④ 버스 신호등

신호의 종류	신호의 뜻
녹색의 등화	• 버스전용차로에 차마는 직진할 수 있다.
황색의 등화	• 버스전용차로에 있는 차마는 정지선이 있거나 횡단보도가 있을 때에는 그 직전이나 교차로의 직전에 정지하여야 하며, 이미 교차로에 차마의 일부라도 진입한 경우에는 신속히 교차로 밖으로 진행하여야 한다.
적색의 등화	• 버스전용차로에 있는 차마는 정지선, 횡단보도 및 교차로의 직전에서 정지하여야 한다.
황색등화의 점멸	• 버스전용차로에 있는 차마는 다른 교통 또는 안전표지의 표시에 주의하면서 진행할 수 있다.
적색등화의 점멸	• 버스전용차로에 있는 차마는 정지선이나 횡단보도가 있을 때에는 그 직전이나 교차로의 직전에 일시정지한 후 다른 교통에 주의하면서 진행할 수 있다.

⑤ 노면전차 신호등

신호의 종류	신호의 뜻
황색 T자형의 등화	• 노면전차가 직진 또는 좌회전 · 우회전할 수 있는 등화가 점등될 예정이다.
황색 T자형 등화의 점멸	• 노면전차가 직진 또는 좌회전 · 우회전할 수 있는 등화의 점등이 임박하였다.
백색 가로 막대형의 등화	• 노면전차는 정지선, 횡단보도 및 교차로의 직전에서 정지해야 한다.
백색 가로막대형 등화의 점멸	• 노면전차는 정지선이나 횡단보도가 있는 경우에는 그 직전이나 교차로의 직전에 일시 정지한 후 다른 교통에 주의하면서 진행할 수 있다.
백색 점형의 등화	• 노면전차는 정지선이 있거나 횡단보도가 있는 경우에는 그 직전이나 교차로의 직전에 정지해야 하며, 이미 교차로에 노면전차의 일부가 진입한 경우에는 신속하게 교차로 밖으로 진행해야 한다.
백색 점형 등화의 점멸	• 노면전차는 다른 교통 또는 안전표지의 표시에 주의하면서 진행할 수 있다.
백색 세로 막대형의 등화	• 노면전차는 직진할 수 있다.
백색 사선 막대형의 등화	• 노면전차는 백색사선막대의 기울어진 방향으로 좌회전 또는 우회전할 수 있다.

(5) 무인 교통단속용 장비의 설치 및 관리〈법 제4조의2〉

① 설치 · 관리 2020년 부산

㉠ **설치 · 관리권자 :** 시 · 도경찰청장, 경찰서장 또는 시장등

㉡ **목적 :** 도로교통법을 위반한 사실을 기록 · 증명하기 위하여 무인(無人) 교통단속용 장비를 설치 · 관리할 수 있다.

② 설치 · 관리기준 및 원상회복의 규정

㉠ **설치 · 관리기준 :** 무인 교통단속용 장비의 설치 · 관리기준, 그 밖에 필요한 사항은 행정안전부령으로 정한다. 2023년 신설 법조항

㉡ **원상회복의 규정 :** 무인 교통단속용 장비의 철거 또는 원상회복 등에 관하여는 법 제3조 제4항부터 제6항까지의 규정을 준용한다. 이 경우 “교통안전시설”은 “무인 교통단속용 장비”로 본다.

❷ 신호등〈시행규칙 제7조〉

① 신호등의 등화의 배열순서〈시행규칙 제7조 제2항 별표4〉

등화구분(신호등)		가로형 신호등	세로형 신호등
4색	적색 · 황색 · 녹색화살표 · 녹색의 사색등화로 표시되는 신호등	• 좌로부터 적색 · 황색 · 녹색화살표 · 녹색의 순서 • 좌로부터 적색 · 황색 · 녹색의 순서로 하고, 적색등화 아래에 녹색화살표 등화를 배열	• 위로부터 적색 · 황색 · 녹색화살표 · 녹색의 순서
3색	적색 · 황색 및 녹색(녹색화살표)의 삼색등화로 표시되는 신호등	• 좌로부터 적색 · 황색 · 녹색(녹색화살표)의 순서	• 위로부터 적색 · 황색 · 녹색(녹색화살표)의 순서
	적색화살표 · 황색화살표 및 녹색화살표의 삼색등화로 표시되는 신호등	• 좌로부터 적색화살표 · 황색화살표 · 녹색화살표의 순서	• 위로부터 적색화살표 · 황색화살표 · 녹색화살표의 순서
2색	적색 ×표 및 녹색하향화살표의 이색등화로 표시되는 신호등	• 좌로부터 적색 ×표 · 녹색하향화살표의 순서	
	적색 및 녹색의 이색등화로 표시되는 신호등		• 위로부터 적색 · 녹색의 순서
기타	황색T자형 · 백색가로막대형 · 백색점형 · 백색세로막대형 · 백색사선막대형의 등화로 표시되는 신호등		• 위로부터 황색T자형 · 백색가로막대형 · 백색점형 · 백색세로막대형의 순서로 배열하고, 백색사선막대형은 백색세로막대형의 좌우측에 배열 • 도로폭이 협소한 등 부득이한 경우에는 백색사선막대형을 백색세로막대형의 좌우측이 아닌 아래에 배열할 수 있으며, 이 경우 위로부터 백색사선막대형(좌측) · 백색사선막대형(우측) 순으로 배열

② 신호등의 신호순서〈시행규칙 제7조 제2항 별표5〉

등화 구분(신호등)		신호순서
4색	적색, 황색, 녹색화살표, 녹색	• 녹색 → 황색 → 적색 및 녹색화살표 → 적색 및 황색 → 적색
3색	적색, 황색, 녹색(녹색화살표)	• 녹색(적색 및 녹색화살표) → 황색 → 적색
	적색화살표, 황색화살표, 녹색화살표	• 녹색화살표 → 황색화살표 → 적색화살표
2색	적색 및 녹색	• 녹색 → 녹색점멸 → 적색

※ 교차로와 교통 여건을 고려하여 특별히 필요하다고 인정되는 장소에서는 신호의 순서를 달리하거나 녹색화살표 및 녹색등화를 동시에 표시하거나, 적색 및 녹색화살표 등화를 동시에 표시하지 않을 수 있다.

③ 신호등의 성능〈시행규칙 제7조 제3항〉 2021년 서울 2021년 경북

구분	내용
등화의 밝기	• 낮에 150미터 앞쪽에서 식별할 수 있도록 할 것
등화의 빛의 발산각도	• 사방으로 각각 45도 이상으로 할 것
기타	• 태양광선이나 주위의 다른 빛에 의하여 그 표시가 방해받지 아니하도록 할 것

신호등

구분	내용
4색 등화	• 배열순서 : ① 적색 → ② 황색 → ③ 녹색화살표 → ④ 녹색 • 신호(등화)순서 : ① 녹색 → ② 황색 → ③ 적색 및 녹색화살표 → ④ 적색 및 황색 → 적색
3색 등화	• 배열순서 : ① 적색 → ② 황색 → ③ 녹색 • 신호(등화)순서 : ① 녹색 → ② 황색 → ③ 적색
신호등의 점멸	• 황색점멸 : 주의하면서 진행 • 적색점멸 : 반드시 일시정지 후 주의하면서 진행
비보호 좌회전	• 녹색 : 좌회전 • 적색 : 신호위반

3 안전표지〈시행규칙 제8조〉

(1) 정의

안전표지란 교통안전에 필요한 주의 · 규제 · 지시 등을 표시하는 표지판이나 도로 바닥에 표시하는 문자 · 기호 · 선 등의 표지를 말한다.

(2) 안전표지의 종류〈시행규칙 제8조〉 2020년 부산 2020년 서울 2022년 대전

① **주의표지** : 도로상태가 위험하거나 도로 또는 그 부근에 위험물이 있는 경우에 필요한 안전조치를 할 수 있도록 이를 도로사용자에게 알리는 표지를 말한다. 2020년 서울

예 낙석주의 등

② **규제표지** : 도로교통의 안전을 위하여 각종 제한 · 금지 등의 규제를 하는 경우에 이를 도로사용자에게 알리는 표지를 말한다.

예 보행자 통행금지 등

③ **지시표지** : 도로의 통행방법 · 통행구분 등 도로교통의 안전을 위하여 필요한 지시를 하는 경우에 도로사용자가 이에 따르도록 알리는 표지를 말한다.

예 자동차전용도로 등

④ **보조표지** : 주의표지 · 규제표지 또는 지시표지의 주기능을 보충하여 도로사용자에게 알리는 표지를 말한다.

예 견인지역 등

⑤ **노면표시** : 도로교통의 안전을 위하여 각종 주의 · 규제 · 지시 등의 내용을 노면에 기호 · 문자 또는 선으로 도로사용자에게 알리는 표지를 말한다.

예 안전지대 등

차선표시〈시행규칙 제8조 제2항 별표6 제503호 및 제504호〉 2020년 부산

구분	내용
백색차선(차로경계)	• 백색실선 : 진로 변경을 제한하는 것 • 백색점선 : 동일방향의 교통에 주의하면서 진로를 변경할 수 있음을 표시하는 것
청색차선(전용차로)	• 청색실선 : 차마가 넘어가서는 안 되는 것임을 표시하는 것 • 청색점선 : 전용차로를 통행할 수 있는 차마는 넘어갈 수 있으나, 전용차로를 통행할 수 없는 차마는 전용차로 외의 도로 등으로 진출 · 진입하거나 전용차로의 최초 시작지점에서 전용차로가 아닌 차로로 진입하기 위하여 넘어갈 수 있음을 표시하는 것 • 청색점선과 실선의 복선 : 차마가 점선이 있는 쪽에서는 넘어갈 수 있으나, 실선이 있는 쪽에서는 넘어갈 수 없음을 표시하는 것

(3) 고령운전자 표지〈법 제7조의2 및 시행규칙 제10조의2〉 2023년 신설 법조항

구분	내용
개념	• 고령운전자의 안전운전 및 교통사고 예방을 위하여 고령운전자가 운전하는 차임을 나타내는 표지를 말한다.
제작 및 배부	• 국가(경찰청장) 또는 지방자치단체장
부착대상 및 장소	• 운전면허를 받은 65세 이상인 사람이 운전하는 차임을 나타내는 표지 • 고령운전자는 다른 차의 운전자가 쉽게 식별할 수 있도록 표지를 부착하고 운전 • 차의 뒷면 중 안전운전에 지장을 주지 않고, 시인성을 확보할 수 있는 장소에 부착
제작방법	• 바탕은 하늘색, 글씨는 흰색으로 한다. • 앞면은 반사지로 제작하고, 뒷면은 탈부착이 가능하도록 고무자석으로 제작한다. • 글씨체는 문체부 제목 돋움체로 한다.
표지견본	어르신 운전중

(4) 교통안전표지 일람표

① 주의표지 2020년 서울 2024년 서울

101 +자형 교차로	102 T자형 교차로	103 Y자형 교차로	104 ㅏ자형 교차로	105 ㅓ자형 교차로	106 우선도로	107 우합류도로
108 좌합류도로	109 회전형 교차로	110 철길건널목	110의2 노면전차	111 우로굽은도로	112 좌로굽은도로	113 우좌로이중 굽은도로
114 좌우로이중 굽은도로	115 2방향통행	116 오르막경사	117 내리막경사	118 도로폭이좁아짐	119 우측차로없어짐	120 좌측차로없어짐
121 우측방통행	122 양측방통행	123 중앙분리대시작	124 중앙분리대끝남	125 신호기	126 미끄러운도로	127 강변도로
128 노면고르지못함	129 과속방지턱	130 낙석주의	132 횡단보도	133 어린이보호	134 자전거	135 도로공사중
136 비행기	137 횡풍	138 터널	138의2 교량	139 야생동물보호	140 위험	141 상습정체구간

② 규제표지 2022년 서울

201 통행금지 	202 자동차통행금지 	203 화물자동차 통행금지 	204 승합자동차 통행금지 	205 이륜자동차 및 원동기 장치자전거 통행금지 	205의2 개인형이동장치 통행금지 	206 자동차, 이륜자동차 및 원동기장치자전거 통행금지 
206의2 이륜자동차 · 원동기 장치자전거 및개인형이동장치 통행금지 	207 경운기 · 트랙터 및 손수레 통행금지 	210 자전거통행금지 	211 진입금지 	212 직진금지 	213 우회전금지 	214 좌회전금지 
216 유턴금지 	217 앞지르기 금지 	218 주정차금지 	219 주차 금지 	220 차중량제한 	221 차높이제한 	222 차폭제한 
223 차간거리확보 	224 최고속도제한 	225 최저속도제한 	226 서 행 	227 일시정지 	228 양보 	230 보행자보행금지 
231 위험물적재차량 통행금지 						

③ 지시표지 2022년 인천

301 자동차전용도로	302 자전거전용도로	303 자전거 및 보행자겸용도로	304 회전 교차로	305 직진	306 우회전	307 좌회전
308 직진 및 우회전	309 직진 및 좌회전	309의2 좌회전 및 유턴	310 좌우회전	311 유턴	312 양측방통행	313 우측면통행
314 좌측면통행	315 진행방향별 통행구분	316 우회로	317 자전거 및 보행자 통행 구분	318 자전거전용차로	319 주차장	320 자전거주차장
320의2 개인형이동장치 주차장	320의3 어린이통학버스 승하차	320의4 어린이 승하차	321 보행자전용도로	321의2 보행자우선도로	322 횡단보도	323 노인보호 (노인보호구역안)
324 어린이보호 (어린이 보호구역안)	324의2 장애인보호 (장애인 보호구역 안)	325 자전거횡단도	326 일방통행	327 일방통행	328 일방통행	329 비보호좌회전
330 버스전용차로	331 다인승차량 전용차로	331의2 노면전차전용차로	332 통행우선	333 자전거 나란히 통행허용	334 도시부	335 좌회전 감응신호

④ 보조표지

401 거리 100m 앞 부터	402 거리 여기부터 500m	403 구역 시내전역	404 일자 일요일·공휴일 제외	405 시간 08:00~20:00	406 시간 1시간 이내 차둘 수 있음	407 신호등화 상태 적신호시
407의2 우회전 신호등 우회전신호등	407의3 신호등 방향 표지 서울역방향	407의4 신호등보조장치 보행자 작동신호기	408 전방우선도로 앞에 우선도로	409 안전속도 안전속도 30	410 기상상태 안개지역	411 노면상태
412 교통규제 차로엄수	413 통행규제 건너가지마시오	414 차량한정 승용차에 한함	415 통행주의 속도를 줄이시오	415의2 충돌주의 충 돌 주 의	416 표지설명 터널길이 258m	417 구간시작 구간시작 200m
418 구간내 구 간 내 400m	419 구간끝 구 간 끝 600m	420 우방향	421 좌방향	422 전방 전방 500M	423 중량 3.5t	424 노폭 3.5m
425 거리 100m	427 해제 해 제	428 견인지역 견 인 지 역				

⑤ 표지판 종류

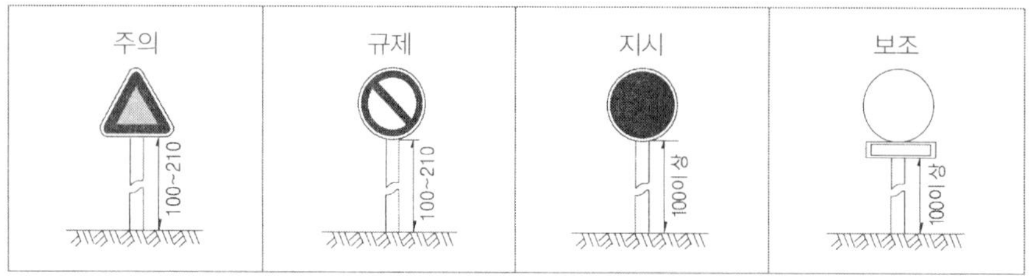

⑥ 노면표지

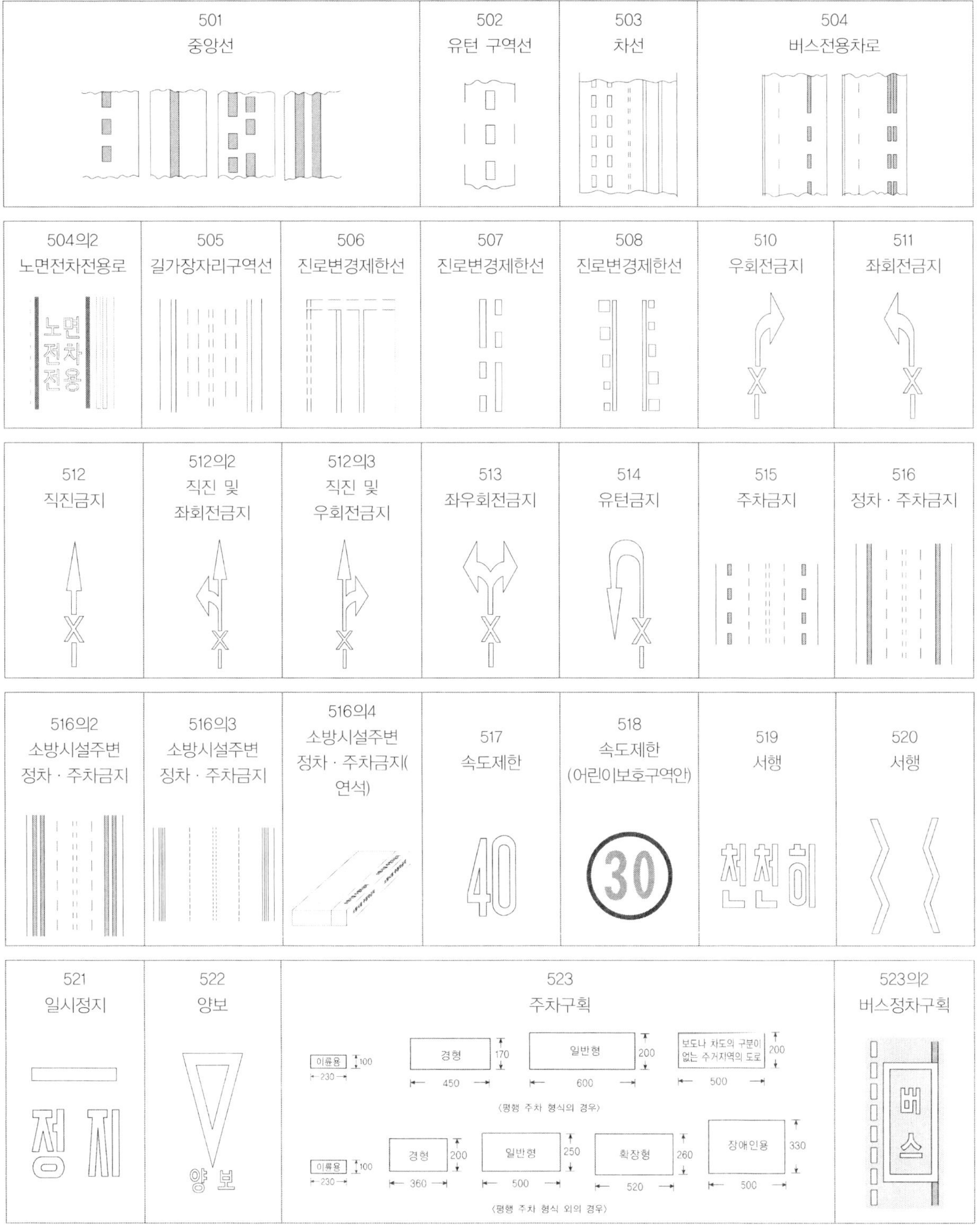

501
중앙선
502
유턴 구역선
503
차선
504
버스전용차로
504의2
노면전차전용로
노면
전차
전용
505
길가장자리구역선
506
진로변경제한선
507
진로변경제한선
508
진로변경제한선
510
우회전금지
511
좌회전금지
512
직진금지
512의2
직진 및
좌회전금지
512의3
직진 및
우회전금지
513
좌우회전금지
514
유턴금지
515
주차금지
516
정차 · 주차금지
516의2
소방시설주변
정차 · 주차금지
516의3
소방시설주변
징차 · 주차금지
516의4
소방시설주변
정차 · 주차금지(
연석)
517
속도제한
40
518
속도제한
(어린이보호구역안)
30
519
서행
천천히
520
서행
521
일시정지
정지
522
양보
양보
523
주차구획
이륜용
100
230
경형
170
450
일반형
200
600
보도나 차도의 구분이 없는 주거지역의 도로
200
500
〈평행 주차 형식의 경우〉
이륜용
100
230
경형
200
360
일반형
250
500
확장형
260
520
장애인용
330
500
〈평행 주차 형식 외의 경우〉
523의2
버스정차구획
버스

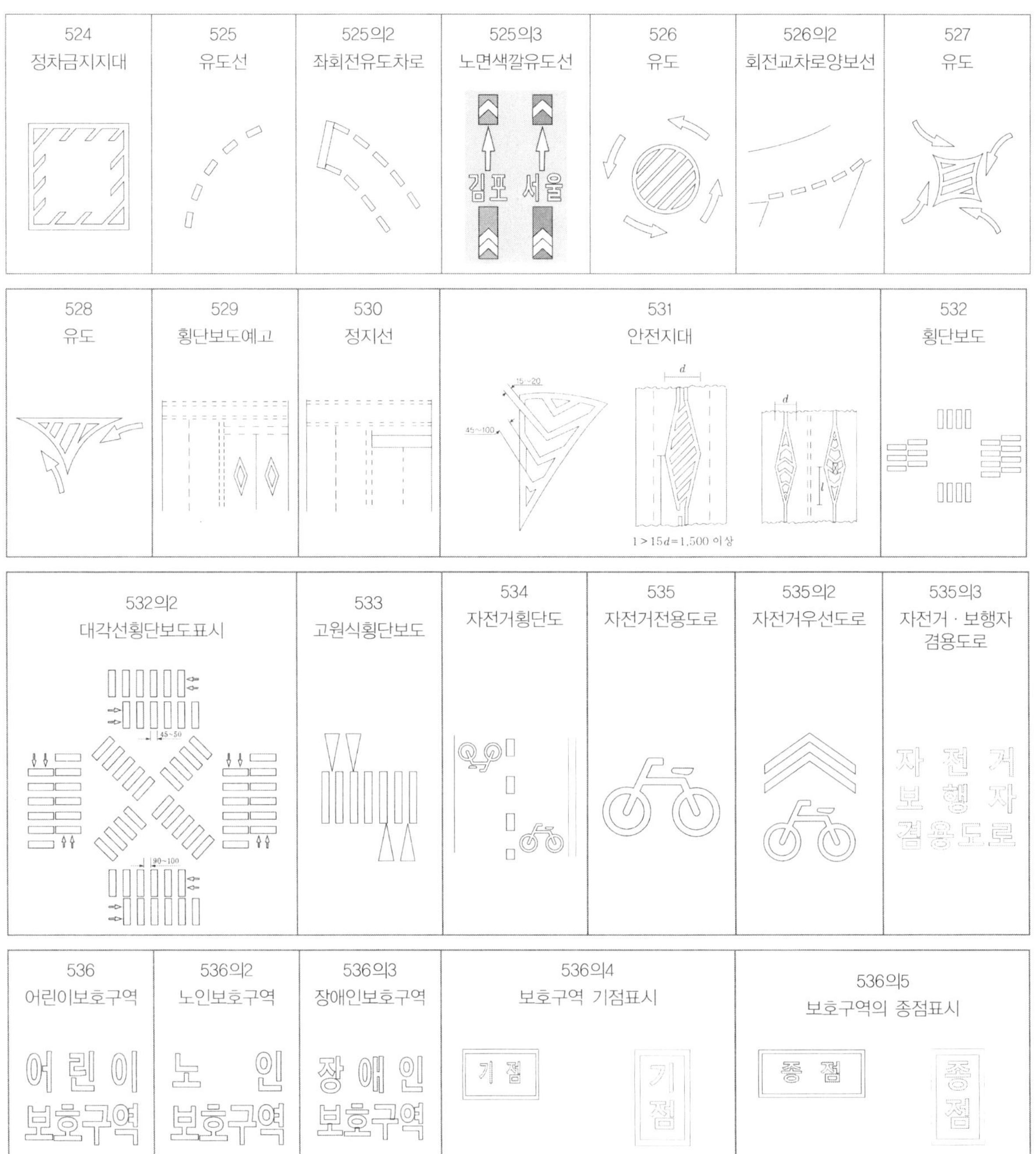

524
정차금지지대
525
유도선
525의2
좌회전유도차로
525의3
노면색깔유도선
김포 서울
526
유도
526의2
회전교차로양보선
527
유도
528
유도
529
횡단보도예고
530
정지선
531
안전지대
15~20
45~100
d
l
1 > 15d=1,500 이상
532
횡단보도
532의2
대각선횡단보도표시
45~50
90~100
533
고원식횡단보도
534
자전거횡단도
535
자전거전용도로
535의2
자전거우선도로
535의3
자전거 · 보행자
겸용도로
자 전 거
보 행 자
겸용도로
536
어린이보호구역
어 린 이
보호구역
536의2
노인보호구역
노 인
보호구역
536의3
장애인보호구역
장 애 인
보호구역
536의4
보호구역 기점표시
기 점
기
점
536의5
보호구역의 종점표시
종 점
종
점

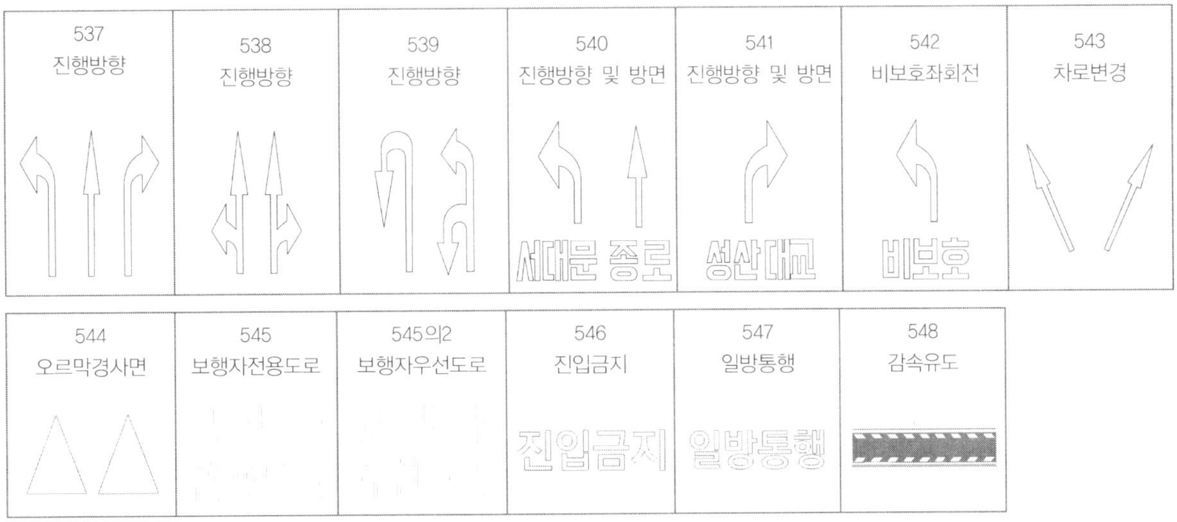
537
진행방향
538
진행방향
539
진행방향
540
진행방향 및 방면
서대문 종로
541
진행방향 및 방면
성산대교
542
비보호좌회전
비보호
543
차로변경
544
오르막경사면
545
보행자전용도로
545의2
보행자우선도로
546
진입금지
진입금지
547
일방통행
일방통행
548
감속유도

section 3 신호에 따를 의무

❶ 신호 또는 지시에 따를 의무〈법 제5조〉

(1) 신호나 지시가 있을 때

① 따라야 하는 사람
  ㉠ 도로를 통행하는 보행자
  ㉡ 차마 또는 노면전차의 운전자

② 따라야 하는 신호 또는 지시
  ㉠ 교통안전시설이 표시하는 신호 또는 지시
  ㉡ 교통정리를 하는 경찰공무원(의무경찰 포함) 및 제주특별자치도의 자치경찰공무원의 신호 또는 지시
  ㉢ 경찰공무원(자치경찰공무원 포함)을 보조하는 사람으로서 대통령령으로 정하는 사람(경찰보조자)의 신호 또는 지시

◆ 경찰공무원을 보조하는 사람(경찰보조자)의 범위〈시행령 제6조〉

- 모범운전자
- 군사훈련 및 작전에 동원되는 부대의 이동을 유도하는 군사경찰
- 본래의 긴급한 용도로 운행하는 소방차 · 구급차를 유도하는 소방공무원

③ **신호기와 수신호가 다를 때의 우선순위 :** 교통안전시설이 표시하는 신호 또는 지시와 교통정리를 하는 경찰공무원 또는 경찰보조자(이하 "경찰공무원등"이라 한다)의 신호 또는 지시가 서로 다른 경우에는 경찰공무원등의 신호 또는 지시에 따라야 한다. **2022년 전남**

(2) 경찰공무원등이 표시하는 수신호의 종류 · 표시방법 및 신호의 뜻〈시행규칙 제9조 별표7〉

① 손으로 할 때

신호종류	표시의 방법	신호의 뜻
진행	• 손바닥은 아래로 한 팔을 수평으로 올려서 측면을 지적하며 주목한 다음 팔꿈치를 굽히며 손을 위로 치켜들어 턱앞 또는 머리뒤를 가르키는 동작을 반복한다.	• 지적하며 주목을 받은 측의 보행자, 차마는 가리키는 방향으로 진행할 수 있다는 것
좌 · 우회전	• 손바닥을 아래로 한팔을 수평으로 올려서 측면(전면 또는 다리와 상체만을 뒤로 돌리면서 후면)을 지적하며 주목한 다음 손과 팔을 수평으로 유지하면서 전면 또는 다리와 상체만을 뒤로 돌리면서 후면(측면 또는 다리와 상체만을 원위치로 돌리면서 측면)을 가리키는 동작을 한다.	• 지적하며 주목을 받는 측의 차마는 가리키는 방향으로 좌회전 또는 우회전할 수 있다는 것
정지	• 팔을 수평선상 45도의 각도로 측면(전면 또는 다리와 상체만을 뒤로 돌리며 후면)으로 펴서 올리고 팔꿈치를 넓은 각도로 약간 굽혀 머리보다 높이 올린 손을 수직으로 하고 손바닥을 외측으로 향하게 하며 주목한다.	• 손바닥과 대면하여 주목을 받은 측의 보행자는 도로를 횡단하여서는 아니되고 차마는 정지선에 정지하여야 한다는 것

② 신호봉 으로 할 때

신호종류	표시의 방법	신호의 뜻
진행	• 신호봉을 수평선상 45도가 되도록 잡고 손으로 할 때의 진행신호를 한다.	• 지적하며 주목을 받은 측의 보행자, 차마는 가리키는 방향으로 진행할 수 있다는 것
좌 · 우회전	• 신호봉을 수평선상 45도가 되도록 잡고 손으로 할 때의 좌 · 우회전신호를 표시하는 동작을 한다.	• 지적하며 주목을 받는 측의 차마는 가리키는 방향으로 좌회전 또는 우회전 할 수 있다는 것
정지	• 우측 팔꿈치를 옆구리에 가볍게 붙이고 신호봉을 잡은 손목을 상의 둘째단추 높이의 앞으로 올린 후 신호봉을 안면 중앙의 수직선에서 45도 각도(이하 같다)의 좌우로 흔든다. • 다리와 상체만을 뒤로 돌리고 신호봉을 잡은 우측 손목을 어깨높이 45도 각도 앞으로 올리고 신호봉을 좌우로 흔든다. 상체만을 측면으로 돌리고 신호봉을 잡은 우측 손목을 어깨높이로 올리고 신호봉을 좌우로 흔든다.	• 좌우로 흔드는 신호봉 및 안면과 대면하는 보행자는 도로를 횡단하여서는 아니되고 차마는 정지선에 정지하여야 한다는 것

❷ 모범운전자

(1) 모범운전자연합회〈법 제5조의2〉

① 설립 : 모범운전자들의 상호협력을 증진하고 교통안전 봉사활동을 효율적으로 운영하기 위하여 모범운전자 연합회를 설립할 수 있다.

② 설립목적〈연합회 정관 제2조〉
㉠ 교통안전 봉사활동 및 거리질서 홍보 활동으로 사고를 예방
㉡ 국민의 귀중한 생명과 재산을 보호
㉢ 지역사회 발전과 선진 교통질서를 확립

(2) 모범운전자

① 개념
㉠ 개요 : 모범운전자는 2년 이상 사고를 내지 않고 택시 등 사업용 차량을 운전한 사람 중 경찰청장의 임명을 받아 교통안전 봉사활동에 종사하는 사람이다.
㉡ 경찰공무원을 보조하는 사람 : 모범운전자는 도로교통법상 경찰공무원을 보조하는 사람이다.

② 모범운전자에 대한 지원〈법 제5조의3〉 2021년 대구
㉠ 복장 및 장비 지원 : 국가는 예산의 범위에서 모범운전자에게 대통령령으로 정하는 바에 따라 교통정리 등의 업무를 수행하는 데 필요한 복장 및 장비를 지원할 수 있다.
㉡ 보험가입 : 국가는 모범운전자가 교통정리 등의 업무를 수행하는 도중 부상을 입거나 사망한 경우에 이를 보상할 수 있도록 보험에 가입할 수 있다.
㉢ 지방자치단체의 지원 : 지방자치단체는 예산의 범위에서 모범운전자연합회의 사업에 필요한 보조금을 지원할 수 있다.

③ 모범운전자에 대한 복장 및 장비의 지원〈시행령 제6조의2〉

구분	지원품목
복장	• 모자, 근무복, 점퍼
장비	• 경적, 신호봉, 야광조끼

※ 복장 및 장비의 지급 기준 및 시기 등에 관하여 필요한 사항은 경찰청장이 정하여 고시한다.

최근기출문제

1 「도로교통법 시행규칙」상 안전표지 종류 중 주의표지에 해당하지 않는 것을 모두 고른 것은? 2024.02.24. 서울

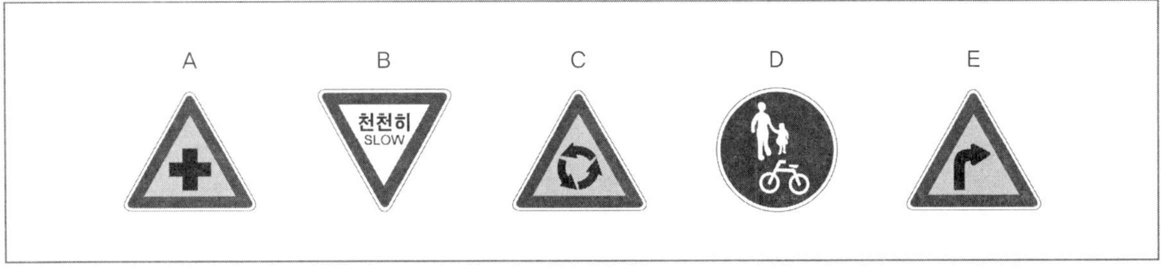

① A, C ② B, D
③ B, E ④ C, D

TIP B : 규제표지이다〈시행규칙 제8조 제2항 별표 제226호〉.
D : 지시표지이다〈시행규칙 제8조 제2항 별표6 제303호〉.

2 「도로교통법 시행규칙」상 차마에서 제외하는 기구, 장치가 아닌 것은? 2024.02.24. 서울

① 보행보조용 의자차
② 운전자가 내려서 끌거나 들고 통행하는 원동기장치자전거
③ 의료기기의 기준규격에 따른 전동휠체어
④ 전동이륜평행차

TIP 차마에서 제외하는 기구 · 장치〈시행규칙 제2조 제1항〉
㉠ 유모차
㉡ 보행보조용 의자차(수동휠체어, 전동휠체어 및 의료용 스쿠터를 말한다)
㉢ 노약자용 보행기
㉣ 놀이기구(어린이가 이용하는 것에 한정한다)
㉤ 동력이 없는 손수레
㉥ 이륜자동차, 원동기장치자전거 또는 자전거로서 운전자가 내려서 끌거나 들고 통행하는 것
㉦ 도로의 보수 · 유지, 도로상의 공사 등 작업에 사용되는 기구 · 장치(사람이 타거나 화물을 운송하지 않는 것에 한정한다)

Answer 1.② 2.④

3 **도로교통법에 따른 용어의 정의로 옳지 않은 것은?** 2022.06.18. 경북

① '차마'란 사람 또는 가축의 힘이나 그 밖의 동력으로 도로에서 운전되는 것과 교통운수에 사용되는 가축
② '정차'란 10분 이내 주행하지 않고 정지하는 것
③ '원동기장치자전거'란 「자동차관리법」 제3조에 따른 이륜자동차 가운데 배기량 125시시 이하(전기를 동력으로 하는 경우에는 최고정격출력 11킬로와트 이하)의 이륜자동차
④ '일시정지'란 차 또는 노면전차의 운전자가 그 차 또는 노면전차의 바퀴를 일시적으로 완전히 정지시키는 것

TIP 주 · 정차의 용어 비교〈법 제2조 제24호 · 제25호〉
㉠ **주차** : 운전자가 승객을 기다리거나 화물을 싣거나 차가 고장 나거나 그 밖의 사유로 차를 계속 정지 상태에 두는 것 또는 운전자가 차에서 떠나서 즉시 그 차를 운전할 수 없는 상태에 두는 것을 말한다.
㉡ **정차** : 운전자가 5분을 초과하지 아니하고 차를 정지시키는 것으로서 주차 외의 정지 상태를 말한다.

4 **다음 중 안전표지에 대한 설명으로 옳은 것은?** 2022.06.18. 대전

① 지시표지 : 도로상태가 위험하거나 도로 또는 그 부근에 위험물이 있는 경우에 필요한 안전 조치를 할 수 있도록 이를 도로사용자에게 알리는 표지
② 주의표지 : 도로의 통행방법 · 통행구분 등 도로교통의 안전을 위하여 필요한 경우에 도로사용자가 이에 따르도록 알리는 표지
③ 보조표지 : 도로교통의 안전을 위하여 각종 주의 · 규제 · 지시 등의 내용을 기호 · 문자 또는 선으로 도로사용자에게 알리는 표지
④ 규제표지 : 도로교통의 안전을 위하여 각종 제한 · 금지 등을 하는 경우에 이를 도로사용자에게 알리는 표지

TIP 교통안전표지의 종류〈시행규칙 제8조 제1항〉
㉠ **주의표지** : 도로의 상태가 위험하거나 도로 또는 그 부근에 위험물이 있는 경우 안전조치를 할 수 있도록 도로사용자에게 알리는 표지
㉡ **규제표지** : 도로교통의 안전을 위하여 각종제한 · 금지 등의 규제를 하는 경우에 이를 도로 사용자에게 알리는 표지
㉢ **지시표지** : 도로의 통행방법 · 통행구분 등 도로 교통의 안전을 위하여 필요한 지시를 하는 경우에 도로 사용자가 이를 따르도록 알리는 표지
㉣ **보조표지** : 주의 · 규제 · 지시표지의 주 기능을 보충하여 도로 사용자에게 알리는 표지
㉤ **노면표시** : 도로 교통의 안전을 위하여 각종 주의 · 규제 · 지시 등의 내용을 노면에 기호 · 문자 또는 선으로 도로 사용자에게 알리는 표지

Answer 3.② 4.④

5 **다음 교통안전표지의 종류와 속도규정을 바르게 연결한 것은?** 2022.06.18. 인천

① 주의표지 - 80km/h
② 주의표지 - 90km/h
③ 지시표지 - 80km/h
④ 지시표지 - 90km/h

TIP 지시표지이며 자동차전용도로의 최고속도는 90km/h이다.

6 **다음 중 교통안전시설물을 설치 · 관리할 수 없는 자는?** 2022.04.23. 경기

① 서울특별시장
② 울산광역시장
③ 경기도지사
④ 수원시장

TIP 신호기 등의 설치 및 관리〈법 제3조 제1항〉 … 특별시장 · 광역시장 · 제주특별자치도지사 또는 시장 · 군수(광역시의 군수는 제외한다. 이하 "시장등"이라 한다)는 도로에서의 위험을 방지하고 교통의 안전과 원활한 소통을 확보하기 위하여 필요하다고 인정하는 경우에는 신호기 및 안전표지(이하 "교통안전시설"이라 한다)를 설치 · 관리하여야 한다. 다만, 유료도로에서는 시장등의 지시에 따라 그 도로관리자가 교통안전시설을 설치 · 관리하여야 한다.

7 **신호기에 대한 설명으로 옳은 것은?** 2022.07.16. 전남

① 신호기 신호와 경찰공무원의 수신호가 다를 경우 경찰공무원의 신호를 따른다.
② 신호기의 신호와 경비원의 수신호가 다를 경우 경비원의 신호를 따른다.
③ 신호기의 신호와 군사경찰의 수신호가 다를 경우 신호기의 수신호를 따른다.
④ 신호기의 신호와 구급차를 유도 중인 소방공무원의 신호가 다를 경우 신호기의 수신호를 따른다.

TIP 신호 · 지시의 우선순위〈법 제5조 제2항〉 … 도로를 통행하는 보행자, 차마 또는 노면전차의 운전자는 교통안전시설이 표시하는 신호 또는 지시와 교통정리를 하는 경찰공무원 또는 경찰보조자(이하 "경찰공무원등"이라 한다)의 신호 또는 지시가 서로 다른 경우에는 경찰공무원등의 신호 또는 지시에 따라야 한다.

※ 경찰공무원을 보조하는 사람의 범위〈시행령 제6조〉
㉠ 모범운전자
㉡ 군사훈련 및 작전에 동원되는 부대의 이동을 유도하는 군사경찰
㉢ 본래의 긴급한 용도로 운행하는 소방차 · 구급차를 유도하는 소방공무원

Answer 5.④ 6.③ 7.①

8 「도로교통법 시행규칙」상 차량신호등의 적색 등화의 점멸 신호가 뜻하는 바로 가장 옳은 것은?

2022.06.18. 서울

① 차마는 정지선이나 횡단보도가 있을 때에는 그 직전이나 교차로의 직전에 일시정지한 후 다른 교통에 주의하면서 진행할 수 있다.
② 차마는 정지선, 횡단보도 및 교차로의 직전에서 정지해야 한다.
③ 차마는 우회전하려는 경우 정지선, 횡단보도 및 교차로의 직전에서 정지한 후 신호에 따라 진행하는 다른 차마의 교통을 방해하지 않고 우회전할 수 있다.
④ 교차로에서 차마가 우회전하려는 경우 차마는 우회전 삼색등이 적색의 등화인 경우 우회전 할 수 없다.

TIP 적색등화의 점멸 〈시행규칙 제6조 제2항 별표2〉… 차마는 정지선이나 횡단보도가 있을 때에는 그 직전이나 교차로의 직전에 일시정지한 후 다른 교통에 주의하면서 진행할 수 있다.

9 다음 중 자동차의 종류에 대한 설명으로 바르지 못한 것은? 2022.06.18. 인천

① 승합자동차 : 15인 이하의 자동차는 승합자동차에 해당된다.
② 이륜자동차 : 총배기량 또는 정격출력의 크기와 관계없이 1인 또는 2인의 사람을 운송하기에 적합하게 제작된 이륜의 자동차 및 그와 유사한 구조로 되어 있는 자동차를 말한다.
③ 화물자동차 : 화물을 운송하기에 적합한 화물적재공간을 갖추고, 화물적재공간의 총적재화물의 무게가 운전자와 승객이 승차공간에 모두 탑승했을 때의 승객의 무게보다 많은 자동차
④ 특수자동차 : 다른 자동차를 견인하거나 구난작업 또는 특수한 용도로 사용하기에 적합하게 제작된 자동차로서 승용자동차 · 승합자동차 또는 화물자동차가 아닌 자동차

TIP 자동차의 종류〈자동차관리법 제3조 제1항〉
㉠ 승용자동차 : 10인 이하를 운송하기에 적합하게 제작된 자동차
㉡ 승합자동차 : 11인 이상을 운송하기에 적합하게 제작된 자동차. 다만, 다음의 어느 하나에 해당하는 자동차는 승차인원과 관계없이 이를 승합자동차로 본다.
- 내부의 특수한 설비로 인하여 승차인원이 10인 이하로 된 자동차
- 국토교통부령으로 정하는 경형자동차로서 승차인원이 10인 이하인 전방조종자동차

㉢ 화물자동차 : 화물을 운송하기에 적합한 화물적재공간을 갖추고, 화물적재공간의 총적재화물의 무게가 운전자를 제외한 승객이 승차공간에 모두 탑승했을 때의 승객의 무게보다 많은 자동차
㉣ 특수자동차 : 다른 자동차를 견인하거나 구난작업 또는 특수한 용도로 사용하기에 적합하게 제작된 자동차로서 승용자동차 · 승합자동차 또는 화물자동차가 아닌 자동차
㉤ 이륜자동차 : 총배기량 또는 정격출력의 크기와 관계없이 1인 또는 2인의 사람을 운송하기에 적합하게 제작된 이륜의 자동차 및 그와 유사한 구조로 되어 있는 자동차

Answer 8.① 9.③

10 다음 중 자율주행자동차의 대한 설명으로 틀린 것은? 2022.06.18. 인천

① "자율주행자동차"란 운전자 또는 승객의 조작 없이 자동차 스스로 운행이 가능한 자동차를 말한다.
② "완전 자율주행시스템"은 모든 영역에서 운전자의 개입 없이 자동차를 운행하는 자율주행시스템을 갖춘 자동차를 말한다.
③ "부분 자율주행시스템"은 지정된 조건에서 운전자의 개입 없이 자동차를 운행하는 자율주행시스템을 갖춘 자동차를 말한다.
④ "완전 자율주행시스템"에 해당하지 않는 자동차를 운전하는 자율주행 운전자는 자율주행시스템의 직접 운전요구에 지체없이 대응하여 조향장치, 제동장치 및 그 밖의 장치를 직접 조작하여 운전하여야 한다.

TIP **부분 자율주행시스템**〈자동차규칙 제111조 제1호〉 … 지정된 조건에서 자동차를 운행하되 작동한계상황 등 필요한 경우 운전자의 개입을 요구하는 자율주행시스템을 말한다.

※ **자율주행자동차의 종류**〈자율주행자동차법 제2조 제2항〉

㉠ **부분 자율주행자동차** : 제한된 조건에서 자율주행시스템으로 운행할 수 있으나 작동한계상황 등 필요한 경우 운전자의 개입을 요구하는 자율주행자동차

㉡ **완전 자율주행자동차** : 자율주행시스템만으로 운행할 수 있어 운전자가 없거나 운전자 또는 승객의 개입이 필요하지 아니한 자율주행자동차

11 〈보기〉는 「도로교통법」상 "개인형 이동장치"에 대한 정의이다. ㈎와 ㈏에 들어갈 내용으로 옳은 것은? 2021.06.05. 서울

> "개인형 이동장치"란 원동기장치자전거 중 [㈎]으로 운행할 경우 전동기가 작동하지 아니하고 차체 중량이 [㈏]인 것으로서 행정안전부령으로 정하는 것을 말한다.

① ㈎ 시속 20킬로미터 이상　㈏ 30킬로그램 이하
② ㈎ 시속 25킬로미터 이상　㈏ 30킬로그램 미만
③ ㈎ 시속 20킬로미터 이상　㈏ 35킬로그램 이하
④ ㈎ 시속 25킬로미터 이상　㈏ 35킬로그램 미만

TIP 개인형 이동장치란 원동기장치자전거 중 시속 25킬로미터 이상으로 운행할 경우 전동기가 작동하지 아니하고 차체 중량이 30킬로그램 미만인 것으로서 행정안전부령으로 정하는 것을 말한다〈법 제2조 제19의2호〉.

Answer 10.③ 11.②

12 「도로교통법 시행규칙」상 신호등의 성능으로 가장 옳지 않은 것은? **2021.06.05. 서울**

① 등화의 밝기는 낮에 150미터 앞쪽에서 식별할 수 있도록 할 것
② 등화의 빛의 발산각도는 사방으로 각각 45도 이상으로 할 것
③ 보행자에게 남은 시간을 알려주는 장치를 설치할 것
④ 태양광선이나 주위의 다른 빛에 의하여 그 표시가 방해받지 아니하도록 할 것

TIP 신호등의 성능〈시행규칙 제7조 제3항〉
㉠ 등화의 밝기는 낮에 150미터 앞쪽에서 식별할 수 있도록 할 것
㉡ 등화의 빛의 발산각도는 사방으로 각각 45도 이상으로 할 것
㉢ 태양광선이나 주위의 다른 빛에 의하여 그 표시가 방해받지 아니하도록 할 것

13 다음 중 황색 원형등화의 신호의 뜻으로 잘못 설명하고 있는 것은? **2021.05.01. 전북**

① 차마는 정지선이 있거나 횡단보도가 있을 때에는 그 직전이나 교차로의 직전에 정지하여야 한다.
② 이미 교차로에 차마의 일부라도 진입한 경우에는 신속히 교차로 밖으로 진행하여야 한다.
③ 차마는 우회전 할 수 있고 우회전하는 경우에는 보행자의 횡단을 방해하지 못한다.
④ 신호에 따라 진행하는 다른 차마의 교통을 방해되지 않는다면 일시정지한 후 주의하면서 진행할 수 있다.

TIP 황색의 원형등화〈시행규칙 제6조 제2항 별표2〉
㉠ 차마는 정지선이 있거나 횡단보도가 있을 때에는 그 직전이나 교차로의 직전에 정지하여야 하며, 이미 교차로에 차마의 일부라도 진입한 경우에는 신속히 교차로 밖으로 진행하여야 한다.
㉡ 차마는 우회전할 수 있고 우회전하는 경우에는 보행자의 횡단을 방해하지 못한다.

Answer 12.③ 13.④

14 **다음 중 「도로교통법」상 모범운전자연합회 및 모범운전자의 지원에 대한 내용으로 가장 올바르지 않은 것은?** 2021.04.10. 대구

① 모범운전자들의 상호협력을 증진하고 교통안전 봉사활동을 효율적으로 운영하기 위하여 모범운전자 연합회를 설립할 수 있다.

② 도로교통법에는 모범운전자연합회를 설립할 수 있는 근거가 존재한다.

③ 지방자치단체는 모범운전자에게 필요한 복장 및 장비를 지원할 수 있다.

④ 국가는 모범운전자가 교통정리 등의 업무를 수행하는 도중 부상을 입거나 사망한 경우에 이를 보상할 수 있도록 보험에 가입할 수 있다.

TIP 모범운전자연합회〈법 제5조의2 및 법 제5조의3〉

㉠ 설립목적 : 모범운전자들의 상호협력 증진과 교통안전 봉사활동을 효율적 운영

㉡ 지원사항

- 경찰청장은 예산의 범위에서 모범 운전자에게 대통령령으로 정하는 바에 따라 교통정리 등의 업무 수행에 필요한 복장 및 장비를(경적, 신호봉, 야광 조끼 등) 지원 할 수 있다.
- 국가는 모범운전자가 교통정리 등의 업무를 수행 도중 사망하거나 부상 등에 대비 보험에 가입할 수 있다.
- 지방자치단체는 예산의 범위 내에서 설립된 모범운전자연합회의 사업에 필요한 보조금을 지원할 수 있다.

15 **다음 중 「도로교통법」상 도로의 종류가 아닌 것은?** 2021.05.01. 전북

① 「유료도로법」에 따른 유료도로

② 「농어촌도로 정비법」에 따른 농어촌도로

③ 「해상법」에 따른 해상도로

④ 불특정 다수의 사람 또는 차마가 통행할 수 있도록 공개된 장소로서 안전하고 원활한 교통을 확보할 필요가 있는 장소

TIP 도로〈법 제2조 제1호〉

㉠ 「도로법」에 따른 도로

㉡ 「유료도로법」에 따른 유료도로

㉢ 「농어촌도로 정비법」에 따른 농어촌도로

㉣ 그 밖에 현실적으로 불특정 다수의 사람 또는 차마(車馬)가 통행할 수 있도록 공개된 장소로서 안전하고 원활한 교통을 확보할 필요가 있는 장소

Answer 14.③ 15.③

16 다음 중 도로교통법상 차도의 정의로 옳은 것은? 2020.10.17. 부산

① 연석선, 안전표지 또는 그와 비슷한 인공구조물을 이용하여 경계를 표시하여 모든 차가 통행할 수 있도록 설치된 부분을 말한다.

② 차마가 한 줄로 도로의 정하여진 부분을 통행하도록 차선으로 구분한 차도의 부분을 말한다.

③ 차마의 통행 방향을 명확하게 구분하기 위하여 도로에 황색 실선이나 황색 점선 등의 안전표지로 표시한 선 또는 중앙분리대나 울타리 등으로 설치한 시설물을 말한다.

④ 차선변경 및 이면도로(교차로) 또는 건물로의 진출 · 입을 위하여 일시적으로 진입할 수 있게 구분한 청색점선 등의 안전표지로 표시한 선을 말한다.

TIP ② 차로를 설명한 것이다〈도로교통법 제2조 제6호〉.
③ 중앙선을 설명한 것이다〈도로교통법 제2조 제5호〉.
④ 청색점선은 버스전용차로에서 버스를 제외한 차량이 우회전, 합류 등을 위해 일시적으로 통행 가능한 차선을 말한다.
※ **전용차로표시**〈시행규칙 제8조 제2항 별표6 제504호〉
㉠ **청색실선** : 차마가 넘어가서는 안 되는 것임을 표시하는 것
㉡ **청색점선** : 전용차로를 통행할 수 있는 차마는 넘어갈 수 있으나, 전용차로를 통행할 수 없는 차마는 전용차로 외의 도로 등으로 진출 · 진입하거나 전용차로의 최초 시작지점에서 전용차로가 아닌 차로로 진입하기 위하여 넘어갈 수 있음을 표시하는 것
㉢ **청색점선과 실선의 복선** : 차마가 점선이 있는 쪽에서는 넘어갈 수 있으나, 실선이 있는 쪽에서는 넘어갈 수 없음을 표시하는 것

17 다음 중 도로교통법의 용어로 틀린 것은? 2020.10.17. 충북

① 횡단보도 : 보행자가 도로를 횡단할 수 있도록 안전표지로 표시한 도로

② 보도 : 보행자가 통행할 수 있도록 한 도로

③ 차도 : 안전표지 또는 인공구조물을 이용하여 표시 모든 차가 통행할 수 있도록 설치된 도로

④ 자동차전용도로 : 원동기를 포함한 모든 고속차량이 다닐 수 있도록 설치된 도로

TIP ④ 자동차전용도로는 자동차만 다닐 수 있도록 설치된 도로를 말한다〈법 제2조 제2호〉.
※ **고속도로**〈법 제2조 제3호〉 … 자동차의 고속 운행에만 사용하기 위하여 지정된 도로를 말한다.

Answer 16.① 17.④

18 「도로교통법」 제4조 제1항에 따른 안전표지의 설명으로 가장 옳지 않은 것은? 2020.06.13. 서울

① 주의표지 : 도로상태가 위험하거나 도로 또는 그 부근에 위험물이 있는 경우에 필요한 안전조치를 할 수 있도록 이를 도로사용자에게 알리는 표지

② 규제표지 : 도로교통의 안전을 위하여 각종 제한 · 금지 등의 규제를 하는 경우에 이를 도로사용자에게 알리는 표지

③ 지시표지 : 도로의 통행방법 · 통행구분 등 도로교통의 안전을 위하여 필요한 지시를 하는 경우에 도로사용자가 이에 따르도록 알리는 표지

④ 보조표지 : 도로교통의 안전을 위하여 각종 주의 · 규제 · 지시 등의 내용을 노면에 기호 · 문자 또는 선으로 도로사용자에게 알리는 표지

TIP 보조표지〈시행규칙 제8조 제4호〉 … 주의표지 · 규제표지 또는 지시표지의 주기능을 보충하여 도로사용자에게 알리는 표지

19 무인 교통단속용 장비의 설치 및 관리를 할 수 있는 자가 아닌 것은? 2020.10.17. 부산

① 경찰청장
② 경찰서장
③ 시 · 도경찰청장
④ 시장

TIP 무인 교통단속용 장비의 설치 및 관리〈법 제4조의2〉 … 시 · 도경찰청장, 경찰서장 또는 시장 등은 이 법을 위반한 사실을 기록 · 증명하기 위하여 무인(無人) 교통단속용 장비를 설치 · 관리할 수 있다.

20 도로교통법의 용어 중 "서행"의 뜻으로 올바른 것은? 2018.04.27. 경기

① 운전자가 그 차의 바퀴를 일시적으로 완전히 정지시키는 것
② 규정된 속도에서 다소 높은 속도로 운행하는 것
③ 운전자가 차를 즉시 정지시킬 수 있는 정도의 느린 속도로 진행하는 것
④ 운전자가 5분을 초과하지 아니하고 차를 정지시키는 것

TIP 서행〈법 제2조 제28호〉 … 서행이란 운전자가 차 또는 노면전차를 즉시 정지시킬 수 있는 정도의 느린 속도로 진행하는 것을 말한다.

Answer 18.④ 19.① 20.③

21 아래의 교통안전표지가 뜻하는 것은? `2006.05.21. 대구`

① 미끄러운 도로
② 강변도로
③ 낙석도로
④ 횡풍

TIP ② **강변도로 표지**〈시행규칙 제8조 제2항 별표6 제127호〉… 도로의 일변이 강변, 해변, 계곡 등 추락위험지점임을 알리는 표지이다.

22 다음 중 도로교통법의 목적으로 옳은 것은? `2003.03.30. 인천`

① 국민생활의 편익을 증진
② 안전하고 원활한 교통의 확보
③ 자동차의 성능과 안전을 확보
④ 공공의 복리를 증진

TIP **도로교통법의 목적**〈법 제1조〉… 도로교통법은 도로에서 일어나는 교통상의 모든 위험과 장해를 방지하고 제거하여 안전하고 원활한 교통을 확보함을 목적으로 한다.

Answer 21.② 22.②

출제예상문제

1　다음 중 도로교통법의 목적으로 옳은 것은?

① 교통의 안전과 원활한 소통을 목적으로 한다.
② 교통 위반자의 지도와 단속을 목적으로 한다.
③ 도로의 관리와 안전을 목적으로 한다.
④ 자동차의 원활한 소통을 목적으로 한다.

TIP 도로교통법은 도로에서 일어나는 교통상의 모든 위험과 장해를 방지하고 제거하여 안전하고 원활한 교통을 확보함을 목적으로 한다〈법 제1조〉.

2　「자동차관리법」상 자동차의 종류로 옳지 않은 것은?

① 건설기계　　② 화물자동차
③ 이륜자동차　　④ 특수자동차

TIP 자동차관리법상 자동차〈법 제2조 제18호 가목〉
㉠ 승용자동차
㉡ 승합자동차
㉢ 화물자동차
㉣ 특수자동차
㉤ 이륜자동차
① 건설기계는 「건설기계관리법」에 따른 「도로교통법」상 자동차이다〈법 제2조 제18호 나목〉.

3　자동차전용도로를 설명한 것 중 옳은 것은?

① 차도
② 횡단보도
③ 차마의 교통에 사용되는 도로
④ 오로지 자동차의 교통에 제공하는 것을 목적으로 설치된 도로

TIP 자동차전용도로〈법 제2조 제2호〉 … 자동차만이 다닐 수 있도록 설치된 도로를 말한다.

Answer　1.①　2.①　3.④

4 「도로교통법령」상 보행자에 대한 설명으로 틀린 것은?

① 너비 1미터 이하의 동력이 없는 손수레를 이용하여 통행하는 사람은 보행자가 아니다.
② 너비 1미터 이하의 보행보조용 의자차를 이용하여 통행하는 사람은 보행자이다.
③ 자전거를 타고 가는 사람은 보행자가 아니다.
④ 너비 1미터 이하의 노약자용 보행기를 이용하여 통행하는 사람은 보행자이다.

TIP 보행자〈법 제2조 제10호〉 … 유모차, 보행보조용 의자차, 노약자용 보행기 등 행정안전부령으로 정하는 기구 · 장치를 이용하여 통행하는 사람 및 실외이동로봇을 포함한다.
※ 보도〈법 제2조 제10호〉 … 연석선, 안전표지나 그와 비슷한 인공구조물로 경계를 표시하여 보행자가 통행할 수 있도록 한 도로의 부분을 말한다.

5 자율주행시스템과 관련된 내용으로 틀린 설명은?

① '완전자율주행시스템'이란 모든 영역에서 운전자의 개입 없이 자동차를 운행하는 시스템을 말한다.
② '자율주행자동차'란 운전자 또는 승객의 조작 없이 자동차 스스로 운행이 가능한 자동차를 말한다.
③ '조건부 완전자율주행시스템'이란 지정된 조건에서 운전자의 개입 없이 자동차를 운행하는 시스템을 말한다.
④ '부분 자율주행시스템'이란 지정된 조건에서 자동차를 운행하되 자동 한계 상황 등에 상관없이 운전자의 개입을 요구하는 시스템을 말한다.

TIP ④ '부분 자율주행시스템'이란 지정된 조건에서 자동차를 운행하되 자동 한계 상황 등 필요한 경우 운전자의 개입을 요구하는 시스템을 말한다〈자동차규칙 제111조 제1호〉.

6 차로에 관한 다음 설명 중 옳은 것은?

① 차마의 통행을 위하여 연석선, 안전표지 기타 공작물에 의해 구획된 도로
② 차마가 한 줄로 도로의 정하여진 부분을 통행하도록 차선에 의하여 구분되는 차도의 부분
③ 자동차의 통행을 위하여 연석신, 안전표지 기타 공작물에 의해 구획된 도로
④ 안전표지, 위험방지용 울타리 그 밖의 공작물에 의해 구획된 도로

TIP 차로〈법 제2조 제6호〉 … 차마가 한 줄로 도로의 정하여진 부분을 통행하도록 차선으로 구분한 차도의 부분을 말한다.

Answer 4.① 5.④ 6.②

7 **안전지대에 관한 다음 설명 중 옳은 것은?**

① 사고가 잦은 장소에 보행자의 안전을 위하여 설치된 부분이다.
② 버스정류장 표지가 있는 부분이다.
③ 도로를 횡단하는 보행자의 안전을 위하여 안전표지 등으로 표시한 도로의 부분이다.
④ 자동차가 안전하게 주차할 수 있는 부분이다.

TIP 안전지대〈법 제2조 제14호〉 … 도로를 횡단하는 보행자나 통행하는 차마의 안전을 위하여 안전표지나 이와 비슷한 인공구조물로 표시한 도로의 부분을 말한다.

8 **「도로교통법」상 원동기장치자전거는 전기를 동력으로 하는 경우에는 최고정격출력 ( )이하의 이륜자동차이다. ( )에 기준으로 맞는 것은?**

① 11킬로와트
② 9킬로와트
③ 5킬로와트
④ 0.59킬로와트

TIP 원동기장치자전거〈법 제2조 제19호〉
㉠ 이륜자동차 가운데 배기량 125시시 이하(전기를 동력으로 하는 경우에는 최고정격출력 11킬로와트 이하)의 이륜자동차
㉡ 그 밖에 배기량 125시시 이하(전기를 동력으로 하는 경우에는 최고정격출력 11킬로와트 이하)의 원동기를 단 차(전기자전거 및 실외이동로봇은 제외)

9 **다음에서 설명하고 있는 용어로 옳은 것은?**

> 술에 취한 상태에서 자동차등을 운전하려는 경우 시동이 걸리지 아니하도록 하는 것으로서 행정안전부령으로 정하는 것을 말한다.

① 음주운전 검사기계
② 음주운전 제한차량
③ 음주운전 시동정지장치
④ 음주운전 방지장치

TIP 음주운전 방지장치〈법 제2조 제34호〉 … 술에 취한 상태에서 자동차등을 운전하려는 경우 시동이 걸리지 아니하도록 하는 것으로서 행정안전부령으로 정하는 것을 말한다.

Answer 7.③ 8.① 9.④

10 「도로교통법령」상 긴급자동차로 볼 수 없는 것은?

① 국내외 요인에 대한 경호업무 수행에 공무로 사용되는 자동차
② 고장수리를 위해 자동차 정비공장으로 가고 있는 소방차
③ 생명이 위급한 환자 또는 부상자나 수혈을 위한 혈액을 운송 중인 자동차
④ 경찰용 긴급자동차에 의하여 유도되고 있는 자동차

TIP ① 대통령령으로 정하는 자동차로 긴급자동차이다〈시행령 제2조 제1항 제5호〉.
③④ 대통령령으로 정하는 자동차로 긴급자동차로 본다〈시행령 제2조 제2항 제1호 및 제3호〉.
※ **긴급자동차**〈법 제2조 제22호〉 … 다음의 자동차로서 그 본래의 긴급한 용도로 사용되고 있는 자동차를 말한다.
㉠ 소방차
㉡ 구급차
㉢ 혈액 공급차량
㉣ 그 밖에 대통령령으로 정하는 자동차

11 정차에 속하는 것은 어느 것인가?

① 화물을 내리기 위하여 10분을 정지하였다.
② 승객을 태우기 위하여 5분 이내 정지하였다.
③ 고장으로 견인차를 기다리고 있다.
④ 그 차의 운전자가 그 차로부터 떠나서 즉시 운전할 수 없다.

TIP **정차**〈법 제2조 제25호〉 … 운전자가 5분을 초과하지 않고 차를 정지시키는 것으로 주차 외의 정지 상태를 말한다.

12 다음에서 설명하고 있는 용어로 옳은 것은?

> 교차로 중 차마의 안전하고 원활한 교통처리나 보행자 도로횡단의 안전을 확보하기 위하여 교차로 또는 차도의 분기점 등에 설치하는 섬 모양의 시설을 중심으로 반시계방향으로 통행하도록 한 원형의 도로를 말한다.

① 교차로
② 회전교차로
③ 자동차원형도로
④ 자전거전용도로

TIP **회전교차로**〈법 제2조 제13의2호〉 … 교차로 중 차마가 원형의 교통섬(차마의 안전하고 원활한 교통처리나 보행자 도로횡단의 안전을 확보하기 위하여 교차로 또는 차도의 분기점 등에 설치하는 섬 모양의 시설을 말한다)을 중심으로 반시계방향으로 통행하도록 한 원형의 도로를 말한다.

Answer 10.② 11.② 12.②

13 「도로교통법」상 개인형 이동장치의 기준에 대한 설명이다. 바르게 설명된 것은?

① 원동기를 단 차 중 시속 20킬로미터 이상으로 운행할 경우 전동기가 작동하지 아니하여야 한다.
② 차체 중량은 30킬로그램 미만이어야 한다.
③ 전동기의 동력만으로 움직일 수 없는(PAS : Pedal Assit System) 전기자전거를 포함한다.
④ 최고 정격출력 11킬로와트 이하의 원동기를 단 차로 차체 중량이 35킬로그램 미만인 것을 말한다.

TIP ④ 배기량 125시시 이하(전기를 동력으로 하는 경우에는 최고정격출력 11킬로와트 이하)의 원동기를 단 차(전기자전거 및 실외이동로봇은 제외)는 원동기장치자전거에 대한 설명이다〈법 제2조 제19호 나목〉.
※ 개인형 이동장치〈법 제2조 제19의2호〉… 원동기장치자전거 중 시속 25킬로미터 이상으로 운행할 경우 전동기가 작동하지 아니하고 차체 중량이 30킬로그램 미만인 것으로서 행정안전부령으로 정하는 것을 말한다.
※ 전기자전거
㉠ PAS(Pedal Assist System)형 전기자전거 : 페달과 전동기의 동시동력으로 움직이며 전동기의 동력만으로 움직일 수 없는 자전거
㉡ Throttle형 전기자전거 : 전동기의 동력만으로 움직일 수 있는 자전거로서 법령 상 '개인형이동장치'로 분류한다.

14 다음 중 신호기가 표시하는 신호의 뜻으로 잘못된 것은?

① 녹색의 등화 : 비보호좌회전표지 또는 비보호좌회전표시가 있는 곳에서는 좌회전할 수 있다.
② 적색의 등화 : 차마는 정지선, 횡단보도 및 교차로의 직전에서 정지하여야 한다. 다만, 신호에 따라 진행하는 다른 차 마의 교통을 방해 하지 아니 하고 우회전할 수 있다.
③ 황색의 등화 : 차마는 우회전할 수 있고 우회전하는 경우에는 보행자의 횡단을 방해하지 못한다.
④ 적색 등화의 점멸 : 차마는 다른 교통 또는 안전표지의 표시에 주의하면서 진행할 수 있다.

TIP 적색등화의 점멸〈시행규칙 제6조 제2항 별표2〉… 차마는 정지선이나 횡단보도가 있을 때에는 그 직전이나 교차로의 직전에 일시정지한 후 다른 교통에 주의하면서 진행할 수 있다.

15 다음 중 교통경찰의 수신호를 대신할 수 있는 것이 아닌 것은?

① 의무경찰의 수신호
② 헌병의 수신호
③ 무사고 운전자의 수신호
④ 외근경찰관의 수신호

TIP ③ 무사고 운전자가 아니라 모범운전자의 수신호를 따라야 한다〈시행령 제6조〉.
※ 경찰공무원을 보조하는 사람의 범위〈시행령 제6조〉
㉠ 모범운전자
㉡ 군사훈련 및 작전에 동원되는 부대의 이동을 유도하는 군사경찰
㉢ 본래의 긴급한 용도로 운행하는 소방차 · 구급차를 유도하는 소방공무원

Answer 13.② 14.④ 15.③

16 **「도로교통법령」상 신호등의 성능에 대한 설명으로 옳지 않은 것은?**

① 등화의 빛의 발산각도는 사방으로 각각 45도 이상으로 할 것
② 등화의 밝기는 낮에 150미터 앞쪽에서 식별할 수 있도록 할 것
③ 태양광선이나 주위의 다른 빛에 의하여 그 표시가 방해받지 아니하도록 할 것
④ 등화의 밝기는 밤에 150미터 앞쪽에서 식별할 수 있도록 할 것

TIP 신호등의 성능〈시행규칙 제7조〉
㉠ 등화의 밝기는 낮에 150미터 앞쪽에서 식별할 수 있도록 할 것
㉡ 등화의 빛의 발산각도는 사방으로 각각 45도 이상으로 할 것
㉢ 태양광선이나 주위의 다른 빛에 의하여 그 표시가 방해받지 아니하도록 할 것

17 **「도로교통법령」상 4색 등화의 가로형 신호등 배열순서로 옳은 것은?**

① 우로부터 적색 → 녹색화살표 → 황색 → 녹색
② 좌로부터 적색 → 황색 → 녹색화살표 → 녹색
③ 우로부터 녹색화살표 → 황색 → 적색 → 녹색
④ 좌로부터 황색 → 적색 → 녹색화살표 → 녹색

TIP 4색 등화의 가로형 신호등 배열순서〈시행규칙 제7조 제2항 별표4〉
㉠ 좌로부터 적색 → 황색 → 녹색화살표 → 녹색의 순서로 한다.
㉡ 좌로부터 적색 → 황색 → 녹색의 순서로 하고, 적색등화 아래에 녹색화살표 등화를 배열한다.

18 **교통안전표지의 종류로만 바르게 묶인 것은?**

① 주의표지, 안내표지, 지시표지, 노면표시
② 주의표지, 규제표지, 안내표지, 노면표시
③ 주의표지, 규제표지, 지시표지, 보조표시, 노면표시
④ 규제표지, 지시표지, 안내표지, 주의표지, 노면표시

TIP 안전표지〈법 제2조 제16호〉… 교통의 안전에 필요한 주의 · 규제 · 지시 등을 표시하는 표지판 또는 도로의 바닥에 표시하는 기호나 문자 또는 선 등을 말한다.
※ 안전표지의 구분〈시행규칙 제8조〉… 안전표지는 주의표지, 규제표지, 지시표지, 보조표지, 노면표시로 구분한다.

Answer 16.④ 17.② 18.③

19 「도로교통법 시행규칙」상 보행등의 녹색등화가 점멸할 때 보행자의 가장 올바른 통행방법은?

① 다음 신호를 기다리지 않고 횡단보도를 건넌다.
② 횡단보도 중간에 그냥 서 있는다.
③ 횡단보도에 진입하지 않은 보행자는 다음 신호 때까지 기다렸다가 보행등의 녹색등화 때 통행하여야 한다.
④ 적색등화로 바뀌기 전에는 언제나 횡단을 시작할 수 있다.

TIP 보행신호등〈시행규칙 제6조 제2항 별표2〉
㉠ 녹색의 등화 : 보행자는 횡단보도를 횡단할 수 있다.
㉡ 녹색등화의 점멸 : 보행자는 횡단을 시작하여서는 아니 되고, 횡단하고 있는 보행자는 신속하게 횡단을 완료하거나 그 횡단을 중지하고 보도로 되돌아와야 한다.
㉢ 적색의 등화 : 보행자는 횡단보도를 횡단하여서는 아니 된다.

20 「도로교통법령」상 다음에서 설명하고 있는 노면표시는?

㉠ 노면표시는 '▽'이다.
㉡ 차가 양보하여야 할 장소임을 표시하는 것
㉢ 교차로나 합류도로 등에서 차가 양보하여야 하는 지점에 설치한다.

① 유도표시 ② 서행표시
③ 일시장소표시 ④ 양보표시

TIP 양보표시〈시행규칙 제8조 제2항 별표6 522〉 … 양보운전 노면표시는 '▽'으로 차가 양보하여야 할 장소임을 표시하는 것이다.
※ 설치 … 교차로나 합류도로 등에서 차가 양보하여야 하는 지점에 설치한다.

21 「도로교통법령」상 다음에 해당하는 표시는?

어르신 운전중

① 고령운전자 표지 ② 노약자운전 중 표지
③ 노인보호구역 표지 ④ 고령자 전용도로표지

Answer 19.③ 20.④ 21.①

TIP 고령운전자는 다른 차의 운전자가 쉽게 식별할 수 있도록 차에 고령운전자 표지를 부착하고 운전할 수 있는 고령운전자 표지이다〈시행규칙 제10조의2 제2항 별표8의2〉.

22 **다음 규제표지는 개인형이동장치에 대한 무슨 표지인가?**

① 주차금지표지
② 통행금지표시
③ 진입금지
④ 주 · 정차금지표지

TIP 개인형이동장치 통행금지표지이다〈시행규칙 제8조 제2항 별표6 205의2〉.

23 **「도로교통법령」상 도로에 설치하는 노면표시의 색이 잘못 연결된 것은?**

① 어린이보호구역 안에 설치하는 속도제한표시의 테두리선 : 흰색
② 버스전용차로표시 : 파란색
③ 안전지대 중 양방향 교통을 분리하는 표시 : 노란색
④ 노면색깔유도선표시 : 분홍색, 연한녹색 또는 녹색

TIP ① 어린이보호구역 안에 설치하는 속도제한표시의 테두리선은 빨간색이다〈시행규칙 제8조 제2항 별표6 제2호〉.

※ **노면표시의 구분에 따른 색채**〈시행규칙 제8조 제2항 별표6 제2호〉

㉠ **노란색** : 중앙선표시, 주차금지표시, 정차 · 주차금지표시, 정차금지지대표시, 보호구역 기점 · 종점 표시의 테두리와 어린이보호구역 횡단보도 및 안전지대 중 양방향 교통을 분리하는 표시
㉡ **파란색** : 전용차로표시 및 노면전차전용로 표시
㉢ **빨간색 또는 흰색** : 소방시설 주변 정차 · 주차금지표시 및 보호구역(어린이 · 노인 · 장애인) 또는 주거지역 안에 설치하는 속도제한 표시의 테두리선
㉣ **분홍색, 연한녹색 또는 녹색** : 노면색깔유도선 표시
㉤ **흰색** : 그 밖의 표시
☞ 노면표시의 색채에 관한 세부기준은 경찰청장이 정한다.

Answer 22.② 23.①

24 안전표지와 그에 대한 설명이 가장 바르게 연결된 것은?

TIP ① 화물자동차통행금지표지〈시행규칙 제8조 제2항 별표6 203〉
③ 중앙분리대시작표지〈시행규칙 제8조 제2항 별표6 123〉
④ 자전거 나란히 통행 허용 표지〈시행규칙 제8조 제2항 별표6 333〉

25 다음의 보조표지 중 옳지 않은 것을 고르면?

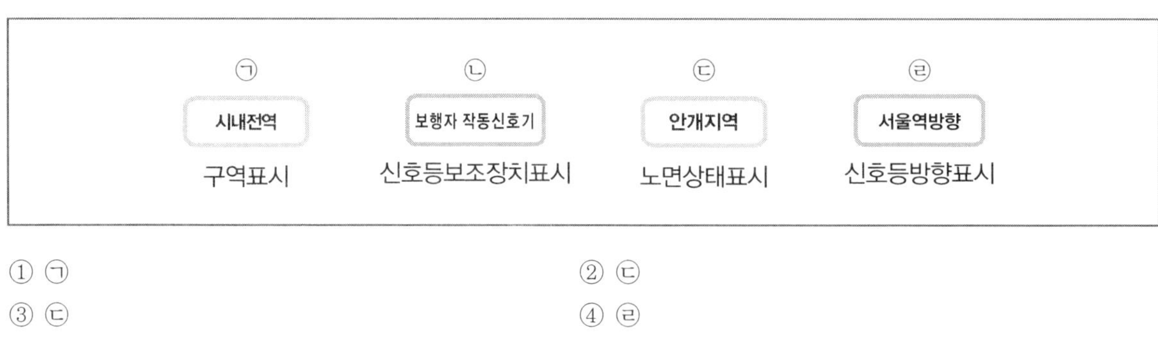

① ㉠
② ㉡
③ ㉢
④ ㉣

TIP ㉢은 기상상태표지이다〈시행규칙 제8조 제2항 별표6 410〉.
㉠ 시행규칙 제8조 제2항 별표6 제403호
㉡ 시행규칙 제8조 제2항 별표6 제407의4호
㉣ 시행규칙 제8조 제2항 별표6 제407의3호

Answer 24.② 25.③

26 다음 중 표지판의 종류를 옳게 표시한 것은?

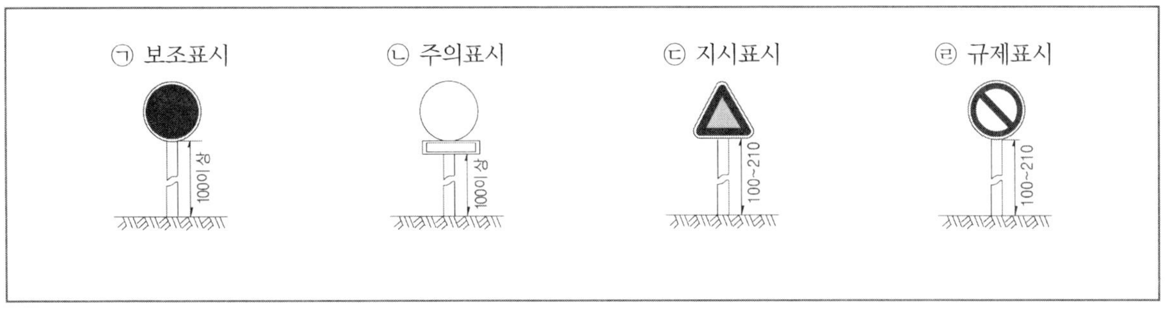

① ㉠　　② ㉡

③ ㉢　　④ ㉣

TIP 표지판 종류〈시행규칙 제8조 제2항 별표6 제1호〉

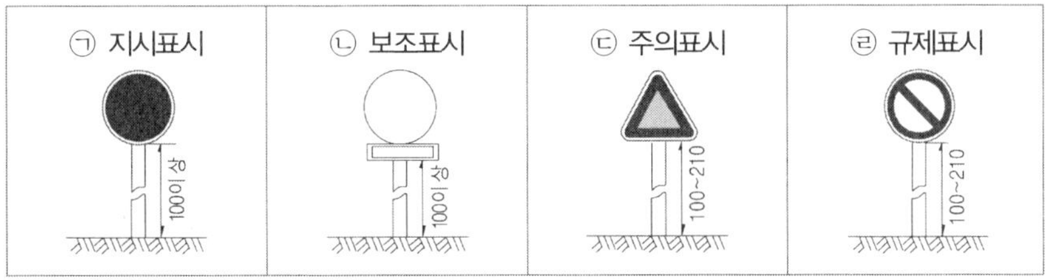

27 「도로교통법령」상 다음의 노면표시가 뜻하는 것은?

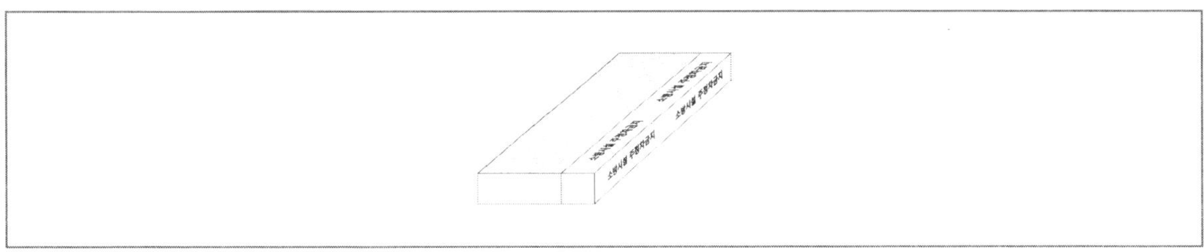

① 횡단보도예고　　② 소방시설주변정차 · 주차금지(연석)

③ 소방시설주번 정차 · 주차금시　　④ 구간 내 정차 · 주차금지

TIP 소방시설주변정차 · 주차금지(연석)에 대한 노면표시이다〈시행규칙 제8조 제2항 별표6 516의4〉.

Answer 26.④ 27.②

28 자동차 운전 시 유턴이 허용되는 노면표시 형식은? (유턴표지가 있는 곳)

① 도로의 중앙에 황색 실선 형식으로 설치된 노면표시
② 도로의 중앙에 백색 실선 형식으로 설치된 노면표시
③ 도로의 중앙에 백색 점선 형식으로 설치된 노면표시
④ 도로의 중앙에 청색 실선 형식으로 설치된 노면표시

TIP 유턴구역선〈시행규칙 제8조 제2항 별표6 502〉… 도로 중앙에 백색 점선 형식의 노면표시가 설치된 구간에서 유턴이 허용된다.

29 「도로교통법 시행규칙」상 다음 안전표지 중에서 지시표지는?

① ㉠　　② ㉡
③ ㉢　　④ ㉣

TIP ㉠ 규제표지, ㉡ 보조표지, ㉢ 주의표지, ㉣ 지시표지이다〈시행규칙 제8조 제2항 별표6〉.

Answer 28.③ 29.④

02 보행자의 통행방법

section 1 보행자 및 행렬의 통행

1 보행자의 통행〈법 제8조〉

(1) 보도와 차도

① 보도 : 연석선(보도와 차도를 구분하는 돌 등으로 이어진 선), 안전표지나 그와 비슷한 인공구조물로써 경계를 표시하여 보행자(유모차, 보행보조용 의자차, 노약자용 보행기 등 행정안전부령으로 정하는 기구·장치를 이용하여 통행하는 사람 및 실외이동로봇을 포함)가 통행할 수 있도록 한 도로의 부분을 말한다.

② 차도 : 연석선, 안전표지나 그와 비슷한 인공구조물로써 경계를 표시하여 모든 차가 통행할 수 있도록 설치된 도로의 부분을 말한다.

(2) 보도의 통행과 우측통행의 원칙 2022년 서울

① 보도와 차도가 구분된 도로
- ㉠ 보도로 통행 : 언제나 보도로 통행해야 한다.
- ㉡ 보도통행의 예외
  - 차도를 횡단하는 경우
  - 도로공사 등으로 보도의 통행이 금지된 경우
  - 그 밖의 부득이한 경우

② 길가장자리 또는 길가장자리구역으로 통행
- ㉠ 보도와 차도가 구분되지 아니한 도로 중 중앙선이 있는 도로
- ㉡ 보도와 차도가 구분되지 아니한 도로 중 일방통행인 경우에는 차선으로 구분된 도로

③ 도로의 전 부분으로 통행
- ㉠ 보도와 차도가 구분되지 아니한 도로 중 중앙선이 없는 도로
- ㉡ 보도와 차도가 구분되지 아니한 도로 중 일방통행인 경우에는 차선으로 구분되지 아니한 도로에 한정
- ㉢ 보행자 우선도로

※ 이 경우 보행자는 고의로 차마의 진행을 방해하여서는 아니 된다.

④ 보도에서 우측통행의 원칙 : 보행자는 보도에서 우측통행을 원칙으로 한다.

(3) 실외이동로봇 운용자의 의무〈법 제8조의2〉 2023년 신설 법조항

① 정확한 장치의 조작 : 실외이동로봇을 운용하는 사람(실외이동로봇을 조작, 관리하는 사람을 포함하며, 이하 "실외이동로봇 운용자"라 한다)은 실외이동로봇의 운용 장치와 그 밖의 장치를 정확하게 조작하여야 한다.

② 타인에게 위험 · 장애의 유발금지 : 실외이동로봇 운용자는 실외이동로봇의 운용 장치를 도로의 교통상황과 실외이동 로봇의 구조 및 성능에 따라 차, 노면전차 또는 다른 사람에게 위험과 장해를 주는 방법으로 운용하여서는 아니 된다.

2 행렬등의 통행〈법 제9조〉

(1) 행렬등의 통행

① 차도의 우측통행

㉠ 학생의 대열

㉡ 그 밖에 보행자의 통행에 지장을 줄 염려가 있다고 인정하여 대통령령으로 정하는 사람이나 행렬(이하 "행렬등"이라 한다)

※ 이 경우 행렬등은 차도의 우측으로 통행하여야 한다.

② 학생의 대열 외에 차도를 통행할 수 있는 사람 또는 행렬〈시행령 제7조〉 2022년 울산 2022년 대전 2022년 서울

㉠ 말 · 소 등의 큰 동물을 몰고 가는 사람

㉡ 사다리, 목재, 그 밖에 보행자의 통행에 지장을 줄 우려가 있는 물건을 운반 중인 사람

㉢ 도로에서 청소나 보수 등의 작업을 하고 있는 사람

㉣ 군부대나 그 밖에 이에 준하는 단체의 행렬

㉤ 기(旗) 또는 현수막 등을 휴대한 행렬

㉥ 장의(葬儀) 행렬

(2) 도로의 중앙통행 및 경찰공무원의 조치

① 도로의 중앙통행 : 행렬등은 사회적으로 중요한 행사에 따라 시가행진인 경우에는 도로의 중앙을 통행할 수 있다.

② 경찰공무원의 조치

㉠ 조치의 목적 : 도로에서의 위험을 방지하고 교통의 안전과 원활한 소통을 확보하기 위하여 필요하다고 인정할 때

㉡ 조치의 명령

- 행렬등에 대하여 구간을 정할 수 있다.
- 정한 구간에서 행렬등이 도로 또는 차도의 우측(자전거도로가 설치되어 있는 차도에서는 자전거도로를 제외한 부분의 우측을 말한다)으로 붙어서 통행할 것을 명하는 등 필요한 조치를 할 수 있다.

❸ 도로의 횡단〈법 제10조〉

(1) 횡단보도의 설치

① 설치권자 및 설치목적
  ㉠ **설치권자** : 시 · 도경찰청장
  ㉡ **설치목적** : 도로를 횡단하는 보행자의 안전을 위하여

② 설치기준〈시행규칙 제11조〉 2021년 경기
  ㉠ **횡단보도** : 횡단보도에는 횡단보도표시와 횡단보도표지판을 설치할 것
  ㉡ **신호기가 설치되어 있는 경우** : 횡단보도를 설치하고자 하는 장소에 횡단보행자용 신호기가 설치되어 있는 경우에는 횡단보도표시를 설치할 것
  ㉢ **비포장도로인 경우** : 횡단보도를 설치하고자 하는 도로의 표면이 포장이 되지 아니하여 횡단보도표시를 할 수 없는 때에는 횡단보도표지판을 설치할 것
  ※ 이 경우 그 횡단보도표지판에 횡단보도의 너비를 표시하는 보조표지를 설치하여야 한다.
  ㉣ **설치기준** : 횡단보도는 육교 · 지하도 및 다른 횡단보도로부터 200m(집산도로 및 국지도로는 100m) 이내에는 설치하지 않을 것
  ※ 어린이 보호구역, 노인 보호구역 또는 장애인 보호구역으로 지정된 구간인 경우 또는 보행자의 안전이나 통행을 위하여 특히 필요하다고 인정되는 경우에는 그렇지 않다.

(2) 보행자의 횡단 2020년 충북 2021년 대전

① 횡단보도의 통행
  ㉠ **보행자** : 보행자는 횡단보도, 지하도 · 육교 그 밖의 도로 횡단시설이 설치되어 있는 도로에서는 그 곳으로 횡단하여야 한다.
  ㉡ **지체장애인** : 지하도 · 육교 등 도로 횡단시설을 이용할 수 없는 지체장애인의 경우에는 다른 교통에 방해되지 않는 방법으로 도로 횡단시설을 이용하지 않고 도로를 횡단할 수 있다.

② **횡단보도가 없는 경우** : 보행자는 횡단보도가 설치되어 있지 않은 도로에서는 가장 짧은 거리로 횡단하여야 한다.

(3) 횡단의 금지

① 자동차의 앞 · 뒤로 횡단금지
  ㉠ 보행자는 차와 노면전차의 바로 앞이나 뒤로 횡단하여서는 안 된다.
  ㉡ 횡단보도를 횡단하거나 신호기 또는 경찰공무원 등의 신호 또는 지시에 따라 도로를 횡단하는 경우를 제외한다.

② **안전표지에 의해 금지된 도로 횡단금지** : 보행자는 안전표지 등에 의하여 금지되어 있는 도로의 부분에서는 그 도로를 횡단하여서는 안 된다.

section 2 어린이 및 교통약자 등에 대한 보호

1 어린이 등에 대한 보호〈법 제11조〉

(1) 유아 및 어린이의 보호 2022년 서울

① 어린이 보호자

㉠ 교통이 빈번한 도로에서 어린이를 놀게 하여서는 아니 된다.

㉡ 도로에서 어린이가 자전거를 타거나 행정안전부령으로 정하는 위험성이 큰 움직이는 놀이기구를 타는 경우에는 어린이의 안전을 위하여 행정안전부령으로 정하는 인명보호 장구(기준에 적합한 안전모)를 착용하도록 하여야 한다.

◆ 행정안전부령이 정하는 위험성이 큰 놀이기구〈시행규칙 제13조〉

- 킥보드
- 롤러스케이트
- 인라인스케이트
- 스케이트보드
- 위 놀이기구와 비슷한 놀이기구

㉢ 도로에서 어린이가 개인형 이동장치를 운전하게 하여서는 아니 된다.

② 영유아의 보호자

㉠ 영유아 : 6세 미만인 사람을 말한다.

㉡ 교통이 빈번한 도로에서 영유아가 혼자 보행하게 하여서는 아니 된다.

(2) 앞을 보지 못하는 사람

① 앞을 보지 못하는 사람의 보호자

㉠ 앞을 보지 못하는 사람(이에 준하는 사람을 포함)의 보호자는 그 사람이 도로를 보행할 때에는 흰색 지팡이를 갖고 다니도록 하거나

㉡ 앞을 보지 못하는 사람에게 길을 안내하는 개로서 행정안전부령으로 정하는 장애인보조견을 동반하도록 하여야 한다.

② 앞을 보지 못하는 사람에 준하는 사람의 범위〈시행령 제8조〉 2021년 대전 2022년 경북 2022년 울산

㉠ 듣지 못하는 사람

㉡ 신체평형기능에 장애가 있는 사람

㉢ 의족 등을 사용하지 않고는 보행이 불가능한 사람

(3) 경찰공무원의 조치 2020년 충북

① 신체 장애인에 대한 조치 : 경찰공무원은 신체에 장애가 있는 사람이 도로를 통행하거나 횡단하기 위하여 도움을 요청하거나 도움이 필요하다고 인정하는 경우에는 그 사람이 안전하게 통행하거나 횡단할 수 있도록 필요한 조치를 하여야 한다.

② 교통약자 발견시 적절한 조치 : 경찰공무원은 다음의 어느 하나에 해당하는 사람을 발견한 경우에는 그들의 안전을 위하여 적절한 조치를 하여야 한다.

㉠ 교통이 빈번한 도로에서 놀고 있는 어린이

㉡ 보호자 없이 도로를 보행하는 영유아

㉢ 앞을 보지 못하는 사람으로서 흰색 지팡이를 가지지 아니하거나 장애인보조견을 동반하지 아니하는 등 필요한 조치를 하지 아니하고 다니는 사람

㉣ 횡단보도나 교통이 빈번한 도로에서 보행에 어려움을 겪고 있는 노인(65세 이상인 사람)

※ 교통약자 … 생활 차원에서 이동에 어려움을 겪는 사람으로 장애인, 고령자, 임산부, 영유아를 동반한 사람, 어린이 등 일상생활에서 이동에 불편을 느끼는 사람 등을 말한다.

2 어린이 보호구역의 지정 · 해제 및 관리〈법 제12조〉

(1) 어린이 보호구역의 지정 2024년 서울

① 지정권자 및 지정목적

구분	내용
지정권자	• 시장등
지정목적	• 교통사고의 위험으로부터 어린이를 보호하기 위하여 필요하다고 인정하는 경우
제한내용	• 해당 시설이나 장소의 주변도로 가운데 일정 구간을 어린이 보호구역으로 지정하여 자동차등과 노면전차의 통행속도를 시속 30킬로미터 이내로 제한

② 어린이 보호구역으로 지정할 수 있는 시설이나 장소

㉠ 「유아교육법」에 따른 유치원, 「초 · 중등교육법」에 따른 초등학교 또는 특수학교

㉡ 「영유아보육법」에 따른 어린이집 가운데 행정안전부령으로 정하는 어린이집(정원 100명 이상의 어린이집)

㉢ 「학원의 설립 · 운영 및 과외교습에 관한 법률」에 따른 학원 가운데 행정안전부령으로 정하는 학원(학교교과교습학원 중 학원 수강생이 100명 이상인 학원)

㉣ 「초 · 중등교육법」에 따른 외국인학교 또는 대안학교, 「대안교육기관법」에 따른 대안교육기관, 「제주특별법」에 따른 국제학교 및 「외국교육기관 법」에 따른 외국교육기관 중 유치원 · 초등학교 교과과정이 있는 학교

㉤ 그 밖에 어린이가 자주 왕래하는 곳으로서 조례로 정하는 시설 또는 장소

③ 지정 · 해제 절차 및 기준 : 어린이 보호구역의 지정 · 해제 절차 및 기준 등에 관하여 필요한 사항은 교육부, 행정안전부 및 국토교통부의 공동부령으로 정한다.

(2) 운전자의 준수사항 및 무인단속 장비의 설치

① 운전자의 준수사항

㉠ 운전자는 어린이 보호구역지정에 따른 조치를 준수해야 한다.

㉡ 운전자는 어린이의 안전에 유의하면서 운행하여야 한다.

② 무인 교통단속용 장비를 설치

구분	내용
설치권자	• 시 · 도경찰청장, 경찰서장 또는 시장등
설치목적	• 어린이 보호구역에서 운전자의 준수사항을 위반하는 행위 등의 단속을 위하여
설치장소	• 어린이 보호구역의 도로 중에서 행정안전부령으로 정하는 곳에 우선적으로 무인 교통단속용 장비를 설치하여야 한다. • 무인 교통단속용 장비의 설치 장소〈시행규칙 제14조의2〉: 무인 교통단속용 장비의 설치기준에 따라 시 · 도경찰청장, 경찰서장 또는 시장등이 선정하는 곳을 말한다.

③ 우선적으로 설치할 장비

구분	내용
설치권자	• 시장등
설치목적	• 지정된 어린이 보호구역에 어린이의 안전을 위하여
설치 및 요청	• 우선적으로 설치하거나 관할 도로관리청에 해당 시설 또는 장비의 설치를 요청하여야 한다.
설치해야 할 시설 및 장비	• 어린이 보호구역으로 지정한 시설의 주 출입문과 가장 가까운 거리에 있는 간선도로상 횡단보도의 신호기 • 속도 제한, 횡단보도, 기점 및 종점에 관한 안전표지 • 「도로법」에 따른 도로의 부속물 중 과속방지시설 및 차마의 미끄럼을 방지하기 위한 시설 • 방호울타리 • 그 밖에 교육부, 행정안전부 및 국토교통부의 공동부령으로 정하는 시설 또는 장비

❸ 노인 및 장애인 보호구역의 지정 · 해제 및 관리〈법 제12조의2〉

(1) 지정권자 및 지정목적

구분	내용
지정권자	• 시장등
지정목적	• 교통사고의 위험으로부터 노인 또는 장애인을 보호하기 위하여 필요하다고 인정하는 경우
노인보호구역	다음의 시설 또는 장소의 주변도로 가운데 일정 구간을 노인 보호구역으로 지정 • 「노인복지법」에 따른 노인복지시설 • 「자연공원법」에 따른 자연공원 또는 「도시공원 및 녹지 등에 관한 법률」에 따른 도시공원 • 「체육시설의 설치 · 이용에 관한 법률」에 따른 생활체육시설 • 그 밖에 노인이 자주 왕래하는 곳으로서 조례로 정하는 시설 또는 장소
장애인보호구역	• 장애인복지시설의 주변도로 가운데 일정 구간을 장애인 보호구역으로 지정
제한 및 금지	• 차마와 노면전차의 통행을 제한하거나 금지하는 등 필요한 조치를 할 수 있다.

(2) 지정 · 해제 절차 및 운전자의 준수사항

① 지정 · 해제 절차 및 기준 : 노인 보호구역 또는 장애인 보호구역의 지정 · 해제 절차 및 기준 등에 관하여 필요한 사항은 행정안전부, 보건복지부 및 국토교통부의 공동부령으로 정한다.

③ 운전자의 준수사항

㉠ 운전자는 노인 보호구역 또는 장애인 보호구역에서 보호구역의 지정에 따른 조치를 준수해야 한다.

㉡ 운전자는 노인 또는 장애인의 안전에 유의하면서 운행하여야 한다.

❹ 보호구역 통합관리시스템 구축 · 운영 및 실태조사

(1) 보호구역 통합관리시스템 구축 · 운영〈법 제12조의3〉 2023년 신설 법조항

구분	내용
구축 · 운영권자	• 경찰청장
구축 · 운영목적	• 어린이 보호구역과 노인 및 장애인 보호구역에 대한 정보를 수집 · 관리 및 공개하기 위하여 보호구역 통합관리시스템을 구축 · 운영하여야 한다.
정보의 요청	• 경찰청장은 구축된 보호구역 통합관리시스템의 운영에 필요한 정보를 시장등에게 요청할 수 있다. • 요청을 받은 시장등은 정당한 사유가 없으면 그 요청에 따라야 한다.

※ 구축 · 운영, 정보 요청 등에 필요한 사항 … 보호구역 통합관리시스템의 구축 · 운영, 정보 요청 등에 필요한 사항은 교육부, 행정안전부, 보건복지부 및 국토교통부의 공동부령으로 정한다.

(2) 보호구역에 대한 실태조사〈제12조의4〉 2023년 신설 법조항

① 조사권자 및 내용

구분	내용
조사권자	• 시장등
조사횟수	• 연 1회 이상 실시
조사내용	• 어린이 보후구역과 노인 및 장애인 보호구역에서 발생한 교통사고 현황 등 교통환경에 대한 실태조사
결과반영	• 실태조사결과를 보호구역의 지정 · 해제 및 관리에 반영하여야 한다.
업무의 위탁	• 시장등은 실태조사 업무의 일부를 대통령령으로 정하는 바에 따라 한국도로교통공단 또는 교통 관련 전문기관에 위탁할 수 있다.

※ 실태조사의 대상 및 방법 등에 필요한 사항은 교육부, 행정안전부, 보건복지부 및 국토교통부의 공동부령으로 정한다.

② 보호구역에 대한 실태조사 업무의 위탁〈시행령 제8조의2〉 2023년 신설 법조항

구분	내용
업무위탁권자	• 시장등
위탁업무	• 어린이보호구역 및 노인 · 장애인보호구역에 대한 실태조사 업무의 일부
위탁기관	• 「한국도로교통공단법」에 따른 한국도로교통공단 • 「공공기관의 운영에 관한 법률」 제4조에 따른 공공기관 중 교통 관련 기관 • 「지방공기업법」 제3조제1항에 따른 지방공기업 중 교통 관련 기관 • 「지방연구원법」에 따른 지방자치단체출연 연구원 중 교통 관련 기관 • 정관이나 규약 등에 교통안전에 관한 업무를 사업 내용으로 정한 비영리법인이나 단체
공보에 고시	• 시장등은 업무의 일부를 위탁한 경우에는 수탁기관 및 위탁업무의 내용을 해당 지방자치단체의 공보에 고시해야 한다.

보호구역의 지정 신청을 받았을 때의 조사〈어린이, 노인 및 장애인 보호구역의 지정 및 관리에 관한 규칙 제3조 제4항〉

구분	내용
조사권자	• 시장 등
조사시기	• 어린이 보호구역, 노인 보호구역 및 장애인 보호구역의 지정 신청을 받았을 때
조사대상	• 보호구역 지정대상시설 또는 장소 주변
조사할 사항	• 도로의 신호기, 안전표지 및 도로 부속물 설치현황 • 도로에서의 연간 교통사고 발생현황 • 도로의 자동차 통행량 및 주차수요 • 도로를 통행하는 어린이, 노인 또는 장애인의 수와 통행로의 체계 등
보호구역지정	• 시장 등은 보호구역으로 지정·관리할 필요가 인정되는 경우에는 관할 시·도 경찰청장 또는 경찰서장과 협의하여 해당 보호구역 지정 대상 시설의 주(主)출입문을 기준으로 반경 300미터 이내의 도로 중 일정구간을 보호구역으로 지정한다. • 다만 시장 등은 해당지역의 교통여건 및 효과성 등을 검토하여 필요한 경우 주(主)출입문을 기준으로 반경 500미터 이내의 도로에 대해서도 보호구역으로 지정할 수 있다

최근기출문제

1 **「도로교통법」 제12조에서 어린이 보호구역 지정에 대한 설명으로 가장 옳지 않은 것은?** 2024.6.22. 서울

① 「학원의 설립 · 운영 및 과외교습에 관한 법률」 제2조에 따른 학원 가운데 행정안전부령으로 정하는 학원의 주변도로 가운데 일정 구간을 어린이 보호구역으로 지정할 수 있다.

② 「유아교육법」 제2조에 따른 유치원의 주변도로 가운데 일정 구간을 어린이 보호구역으로 지정할 수 있다.

③ 「영유아보육법」 제10조에 따른 어린이집 가운데 보건복지부령으로 정하는 어린이집의 주변도로 일정 구간을 어린이 보호구역으로 지정할 수 있다.

④ 어린이보호구역지정 시 자동차등과 노면전차의 통행속도를 시속 30킬로미터 이내로 제한할 수 있다.

TIP ③ 「영유아보육법」 제10조에 따른 어린이집 가운데 행정안전부령으로 정하는 어린이집이다〈법 제12조 제1항 제2호〉.

2 **「도로교통법」상 보행자의 통행에 대한 설명으로 가장 옳지 않은 것은?** 2022.6.18. 서울

① 보행자는 보도에서는 우측통행을 원칙으로 한다.

② 보행자는 보도와 차도가 구분되지 아니한 도로 중 중앙선이 있는 도로에서는 길 가장자리 또는 길가장자리구역으로 통행하여야 한다.

③ 보행자는 보도와 차도가 구분되지 아니한 도로 중 중앙선이 없는 도로에서는 도로의 전 부분으로 통행할 수 없다.

④ 보행자는 보도와 차도가 구분된 도로에서는 언제나 보도로 통행하여야 한다. 다만, 차도를 횡단하는 경우, 도로공사 등으로 보도의 통행이 금지된 경우나 그 밖의 부득이한 경우에는 그러하지 아니하다.

TIP 보행자의 통행〈법 제8조〉

㉠ 보행자는 보도와 차도가 구분된 도로에서는 언제나 보도로 통행하여야 한다. 다만, 차도를 횡단하는 경우, 도로공사 등으로 보도의 통행이 금지된 경우나 그 밖의 부득이한 경우에는 그러하지 아니하다.

㉡ 보행자는 보도와 차도가 구분되지 아니한 도로 중 중앙선이 있는 도로(일방통행인 경우에는 차선으로 구분된 도로를 포함한다)에서는 길 가장자리 또는 길가장자리구역으로 통행하여야 한다.

㉢ 보행자는 다음 각 호의 어느 하나에 해당하는 곳에서는 도로의 전 부분으로 통행할 수 있다. 이 경우 보행자는 고의로 차마의 진행을 방해하여서는 아니 된다.

- 보도와 차도가 구분되지 아니한 도로 중 중앙선이 없는 도로(일방통행인 경우에는 차선으로 구분되지 아니한 도로에 한정한다)
- 보행자우선도로

㉣ 보행자는 보도에서는 우측통행을 원칙으로 한다.

Answer 1.③ 2.③

3 다음 중 차도의 우측을 통행할 수 없는 경우는? `2022.6.18. 대전`

① 말 · 소 등의 큰 동물을 몰고 가는 사람

② 군부대나 그 밖에 이에 준하는 단체의 행렬

③ 신체장애인

④ 사다리, 목재, 그 밖에 보행자의 통행에 지장을 줄 우려가 있는 물건을 운반 중인 사람

TIP 차도 우측으로 통행해야 하는 행렬〈법 제9조 제1항〉

㉠ 학생의 대열

㉡ 대통령령으로 정하는 행렬〈시행령 제7조〉

- 말 · 소 등의 큰 동물을 몰고 가는 사람
- 사다리 · 목재나 그 밖에 보행자의 통행에 지장을 줄 우려가 있는 물건을 운반 중인 사람
- 도로의 청소나 보수 등의 작업을 하고 있는 사람
- 군부대 그 밖에 이에 준하는 단체의 행렬
- 기(旗) 또는 현수막 등을 휴대한 행렬
- 장의(葬儀)행렬

4 다음 중 「도로교통법 시행령」 제7조에 의거 차도의 우측으로 통행할 수 있는 경우가 아닌 것은? `2022.6.18. 울산`

① 장의 행렬

② 5인 이상 차도의 통행

③ 도로에서 청소나 보수 등의 작업을 하고 있는 사람

④ 군부대의 행렬

TIP 차도 우측으로 통행할 수 있는 대통령령으로 정하는 행렬〈시행령 7조〉

㉠ 말 · 소 등의 큰 동물을 몰고 가는 사람

㉡ 사다리 · 목재나 그 밖에 보행자의 통행에 지장을 줄 우려가 있는 물건을 운반 중인사람

㉢ 도로의 청소나 보수 등의 작업을 하고 있는 사람

㉣ 군부대 그 밖에 이에 준하는 단체의 행렬

㉤ 기(旗) 또는 현수막 등을 휴대한 행렬

㉥ 장의(葬儀)행렬

Answer 3.③ 4.②

5 **「도로교통법 시행령」상 차도를 통행할 수 있는 경우로 가장 옳지 않은 것은?** 2022.6.18. 서울

① 사다리, 목재, 그 밖에 보행자의 통행에 지장을 줄 우려가 있는 물건을 운반 중인 사람
② 기(旗) 또는 현수막 등을 휴대한 행렬
③ 말 · 소 등의 큰 동물을 몰고 가는 사람
④ 신체의 평형기능에 장애가 있는 사람

TIP ④ 신체의 평형기능에 장애가 있는 사람은 차도를 통행할 수 없다〈법 제9조〉

6 **「도로교통법」상 도로에서 어린이 또는 영유아를 보호하기 위한 보호자의 조치 내용으로 가장 옳지 않은 것은?** 2022.6.18. 서울

① 어린이의 보호자는 도로에서 어린이가 개인형 이동장치를 안전하게 운전하도록 하여야 한다.
② 어린이의 보호자는 교통이 빈번한 도로에서 어린이를 놀게 하여서는 아니 된다.
③ 영유아의 보호자는 교통이 빈번한 도로에서 영유아가 혼자 보행하게 하여서는 아니 된다.
④ 어린이의 보호자는 도로에서 어린이가 자전거를 타는 경우에는 인명 보호 장구를 착용하도록 하여야 한다.

TIP ① 어린이의 보호자는 도로에서 어린이가 개인형 이동장치를 운전하게 하여서는 아니 된다〈법 제11조 제4항〉.

7 **다음 중 경찰공무원이 안전을 위하여 적절한 조치를 하여야 할 경우가 아닌 사람은?** 2022.6.18. 울산

① 교통이 빈번한 도로에서 놀고 있는 어린이
② 보호자 없이 도로를 보행하는 영유아
③ 앞을 보지 못하는 사람으로서 흰색 지팡이를 가지고 장애인보조견을 동반하여 걷고 있는 사람
④ 횡단보도나 교통이 빈번한 도로에서 보행에 어려움을 겪고 있는 노인(65세 이상)

TIP 경찰공무원이 발견했을 때 그들의 안전을 위하여 적절한 조치를 하여야 할 대상〈법 제11조 제6항〉.
㉠ 교통이 빈번한 도로에서 놀고 있는 어린이
㉡ 보호자 없이 도로를 보행하는 영유아
㉢ 앞을 보지 못하는 사람으로서 흰색 지팡이를 가지지 아니하거나 장애인 보조견을 동반하지 아니하는 등 필요한 조치를 하지 아니하고 다니는 사람
㉣ 횡단보도나 교통이 빈번한 도로에서 보행에 어려움을 겪고 있는 노인(65세 이상)

Answer 5.④ 6.① 7.③

8 **도로교통법상 경찰공무원이 안전을 위해서 적절한 조치를 하여할 사람으로 옳지 않은 것은?** 2022.6.18. 경북

① 횡단보도와 교통이 빈번한 도로에서 보행이 불편한 60대 노인

② 교차로 및 교통이 빈번한 도로에서 노는 어린이

③ 보호자 없이 혼자 도로를 보행하는 어린이

④ 앞이 보이지 않은 사람이 흰색 지팡이가 없고, 보조견도 없으며 보행에 적절한 조치가 없는 사람

TIP ① 경찰공무원이 횡단보도나 교통이 빈번한 도로에서 보행에 어려움을 겪고 있는 노인(65세 이상인 사람을 말한다)을 발견했을 때에는 적절한 조치를 하여야 한다〈법 제11조 제6항 제4호〉.

※ 경찰공무원이 발견했을 때 그들의 안전을 위하여 적절한 조치를 하여야 할 대상〈법 제11조 제6항〉.

㉠ 교통이 빈번한 도로에서 놀고 있는 어린이

㉡ 보호자 없이 도로를 보행하는 영유아

㉢ 앞을 보지 못하는 사람으로서 흰색 지팡이를 가지지 아니하거나 장애인 보조견을 동반하지 아니하는 등 필요한 조치를 하지 아니하고 다니는 사람

㉣ 횡단보도나 교통이 빈번한 도로에서 보행에 어려움을 겪고 있는 노인(65세 이상인 사람을 말한다)

9 **다음 중 보행자 통행방법이 아닌 것은?** 2020.10.17. 충북

① 지하도나 육교 등의 도로 횡단시설을 이용할 수 없는 지체장애인의 경우 다른 교통에 방해가 되지 않는 방법으로 도로를 횡단할 수 있다.

② 횡단보도가 설치되지 있지 아니한 곳에서는 도로에서 가장 짧은 거리로 횡단하여야 한다.

③ 보행자는 차와 노면전차의 바로 앞이나 뒤로 횡단하면 안 된다.

④ 보행자는 안전표지 등에 의하여 횡단이 금지되어 있는 도로의 부분에서는 차량 통행이 없으면 빠르게 횡단하여야 한다.

TIP ④ 보행자는 안전표지 등에 의하여 횡단이 금지되어 있는 도로의 부분에서는 그 도로를 횡단하여서는 아니 된다〈법 제10조 제5항〉.

Answer 8.① 9.④

출제예상문제

1 「도로교통법령」상 보행자의 통행방법에 대한 설명으로 옳지 않은 것은?

① 보도와 차도가 구분된 도로에서는 언제나 보도로 통행하여야 한다.
② 보행자우선도로에서는 도로의 전 부분을 통행할 수 있다.
③ 보도에서는 좌측통행을 원칙으로 한다.
④ 보도와 차도가 구분되지 않은 도로 중 중앙선이 있는 도로에서는 길가장자리구역으로 통행해야 한다.

TIP ③ 보행자는 보도에서는 우측통행을 원칙으로 한다〈법 제8조 제4항〉.
① 보행자는 보도와 차도가 구분된 도로에서는 언제나 보도로 통행하여야 한다〈법 제8조 제1항〉.
② 보행자는 보행자우선도로에서는 도로의 전 부분으로 통행할 수 있다〈법 제8조 제3항 제2호〉.
④ 보행자는 보도와 차도가 구분되지 아니한 도로 중 중앙선이 있는 도로에서는 길가장자리 또는 길가장자리구역으로 통행하여야 한다〈법 제8조 제2항〉.

2 「도로교통법」상 의료용 전동휠체어가 통행할 수 없는 곳은?

① 보도 ② 길가장자리구역
③ 자전거전용도로 ④ 도로의 가장자리

TIP 보행자의 통행〈법 제8조 제1항 및 제2항〉
㉠ 보행자는 보도와 차도가 구분된 도로에서는 언제나 보도로 통행하여야 한다. 다만, 차도를 횡단하는 경우, 도로공사 등으로 보도의 통행이 금지된 경우나 그 밖의 부득이한 경우에는 그러하지 아니하다.
㉡ 보행자는 보도와 차도가 구분되지 아니한 도로 중 중앙선이 있는 도로에서는 길가장자리 또는 길가장자리구역으로 통행하여야 한다.

※ 보행자 및 자전거도로
㉠ 보행자〈법 제2조 제10호〉 … 유모차, 보행보조용 의자차(수동휠체어, 전동휠체어 및 의료용 스쿠터), 노약자용 보행기 등 행정안전부령으로 정하는 기구 · 장치를 이용하여 통행하는 사람 및 실외이동로봇을 포함한다.
㉡ 자전거도로〈법 제2조 제8호〉 … 안전표지, 위험방지용 울타리나 그와 비슷한 인공구조물로 경계를 표시하여 자전거 및 개인형 이동장치가 통행할 수 있도록 설치된 도로를 말한다.

Answer 1.③ 2.③

3 실외이동로봇 운용자에 대한 설명으로 옳지 않은 것은?

① 실외이동로봇을 운용하는 사람을 실외이동로봇 운용자라 한다.
② 실외이동로봇 운용자의 의무사항을 위반하면 100만 원 이하의 벌금이나 구류 또는 과료에 처한다.
③ 실외이동로봇 운용자는 실외이동로봇의 운용장치를 정확하게 조작하여야 한다.
④ 실외이동로봇의 운용 장치를 도로의 교통상황과 차, 노면전차에게 위험과 장해를 주는 방법으로 운용하여서는 아니 된다.

TIP ② 실외이동로봇 운용자의 의무를 위반한 사람은 20만 원 이하의 벌금이나 구류 또는 과료에 처한다〈법 제157조 제2의2호〉.

※ 실외이동로봇 운용자의 의무〈법 제8조의2 제1항, 제2항〉

㉠ 실외이동로봇을 운용하는 사람(실외이동로봇을 조작·관리하는 사람을 포함하며, 이하 "실외이동로봇 운용자"라 한다)은 실외이동로봇의 운용 장치와 그 밖의 장치를 정확하게 조작하여야 한다.

㉡ 실외이동로봇 운용자는 실외이동로봇의 운용 장치를 도로의 교통상황과 실외이동로봇의 구조 및 성능에 따라 차, 노면전차 또는 다른 사람에게 위험과 장해를 주는 방법으로 운용하여서는 아니 된다.

4 「도로교통법령」상 도로의 중앙을 통행할 수 있는 사람 또는 행렬로 옳은 것은?

① 도로의 청소 또는 보수 등 도로에서 작업 중인 사람
② 말, 소 등의 큰 동물을 몰고 가는 사람
③ 기 또는 현수막 등을 휴대한 장의 행렬
④ 사회적으로 중요한 행사에 따라 시가행진하는 행렬

TIP ①②③의 경우 행렬등은 차도의 우측으로 통행하여야 한다〈법 제9조 제1항〉.

④ 행렬등은 사회적으로 중요한 행사에 따라 시가를 행진하는 경우에는 도로의 중앙을 통행할 수 있다〈법 제9조 제1항〉.

※ 차도의 우측으로 통행해야 하는 행렬〈법 제9조 제1항〉

㉠ 학생의 대열

㉡ 그 밖에 보행자의 통행에 지장을 줄 우려가 있다고 인정하여 대통령령으로 정하는 사람이나 행렬(이하 "행렬등"이라 한다)

Answer 3.② 4.④

5 보행자의 통행방법에 관한 설명 중 옳은 것은?

① 보행자는 보도와 차도의 구분이 없는 도로에서는 길가장자리구역으로 통행하여야 한다.
② 사회적으로 중요한 행사에 따른 시가행진의 경우에만 우측으로 통행할 수 있다.
③ 횡단보도가 설치되어 있는 도로에서는 가장 짧은 거리로 횡단하여야 한다.
④ 어떠한 경우라 할지라도 보행자는 우측통행을 하여야 한다.

TIP ② 행렬등은 사회적으로 중요한 행사에 따라 시가를 행진하는 경우에는 도로의 중앙을 통행할 수 있다〈법 제9조 제2항〉.
③ 보행자는 횡단보도, 지하도, 육교나 그 밖의 도로 횡단시설이 설치되어 있는 도로에서는 그 곳으로 횡단하여야 한다〈법 제10조 제2항〉.
④ 행렬등은 사회적으로 중요한 행사에 따라 시가를 행진하는 경우에는 도로의 중앙을 통행할 수 있다〈법 제9조 제2항〉.
① 보행자는 보도와 차도가 구분되지 아니한 도로 중 중앙선이 있는 도로(일방통행인 경우에는 차선으로 구분된 도로를 포함한다)에서는 길가장자리 또는 길가장자리구역으로 통행하여야 한다〈법 제8조 제2항〉.

6 다음 중 보행자의 도로 횡단방법에 대한 설명으로 옳지 않은 것은?

① 보행자는 모든 차의 바로 앞이나 뒤로 횡단하면 안 된다.
② 보행자는 횡단보도가 없는 도로에서 가장 짧은 거리로 횡단해야 한다.
③ 도로공사 등으로 보도의 통행이 금지된 때 차도로 통행할 수 있다.
④ 무단횡단 방지를 위한 차선분리대가 설치된 곳이라도 넘어서 횡단할 수 있다.

TIP ④ 보행자는 안전표지 등에 의하여 횡단이 금지되어 있는 도로의 부분에서는 그 도로를 횡단하여서는 아니 된다〈법 제10조 제5항〉.
① 보행자는 차와 노면전차의 바로 앞이나 뒤로 횡단하여서는 아니 된다〈법 제10조 제4항〉.
② 보행자는 횡단보도가 설치되어 있지 아니한 도로에서는 가장 짧은 거리로 횡단하여야 한다〈법 제10조 제3항〉.
③ 보행자는 보도와 차도가 구분된 도로에서는 언제나 보도로 통행하여야 한다. 다만, 차도를 횡단하는 경우, 도로공사 등으로 보도의 통행이 금지된 경우나 그 밖의 부득이한 경우에는 그러하지 아니하다〈법 제8조 제1항〉.

Answer 5.① 6.④

7 「도로교통법령」상 횡단보도설치에 대한 설명으로 옳지 않은 것은?

① 시장등은 횡단보도를 설치할 경우에는 기준에 적합하도록 해야 한다
② 횡단보도에는 횡단보도표시와 횡단보도표지판을 설치해야 한다.
③ 횡단보행자용 신호기가 설치되어 있는 경우에는 횡단보도표시를 설치해야 한다.
④ 비포장도로로 횡단보도표시를 할 수 없는 때에는 횡단보도표지판을 설치해야 한다.

TIP ① 시 · 도경찰청장은 횡단보도를 설치하려는 경우에는 기준에 적합하도록 해야 한다〈시행규칙 제11조〉.
② 횡단보도에는 별표 6에 따른 횡단보도표시와 횡단보도표지판을 설치할 것
③ 횡단보도를 설치하고자 하는 장소에 횡단보행자용 신호기가 설치되어 있는 경우에는 횡단보도표시를 설치해야 한다〈시행규칙 제11조 제2호〉.
④ 횡단보도를 설치하고자 하는 도로의 표면이 포장이 되지 아니하여 횡단보도표시를 할 수 없는 때에는 횡단보도표지판을 설치할 것. 이 경우 그 횡단보도표지판에 횡단보도의 너비를 표시하는 보조표지를 설치하여야 한다〈시행규칙 제11조 제3호〉.

8 다음은 「도로교통법 시행규칙」상 횡단보도의 설치기준을 설명한 것이다. ( ) 안을 숫자를 모두 합하면?

횡단보도는 육교 · 지하도 및 다른 횡단보도로부터 (㉠)미터 이내, 집산도로 및 국지도로는 (㉡)미터 이내에는 설치하지 않아야 한다.

① 200　　② 300
③ 400　　④ 500

TIP ㉠ 200 + ㉡ 100 = 300이다.
※ 횡단보도의 설치기준〈시행규칙 제11조 제4호〉 … 횡단보도는 육교 · 지하도 및 다른 횡단보도로부터 200미터(집산도로(集散道路) 및 국지도로(局地道路)는 100미터) 이내에는 설치하지 않을 것. 다만, 어린이 보호구역, 노인 보호구역 또는 장애인 보호구역으로 지정된 구간인 경우 또는 보행자의 안전이나 통행을 위하여 특히 필요하다고 인정되는 경우에는 그렇지 않다.

Answer 7.① 8.②

9 「도로교통법」상 보행자가 도로를 횡단할 때 준수해야 할 사항으로 옳지 않은 것은?

① 횡단보도가 설치된 도로에서는 반드시 횡단보도를 이용해야 한다.
③ 횡단보도가 없는 도로에서는 보행자에게서 가장 가까운 거리로 횡단해야 한다.
③ 경찰공무원등의 신호나 지시에 있을 경우에는 차나 노면전차의 바로 앞이나 뒤를 횡단할 수 있다.
④ 지체장애인은 교통에 방해되지 않는 방법으로 횡단보도를 이용하지 않고 도로를 건널 수 있다.

TIP ③ 보행자는 횡단보도가 설치되어 있지 아니한 도로에서는 가장 짧은 거리로 횡단하여야 한다〈제10조 제3항〉.
①④ 보행자는 횡단보도, 지하도, 육교나 그 밖의 도로 횡단시설이 설치되어 있는 도로에서는 그 곳으로 횡단하여야 한다. 다만, 지하도나 육교 등의 도로 횡단시설을 이용할 수 없는 지체장애인의 경우에는 다른 교통에 방해가 되지 아니하는 방법으로 도로 횡단시설을 이용하지 아니하고 도로를 횡단할 수 있다〈제10조 제2항〉.
③ 보행자는 차와 노면전차의 바로 앞이나 뒤로 횡단하여서는 아니 된다. 다만, 횡단보도를 횡단하거나 신호기 또는 경찰공무원등의 신호나 지시에 따라 도로를 횡단하는 경우에는 그러하지 아니하다〈제10조 제4항〉.

10 보행자는 횡단보도가 설치되어 있지 않은 도로에서는 어떻게 횡단해야 옳은가?

① 횡단보도를 찾아 횡단한다.
② 최단선으로 횡단한다.
③ 사선으로 횡단한다.
④ 육교나 지하도를 찾아 횡단한다.

TIP 보행자는 횡단보도가 설치되어 있지 아니한 도로에서는 가장 짧은 거리로 횡단하여야 한다〈법 제10조 제3항〉.

11 「도로교통법」상 다음에서 밑줄 친 영유아에 해당하는 나이의 기준은?

㉠ 영유아의 보호자는 교통이 빈번한 도로에서 영유아가 혼자 보행하게 하여서는 아니 된다.

① 8세 이하
② 8세 미만
③ 6세 미만
④ 6세 이하

TIP 영유아(6세 미만인 사람을 말한다)의 보호자는 교통이 빈번한 도로에서 영유아가 혼자 보행하게 하여서는 아니 된다〈법 제11조 제1항〉.
※ 어린이는 13세 미만인 사람을 말한다〈법 제2조 제23호〉.

Answer 9.③ 10.② 11.③

12 「도로교통법」상 다음의 (　　)에 해당하는 것으로 옳지 않는 것은?

> 도로에서 13세 미만의 어린이가 (　　)를 타는 경우에는 어린이의 안전을 위해 인명보호 장구(裝具)를 착용하도록 하여야 한다.

① 스케이트보드　　② 인라인스케이트
③ 롤러스케이트　　④ 외발자전거

TIP ④ 외발자전거는 「자전거 이용 활성화에 관한 법률」상 자전거에 해당하지 않아 법령상 안전모를 착용할 의무는 없으나 어린이 안전을 위하여 안전모를 착용하는 것이 바람직하다.

※ 어린이의 보호자는 도로에서 어린이가 자전거를 타거나 행정안전부령으로 정하는 위험성이 큰 움직이는 놀이기구를 타는 경우에는 어린이의 안전을 위하여 인명보호 장구(안전모)를 착용하도록 하여야 한다〈법 제11조 제3항〉.

※ 행정안전부령이 정하는 위험성이 큰 놀이기구〈시행규칙 제13조〉

㉠ 킥보드
㉡ 롤러스케이트
㉢ 인라인스케이트
㉣ 스케이트보드
㉤ 그 밖에 ㉠ 내지 ㉣의 놀이기구와 비슷한 놀이기구

13 「도로교통법」상 어린이보호에 대한 설명으로 옳지 않은 것은?

① 어린이의 보호자는 교통이 빈번한 도로에서 어린이를 놀게 하여서는 안 된다. (제11조 제1항)
② 어린이의 보호자는 도로에서 어린이가 자전거나 킥보드를 탈 때에는 안전모를 착용하도록 해야 한다.
③ 경찰공무원은 교통이 빈번한 도로에서 혼자 노는 어린이를 발견한 경우 적절한 조치를 취해야 한다.
④ 도로에서 어린이가 개인형 이동장치를 운전할 경우에는 어린이의 보호자가 동행하여야 한다.

TIP ④ 어린이의 보호자는 도로에서 어린이가 개인형이동장치를 운전하게 하여서는 아니 된다〈법 제11조 제4항〉.

① 어린이의 보호자는 교통이 빈번한 도로에서 어린이를 놀게 하여서는 아니 되며, 영유아(6세 미만인 사람을 말한다)의 보호자는 교통이 빈번한 도로에서 영유아가 혼자 보행하게 하여서는 아니 된다〈법 제11조 제1항〉.

② 어린이의 보호자는 도로에서 어린이가 자전거나 킥보드를 타는 경우에는 어린이의 안전을 위하여 인명보호 장구인 안전모를 착용하도록 하여야 한다〈법 제11조 제3항〉.

③ 도로교통법 제11조 제6항 제1호

Answer 12.④ 13.④

14 「도로교통법령」상 앞을 보지 못하는 사람에 준하는 범위에 해당하지 않는 사람은?

① 의족 등을 사용하지 아니하고는 보행을 할 수 없는 사람
② 75세 이상인 사람
③ 신체의 평형기능에 장애가 있는 사람
④ 듣지 못하는 사람

TIP 앞을 보지 못하는 사람에 준하는 사람의 범위〈시행령 제8조〉
㉠ 듣지 못하는 사람
㉡ 신체의 평형기능에 장애가 있는 사람
㉢ 의족 등을 사용하지 아니하고는 보행을 할 수 없는 사람

15 「교통약자의 이동편의 증진법」에 따른 교통약자에 해당되지 않는 사람은?

① 고령자
② 반려동물을 동반한 사람
③ 영 · 유아를 동반한 사람
④ 임산부

TIP 교통약자〈교통약자의 이동편의 증진법 제2조 제1호〉… 장애인, 고령자, 임산부, 영유아를 동반한 사람, 어린이 등 일상생활에서 이동에 불편함을 느끼는 사람을 말한다.

16 「도로교통법령」상 경찰공무원이 안전을 위하여 적절한 조치를 해야 하는 사람이 아닌 자는?

① 교통이 빈번한 도로에서 보행 중인 장애인
② 보호자 없이 도로를 보행하는 영유아
③ 앞을 보지 못하는 사람으로서 흰색 지팡이를 갖고 있는 않은 사람
④ 교통이 빈번한 도로에서 놀고 있는 어린이

TIP 경찰공무원이 안전을 위하여 적절한 조치를 해야 하는 사람〈법 제11조 제6항〉
㉠ 교통이 빈번한 도로에서 놀고 있는 어린이
㉡ 보호자 없이 도로를 보행하는 영유아
㉢ 앞을 보지 못하는 사람으로서 흰색 지팡이를 가지지 아니하거나 장애인보조견을 동반하지 아니하는 등 필요한 조치를 하지 아니하고 다니는 사람
㉣ 횡단보도나 교통이 빈번한 도로에서 보행에 어려움을 겪고 있는 노인(65세 이상인 사람을 말한다)

Answer 14.② 15.② 16.①

17 **「도로교통법령」상 어린이보호구역 지정 및 관리의 주체는?**

① 시장등　　② 경찰청장
③ 경찰서장　　④ 시 · 도경찰청장

TIP 시장등은 교통사고의 위험으로부터 어린이를 보호하기 위하여 필요하다고 인정하는 경우에는 일정 구간을 어린이 보호구역으로 지정할 수 있다〈법 제12조 제1항〉.

18 **「도로교통법」상 어린이 보호구역에 대한 설명으로 옳은 것은?**

① 어린이 보호를 위해 필요한 경우 통행속도를 시속 20킬로미터 이내로 제한 할 수 있다.
② 통행속도 제한대상은 자동차, 원동기장치자전거, 노면전차이다.
③ 대안학교나 외국인학교의 주변도로는 어린이 보호구역 지정 대상이 아니므로 횡단보도가 아닌 곳에서 어린이가 횡단하는 경우 서행한다.
④ 시 · 도교육감은 어린이 보호구역에 속도 제한 및 횡단보도에 관한 안전표지를 우선적으로 설치할 수 있다.

TIP ①② 시장등은 교통사고의 위험으로부터 어린이를 보호하기 위하여 필요하다고 인정하는 경우에는 일정 구간을 어린이 보호구역으로 지정하여 자동차등과 노면전차의 통행속도를 시속 30킬로미터 이내로 제한 할 수 있다〈법 제12조 제1항〉.
③ 「초 · 중등교육법」에 따른 외국인학교 또는 대안학교, 「대안교육기관에 관한 법률」에 따른 대안교육기관, 「제주특별법」에 따른 국제학교 및 「외국교육기관법」에 따른 외국교육기관 중 유치원 · 초등학교 교과과정이 있는 학교는 어린이 보호구역 지정 대상이다〈법 제12조 제1항 제4호〉.
④ 시장등은 어린이 보호구역에 어린이의 안전을 위하여 속도 제한, 횡단보도, 기점(起點) 및 종점(終點)에 관한 안전표지 또는 장비를 우선적으로 설치하거나 관할 도로관리청에 해당 시설 또는 장비의 설치를 요청하여야 한다〈법 제12조 제5항 제2호〉.
※ 자동차등〈법 제2조 제21호〉 … 자동차와 원동기장치자전거를 말한다.

19 **다음 중 어린이 보호구역의 지정 · 해제 절차 등에 관하여 필요한 사항을 정하는 기관이 아닌 곳은?**

① 행정안전부　　② 국토교통부
③ 교육부　　④ 보건복지부

TIP 어린이 보호구역의 지정 · 해제 절차 및 기준 등에 관하여 필요한 사항은 교육부, 행정안전부 및 국토교통부의 공동부령으로 정한다〈법 제12조 제2항〉.

Answer 17.① 18.② 19.④

20 어린이 보호구역에 우선적으로 설치해야 하는 교통안전표지로 옳지 않은 것은?

① 속도 제한　　② 노면상태
③ 횡단보도　　④ 기점 및 종점

TIP 어린이 보호구역에 우선적으로 설치해야 하는 시설 또는 장비〈법 제12조 제5항〉
㉠ 어린이 보호구역으로 지정한 시설의 주 출입문과 가장 가까운 거리에 있는 간선도로상 횡단보도의 신호기
㉡ 속도 제한, 횡단보도, 기점(起點) 및 종점(終點)에 관한 안전표지
㉢ 도로의 부속물 중 과속방지시설 및 차마의 미끄럼을 방지하기 위한 시설
㉣ 방호울타리
㉤ 그 밖에 교육부, 행정안전부 및 국토교통부의 공동부령으로 정하는 시설 또는 장비

21 「도로교통법」상 시장등이 노인 보호구역에서 할 수 있는 조치로 옳은 것은?

① 대형승합차의 통행을 금지할 수 있지만 노면전차는 제한할 수 없다.
② 이륜차의 통행은 금지할 수 있으나 자전거는 제한할 수 없다.
③ 건설기계는 통행을 금지할 수는 없지만 제한할 수 있다.
④ 차마와 노면전차의 통행을 제한하거나 금지할 수 있다.

TIP 시장등은 노인 보호구역과 장애인 보호구역을 각각 지정하여 차마와 노면전차의 통행을 제한하거나 금지하는 등 필요한 조치를 할 수 있다〈법 제12조의2 제1항〉.

22 주변도로를 장애인 보호구역으로 지정할 수 있는 시설 또는 장소는?

① 장애인이 운영하는 회사　　② 장애인요양시설
③ 장애인복지시설　　④ 장애인체육시설

TIP 시장등은 교통사고의 위험으로부터 장애인을 보호하기 위하여 필요하다고 인정하는 경우에는 장애인복지시설의 주변도로 가운데 일정 구간을 장애인 보호구역으로 지정하여 차마와 노면전차의 통행을 제한하거나 금지하는 등 필요한 조치를 할 수 있다〈법 제12조의2 제1항 제4호〉.

Answer 20.② 21.④ 22.③

23 「도로교통법」상 노인보호구역에서 통행을 금지할 수 있는 대상으로 옳은 것은?

① 원동기장치자전거, 폭 1미터 이내의 보행보조용 의자차
② 트럭적재식 천공기, 어린이용 킥보드
③ 원동기장치자전거, 노면전차
④ 노상안정기, 폭 1미터 이내의 노약자용 보행기

TIP 시장등은 교통사고의 위험으로부터 노인 또는 장애인을 보호하기 위하여 필요하다고 인정하는 경우에는 일정 구간을 노인 보호구역과 장애인 보호구역으로 각각 지정하여 차마와 노면전차의 통행을 제한하거나 금지하는 등 필요한 조치를 할 수 있다〈법 제12조의2 제1항〉.

※ 차마〈법 제2조 제17호〉

㉠ 차 : 자동차, 건설기계, 원동기장치자전거, 자전거, 사람 또는 가축의 힘이나 그 밖의 동력으로 도로에서 운전되는 것

㉡ 우마 : 교통이나 운수에 사용되는 가축

☞ 차마에서 제외되는 것 … 철길이나 가설된 선을 이용하여 운전되는 것, 유모차, 보행보조용 의자차, 노약자용 보행기, 실외이동로봇 등 행정안전부령으로 정하는 기구 · 장치는 제외한다.

24 「도로교통법령」상 보호구역 통합관리시스템 구축 · 운영해야 하는 주체는?

① 행정안전부장관 ② 시장등
③ 경찰청장 ④ 시 · 도경찰청장

TIP 경찰청장은 어린이 보호구역과 노인 및 장애인 보호구역에 대한 정보를 수집 · 관리 및 공개하기 위하여 보호구역 통합관리시스템을 구축 · 운영하여야 한다〈법 제12조의3 제1항〉.

25 보호구역 통합관리시스템의 구축 · 운영에 필요한 사항을 정하는 기관에 속하지 않는 곳은?

① 국토교통부 ② 보건복지부
③ 행정안전부 ④ 고용노동부

TIP 보호구역 통합관리시스템의 구축 · 운영, 정보 요청 등에 필요한 사항은 교육부, 행정안전부, 보건복지부 및 국토교통부의 공동부령으로 정한다〈법 제12조의3 제3항〉.

Answer 23.③ 24.③ 25.④

03 차마 및 노면전차의 통행방법

section 1 차마의 통행과 차로의 설치

1 차마의 통행〈법 제13조〉

(1) 보도와 차도가 구분된 도로의 통행

① 차도로 통행
  ㉠ 차마의 운전자는 보도와 차도가 구분된 도로에서는 차도로 통행하여야 한다.
  ㉡ 도로 이외의 곳을 출입할 때는 보도를 횡단할 수 있다.

② 도로를 횡단하는 경우 : 도로 이외의 곳으로 출입할 때 보도를 횡단하여 통행하는 경우 차마의 운전자는 보도를 횡단하기 직전에 일시정지하여 좌측과 우측 부분 등을 살핀 후 보행자의 통행을 방해하지 아니하도록 횡단하여야 한다.

③ 우측통행 : 차마의 운전자는 도로(보도와 차도가 구분된 도로에서는 차도)의 중앙(중앙선이 설치되어 있는 경우에는 그 중앙선)으로부터 우측부분을 통행하여야 한다.

(2) 도로의 중앙이나 좌측부분을 통행할 수 있는 경우 2020년 서울 2022년 경기

① 일방통행 도로일 경우 : 도로가 일방통행인 경우

② 장애물이 있는 경우 : 도로의 파손, 도로공사 그 밖의 장애 등으로 도로의 우측부분을 통행할 수 없는 경우

③ 앞지르기를 할 경우 : 도로 우측부분의 폭이 6m가 되지 않는 도로에서 다른 차를 앞지르려는 경우

◆ 좌측부분을 통행할 수 없는 경우(앞지르기 금지)

- 도로의 좌측 부분을 확인할 수 없는 경우
- 반대 방향의 교통을 방해할 우려가 있는 경우
- 안전표지 등으로 앞지르기를 금지하거나 제한하고 있는 경우

④ 도로 폭이 좁을 경우 : 도로 우측부분의 폭이 차마의 통행에 충분하지 않은 경우

⑤ 시 · 도경찰청장의 지정에 따를 경우 : 가파른 비탈길의 구부러진 곳에서 교통의 위험을 방지하기 위하여 시 · 도경찰청장이 필요하다고 인정하여 구간 및 통행방법을 지정하고 있는 경우에 그 지정에 따라 통행하는 경우

(3) 안전지대의 진입금지 및 자전거도로 통행금지

① 안전지대 진입금지 : 차마의 운전자는 안전지대 등 안전표지에 의하여 진입이 금지된 장소에 들어가서는 안 된다.

② 자전거도로 또는 길가장자리구역의 통행금지

㉠ 차마(자전거등은 제외한다)의 운전자는 안전표지로 통행이 허용된 장소를 제외하고는 자전거도로 또는 길가장자리구역으로 통행하여서는 안 된다.

㉡ 다만, 「자전거 이용 활성화에 관한 법률」 제3조 제4호에 따른 자전거 우선도로의 경우에는 그러하지 아니하다.

2 자전거등의 통행방법 특례〈법 제13조의2〉

(1) 통행방법 2021년 대전 2023년 서울

① 자전거의 통행

㉠ 자전거도로 통행 : 자전거등의 운전자는 자전거도로(자전거만 통행할 수 있도록 설치된 전용차로를 포함한다)가 따로 있는 곳에서는 그 자전거도로로 통행하여야 한다.

㉡ 우측 가장자리로 통행 : 자전거등의 운전자는 자전거도로가 설치되지 아니한 곳에서는 도로 우측 가장자리에 붙어서 통행하여야 한다.

② 길가장자리구역의 통행

㉠ 자전거등의 운전자는 길가장자리구역(안전표지로 자전거등의 통행을 금지한 구간은 제외한다)을 통행할 수 있다.

㉡ 이 경우 자전거등의 운전자는 보행자의 통행에 방해가 될 때에는 서행하거나 일시정지하여야 한다.

(2) 보도통행

① 보도로 통행할 수 있는 경우

㉠ 어린이, 노인, 그 밖에 행정안전부령으로 정하는 신체장애인이 자전거를 운전하는 경우

※ 다만, 「자전거 이용 활성화에 관한 법률」 제2조 제1호의2에 따른 전기자전거의 원동기를 끄지 아니하고 운전하는 경우는 제외한다.

◆ 행정안전부령으로 정하는 신체장애인〈시행규칙 제14조의4〉

- 「장애인복지법」에 따라 신체장애인으로 등록된 사람
- 「국가유공자 등 예우 및 지원에 관한 법률」에 따른 국가유공자로서 상이등급 제1급부터 제7급까지에 해당하는 사람

㉡ 안전표지로 자전거등의 통행이 허용된 경우

㉢ 도로의 파손, 도로공사나 그 밖의 장애 등으로 도로를 통행할 수 없는 경우

② 보도통행 시 준수사항

㉠ **서행** : 자전거등의 운전자는 보도 중앙으로부터 차도 쪽 또는 안전표지로 지정된 곳으로 서행하여야 한다.

㉡ **일시정지** : 자전거등의 운전자는 보행자의 통행에 방해가 될 때에는 일시 정지하여야 한다.

(3) 자전거등 운전자의 준수사항

① **2대 이상이 나란히 통행금지** : 자전거등의 운전자는 안전표지로 통행이 허용된 경우를 제외하고는 2대 이상이 나란히 차도를 통행하여서는 아니 된다.

② **횡단보도 횡단 시** : 자전거등의 운전자가 횡단보도를 이용하여 도로를 횡단할 때에는 자전거등에서 내려서 자전거등을 끌거나 들고 보행하여야 한다.

❸ 차로의 설치 등〈법 제14조〉

(1) 차로설치

① 설치 및 목적

㉠ **설치권자** : 시 · 도경찰청장

㉡ **설치목적** : 차마의 교통을 원활하게 하기 위하여 필요한 경우

㉢ **설치기준** : 도로에 행정안전부령으로 정하는 차로를 설치해야 한다.

② 가변차로 설치

㉠ 신호기에 의하여 차로의 진행방향을 지시하는 가변차로를 설치할 수 있다.

㉡ 시간대에 따라 양방향의 통행량이 뚜렷하게 다른 도로에는 교통량이 많은 쪽으로 차로의 수가 확대될 수 있도록 설치한다.

(2) 차로의 설치방법〈시행규칙 제15조〉

① 노면표시 및 너비 2021년 서울

㉠ 노면표시 : 시 · 도경찰청장은 도로에 차로를 설치하고자 하는 때에는 노면표시로 표시하여야 한다.

㉡ 차로너비 2022년 대전

- 차로의 너비는 3미터 이상으로 하여야 한다.
- 다만, 좌회전전용차로의 설치 등 부득이하다고 인정되는 때에는 275센티미터 이상으로 할 수 있다.

② 설치금지장소

㉠ 횡단보도

㉡ 교차로

㉢ 철길건널목

③ 길가장자리구역 설치

㉠ 보도와 차도의 구분이 없는 도로에 차로를 설치하는 때

㉡ 보행자가 안전하게 통행할 수 있도록 그 도로의 양쪽에 길가장자리구역을 설치하여야 한다.

(3) 차로에 따른 통행차의 기준〈시행규칙 제16조 제1항 별표9〉

도로		차로구분	통행할 수 있는 차종
고속도로외의 도로		왼쪽 차로	• 승용자동차 및 경형 · 소형 · 중형 승합자동차
		오른쪽 차로	• 대형승합자동차, 화물자동차, 특수자동차, 법 제2조제18호나목에 따른 건설기계, 이륜자동차, 원동기장치자전거(개인형 이동장치는 제외한다)
고속도로	편도 2차로	1차로	• 앞지르기를 하려는 모든 자동차. 다만, 차량통행량 증가 등 도로상황으로 인하여 부득이하게 시속 80킬로미터 미만으로 통행할 수밖에 없는 경우에는 앞지르기를 하는 경우가 아니라도 통행할 수 있다.
		2차로	• 모든 자동차
	편도 3차로 이상	1차로	• 앞지르기를 하려는 승용자동차 및 앞지르기를 하려는 경형 · 소형 · 중형 승합자동차 • 다만, 차량통행량 증가 등 도로상황으로 인하여 부득이하게 시속 80킬로미터 미만으로 통행할 수밖에 없는 경우에는 앞지르기를 하는 경우가 아니라도 통행할 수 있다.
		왼쪽 차로	• 승용자동차 및 경형 · 소형 · 중형 승합자동차
		오른쪽 차로	• 대형 승합자동차, 화물자동차, 특수자동차, 법 제2조제18호나목에 따른 건설기계

▶ 참고

㉠ 차로에 따른 통행차의 기준에서 사용하는 용어의 뜻

구분	내용
왼쪽 차로	• 고속도로 외의 도로의 경우 : 차로를 반으로 나누어 1차로에 가까운 부분의 차로. 다만, 차로수가 홀수인 경우 가운데 차로는 제외한다. • 고속도로의 경우 : 1차로를 제외한 차로를 반으로 나누어 그 중 1차로에 가까운 부분의 차로. 다만, 1차로를 제외한 차로의 수가 홀수인 경우 그 중 가운데 차로는 제외한다.
오른쪽 차로	• 고속도로 외의 도로의 경우 : 왼쪽 차로를 제외한 나머지 차로 • 고속도로의 경우 : 1차로와 왼쪽 차로를 제외한 나머지 차로

㉡ 모든 차는 위 표에서 지정된 차로보다 오른쪽에 있는 차로로 통행할 수 있다.

㉢ 앞지르기를 할 때에는 위 표에서 지정된 차로의 왼쪽 바로 옆 차로로 통행할 수 있다.

㉣ 도로의 진출입 부분에서 진출입하는 때와 정차 또는 주차한 후 출발하는 때의 상당한 거리 동안은 이 표에서 정하는 기준에 따르지 아니할 수 있다.

㉤ 이 표 중 승합자동차의 차종 구분은 「자동차관리법 시행규칙」 별표 1에 따른다.

㉥ 도로의 가장 오른쪽에 있는 차로로 통행해야 하는 차마

- 자전거등
- 우마
- 국토교통부령으로 정하는 건설기계 이외의 건설기계
- 위험물 등을 운반하는 자동차 : 지정수량 이상의 위험물, 화약류, 유독물질, 의료폐기물, 고압가스, 액화석유가스, 방사성물질 또는 그에 따라 오염된 물질, 제조 등이 금지되는 유해물질과 허가 대상 유해물질, 농약원제, 그 밖에 사람 또는 가축의 힘이나 그 밖의 동력으로 도로에서 운행되는 것

㉦ 좌회전 차로가 2차로 이상 설치된 교차로에서 좌회전하려는 차는 그 설치된 좌회전 차로 내에서 위 표 중 고속도로 외의 도로에서의 차로 구분에 따라 좌회전하여야 한다.

※ 모든 차의 운전자는 통행하고 있는 차로에서 느린 속도로 진행하여 다른 차의 정상적인 통행을 방해할 우려가 있는 때에는 그 통행하던 차로의 오른쪽 차로로 통행하여야 한다.

※ 차로의 순위는 도로의 중앙선쪽에 있는 차로부터 1차로로 한다. 다만, 일방통행도로에서는 도로의 왼쪽부터 1차로로 한다.

(4) 차로의 통행 및 차로의 너비

① 차로에 따라 통행

㉠ 차마의 운전자는 차로가 설치되어 있는 도로에서는 이 법이나 이 법에 따른 명령에 특별한 규정이 있는 경우를 제외하고는 그 차로를 따라 통행하여야 한다.

㉡ 시 · 도경찰청장이 통행방법을 따로 지정한 경우에는 그 방법으로 통행하여야 한다.

② 차로의 너비보다 넓은 차의 통행제한 및 통행허가 · 협의 2022년 전남

㉠ 차로의 너비보다 넓은 차의 통행제한

- 통행금지 : 차로가 설치된 도로를 통행하려는 경우로서 차의 너비가 행정안전부령으로 정하는 차로의 너비보다 넓어 교통의 안전이나 원활한 소통에 지장을 줄 우려가 있는 경우 그 차의 운전자는 도로를 통행하여서는 아니 된다.

• 통행의 허가 : 그 차의 출발지를 관할하는 경찰서장의 허가를 받은 경우에는 도로를 통행 할 수 있다.

ⓛ 차로의 너비보다 넓은 차의 통행허가〈시행규칙 제17조〉

구분	내용
허가권자	• 관할 경찰서장
통행허가신청	• 차로폭초과차 통행허가신청서 작성 제출
확인사항	• 행정정보의 공동이용으로 신청인의 자동차등록증 확인 • 신청인이 확인에 동의하지 않는 경우 그 사본을 첨부할 것을 요구
통행허가	• 허가를 한 때에는 차로폭초과차 통행허가증 교부 • 통행허가를 받은 운전자는 표지 부착 후 운행

ⓒ 차로의 너비보다 넓은 차의 통행협의

• 협의기관 : 경찰서장이 통행하려는 도로의 관리청과 협의

• 협의대상

–허가를 받으려는 차가 운행허가를 받아야 하는 차에 해당하는 경우

–그 차가 통행하려는 도로의 관리청과 미리 협의

ⓔ 도로관리청과의 협의 등〈시행령 제8조의3〉

• 경찰서장은 도로관리청과 운행허가에 관한 사항을 협의하려는 경우에는 운행허가에 필요한 자료를 즉시 도로관리청에 송부하여야 한다.

• 협의를 요청받은 도로관리청은 협의요청을 받은 날부터 7일 이내에 경찰서장에게 그 의견을 제출하여야 한다.

• 경찰서장은 협의절차를 효율적으로 수행하기 위하여 차량운행허가시스템을 사용할 수 있다.

③ 진로변경금지

ⓐ 차마의 운전자는 안전표지가 설치되어 특별히 진로 변경이 금지된 곳에서는 차마의 진로를 변경하여서는 아니 된다.

ⓛ 다만, 도로의 파손이나 도로공사 등으로 인하여 장애물이 있는 경우에는 진로를 변경할 수 있다.

4 전용차로의 설치〈법 제15조〉

(1) 정의 및 설치

① 전용차로의 정의 : 차의 종류나 승차 인원에 따라 지정된 차만 통행할 수 있는 차로를 말한다.

② 전용차로의 설치

ⓐ 설치권자 : 시장등

ⓛ 설치목적 : 원활한 교통을 확보하기 위하여 특히 필요한 경우

ⓒ 협의설치 : 시장등은 시 · 도경찰청장이나 경찰서장과 협의하여 도로에 전용차로를 설치

(2) 전용차로의 종류와 전용차로로 통행할 수 있는 차〈시행령 제9조 제1항 별표1〉

<table>
<tr><th rowspan="2">전용차로의 종류</th><th colspan="2">통행할 수 있는 차</th></tr>
<tr><th>고속도로</th><th>고속도로 외의 도로</th></tr>
<tr><td>버스 전용차로</td><td>• 9인승 이상 승용자동차 및 승합자동차(승용자동차 또는 12인승 이하의 승합자동차는 6명 이상이 승차한 경우로 한정)</td><td>• 36인승 이상의 대형승합자동차
• 36인승 미만의 사업용 승합자동차
• 증명서를 발급받아 어린이를 운송할 목적으로 운행 중인 어린이통학버스
• 대중교통수단으로 이용하기 위한 자율주행자동차로서 시험 · 연구 목적으로 운행하기 위하여 국토교통부장관의 임시운행허가를 받은 자율주행자동차
• 위에서 규정한 차 외의 차로서 도로에서의 원활한 통행을 위하여 시 · 도경찰청장이 지정한 다음의 어느 하나에 해당하는 승합자동차
- 노선을 지정하여 운행하는 통학 · 통근용 승합자동차 중 16인승 이상 승합자동차
- 국제행사 참가인원 수송 등 특히 필요하다고 인정되는 승합자동차(지방경찰청장이 정한 기간 이내로 한정한다)
- 관광숙박업자 또는 전세버스운송사업자가 운행하는 25인승 이상의 외국인 관광객 수송용 승합자동차(외국인 관광객이 승차한 경우만 해당)</td></tr>
<tr><td>다인승 전용차로</td><td colspan="2">• 3명 이상 승차한 승용 · 승합자동차(다인승전용차로와 버스전용차로가 동시에 설치되는 경우에는 버스전용차로를 통행할 수 있는 차는 제외한다)</td></tr>
<tr><td>자전거 전용차로</td><td colspan="2">• 자전거등</td></tr>
<tr><td colspan="3">▶ 비고
• 경찰청장은 설날 · 추석 등의 특별교통관리기간 중 특히 필요하다고 인정할 때에는 고속도로 버스전용차로를 통행할 수 있는 차를 따로 정하여 고시할 수 있다.
• 시장등은 고속도로 버스전용차로와 연결되는 고속도로 외의 도로에 버스전용차로를 설치하는 경우에는 교통의 안전과 원활한 소통을 위하여 그 버스전용차로를 통행할 수 있는 차의 종류, 설치구간 및 시행시기 등을 따로 정하여 고시할 수 있다.
• 시장등은 교통의 안전과 원활한 소통을 위하여 고속도로 외의 도로에 설치된 버스전용차로로 통행할 수 있는 자율주행자동차의 운행 가능 구간, 기간 및 통행시간 등을 따로 정하여 고시할 수 있다.
• 시장등은 차도의 일부 차로를 구간과 기간 및 통행시간 등을 정하여 자전거전용차로로 운영할 수 있다.</td></tr>
</table>

※ 시장등과 경찰청장은 전용차로를 설치하거나 폐지한 경우에는 그 구간과 기간 및 통행시간 등을 정하여(폐지하는 경우에는 통행시간은 제외한다) 고시하고, 신문 · 방송 등을 통하여 널리 알려야 한다〈시행령 제9조 제3항〉.

(3) 고속도로 외의 버스전용차로를 통행할 수 있는 자동차의 지정 및 취소

① 고속도로 외의 버스전용차로를 통행할 수 있는 자동차의 지정 및 취소 : 고속도로 외의 도로에 설치된 버스전용차로로 통행할 수 있는 자동차의 지정 및 취소 등에 필요한 사항은 행정안전부령으로 정한다.

② 버스전용차로 통행의 지정취소〈시행규칙 제18조〉

구분	내용
취소권자	• 시 · 도경찰청장
지정취소 사유	• 통학 · 통근용으로 사용하지 아니하게 된 경우 • 시 · 도경찰청장이 정한 기간이 종료된 경우
지정증 회수	• 회수권자 : 시 · 도경찰청장 • 버스전용차로 통행의 지정을 취소한 때에는 지체 없이 버스전용차로 통행 지정증을 회수

③ 버스전용차로통행 지정증〈시행규칙 제18조 제1항 별표10〉 2021년 경기

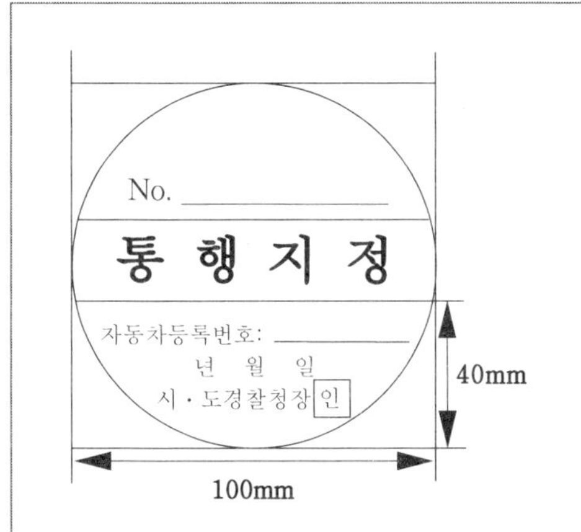

• 바탕색은 노랑색으로 하되 통행지정란은 백색으로 한다.
• 글씨는 "통행지정"은 청색으로 하고, 기타 글씨는 흑색으로 한다.
• 통행지정증은 앞면유리 우측상단, 뒷면유리 좌측하단, 좌 · 우측 중앙창유리 중앙상단에 부착한다.

(4) 전용차로의 통행금지

① 통행금지 : 전용차로로 통행할 수 있는 차가 아니면 전용차로로 통행하여서는 아니 된다.

② 전용차로 통행차 외에 전용차로로 통행할 수 있는 경우〈시행령 제10조〉 2023년 서울

㉠ 긴급자동차가 그 본래의 긴급한 용도로 운행되고 있는 경우

㉡ 전용차로통행차의 통행에 장해를 주지 아니하는 범위에서 택시가 승객을 태우거나 내려주기 위하여 일시 통행하는 경우. 이 경우 택시 운전자는 승객이 타거나 내린 즉시 전용차로를 벗어나야 한다.

㉢ 도로의 파손, 공사, 그 밖의 부득이한 장애로 인하여 전용차로가 아니면 통행할 수 없는 경우

5 자전거횡단도의 설치 등〈법 제15조의2〉

(1) 설치

구분	내용
설치권자	• 시 · 도경찰청장
설치목적	• 도로를 횡단하는 자전거 운전자의 안전을 위하여
설치기준	• 행정안전부령으로 정하는 기준에 따라

(2) 자전거횡단도의 이용 및 주의사항

① 자전거횡단도의 이용 : 자전거등의 운전자가 자전거등을 타고 자전거횡단도가 따로 있는 도로를 횡단할 때에는 자전거횡단도를 이용하여야 한다.

② 차마운전자의 주의사항 : 차마의 운전자는 자전거등이 자전거횡단도를 통행하고 있을 때에는 자전거등의 횡단을 방해하거나 위험하게 하지 아니하도록 그 자전거횡단도 앞(정지선이 설치되어 있는 곳에서는 그 정지선을 말한다)에서 일시정지하여야 한다.

6 노면전차 전용로의 설치 등〈법 제16조〉

(1) 설치 2022년 경기

구분	내용	
설치권자	• 시장등	
설치목적	• 교통을 원활하게 하기 위하여 노면전차 전용도로 또는 전용차로를 설치하려는 경우	
설치협의	협의대상	시장등이 시 · 도경찰청장과 협의
	협의시기	• 도시철도사업계획의 승인 전 • 도시철도사업계획을 변경 하려는 경우
	협의사항	• 노면전차의 설치 방법 및 구간 • 노면전차 전용로 내 교통안전시설의 설치 • 그 밖에 노면전차 전용로의 관리에 관한 사항

(2) 노면전차 전용도로 또는 전용차로의 통행

① 전용도로 및 차로통행

㉠ 노면전차의 운전자 : 노면전차 전용도로 또는 전용차로로 통행하여야 한다.

㉡ 차마의 운전자 : 노면전차 전용도로 또는 전용차로를 통행하여서는 안 된다.

② 차마의 운전자가 노면전차 전용도로 또는 전용차로를 통행할 수 있는 경우
   ㉠ 좌회전, 우회전, 횡단 또는 회전하기 위하여 궤도부지를 가로지르는 경우
   ㉡ 도로, 교통안전시설, 도로의 부속물 등의 보수를 위하여 진입이 불가피한 경우
   ㉢ 노면전차 전용차로에서 긴급자동차가 그 본래의 긴급한 용도로 운행되고 있는 경우

section 2 자동차등의 속도와 앞지르기 등

❶ 자동차등과 노면전차의 속도〈법 제17조〉

(1) 자동차등(개인형 이동장치 제외)과 노면전차의 속도〈시행규칙 제19조〉 2020년 서울 2020년 충북 2024년 서울

<table>
<tr><th rowspan="2" colspan="3">구분</th><th colspan="2">운행속도</th></tr>
<tr><th>최고속도</th><th>최저속도</th></tr>
<tr><td rowspan="4">일반도로</td><td colspan="2">• 주거지역 · 상업지역 및 공업지역</td><td>50km/h</td><td>제한없음</td></tr>
<tr><td colspan="2">• 주거지역 · 상업지역 및 공업지역 중 시 · 도경찰청장이 원활한 소통을 위하여 특히 필요하다고 인정하여 지정한 노선 또는 구간</td><td>60km/h</td><td>제한없음</td></tr>
<tr><td rowspan="2">• 주거지역 · 상업지역 및 공업지역 외의 도로</td><td>• 편도 1차로</td><td>60km/h</td><td>제한없음</td></tr>
<tr><td>• 편도 2차로 이상</td><td>80km/h</td><td>제한없음</td></tr>
<tr><td colspan="3">자동차전용도로</td><td>90km/h</td><td>30km/h</td></tr>
<tr><td rowspan="5">고속도로</td><td colspan="2">• 편도 1차로</td><td>80km/h</td><td>50km/h</td></tr>
<tr><td rowspan="2">• 편도 2차로 이상</td><td>• 승용차, 승합차, 화물자동차(적재중량 1.5톤 이하)</td><td>100km/h</td><td>50km/h</td></tr>
<tr><td>• 화물자동차(적재중량 1.5톤 초과), 특수자동차, 위험물운반자동차 및 건설기계</td><td>80km/h</td><td>50km/h</td></tr>
<tr><td rowspan="2">• 편도 2차로 이상의 고속도로 중 경찰청장이 고속도로의 원활한 소통을 위하여 특히 필요하다고 인정하여 지정 · 고시한 노선 또는 구간</td><td>• 승용차, 승합차</td><td>120km/h</td><td>50km/h</td></tr>
<tr><td>• 화물자동차, 특수자동차, 위험물운반자동차 및 건설기계</td><td>90km/h</td><td>50km/h</td></tr>
</table>

(2) 비 · 안개 · 눈 등으로 인한 악천후일 때의 감속운행 2022년 서울 2022년 대전 2022년 울산 2022년 경북 2022년 전남

구분	내용
최고속도의 100분의 20을 줄인 속도를 운행해야 할 경우	• 비가 내려 노면이 젖어있는 경우 • 눈이 20mm 미만 쌓인 경우
최고속도의 100분의 50을 줄인 속도로 운행해야 할 경우	• 폭우 · 폭설 · 안개 등으로 가시거리가 100m 이내인 경우 • 노면이 얼어붙은 경우 • 눈이 20mm 이상 쌓인 경우

※ 경찰청장 또는 시 · 도경찰청장이 가변형 속도제한표지로 최고속도를 정한 경우에는 이에 따라야 하며, 가변형 속도제한표지로 정한 최고속도와 그 밖의 안전표지로 정한 최고속도가 다를 때에는 가변형 속도제한표지에 따라야 한다.

(3) 구역이나 구간을 지정하여 속도제한〈법 제17조 제2항〉

구분	내용	
제한권자	• 경찰청장이나 시 · 도경찰청장	
제한목적	• 도로에서 일어나는 위험을 방지하고 교통의 안전과 원활한 소통을 확보하기 위하여 필요하다고 인정하는 경우	
제한범위	경찰청장	• 고속도로
	시 · 도경찰청장	• 고속도로를 제외한 도로

자동차등과 노면전차의 속도를 제한할 경우 고려해야 할 사항〈시행규칙 제19조 제3항〉

- 속도의 제한기관 : 경찰청장 또는 시 · 도경찰청장
- 제한사유 : 구역 또는 구간을 지정하여 자동차등과 노면전차의 속도를 제한하려는 경우
- 고려해야 할 사항
  - –설계속도
  - –실제 주행속도
  - –교통사고 발생 위험성
  - –도로주변 여건

(4) 자동차등과 노면전차운전자의 준수사항〈법 제17조 제3항〉

① 자동차등과 노면전차의 운전자는 최고속도보다 빠르게 운전하거나 최저속도보다 느리게 운전하여서는 아니 된다.

② 다만, 교통이 밀리거나 그 밖의 부득이한 사유로 최저속도보다 느리게 운전할 수밖에 없는 경우에는 그러하지 아니하다.

(5) 견인자동차가 아닌 자동차로 자동차를 견인할 때의 속도(고속도로 제외)〈시행규칙 제20조〉 2024년 서울

구분	내용
매시 30km 이내인 경우	• 총 중량 2,000kg 미만인 자동차를 총중량이 그의 3배 이상인 자동차로 견인하는 경우
매시 25km 이내인 경우	• 위 이외의 경우 및 이륜자동차가 견인하는 경우

section 3 횡단금지 · 진로의 양보 및 안전거리 확보

1 횡단 등의 금지〈법 제18조〉

(1) 도로횡단 및 유턴 또는 후진금지

차마의 운전자는 보행자나 다른 차마의 정상적인 통행을 방해할 우려가 있는 경우에는 차마를 운전하여 도로를 횡단하거나 유턴 또는 후진하여서는 아니 된다.

(2) 도로횡단 및 유턴 또는 후진금지 구간 지정

구분	내용
지정권자	• 시 · 도경찰청장
지정목적	• 도로에서의 위험을 방지하고 교통의 안전과 원활한 소통을 확보하기 위하여 특히 필요하다고 인정하는 경우
구간지정	• 도로의 구간을 지정하여 차마의 횡단이나 유턴 또는 후진을 금지할 수 있다.

(3) 건물이나 주차장 등에서 도로진입 시

차마의 운전자는 길가의 건물이나 주차장 등에서 도로에 들어갈 때에는 일단 정지한 후에 안전한지 확인하면서 서행하여야 한다.

❷ 안전거리 확보 등〈제19조〉

(1) 안전거리 확보 2022 서울

① **필요한 거리확보 :** 모든 차의 운전자는 같은 방향으로 가고 있는 앞차의 뒤를 따르는 경우에는 앞차가 갑자기 정지하게 되는 경우 그 앞차와의 충돌을 피할 수 있는 필요한 거리를 확보하여야 한다.

② **자전거 주의 :** 자동차등의 운전자는 같은 방향으로 가고 있는 자전거등의 운전자에 주의하여야 하며, 그 옆을 지날 때에는 자전거등과의 충돌을 피할 수 있는 필요한 거리를 확보하여야 한다.

(2) 진로변경 및 급제동 금지

① **진로변경 금지 :** 모든 차의 운전자는 차의 진로를 변경하려는 경우에 그 변경하려는 방향으로 오고 있는 다른 차의 정상적인 통행에 장애를 줄 우려가 있을 때에는 진로를 변경하여서는 아니 된다.

② **급제동 금지 :** 모든 차의 운전자는 위험방지를 위한 경우와 그 밖의 부득이한 경우가 아니면 운전하는 차를 갑자기 정지시키거나 속도를 줄이는 등의 급제동을 하여서는 아니 된다.

공주거리와 제동거리 및 정지거리

구분	내용
공주거리	• 개념 : 차를 정지하기 위해 운전자가 브레이크를 밟아 브레이크가 실제로 작동을 시작할 때까지 차가 달려간 거리를 말한다. 예 지각반응시간과 공주거리 … 운전자가 주행 중에 위험을 인지하고 행동에 옮기기까지에는 다소의 시간이 걸리므로 장애물과의 거리, 간격, 주행속도 등에 대한 운전자의 판단과 행동능력의 한계를 염두에 두고 운전해야 한다. 예 운전자가 피로한 경우의 공주거리 … 판단할 시간이 더 걸리므로 공주거리가 길어진다.
제동거리	• 개념 : 브레이크가 작동하여 정지할 때까지 자동차가 이동한 거리를 말한다. 예 비가 올 경우의 제동거리 … 비에 젖은 도로를 주행할 때와 무거운 화물을 실은 때에는 제동거리가 길어진다.
정지거리	• 개념 : 공주거리와 제동거리를 합친 거리를 말한다. 예 타이어가 마모된 경우 … 타이어가 양호한 상태의 경우보다 정지거리가 길어진다.

❸ 진로 양보의 의무〈법 제20조〉

(1) 뒤의 차보다 느린 속도로 가고자 할 때

① 모든 차(긴급자동차는 제외한다)의 운전자는 뒤에서 따라오는 차보다 느린 속도로 가려는 경우에는 도로의 우측 가장자리로 피하여 진로를 양보하여야 한다.

② 다만, 통행 구분이 설치된 도로의 경우에는 그러하지 아니하다.

(2) 좁은 도로에서 서로 마주보고 진행할 때 2021 서울 2022 경북

좁은 도로에서 긴급자동차 외의 자동차가 서로 마주보고 진행할 때에는 다음의 구분에 따른 자동차가 도로의 우측 가장자리로 피하여 진로를 양보하여야 한다.

① 비탈진 좁은 도로에서 자동차가 서로 마주보고 진행하는 경우에는 올라가는 자동차

② 비탈진 좁은 도로 외의 좁은 도로에서 사람을 태웠거나 물건을 실은 자동차와 동승자(同乘者)가 없고 물건을 싣지 아니한 자동차가 서로 마주보고 진행하는 경우에는 동승자가 없고 물건을 싣지 아니한 자동차

section 4 앞지르기 방법 및 끼어들기의 금지

1 앞지르기 방법 등〈법 제21조〉

(1) 앞지르기의 요령 2022 대전

① 좌측으로 앞지르기 : 모든 차의 운전자는 다른 차를 앞지르려면 앞차의 좌측으로 통행하여야 한다.

② 자전거등

㉠ 자전거등의 운전자는 서행하거나 정지한 다른 차를 앞지르려면 앞차의 우측으로 통행할 수 있다.

㉡ 이 경우 자전거등의 운전자는 정지한 차에서 승차하거나 하차하는 사람의 안전에 유의하여 서행하거나 필요한 경우 일시정지하여야 한다.

(2) 앞쪽의 교통과 앞지르기 방해금지

① 앞쪽 교통주의 및 안전속도로 앞지르기

㉠ 앞지르려고 하는 모든 차의 운전자는 반대방향의 교통과 앞차 앞쪽의 교통에도 주의를 충분히 기울여야 한다.

㉡ 앞차의 속도 · 진로와 그 밖의 도로상황에 따라 방향지시기 · 등화 또는 경음기(警音機)를 사용하는 등 안전한 속도와 방법으로 앞지르기를 하여야 한다.

② 앞지르기 방해금지 : 모든 차의 운전자는 앞지르기를 하는 차가 있을 때에는 속도를 높여 경쟁하거나 그 차의 앞을 가로막는 등의 방법으로 앞지르기를 방해하여서는 아니 된다.

※ 앞지르기 … 차의 운전자가 앞서가는 다른 차의 옆을 지나서 그 차의 앞으로 나가는 것을 말한다.

② 앞지르기 금지의 시기 및 장소〈법 제22조〉

(1) 앞지르기 금지 시기 2020 충북 2022 울산

구분	내용
앞차를 앞지르지 못하는 경우	• 앞차의 좌측에 다른 차가 앞차와 나란히 가고 있는 경우 • 앞차가 다른 차를 앞지르고 있거나 앞지르려고 하는 경우
다른 차를 앞지르지 못하는 경우	• 도로교통법이나 도로교통법에 따른 명령에 따라 정지하거나 서행하고 있는 차 • 경찰공무원의 지시에 따라 정지하거나 서행하고 있는 차 • 위험을 방지하기 위하여 정지하거나 서행하고 있는 차

(2) 앞지르기 금지 장소 2021 대전 2022 경기 2022 경북 2022 전남

- 교차로
- 터널 안
- 다리 위
- 도로의 구부러진 곳
- 비탈길의 고갯마루 부근
- 가파른 비탈길의 내리막
- 시 · 도경찰청장이 도로에서의 위험을 방지하고 교통의 안전과 원활한 소통을 확보하기 위하여 필요하다고 인정하는 곳으로서 안전표지로 지정한 곳

③ 끼어들기의 금지〈법 제23조〉

(1) 다른 차 앞으로 끼어들기 금지

모든 차의 운전자는 법 제22조 제2항에 해당하는 다른 차 앞으로 끼어들지 못한다.

(2) 법 제22조 제2항

① 도로교통법이나 도로교통법에 따른 명령에 따라 정지하거나 서행하고 있는 차

② 경찰공무원의 지시에 따라 정지하거나 서행하고 있는 차

③ 위험을 방지하기 위하여 정지하거나 서행하고 있는 차

section 5 철길 건널목 통과 및 교차로 통행방법

1 철길 건널목 통과〈법 제24조〉

(1) 건널목 통과 및 통행금지

① 일시정지 후 통과

㉠ 철길 건널목(이하 "건널목"이라 한다)을 통과하려는 경우에는 건널목 앞에서 일시정지하여 안전한지 확인한 후에 통과하여야 한다.

㉡ 다만, 신호기 등이 표시하는 신호에 따르는 경우에는 정지하지 아니하고 통과할 수 있다.

② 통과금지 : 건널목의 차단기가 내려져 있거나 내려지려고 하는 경우 또는 건널목의 경보기가 울리고 있는 동안에는 그 건널목으로 들어가서는 아니 된다.

(2) 건널목을 통과하다가 고장 등의 사유로 건널목 안에서 운행할 수 없게 되었을 때의 조치

① 즉시 승객을 대피시켜야 한다.

② 비상신호기 등을 사용하거나 그 밖의 방법으로 철도공무원이나 경찰공무원에게 그 사실을 알려야 한다.

2 교차로의 통행방법〈법 제25조〉

(1) 교차로 통과

① 교차로에서의 우회전

㉠ 교차로에서 우회전을 하려는 경우에는 미리 도로의 우측 가장자리를 서행하면서 우회전하여야 한다.

㉡ 이 경우 우회전하는 차의 운전자는 신호에 따라 정지하거나 진행하는 보행자 또는 자전거등에 주의하여야 한다.

② 교차로에서의 좌회전

㉠ 교차로에서 좌회전을 하려는 경우에는 미리 도로의 중앙선을 따라 서행하면서 교차로의 중심 안쪽을 이용하여 좌회전하여야 한다.

㉡ 다만, 시 · 도경찰청장이 교차로의 상황에 따라 특히 필요하다고 인정하여 지정한 곳에서는 교차로의 중심 바깥쪽을 통과할 수 있다.

③ 자전기등의 좌회전 : 자전거등의 운전자는 교차로에서 좌회전하려는 경우에는 미리 도로의 우측 가장자리로 붙어 서행하면서 교차로의 가장자리 부분을 이용하여 좌회전하여야 한다.

(2) 교차로 진행 · 진입 방해금지 및 일시정지

① 신호하는 차의 진행 방해금지 : 우회전이나 좌회전을 하기 위하여 손이나 방향지시기 또는 등화로써 신호를 하는 차가 있는 경우에 그 뒤차의 운전자는 신호를 한 앞차의 진행을 방해하여서는 아니 된다.

② 통행방해 시 진입금지 : 모든 차 또는 노면전차의 운전자는 신호기로 교통정리를 하고 있는 교차로에 들어가려는 경우에는 진행하려는 진로의 앞쪽에 있는 차 또는 노면전차의 상황에 따라 교차로(정지선이 설치되어 있는 경우에는 그 정지선을 넘은 부분을 말한다)에 정지하게 되어 다른 차 또는 노면전차의 통행에 방해가 될 우려가 있는 경우에는 그 교차로에 들어가서는 아니 된다.

③ 일시정지 : 모든 차의 운전자는 교통정리를 하고 있지 아니하고 일시정지나 양보를 표시하는 안전표지가 설치되어 있는 교차로에 들어가려고 할 때에는 다른 차의 진행을 방해하지 아니하도록 일시정지하거나 양보하여야 한다.

3 회전교차로 통행방법〈법 제25조의2〉

(1) 회전교차로의 개념과 통행방향

① 개념 : 회전교차로란 교차로 중 차마가 원형의 교통섬을 중심으로 반시계방향으로 통행하도록 한 원형의 도로를 말한다.

② 반시계방향으로 통행 : 모든 차의 운전자는 회전교차로에서는 반시계방향으로 통행하여야 한다.

(2) 통행방법 및 진행방해 금지 2023 서울

① 일시정지 및 진로양보

㉠ 일시정지 : 모든 차의 운전자는 회전교차로에 진입하려는 경우에는 서행하거나 일시정지하여야 한다.

㉡ 진로양보 : 이미 진행하고 있는 다른 차가 있는 때에는 그 차에 진로를 양보하여야 한다.

② 신호하는 차의 진행 방해금지 : 회전교차로 통행을 위하여 손이나 방향지시기 또는 등화로써 신호를 하는 차가 있는 경우 그 뒤차의 운전자는 신호를 한 앞차의 진행을 방해하여서는 아니 된다.

4 교통정리가 없는 교차로에서의 양보운전〈법 제26조〉

(1) 교통정리를 하고 있지 않는 교차로에 들어가려고 하는 차의 통행방법 2022년 전남

① 이미 교차로에 진입한 차에 진로양보 : 이미 교차로에 들어가 있는 다른 차가 있을 때에는 그 차에 진로를 양보하여야 한다.

② 도로의 폭에 따른 서행 및 양보

㉠ 서행 : 교차로에 들어가려고 하는 차가 통행하고 있는 도로의 폭보다 교차하는 도로의 폭이 넓은 경우에는 서행하여야 한다.

㉡ 진로양보 : 폭이 넓은 도로로부터 교차로에 들어가려고 하는 다른 차가 있을 때에는 그 차에 진로를 양보하여야 한다.

(2) 교통정리를 하고 있지 않는 교차로에서 동시 및 좌회전 하려는 차의 통행방법 2022년 인천 2024년 서울

① 동시에 들어가려고 하는 차 : 우측도로의 차에 진로를 양보하여야 한다.

② 좌회전하려고 하는 차 : 좌회전하려는 교차로에서 직진하거나 우회전하려는 다른 차가 있을 때에는 그 차에 진로를 양보하여야 한다.

section 6 보행자

1 보행자의 보호〈법 제27조〉

(1) 횡단보도 및 교차로의 통행방법

① 횡단보도 : 보행자가 횡단보도를 통행하고 있거나 통행하려고 하는 때에는 보행자의 횡단을 방해하거나 위험을 주지 아니하도록 그 횡단보도 앞(정지선이 설치되어 있는 곳에서는 그 정지선을 말한다)에서 일시정지하여야 한다.

② 교차로 : 교통정리를 하고 있는 교차로에서 좌회전이나 우회전을 하려는 경우에는 신호기 또는 경찰공무원 등의 신호나 지시에 따라 도로를 횡단하는 보행자의 통행을 방해하여서는 아니 된다.

(2) 교통정리를 하고 있지 않은 교차로 및 안전지대 · 좁은 도로의 통행방법

① 교통정리를 하고 있지 않은 교차로 : 교통정리를 하고 있지 아니하는 교차로 또는 그 부근의 도로를 횡단하는 보행자의 통행을 방해하여서는 아니 된다.

② 안전지대 및 좁은 도로 : 도로에 설치된 안전지대에 보행자가 있는 경우와 차로가 설치되지 아니한 좁은 도로에서 보행자의 옆을 지나는 경우에는 안전한 거리를 두고 서행하여야 한다.

③ 횡단보도가 설치되지 않은 도로 : 보행자가 횡단보도가 설치되어 있지 아니한 도로를 횡단하고 있을 때에는 안전거리를 두고 일시정지하여 보행자가 안전하게 횡단할 수 있도록 하여야 한다.

(3) 보행자 옆을 지날 때의 통행방법 2023년 서울

다음의 어느 하나에 해당하는 곳에서 보행자의 옆을 지나는 경우에는 안전한 거리를 두고 서행하여야 하며, 보행자의 통행에 방해가 될 때에는 서행하거나 일시정지하여 보행자가 안전하게 통행할 수 있도록 하여야 한다.

① 보도와 차도가 구분되지 아니한 도로 중 중앙선이 없는 도로

② 보행자우선도로

③ 도로 외의 곳

(4) 어린이 보호구역 내의 횡단보도 통행방법

어린이 보호구역 내에 설치된 횡단보도 중 신호기가 설치되지 아니한 횡단보도 앞(정지선이 설치된 경우에는 그 정지선을 말한다)에서는 보행자의 횡단 여부와 관계없이 일시정지하여야 한다.

2 보행자전용도로의 설치〈법 제28조〉

(1) 설치

구분	내용
설치권자	• 시 · 도경찰청장이나 경찰서장
설치목적	• 보행자의 통행을 보호하기 위하여 특히 필요한 경우에는 도로에 보행자전용도로를 설치할 수 있다.
용어정의	• 보행자만 다닐 수 있도록 안전표지나 그와 비슷한 인공구조물로 표시한 도로를 말한다.

(2) 차량통행의 제한

① 차마 또는 노면전차의 통행금지

㉠ 차마 또는 노면전차의 운전자는 보행자전용도로를 통행하여서는 아니 된다.

㉡ 다만, 시 · 도경찰청장이나 경찰서장은 특히 필요하다고 인정하는 경우에는 보행자전용도로에 차마의 통행을 허용할 수 있다.

② 보행자전용도로의 통행이 허용된 차마 : 보행자를 위험하게 하거나 보행자의 통행을 방해하지 아니하도록 차마를 보행자의 걸음 속도로 운행하거나 일시정지하여야 한다.

❸ 보행자우선도로〈법 제28조의2〉

(1) 용어정의

① 도로교통법에 따른 보행자우선도로 : 「보행안전법」에 따른 보행자우선도로를 말한다.

② 보행자우선도로〈보행안전법 제2조 제3호〉 : 차도와 보도가 분리되지 아니한 도로로서 보행자의 안전과 편의를 보장하기 위하여 보행자 통행이 차마 통행에 우선하도록 지정한 도로를 말한다.

(2) 차마의 통행속도 제한

구분	내용
제한권자	• 시 · 도경찰청장이나 경찰서장
제한시기	• 보행자우선도로에서 보행자를 보호하기 위하여 필요하다고 인정하는 경우
제한속도	• 차마의 통행속도를 시속 20킬로미터 이내로 제한할 수 있다.

보행자에 해당되는 사람(너비 1미터 이하인 것)〈도로교통법 제2조 제10호〉

- 유모차를 끌고 가는 사람
- 보행보조용 의자차(수동휠체어, 전동휠체어 및 의료용 스쿠터를 말한다)를 타고 가는 사람
- 노약자용 보행기를 이용하는 사람
- 놀이기구를 이용하는 어린이
- 동력이 없는 손수레를 끌고 가는 사람
- 이륜자동차, 원동기장치자전거 또는 자전거를 운전자가 내려서 끌거나 들고 통행하는 사람
- 도로의 보수 · 유지, 도로상의 공사 등 작업에 사용되는 기구 · 장치(사람이 타거나 화물을 운송하지 않는 것에 한정)를 이용하는 사람
- 실외이동로봇

section 7 긴급자동차

1 긴급자동차의 우선 통행〈법 제29조〉

(1) 긴급자동차의 개요 2021년 대전

① 긴급자동차의 개념

㉠ **긴급자동차** : 소방차, 구급차, 혈액 공급차량, 그 밖에 대통령령으로 정하는 자동차로서 그 본래의 긴급한 용도로 사용되고 있는 자동차를 말한다.

㉡ **긴급자동차 예외** : 긴급자동차는 본래의 긴급한 용도로 운행되는 자동차가 아니라면 긴급자동차로 등록된 자동차라 할지라도 긴급자동차로 볼 수 없다.

② 긴급자동차의 구분

㉠ 도로교통법상 긴급자동차

예 소방자동차, 구급자동차, 혈액 공급차량 등

㉡ 대통령령으로 정하는 긴급자동차

예 경찰용 자동차 중 범죄수사, 교통단속, 국내외 요인에 대한 경호업무 수행에 공무로 사용되는 자동차 등

㉢ 신청에 의하여 시 · 도경찰청장이 지정하는 긴급자동차

예 전기사업, 가스사업, 전신 · 전화의 수리공사를 위한 응급작업에 사용되는 자동차, 긴급한 우편물의 운송에 사용되는 자동차 등

㉣ 긴급자동차에 준하는 자동차(긴급자동차로 간주됨)

예 경찰용 긴급자동차에 의하여 유도되고 있는 자동차, 생명이 위급한 환자 또는 부상자나 수혈을 위한 혈액을 운송 중인 자동차 등

(2) 긴급자동차의 우선통행 및 진로의 양보

① 긴급자동차의 우선통행권 2021년 전북

㉠ 긴급자동차는 긴급하고 부득이한 경우에는 도로의 중앙이나 좌측 부분을 통행할 수 있다.

㉡ 긴급자동차는 도로교통법이나 도로교통법에 따른 명령에 따라 정지하여야 하는 경우에도 불구하고 긴급하고 부득이한 경우에는 정지하지 아니할 수 있다.

㉢ 긴급자동차의 운전자는 교통안전에 특히 주의하면서 통행하여야 한다(서행의 예외).

② 긴급자동차의 피양방법 2020년 서울

㉠ **일시정지** : 교차로나 그 부근에서 긴급자동차가 접근하는 경우에는 교차로를 피하여 일시정지하여야 한다.

㉡ **진로양보** : 교차로나 그 부근 외의 곳에서 긴급자동차가 접근한 경우에는 긴급자동차가 우선 통행할 수 있도록 진로를 양보하여야 한다.

(3) 경광등 및 사이렌의 작동

① 경광등 및 사이렌의 사용금지

㉠ 긴급자동차 운전자는 해당 자동차를 그 본래의 긴급한 용도로 운행하지 아니하는 경우에는 「자동차관리법」에 따라 설치된 경광등을 켜거나 사이렌을 작동하여서는 아니 된다.

㉡ 다만, 대통령령으로 정하는 바에 따라 범죄 및 화재 예방 등을 위한 순찰 · 훈련 등을 실시하는 경우에는 경광등을 켜거나 사이렌을 작동할 수 있다.

② 긴급한 용도 외에 경광등 등을 사용할 수 있는 경우〈시행령 제10조의2〉

㉠ 소방차가 화재 예방 및 구조 · 구급 활동을 위하여 순찰을 하는 경우

㉡ 긴급자동차가 그 본래의 긴급한 용도와 관련된 훈련에 참여하는 경우

㉢ 경찰용 자동차 중 범죄수사, 교통단속, 그 밖의 긴급한 경찰업무 수행에 사용되는 자동차가 범죄 예방 및 단속을 위하여 순찰을 하는 경우

◆ 경광등, 사이렌이 없어도 긴급자동차로 인정되는 경우

- 과속단속 자동차
- 관례적인 긴급자동차(준 긴급자동차)
- 요인경호업무 "공무"로 사용 중인 자동차

긴급자동차의 준수사항

- 긴급자동차는 그 본래의 긴급한 용도로 이용 중이어야 한다.
- 긴급자동차 구조를 갖춰야 한다.
- 운행 중 우선 통행 및 특례의 적용을 받으려면 사이렌이나 경광등을 켠다.
- 긴급자동차는 전조등 또는 비상표시등을 켜거나 그 밖의 적당한 방법으로 긴급자동차임을 표시한다.

❷ 긴급자동차의 특례〈법 제30조〉

(1) 긴급자동차에 대하여 적용하지 않는 사항

긴급자동차의 종류	적용하지 않는 사항
소방차 구급차 혈액 공급차량 경찰용 자동차	• 자동차등의 속도 제한 • 앞지르기의 금지 • 끼어들기의 금지 • 신호위반 • 보도침범 • 중앙선 침범 • 횡단 등의 금지 • 안전거리 확보 등 • 앞지르기 방법 등 • 정차 및 주차의 금지 • 주차금지 • 고장 등의 조치
기타 긴급자동차	• 자동차등의 속도 제한 • 앞지르기의 금지 • 끼어들기의 금지

(2) 긴급자동차의 지정취소

구분	내용
취소권자	• 시 · 도경찰청장
취소사유	• 긴급자동차에 관한 구조에 적합하지 아니한 경우 • 목적 외 사용하는 경우 • 고장이나 그 밖의 사유로 인하여 긴급자동차로 사용할 수 없게 된 경우
긴급자동차지정증	• 지정취소 시 긴급자동차지정증을 즉시 회수

section 8 서행 · 일시정지 및 정차 · 주차

1 서행 또는 일시정지 할 장소〈법 제31조〉

(1) 서행 및 일시정지의 개념

① 서행 : 운전자가 차 또는 노면전차를 즉시 정지시킬 수 있는 정도의 느린 속도로 진행하는 것을 말한다.

② 일시정지 : 차 또는 노면전차의 운전자가 그 차 또는 노면전차의 바퀴를 일시적으로 완전히 정지시키는 것을 말한다.

(2) 서행 또는 일시정지 할 장소

① 서행해야 할 장소 2020년 충북 2021년 전북 2023년 서울

㉠ 교통정리를 하고 있지 아니하는 교차로

㉡ 도로가 구부러진 부근

㉢ 비탈길의 고갯마루 부근

㉣ 가파른 비탈길의 내리막

㉤ 시 · 도경찰청장이 도로에서의 위험을 방지하고 교통의 안전과 원활한 소통을 확보하기 위하여 필요하다고 인정하여 안전표지로 지정한 곳

② 일시 정지해야 할 장소

㉠ 교통정리를 하고 있지 아니하고 좌우를 확인할 수 없거나 교통이 빈번한 교차로

㉡ 시 · 도경찰청장이 도로에서의 위험을 방지하고 교통의 안전과 원활한 소통을 확보하기 위하여 필요하다고 인정하여 안전표지로 지정한 곳

2 정차 및 주차의 금지〈법 제32조〉

(1) 정차 및 주차의 개념

① 정차 : 운전자가 5분을 초과하지 아니하고 차를 정지시키는 것으로서 주차 외의 정지 상태를 말한다.

② 주차 : 운전자가 승객을 기다리거나 화물을 싣거나 차가 고장 나거나 그 밖의 사유로 차를 계속 정지 상태에 두는 것 또는 운전자가 차에서 떠나서 즉시 그 차를 운전할 수 없는 상태에 두는 것을 말한다.

(2) 정차 및 주차금지 2021년 대전 2021년 경북 2022년 서울 2022년 인천 2022년 울산

① 정차 및 주차금지의 장소

㉠ 교차로 · 횡단보도 · 건널목이나 보도와 차도가 구분된 도로의 보도(「주차장법」에 따라 차도와 보도에 걸쳐서 설치된 노상주차장은 제외)

㉡ 교차로의 가장자리나 도로의 모퉁이로부터 5미터 이내인 곳

㉢ 안전지대가 설치된 도로에서는 그 안전지대의 사방으로부터 각각 10미터 이내인 곳

㉣ 버스 정류지 임을 표시하는 기둥이나 표지판 또는 선이 설치된 곳으로부터 10미터 이내인 곳

※ 버스의 운전자가 그 버스여객자동차의 운행시간 중에 운행노선에 따르는 정류장에서 승객을 태우거나 내리기 위하여 차를 정차하거나 주차하는 경우에는 그러하지 아니하다.

㉤ 건널목의 가장자리 또는 횡단보도로부터 10미터 이내인 곳

㉥ 다음의 곳으로부터 5미터 이내인 곳

- 「소방기본법」 제10조에 따른 소방용수시설 또는 비상소화장치가 설치된 곳
- 「소방시설 설치 및 관리에 관한 법률」 제2조 제1항 제1호에 따른 소방시설로서 대통령령으로 정하는 시설이 설치된 곳

◆ 소방 관련 시설 주변에서의 정차 및 주차의 금지〈시행령 제10조의3〉

- 옥내소화전설비(호스릴옥내소화전설비 포함) · 스프링클러설비등 · 물분무등소화설비의 송수구
- 소화용수설비
- 연결송수관설비 · 연결살수설비 · 연소방지설비의 송수구 및 무선통신보조설비의 무선기기접속단자

☞시장등은 신속한 소방활동을 위해 특히 필요하다고 인정하는 곳에는 안전표지를 설치해야 한다.

㉦ 시 · 도경찰청장이 도로에서의 위험을 방지하고 교통의 안전과 원활한 소통을 확보하기 위하여 필요하다고 인정하여 지정한 곳

㉧ 어린이 보호구역

② 정차 및 주차금지의 예외의 경우

㉠ 도로교통법이나 도로교통법에 따른 명령에 따르는 경우

㉡ 경찰공무원의 지시를 따르는 경우

㉢ 위험방지를 위하여 일시정지하는 경우

③ 주차금지의 장소〈법 제33조〉 2020년 서울 2022년 대전

㉠ 터널 안 및 다리 위

㉡ 다음의 곳으로부터 5미터 이내인 곳

- 도로공사를 하고 있는 경우에는 그 공사 구역의 양쪽 가장자리
- 다중이용업소의 영업장이 속한 건축물로 소방본부장의 요청에 의하여 시 · 도경찰청장이 지정한 곳
- 시 · 도경찰청장이 도로에서의 위험을 방지하고 교통의 안전과 원활한 소통을 확보하기 위하여 필요하다고 인정하여 지정한 곳

❸ 정차 또는 주차의 방법 및 시간의 제한〈법 제34조〉

(1) 정차 또는 주차

① 도로 또는 노상주차장 : 차를 차도의 우측 가장자리에 정차 또는 주차하여야 한다.

② 주차의 방법 · 시간과 금지사항 : 대통령령으로 정한다.

(2) 정차 또는 주차의 방법 등〈시행령 제11조〉 2020년 부산 2022년 경기

① 정차 또는 주차의 방법 및 시간

㉠ 도로에서의 정차 : 도로에서 정차할 때에는 차도의 오른쪽 가장자리에 정차하여야 한다.

㉡ 차도와 보도의 구별이 없는 도로에서의 정차 : 도로의 오른쪽 가장자리로부터 중앙으로 50센티미터 이상의 거리를 두어야 한다.

㉢ 정류소에서의 정차 : 승객을 태우거나 내려주기 위하여 정류소 또는 이에 준하는 장소에서 정차하였을 때에는 승객이 타거나 내린 즉시 출발하여야 하며 뒤따르는 다른 차의 정차를 방해하지 말아야 한다.

㉣ 도로에서의 주차 : 도로에서 주차할 때에는 시 · 도경찰청장이 정하는 주차의 장소 · 시간 및 방법에 따라야 한다.

② 모든 차의 운전자는 정차하거나 주차할 때에는 다른 교통에 방해가 되지 아니하도록 하여야 한다. 다만, 다음의 어느 하나에 해당하는 경우에는 그러하지 아니하다.

㉠ 안전표지의 지시에 따르는 경우

㉡ 경찰공무원(의무경찰 포함)의 지시에 따르는 경우

㉢ 제주특별자치도의 자치경찰공무원의 지시에 따르는 경우

㉣ 경찰공무원(자치경찰공무원 포함)을 보조하는 사람의 지시에 따르는 경우

◆ 경찰공무원을 보조하는 사람의 범위〈시행령 제6조〉

- 모범운전자
- 군사훈련 및 작전에 동원되는 부대의 이동을 유도하는 군사경찰
- 본래의 긴급한 용도로 운행하는 소방차 · 구급차를 유도하는 소방공무원

㉤ 고장으로 인하여 부득이하게 주차하는 경우

(3) 경사진 곳(도로 외 경사진 곳 포함)에서의 정차 또는 주차의 방법〈법 제34조의3〉 2022년 울산

① 미끄럼사고방지를 위한 조치이행 : 대통령령으로 정하는 바에 따라 고임목을 설치하거나 조향장치를 도로의 가장자리 방향으로 돌려놓는 등 미끄럼 사고의 발생을 방지하기 위한 조치를 취하여야 한다.

② 정차 또는 주차방법〈시행령 제11조 제3항〉

㉠ 자동차의 주차제동장치 작동시킨다.

㉡ 경사의 내리막 방향으로 바퀴에 고임목, 고임돌, 그 밖에 고무, 플라스틱 등 자동차의 미끄럼 사고를 방지할 수 있는 것을 설치한다.
㉢ 조향장치를 도로의 가장자리(자동차에서 가까운 쪽을 말한다) 방향으로 돌려놓는다.
㉣ 그 밖에 ㉡ 또는 ㉢에 준하는 방법으로 미끄럼 사고의 발생 방지를 위한 조치를 취한다.
※ 운전자가 운전석을 떠나지 아니하고 직접 제동장치를 작동하고 있는 경우는 제외한다.

4 정차 또는 주차를 금지하는 장소의 특례〈법 제34조의2〉

(1) 정차하거나 주차할 수 있는 경우

① 정차 및 주차금지 장소
㉠ 교차로 · 횡단보도 · 건널목이나 보도와 차도가 구분된 도로의 보도
㉡ 버스정류지 임을 표시하는 기둥이나 표지판 또는 선이 설치된 곳으로부터 10미터 이내인 곳
㉢ 건널목의 가장자리 또는 횡단보도로부터 10미터 이내인 곳
㉣ 시 · 도경찰청장이 도로에서의 위험을 방지하고 교통의 안전과 원활한 소통을 확보하기 위하여 필요하다고 인정하여 지정한 곳
㉤ 어린이 보호구역
㉥ 시 · 도경찰청장이 도로에서의 위험을 방지하고 교통의 안전과 원활한 소통을 확보하기 위하여 필요하다고 인정하여 지정한 곳

② ①에도 불구하고 정차나 주차할 수 있는 경우
㉠ 전기자전거 충전소 및 자전거주차장치에 자전거를 정차 또는 주차하는 경우
㉡ 시장등의 요청에 따라 시 · 도경찰청장이 안전표지로 자전거등의 정차 또는 주차를 허용한 경우

(2) 정차하거나 주차할 수 있는 장소

① 정차 및 주차금지 장소
㉠ 시 · 도경찰청장이 도로에서의 위험을 방지하고 교통의 안전과 원활한 소통을 확보하기 위하여 필요하다고 인정하여 지정한 곳
㉡ 어린이 보호구역
㉢ 시 · 도경찰청장이 도로에서의 위험을 방지하고 교통의 안전과 원활한 소통을 확보하기 위하여 필요하다고 인정하여 지정한 곳

② ①에도 불구하고 정차나 주차할 수 있는 경우 : 시 · 도경찰청장이 안전표지로 구역 · 시간 · 방법 및 차의 종류를 정하여 정차나 주차를 허용한 곳

section 9 주차위반에 대한 조치 및 차의 견인 · 보관

1 주차위반에 대한 조치〈법 제35조〉

(1) 주차위반 차에 대한 조치 2020년 부산 2022년 인천

구분		내용
이동명령	명령권자	• 경찰공무원 • 시장등(도지사 포함)이 대통령령으로 정하는 바에 따라 임명하는 시 · 군공무원
	명령사유	• 정차 및 주차의 금지를 위반하여 주차하고 있는 차가 교통에 위험을 일으키게 하거나 방해될 우려가 있을 때
	명령대상	• 주차위반을 하고 있는 운전자 또는 관리 책임이 있는 사람
이동조치	조치권자	• 경찰서장이나 시장등
	조치시기	• 차의 운전자나 관리 책임이 있는 사람이 현장에 없을 때
	조치목적	• 도로에서 일어나는 위험을 방지하고 교통의 안전과 원활한 소통을 확보하기 위하여
	조치방법	• 필요한 범위에서 그 차의 주차방법을 직접 변경하거나 변경에 필요한 조치 이행 • 부득이한 경우에는 관할 경찰서나 경찰서장 또는 시장등이 지정하는 곳으로 이동 주차위반 차의 견인 · 보관 및 반환 등을 위한 조치〈시행령 제13조〉 • 조치권자 : 경찰서장, 도지사 또는 시장등 • 견인한 후 조치사항 – 과태료부과대상차표지를 부착하여 견인 대상 차임을 알 수 있도록 조치 – 사용자 또는 운전자가 그 차의 소재를 쉽게 알 수 있도록 조치(그 차가 있던 곳에 견인한 취지와 그 차의 보관장소 표시) • 통지 : 차를 견인한 때부터 24시간 경과 후 인수하지 않을 때에는 해당 차의 보관장소 등을 사용자 또는 운전자에게 등기우편으로 통지 • 통지내용〈시행규칙 제22조 제3항〉 – 차의 등록번호 · 차종 및 형식 – 위반장소 – 보관한 일시 및 장소 – 통지한 날부터 1월이 지나도 반환을 요구하지 아니한 때에는 그 차를 매각 또는 폐차할 수 있다는 내용

<table>
<tr><td rowspan="2">차의 보관</td><td>보관 · 통보</td><td>• 선량한 관리자로서의 주의 의무를 다하여 보관
• 보관사실을 차의 사용자(소유자 또는 소유자로부터 차의 관리에 관한 위탁을 받은 사람)나 운전자에게 신속히 알리는 등 반환에 필요한 조치 이행</td></tr>
<tr><td>공고</td><td>• 차의 사용자나 운전자의 성명 · 주소를 알 수 없을 때에는 대통령령으로 정하는 방법에 따라 공고

공고방법〈시행령 제13조 제4항〉
• 공고주체 : 경찰서장, 도지사 또는 시장등
• 공고기한 : 견인한 날부터 14일간
• 공고장소 : 해당 기관의 게시판
• 공고해야 할 사항(열람부 작성 · 비치)
– 보관하고 있는 차의 종류 및 형상
– 보관하고 있는 차가 있던 장소 및 그 차를 견인한 일시
– 차를 보관하고 있는 장소
– 그 밖에 차를 보관하기 위하여 필요하다고 인정되는 사항
☞ 공고기간이 지나도 차의 사용자나 운전자를 알 수 없는 경우에는 공고내용을 일간 신문(재산적가치가 인정되는 경우에 한함), 관보, 공보 중 하나 이상에 공고하고, 인터넷 홈페이지에도 공고해야 한다.</td></tr>
</table>

주차 및 정차 단속담당공무원〈시행령 제12조〉

구분	내용
임명권자	• 도지사, 시장등
임명시기	• 주차나 정차 단속을 위하여 필요하다고 인정되는 경우
자격	• 교통행정 관련 분야에서 근무하는 공무원 등 해당 지방자치단체에 근무하는 공무원
복장	• 단속담당공무원은 주차 및 정차 단속 업무를 수행하는 동안 제복을 착용하여야 한다. • 제복의 종류, 제복을 만드는 방식 및 제복의 지급 등에 필요한 사항은 해당 지방자치단체의 조례로 정한다. • 제복을 만드는 방식에 대해서는 시 · 도경찰청장과 미리 협의하여야 한다.
교육실시	• 도지사와 시장등은 단속담당공무원에게 행정안전부령으로 정하는 교육실시 주차 · 정차 단속담당공무원의 교육〈시행규칙 제21조〉 • 교육시기 : 연 1회 정기교육을 실시하되, 시장등(도지사 포함)이 필요하다고 인정하는 때에는 수시교육 실시 • 교육시간 : 정기교육은 8시간 • 도지사와 시장등은 필요하다고 인정할 때에는 경찰교육기관에 교육을 위탁할 수 있다.

(2) 차의 매각 또는 폐차

구분	내용
매각 · 폐차	• 경찰서장이나 시장등
사유 및 기한	• 차의 반환에 필요한 조치 또는 공고를 하였음에도 불구하고 그 차의 사용자나 운전자가 조치 또는 공고를 한 날부터 1개월 이내에 그 반환을 요구하지 아니할 때에는 대통령령으로 정하는 바에 따라 그 차를 매각하거나 폐차 보관한 차의 매각 또는 폐차 등〈시행령 제14조〉 • 시행주체 : 경찰서장, 도지사 또는 시장등 • 통지 : 차를 매각하거나 폐차하려는 경우에는 미리 그 뜻을 자동차등록원부에 적힌 사용자와 그 밖의 이해관계인에게 통지 • 매각방법 : 「국가계약법」에서 정하는 바에 따른 경쟁입찰 ☞ 경쟁입찰 제외대상 – 비밀로 매각하지 아니하면 가치가 현저하게 감소될 우려가 있는 경우 – 경쟁입찰에 부쳐도 입찰자가 없을 것으로 인정되는 경우 – 그 밖에 경쟁입찰에 부치는 것이 부적당하다고 인정되는 경우 • 폐차 : 재산적 가치가 적어 경쟁입찰 등의 방법으로 차가 매각되지 않는 경우 • 매각 후 매각결정서를 매수인에게 발급 ☞ 매각결정서에 포함되어야 할 사항 – 매각된 자동차의 등록번호 – 매각일시 – 매각방법 – 매수인의 성명(법인의 경우에는 그 명칭과 대표자의 성명) 및 주소 • 차를 폐차한 경우 : 관할 관청에 그 말소등록을 촉탁(囑託)

(3) 비용의 부담

① 주차위반 차의 이동 · 보관 · 공고 · 매각 또는 폐차 등에 들어간 소요

㉠ 그 차의 사용자가 부담한다.

㉡ 그 비용의 징수에 관하여는 「행정대집행법」 제5조 및 제6조를 적용한다.

② 차를 매각하거나 폐차 후 소요비용을 충당하고 남은 비용

㉠ 차를 매각하거나 폐차한 경우 그 차의 이동 · 보관 · 공고 · 매각 또는 폐차 등에 들어간 비용을 충당하고 남은 금액이 있는 경우에는 그 금액을 그 차의 사용자에게 지급하여야 한다.

㉡ 그 차의 사용자에게 지급할 수 없는 경우에는 「공탁법」에 따라 그 금액을 공탁하여야 한다.

(4) 소요비용의 징수 등〈시행령 제15조〉

① 보관차의 반환 및 소요비용 징수
  ㉠ 반환 및 소용비용 징수주체 : 경찰서장, 도지사 또는 시장등
  ㉡ 징수내용의 고지 : 소요비용을 징수하려는 경우에는 납부금액, 납부기한 및 납부장소를 적은 문서로 그 차의 사용자 또는 운전자에게 고지하여야 한다.

② 소요비용 징수 및 통지서 또는 고지서발급
  ㉠ 그 차의 사용자 또는 운전자로부터 그 차의 견인 · 보관 또는 공고 등에 든 비용(이하 "소요비용"이라 한다)을 징수한다.
  ㉡ 범칙금 납부통고서 또는 과태료 납부고지서를 발급한 후 행정안전부령으로 정하는 인수증을 받고 차를 반환
  ※ 소요비용의 산정기준은 해당 지방자치단체의 조례로 정한다.

2 차의 견인 및 보관업무 등의 대행〈법 제36조〉

(1) 법인 · 단체 또는 개인에 대행(이하 "법인등"이라 한다)

구분	내용
대행주체	• 경찰서장, 시장등
대행업무	• 견인하도록 한 차의 견인 · 보관 및 반환 업무의 전부 또는 일부
대행법인자격	• 대행에 필요한 인력 · 시설 · 장비 등 자격요건을 갖춘 법인 · 단체 또는 개인(이하 "법인등"이라 한다) 견인 등 대행법인등의 요건〈시행령 제16조〉 • 다음의 구분에 따른 주차대수 이상을 주차할 수 있는 주차시설 및 부대시설 – 특별시 또는 광역시 지역 : 30대 – 시 또는 군(광역시의 군을 포함한다) 지역 : 15대 • 1대 이상의 견인차 • 사무소, 차의 보관장소와 견인차 간에 서로 연락할 수 있는 통신장비 • 대행업무의 수행에 필요하다고 인정되는 인력 • 그 밖에 행정안전부령으로 정하는 차의 보관 및 관리에 필요한 장비 ☞ 대행법인등 … 차의 견인 · 보관 및 반환 업무를 대행하는 법인 · 단체 또는 개인을 말한다.

(2) 대행법인등에 대한 교육 등

① 경찰서장이나 시장등은 차의 견인 · 보관 및 반환 업무를 대행하게 하는 경우에는 그 업무의 수행에 필요한 조치와 교육을 명할 수 있다.

② 차의 견인 · 보관 및 반환 업무를 대행하는 법인등의 담당 임원 및 직원은 「형법」의 규정을 적용할 때에는 공무원으로 본다.

(3) 견인 등 대행법인등의 지정절차 등〈시행령 제17조〉

구분	내용
지정주체	• 경찰서장 또는 시장등
지정절차	• 요건을 갖춘 자 중에서 행정안전부령으로 정하는 바에 따라 신청을 받아 대행법인등을 지정 • 경찰서장 또는 시장등은 대행법인등을 지정하였을 때에는 행정안전부령으로 정하는 바에 따라 그 내용을 공고 • 대행법인등은 차의 견인 · 보관 중에 발생하는 손해의 배상을 위하여 1억 원의 범위에서 행정안전부령으로 정하는 보험에 가입하거나 보험가입에 상응하는 필요한 조치를 이행 대행법인등의 지정신청 등〈시행규칙 제23조〉 • 대행법인등의 지정을 받으려는 자 : 대행법인등 지정신청서 제출 • 신청기관 : 관할경찰서장 또는 시장 · 군수 · 구청장(자치구가 아닌 구의 구청장 제외) • 지정신청서에 첨부해야 할 서류 – 정관(법인인 경우만 해당) – 대행업무처리에 관한 업무규정 ☞ 신청서를 받은 관할경찰서장 또는 구청장등은 행정정보의 공동이용을 통하여 법인 등기사항증명서(법인인 경우만 해당한다)를 확인해야 한다. • 대행법인등을 지정한 경우 – 대행법인등을 지정한 때에는 그 사실을 해당 경찰서 또는 시 · 군 · 구의 게시판에 공고 – 대행업지정증 교부 • 보험가입 및 공탁 : 대행법인등은 5천만 원 이상의 손해배상을 위한 이행보증보험 또는 대행법인등에 갈음하여 피해자의 손해를 배상하는 보험에 가입하거나 그 소재지를 관할하는 공탁기관에 공탁을 하여야 하며, 경찰서장 또는 구청장등은 대행업지정증을 교부하는 때에 이를 확인하여야 한다. • 그 밖에 대행법인등의 대행업무수행에 관한 사항으로서 이 규칙에 규정되지 아니한 사항은 시 · 도경찰청장이 정한다.

(4) 대행법인등의 지정취소 및 업무정지〈시행령 제17조 제4항〉

① 지정취소 및 업무정지 처분

㉠ 처분기관 : 경찰서장 또는 시장등

㉡ 지정취소 또는 6개월의 범위의 업무정지 : 조치명령을 위반하였을 경우

② 대행법인등의 지정취소 · 정지에 관한 청문〈시행규칙 제24조〉

㉠ 대행법인등의 지정을 취소하거나 대행업무를 정지시키고자 하는 경우에는 미리 상대방 또는 그 대리인에게 의견을 진술할 기회를 주어야 한다.

㉡ 상대방 또는 그 대리인이 정당한 사유 없이 이에 응하지 아니하거나 주소불명 등으로 의견을 진술할 기회를 줄 수 없는 경우에는 그러하지 아니하다.

③ 대행법인등의 지정취소 · 정지의 기준〈시행규칙 제25조〉

㉠ 위반사항 : 경찰서장이나 시장등은 차의 견인 · 보관 및 반환 업무를 대행하게 하는 경우에는 그 업무의 수행에 필요한 조치와 교육을 명할 수 있다〈법 제36조 제3항〉.

㉡ 지정취소 및 정지의 기준〈시행규칙 제25조 별표12〉

1차위반	2차위반	3차위반	4차위반	5차위반
경고	정지 1월	정지 3월	정지 6월	지정취소

※ 위반행위의 횟수에 따른 행정처분의 기준은 최근 2년간 같은 위반행위로 행정처분을 받은 경우에 적용한다.

(5) 소요비용의 대행법인등에의 귀속〈시행령 제18조〉

대행법인등이 차의 견인 · 보관 및 반환 업무를 대행한 경우 징수한 소요비용은 그 대행법인등의 수입으로 한다.

section 10 차의 등화 · 신호 및 승차 또는 적재의 방법과 제한

1 차와 노면전차의 등화〈법 제37조〉

(1) 전조등, 차폭등, 미등과 그 밖의 등화를 켜야 하는 경우

① 등화를 켜야 하는 경우

㉠ 밤(야간) : 밤(해가 진후부터 해가 뜨기 전까지)에 도로에서 차를 운행하거나 고장이나 그 밖의 부득이한 사유로 도로에서 정차 또는 주차하는 경우

㉡ 안개가 끼거나 비 또는 눈이 올 때 : 안개가 끼거나 비 또는 눈이 올 때에 도로에서 차를 운행하거나 고장이나 그 밖의 부득이한 사유로 도로에서 정차 또는 주차하는 경우

㉢ 터널 안 : 터널 안을 운행하거나 고장 또는 그 밖의 부득이한 사유로 터널 안 도로에서 정차 또는 주차하는 경우

② 등화의 밝기를 줄이거나 잠시 등화를 끄는 등의 필요한 조작을 해야 하는 경우

㉠ 밤에 차가 서로 마주보고 진행하는 경우

㉡ 앞차의 바로 뒤를 따라가는 경우

(2) 밤에 도로에서 차를 운행하는 경우 등의 등화〈시행령 제19조〉

① 도로에서 차를 운행할 때 켜야 하는 등화의 종류 2021년 경기 2022년 울산 2024년 서울

㉠ 자동차 : 자동차안전기준에서 정하는 전조등, 차폭등, 미등, 번호등과 실내조명등(실내조명등은 승합자동차와 여객자동차운송사업용 승용자동차만 해당)

㉡ 원동기장치자전거 : 전조등 및 미등

㉢ 견인되는 차 : 미등 · 차폭등 및 번호등

㉣ 노면전차 : 전조등, 차폭등, 미등 및 실내조명등

㉤ ㉠부터 ㉣까지의 규정 외의 차 : 시 · 도경찰청장이 정하여 고시하는 등화

② 도로에서 정차하거나 주차할 때 켜야 하는 등화의 종류

㉠ 자동차(이륜자동차 제외) : 자동차안전기준에서 정하는 미등 및 차폭등

㉡ 이륜자동차 및 원동기장치자전거 : 미등(후부 반사기 포함)

㉢ 노면전차 : 차폭등 및 미등

㉣ ㉠부터 ㉢까지의 규정 외의 차 : 시 · 도경찰청장이 정하여 고시하는 등화

(3) 마주보고 진행하는 경우 등의 등화 조작〈시행령 제20조〉

① 밤에 운행할 때의 등화조작 방법

㉠ 서로 마주보고 진행할 때 : 전조등의 밝기를 줄이거나 불빛의 방향을 아래로 향하게 하거나 잠시 전조등을 꺼야 한다.

※ 다만, 도로의 상황으로 보아 마주보고 진행하는 차의 교통을 방해할 우려가 없는 경우에는 그러하지 아니하다.

㉡ 앞 차의 바로 뒤를 따라갈 때 : 전조등 불빛의 방향을 아래로 향하게 하고, 전조등 불빛의 밝기를 함부로 조작하여 앞 차의 운전을 방해하지 않아야 한다.

② 교통이 빈번한 곳에서 운행할 때의 등화조작 방법

㉠ 전조등 불빛의 방향을 계속 아래로 유지하여야 한다.

㉡ 다만, 시 · 도경찰청장이 교통의 안전과 원활한 소통을 확보하기 위하여 필요하다고 인정하여 지정한 지역에서는 그러하지 아니하다.

2 차의 신호〈법 제38조〉

(1) 방향전환 시 신호

① 모든 차의 운전자는 좌회전 · 우회전 · 횡단 · 유턴 · 서행 · 정지 또는 후진을 하거나 같은 방향으로 진행하면서 진로를 바꾸려고 하는 경우에는 신호를 하여야 한다.

② 회전교차로에 진입하거나 회전교차로에서 진출하는 경우에는 손이나 방향지시기 또는 등화로써 그 행위가 끝날 때까지 신호를 하여야 한다.

(2) **신호의 시기 및 방법**〈시행령 제21조 별표2〉

신호를 하는 경우	신호를 하는 시기	신호의 방법
좌회전 · 횡단 · 유턴 또는 같은 방향으로 진행하면서 진로를 왼쪽으로 바꾸려는 때	• 그 행위를 하려는 지점(좌회전할 경우에는 그 교차로의 가장자리)에 이르기 전 30미터(고속도로에서는 100미터) 이상의 지점에 이르렀을 때	• 왼팔을 수평으로 펴서 차체의 왼쪽 밖으로 내밀거나 오른팔을 차체의 오른쪽 밖으로 내어 팔꿈치를 굽혀 수직으로 올리거나 왼쪽의 방향지시기 또는 등화를 조작할 것
우회전 또는 같은 방향으로 진행하면서 진로를 오른쪽으로 바꾸려는 때	• 그 행위를 하려는 지점(우회전할 경우에는 그 교차로의 가장자리)에 이르기 전 30미터(고속도로에서는 100미터) 이상의 지점에 이르렀을 때	• 오른팔을 수평으로 펴서 차체의 오른쪽 밖으로 내밀거나 왼팔을 차체의 왼쪽 밖으로 내어 팔꿈치를 굽혀 수직으로 올리거나 오른쪽의 방향지시기 또는 등화를 조작할 것
정지할 때	• 그 행위를 하려는 때	• 팔을 차체의 밖으로 내어 45도 밑으로 펴거나 자동차안전기준에 따라 장치된 제동등을 켤 것
후진할 때	• 그 행위를 하려는 때	• 팔을 차체의 밖으로 내어 45도 밑으로 펴서 손바닥을 뒤로 향하게 하여 그 팔을 앞뒤로 흔들거나 자동차안전기준에 따라 장치된 후진등을 켤 것
뒤차에게 앞지르기를 시키려는 때	• 그 행위를 시키려는 때	• 오른팔 또는 왼팔을 차체의 왼쪽 또는 오른쪽 밖으로 수평으로 펴서 손을 앞뒤로 흔들 것
서행할 때	• 그 행위를 하려는 때	• 팔을 차체의 밖으로 내어 45도 밑으로 펴서 위아래로 흔들거나 자동차안전기준에 따라 장치된 제동등을 깜박일 것
회전교차로에 진입하려는 때	• 그 행위를 하려는 지점에 이르기 전 30미터 이상의 지점에 이르렀을 때	• 왼팔을 수평으로 펴서 차체의 왼쪽 밖으로 내밀거나 오른팔을 차체의 오른쪽 밖으로 내어 팔꿈치를 굽혀 수직으로 올리거나 왼쪽의 방향지시기 또는 등화를 조작할 것
회전교차로에서 진출하려는 때	• 그 행위를 하려는 때	• 오른팔을 수평으로 펴서 차체의 오른쪽 밖으로 내밀거나 왼팔을 차체의 왼쪽 밖으로 내어 팔꿈치를 굽혀 수직으로 올리거나 오른쪽의 방향지시기 또는 등화를 조작할 것

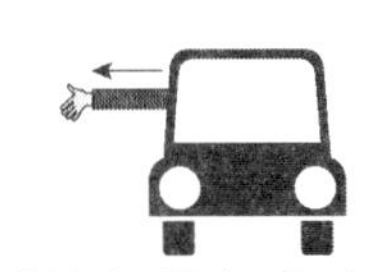
좌회전, 횡단, 유턴 시

우회전 시

정지 시

서행 시

❸ 승차 또는 적재의 방법과 제한〈법 제39조〉

(1) 승차 인원, 적재중량 및 적재용량

① 안전기준 준수 2021년 서울

㉠ 모든 차의 운전자는 승차 인원, 적재중량 및 적재용량에 관하여 대통령령으로 정하는 운행상의 안전기준을 넘어서 승차시키거나 적재한 상태로 운전하여서는 아니 된다.

㉡ 다만, 출발지를 관할하는 경찰서장의 허가를 받은 경우에는 그러하지 아니하다.

㉢ ㉡의 허가를 받으려는 차가 「도로법」에 따른 운행허가를 받아야 하는 차에 해당하는 경우에는 법 제14조 제4항을 준용한다.

② 운행상의 안전기준〈시행령 제22조〉 2022년 경북

구분	내용		
자동차의 승차인원	• 승차인원 : 승차정원 이내일 것		
화물자동차의 적재중량	• 구조 및 성능에 따르는 적재중량의 110퍼센트 이내일 것		
자동차(화물자동차, 이륜자동차 및 소형 3륜자동차만 해당)의 적재용량	• 다음의 구분에 따른 기준을 넘지 아니할 것		
	길이	• 자동차 길이에 그 길이의 10분의 1을 더한 길이 ☞ 다만, 이륜자동차는 그 승차장치의 길이 또는 적재장치의 길이에 30센티미터를 더한 길이를 말한다.	
	너비	• 자동차의 후사경으로 뒤쪽을 확인할 수 있는 범위(후사경의 높이보다 화물을 낮게 적재한 경우에는 그 화물을, 후사경의 높이보다 화물을 높게 적재한 경우에는 뒤쪽을 확인할 수 있는 범위를 말한다)의 너비	
	높이	화물자동차	• 지상으로부터 4미터(도로구조의 보전과 통행의 안전에 지장이 없다고 인정하여 고시한 도로노선의 경우에는 4미터 20센티미터) • 지상으로부터 2미터 50센티미터
		소형 3륜자동차	• 지상으로부터 2미터 50센티미터
		이륜자동차	• 지상으로부터 2미터의 높이

③ 안전기준을 넘는 승차 및 적재를 허가할 수 있는 경우〈시행령 제23조〉

㉠ 전신 · 전화 · 전기공사, 수도공사, 제설작업, 그 밖에 공익을 위한 공사 또는 작업을 위하여 부득이 화물자동차의 승차정원을 넘어서 운행하려는 경우

㉡ 분할할 수 없어 화물자동차의 적재중량, 화물자동차, 이륜자동차 및 소형 3륜자동차의 적재용량 기준을 적용할 수 없는 화물을 수송하는 경우

※ 경찰서장은 허가를 할 때에는 안전운행상 필요한 조건을 붙일 수 있다.

◆ 안전기준을 넘는 승차 및 적재의 허가신청〈시행규칙 제26조〉

- 안전기준을 넘는 승차 및 적재의 허가신청은 안전기준초과승차 · 안전기준초과적재 허가신청서에 의한다.
- 경찰서장은 허가를 한 때에는 안전기준초과승차 · 안전기준초과적재 허가증을 교부하여야 한다.
- 안전기준을 넘는 화물의 적재허가를 받은 사람은 그 길이 또는 폭의 양끝에 너비 30센티미터, 길이 50센티미터 이상의 빨간 헝겊으로 된 표지를 달아야 한다.
  ☞ 다만, 밤에 운행하는 경우에는 반사체로 된 표지를 달아야 한다.

(2) 운전자의 준수사항 및 승차인원 등의 제한

① 운전 중 안전조치

㉠ 운전 중 타고 있는 사람 또는 타고 내리는 사람이 떨어지지 아니하도록 하기 위하여 문을 정확히 여닫는 등 필요한 조치를 하여야 한다.

㉡ 운전 중 실은 화물이 떨어지지 아니하도록 덮개를 씌우거나 묶는 등 확실하게 고정될 수 있도록 필요한 조치를 하여야 한다.

㉢ 영유아나 동물을 안고 운전 장치를 조작하거나 운전석 주위에 물건을 싣는 등 안전에 지장을 줄 우려가 있는 상태로 운전하여서는 아니 된다.

② 제한기관 및 제한대상

㉠ 제한기관 : 시 · 도경찰청장

㉡ 제한목적 : 도로에서의 위험을 방지하고 교통의 안전과 원활한 소통을 확보하기 위하여 필요하다고 인정하는 경우

㉢ 제한대상 : 차의 운전자에 대하여 승차 인원, 적재중량 또는 적재용량을 제한할 수 있다.

section 11 정비불량차에 대한 조치

1 정비불량차의 운전금지 및 점검

(1) 정비불량차의 운전금지〈법 제40조〉

모든 차의 사용자, 정비책임자 또는 운전자는 「자동차관리법」, 「건설기계관리법」이나 그 법에 따른 명령에 의한 장치가 정비되어 있지 아니한 차(이하 "정비불량차"라 한다)를 운전하도록 시키거나 운전하여서는 아니 된다.

(2) 정비불량차의 점검〈법 제41조〉 2020년 서울

① 경찰공무원의 점검 : 경찰공무원은 정비불량차에 해당한다고 인정하는 차가 운행되고 있는 경우에는 우선 그 차를 정지시킨 후, 운전자에게 그 차의 자동차등록증 또는 자동차 운전면허증을 제시하도록 요구하고 그 차의 장치를 점검할 수 있다.

② 경찰공무원의 점검결과 정비불량 사항이 발견된 경우의 조치

㉠ 정비불량 상태의 정도에 따라 그 차의 운전자로 하여금 응급조치를 하게 한 후에 운전하게 한다.

㉡ 도로 또는 교통 상황을 고려하여 통행구간, 통행로와 위험방지를 위한 필요한 조건을 정한 후 그에 따라 운전을 계속하게 할 수 있다.

③ 정비상태가 불량하여 위험발생우려가 있는 경우의 조치

㉠ 조치권자 : 시 · 도경찰청장

㉡ 일시정지 : 그 차의 자동차등록증을 보관하고 운전의 일시정지를 명할 수 있다.

㉢ 사용정지 : 운전의 일시정지를 명할 경우 필요하면 10일의 범위에서 정비기간을 정하여 그 차의 사용을 정지시킬 수 있다.

※ 장치의 점검 및 사용의 정지에 필요한 사항은 대통령령으로 정한다.

2 정비불량 자동차등의 운전정지〈시행령 제24조〉

(1) 운전의 일시정지 명령

구분		내용
표지부착 및 정비명령서 교부	명령권자	• 경찰공무원(자치경찰공무원은 제외한다)
	운전의 일시정지를 명하는 때	• 정비불량표지를 자동차등의 앞면 창유리에 붙여야 한다. • 행정안전부령이 정하는 정비명령서를 교부하여야 한다.
시 · 도경찰청장에게 보고	보고자	• 경찰공무원(자치경찰공무원은 제외한다)
	보고시기	• 운전의 일시정지조치를 한 때에는 행정안전부령이 정하는 바에 따라 시 · 도경찰청장에게 지체 없이 그 사실을 보고하여야 한다.

(2) 정비불량표지 훼손금지

① 누구든지 자동차등에 붙인 정비불량표지를 찢거나 훼손하여 못쓰게 하여서는 아니 된다.

② 정비확인을 받지 아니하고는 정비불량표지를 떼어내지 못한다.

③ 정비불량 자동차등의 정비확인 및 사용정지의 통고

(1) 정비불량 자동차등의 정비확인〈시행령 제25조〉

① 정비확인 : 운전의 일시정지처분을 받은 자동차등의 운전자 또는 관리자는 필요한 정비를 하여 관할 시 · 도경찰청장의 확인을 받아야 한다.

② 경찰서장에게 위임 : 시 · 도경찰청장은 필요하다고 인정하는 때에는 관할 경찰서장으로 하여금 정비확인을 하게 할 수 있다.

③ 정비명령서 제출 : 정비 후 확인을 받고자 하는 때에는 정비명령서를 제출하여야 한다.

④ 보관 자동차등록증 반환 : 시 · 도경찰청장은 정비명령서에 의한 필요한 정비가 되었음을 확인한 때에는 보관한 자동차등록증을 지체 없이 반환하여야 한다.

(2) 사용정지의 통고〈시행령 제26조〉

① 자동차사용정지통고서 교부
  ㉠ 교부권자 : 시 · 도경찰청장
  ㉡ 교부시기 : 정비확인을 위하여 점검한 결과 필요한 정비가 행하여지지 아니하였다고 인정하여 자동차등의 사용을 정지시키고자 하는 때

② 자동차사용정지통고서를 교부한 경우에 그 자동차등의 정비 및 확인과 자동차등록증의 반환에 관하여는 시행령 제25조의 규정을 준용한다.

④ 유사표지의 제한 및 운행금지〈법 제42조〉

(1) 유사표지의 제한

① 누구든지 자동차등(개인형 이동장치는 제외한다)에 교통단속용자동차 · 범죄수사용자동차나 그 밖의 긴급자동차와 유사하거나 혐오감을 주는 도색(塗色)이나 표지 등을 하거나 그러한 도색이나 표지 등을 한 자동차등을 운전하여서는 아니 된다.

② 유사표지의 제한되는 도색이나 표지 등의 범위는 대통령령으로 정한다.

(2) 제한되는 유사표지 및 도색 등의 범위〈시행령 제27조〉

① 긴급자동차로 오인할 수 있는 색칠 또는 표지

② 욕설을 표시하거나 음란한 행위를 묘사하는 등 다른 사람에게 혐오감을 주는 그림 · 기호 또는 문자

※ 자동차등에 제한되는 도색이나 표지는 개인형이동장치에서는 제외한다.

최근기출문제

1 「도로교통법 시행령」 제11조에서 규정한 자동차의 정차 또는 주차의 방법 등에 대한 설명으로 가장 옳지 않은 것은? 2024.6.22. 서울

① 차도와 보도의 구별이 없는 도로의 경우에는 도로의 오른쪽 가장자리로부터 중앙으로 30센티미터의 거리를 두어야 한다.

② 여객자동차의 운전자는 승객을 태우거나 내려주기 위하여 정류소에 정차하였을 때에는 승객이 타거나 내린 즉시 출발하여야 한다.

③ 정차하거나 주차할 때에는 다른 교통에 방해가 되지 아니하도록 하여야 하지만, 고장으로 인하여 부득이하게 주차하는 경우는 예외가 될 수 있다.

④ 경사진 곳에 주차하는 경우, 주차제동장치를 작동한 후에 운전자가 운전석을 떠나지 않고 직접 제동장치를 작동하고 있으면 별도의 미끄럼 사고 방지 조치를 할 필요가 없다.

TIP ① 차도와 보도의 구별이 없는 도로의 경우에는 도로의 오른쪽 가장자리로부터 중앙으로 50센티미터 이상의 거리를 두어야 한다〈시행령 제11조 제1항 제1호〉.
② 시행령 제11조 제1항 제2호
③ 시행령 제11조 제2항 제2호
④ 시행령 제11조 제3항

Answer 1.①

2 「도로교통법령」상 교통정리가 없는 교차로에서의 양보운전에 대한 설명으로 가장 옳지 않은 것은?

2024.6.22. 서울

① 교차로에서의 양보운전 위반은 승용자동차등은 4만 원, 승합자동차등은 5만 원의 범칙금이 부과된다.
② 교통정리를 하고 있지 아니하는 교차로에 동시에 들어가려고 하는 차의 운전자는 좌측도로의 차에 진로를 양보하여야 한다.
③ 교통정리를 하고 있지 아니하는 교차로에 들어가려고 하는 차의 운전자는 이미 교차로에 들어가 있는 다른 차가 있을 때에는 그 차에 진로를 양보하여야 한다.
④ 교통정리를 하고 있지 아니하는 교차로에서 좌회전하려고 하는 차의 운전자는 그 교차로에서 직진하거나 우회전하려는 다른 차가 있을 때에는 그 차에 진로를 양보하여야 한다.

TIP ② 교통정리를 하고 있지 아니하는 교차로에 동시에 들어가려고 하는 차의 운전자는 우측도로의 차에 진로를 양보하여야 한다〈법 제26조 제3항〉.
① 시행령 제93조제1항 별표8 제26호
③ 법 제26조 제1항
④ 법 제26조 제4항
※ 교통정리를 하고 있지 아니한 교차로에서 양보운전〈법 제26조〉
㉠ 이미 교차로에 들어가 있는 다른 차가 있을 때에는 그 차에 진로를 양보하여야 한다.
㉡ 그 차가 통행하고 있는 도로의 폭보다 교차하는 도로의 폭이 넓은 경우에는 서행하여야 한다.
㉢ 폭이 넓은 도로로 부터 교차로에 들어가려고 하는 다른 차가 있을 때에는 그 차에 진로를 양보하여야 한다.
㉣ 교차로에 동시에 들어가려고 하는 차의 운전자는 우측도로의 차에 진로를 양보하여야 한다.
㉤ 교차로에서 좌회전하려고 하는 차의 운전자는 그 교차로에서 직진이나 우회전하려는 다른 차가 있을 때에는 그 차에 진로를 양보하여야 한다.

3 「도로교통법령」상 자동차의 속도 제한에 대한 설명으로 가장 옳은 것은? (단, 개인형 이동장치는 제외한다)

2024.6.22. 서울

① 고속도로와 자동차전용도로 외의 일반도로에서 자동차의 최고속도는 시속 90킬로미터까지 지정할 수 있다.
② 일반적인 자동차 전용도로에서의 최고속도는 시속 60킬로미터, 최저속도는 시속 40킬로미터이다.
③ 자동차의 통행 속도는 국토교통부령으로 정하나 경찰청장이나 시·도경찰청장이 필요하다고 인정하는 경우에는 구간을 지정하여 추가로 속도를 제한할 수 있다.
④ 비가 내려 노면이 젖어 있고, 가변형 속도제한표지가 없는 경우 최고속도의 100분의 20을 줄인 속도로 운행해야 한다.

Answer 2.② 3.④

TIP ③ 도로교통법 제19조 제2항

※ 자동차등과 노면전차의 속도<시행규칙 제19조 제1항 제1호 및 제2호>

㉠ 일반도로(고속도로 및 자동차전용도로 외의 모든 도로를 말한다)

- 주거지역 · 상업지역 및 공업지역의 일반도로에서는 매시 50킬로미터 이내. 다만, 시 · 도경찰청장이 원활한 소통을 위하여 특히 필요하다고 인정하여 지정한 노선 또는 구간에서는 매시 60킬로미터 이내
- 주거지역 · 상업지역 및 공업지역 외의 일반도로에서는 매시 60킬로미터 이내. 다만, 편도 2차로 이상의 도로에서는 매시 80킬로미터 이내

㉡ 자동차전용도로 : 자동차전용도로에서의 최고속도는 매시 90킬로미터, 최저속도는 매시 30킬로미터

※ 비. 안개. 눈 등으로 인한 악천후 시 감속운행

최고속도 20% 감속 운행하는 경우	최고속도 50% 감속 운행하는 경우
• 비가 내려 노면이 젖어 있는 경우 • 눈이 20밀리미터 미만 쌓인 경우	• 폭우, 폭설 ,안개등 가시거리가 100미터 이내인 경우 • 노면이 결빙되어 있는 경우 • 눈이 20밀리미터 이상 쌓인 경우

4 **「도로교통법 시행령」 상 밤에 도로에서 차 또는 노면전차를 운행할 때 켜야 하는 등화(燈火)의 종류로 가장 옳지 않은 것은?** 2024.2.24. 서울

① 노면전차 : 전조등, 미등, 번호등 및 실내조명등

② 견인되는 차 : 미등 · 차폭등 및 번호등

③ 원동기장치자전거 : 전조등 및 미등

④ 승합자동차 : 자동차안전기준에서 정하는 전조등, 차폭등, 미등, 번호등과 실내조명등

TIP 밤에 도로에서 차를 운행할 때 켜야 하는 등화의 종류<시행령 제19조 제1항>

㉠ 자동차 : 자동차안전기준에서 정하는 전조등, 차폭등, 미등, 번호등과 실내조명등(실내조명등은 승합자동차와 여객자동차운송사업용 승용자동차만 해당한다)

㉡ 원동기장치자전거 : 전조등 및 미등

㉢ 견인되는 차 : 미등 · 차폭등 및 번호등

㉣ 노면전차 : 전조등, 차폭등, 미등 및 실내조명등

㉤ ㉠부터 ㉣까지의 규정 외의 차 : 시 · 도경찰청장이 정하여 고시하는 등화

Answer 4.①

5 「도로교통법 시행규칙」상 시 · 도경찰청장이 긴급자동차의 지정을 취소할 수 있는 경우에 해당하지 않는 것은? 2024.2.24. 서울

① 자동차의 사이렌 또는 경광등이 긴급자동차에 관한 구조에 적합하지 않은 경우
② 자동차의 색칠이 긴급자동차에 관한 구조에 적합하지 않은 경우
③ 자동차의 고장으로 인하여 긴급자동차로 사용할 수 없게 된 경우
④ 자동차가 지정된 기간 내에 정기검사를 받지 않은 경우

TIP 긴급자동차의 지정취소 사유〈시행규칙 제4조〉
㉠ 자동차의 색칠 · 사이렌 또는 경광등이 긴급자동차에 관한 구조에 적합하지 아니한 경우
㉡ 긴급자동차를 목적에 벗어나 사용한 경우
㉢ 고장이나 그 밖의 사유로 인하여 긴급자동차로 사용할 수 없게 된 경우
※ 긴급자동차의 지정 취소권자는 시도경찰청장이다.

6 「도로교통법 시행규칙」상 〈보기〉의 ㈎, ㈏에 들어갈 내용으로 가장 옳은 것은? 2024.2.24. 서울

> 견인자동차가 아닌 자동차로 다른 자동차를 견인하여 도로(고속도로를 제외한다)를 통행하는 때의 속도는 제19조에 불구하고 다음 각 호에서 정하는 바에 의한다.
> 1. 총중량 2천킬로그램 미만인 자동차를 총중량이 그의 3배 이상인 자동차로 견인하는 경우에는 매시 ㈎ 킬로미터 이내
> 2. 제1호 외의 경우 및 이륜자동차가 견인하는 경우에는 매시 ㈏ 킬로미터 이내(M)

	㈎	㈏		㈎	㈏
①	30	20	②	30	25
③	35	20	④	35	25

TIP 자동차를 견인할 때의 속도〈시행규칙 제20조〉 … 견인자동차가 아닌 자동차로 다른 자동차를 견인하여 도로(고속도로를 제외한다)를 통행하는 때의 속도는 규칙 제19조에 불구하고 다음에서 정하는 바에 의한다.
㉠ 총중량 2천킬로그램 미만인 자동차를 총중량이 그의 3배 이상인 자동차로 견인하는 경우에는 매시 30킬로미터 이내
㉡ ㉠ 외의 경우 및 이륜자동차가 견인하는 경우에는 매시 25킬로미터 이내

Answer 5.④ 6.②

7 **아래 (　　)안의 들어갈 말로 올바른 것은?** 2022.7.16. 전남

도로 폭 초과차에 대하여 (　　)의 허가를 받으면 운행이 가능하다.

① 행정안전부장관
② 출발지를 관할하는 시도지사
③ 출발지를 관할하는 경찰서장
④ 도착지를 관할하는 경찰서장

TIP 차로가 설치된 도로를 통행하려는 경우로서 차의 너비가 행정안전부령으로 정하는 차로의 너비보다 넓어 교통의 안전이나 원활한 소통에 지장을 줄 우려가 있는 경우 그 차의 운전자는 도로를 통행하여서는 아니 된다. 다만, 행정안전부령으로 정하는 바에 따라 그 차의 출발지를 관할하는 경찰서장의 허가를 받은 경우에는 그러하지 아니하다〈법 제14조 제3항〉.

8 **시도경찰청장이 긴급자동차로 지정할 수 있는 차는?** 2022.7.16. 전남

① 경찰용 긴급 차에 유도중인차량
② 긴급 경찰업무 수행 차
③ 군용차
④ 가스 사업 기관에서 응급작업 중인 차량

TIP 사용하는 사람 또는 기관 등의 신청에 의하여 시 · 도경찰청장이 지정하는 긴급자동차〈시행령 제2조 제1항〉
㉠ 전기사업, 가스사업, 그 밖의 공익사업을 하는 기관에서 위험 방지를 위한 응급작업에 사용되는 자동차
㉡ 민방위업무를 수행하는 기관에서 긴급예방 또는 복구를 위한 출동에 사용되는 자동차
㉢ 도로관리를 위하여 사용되는 자동차 중 도로상의 위험을 방지하기 위한 응급작업에 사용되거나 운행이 제한되는 자동차를 단속하기 위하여 사용되는 자동차
㉣ 전신 · 전화의 수리공사 등 응급작업에 사용되는 자동차
㉤ 긴급한 우편물의 운송에 사용되는 자동차
㉥ 전파감시업무에 사용되는 자동차

9 **다음 괄호 안에 들어갈 숫자로 알맞은 것은?** 2022.6.18. 대전

차로의 너비는 (㉠)미터 이상으로 하여야 한다. 다만, (㉡)설치 등 부득이하다고 인정되는 때에는 (㉢) 센티미터 이상으로 할 수 있다.

	㉠	㉡	㉢
①	3	버스전용차로	265
②	3	일방통행차로	265
③	3	좌회전전용차로	275
④	3	우회전전용차로	275

TIP 차로의 너비는 3미터 이상으로 하여야 한다. 다만, 좌회전전용차로의 설치 등 부득이하다고 인정되는 때에는 275센티미터 이상으로 할 수 있다〈시행규칙 제15조 제2항〉.

Answer 7.③ 8.④ 9.③

10 도로교통법에 차마의 통행방법으로 옳지 않은 것은? 2022.6.18. 경북

① 도로 외의 곳으로 출입할 때에는 보도를 횡단하여 통행할 수 있다.
② 도로 우측 부분의 폭이 6미터가 되지 아니하는 도로에서 다른 차를 앞지르려는 경우에는 도로의 중앙이나 좌측 부분을 통행할 수 있다.
③ 규정 속도로 주행하는 것이 원칙이나, 교통이 밀리거나 그 밖의 부득이한 사유로 최저속도보다 느리게 운전할 수밖에 없는 경우에는 그러하지 아니하다.
④ 경사진 곳에서 차량을 마주쳤을 때에는 내려가는 차량이 도로 우측 가장자리로 양보한다.

TIP 진로 양보의 의무〈법 제20조〉
㉠ 뒤차에 진로양보의무 : 모든 차(긴급자동차는 제외한다)의 운전자는 뒤에서 따라오는 차보다 느린 속도로 가려는 경우에는 도로의 우측 가장자리로 피하여 진로를 양보하여한다(단, 통행구분이 설치된 도로의 경우에는 그러하지 아니하다).
㉡ 마주보고 진행할 때 진로양보의무(좁은 도로에서의 양보)
- 비탈진 좁은 도로에서 자동차가 서로 마주보고 진행하는 경우에는 올라가는 자동차가 진로를 양보해야 한다.
- 비탈진 좁은 도로 외의 좁은 도로에서 사람을 태웠거나 물건을 실은 자동차와 동승자가 없고 물건을 싣지 아니한 자동차가 서로 마주보고 진행하는 경우에는 동승자가 없고 물건을 싣지 아니한 자동차가 진로를 양보해야 한다.

11 도로교통법상 앞지르기가 금지 시기 및 장소에 대한 내용으로 틀린 것은? 2022.6.18. 경북

① 도로가 구부러진 곳과 고갯마루 또는 비탈길 오르막은 앞지르기가 금지되는 장소이다.
② 교차로, 터널 안, 다리 위는 앞지르기가 금지 된다.
③ 앞차의 좌측에 다른 차가 앞차와 나란히 가고 있는 경우 앞지르기가 금지 된다.
④ 앞차가 다른 차를 앞지르고 있거나 앞지르려고 하는 경우 앞지르기가 금지 된다.

TIP ① 도로의 구부러진 곳, 비탈길의 고갯마루 부근 또는 가파른 비탈길의 내리막 등 시·도경찰청장이 도로에서의 위험을 방지하고 교통의 안전과 원활한 소통을 확보하기 위하여 필요하다고 인정하는 곳으로서 안전표지로 지정한 곳에서는 다른 차를 앞지르지 못한다〈법 제22조 제3항 제4호〉.
② 법 제22조 제3항
③ 법 제22조 제1항 제1호
④ 법 제22조 제1항 제2호

Answer 10.④ 11.①

12 「도로교통법」상 차량 운행 중 안전거리 확보에 대한 설명으로 가장 옳지 않은 것은? 2022.6.18. 서울

① 모든 차의 운전자는 같은 방향으로 가고 있는 앞차의 뒤를 따르는 경우에는 앞차가 갑자기 정지하게 되는 경우 그 앞차와의 충돌을 피할 수 있는 필요한 거리를 확보하여야 한다.
② 자동차 등의 운전자는 같은 방향으로 가고 있는 자전거 등의 운전자에 주의하여야 하며, 그 옆을 지날 때에는 자전거 등과의 충돌을 피할 수 있는 필요한 거리를 확보하여야 한다.
③ 모든 차의 운전자는 차의 진로를 변경하려는 경우에 그 변경하려는 방향으로 오고 있는 다른 차의 정상적인 통행에 장애를 줄 우려가 있을 때에는 빠른 진로 변경을 통해 안전거리를 확보하여야 한다.
④ 모든 차의 운전자는 위험방지를 위한 경우와 그 밖의 부득이한 경우가 아니면 운전하는 차를 갑자기 정지시키거나 속도를 줄이는 등의 급제동을 하여서는 아니 된다.

TIP ③ 모든 차의 운전자는 차의 진로를 변경하려는 경우에 그 변경하려는 방향으로 오고 있는 다른 차의 정상적인 통행에 장애를 줄 우려가 있을 때에는 진로를 변경하여서는 아니 된다〈법 제19조 제3항〉.

※ 안전거리 확보 등〈법 제19조〉
㉠ 모든 차의 운전자는 같은 방향으로 가고 있는 앞차의 뒤를 따르는 경우에는 앞차가 갑자기 정지하게 되는 경우 그 앞차와의 충돌을 피할 수 있는 필요한 거리를 확보하여야 한다.
㉡ 자동차 등의 운전자는 같은 방향으로 가고 있는 자전거 등의 운전자에 주의하여야 하며, 그 옆을 지날 때에는 자전거 등과의 충돌을 피할 수 있는 필요한 거리를 확보하여야 한다.
㉢ 모든 차의 운전자는 차의 진로를 변경하려는 경우에 그 변경하려는 방향으로 오고 있는 다른 차의 정상적인 통행에 장애를 줄 우려가 있을 때에는 진로를 변경하여서는 아니 된다.
㉣ 모든 차의 운전자는 위험방지를 위한 경우와 그 밖의 부득이한 경우가 아니면 운전하는 차를 갑자기 정지시키거나 속도를 줄이는 등의 급제동을 하여서는 아니 된다.

13 다음 중 앞지르기의 금지 시기 및 장소에 대한 내용이 잘못된 것은? 2022.6.18. 울산

① 앞차가 다른 차를 앞지르고 있거나 앞지르려고 하는 경우
② 앞차의 좌측에 다른 차가 앞차와 나란히 가고 있는 경우
③ 경찰공무원의 지시에 따라 앞차가 서행하고 있을 경우
④ 왕복 4차선에서 앞차가 서행 중일 경우

TIP ④ 왕복 4차선에서 앞차가 서행 중일 경우는 앞지르기가 가능하며, ①②③은 앞지르기가 금지된다〈법 제22조〉.

Answer 12.③ 13.④

14 다음 교통정리가 없는 교차로에서 양보운전 중 올바르지 않는 것은? 2022.6.18. 인천

① 이미 교차로에 들어가 있는 다른 차가 있을 때에는 그 차에 진로를 양보한다.
② 폭이 넓은 도로로부터 교차로에 들어가려고 하는 차에 진로를 양보한다.
③ 교차로에 동시에 들어가려고 하는 차의 운전자는 우측도로의 차에 진로를 양보한다.
④ 교차로에서 직진하려고 하는 차의 운전자는 좌회전하려는 차에 진로를 양보한다.

TIP 교통정리가 없는 교차로에서의 양보운전〈법 제26조〉
㉠ 이미 교차로에 들어가 있는 다른 차가 있을 때에는 그 차에 진로를 양보하여야 한다.
㉡ 그 차가 통행하고 있는 도로의 폭보다 교차하는 도로의 폭이 넓은 경우에는 서행하여야 하며, 폭이 넓은 도로로부터 교차로에 들어가려고 하는 다른 차가 있을 때에는 그 차에 진로를 양보하여야 한다.
㉢ 교차로에 동시에 들어가려고 하는 차의 운전자는 우측도로의 차에 진로를 양보하여야 한다.
㉣ 교차로에서 좌회전하려고 하는 차의 운전자는 그 교차로에서 직진하거나 우회전하려는 다른 차가 있을 때에는 그 차에 진로를 양보하여야 한다.

15 「도로교통법」상 정차 및 주차 금지인 위치가 아닌 것은? 2022.6.18. 서울

① 노상주차장을 제외하고, 보도와 차도가 구분된 도로의 보도
② 안전지대가 설치된 도로에서 그 안전지대의 사방으로부터 8미터 떨어진 곳
③ 횡단보도로부터 8미터 떨어진 곳
④ 「소방기본법」 제10조에 따른 소방용수시설로부터 8미터 떨어진 곳

TIP ④ 「소방기본법」 제10조에 따른 소방용수시설 또는 비상소화장치가 설치된 곳으로부터 5미터 이내인 곳에서는 차를 정차하거나 주차하여서는 아니 된다〈법 제32조 제6호 가목〉
① 교차로 · 횡단보도 · 건널목이나 보도와 차도가 구분된 도로의 보도(차도와 보도에 걸쳐서 설치된 노상주차장은 제외한다)는 정차 및 주차 금지구역이다〈법 제32조 제1호〉.
② 안전지대가 설치된 도로에서는 그 안전지대의 사방으로부터 각각 10미터 이내인 곳은 정차 및 주차 금지구역이다〈법 제32조 제3호〉.
③ 건널목의 가장자리 또는 횡단보도로부터 10미터 이내인 곳은 정차 및 주차 금지구역이다〈법 제32조 제5호〉.

16 다음 중 주차 및 정차의 금지장소가 아닌 곳은? 2022.6.18. 울산

① 건널목의 가장자리 또는 횡단보도로부터 10m 이내인 곳
② 「주차장 법」에 따라 차도와 보도에 걸쳐서 설치된 노상주차장
③ 안전지대가 설치된 도로에서는 그 안전지대 사방으로부터 각각 10m 이내인 곳
④ 교차로의 가장자리나 도로의 모퉁이로부터 5m 이내인 곳

TIP ② 「주차장법」에 따라 차도와 보도에 걸쳐서 설치된 노상주차장은 정차 및 주차의 금지장소에서 제외된다〈법 제32조 제1호〉.
①③④는 주차 및 정차의 금지장소이다〈법 제32조 제2호 · 제3호 · 제5호〉

Answer 14.④ 15.④ 16.②

17 다음 중 주정차 금지장소가 아닌 것은? 2022.6.18. 인천

① 도로의 모퉁이로부터 5미터 이내인 곳
② 안전지대가 설치된 도로에서는 그 안전지대의 사방으로부터 각각 10미터 이내인 곳
③ 건널목의 가장자리 또는 횡단보도로부터 10미터 이내인 곳
④ 도로공사를 하고 있는 경우 그 공사 구역의 양쪽 가장자리로부터 5미터 이내인 곳

TIP ④ 도로공사를 하고 있는 경우에는 그 공사 구역의 양쪽 가장자리에서 5미터 이내인 곳은 주차금지의 장소이다〈법 제33조 제2호 가목〉.
①②③은 주차 및 정차의 금지장소이다〈법 제32조 제2호 · 제3호 · 제5호〉

18 다음 중 경사진 곳에 주차 시 해야 할 일로 가장 옳은 것은? 2022.6.18. 울산

① 고임목을 설치해야 하며, 핸들을 도로 가장자리로 돌려놓는다.
② 고임목을 설치해야 하며, 핸들을 차도로 돌려놓는다.
③ 주차제동장치를 가동하여 안전을 방지한다.
④ 도로 턱이 차량 오른쪽에 있으면 운전대를 왼쪽으로 완전히 꺾어야 한다.

TIP 경사진 곳에서의 정차 또는 주차의 방법〈법 제34조의3〉 … 경사진 곳에 정차하거나 주차(도로 외의 경사진 곳에서 정차하거나 주차하는 경우를 포함한다)하려는 자동차의 운전자는 대통령령으로 정하는 바에 따라 고임목을 설치하거나 조향장치를 도로의 가장자리 방향으로 돌려놓는 등 미끄럼 사고의 발생을 방지하기 위한 조치를 취하여야 한다.

19 밤에 도로에서 견인되는 차가 켜야 하는 등화로 옳은 것은? 2022.6.18. 울산

① 전조등, 차폭등, 미등, 번호등, 실내조명등
② 미등, 차폭등, 번호등
③ 미등, 차폭등
④ 전조등, 미등

TIP 견인되는 차가 켜야 하는 등화 : 미등 · 차폭등 및 번호등〈시행령 제19조 제1항 제3호〉

Answer 17.④ 18.① 19.②

20 **다음 중 도로교통법에서 규정하고 있는 내용을 잘못 설명한 것은?** 2022.4.23. 경기

① 시장 등은 교통을 원활하게 하기 위하여 노면전차 전용도로 또는 전용차로를 설치하려는 경우에는 「도시철도법」 제7조 제1항에 따른 도시철도사업계획의 승인 후에 시·도경찰청장과 협의 하여야 한다.

② 차마의 운전자는 길가의 건물이나 주차장 등에서 도로에 들어갈 때에는 일단 정지한 후에 안전한지 확인하면서 서행하여야 한다.

③ 자동차 등의 운전자는 같은 방향으로 가고 있는 자전거 등의 운전자에 주의하여야 하며, 그 옆을 지날 때에는 자전거등과의 충돌을 피할 수 있는 필요한 거리를 확보하여야 한다.

④ 모든 차의 운전자는 차의 진로를 변경하려는 경우에 그 변경하려는 방향으로 오고 있는 다른 차의 정상적인 통행에 장애를 줄 우려가 있을 때에는 진로를 변경하여서는 아니 된다.

TIP ① 시장등은 교통을 원활하게 하기 위하여 노면전차 전용도로 또는 전용차로를 설치하려는 경우에는 「도시철도법」 제7조 제1항에 따른 도시철도사업계획의 승인 전에 시·도경찰청장과 협의하여야 한다. 사업계획을 변경하려는 경우에도 또한 같다〈법 제16조 제1항〉.
② 법 제18조 제3항
③ 법 제19조 제2항
④ 법 제19조 제3항

21 **다음 중 차마 및 노면전차의 통행방법에 대해 잘못된 설명은?** 2022.4.23. 경기

① 도로가 일방통행인 경우에는 도로의 중앙이나 좌측 부분을 통행할 수 있다.

② 도로의 파손, 도로공사나 그 밖의 장애 등으로 도로의 우측 부분을 통행할 수 없는 경우에는 도로의 중앙이나 좌측 부분으로 통행할 수 있다.

③ 도로 우측 부분의 폭이 5미터가 되지 아니하는 도로에서 다른 차를 앞지르려는 경우에는 도로의 중앙이나 좌측 부분으로 통행할 수 있다.

④ 가파른 비탈길의 구부러진 곳에서 교통의 위험을 방지하기 위하여 시·도경찰청장이 필요하다고 인정하여 구간 및 통행방법을 지정하고 있는 경우에 그 지정에 따라 통행하는 경우에는 도로의 중앙이나 좌측 부분으로 통행할 수 있다.

TIP ③ 도로 우측 부분의 폭이 6미터가 되지 아니하는 도로에서 다른 차를 앞지르려는 경우 중앙 또는 좌측통행이 가능하다〈법 제13조 제4항 제3호〉.

Answer 20.① 21.③

22 「도로교통법」상 승차 또는 적재의 방법과 제한으로 가장 옳지 않은 것은? 2021.6.5. 서울

① 운전 중 타고 내리는 사람이 떨어지지 아니하도록 하기 위하여 문을 정확히 여닫는 등 필요한 조치를 하여야 한다.

② 운전 중 실은 화물이 떨어지지 아니하도록 덮개를 씌우거나 묶는 등 확실하게 고정될 수 있도록 필요한 조치를 하여야 한다.

③ 영유아나 동물을 안고 운전 장치를 조작하거나 운전석 주위에 물건을 싣는 등 안전에 지장을 줄 우려가 있는 상태로 운전하여서는 아니 된다.

④ 승차인원, 적재중량 및 적재용량에 관하여 대통령령으로 정하는 운행상의 안전기준을 넘어서 승차시키거나 적재한 상태로 운전하여서는 아니 된다. 다만, 출발지를 관할하는 시장의 허가를 받은 경우에는 그러하지 아니하다.

TIP ④ 모든 차의 운전자는 승차 인원, 적재중량 및 적재용량에 관하여 대통령령으로 정하는 운행상의 안전기준을 넘어서 승차시키거나 적재한 상태로 운전하여서는 아니 된다. 다만, 출발지를 관할하는 경찰서장의 허가를 받은 경우에는 그러하지 아니하다〈법 제39조 제1항〉.

23 「도로교통법 시행령」에서 규정한 긴급자동차가 아닌 것은? 2021.6.5. 서울

① 혈액 공급차량

② 국내외 요인에 대한 경호업무 수행에 공무로 사용되는 자동차

③ 전파감시업무에 사용되는 자동차

④ 경찰용 자동차 중 범죄수사 업무 수행에 사용되는 자동차

TIP ①은 도로교통법에서 정하고 있는 긴급자동차이다. 도로교통법에서 규정하고 있는 긴급자동차는 소방차, 구급차, 혈액 공급차량, 그 밖에 대통령령으로 정하는 자동차가 있다〈법 제2조 제22호〉.
②③④는 도로교통법시행령에서 대통령령으로 정하는 긴급자동차에 해당한다〈시행령 제2조 제1호 · 제5호 · 제11호〉.

Answer 22.④ 23.①

24 〈보기〉는 「도로교통법 시행규칙」 제15조(차로의 설치)에 대한 내용이다. ㈎와 ㈏에 들어갈 내용으로 가장 옳은 것은? 2021.6.5. 서울

> 제1항 시 · 도경찰청장은 법 제14조 제1항에 따라 도로에 차로를 설치하고자 하는 때에는 별표 6에 따른 노면표시로 표시하여야 한다.
> 제2항 제1항에 따라 설치되는 차로의 너비는 ___㈎___ 미터 이상으로 하여야 한다. 다만, 좌회전전용차로의 설치 등 부득이하다고 인정되는 때에는 ___㈏___ 센티미터 이상으로 할 수 있다.

	㈎	㈏		㈎	㈏
①	2	175	②	3	275
③	4	375	④	5	475

TIP 차로의 설치〈시행규칙 제15조 제2항〉… 설치되는 차로의 너비는 3미터 이상으로 하여야 한다. 다만, 좌회전전용차로의 설치 등 부득이하다고 인정되는 때에는 275센티미터 이상으로 할 수 있다.

25 다음 중 서행을 해야 하는 경우에 대한 설명으로 틀린 것은? 2021.5.1. 전북

① 차마의 운전자는 길가의 건물이나 주차장 등에서 도로에 들어갈 때에는 서행하여야 한다.
② 교통정리를 하고 있지 아니하는 교차로에 들어가려고 하는 차의 운전자는 그 차가 통행하고 있는 도로의 폭보다 교차하는 도로의 폭이 넓은 경우에는 서행하여야 한다.
③ 도로에 설치된 안전지대에 보행자가 있는 경우 서행하여야 한다.
④ 차로가 설치되지 아니한 좁은 도로에서 보행자의 옆을 지나는 경우에는 안전한 거리를 두고 서행하여야 한다.

TIP ① 차마의 운전자는 길가의 건물이나 주차장 등에서 도로에 들어갈 때에는 일단 정지한 후에 안전한지 확인하면서 서행하여야 한다〈법 제18조 제3항〉.

※ 서행해야 할 장소〈법 제31조 제1항〉
㉠ 교통정리를 하고 있지 아니하는 교차로
㉡ 도로가 구부러진 부근
㉢ 비탈길의 고갯마루 부근
㉣ 가파른 비탈길의 내리막
㉤ 시 · 도경찰청장이 도로에서의 위험을 방지하고 교통의 안전과 원활한 소통을 확보하기 위하여 필요하다고 인정하여 안전표지로 지정한 곳

Answer 24.② 25.①

26 다음 중 차 또는 노면전차의 운전자가 밤에 도로에서 차를 운행할 때 켜야 하는 등화의 내용으로 틀린 설명은? 2021.4.17. 경기

① 자동차는 전조등, 차폭등, 미등, 번호등과 실내조명등을 켜야 하며, 이때 실내조명등은 승합자동차와 「여객자동차 운수사업법」에 따른 여객자동차운송사업용 승용자동차만 해당한다.
② 원동기장치자전거는 차폭등은 켜지 않아도 된다.
③ 견인되는 차는 전조등 · 차폭등 · 미등 및 번호등을 켜야 한다.
④ 노면전차는 전조등, 차폭등, 미등 및 실내조명등을 켜야 한다.

TIP 밤에 자동차를 운행하는 경우 켜야 하는 등화의 종류〈시행령 제19조 제1항〉
㉠ 자동차 : 자동차안전기준에서 정하는 전조등, 차폭등, 미등, 번호등과 실내조명등(실내조명등은 승합자동차와 여객자동차운송사업용 승용자동차만 해당한다)
㉡ 원동기장치자전거 : 전조등 및 미등
㉢ 견인되는 차 : 미등 · 차폭등 및 번호등
㉣ 노면전차 : 전조등, 차폭등, 미등 및 실내조명등
㉤ ㉠부터 ㉣까지의 규정 외의 차 : 시 · 도경찰청장이 정하여 고시하는 등화

27 차를 견인하였을 경우, 차의 사용자 등에게 고지할 사항이 아닌 것은? 2020.10.17. 부산

① 차의 등록번호, 차종 및 형식
② 위반 장소
③ 견인 일시
④ 통지한 날로부터 1월이 지나도 반환을 요구하지 아니한 때에는 그 차를 매각 또는 폐차할 수 있다는 내용

TIP 차를 견인할 경우 차의 사용자 또는 운전자에게 통지해야 할 사항〈시행규칙 제22조 제3항〉
㉠ 차의 등록번호 · 차종 및 형식
㉡ 위반 장소
㉢ 보관한 일시 및 장소
㉣ 통지한 날부터 1월이 지나도 반환을 요구하지 아니한 때에는 그 차를 매각 또는 폐차할 수 있다는 내용

Answer 26.③ 27.③

28 **다음 중 도로교통법상 긴급자동차로 볼 수 없는 것은?** 2020.10.17. 부산

① 전기사업 · 가스사업 그 밖의 공익사업기관에서 위험방지를 위한 응급작업에 사용되는 자동차
② 개인경호업무수행에 사용되는 사설경비업체의 자동차
③ 교도소 · 소년교도소 또는 구치소의 자동차 중 도주자의 체포 또는 수용자 · 보호관찰대상자의 호송 · 경비를 위하여 사용되는 자동차
④ 국군 및 주한 국제연합군용 자동차중 군 내부의 질서유지나 부대의 질서있는 이동을 유도하는데 사용되는 자동차

TIP ② 개인경호업무수행은 긴급자동차가 될 수 없다〈법 제2조 제22호〉.
① 사용하는 사람 또는 기관 등의 신청에 의하여 시 · 도경찰청장이 지정하는 긴급자동차이다〈시행령 제2조 제1항 제6호〉.
③④ 시행령 제2조 제1항 제4호 · 제2호

29 **「도로교통법」상 차마의 운전자가 도로의 중앙이나 좌측 부분으로 통행할 수 있는 경우로 가장 옳지 않은 것은?** 2020.6.13. 서울

① 도로가 일방통행인 경우
② 도로 우측 부분의 폭이 차마의 통행에 충분하지 아니한 경우
③ 안전표지 등으로 앞지르기를 금지하거나 제한하고 있는 경우
④ 도로의 파손, 도로공사나 그 밖의 장애 등으로 도로의 우측 부분을 통행할 수 없는 경우

TIP 차마의 운전자가 도로의 중앙이나 좌측 부분을 통행할 수 있는 경우〈법 제13조 제3항〉
㉠ 도로가 일방통행인 경우
㉡ 도로의 파손, 도로공사나 그 밖의 장애 등으로 도로의 우측 부분을 통행할 수 없는 경우
㉢ 도로 우측 부분의 폭이 6미터가 되지 아니하는 도로에서 다른 차를 앞지르려는 경우
㉣ 도로 우측 부분의 폭이 차마의 통행에 충분하지 아니한 경우
㉤ 가파른 비탈길의 구부러진 곳에서 교통의 위험을 방지하기 위하여 시 · 도경찰청장이 필요하다고 인정하여 구간 및 통행방법을 지정하고 있는 경우에 그 지정에 따라 통행하는 경우
※ 도로 우측 부분의 폭이 6미터가 되지 않는 도로에서 다른 차를 앞지를 때 차마의 운전자가 도로의 중앙이나 좌측 부분을 통행할 수 없는 경우〈법 제13조 제3항 제3호 단서〉
㉠ 도로의 좌측 부분을 확인할 수 없는 경우
㉡ 반대 방향의 교통을 방해할 우려가 있는 경우
㉢ 안전표지 등으로 앞지르기를 금지하거나 제한하고 있는 경우

Answer 28.② 29.③

30 「도로교통법」상 긴급자동차의 우선 통행에 대한 설명으로 가장 옳지 않은 것은? 2020.6.13. 서울

① 긴급하고 부득이한 경우에는 도로의 중앙이나 좌측 부분을 통행할 수 있다.

② 긴급자동차는 이 법에 따른 명령에 따라 정지해야 하는 경우에도 불구하고 부득이한 경우 정지하지 않을 수 있다.

③ 교차로나 그 부근에서 긴급자동차가 접근하는 경우에는 차마와 노면전차의 운전자는 교차로와 상관없이 일시정지 해야 한다.

④ 모든 차와 노면전차의 운전자는 교차로나 그 부근 외의 곳에서 긴급자동차가 접근하는 경우 우선 통행할 수 있도록 양보해야 한다.

TIP ③ 교차로나 그 부근에서 긴급자동차가 접근하는 경우에는 차마와 노면전차의 운전자는 교차로를 피하여 일시정지하여야 한다〈법 제29조 제4항〉.

①②④ 법 제29조 제1항 · 제2항 · 제5항

※ 긴급자동차 접근 시 피양 방법

㉠ 일반도로 : 긴급자동차가 우선통행 할 수 있도록 진로를 양보하여야 한다.

㉡ 교차로나 그 부근 : 차마와 노면전차의 운전자는 교차로를 피하여 일시정지 하여야 한다.

㉢ 고속도로 : 긴급자동차가 우선 통행할 수 있도록 진로를 양보하여야 한다.

㉣ 일방통행 : 긴급자동차가 우선 통행할 수 있도록 진로를 양보하여야 한다.

☞ 긴급자동차 접근 시 일시정지 등 양보 위반 범칙금 → 승용 6만 원 / 승합 7만 원

31 다음 중 최고속도 100km/h 편도 2차선 고속도로에서 적제중량 2톤 화물 자동차의 최고속도로 알맞은 것은? 2020.10.17. 충북

① 60km/h　　② 80km/h

③ 90km/h　　④ 100km/h

TIP 고속도로에서의 최고속도〈시행규칙 제19조 제1항 제3호〉

㉠ 편도 1차로 고속도로에서의 최고속도는 매시 80킬로미터, 최저속도는 매시 50킬로미터

㉡ 편도 2차로 이상 고속도로에서의 최고속도는 매시 100킬로미터(적재중량 1.5톤을 초과하는 화물자동차 · 특수자동차 · 위험물운반자동차 및 건설기계의 최고속도는 매시 80킬로미터), 최저속도는 매시 50킬로미터

㉢ 편도 2차로 이상의 고속도로로서 경찰청장이 고속도로의 원활한 소통을 위하여 특히 필요하다고 인정하여 지정 · 고시한 노선 또는 구간의 최고속도는 매시 120킬로미터(화물자동차 · 특수자동차 · 위험물운반자동차 및 건설기계의 최고속도는 매시 90킬로미터) 이내, 최저속도는 매시 50킬로미터

Answer 30.③ 31.②

출제예상문제

1　다음 중 「도로교통법령」상 차마의 통행방법에 대한 설명이다. 옳지 않은 것은?

① 도로가 일방통행인 경우 도로의 중앙이나 좌측 부분을 통행할 수 있다.
② 보도와 차도가 구분된 도로에서는 차도로 통행하여야 한다.
③ 도로 중앙의 우측 부분으로 통행하여야 한다.
④ 보도를 횡단하기 직전에 서행하여 좌·우를 살핀 후 보행자의 통행을 방해하지 않도록 횡단하여야 한다.

TIP ④ 차마의 운전자는 보도를 횡단하기 직전에 일시정지하여 좌측과 우측 부분 등을 살핀 후 보행자의 통행을 방해하지 아니하도록 횡단하여야 한다〈도로교통법 제13조 제2항〉.
① 법 제13조 제4항 제1호
② 법 제13조 제1항
③ 법 제13조 제3항

2　「도로교통법」상 도로 우측 부분의 폭이 6미터가 되지 아니하는 도로에서 다른 차를 앞지르기할 수 있는 경우로 맞는 것은?

① 반대 방향의 교통을 방해할 우려가 있는 경우
② 앞차가 저속으로 진행하고, 다른 차와 안전거리가 확보된 경우
③ 도로의 좌측 부분을 확인할 수 없는 경우
④ 안전표지 등으로 앞지르기를 금지하거나 제한하고 있는 경우

TIP 도로 우측 부분의 폭이 6미터가 되지 않는 도로에서 다른 차를 앞지르기 할 때 도로의 중앙이나 좌측 부분을 통행할 수 없는 경우〈법 제13조 제4항〉
㉠ 도로의 좌측 부분을 확인할 수 없는 경우
㉡ 반대 방향의 교통을 방해할 우려가 있는 경우
㉢ 안전표지 등으로 앞지르기를 금지하거나 제한하고 있는 경우

Answer 1.④ 2.②

3 「도로교통법」상 차의 운전자가 보도를 횡단하여 건물 등에 진입하려고 할 때 운전자가 해야 할 순서로 옳은 것은?

① 서행→방향지시등 작동→신속 진입
② 일시정지→경음기 사용→신속 진입
③ 서행→좌측과 우측부분 확인→서행 진입
④ 일시정지→좌측과 우측부분 확인→서행 진입

TIP 차마의 운전자는 보도를 횡단하기 직전에 일시정지하여 좌측과 우측 부분 등을 살핀 후 보행자의 통행을 방해하지 아니하도록 횡단하여야 한다〈법 제13조 제2항〉.

4 「도로교통법령」상 개인형 이동장치와 관련된 내용으로 가장 옳은 것은?

① 13세 이상인 사람이 운전면허 취득 없이 운전할 수 있다.
② 횡단보도에서 개인형 이동장치를 끌거나 들고 횡단할 수 있다.
③ 승차정원을 초과하여 운전할 수 있다.
④ 운전면허를 반납한 65세 이상인 사람이 운전할 수 있다.

TIP 도로교통 자전거등의 운전자가 횡단보도를 이용하여 도로를 횡단할 때에는 자전거등에서 내려서 자전거등을 끌거나 들고 보행하여야 한다〈법 제13조의2 제6항〉.

5 「도로교통법」상 차로를 설치할 수 있는 주체는?

① 행정안전부장관
② 국토교통부장관
③ 경찰청장
④ 시 · 도경찰청장

TIP 시 · 도경찰청장은 차마의 교통을 원활하게 하기 위하여 필요한 경우에는 도로에 행정안전부령으로 정하는 차로를 설치할 수 있다〈법 제14조 제1항〉.

6 「도로교통법령」상 다음 (　　)안에 기준으로 각각 옳은 것은?

> • 설치되는 차로의 너비는 (　　)미터 이상으로 하여야 한다.
> • 좌회전전용 차로의 설치 등 부득이하다고 인정되는 때에는 (　　)센티미터 이상으로 할 수 있다.

① 5, 300
② 4, 285
③ 3, 275
④ 2, 265

TIP 차로의 너비는 3미터 이상으로 하여야 한다. 다만, 좌회전전용차로의 설치 등 부득이하다고 인정되는 때에는 275센티미터 이상으로 할 수 있다〈시행규칙 제15조 제2항〉.

Answer 3.④ 4.② 5.④ 6.③

7 **다음 중 「도로교통법령」상 차로를 설치할 수 있는 곳은?**

① 교차로 ② 터널 안
③ 횡단보도 ④ 철길 건널목

TIP 차로는 횡단보도, 교차로, 철길 건널목에는 설치할 수 없다〈시행규칙 제15조 제3항〉.

8 **「도로교통법령」상 고속도로 지정차로에 대한 설명으로 옳지 않은 것은? (버스전용차로 없고 소통원활 함)**

① 편도 3차로에서 1차로는 앞지르기 하려는 승용자동차, 경형·소형·중형 승합자동차가 통행할 수 있다.
② 앞지르기를 할 때에는 지정된 차로의 왼쪽 바로 옆 차로로 통행할 수 있다.
③ 모든 차는 지정된 차로보다 왼쪽에 있는 차로로 통행할 수 있다.
④ 고속도로 지정차로 통행위반 승용자동차 운전자의 벌점은 10점이다.

TIP ③ 모든 차는 지정된 차로보다 오른쪽에 있는 차로로 통행할 수 있다〈시행규칙 제16조 제1항 별표9 비고 제2호〉.
① 시행규칙 제16조 제1항 별표9
② 시행규칙 제16조 제1항 별표9 비고 제3호
④ 차로통행 준수의무 위반, 지정차로 통행위반(진로변경 금지장소에서의 진로변경 포함)은 벌점 10점이다〈시행규칙 제91조 제1항 별표28 제3호〉.

9 **「도로교통법 시행령」상 전용차로의 종류가 아닌 것은?**

① 버스 전용차로 ② 다인승 전용차로
③ 자동차 전용차로 ④ 자전거 전용차로

TIP 전용차로의 종류는 버스 전용차로, 다인승 전용차로, 자전거 전용차로 3가지로 구분된다〈시행령 제9조 제1항 별표1〉.

Answer 7.② 8.③ 9.③

10 「도로교통법령」상 고속도로 버스전용차로를 이용할 수 있는 자동차의 기준에 대한 설명으로 옳은 것은?

① 11인승 승합 자동차는 승차 인원에 관계없이 통행이 가능하다.
② 9인승 승용자동차는 6인 이상 승차한 경우에 통행이 가능하다.
③ 15인승 이상 승합자동차만 통행이 가능하다.
④ 45인승 이상 승합자동차만 통행이 가능하다.

TIP 고속도로의 버스전용차로를 통행할 수 있는 차〈시행령 제9조 제1항 별표1 제1호〉 … 9인승 이상 승용자동차 및 승합자동차(승용자동차 또는 12인승 이하의 승합자동차는 6명 이상이 승차한 경우로 한정한다)〈시행령 제9조 제1항 별표1〉.

11 「도로교통법령」상 다인승전용차로를 통행할 수 있는 차의 기준으로 맞는 것은?

① 3명 이상 승차한 승용자동차
② 3명 이상 승차한 화물자동차
③ 2명 이상 승차한 소형 화물자동차
④ 2명 이상 승차한 이륜자동차

TIP 다인승 전용차로를 통행할 수 있는 차〈시행령 제9조 제1항 별표1 제2호〉 … 3명 이상 승차한 승용 · 승합자동차(다인승전용차로와 버스전용차로가 동시에 설치되는 경우에는 버스전용차로를 통행할 수 있는 차는 제외한다)

12 「도로교통법령」상 일반도로의 버스전용차로로 통행할 수 있는 경우로 맞는 것은?

① 노선을 운행하는 12인승 통근용 승합자동차가 직원들을 싣고 가는 경우
② 택시가 승객을 태우거나 내려주기 위하여 일시 통행하는 경우
③ 12인승 승합자동차가 6인의 동승자를 싣고 가는 경우
④ 내국인 관광객 수송용 승합자동차가 25명의 관광객을 싣고 가는 경우

TIP 전용차로 통행차 외에 전용차로로 통행할 수 있는 경우〈시행령 제10조〉
㉠ 긴급자동차가 그 본래의 긴급한 용도로 운행되고 있는 경우
㉡ 전용차로통행차의 통행에 장해를 주지 아니하는 범위에서 택시가 승객을 태우거나 내려주기 위하여 일시 통행하는 경우. 이 경우 택시 운전자는 승객이 타거나 내린 즉시 전용차로를 벗어나야 한다.
㉢ 도로의 파손이나 공사
㉣ 그 밖의 부득이한 장애로 인하여 전용차로가 아니면 통행할 수 없는 경우

Answer 10.② 11.① 12.②

13 **다음 중 하이패스차로에 대한 설명으로 가장 옳은 것은?**

① 다차로 하이패스구간은 규정된 속도를 준수하고 하이패스 단말기 고장 등으로 정보를 인식하지 못하는 경우 도착지 요금소에서 정산하면 된다.
② 다차로 하이패스구간 통과속도는 매시 30킬로미터 이내로 제한하고 있으므로 미리 감속하여 서행한다.
③ 하이패스 차로는 항상 1차로에 설치되어 있으므로 미리 일반차로에서 하이패스 차로로 진로를 변경하여 안전하게 통과한다.
④ 화물차 하이패스 차로 유도선은 파란색으로 표시되어 있고 화물차 전용차로이므로 주행하던 속도 그대로 통과한다.

TIP 화물차 하이패스유도선 주황색, 일반하이패스차로는 파란색이고 다차로 하이패스구간은 매시 50~80킬로미터로 구간에 따라 다르다.

14 **차로의 너비보다 차의 너비가 넓어 교통에 지장을 줄 우려가 있어 통행을 위해 허가를 받아야 할 곳은?**

① 관할 시·도경찰청장
② 출발지를 관할하는 경찰서장
③ 도착지를 관할하는 경찰서장
④ 도로교통공사 사장

TIP 차로가 설치된 도로를 통행하려는 경우로서 차의 너비가 행정안전부령으로 정하는 차로의 너비보다 넓어 교통의 안전이나 원활한 소통에 지장을 줄 우려가 있는 경우 그 차의 운전자는 도로를 통행하여서는 아니 된다. 다만, 행정안전부령으로 정하는 바에 따라 그 차의 출발지를 관할하는 경찰서장의 허가를 받은 경우에는 그러하지 아니하다〈법 제14조 제3항〉.

15 **「도로교통법 시행규칙」상 버스전용차로 통행의 지정을 취소해야 하는 경우로 옳지 않은 것은?**

① 통학용으로 사용하지 않게 된 경우
② 시·도경찰청장이 정한 기간이 종료된 경우
③ 통근용으로 사용하지 않게 된 경우
④ 교통량이 적어 시·도경찰청장이 지정취소를 결정한 경우

TIP 시·도경찰청장이 버스전용차로 통행의 지정을 취소해야 하는 경우〈시행규칙 제18조 제2항〉
㉠ 통학·통근용으로 사용하지 아니하게 된 경우
㉡ 시·도경찰청장이 정한 기간이 종료된 경우

Answer 13.① 14.② 15.④

16 「도로교통법」상 노면전차 전용로의 설치권자는?

① 국토교통부장관 ② 시장등
③ 경찰청장 ④ 시 · 도경찰청장

TIP 시장등은 교통을 원활하게 하기 위하여 노면전차 전용도로 또는 전용차로를 설치하려는 경우에는 도시철도 사업계획의 승인 전에 시 · 도경찰청장과 협의하여야 한다. 사업 계획을 변경하려는 경우에도 또한 같다〈법 제16조 제1항〉.

17 「도로교통법」상 긴급자동차가 긴급한 용도 외에도 경광등 등을 사용할 수 있는 경우로 옳지 않은 것은?

① 소방차가 화재 예방 및 구조 · 구급 활동을 위하여 순찰을 하는 경우
② 소방차가 정비를 위해 긴급히 이동하는 경우
③ 민방위업무용 자동차가 그 본래의 긴급한 용도와 관련된 훈련에 참여하는 경우
④ 경찰용 자동차가 범죄 예방 및 단속을 위하여 순찰을 하는 경우

TIP 긴급한 용도 외에 경광등 등을 사용할 수 있는 경우〈시행령 제10조의2〉
㉠ 소방차가 화재 예방 및 구조 · 구급 활동을 위하여 순찰을 하는 경우
㉡ 긴급자동차가 그 본래의 긴급한 용도와 관련된 훈련에 참여하는 경우
㉢ 경찰용 자동차가 범죄 예방 및 단속을 위하여 순찰을 하는 경우

18 「도로교통법」상 경찰청장과 시 · 도경찰청장이 속도를 제한할 수 있는 도로에 대한 설명으로 옳은 것은?

① 경찰청장은 고속도로와 고속도로를 제외한 도로의 속도를 제한할 수 있다.
② 시 · 도경찰청장은 고속도로의 속도를 제한할 수 있다.
③ 경찰청장은 고속도로의 속도를 제한할 수 있다.
④ 시 · 도경찰청장은 모든 도로의 속도를 제한할 수 있다.

TIP 경찰청장과 시 · 도경찰청장이 속도를 제한할 수 있는 도로의 구분〈법 제17조 제2항〉
㉠ 경찰청장 : 고속도로
㉡ 시 · 도경찰청장 : 고속도로를 제외한 도로

Answer 16.② 17.② 18.③

19 「도로교통법령」상 최고속도 매시 100킬로미터인 편도 4차로 고속도로를 주행하는 적재중량 2.5톤의 화물자동차 최고속도는?

① 매시 70킬로미터
② 매시 80킬로미터
③ 매시 90킬로미터
④ 매시 100킬로미터

TIP 고속도로의 속도〈시행규칙 제19조 제1항 제3호〉
㉠ 편도 1차로 고속도로 : 최고속도 매시 80킬로미터, 최저속도는 매시 50킬로미터
㉡ 편도 2차로 이상 고속도로
- 최고속도 매시 100킬로미터, 최저속도는 매시 50킬로미터
- 적재중량 1.5톤을 초과하는 화물자동차 · 특수자동차 · 위험물운반자동차 및 건설기계의 최고속도는 매시 80킬로미터미터, 최저속도는 매시 50킬로미터

※ 편도 2차로 이상의 고속도로로서 경찰청장이 고속도로의 원활한 소통을 위하여 특히 필요하다고 인정하여 지정 · 고시한 노선 또는 구간의 최고속도는 매시 120킬로미터(화물자동차 · 특수자동차 · 위험물운반자동차 및 건설기계의 최고속도는 매시 90킬로미터) 이내, 최저속도는 매시 50킬로미터

20 「도로교통법령」상 편도 2차로 자동차전용도로에 비가 내려 노면이 젖어있는 경우 감속운행 최고속도로 옳은 것은?

① 매시 60킬로미터
② 매시 85킬로미터
③ 매시 72킬로미터
④ 매시 90킬로미터

TIP 자동차전용도로에서의 최고속도는 매시 90킬로미터이다. 비가 내려 노면이 젖어있는 경우 100분의 20을 줄인 속도로 운행해야 하기에 매시 72킬로미터의 속도로 감속해야 한다.
※ 악천후 시 최고속도의 100분의 20을 줄인 속도로 운행해야 하는 경우〈시행규칙 제19조 제2항 제1호〉
㉠ 비가 내려 노면이 젖어있는 경우
㉡ 눈이 20밀리미터 미만 쌓인 경우

21 다음의 안전거리에 관한 설명 중 옳지 않은 것은?

① 안전거리는 노면이 미끄러우면 배로 확보하는 것이 안전하다.
② 안전거리는 길게 확보할수록 좋다.
③ 안전거리는 속도와 관계없이 항상 일정하게 유지한다.
④ 안전거리는 속도가 빠를수록 길게 확보하여야 한다.

TIP ③ 속도가 빠른 고속주행인 경우에는 안전거리를 길게 확보하고 속도가 낮은 저속주행인 경우에는 안전거리를 짧게 확보해도 된다.
※ 모든 차의 운전자는 같은 방향으로 가고 있는 앞차의 뒤를 따르는 경우에는 앞차가 갑자기 정지하게 되는 경우 그 앞차와의 충돌을 피할 수 있는 필요한 거리를 확보하여야 한다〈법 제19조 제1항〉.

Answer 19.② 20.③ 21.③

22 「도로교통법령」상 가변형 속도제한 구간에 대한 설명으로 옳지 않은 것은?

① 도로의 교통 상황, 기상 조건 등을 고려하여 속도 제한이 유동적으로 변경되는 구간을 말한다.
② 가변형 속도제한 표지로 정한 최고속도와 안전표지 최고속도가 다를 때는 안전표지 최고속도를 따라야 한다.
③ 교통흐름을 원활하게 하고 안전을 강화하는 것이 목적이다.
④ 규정 속도 숫자를 바꿔서 표현할 수 있는 전광표지판이나 디지털 표지판 등을 사용한다.

TIP ② 경찰청장 또는 시 · 도경찰청장이 가변형 속도제한표지로 최고속도를 정한 경우에는 이에 따라야 하며, 가변형 속도제한표지로 정한 최고속도와 그 밖의 안전표지로 정한 최고속도가 다를 때에는 가변형 속도제한표지에 따라야 한다〈시행규칙 제19조 제2항 제2호〉.

23 「도로교통법」상 앞지르기방법에 대한 설명으로 가장 옳지 않은 것은?

① 중앙선이 황색 점선인 경우 반대방향에 차량이 없을 때는 앞지르기가 가능하다.
② 앞지르기를 하는 차가 있을 때에는 속도를 높여 신속하게 앞지르기를 하여야 한다.
③ 모든 차의 운전자는 다른 차를 앞지르려면 앞차의 왼쪽 차로를 통행해야 한다.
④ 앞지르기를 할 때에는 방향지시기 · 등화 또는 경음기 등을 사용해도 된다.

TIP ② 모든 차의 운전자는 앞지르기를 하는 차가 있을 때에는 속도를 높여 경쟁하거나 그 차의 앞을 가로막는 등의 방법으로 앞지르기를 방해하여서는 아니 된다〈법 제21조 제4항〉.
① 황색점선은 반대방향의 교통에 주의하면서 일시적으로 반대편 차로로 넘어갈 수 있으나 진행방향 차로로 다시 돌아와야 함을 표시하는 것이다〈시행규칙 제8조 제2항 별표6 제5호 501번〉.
③ 모든 차의 운전자는 다른 차를 앞지르려면 앞차의 좌측으로 통행하여야 한다〈법 제21조 제1항〉.
④ 앞지르려고 하는 모든 차의 운전자는 반대방향의 교통과 앞차 앞쪽의 교통에도 주의를 충분히 기울여야 하며, 앞차의 속도 · 진로와 그 밖의 도로상황에 따라 방향지시기 · 등화 또는 경음기를 사용하는 등 안전한 속도와 방법으로 앞지르기를 하여야 한다〈법 제21조 제3항〉.

Answer 22.② 23.②

24 「도로교통법 시행규칙」상 자동차를 견인할 때 다음에 해당하는 경우의 자동차 속도는?

총중량 2천킬로그램 미만인 자동차를 총중량이 그의 3배 이상인 자동차로 견인하는 경우

① 20킬로미터 이내
② 25킬로미터 이내
③ 30킬로미터 이내
④ 40킬로미터 이내

TIP 견인자동차가 아닌 자동차로 다른 자동차를 견인하여 도로(고속도로 제외)를 통행하는 때의 속도〈시행규칙 제20조〉
㉠ 총중량 2천킬로그램 미만인 자동차를 총중량이 그의 3배 이상인 자동차로 견인하는 경우에는 매시 30킬로미터 이내
㉡ ㉠ 외의 경우 및 이륜자동차가 견인하는 경우에는 매시 25킬로미터 이내

25 「도로교통법령」상 앞지르기를 할 수 있는 경우로 옳은 것은?

① 경찰공무원의 지시에 따라 정지하거나 서행하고 있는 경우
② 앞차가 위험 방지를 위하여 정지 또는 서행하고 있는 경우
③ 앞차가 저속으로 진행하면서 다른 차와 안전거리를 확보하고 있을 경우
④ 도로교통법의 명령에 따라 서행하고 있는 경우

TIP 다른 차를 앞지르지 못하는 경우〈법 제22조 제3항〉
㉠ 도로교통법이나 도로교통법에 따른 명령에 따라 정지하거나 서행하고 있는 차
㉡ 경찰공무원의 지시에 따라 정지하거나 서행하고 있는 차
㉢ 위험을 방지하기 위하여 정지하거나 서행하고 있는 차

26 철길건널목을 통과하다가 고장 등의 사유로 건널목 안에서 차를 운행할 수 없게 된 운전자의 조치방법으로 옳지 않은 것은?

① 차량고장의 원인을 파악한다.
② 비상점멸등을 작동시킨다.
③ 경찰공무원에게 그 사실을 알린다.
④ 즉시 탑승자를 대피시킨다.

TIP 모든 차 또는 노면전차의 운전자는 건널목을 통과하다가 고장 등의 사유로 건널목 안에서 차 또는 노면전차를 운행할 수 없게 된 경우에는 즉시 승객을 대피시키고 비상신호기 등을 사용하거나 그 밖의 방법으로 철도공무원이나 경찰공무원에게 그 사실을 알려야 한다〈법 제24조 제3항〉

Answer 24.③ 25.③ 26.①

27 「도로교통법」상 다음 중 앞지르기가 금지된 장소로 올바르게 나열된 것은?

① 고속도로, 다리 위, 산업도로
② 교차로, 터널 안, 비탈길의 고갯마루 부근
③ 다리 위, 차고지, 회전교차로
④ 도로의 구부러진 곳, 터널 입구, 가파른 비탈길의 내리막

TIP 앞지르기 금지장소〈법 제22조 제3항〉
㉠ 교차로
㉡ 터널 안
㉢ 다리 위
㉣ 도로의 구부러진 곳
㉤ 비탈길의 고갯마루 부근
㉥ 가파른 비탈길의 내리막
㉦ 시 · 도경찰청장이 도로에서의 위험을 방지하고 교통의 안전과 원활한 소통을 확보하기 위하여 필요하다고 인정하는 곳으로서 안전표지로 지정한 곳

28 「도로교통법」상 교통신호기가 없는 교차로에 들어가려고 할 때의 방법으로 옳은 것은?

① 일시정지하거나 양보하여 다른 차의 진행을 방해하지 않도록 해야 한다.
② 교차로에 먼저 진입하여 다른 차량의 통행을 유도한다.
③ 교차로에서 다른 차량보다 빨리 지나가도록 속도를 낸다.
④ 교차로에서 신호기가 없으면 양보할 의무가 없으므로 바로 지나간다.

TIP 모든 차의 운전자는 교통정리를 하고 있지 아니하고 일시정지나 양보를 표시하는 안전표지가 설치되어 있는 교차로에 들어가려고 할 때에는 다른 차의 진행을 방해하지 아니하도록 일시정지하거나 양보하여야 한다〈법 제25조 제6항〉.

※ 모든 차 또는 노면전차의 운전자는 신호기로 교통정리를 하고 있는 교차로에 들어가려는 경우에는 진행하려는 진로의 앞쪽에 있는 차 또는 노면전차의 상황에 따라 교차로(정지선이 설치되어 있는 경우에는 그 정지선을 넘은 부분을 말한다)에 정지하게 되어 다른 차 또는 노면전차의 통행에 방해가 될 우려가 있는 경우에는 그 교차로에 들어가서는 아니 된다〈법 제25조 제5항〉.

Answer 27.② 28.①

29 「도로교통법」상 회전교차로의 통행방법으로 맞는 것은?

① 회전하고 있는 차가 우선이다. ② 진출하는 차가 우선이다.
③ 진입하려는 차가 우선이다. ④ 차량의 우선순위가 없다.

TIP 회전교차로의 통행방법〈법 제25조의2 제2항〉
㉠ 회전교차로에 진입하려는 경우에는 서행하거나 일시정지하여야 한다.
㉡ 회전교차로에 이미 진행하고 있는 다른 차가 있는 때에는 그 차에 진로를 양보하여야 한다.

30 다음 중 회전교차로의 설치가 권장되는 경우로 옳지 않은 것은?

① 교통량 수준이 높지 않으나, 교차로 교통사고가 많이 발생하는 곳
② Y자형 교차로, T자형 교차로, 교차로 형태가 특이한 경우
③ 교통정온화 사업 구간 내의 교차로
④ 교차로에서 하나 이상의 접근로가 편도 3차로 이상인 경우

TIP 회전교차로 설치가 권장되는 경우〈회전교차로의 설계지침 국토교통부 2022. 8.〉
㉠ 교통량 수준이 비신호 교차로로 운영하기에는 많고 신호교차로로 운영하기에는 너무 적어 신호운영의 효율이 떨어지는 경우
㉡ 교통량 수준이 높지 않으나, 교차로 교통사고가 많이 발생하는 경우
㉢ 운전자의 통행우선권 인식이 어려운 경우
㉣ Y자형 교차로, T자형 교차로, 교차로 형태가 특이한 경우
㉤ 교통정온화 사업 구간 내의 교차로

31 「도로교통법」상 다음의 상황에서 운전자의 올바른 운전방법은?

> 교통정리를 하고 있지 아니하는 교차로에 들어가려고 하는 차의 운전자는 이미 교차로에 들어가 있는 다른 차가 있을 때의 경우

① 다른 차가 있을 때에는 좌·우를 확인하고 신속히 교차로를 통과한다.
② 다른 차가 있더라도 본인의 주행차로가 상대차의 차로보다 더 넓은 경우 통행 우선권에 따라 그대로 진입한다.
③ 다른 차가 있더라도 직진차가 우선이므로 먼저 통과한다.
④ 다른 차가 있을 때에는 그 차에 진로를 양보한다.

TIP 교통정리를 하고 있지 아니하는 교차로에 들어가려고 하는 차의 운전자는 이미 교차로에 들어가 있는 다른 차가 있을 때에는 그 차에 진로를 양보하여야 한다〈법 제26조 제1항〉.

Answer 29.① 30.④ 31.④

32 「도로교통법령」상 보행자의 보호 등에 관한 설명으로 옳지 않은 것은?

① 교통정리를 하고 있는 교차로에서 좌회전이나 우회전을 하려는 경우에는 신호기 또는 경찰공무원등의 신호나 지시에 따라 도로를 횡단하는 보행자의 통행을 방해하여서는 아니 된다.

② 어린이 보호구역 내에 설치된 횡단보도 중 신호기가 설치되지 아니한 횡단보도 앞에서는 보행자의 횡단 여부와 관계없이 서행하여야 한다.

③ 보행자가 횡단보도가 설치되어 있지 아니한 도로를 횡단하고 있을 때에는 안전거리를 두고 일시정지하여 보행자가 안전하게 횡단할 수 있도록 하여야 한다.

④ 도로에 설치된 안전지대에 보행자가 있는 경우와 차로가 설치되지 아니한 좁은 도로에서 보행자의 옆을 지나는 경우에는 안전한 거리를 두고 서행하여야 한다.

TIP ② 모든 차 또는 노면전차의 운전자는 어린이 보호구역 내에 설치된 횡단보도 중 신호기가 설치되지 아니한 횡단보도 앞(정지선이 설치된 경우에는 그 정지선을 말한다)에서는 보행자의 횡단 여부와 관계없이 일시정지하여야 한다〈법 제27조 제7항〉.

33 보행자의 보호를 위해 운전자가 지켜야 할 다음의 준수사항에 해당되지 않는 장소는?

> • 보행자의 옆을 지나는 경우에는 안전한 거리를 두고 서행하여야 한다.
> • 보행자의 통행에 방해가 될 때에는 서행하거나 일시정지하여 보행자가 안전하게 통행할 수 있도록 해야 한다.

① 보행자우선도로

② 도로 외의 곳

③ 보도와 차도가 구분되지 아니한 도로 중 중앙선이 없는 도로

④ 노인보호구역

TIP 모든 차의 운전자는 다음의 어느 하나에 해당하는 곳에서 보행자의 옆을 지나는 경우에는 안전한 거리를 두고 서행하여야 하며, 보행자의 통행에 방해가 될 때에는 서행하거나 일시정지하여 보행자가 안전하게 통행할 수 있도록 하여야 한다〈법 제27조 제6항〉.
㉠ 보도와 차도가 구분되지 아니한 도로 중 중앙선이 없는 도로
㉡ 보행자우선도로
㉢ 도로 외의 곳

Answer 32.② 33.④

34 「도로교통법」상 보행자전용도로에 대한 설명으로 옳지 않은 것은?

① 보행자전용도로는 보행자의 통행을 보호하기 위해 시 · 도경찰청장이나 경찰서장이 설치할 수 있다.
② 차마 또는 노면전차의 운전자는 보행자전용도로를 통행하여서는 아니 된다
③ 보행자전용도로의 통행이 허용된 차마의 운전자는 보행자의 걸음속도보다 빠르게 운행해야 한다.
④ 차마는 보행자전용도로에서 보행자의 통행을 방해하지 않도록 주의해야 한다.

TIP ③ 보행자전용도로의 통행이 허용된 차마의 운전자는 보행자를 위험하게 하거나 보행자의 통행을 방해하지 않도록 차마를 보행자의 걸음속도로 운행하거나 일시정지하여야 한다〈법 제28조 제3항〉.

35 「도로교통법」상 보행자우선도로에 대한 설명으로 가장 옳지 않은 것은?

① 보행자우선도로에서 차마의 통행속도 제한은 시 · 도경찰청장이나 경찰서장이 할 수 있다.
② 보행자 보호를 위해 필요하다고 인정할 경우 차마의 통행속도를 20km/h 이내로 제한할 수 있다.
③ 보행자우선도로에서 보행자는 도로의 우측 가장자리로만 통행할 수 있다.
④ 보행자보호의무를 불이행하였을 경우 승용자동차 기준 4만원의 범칙금과 10점의 벌점 처분을 받을 수 있다.

TIP ③ 보행자는 보행자우선도로에서 도로의 전 부분으로 통행할 수 있다. 이 경우 보행자는 고의로 차마의 진행을 방해하여서는 아니 된다〈법 제8조 제3항 제2호〉

※ 보행자우선도로〈법 제28조의2〉 … 시 · 도경찰청장이나 경찰서장은 보행자우선도로에서 보행자를 보호하기 위하여 필요하다고 인정하는 경우에는 차마의 통행속도를 시속 20킬로미터 이내로 제한할 수 있다.

36 「도로교통법」상 긴급자동차가 접근할 때 교차로에서 운전자가 취해야 할 방법으로 가장 옳은 것은?

① 교차로를 피하여 일시 정지하여야 한다.
② 교차로 중간에 정지하여 긴급자동차의 통행을 방해하지 않도록 한다.
③ 긴급자동차가 완전히 통과한 후에만 교차로를 빠져나간다.
④ 긴급자동차의 진행방향에 따라 좌우로 피양한다.

TIP 교차로나 그 부근에서 긴급자동차가 접근하는 경우에는 차마와 노면전차의 운전자는 교차로를 피하여 일시정지하여야 한다〈법 제29조 제4항〉.

Answer 34.③ 35.③ 36.①

37 긴급한 용도가 아닐 때 긴급자동차를 운행 중일 경우 운전자가 지켜야 할 사항으로 옳지 않은 것은?

① 사이렌을 울리지 않고 운행해야 한다.
② 긴급출동상황이 아니어도 구급차는 사이렌을 켜고 운행할 수 있다.
③ 경광등을 켜지 말아야 한다.
④ 경찰차는 순찰 중인 경우에는 경광등을 켤 수 있다.

TIP 소방차, 구급차, 혈액 공급차량, 그 밖에 대통령령으로 정하는 자동차의 운전자는 해당 자동차를 그 본래의 긴급한 용도로 운행하지 아니하는 경우에는 「자동차관리법」에 따라 설치된 경광등을 켜거나 사이렌을 작동하여서는 아니 된다. 다만, 대통령령으로 정하는 바에 따라 범죄 및 화재 예방 등을 위한 순찰·훈련 등을 실시하는 경우에는 그러하지 아니하다〈법 제29조 제6항〉.

38 「도로교통법」상 긴급자동차가 긴급한 용도 외에 경광등 등을 사용할 수 있는 경우로 옳지 않은 것은?

① 소방차가 화재예방활동을 위하여 순찰을 하는 경우
② 혈액 공급차량이 훈련에 참여하는 경우
③ 가스사업차량이 위험방지를 위해 순찰하는 경우
④ 경찰차가 교통단속을 위하여 순찰을 하는 경우

TIP 긴급한 용도 외에 경광등을 켜거나 사이렌을 작동할 수 있는 경우〈법 제10조의2〉
㉠ 소방차가 화재 예방 및 구조·구급 활동을 위하여 순찰을 하는 경우
㉡ 소방차, 구급차, 혈액 공급차량, 그 밖에 대통령령으로 정하는 자동차가 그 본래의 긴급한 용도와 관련된 훈련에 참여하는 경우
㉢ 경찰용 자동차 중 범죄수사, 교통단속, 그 밖의 긴급한 경찰업무 수행에 사용되는 자동차가 범죄 예방 및 단속을 위하여 순찰을 하는 경우

39 「도로교통법령」상 긴급자동차 특례 적용대상으로 옳지 않은 것은?

① 보행자 보호
② 앞지르기의 금지
③ 자동차등의 속도 제한
④ 끼어들기의 금지

TIP 긴급자동차에 대한 특례〈법 제30조〉
㉠ 긴급자동차에 대한 특례 적용대상 : 자동차등의 속도 제한, 앞지르기의 금지, 끼어들기의 금지
㉡ 소방차, 구급차, 혈액 공급차량, 경찰용 자동차에 대한 특례 적용대상 : 자동차등의 속도 제한, 앞지르기의 금지, 끼어들기의 금지, 신호위반, 보도침범, 중앙선 침범, 횡단 등의 금지, 안전거리 확보 등, 앞지르기 방법 등, 정차 및 주차의 금지, 주차금지, 고장 등의 조치

Answer 37.② 38.③ 39.①

40 「도로교통법」상 자동차의 정차 및 주차가 금지되는 곳 중 다음 (　　) 안의 숫자를 모두 합한 숫자로 옳은 것은?

> ㉠ 교차로의 가장자리부터 (　　)미터 이내인 곳
> ㉡ 건널목의 가장자리부터 (　　)미터 이내인 곳
> ㉢ 비상소화장치가 설치된 곳으로부터 (　　)미터 이내인 곳
> ㉣ 버스여객자동차의 정류지임을 표시하는 표지판으로부터 (　　)미터 이내인 곳

① 20　　② 25
③ 30　　④ 35

TIP ㉠ 교차로의 가장자리나 도로의 모퉁이로부터 3미터 이내인 곳〈법 제32조 제2호〉
㉡ 건널목의 가장자리 또는 횡단보도로부터 10미터 이내인 곳〈법 제32조 제5호〉
㉢ 소방용수시설 또는 비상소화장치가 설치된 곳으로부터 5미터 이내인 곳〈법 제32조 제6호 가목〉
㉣ 버스정류장을 표시하는 기둥이나 표지판 또는 선이 설치된 곳으로부터 10미터 이내인 곳〈법 제32조 제4호〉
※ ㉠ + ㉡ + ㉢ + ㉣ = 30이다.

41 「도로교통법 시행령」상 소방 관련 시설 주변에서의 정차 및 주차의 금지구역으로 틀린 것은?

① 옥외소화전설비가 설치된 곳으로부터 3미터 이내인 곳
② 연소방지설비의 송수구가 설치된 곳으로부터 5미터 이내인 곳
③ 소화용수설비가 설치된 곳으로부터 5미터 이내인 곳
④ 물분무등소화설비의 송수구가 설치된 곳으로부터 5미터 이내인 곳

TIP 소방 관련 시설 주변에서의 정차 및 주차의 금지〈시행령 제10조의3 제1항〉
㉠ 옥내소화전설비(호스릴옥내소화전설비를 포함한다) · 스프링클러설비등 · 물분무등소화설비의 송수구가 설치된 곳으로부터 5미터 이내인 곳
㉡ 소화용수설비가 설치된 곳으로부터 5미터 이내인 곳
㉢ 연결송수관설비 · 연결살수설비 · 연소방지설비의 송수구 및 무선통신보조설비의 무선기기접속단자가 설치된 곳으로부터 5미터 이내인 곳

Answer 40.③ 41.①

42 「도로교통법」상 주차금지의 장소로 가장 옳지 않은 것은?

① 터널 안 및 다리 위
② 도로공사를 하고 있는 경우에는 그 공사 구역의 양쪽 가장자리로부터 10미터인 곳
③ 다중이용업소의 영업장이 속한 건축물로 소방본부장의 요청에 의하여 시 · 도경찰청장이 지정한 곳으로부터 5미터 이내인 곳
④ 시 · 도경찰청장이 도로에서의 위험을 방지하고 교통의 안전과 원활한 소통을 확보하기 위하여 필요하다고 인정하여 지정한 곳

TIP 주차금지의 장소〈법 제33조〉
㉠ 터널 안 및 다리 위
㉡ 다음의 곳으로부터 5미터 이내인 곳
• 도로공사를 하고 있는 경우에는 그 공사 구역의 양쪽 가장자리
• 다중이용업소의 영업장이 속한 건축물로 소방본부장의 요청에 의하여 시 · 도경찰청장이 지정한 곳
㉢ 시 · 도경찰청장이 도로에서의 위험을 방지하고 교통의 안전과 원활한 소통을 확보하기 위하여 필요하다고 인정하여 지정한 곳

43 「도로교통법 시행령」상 주·정차 방법에 대한 설명으로 옳은 것은?

① 평지에 주차할 때에는 조향장치를 도로의 가장자리 방향으로 돌려놓아야 한다.
② 경사진 도로에서는 내리막방향으로 고임목 또는 고임돌을 설치해야 한다.
③ 도로에서 정차를 하고자 하는 때에는 차도의 적당한 가장자리에 정차해야 한다.
④ 도로에서 주차할 때에는 시 · 도지사가 정하는 주차의 장소 · 시간 및 방법에 따라야 한다.

TIP ① 경사진 곳에 정차하거나 주차할 경우 자동차의 주차제동장치를 작동한 후에 취해야 할 조치이다〈시행령 제11조 제3항〉.
③ 도로에서 정차할 때에는 차도의 오른쪽 가장자리에 정차해야 한다〈시행령 제11조 제1항 제1호〉
④ 모든 차의 운전자는 도로에서 주차할 때에는 시 · 도경찰청장이 정하는 주차의 장소 · 시간 및 방법에 따라야 한다〈시행령 제11조 제1항 제3호〉.
② 경사의 내리막 방향으로 바퀴에 고임목, 고임돌, 그 밖에 고무, 플라스틱 등 자동차의 미끄럼 사고를 방지할 수 있는 것을 설치해야 한다〈시행령 제11조 제3항 제1호〉.

Answer 42.② 43.②

44 「도로교통법」상 교통의 안전과 원활한 소통을 확보하기 위하여 정차 및 주차금지구역을 지정할 수 있는 기관은?

① 시 · 도지사　　② 시 · 군 · 구청장
③ 경찰청장　　④ 시 · 도경찰청장

TIP 시 · 도경찰청장이 도로에서의 위험을 방지하고 교통의 안전과 원활한 소통을 확보하기 위하여 필요하다고 인정하여 안전표지로 지정한 곳은 정차 및 주차의 금지구역으로 지정할 수 있다〈법 제32조 제7호〉.

45 「도로교통법」상 차의 운전자는 정차나 주차를 할 때 다른 교통에 방해가 되지 않도록 해야 한다. 이에 대한 예외의 경우로 옳지 않은 것은?

① 고장으로 인해 부득이하게 주차하는 경우
② 안전표지의 지시에 따라 정차하는 경우
③ 중앙선이 없는 도로에서 주차하는 경우
④ 모범운전자의 지시에 따라 정차하는 경우

TIP 모든 차의 운전자는 정차하거나 주차할 때에는 다른 교통에 방해가 되지 아니하도록 하여야 한다. 다만, 다음의 어느 하나에 해당하는 경우에는 그러하지 아니하다〈시행령 제11조 제2항〉.
㉠ 안전표지 또는 다음의 어느 하나에 해당하는 사람의 지시에 따르는 경우
- 경찰공무원(의무경찰을 포함한다)
- 제주특별자치도의 자치경찰공무원
- 경찰공무원(자치경찰공무원 포함)을 보조하는 사람
㉡ 고장으로 인하여 부득이하게 주차하는 경우

46 「도로교통법」상 정차 또는 주차를 금지하는 장소의 특례로 옳지 않은 곳은?

① 시 · 도경찰청장이 자전거의 정차를 허용한 곳
② 자전거 충전소
③ 안전지대가 설치된 도로에서 10미터 이내인 곳
④ 시 · 도경찰청장이 안전표지로 주차를 허용한 곳

TIP 정차 또는 주차를 금지하는 장소의 특례〈법 제34조의2〉
㉠ 자전거이용시설 중 전기자전거 충전소 및 자전거주차장치에 자전거를 정차 또는 주차하는 경우
㉡ 시장등의 요청에 따라 시 · 도경찰청장이 안전표지로 자전거등의 정차 또는 주차를 허용한 경우
㉢ 시 · 도경찰청장이 안전표지로 구역 · 시간 · 방법 및 차의 종류를 정하여 정차나 주차를 허용한 곳에서는 정차하거나 주차할 수 있다.

Answer 44.④ 45.③ 46.③

47 「도로교통법」상 경찰공무원이 주차위반 차량의 운전자가 현장에 없을 때 취할 수 있는 조치로 옳은 것은?

① 주차위반 차량의 운전자가 현장에 도착하면 과태료를 부과한다.
② 해당 지역의 공영주차장으로 이동하게 한다.
③ 직접 주차 방법을 변경하거나 필요시 견인조치를 한다.
④ 운전자에게 신속히 연락을 취한 후 운전자가 도착할 때까지 기다린다.

TIP 경찰서장이나 시장등은 주차위반 차의 주차방법을 직접 변경하거나 변경에 필요한 조치를 할 수 있으며, 부득이한 경우에는 관할 경찰서나 경찰서장 또는 시장등이 지정하는 곳으로 이동하게 할 수 있다〈법 제35조 제2항〉.

48 「도로교통법」상 불법 주 · 정차 차량을 단속할 수 없는 사람은?

① 시장등이 임명하는 공무원
② 경찰공무원
③ 소방공무원
④ 주정차 단속 담당 공무원

TIP 경찰공무원, 시장등(도지사 포함)이 대통령령으로 정하는 바에 따라 임명하는 공무원(이하 "시 · 군공무원"이라 한다)에 해당하는 사람은 주차위반을 하고 있는 차가 교통에 위험을 일으키게 하거나 방해될 우려가 있을 때에는 차의 운전자 또는 관리 책임이 있는 사람에게 주차 방법을 변경하거나 그 곳으로부터 이동할 것을 명할 수 있다〈법 제35조 제1항〉.

※ 주차 및 정차단속 담당공무원〈시행령 제12조 제1항〉 … 도지사와 시장등은 주차나 정차단속을 위하여 필요하다고 인정되는 경우에는 교통행정 관련분야에서 근무하는 공무원 등 해당 지방자치단체에 근무하는 공무원을 주차 및 정차를 단속하는 담당공무원(이하 "단속담당공무원"이라 한다)으로 임명할 수 있다.

49 「도로교통법」상 차의 견인 및 보관업무 등의 대행하는 법인등을 정하는 주체는?

① 대통령령
② 경찰청장
③ 시 · 도경찰청장
④ 시장등

TIP 차의 견인 · 보관 및 반환 업무를 대행하는 법인등이 갖추어야 하는 인력 · 시설 및 장비 등의 요건과 그 밖에 업무의 대행에 필요한 사항은 대통령령으로 정한다〈법 제36조 제2항〉.

Answer 47.③ 48.③ 49.①

50 「도로교통법 시행령」상 주차위반 차량을 견인할 때 취해야 할 조치로 적절한 것은?

① 견인대상 차에 대해 과태료나 범칙금 부과여부를 전화로 알린다.
② 견인대상 차임을 알 수 있도록 보기 쉬운 곳에 '과태료부과대상차표지'를 부착한다.
③ 견인대상 차에 대해 즉시 견인조치한 후 사후에 통지한다.
④ 견인 전 차량 소유자에게 24시간 내로 과태료 부과된다는 사실을 사전 통지한다.

TIP 경찰서장, 도지사 또는 시장등은 차를 견인하려는 경우에는 행정안전부령으로 정하는 바에 따라 과태료 또는 범칙금 부과 및 견인 대상 차임을 알리는 표지(이하 "과태료부과대상차표지"라 한다)를 그 차의 보기 쉬운 곳에 부착하여 견인 대상 차임을 알 수 있도록 하여야 한다〈시행령 제13조 제1항〉.

51 다음 ㉠의 사항 중 우편으로 통지해야 할 사항으로 옳지 않은 것은?

> 경찰서장, 도지사 또는 시장등은 차를 견인하였을 때부터 24시간이 경과되어도 이를 인수하지 아니하는 때에는 해당 차의 보관장소 등 ㉠ <u>행정안전부령이 정하는 사항</u>을 해당 차의 사용자 또는 운전자에게 등기우편으로 통지하여야 한다. －시행령 제13조 제3항－

① 차의 등록번호 · 차종 및 형식
② 통지한 날부터 25일이 지나도 반환을 요구하지 아니한 때에는 그 차를 매각 또는 폐차할 수 있다는 내용
③ 보관한 일시 및 장소
④ 위반장소

TIP 차의 사용자 또는 운전자에게 통지하여야 할 사항〈시행규칙 제22조 제3항〉
㉠ 차의 등록번호 · 차종 및 형식
㉡ 위반장소
㉢ 보관한 일시 및 장소
㉣ 통지한 날부터 1월이 지나도 반환을 요구하지 아니한 때에는 그 차를 매각 또는 폐차할 수 있다는 내용

Answer 50.② 51.②

52 「도로교통법 시행령」상 주차위반으로 견인되어 보관한 차의 매각 또는 폐차에 대한 설명으로 가장 옳지 않은 것은?

① 경찰서장은 차를 매각할 경우에는 경쟁입찰로 해야 한다.
② 도지사는 차를 폐차할 경우에는 사용자와 그 밖의 이해관계인에게 통지해야 한다.
③ 경찰청장은 재산적 가치가 적어 차가 매각되지 않은 경우에는 그 차를 폐차할 수 있다.
④ 시장등은 차를 폐차한 경우에는 관할 관청에 그 말소등록을 촉탁하여야 한다.

TIP ③ 경찰청장이 아니고 경찰서장이다〈시행령 제14조 제1항〉.
※ 경찰서장, 도지사 또는 시장등은 차의 재산적 가치가 적어 경쟁입찰 등의 방법으로 차가 매각되지 아니한 경우에는 그 차를 폐차할 수 있다〈시행령 제14조 제3항〉.

53 불법주차한 차를 견인하여 보관한 후 반환할 때 징수하는 소요비용에 대한 설명으로 틀린 것은?

① 차의 사용자 또는 운전자로부터 소요비용을 징수한다.
② 소요비용의 징수는 경찰서장, 도지사 또는 시장등과 대행법인등이 한다.
③ 소요비용을 징수한 후 범칙금 납부통고서 또는 과태료 납부고지서를 발급한다.
④ 해당 지방자치단체의 조례로 소요비용의 산정기준을 정한다.

TIP ② 경찰서장, 도지사 또는 시장등은 견인하여 보관한 차를 반환할 때에는 그 차의 사용자 또는 운전자로부터 소요비용을 징수한다〈시행령 제15조 제1항〉.
※ 소요비용〈시행령 제15조 제1항〉 … 불법주차로 인한 견인된 차의 견인 · 보관 또는 공고 등에 든 비용을 말한다.

54 견인 등 대행법인등의 지정에 대한 설명 중 옳지 않은 것은?

① 경찰서장 또는 시장등이 요건을 갖춘 자 중에서 신청을 받아 대행법인등을 지정한다.
② 대행법인등의 지정신청서서는 시장 · 군수 · 구청장에게 제출해야 한다.
③ 대행법인등이 조치명령을 위반한 경우 지정을 취소하거나 6개월의 범위에서 대행업무를 정지시킬 수 있다.
④ 대행법인등은 손해배상을 위한 5천만 원의 이내의 보험에 가입하거나 보험가입에 상응하는 조치를 해야 한다.

TIP ④ 대행법인등은 차의 견인 · 보관 중에 발생하는 손해의 배상을 위하여 1억 원의 범위에서 행정안전부령으로 정하는 보험에 가입하거나 보험가입에 상응하는 필요한 조치를 하여야 한다〈시행령 제17조 제3항〉.
※ 대행법인등은 5천만 원 이상의 손해배상을 위한 이행보증보험 또는 대행법인등에 갈음하여 피해자의 손해를 배상하는 보험에 가입하거나 그 소재지를 관할하는 공탁기관에 공탁을 하여야 하며, 경찰서장 또는 구청장등은 대행업지정증을 교부하는 때에 이를 확인하여야 한다〈시행규칙 제23조 제3항〉.

Answer 52.③ 53.② 54.④

55 「도로교통법 시행령」상 차의 등화에 대한 설명으로 옳지 않은 것은?

① 앞차의 바로 뒤를 따라갈 때에는 전등 불빛의 방향을 아래로 향하게 한다.
② 밤에 서로 마주보고 진행할 때에는 전조등의 밝기를 크게 하여 최대한 밝게 해야 한다.
③ 안개가 끼거나 비 또는 눈이 올 때에 도로에서 차를 운행하는 경우 등화를 켜야 한다.
④ 교통이 빈번한 곳에서 운행할 때에는 전조등 불빛의 방향을 계속 아래로 유지하여야 한다.

TIP ② 서로 마주보고 진행할 때에는 전조등의 밝기를 줄이거나 불빛의 방향을 아래로 향하게 하거나 잠시 전조등을 끌 것. 다만, 도로의 상황으로 보아 마주보고 진행하는 차 또는 노면전차의 교통을 방해할 우려가 없는 경우에는 그러하지 아니하다〈시행령 제20조 제1항 제1호〉.

56 「도로교통법」상 운행 중에 전조등, 차폭등, 미등 등의 등화를 켜야 하는 상황으로 적절한 것은?

① 해가 떠 있는 낮 시간에 터널 안을 주행할 때
② 해가 진 후 도로에서 고장으로 인해 차량을 정차하는 경우
③ 안개가 없는 맑은 날에 비가 조금 내리는 도로를 주행할 때
④ 저녁 시간대에 차량이 교차로에서 좌회전할 때

TIP 전조등, 차폭등, 미등과 그 밖의 등화를 켜야 하는 경우〈법 제37조 제1항〉

㉠ 밤(해가 진 후부터 해가 뜨기 전까지)에 도로에서 차 또는 노면전차를 운행하거나 고장이나 그 밖의 부득이한 사유로 도로에서 차 또는 노면전차를 정차 또는 주차하는 경우
㉡ 안개가 끼거나 비 또는 눈이 올 때에 도로에서 차 또는 노면전차를 운행하거나 고장이나 그 밖의 부득이한 사유로 도로에서 차 또는 노면전차를 정차 또는 주차하는 경우
㉢ 터널 안을 운행하거나 고장 또는 그 밖의 부득이한 사유로 터널 안 도로에서 차 또는 노면전차를 정차 또는 주차하는 경우

57 「도로교통법 시행령」상 밤에 도로에서 주행하는 택시가 켜야 하는 등화를 모두 나열된 것은?

① 전조등, 차폭등, 미등, 번호등
② 전조등, 미등, 차폭등, 실내조명등
③ 전조등, 차폭등, 미등, 번호등, 실내조명등
④ 전조등, 미등, 차폭등

TIP 밤에 도로에서 차를 운행하는 경우 켜야 하는 등화〈시행령 제19조 제1항〉

㉠ 자동차 : 전조등, 차폭등, 미등, 번호등과 실내조명등(실내조명등은 승합자동차와 여객자동차운송사업용 승용자동차에 한함)
㉡ 원동기장치자전거 : 전조등 및 미등
㉢ 견인되는 차 : 미등 · 차폭등 및 번호등
㉣ 노면전차 : 전조등, 차폭등, 미등 및 실내조명등
㉤ ㉠부터 ㉣까지의 규정 외의 차 : 시 · 도경찰청장이 정하여 고시하는 등화

Answer 55.② 56.② 57.③

58 다음은 자동차의 등화종류와 그에 따르는 등광색을 연결한 것이다. 옳지 않은 것을 고르면?

① 후퇴등 – 호박색
② 번호등 – 백색
③ 후미등 – 적색
④ 차폭등 – 백색

TIP 등화의 종류와 등광색〈자동차규칙 제38조 ~ 제44조〉
㉠ 전조등 – 등광색 백색
㉡ 안개등 – 등광색 백색 또는 황색
㉢ 후퇴등 – 등광색 백색
㉣ 차폭등 – 등광색 백색
㉤ 번호등 – 등광색 백색
㉥ 후미등 – 등광색 적색
㉦ 제동등 – 등광색 적색
㉧ 방향지시등 – 등광색 호박색

59 「도로교통법 시행령」상 밤에 운전자가 차량 전조등을 아래로 향하게 해야 하는 상황으로 적절한 것은?

① 신호등과 통행차량이 없는 밤에 교차로를 통과하는 경우
② 앞차를 바로 뒤따라가는 경우
③ 혼잡하지 않은 도로에서 앞차와 일정 거리로 주행하는 경우
④ 교통이 빈번하지 않은 도로에서 마주 오는 차량이 없는 도로를 주행하는 경우

TIP ② 앞의 차 또는 노면전차의 바로 뒤를 따라갈 때에는 전조등 불빛의 방향을 아래로 향하게 하고, 전조등 불빛의 밝기를 함부로 조작하여 앞의 차 또는 노면전차의 운전을 방해하지 않아야 한다〈시행령 제20조 제1항 제2호〉

※ 모든 차 또는 노면전차의 운전자는 교통이 빈번한 곳에서 운행할 때에는 전조등 불빛의 방향을 계속 아래로 유지하여야 한다. 다만, 시 · 도경찰청장이 교통의 안전과 원활한 소통을 확보하기 위하여 필요하다고 인정하여 지정한 지역에서는 그러하지 아니하다〈시행령 제20조 제2항〉.

Answer 58.① 59.②

60 「도로교통법 시행령」상 앞차의 운전자가 왼팔을 수평으로 펴서 차체의 왼쪽 밖으로 내밀었을 때 취해야 할 조치로 가장 올바른 것은?

① 앞차가 유턴할 것이 예상되므로 앞지르기한다.
② 앞차의 차로 변경이 예상되므로 서행한다.
③ 앞차가 횡단할 것이 예상되므로 다음차로로 진로를 변경한다.
④ 앞차가 우회전할 것이 예상되므로 서행한다.

TIP 좌회전 · 횡단 · 유턴 또는 같은 방향으로 진행하면서 진로를 왼쪽으로 바꾸려는 때의 신호〈시행령 제21조 별표2 제1호〉
㉠ 신호를 하는 시기 : 그 행위를 하려는 지점(좌회전할 경우에는 그 교차로의 가장자리)에 이르기 전 30미터(고속도로에서는 100미터) 이상의 지점에 이르렀을 때
㉡ 신호의 방법 : 왼팔을 수평으로 펴서 차체의 왼쪽 밖으로 내밀거나 오른팔을 차체의 오른쪽 밖으로 내어 팔꿈치를 굽혀 수직으로 올리거나 왼쪽의 방향지시기 또는 등화를 조작할 것

61 「도로교통법」상 차의 신호를 해야 할 시기로 옳지 않은 것은?

① 회전교차로에 진입하거나 진출할 때
② 같은 방향으로 진행하면서 진로를 변경하려고 할 때
③ 교차로에서 진출할 때
④ 좌회전 · 우회전 · 횡단 · 유턴 · 서행 · 정지 또는 후진을 하려고 할 때

TIP 차의 신호〈법 제38조 제1항〉… 모든 차의 운전자는 좌회전 · 우회전 · 횡단 · 유턴 · 서행 · 정지 또는 후진을 하거나 같은 방향으로 진행하면서 진로를 바꾸려고 하는 경우와 회전교차로에 진입하거나 회전교차로에서 진출하는 경우에는 손이나 방향지시기 또는 등화로써 그 행위가 끝날 때까지 신호를 하여야 한다.

62 고속도로에서 좌회전 또는 같은 방향으로 진행하면서 진로를 왼쪽으로 바꾸고자 할 때 신호를 해야 할 시기는?

① 그 행위를 하고자 하는 지점에 이르기 전 15m 이상의 지점
② 그 행위를 하고자 하는 지점에 이르기 전 30m 이상의 지점
③ 그 행위를 하고자 하는 지점에 이르기 전 50m 이상의 지점
④ 그 행위를 하고자 하는 지점에 이르기 전 100m 이상의 지점

TIP 신호의 시기〈시행령 제21조 별표2〉
㉠ 좌회전 · 우회전 · 횡단 · 유턴 · 진로 변경할 때 : 그 행위를 하려는 지점(좌 · 유우회전할 경우에는 그 교차로의 가장자리)에 이르기 전 30미터(고속도로에서는 100미터) 이상의 지점에 이르렀을 때
㉡ 회전교차로에 진입하려는 때 : 그 행위를 하려는 지점에 이르기 전 30미터 이상의 지점에 이르렀을 때
㉢ 정지 · 후진 · 서행할 때 및 뒤차에게 앞지르기를 시키려는 때, 회전교차로에서 진출하려는 때 : 그 행위를 하려는 때

Answer 60.② 61.③ 62.④

63 「도로교통법」상 차의 승차 또는 적재방법에 관한 설명으로 옳지 않은 것은?

① 운전자는 승차인원에 관하여 대통령령으로 정하는 운행상의 안전기준을 넘어서 승차시킨 상태로 운전하여서는 안 된다.
② 운전자는 타고 있는 사람이 떨어지지 않도록 차량 문을 정확히 여닫아야 한다.
③ 운전자는 영유아나 동물의 안전을 고려하여 안고 운전해야 한다.
④ 운전자는 운전 중 실은 화물이 떨어지지 않도록 덮개를 씌우거나 묶는 등 확실하게 고정해야 한다.

TIP ③ 모든 차의 운전자는 영유아나 동물을 안고 운전 장치를 조작하거나 운전석 주위에 물건을 싣는 등 안전에 지장을 줄 우려가 있는 상태로 운전하여서는 아니 된다〈법 제39조 제5항〉.

64 다음은 「도로교통법」 조항이다. (　　) 안에 옳지 않은 것은?

시 · 도경찰청장은 도로에서의 위험을 방지하고 교통의 안전과 원활한 소통을 확보하기 위하여 필요하다고 인정하는 경우에는 차의 운전자에 대하여 (　　), (　　) 또는 (　　)을 제한할 수 있다

① 적재중량
② 승차인원
③ 적재용량
④ 적재품목

TIP 시 · 도경찰청장은 도로에서의 위험을 방지하고 교통의 안전과 원활한 소통을 확보하기 위하여 필요하다고 인정하는 경우에는 차의 운전자에 대하여 승차인원, 적재중량 또는 적재용량을 제한할 수 있다〈법 제39조 제6항〉.

65 「도로교통법령」상 다음은 자동차 승차인원에 대한 설명이다. 옳은 것을 고르면?

① 출발지를 관할하는 경찰서장의 허가를 받은 때에는 승차정원을 초과하여 운행할 수 있다.
② 고속도로에서는 승합자동차에 한해서 승차정원을 넘어서 운행할 수 있다.
③ 자동차의 승차인원은 승차정원의 110퍼센트까지 초과할 수 있다.
④ 승차정원을 초과하여 운행할 경우에는 도착지를 관할하는 경찰서장의 허가를 받아야 한다.

TIP 모든 차의 운전자는 승차 인원, 적재중량 및 적재용량에 관하여 대통령령으로 정하는 운행상의 안전기준을 넘어서 승차시키거나 적재한 상태로 운전하여서는 아니 된다. 다만, 출발지를 관할하는 경찰서장의 허가를 받은 경우에는 그러하지 아니하다〈법 제39조 제1항〉.

Answer 63.③ 64.④ 65.①

66 「도로교통법 시행령」상 화물자동차 적재중량의 안전기준에 대한 설명으로 옳은 것은?

① 차량 구조와 성능에 따른 적재중량의 120퍼센트를 초과하지 않는다.
② 차량 구조와 성능에 따른 적재중량의 110퍼센트를 넘지 않는다.
③ 차량 구조와 관계없이 5톤을 초과하지 않는다.
④ 차량 길이에 따라 달라진다.

TIP 화물자동차의 적재중량의 안전기준은 구조 및 성능에 따르는 적재중량의 110퍼센트 이내이어야 한다〈시행령 제22조 제3호〉.

67 「도로교통법 시행령」상 화물자동차의 적재용량 및 적재중량의 안전기준을 위반한 차량은?

① 지상으로부터 3.5미터 높이로 적재
② 자동차 길이의 20%를 더한 길이로 적재
③ 구조 및 성능에 따르는 적재중량의 105퍼센트로 적재
④ 후사경으로 뒤쪽을 확인할 수 있는 범위의 너비로 적재

TIP ② 화물자동차 길이의 적재용량은 자동차 길이에 그 길이의 10분의 1을 더한 길이를 넘지 않아야 한다〈시행령 제22조 제4호 가목〉.

68 「도로교통법 시행령」상 경찰서장이 안전기준을 초과하여 화물자동차의 승차정원을 허가할 수 있는 상황으로 적절한 것은?

① 화물운송업체가 단기간에 많은 물품을 운송해야 하는 경우
② 화물자동차의 정기점검 후 시운전을 위해 승차정원을 초과해 운행해야 하는 경우
③ 운전자가 긴급하게 법인의 물품을 수송해야 하는 경우
④ 도로 제설작업을 위하여 화물자동차의 승차정원을 초과해 운행해야 하는 경우

TIP 안전기준을 넘는 승차인원 및 적재 허가의 요건〈시행령 제23조〉
㉠ 전신 · 전화 · 전기공사, 수도공사, 제설작업, 그 밖에 공익을 위한 공사 또는 작업을 위하여 부득이 화물자동차의 승차정원을 넘어서 운행하려는 경우
㉡ 분할할 수 없어 적재중량 또는 적재용량의 기준을 적용할 수 없는 화물을 수송하는 경우

Answer 66.② 67.② 68.④

69 **「도로교통법 시행규칙」상 안전기준을 초과하는 화물적재허가를 받은 사람이 야간에 적재한 화물의 양끝에 설치해야 하는 표지로 올바른 것은?**

① 너비 30센티미터, 길이 50센티미터 이상의 파란 헝겊 표지
② 너비 20센티미터, 길이 40센티미터 이상의 반사체 표지
③ 너비 30센티미터, 길이 50센티미터 이상의 반사체 표지
④ 너비 50센티미터, 길이 50센티미터 이상의 빨간 헝겊 표지

TIP 안전기준을 넘는 화물의 적재허가를 받은 사람은 그 길이 또는 폭의 양끝에 너비 30센티미터, 길이 50센티미터 이상의 빨간 헝겊으로 된 표지를 달아야 한다. 다만, 밤에 운행하는 경우에는 반사체로 된 표지를 달아야 한다〈시행규칙 제26조 제3항〉.

70 **「도로교통법」상 다음 중 정비불량차에 대한 설명으로 옳지 않은 것은?**

① 경찰공무원이 정비불량 사항을 발견했을 때에는 운전자로 하여금 응급조치를 취하게 한 후 운전을 계속하게 할 수 있다.
② 시 · 도경찰청장은 정비불량차를 점검한 결과 위험발생 우려가 있는 경우 자동차등록증을 회수하고 운전의 일시정지를 명할 수 있다.
③ 모든 차의 사용자, 정비책임자 또는 운전자는 정비되지 않은 차량을 운전하도록 시키거나 운전하여서는 안 된다.
④ 정비 상태가 불량한 경우, 경찰공무원은 14일의 범위에서 정비기간을 정하여 사용을 정지시킬 수 있다.

TIP 시 · 도경찰청장은 정비상태가 매우 불량하여 위험발생의 우려가 있는 경우에는 그 차의 자동차등록증을 보관하고 운전의 일시정지를 명할 수 있다. 이 경우 필요하면 10일의 범위에서 정비기간을 정하여 그 차의 사용을 정지시킬 수 있다〈법 제41조 제3항〉.

71 **「도로교통법 시행령」상 경찰공무원이 정비불량으로 인한 운전의 일시정지를 명할 경우 취해야 할 조치로 옳지 않은 것은?**

① 정비불량표지를 자동차 앞면 창유리에 부착한다.
② 행정안전부령이 정하는 정비명령서를 교부한다.
③ 시 · 도경찰청장에게 지체 없이 보고한다.
④ 자동차등록증을 즉시 반환한다.

TIP ④ 시 · 도경찰청장은 정비명령서에 의한 필요한 정비가 되었음을 확인한 때에는 보관한 자동차등록증을 지체 없이 반환하여야 한다〈시행령 제25조 제4항〉.
※ 자치경찰공무원은 정비불량 자동차등의 운전정지 등을 시킬 수 없다〈시행령 제24조 제1항〉.

Answer 69.③ 70.④ 71.④

04 운전자 및 고용주 등의 의무

section 1 무면허운전 · 음주 · 과로 및 난폭운전 금지

❶ 무면허운전 등의 금지〈법 제43조〉

(1) 무면허운전 금지

누구든지 시 · 도경찰청장으로부터 운전면허를 받지 아니하거나 운전면허의 효력이 정지된 경우에는 자동차등을 운전하여서는 아니 된다.

(2) 무면허운전에 해당하는 경우

① 운전면허 취득 전
- ㉠ 운전면허를 받지 않고 운전하는 경우
- ㉡ 운전면허시험에 합격한 후 면허증을 교부받기 이전에 운전하는 경우
- ㉢ 운전면허가 없는 사람이 단순히 군 운전면허를 가지고 군용차량이 아닌 차량을 운전하는 경우

② 운전면허 취득 후
- ㉠ 정기 적성검사기간(유효기간)이 지난 운전면허증으로 운전하는 경우
- ㉡ 운전면허의 취소처분을 받은 사람이 운전하는 경우
- ㉢ 운전면허가 취소된 사람이 취소된 운전면허증으로 운전하는 경우
- ㉣ 운전면허의 정지기간 중에 운전하는 경우
- ㉤ 연습면허를 받지 않고 운전연습을 하는 경우
- ㉥ 법이 정한 운전면허증의 종별에 따른 자동차 이외의 자동차를 운전한 경우
  - 예 제2종 면허로 제1종 면허로 운전하여야 하는 자동차를 운전하는 경우
- ㉦ 외국인이 입국 후 1년이 지난 상태에서의 국제운전면허를 가지고 운전하는 경우
- ㉧ 외국인이 국제면허를 인정하지 않는 국가에서 발급받은 국제면허를 가지고 운전하는 경우

국제운전면허증 또는 상호인정외국면허증

> • 면허 유효 기간 만료 : 국제운전면허증의 유효 기간(통상 1년)이 만료되었거나, 상호인정 외국 면허증의 유효 기간이 만료된 경우
> • 입국 후 사용기간 초과 : 한국에 입국한 후 1년이 지난 외국인의 경우
> • 거주지 등록 후 사용 : 국내에 거주지 등록을 완료한 외국인은 한국 면허증을 취득해야 함
> • 허가된 차량 이외의 운전 : 허가된 차량 유형 외의 차량을 운전하는 경우
> 예 승용차 면허로 대형트럭을 운전하는 경우

2 술에 취한 상태에서의 운전 금지〈법 제44조〉

(1) 음주운전 금지 및 음주측정

① 음주운전 금지 : 누구든지 술에 취한 상태에서 자동차등(건설기계 포함), 노면전차 또는 자전거를 운전하여서는 안 된다.

② 음주측정 시기 및 방법 2021년 대구

㉠ 음주측정 시기

• 경찰공무원이 교통의 안전과 위험방지를 위하여 필요하다고 인정하는 경우
• 술에 취한 상태에서 자동차등, 노면전차 또는 자전거를 운전하였다고 인정할 만한 상당한 이유가 있는 경우

㉡ 음주측정 방법

• 운전자가 술에 취하였는지를 호흡조사로 측정할 수 있다.
• 호흡조사 측정결과에 불복하는 운전자에 대하여는 그 운전자의 동의를 받아 혈액채취 등의 방법으로 다시 측정할 수 있다.

※ 음주측정 시 운전자는 경찰공무원의 측정에 응하여야 한다.

③ 음주상태의 기준 및 음주측정의 절차

㉠ 음주상태의 기준 : 운전이 금지되는 술에 취한 상태의 기준은 운전자의 혈중알코올농도가 0.03퍼센트 이상인 경우로 한다.

㉡ 음주측정의 절차 : 측정의 방법, 절차 등 필요한 사항은 행정안전부령으로 정한다.

(2) 술에 취한 상태의 측정방법 등〈시행규칙 제27조의2〉 2023년 신설 법조항

구분		내용
측정방법	호흡조사	• 호흡을 채취하여 술에 취한 정도를 객관적으로 환산하는 측정 방법
	혈액채취	• 혈액을 채취하여 술에 취한 정도를 객관적으로 환산하는 측정 방법
측정절차	호흡조사	• 경찰공무원이 교통의 안전과 위험방지를 위하여 필요하다고 인정하는 경우나 운전자의 외관, 언행, 태도, 운전 행태 등 객관적 사정을 종합하여 운전자가 술에 취한 상태에서 운전한 것으로 의심되는 경우에 실시할 것 • 입 안의 잔류 알코올을 헹궈낼 수 있도록 운전자에게 음용수를 제공할 것
	혈액채취	• 운전자가 처음부터 혈액 채취로 측정을 요구하거나 호흡조사로 측정한 결과에 불복하면서 혈액 채취로의 측정에 동의하는 경우 또는 운전자가 의식이 없는 등 호흡조사로 측정이 불가능한 경우에 실시할 것 • 가까운 병원 또는 의원 등의 의료기관에서 비알콜성 소독약을 사용하여 채혈할 것

※ 술에 취한 상태의 측정 방법 및 절차 등에 관하여 필요한 사항은 경찰청장이 정한다.

(3) 음주운전 형사처벌 및 행정처분 기준〈법 제148조의2〉 2021년 경기 2021년 대전 2021년 경북 2022년 인천

① 음주운전 또는 음주측정불응 처벌 후 10년 이내에 같은 내용을 위반(2진 아웃)

혈중알코올농도기준		형사처벌
형사처벌대상		• 음주운전 또는 음주측정을 불응하여 벌금이상의 형을 선고받고 그 형이 확정된 날로부터 10년 이내에 다시 같은 내용을 위반한 사람(개인형 이동장치는 제외)
위반내용	음주측정불응	• 1년 이상 6년 이하의 징역이나 500만 원 이상 3천만 원 이하의 벌금
	0.2% 이상	• 2년 이상 6년 이하의 징역이나 1천만 원 이상 3천만 원 이하의 벌금
	0.03%이상 0.2% 미만	• 1년 이상 5년 이하의 징역이나 500만 원 이상 2천만 원 이하의 벌금

② 음주운전 처벌기준

단속기준(혈중알코올농도)	행정형벌(형사처벌)	행정처분(취소 · 정지)
0.03% 이상～0.08% 미만	• 1년 이하의 징역 또는 5백만 원 이하 벌금	면허정지 100일(벌점 100점) (교통사고로 사망 또는 상해 시 면허취소)
0.08% 이상～0.2% 미만	• 1년 이상 2년 이하의 징역 또는 5백만 원 이상 1천만 원 이하 벌금	면허취소
0.2% 이상	• 2년 이상 5년 이하의 징역 또는 1천만 원 이상 2천만 원 이하 벌금	
경찰공무원의 음주측정불응	• 1년 이상 5년 이하의 징역 또는 5백만 원 이상 2천만 원 이하 벌금	

❸ 과로운전금지 및 공동 위험행위의 금지

(1) 과로한 때 등의 운전 금지〈법 제45조〉

① 과로운전의 금지

㉠ 대상 : 자동차등(개인형 이동장치는 제외한다) 또는 노면전차의 운전자

㉡ 운전금지 : 술에 취한 상태 외에 과로, 질병 또는 약물(마약, 대마 및 향정신성의약품과 그 밖에 행정안전부령으로 정하는 것을 말한다)의 영향과 그 밖의 사유로 정상적으로 운전하지 못할 우려가 있는 상태에서 자동차등 또는 노면전차를 운전하여서는 아니 된다.

※ 과로한 때 등의 운전금지〈법 제148조의2 제4항〉 … 약물로 인하여 정상적으로 운전하지 못할 우려가 있는 상태에서 자동차등 또는 노면전차를 운전한 사람은 3년 이하의 징역이나 1천만 원 이하의 벌금에 처한다.

② 운전이 금지되는 약물의 종류〈시행규칙 제28조〉 : 자동차등(개인형 이동장치는 제외한다) 또는 노면전차의 운전자가 그 영향으로 인하여 운전이 금지되는 약물은 흥분 · 환각 또는 마취의 작용을 일으키는 유해화학물질로서 「화학물질관리법 시행령」 제11조에 따른 환각물질로 한다.

◆ 환각물질〈화학물질관리법 시행령 제11조〉

- 톨루엔, 초산에틸 또는 메틸알코올
- 톨루엔, 초산에틸 또는 메틸알코올 물질이 들어 있는 시너(도료의 점도를 감소시키기 위하여 사용되는 유기용제를 말한다), 접착제, 풍선류 또는 도료
- 부탄가스
- 아산화질소(의료용으로 사용되는 경우는 제외한다)

(2) 공동 위험행위의 금지〈법 제46조〉

① 운전자 : 자동차등(개인형 이동장치는 제외한다)의 운전자는 도로에서 2명 이상이 공동으로 2대 이상의 자동차등을 정당한 사유 없이 앞뒤로 또는 좌우로 줄지어 통행하면서 다른 사람에게 위해를 끼치거나 교통상의 위험을 발생하게 하여서는 아니 된다.

② 동승자 : 자동차등의 동승자는 공동 위험행위를 주도하여서는 아니 된다.

(3) 교통단속용 장비의 기능방해 금지〈법 제46조의2〉

누구든지 교통단속을 회피할 목적으로 교통단속용 장비의 기능을 방해하는 장치를 제작 · 수입 · 판매 또는 장착하여서는 아니 된다.

4 난폭운전 금지〈제46조의3〉 2020년 부산 2022년 서울 2022년 대전

(1) 난폭운전의 개념

① 개념 : 안전한 도로교통에 저해되는 운전행위로서 고의로 다른 사람의 교통을 방해하거나 위협하는 운전행위를 말한다.

② 난폭운전금지 : 자동차등(개인형 이동장치는 제외한다)의 운전자는 (2)의 ①의 난폭운전에 해당하는 행위 중 둘 이상의 행위를 연달아 하거나, 하나의 행위를 지속 또는 반복하여 다른 사람에게 위협 또는 위해를 가하거나 교통상의 위험을 발생하게 하여서는 아니 된다.

(2) 난폭운전에 해당하는 행위와 벌칙

① 난폭운전에 해당하는 행위
㉠ 지시 위반
㉡ 중앙선 침범
㉢ 속도의 위반
㉣ 횡단 · 유턴 · 후진 금지 위반
㉤ 안전거리 미확보, 진로변경 금지 위반, 급제동 금지 위반
㉥ 앞지르기 방법 또는 앞지르기의 방해금지 위반
㉦ 정당한 사유 없는 소음 발생
㉧ 고속도로에서의 앞지르기 방법 위반
㉨ 고속도로등에서의 횡단 · 유턴 · 후진 금지 위반

② 벌칙〈법 제151조의2 제1호〉 : 자동차등을 난폭운전한 사람은 1년 이하의 징역이나 500만 원 이하의 벌금에 처한다.

5 위험방지를 위한 조치〈법 제47조〉

(1) 위험방지 조치

① 제시요구권자 : 경찰공무원

② 운전면허 제시요구 : 자동차등 또는 노면전차의 운전자가 무면허운전, 음주운전, 과로한 때의 운전금지의 규정을 위반하여 자동차등 또는 노면전차를 운전하고 있다고 인정되는 경우에는 자동차등 또는 노면전차를 일시정지시키고 그 운전자에게 자동차 운전면허증을 제시할 것을 요구할 수 있다.

(2) 운전금지의 명령

① 운전금지 지시 및 차량의 이동 : 경찰공무원은 음주운전금지 및 과로한 때의 운전금지규정을 위반하여 자동차등 또는 노면전차를 운전하는 사람이나 음주운전금지규정을 위반하여 자전거등을 운전하는 사람에 대하여는 정상적으로 운전할 수 있는 상태가 될 때까지 운전의 금지를 명하고 차를 이동시키는 등 필요한 조치를 할 수 있다.

② 차의 이동조치 : 차의 이동조치에 대해서는 주차위반차량에 대한 견인조치의 규정을 준용한다.

section 2 안전운전 및 운전자의 준수사항

1 안전운전 및 친환경 경제운전의 의무〈법 제48조〉 2022년 경기

(1) 모든 차 또는 노면전차의 운전자

① 정확한 장치조작 : 차 또는 노면전차의 조향장치와 제동장치, 그 밖의 장치를 정확하게 조작하여야 한다.

② 안전하게 운전 : 도로의 교통상황과 차 또는 노면전차의 구조 및 성능에 따라 다른 사람에게 위험과 장해를 주는 속도나 방법으로 운전하여서는 아니 된다.

(2) 친환경이고 경제적 운전

모든 차의 운전자는 차를 친환경적이고 경제적인 방법으로 운전하여 연료소모와 탄소배출을 줄이도록 노력하여야 한다.

2 모든 운전자의 준수사항〈법 제49조〉 2020년 서울 2021년 경기 2022년 경북 2024년 서울

(1) 운전자가 지켜야 할 사항

① 고인 물 조심 : 물이 고인 곳을 운행할 때에는 고인 물을 튀게 하여 다른 사람에게 피해를 주는 일이 없도록 할 것

② 운행 중 일시정지 해야 할 경우

㉠ 어린이가 보호자 없이 도로를 횡단할 때, 어린이가 도로에서 앉아 있거나 서 있을 때 또는 어린이가 도로에서 놀이를 할 때 등 어린이에 대한 교통사고의 위험이 있는 것을 발견한 경우

㉡ 앞을 보지 못하는 사람이 흰색 지팡이를 가지거나 장애인보조견을 동반하는 등의 조치를 하고 도로를 횡단하고 있는 경우

㉢ 지하도나 육교 등 도로 횡단시설을 이용할 수 없는 지체장애인이나 노인 등이 도로를 횡단하고 있는 경우

③ 자동차 창유리 가시광선 투과율 2024년 서울

㉠ 자동차의 앞면 창유리와 운전석 좌우 옆면 창유리의 가시광선(可視光線)의 투과율이 대통령령으로 정하는 기준보다 낮아 교통안전 등에 지장을 줄 수 있는 차를 운전하지 아니할 것.

㉡ 다만, 요인(要人) 경호용, 구급용 및 장의용(葬儀用) 자동차는 제외한다.

◆ 대통령령으로 정하는 자동차 창유리 가시광선 투과율의 기준〈시행령 제28조〉

- 앞면 창유리 : 70퍼센트
- 운전석 좌우 옆면 창유리 : 40퍼센트

④ 불법부착장치 금지

㉠ 교통단속용 장비의 기능을 방해하는 장치를 한 차나 그 밖에 안전운전에 지장을 줄 수 있는 것으로서 행정안전부령으로 정하는 기준에 적합하지 아니한 장치를 한 차를 운전하지 아니할 것.

㉡ 다만, 자율주행자동차의 신기술 개발을 위한 장치를 장착하는 경우에는 그러하지 아니하다.

◆ 행정안전부령으로 정하는 불법부착장치의 기준〈시행규칙 제29조〉

- 경찰관서에서 사용하는 무전기와 동일한 주파수의 무전기
- 긴급자동차가 아닌 자동차에 부착된 경광등, 사이렌 또는 비상등
- 「자동차 및 자동차부품의 성능과 기준에 관한 규칙」에서 정하지 아니한 것으로서 안전운전에 현저히 장애가 될 정도의 장치

⑤ 다툼으로 인한 통행방해 및 타인운전 금지

㉠ 다툼으로 인한 통행방해 금지 : 도로에서 자동차등(개인형 이동장치는 제외한다. 이하 이 조에서 같다) 또는 노면전차를 세워둔 채 시비 · 다툼 등의 행위를 하여 다른 차마의 통행을 방해하지 아니할 것

㉡ 타인운전 금지 : 운전자가 차 또는 노면전차를 떠나는 경우에는 교통사고를 방지하고 다른 사람이 함부로 운전하지 못하도록 필요한 조치를 할 것

⑥ 차문 개방 시 안전 확인

㉠ 운전자는 안전을 확인하지 아니하고 차 또는 노면전차의 문을 열거나 내려서는 아니 된다.

㉡ 동승자가 교통의 위험을 일으키지 아니하도록 필요한 조치를 할 것

⑦ 소음발생 및 소란행위 금지

㉠ 다른 사람에게 피해를 주는 소음 등의 발생행위 금지

- 자동차등을 급히 출발시키거나 속도를 급격히 높이는 행위
- 자동차등의 원동기 동력을 차의 바퀴에 전달시키지 아니하고 원동기의 회전수를 증가시키는 행위
- 반복적이거나 연속적으로 경음기를 울리는 행위

㉡ 차량 안에서 소란행위 금지 : 운전자는 승객이 차 안에서 안전운전에 현저히 장해가 될 정도로 춤을 추는 등 소란행위를 하도록 내버려두고 차를 운행하지 아니할 것

⑧ 휴대전화 사용금지 2020년 부산 2020년 충북 2021년 경북 2022년 울산 2023년 서울

㉠ 운전자는 자동차등 또는 노면전차의 운전 중에는 휴대용 전화(자동차용 전화를 포함한다)를 사용하지 아니할 것

㉡ 핸드폰을 사용할 수 있는 경우

- 자동차등 또는 노면전차가 정지하고 있는 경우
- 긴급자동차를 운전하는 경우
- 각종 범죄 및 재해 신고 등 긴급한 필요가 있는 경우
- 안전운전에 장애를 주지 아니하는 장치로서 대통령령으로 정하는 장치를 이용하는 경우

◆ 대통령령으로 정하는 안전운전에 장애를 주지 아니하는 장치〈시행령 제29조〉

- 핸즈프리장치 … 손으로 잡지 않고도 휴대용 전화(자동차용 전화를 포함한다)를 사용할 수 있도록 해 주는 장치를 말한다.

⑨ 운전 중 영상표시장치 재생금지

㉠ 영상표시장치 재생금지 : 자동차등 또는 노면전차의 운전 중에는 방송 등 영상물을 수신하거나 재생하는 장치(운전자가 휴대하는 것을 포함하며, 이하 "영상표시장치"라 한다)를 통하여 운전자가 운전 중 볼 수 있는 위치에 영상이 표시되지 아니하도록 할 것.

㉡ 영상표시장치를 사용할 수 있는 경우

- 자동차등 또는 노면전차가 정지하고 있는 경우
- 자동차등 또는 노면전차에 장착하거나 거치하여 놓은 영상표시장치에 다음의 영상이 표시되는 경우

–지리안내 영상 또는 교통정보안내 영상

–국가비상사태 · 재난상황 등 긴급한 상황을 안내하는 영상

–운전을 할 때 자동차등 또는 노면전차의 좌우 또는 전후방을 볼 수 있도록 도움을 주는 영상

⑩ 운전 중 영상표시장치 조작금지

㉠ 영상표시장치 조작금지 : 자동차등 또는 노면전차의 운전 중에는 영상표시장치를 조작하지 아니할 것

㉡ 영상표시장치를 조작할 수 있는 경우

- 자동차등과 노면전차가 정지하고 있는 경우
- 노면전차 운전자가 운전에 필요한 영상표시장치를 조작하는 경우

⑪ 화물적재함 승차금지 및 지정 · 공고한 사항 준수

㉠ 화물적재함 승차금지 : 운전자는 자동차의 화물 적재함에 사람을 태우고 운행하지 아니할 것

㉡ 시 · 도경찰청장의 지정 · 공고한 사항 준수 : 그 밖에 시 · 도경찰청장이 교통안전과 교통질서 유지에 필요하다고 인정하여 지정 · 공고한 사항에 따를 것

(2) 경찰공무원의 불법부착장치에 대한 조치

① 불법장치의 제거명령 : 경찰공무원은 자동차 창유리 가시광선 투과율의 기준 및 불법부착장치의 기준을 위반한 자동차를 발견한 경우에는 그 현장에서 운전자에게 위반사항을 제거하게 하거나 필요한 조치를 명할 수 있다.

② 제거명령 거부 시 : 운전자가 불법부착장치 제거 명령을 따르지 아니할 때에는 경찰공무원이 직접 위반사항을 제거하거나 필요한 조치를 할 수 있다.

(3) 경찰공무원이 제거한 불법부착장치의 반환 및 처리〈시행령 제30조〉

① 반환 및 처리

㉠ 반환 및 처리권자 : 경찰서장 또는 제주특별자치도지사

㉡ 경찰공무원이 직접 제거한 불법부착장치 또는 그 매각대금을 반환할 경우

- 반환받을 자의 성명 · 주소 및 주민(법인)등록번호를 확인하여 그 자가 정당한 권리자임을 확인하여야 한다.
- 불법부착장치의 제거 · 운반 · 보관 또는 매각 등에 든 비용을 자동차의 소유자 또는 운전자로부터 징수할 수 있다.

② 불법부착장치의 매각

㉠ 6개월까지 반환요구 없는 경우 : 불법부착장치를 제거한 날부터 6개월이 지나도 불법부착장치의 소유자 또는 운전자가 반환을 요구하지 아니하는 경우에는 그 불법부착장치를 매각하여 그 대금을 보관할 수 있다.

㉡ 5년까지 반환요구 없는 경우 : 매각대금은 불법부착장치를 제거한 날부터 5년이 지나도 그 대금을 반환받을 사람을 알 수 없거나 불법부착장치의 소유자 또는 운전자가 반환을 요구하지 아니하는 경우에는 국고 또는 제주특별자치도의 금고에 귀속한다.

3 특정 운전자의 준수사항〈법 제50조〉

(1) 자동차와 이륜자동차 · 원동기장치자전거 등

① 자동차(이륜자동차는 제외한다)의 운전자 : 좌석안전띠 착용 2022년 대전 2023년 서울

㉠ 운전자는 자동차를 운전할 때에는 좌석안전띠를 매어야 한다.

㉡ 모든 좌석의 동승자에게도 좌석안전띠(영유아인 경우에는 유아보호용 장구를 장착한 후의 좌석안전띠를 말한다)를 매도록 하여야 한다.

◆ 유아보호용 장구〈시행규칙 제30조〉

• 영유아가 좌석안전띠를 매어야 할 때에는 「어린이제품 안전 특별법」 제17조에 따른 안전인증을 받은 유아보호용 장구를 착용하여야 한다.

㉢ 좌석안전띠를 매지 않아도 되는 경우

• 질병 등으로 인하여 좌석안전띠를 매는 것이 곤란한 경우
• 행정안전부령으로 정하는 사유가 있는 경우

좌석안전띠를 매지 않아도 되는 특별한 경우〈시행규칙 제31조〉

• 부상 · 질병 · 장애 또는 임신 등으로 인하여 좌석안전띠의 착용이 적당하지 아니하다고 인정되는 자가 자동차를 운전하거나 승차하는 때
• 자동차를 후진시키기 위하여 운전하는 때
• 신장 · 비만, 그 밖의 신체의 상태에 의하여 좌석안전띠의 착용이 적당하지 아니하다고 인정되는 자가 자동차를 운전하거나 승차하는 때
• 긴급자동차가 그 본래의 용도로 운행되고 있는 때
• 경호 등을 위한 경찰용 자동차에 의하여 호위되거나 유도되고 있는 자동차를 운전하거나 승차하는 때
• 국민투표운동 · 선거운동 및 국민투표 · 선거관리업무에 사용되는 자동차를 운전하거나 승차하는 때
• 우편물의 집배, 폐기물의 수집 그 밖에 빈번히 승강하는 것을 필요로 하는 업무에 종사하는 자가 해당업무를 위하여 자동차를 운전하거나 승차하는 때
• 여객자동차운송사업용 자동차의 운전자가 승객의 주취 · 약물복용 등으로 좌석안전띠를 매도록 할 수 없거나 승객에게 좌석안전띠 착용을 안내하였음에도 불구하고 승객이 착용하지 않는 때

② 이륜자동차와 원동기장치자전거(개인형 이동장치는 제외한다)의 운전자 : 인명보호 장구착용

㉠ 행정안전부령으로 정하는 인명보호 장구를 착용하고 운행해야 한다.

㉡ 동승자에게도 착용하도록 하여야 한다.

◆ 행정안전부령이 정하는 인명보호장구 : 다음의 기준에 적합한 승차용 안전모〈시행규칙 제32조 제1항〉

• 좌우, 상하로 충분한 시야를 가질 것
• 풍압에 의하여 차광용 앞창이 시야를 방해하지 아니할 것
• 청력에 현저하게 장애를 주지 아니할 것
• 충격 흡수성이 있고, 내관통성이 있을 것
• 충격으로 쉽게 벗어지지 아니하도록 고정시킬 수 있을 것
• 무게는 2킬로그램 이하일 것
• 인체에 상처를 주지 아니하는 구조일 것
• 안전모의 뒷부분에는 야간운행에 대비하여 반사체가 부착되어 있을 것

③ 자전거등의 운전자 : 인명보호 장구착용

㉠ 자전거도로 및 도로를 운전할 때에는 행정안전부령으로 정하는 인명보호 장구를 착용해야 한다.

㉡ 동승자에게도 이를 착용하도록 해야 한다.

◆ 행정안전부령이 정하는 인명보호장구 : 다음의 기준에 적합한 승차용 안전모〈시행규칙 제32조 제2항〉

- 좌우, 상하로 충분한 시야를 가질 것
- 청력에 현저하게 장애를 주지 아니할 것
- 충격 흡수성이 있고, 내관통성이 있을 것
- 충격으로 쉽게 벗어지지 아니하도록 고정시킬 수 있을 것
- 무게는 2킬로그램 이하일 것
- 인체에 상처를 주지 아니하는 구조일 것

(2) 운송사업용 자동차, 화물자동차의 운전자

① 운행기록계 장착 : 운송사업용 자동차, 화물자동차 등으로서 행정안전부령으로 정하는 자동차의 운전자는 다음의 어느 하나에 해당하는 행위를 하여서는 아니 된다.

㉠ 운행기록계가 설치되어 있지 아니하거나 고장 등으로 사용할 수 없는 운행기록계가 설치된 자동차를 운전하는 행위

㉡ 운행기록계를 원래의 목적대로 사용하지 아니하고 자동차를 운전하는 행위

◆ 행정안전부령으로 정하는 운행기록계를 설치하여야 하는 자동차〈시행규칙 제33조 → 교통안전법 제55조〉

- 「여객자동차 운수사업법」에 따른 여객자동차(용달화물자동차운송사업용 자동차 포함)
- 「화물자동차 운수사업법」에 따른 화물자동차
- 「도로교통법」에 따른 어린이통학버스

☞ 운행기록장치 장착면제차량〈교통안전법 시행규칙 제29조의4〉
- 「화물자동차 운수사업법」에 따른 화물자동차운송사업용 자동차로서 최대 적재량 1톤 이하인 화물자동차
- 「자동차관리법 시행규칙」에 따른 경형 · 소형 특수자동차 및 구난형 · 특수작업형 특수자동차
- 「여객자동차 운수사업법」에 따른 여객자동차운송사업에 사용되는 자동차로서 2002년 6월 30일 이전에 등록된 자동차

② 승차거부행위 금지 : 사업용 승합자동차와 노면전차의 운전자는 승차를 거부하는 행위를 하여서는 아니 된다.

(3) 사업용 승용자동차의 운전자

① 합승행위 또는 승차거부 금지 : 합승행위 또는 승차거부를 하여서는 아니 된다.

② 신고한 요금만 수령 : 신고한 요금을 초과하는 요금을 받아서는 아니 된다.

(4) 자전거등 및 개인형이동장치

① 자전거등의 운전자

㉠ 행정안전부령으로 정하는 크기와 구조를 갖추지 아니하여 교통안전에 위험을 초래할 수 있는 자전거등을 운전하여서는 아니 된다.

◆ 행정안전부령으로 정하는 교통안전을 위하여 자전거등이 갖추어야 할 구조〈제33조의2〉

- 자전거등이 교통안전에 위험을 초래하지 않도록 보행자에게 위해를 줄 우려가 있는 금속재 모서리는 둥글게 가공되거나 고무, 플라스틱 등으로 덮여 있어야 한다.

㉡ 약물의 영향과 그 밖의 사유로 정상적으로 운전하지 못할 우려가 있는 상태에서 자전거등을 운전하여서는 아니 된다.

㉢ 밤에 도로를 통행하는 때에는 전조등과 미등을 켜거나 야광띠 등 발광장치를 착용하여야 한다.

② 개인형 이동장치

㉠ 승차정원 초과금지 : 개인형 이동장치의 운전자는 행정안전부령으로 정하는 승차정원을 초과하여 동승자를 태우고 개인형 이동장치를 운전하여서는 아니 된다.

㉡ 개인형 이동장치의 승차정원〈시행규칙 제33조의3〉 2023년 서울

- 전동킥보드 및 전동이륜평행차의 경우 : 1명
- 전동기의 동력만으로 움직일 수 있는 자전거의 경우 : 2명

4 음주운전 방지장치 부착 조건부 운전면허를 받은 운전자등의 준수사항〈법 제50조의3〉 2023년 신설 법조항

(1) 음주운전 방지장치 설치(개인)

① 설치대상 및 등록

㉠ 설치대상 : 음주운전 방지장치 부착 조건부 운전면허를 받은 사람이 자동차등을 운전하려는 운전자등

㉡ 등록기관 : 음주운전 방지장치를 설치하고 시 · 도경찰청장에게 등록하여야 한다.

㉢ 등록사항의 변경 : 등록한 사항 중 행정안전부령으로 정하는 중요한 사항을 변경할 때에도 등록하여야 한다.

◆ 행정안전부령으로 정하는 중요한 사항의 변경등록〈시행규칙 제33조의6 제1항〉

- 부착한 음주운전 방지장치의 형식모델 등 장치표시에 관한 사항
- 차종, 차대번호 등 음주운전 방지장치가 부착된 자동차등의 정보

② 등록 제외대상 : 사업자용 자동차로 음주운전 방지장치가 설치 · 등록된 자동차등을 운전하려는 경우에는 등록하지 않아도 된다.

음주운전 방지장치 부착 조건부 운전면허〈법 제80조의2〉 2023년 신설 법조항

- 음주운전 금지를 위반(자동차등 또는 노면전차를 운전한 경우로 한정한다. 다만, 개인형 이동장치를 운전한 경우는 제외한다)한 날부터 5년 이내에 다시 위반하여 운전면허 취소처분을 받은 사람이 자동차등을 운전하려는 경우에는 시·도경찰청장으로부터 음주운전 방지장치 부착 조건부 운전면허(이하 "조건부 운전면허"라 한다)를 받아야 한다.
- 음주운전 방지장치는 조건부 운전면허 발급 대상에게 적용되는 운전면허 결격기간과 같은 기간 동안 부착하며, 운전면허 결격기간이 종료된 다음 날부터 부착기간을 산정한다.
- 조건부 운전면허의 범위·발급·종류 등에 필요한 사항은 행정안전부령으로 정한다.

(2) 자동차등에 음주운전 방지장치를 설치한 자의 등록(사업자)

① 등록기관 및 등록대상
㉠ 등록기관 : 시·도경찰청장
㉡ 등록대상
- 여객자동차 운수사업자의 사업용 자동차
- 화물자동차 운수사업자의 사업용 자동차
- 그 밖에 대통령령으로 정하는 자동차등에 음주운전 방지장치를 설치한 자

② 등록사항의 변경 : 등록한 사항 중 행정안전부령으로 정하는 중요한 사항을 변경할 때에도 등록해야 한다.

◆ 행정안전부령으로 정하는 중요한 사항의 변경등록〈시행규칙 제33조의6 제1항〉

- 부착한 음주운전 방지장치의 형식모델 등 장치표시에 관한 사항
  - 차종, 차대번호 등 음주운전 방지장치가 부착된 자동차에 관한 정보
  - 운수사업자 상호 및 대표자 명의

(3) 운전을 금지해야 하는 경우

① 운전금지 대상 : 음주운전 방지장치 부착 조건부 운전면허를 받은 사람

② 운전을 금지해야 하는 경우
㉠ 음주운전 방지장치가 설치되지 않은 자동차등
㉡ 음주운전 방지장치의 설치기준에 적합하지 않은 음주운전 방지장치가 설치된 자동차등

(4) 음주운전 방지장치의 해체 및 조작금지

① 해체·조작의 금지 : 누구든지 자동차등에 설치된 음주운전 방지장치를 해체하거나 조작 또는 그 밖의 방법으로 효용을 해치는 행위를 하여서는 아니 된다.

② 해체 및 조작을 할 수 있는 경우

㉠ 음주운전 방지장치의 점검 또는 정비를 위한 경우

㉡ 폐차하는 경우

㉢ 교육 · 연구의 목적으로 사용하는 등 대통령령으로 정하는 사유에 해당하는 경우

㉣ 음주운전 방지장치의 부착 기간이 경과한 경우

(5) 금지사항 및 운행기록 제출 및 점검

① **음주운전 방지장치가 설치된 자동차등에 대한 금지사항** : 누구든지 음주운전 방지장치 부착 조건부 운전면허를 받은 사람을 대신하여 음주운전 방지장치가 설치된 자동차등을 운전할 수 있도록 해당 장치에 호흡을 불어넣거나 다른 부정한 방법으로 음주운전 방지장치가 설치된 자동차등에 시동을 거는 행위를 하여서는 아니 된다.

② 운행기록 제출 및 점검

㉠ **대상** : 음주운전 방지장치의 설치사항을 시 · 도경찰청장에게 등록한 자

㉡ **운행기록 제출** : 연 2회 이상 음주운전 방지장치 부착 자동차등의 운행기록을 시 · 도경찰청장에게 제출하여야 한다.

㉢ **작동여부 등의 점검** : 음주운전 방지장치의 정상 작동여부 등을 점검하는 검사를 받아야 한다.

※ 음주운전 방지장치 설치 기준 · 방법 및 등록 기준 · 등록 절차, 운행기록 제출 및 검사의 시기 · 방법, 그 밖에 필요한 사항은 행정안전부령으로 정한다.

5 음주운전 방지장치〈시행규칙 제33조의4 ~ 제33조의9〉

(1) 개념 및 설치기준

① **개념** : 음주운전방지장치란 자동차등의 시동을 걸기 전 운전자의 호흡을 측정하여 혈중알코올농도가 기준치 이상인 경우 시동이 걸리지 않도록 하는 장치를 말한다.

② 음주운전 방지장치의 설치기준〈시행규칙 제33조의4〉 **2024년 신설 법조항**

㉠ 경찰청장이 정한 음주운전 방지장치의 세부장치 및 기능에 관한 기준에 적합할 것

㉡ 음주운전 방지장치를 임의로 해체하거나 조작 또는 그 밖의 방법으로 효용을 해칠 수 없도록 할 것

㉢ 자동차등의 운행에 영향이 없도록 할 것

(2) 음주운전 방지장치의 등록절차〈시행규칙 제33조의5〉 2024년 신설 법조항

구분	내용
등록신청기관	• 한국도로교통공단
신청서제출	• 개인 : 음주운전 방지장치 등록(변경)신청서(개인용) 제출하고 신분증명서 제시 • 사업자 : 음주운전 방지장치 등록(변경)신청서(사업자용)
신청 시 첨부서류	• 개인 • 음주운전 방지장치 설치확인서 • 자동차등의 소유자 신분증 사본 및 음주운전 방지장치 등록동의서(자동차등의 소유자와 음주운전 방지장치의 등록 신청자가 다른 경우만 해당한다) • 다음의 어느 하나에 해당하는 서류 – 이륜자동차의 경우 : 「자동차관리법」에 따른 이륜자동차사용신고필증 사본 – 건설기계의 경우 : 「건설기계관리법」에 따른 건설기계등록증 사본 – 자동차의 경우(이륜자동차 및 건설기계는 제외한다) : 자동차등록증 사본 • 위임장 및 대리인 신분증명서(대리인이 신청하는 경우만 해당한다) • 사업자 • 위의 개인 신청 시 첨부서류 • 「여객자동차 운수사업법」에 따른 여객자동차 운수사업 또는 「화물자동차 운수사업법」에 따른 화물자동차 운수사업에 관한 면허 · 허가 · 등록 · 인가 또는 신고를 증명하는 서류
증명서 발급	• 한국도로교통공단은 등록신청이 등록기준에 적합하다고 인정되면 그 사실을 음주운전 방지장치 등록대장에 기재하고, 음주운전 방지장치 등록증을 발급해야 한다.

음주운전 방지장치의 변경등록〈시행규칙 제33조의6〉 2024년 신설 법조항

• 신청대상 : 음주운전 방지장치 등록자 중 중요한 등록사항이 변경된 경우
• 변경등록 사항
– 음주운전 방지장치의 형식모델 등 장치 표시에 관한 사항
– 차종, 차대번호 등 음주운전 방지장치가 부착된 자동차등 표시에 관한 사항
– 운수사업자의 상호 및 대표자 명의
• 신청기관 : 시 · 도경찰청장
• 신청기한 : 변경된 사유가 발생한 날부터 14일 이내

(3) 음주운전 방지장치의 등록말소〈시행규칙 제33조의7〉 2024년 신설 법조항

<table>
<tr><th>구분</th><th colspan="2">내용</th></tr>
<tr><td>신청기관</td><td colspan="2">• 한국도로교통공단</td></tr>
<tr><td>신청대상</td><td colspan="2">• 음주운전 방지장치 등록자
• 음주운전 방지장치가 부착된 자동차등의 소유자</td></tr>
<tr><td>신청사유</td><td colspan="2">• 음주운전 방지장치 부착기간이 지난 경우
• 해당 음주운전 방지장치를 사용하지 않는 경우
• 고장 · 파손 · 분실 등으로 인해 음주운전 방지장치가 본래의 기능을 회복할 수 없게 되거나 멸실된 경우(그 사유가 발생한 날부터 30일 이내에 등록말소를 신청해야 한다)</td></tr>
<tr><td rowspan="3">직권으로 등록말소</td><td>말소기관</td><td>• 한국도로교통공단</td></tr>
<tr><td>말소사유</td><td>• 거짓이나 그 밖의 부정한 방법으로 등록한 경우
• 등록 말소를 신청해야 하는 사람이 그 사유가 발생한 날부터 30일 이내에 신청하지 않은 경우
• 운행기록 제출과 음주운전 방지장치 정상 작동여부 등을 점검하는 검사를 하지 않은 기간이 30일을 초과하는 경우</td></tr>
<tr><td>등록말소 사실통보</td><td>• 직권으로 음주운전 방지장치의 등록을 말소한 경우 음주운전 방지장치 등록자에게 이를 알려야 한다.
• 음주운전 방지장치 등록자와 음주운전 방지장치가 설치된 자동차등의 소유자가 다른 경우에는 소유자에게도 알려야 한다.</td></tr>
</table>

(4) 음주운전 방지장치의 운행기록 제출〈시행규칙 제33조의8〉 2024년 신설 법조항

① 운행기록 제출

㉠ 음주운전 방지장치 등록자는 해당 장치에 기록된 운행기록을 검사 기간 말일의 다음 날부터 6개월마다 제출해야 한다.

㉡ 검사 기간 말일의 다음 날부터 1년간 운행기록을 2회 제출한 경우 연 2회 제출한 것으로 본다.

② 제출기관 및 기록의 보관

㉠ 제출기관 : 한국도로교통공단

㉡ 음주운전 방지장치 제시 : 음주운전 방지장치 운행기록의 제출은 정상 작동여부 검사를 받을 때 운행기록이 저장된 음주운전 방지장치를 한국도로교통공단에 전자적 방식으로 제출하는 방법으로 한다.

㉢ 보관 · 관리 : 한국도로교통공단은 제출받은 운행기록을 3년간 보관 · 관리해야 한다.

(5) 음주운전 방지장치의 정상작동여부 검사 시기 · 기준 및 방법〈시행규칙 제33조의9〉 2024년 신설 법조항

구분	내용
실시기관	• 한국도로교통공단
검사대상	• 음주운전 방지장치 등록자 • 정상 작동여부 검사 : 정기적으로 음주운전 방지장치의 정상 작동여부 등을 점검하는 검사
검사시기	• 다음의 어느 하나에 해당하는 날부터 6개월마다 받아야 한다. • 신규 등록한 경우 : 신규 등록한 날 • 정상 작동여부 검사 기간 내에 정상 작동여부 검사를 받은 경우 : 정상 작동여부 검사 유효기간 만료일(이 항의 어느 하나에 해당하는 날부터 6개월이 되는 날을 말한다)의 다음 날 • 정상 작동여부 검사 기간을 지나 검사를 받은 경우 : 검사를 받은 날의 다음 날
정기검사 기간	• 정상 작동여부 검사 유효기간 만료일 전후 각각 31일 이내

※ 음주운전 방지장치 등록자가 검사시기에 해당하는 날부터 1년간 정상 작동여부 검사를 2회 받은 경우 연 2회 검사를 받은 것으로 본다.

정상 작동여부 검사의 기준 및 방법〈제33조의9제4항 별표 13의2〉

검사 분류	검사항목
동일성 확인검사	• 최초 설치장비와의 동일여부
외관검사	• 변경방지 봉인스티커 상태 • 음주측정부 외관 상태
음주측정부 정확도 검사	• 영점교정 5회 주입 • 시동차단 수준 이하 알코올가스 5회주입 • 시동차단 수준 이상 알코올가스 5회주입
운행기록 정상저장여부 검사	• 호흡샘플(입김) 정상주입 시 장치기록 여부 • 호흡샘플(입김) 소량주입 시 장치기록 여부
시동잠금 제한 기능 이상 유무	• 시동차단 수준(0.03%)의 알코올가스 주입
운전자 호흡 채취 시 얼굴 인식	• 호흡샘플 주입 시 운전자의 얼굴 확인 가능
그 밖의 시정 권고 사항 기술	• 그 밖에 시정이 필요한 사항 등을 기술

※ 음주운전 방지장치의 검사는 검사 결과에서 1개 이상의 부적합 사항이 발생하면, 음주운전 방지장치의 기능오류로 판단하여 음주운전 방지장치 등록자에게 검사결과 통지서(부적합)를 통보하여 재검사를 요청할 수 있다.

※ 검사항목에 관한 세부 점검 사항은 경찰청장이 정하여 고시한다.

❻ 음주운전 방지장치 검사〈시행규칙 제33조의10 ~ 제33조의13〉

(1) 정상 작동여부 검사의 신청〈시행규칙 제33조의10〉 2024년 신설 법조항

① 신청자 : 정상 작동여부 검사를 받으려는 음주운전 방지장치 등록자

② 신청방법 : 음주운전 방지장치 검사신청서를 한국도로교통공단에 제출해야 한다.

(2) 음주운전 방지장치 정상 작동여부 검사 기간 경과의 통지〈시행규칙 제33조의11〉 2024년 신설 법조항

① 통지기관 : 한국도로교통공단

② 통지대상 : 등록된 음주운전 방지장치 중 정상 작동여부 검사 기간이 지난 장치에 대하여 그 기간이 지난 날부터 10일 이내에 음주운전 방지장치 등록자에게 우편, 전자우편 또는 휴대전화를 이용한 문자메시지 등으로 통지해야 한다.

③ 음주운전 방지장치 등록자에게 통지해야 할 사항
- ㉠ 정상 작동여부 검사 기간이 지난 사실
- ㉡ 정상 작동여부 검사를 받지 않는 경우에 부과되는 과태료의 금액 및 근거 법규

(3) 음주운전 방지장치 검사의 실시〈시행규칙 제33조의12〉 2024년 신설 법조항

① 검사실시 및 기록보관
- ㉠ 검사실기관 : 한국도로교통공단
- ㉡ 결과기록보관 : 정상 작동여부 검사 신청을 받은 한국도로교통공단은 검사를 실시하여 그 결과를 음주운전 방지장치 검사표에 기록하고, 3년간 보관해야 한다.

② 검사결과 통지서를 발급
- ㉠ 검사를 실시한 경우 음주운전 방지장치 검사결과 통지서를 발급해야 한다.
- ㉡ 검사 결과 운전자의 음주운전을 방지하는 기능에 이상이 없는 범위에서 음주 측정 결과값이 정확하지 않는 등의 경미한 시정이 필요한 경우에는 음주운전 방지장치 등록자에게 그 시정을 권고할 수 있다. 이 경우 음주운전 방지장치 검사결과 통지서와 음주운전 방지장치 시정 권고 통지서를 함께 발급해야 한다.

(4) 음주운전 방지장치의 재검사〈시행규칙 제33조의13〉 2024년 신설 법조항

① 재검사대상 및 기한
- ㉠ 재검사대상 : 정상 작동여부 검사결과 부적합 판정을 받은 음주운전 방지장치 등록자로 음주운전 방지장치 검사결과 통지서를 받은 자
- ㉡ 재검사기한 : 통지서를 받은 날부터 10일 이내에 재검사를 받아야 한다. 이 경우 재검사 신청은 제33조의10을 준용한다.

② 부적합한 항목에 대한 재검사

㉠ 재검사 : 한국도로교통공단은 재검사 신청을 받은 경우 부적합한 항목에 대하여 다시 검사해야 한다.

㉡ 재검사일자 : 재검사 기간 내에 적합판정을 받은 경우에는 음주운전 방지장치 검사결과 통지서를 받은 날에 검사를 받은 것으로 본다.

section 3 어린이통학버스

1 어린이통학버스의 특별보호〈법 제51조〉

(1) 일시 정지하여 안전 확인한 후 서행

① 서행시기 : 어린이통학버스가 도로에 정차하여 어린이나 영유아가 타고 내리는 중임을 표시하는 점멸등 등의 장치가 작동 중일 때

② 일시정지 후 서행 : 어린이통학버스가 정차한 차로와 그 차로의 바로 옆 차로로 통행하는 차의 운전자는 어린이통학버스에 이르기 전에 일시 정지하여 안전을 확인한 후 서행하여야 한다.

(2) 서행 및 앞지르기 금지

① 중앙선이 없는 도로와 편도 1차로 도로 : 중앙선이 설치되지 아니한 도로와 편도 1차로인 도로에서는 반대방향에서 진행하는 차의 운전자도 어린이통학버스에 이르기 전에 일시정지하여 안전을 확인한 후 서행하여야 한다.

② 어린이통학버스의 앞지르기 금지 : 모든 차의 운전자는 어린이나 영유아를 태우고 있다는 표시를 한 상태로 도로를 통행하는 어린이통학버스를 앞지르지 못한다.

2 어린이통학버스의 신고〈법 제52조〉 2022년 경기

(1) 신고증명서 발급 및 비치

① 신고증명서 발급

㉠ 신고기관 : 관할 경찰서장

㉡ 신고증명서 발급 : 어린이통학버스(한정면허를 받아 어린이를 여객대상으로 하여 운행되는 운송사업용 자동차는 제외한다)를 운영하려는 자는 행정안전부령으로 정하는 바에 따라 미리 관할 경찰서장에게 신고하고 신고증명서를 발급받아야 한다.

② **신고증명서 비치** : 어린이통학버스를 운영하는 자는 어린이통학버스 안에 신고증명서를 항상 갖추어 두어야 한다.

(2) 어린이통학버스

① 어린이통학버스로 사용할 수 있는 자동차 2022년 서울

㉠ **행정안전부령으로 정하는 자동차** : 어린이통학버스로 사용할 수 있는 자동차는 행정안전부령으로 정하는 자동차로 한정한다.

◆ 행정안전부령으로 정하는 자동차〈시행규칙 제34조〉

- 승차정원 9인승(어린이 1명을 승차정원 1명으로 본다) 이상의 자동차로 한다.
- 튜닝 승인을 받은 자가 9인승 이상의 승용자동차 또는 승합자동차를 장애아동의 승·하차 편의를 위하여 9인승 미만으로 튜닝한 경우 그 승용자동차 또는 승합자동차를 포함한다.

㉡ **도색·표지, 보험가입 등** : 어린이통학버스로 사용하는 자동차는 도색·표지, 보험가입, 소유관계 등 대통령령으로 정하는 요건을 갖추어야 한다.

◆ 대통령령으로 정하는 어린이통학버스의 요건〈시행령 제31조〉

- 자동차안전기준에서 정한 어린이운송용 승합자동차의 구조를 갖출 것
- 어린이통학버스 앞면 창유리 우측상단과 뒷면 창유리 중앙하단의 보기 쉬운 곳에 행정안전부령이 정하는 어린이 보호표지를 부착할 것
- 교통사고로 인한 피해를 전액 배상할 수 있도록 보험 또는 공제조합에 가입되어 있을 것
- 등록원부에 어린이교육시설등의 장의 명의로 등록되어 있는 자동차 또는 어린이교육시설등의 장이 전세버스운송사업자와 운송계약을 맺은 자동차일 것

어린이 보호표지〈시행규칙 제36조 별표14〉

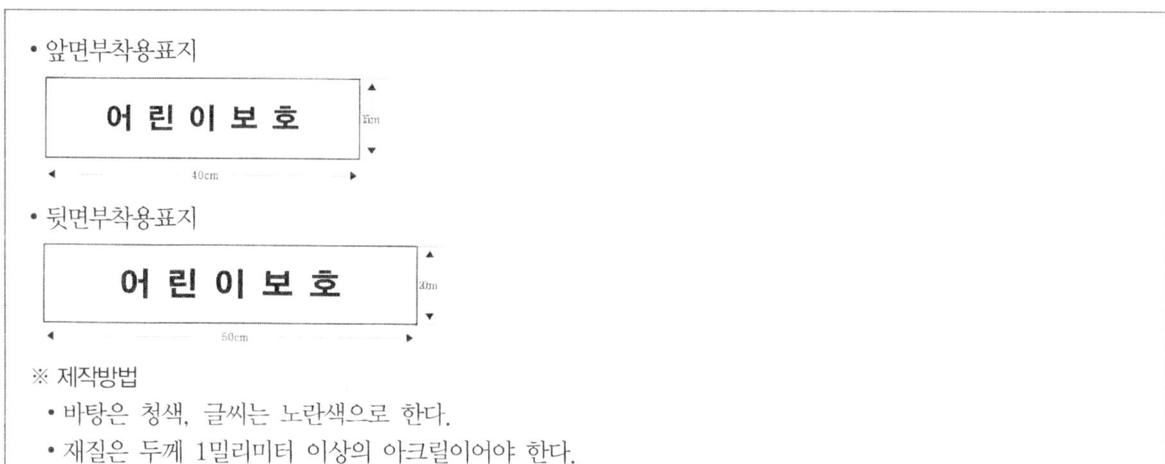

② 금지해야 할 사항

㉠ 누구든지 어린이통학버스 신고를 하지 아니하거나 어린이를 여객대상으로 하는 한정면허를 받지 아니하고 운전하여서는 아니 된다.

㉡ 어린이통학버스와 비슷한 도색 및 표지를 하거나 이러한 도색 및 표지를 한 자동차를 운전하여서는 아니 된다.

(3) 어린이통학버스의 신고절차〈시행규칙 제35조〉

구분		내용
신고기관		• 당해 버스를 어린이 통학 등에 이용하는 시설의 소재지를 관할하는 경찰서장
서류제출		• 어린이통학버스신고서 • 신고서에 첨부해야 할 서류 　• 보험가입증명서 사본 　• 학교 등기 · 인가 신고서 또는 학원 등록 신고서 사본 ☞ 관할경찰서장은 행정정보의 공동이용으로 신청인의 자동차등록증을 확인하여야 하며, 신청인이 확인에 동의하지 아니하는 경우에는 그 사본을 첨부하도록 하여야 한다.
신고증명서	교부	• 관할경찰서장은 신고서를 접수한 경우 구비요건을 확인한 후 기준에 적합한 때에는 어린이통학버스 신고증명서를 교부하여야 한다.
	부착	• 교부받은 어린이통학버스 신고증명서는 그 자동차의 앞면 창유리 우측상단의 보기 쉬운 곳에 부착하여야 한다.
	재교부	• 잃어버리거나 헐어 못쓰게 된 때에는 어린이통학버스 신고증명서 재교부신청서를 관할경찰서장에게 제출하여 다시 교부받아야 한다. • 어린이통학버스 신고증명서가 헐어 못쓰게 되어 다시 신청하는 때에는 어린이통학버스 신고증명서 재교부신청서에 헐어 못쓰게 된 신고증명서를 첨부하여 제출하여야 한다.

어린이통학버스 신고증명서 회수요건〈시행규칙 제37조〉

• 어린이통학버스가 다음 요건에 적합하지 아니한 경우
 –자동차안전기준에서 정한 어린이운송용 승합자동차의 구조를 갖지 않은 경우
 –교통사고로 인한 피해를 전액 배상할 수 있는 보험 또는 공제조합에 가입되어 있지 않은 경우
 –등록원부에 어린이교육시설등의 장의 명의로 등록되어 있는 자동차 또는 어린이교육시설등의 장이 전세버스운송사업자와 운송계약을 맺은 자동차가 아닌 경우
• 어린이 시설이 폐쇄된 경우
• 고장이나 그 밖의 사유로 인하여 어린이통학버스로 사용할 수 없게 된 경우

❸ 어린이통학버스 운전자 및 운영자 등의 의무〈법 제53조〉

(1) 점멸등 등의 장치작동 및 탑승자 표시

① 점멸등 작동 : 어린이통학버스를 운전하는 사람은 어린이나 영유아가 타고 내리는 점멸등 등의 장치를 작동하여야 한다.

② 탑승자 표시 : 어린이나 영유아를 태우고 운행 중인 경우에만 어린이나 영유아를 태우고 있다는 표시를 하여야 한다.

(2) 좌석안전띠의 착용

① 좌석안전띠 착용 후 출발 : 어린이통학버스를 운전하는 사람은 어린이나 영유아가 어린이통학버스를 탈 때에는 승차한 모든 어린이나 영유아가 좌석안전띠(어린이나 영유아의 신체구조에 따라 적합하게 조절될 수 있는 안전띠를 말한다.)를 매도록 한 후에 출발하여야 한다.

② 하차 시 안전확인 후 출발 : 내릴 때에는 보도나 길가장자리구역 등 자동차로부터 안전한 장소에 도착한 것을 확인한 후에 출발하여야 한다.

③ 좌석안전띠 미착용 사유 시 : 좌석안전띠 착용과 관련하여 질병 등으로 인하여 좌석안전띠를 매는 것이 곤란하거나 행정안전부령으로 정하는 사유가 있는 경우에는 좌석안전띠를 착용하지 않아도 된다.

(3) 보호자의 탑승

① 보호자 탑승 : 어린이통학버스를 운영하는 자는 어린이통학버스에 어린이나 영유아를 태울 때에는 성년인 사람 중 어린이통학버스를 운영하는 자가 지명한 보호자를 함께 태우고 운행하여야 한다.

② 보호자의 역할

㉠ 승 · 하차 시 : 동승한 보호자는 어린이나 영유아가 승차 또는 하차하는 때에는 자동차에서 내려서 어린이나 영유아가 안전하게 승하차하는 것을 확인해야 한다.

㉡ 운행 중 : 운행 중에는 어린이나 영유아가 좌석에 앉아 좌석안전띠를 매고 있도록 하는 등 어린이 보호에 필요한 조치를 하여야 한다.

(4) 하차여부의 확인

① 하차여부 확인 : 어린이통학버스를 운전하는 사람은 어린이통학버스 운행을 마친 후 어린이나 영유아가 모두 하차하였는지를 확인하여야 한다.

② 하차확인장치 작동 : 어린이통학버스를 운전하는 사람이 제4항에 따라 어린이나 영유아의 하차 여부를 확인할 때에는 <u>행정안전부령으로 정하는 어린이 하차확인장치</u>를 작동하여야 한다.

◆ 행정안전부령으로 정하는 어린이 하차확인장치〈시행규칙 제37조의2〉

• 「자동차 및 자동차 부품의 성능과 기준에 관한 규칙」 제53조의4에 따른 어린이 하차확인장치를 말한다.

(5) 보호자 동승표지의 부착

① 운영자 : 어린이통학버스를 운영하는 자는 보호자를 함께 태우고 운행하는 경우에는 행정안전부령으로 정하는 보호자동승표지를 부착할 수 있다.

② 동승표지의 부착

㉠ 누구든지 보호자를 함께 태우지 아니하고 운행하는 경우에는 보호자 동승표지를 부착하여서는 아니된다.

㉡ 보호자 동승표지는 어린이통학버스의 우측 옆면 승강구 부근의 보기 쉬운 곳에 부착한다〈시행규칙 제37조의3 제2항〉.

보호자 동승표지〈시행규칙 제37조의3 별표15〉

• 보호자 동승표지

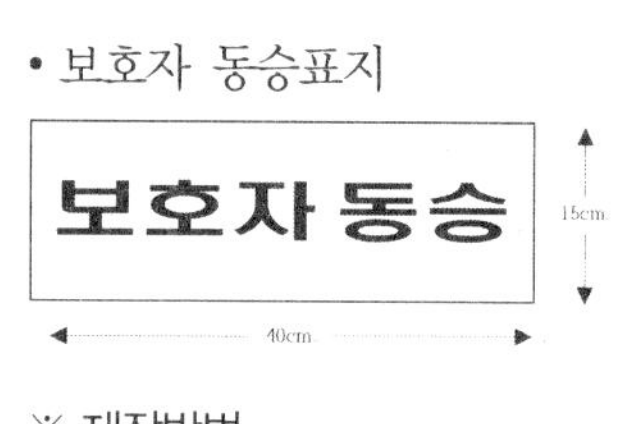

※ 제작방법

• 바탕은 청색, 글씨는 노란색으로 한다.

• 앞면은 반사지로 제작하고, 뒷면은 탈부착이 가능하도록 고무자석으로 제작한다.

(6) 안전운행기록 작성 · 보관 및 제출

① 안전운행기록 작성 · 보관 : 어린이통학버스를 운영하는 자는 좌석안전띠 착용 및 보호자 동승 확인 기록(이하 "안전운행기록"이라 한다)을 작성 · 보관하여야 한다.

② 안전운행기록 제출 : 매 분기 어린이통학버스를 운영하는 시설을 감독하는 주무기관의 장에게 안전운행기록을 제출하여야 한다.

4 어린이통학버스 운영자 등에 대한 안전교육〈법 제53조의3〉

(1) 어린이통학버스 안전교육 대상 및 구분

① 어린이통학버스 안전교육을 받아야 하는 대상

㉠ 어린이통학버스를 운영하는 사람

㉡ 어린이통학버스를 운전하는 사람

㉢ 어린이통학버스에 동승하는 보호자

② 어린이통학버스 안전교육의 구분 2022년 서울

㉠ **신규 안전교육** : 어린이통학버스의 운영, 운전 또는 동승을 하기 전에 실시하는 교육

㉡ **정기 안전교육** : 2년마다 정기적으로 실시하는 교육

③ **안전교육 미 이수자의 운전 및 동승금지** : 어린이통학버스를 운영하는 사람은 어린이통학버스 안전교육을 받지 아니한 사람에게 어린이통학버스를 운전하게 하거나 어린이통학버스에 동승하게 하여서는 아니 된다.

※ 그 밖에 어린이통학버스 안전교육의 방법 · 절차 등에 관하여 필요한 사항은 대통령령으로 정한다.

(2) 어린이통학버스 운영자 등에 대한 안전교육의 실시〈시행령 제31조의2〉

① **안전교육의 실시권자** : 한국도로교통공단 또는 어린이교육시설등을 관리하는 주무기관의 장이 실시한다.

② 정기 안전교육 대상 및 교육기간

㉠ **정기 안전교육 대상** : 어린이통학버스를 운영하는 사람과 운전하는 사람 및 어린이통학버스에 동승하는 보호자(이하 "동승보호자"라 한다)

㉡ **교육을 받아야 할 시기** : 직전에 어린이통학버스 안전교육을 받은 날부터 기산(起算)하여 2년이 되는 날이 속하는 해의 1월 1일부터 12월 31일 사이에 정기 안전교육을 받아야 한다.

③ 어린이통학버스 안전교육의 방법 및 내용

㉠ **교육방법** : 강의 · 시청각교육 등의 방법으로 3시간 이상 실시

㉡ 교육을 받아야 할 사항

- 교통안전을 위한 어린이 행동특성
- 어린이통학버스의 운영 등과 관련된 법령
- 어린이통학버스의 주요 사고 사례 분석
- 그 밖에 운전 및 승차 · 하차 중 어린이 보호를 위하여 필요한 사항

④ 교육확인증의 발급 및 비치

㉠ 어린이통학버스 안전교육을 실시한 기관의 장은 어린이통학버스 안전교육을 이수한 사람에게 행정안전부령으로 정하는 교육확인증을 발급하여야 한다.

㉡ 어린이통학버스의 운영자와 운전자 및 동승보호자는 발급받은 교육확인증을 다음의 구분에 따라 비치해야 한다.

- 운영자 교육확인증 : 어린이교육시설등 내부의 잘 보이는 곳
- 운전자 및 동승보호자 교육확인증 : 어린이통학버스의 내부

※ 어린이통학버스 안전교육의 실시에 필요한 교재, 공지 등에 관한 구체적인 사항은 행정안전부령으로 정한다.

(3) 어린이통학버스 운영자 등에 관한 안전교육의 교재 및 교육계획〈시행규칙 제37조의5〉

① 안전교육의 교재

㉠ 한국도로교통공단에서 제작하고 경찰청장이 감수한 교재를 사용해야 한다.

㉡ 어린이교육시설을 관리하는 주무기관의 장이 직접 안전교육을 실시하는 경우에는 경찰청장이 감수한 자료를 기초로 직접 제작한 교재를 사용할 수 있다.

② 세부교육계획 수립

㉠ 세부교육계획 수립기관 : 한국도로교통공단

㉡ 세부교육계획 수립 : 매년 교육 인원 등을 고려하여 어린이통학버스 안전교육에 관한 세부교육계획을 수립하여 경찰청장에게 승인을 받아야 한다.

③ 교육일정의 공지

㉠ 교육일정 공지기관 : 한국도로교통공단

㉡ 교육일정 공지 : 어린이통학버스 안전교육에 관한 교육일정을 기관 홈페이지를 통하여 공지하여야 한다.

㉢ 교육기간 및 장소 통보 : 어린이통학버스 안전교육 대상자에게 안전교육 통지서에 따라 교육기간 및 교육장소 등에 관한 사항을 알려주어야 한다.

※ 개별적인 통지가 곤란한 안전교육 대상자에 대해서는 한국도로교통공단 홈페이지에 일반적인 교육기간 및 교육장소를 공지한 것으로 통지를 대신한다.

5 어린이통학버스의 위반 정보 등 제공〈법 제53조의4〉

(1) 정보제공 기관 및 대상

① 정보제공기관 및 제공대상

㉠ 정보제공기관 : 경찰서장

㉡ 정보제공대상 : 어린이 교육시설을 감독하는 주무기관의 장에게 그 정보를 제공

② 정보를 제공해야 하는 경우

㉠ 어린이통학버스를 운영하는 사람이나 운전하는 사람이 제53조(어린이통학버스 운전자 및 운영자 등의 의무) 또는 제53조의5(보호자가 동승하지 아니한 어린이통학버스 운전자의 의무)를 위반한 경우

㉡ 어린이통학버스를 운영하는 사람이나 운전하는 사람이 제53조(어린이통학버스 운전자 및 운영자 등의 의무) 또는 제53조의5(보호자가 동승하지 아니한 어린이통학버스 운전자의 의무)를 위반하여 어린이를 사상(死傷)하는 사고를 유발한 경우

③ 정보게재

㉠ 게재기관 : 경찰서장 및 어린이 교육시설을 감독하는 주무기관의 장

㉡ 홈페이지에 게재 : 위반정보를 해당 기관에서 운영하는 홈페이지에 각각 게재하여야 한다.

※ 정보제공의 구체적 기준 · 방법 및 절차 등 필요한 사항은 행정안전부령으로 정한다.

(2) 어린이통학버스 관련 의무 위반정보 등 제공해야 할 정보〈시행규칙 제37조의6〉

① 제53조(어린이통학버스 운전자 및 운영자 등의 의무) 또는 제53조의5(보호자가 동승하지 아니한 어린이통학버스 운전자의 의무)를 위반하여 어린이를 사상하는 사고를 유발한 사람의 성명 및 해당 어린이교육시설의 명칭

② ①에 따른 사고의 일시 · 장소 및 위반 항목

③ ①에 따른 사고 관련 자동차의 등록번호

6 보호자가 동승하지 아니한 어린이통학버스 운전자의 의무〈법 제53조의5〉

(1) 어린이통학버스 소유대상시설

유아교육진흥원 · 대안학교 · 외국인학교, 교습소 및 아동복지시설(아동보호전문기관 제외), 청소년수련시설, 장애인복지시설(장애인 직업재활시설 제외), 공공도서관, 시 · 도평생교육진흥원 및 시 · 군 · 구평생학습관, 사회복지시설 및 사회복지관의 시설

(2) 어린이통학버스 운전자의 의무

어린이의 승차 또는 하차를 도와주는 보호자를 태우지 아니한 어린이통학버스를 운전하는 사람은 어린이가 승차 또는 하차하는 때에 자동차에서 내려서 어린이나 영유아가 안전하게 승하차하는 것을 확인하여야 한다.

어린이통학버스 관련 시험에 잘나오는 것

구분	정답	오답 예시
보도색, 표지 소유관계, 보험관계	• 대통령령	• 행정안전부령
승차정원	• 9인승 이상	• 11인승 이상
통학버스 옆을 지날 때	• 일시정지 후 서행	• 서행
신고증명서 발급권자	• 관할경찰서장	• 시 · 도경찰청장
안전교육시간(운영자, 운전자)	• 3시간 이상	• 2시간 이상
안전교육(재교육) 주기	• 2년마다	• 3년마다

section 4 사고발생시의 조치

1 사고발생 시의 조치〈법 제54조〉 2021년 경기

(1) 교통사고의 개념 및 조치

① **교통사고** : 교통사고란 차 또는 노면전차의 운전 등 교통으로 인하여 사람을 사상하거나 물건을 손괴하는 것을 말한다.

② **교통사고 발생 시 운전자 등이 해야 할 조치** : 교통사고 발생 시 차량의 운전자나 그 밖의 승무원(이하 "운전자등"이라 한다)은 즉시 정차하여 다음의 조치를 하여야 한다.

㉠ 사상자를 구호하는 등 필요한 조치

㉡ 피해자에게 인적사항(성명 · 전화번호 · 주소 등을 말한다) 제공

교통사고 발생 시 부상자의 응급조치 방법

- 부상자에게 말을 걸어본다
- 어깨를 가볍게 두드려 보거나 팔을 꼬집어 눈동자를 확인한 후 의식이 있으면 말로 안심시킨다.
- 의식이 없다면 기도를 확보한다. 머리를 뒤로 충분히 젖힌 뒤, 입안에 있는 피나 토한 음식물 등을 긁어내어 막힌 기도를 확보한다.
- 의식이 없거나 구토할 때는 목이 오물로 막혀 질식하지 않도록 옆으로 눕힌다.
- 목뼈 손상의 가능성이 있는 경우에는 목 뒤쪽을 한 손으로 받쳐준다.
- 환자의 몸을 심하게 흔드는 것은 금지한다.

(2) 국가경찰관서에 신고

① 경찰공무원에 신고

㉠ 경찰공무원이 현장에 있을 때 : 그 경찰공무원에게 신고하여야 한다.

㉡ 경찰공무원이 현장에 없을 때 : 가장 가까운 국가경찰관서(지구대, 파출소 및 출장소를 포함한다)에 지체 없이 신고하여야 한다.

② 경찰관서에 신고해야 할 사항

㉠ 사고가 일어난 곳

㉡ 사상자 수 및 부상 정도

㉢ 손괴한 물건 및 손괴 정도

㉣ 그 밖의 조치사항 등

※ 다만, 차 또는 노면전차만 손괴된 것이 분명하고 도로에서의 위험방지와 원활한 소통을 위하여 필요한 조치를 한 경우에는 그러하지 아니하다.

(3) 경찰공무원의 조치사항

① **신고운전자에 현장 대기명령** : 교통사고 신고를 받은 국가경찰관서의 경찰공무원은 부상자의 구호와 그 밖의 교통위험 방지를 위하여 필요하다고 인정하면 경찰공무원(자치경찰공무원은 제외한다)이 현장에 도착할 때까지 신고한 운전자등에게 현장에서 대기할 것을 명할 수 있다.

② **교통안전을 위한 명령** : 경찰공무원은 교통사고를 낸 차 또는 노면전차의 운전자등에 대하여 그 현장에서 부상자의 구호와 교통안전을 위하여 필요한 지시를 명할 수 있다.

(4) 교통사고 시 운전계속 및 사고조치의 방해금지 2021년 경기

① **사고시 계속 운전할 수 있는 경우** : 다음에 해당하는 경우 운전자는 동승자 등으로 하여금 교통사고 조치나 신고하게 한 후 운전을 계속할 수 있다.

㉠ 긴급자동차

㉡ 부상자를 운반 중인 차

㉢ 우편물자동차 및 노면전차 등

② **사고발생 시 조치에 대한 방해의 금지**〈법 제55조〉 : 교통사고가 일어난 경우에는 누구든지 운전자등의 조치 또는 신고행위를 방해하여서는 아니 된다.

※ 경찰공무원(자치경찰공무원은 제외한다)은 교통사고가 발생한 경우에는 대통령령으로 정하는 바에 따라 필요한 조사를 하여야 한다.

2 교통사고의 조사 및 조사보고

(1) 교통사고의 조사〈시행령 제32조〉

① 조사기관 : 경찰공무원(자치경찰공무원은 제외한다)

② 교통사고 발생 시 조사해야 할 사항

구분	교통사고 발생 시 조사해야 할 사항	조사여부
1차조사	• 교통사고 발생 일시 및 장소 • 교통사고 피해 상황 • 교통사고 관련자, 차량등록 및 보험가입 여부 • 운전면허의 유효 여부, 술에 취하거나 약물을 투여한 상태에서의 운전 여부 및 부상자에 대한 구호조치 등 필요한 조치의 이행 여부	• 교통사고가 발생했을 때 조사
2차조사	• 운전자의 과실 유무 • 교통사고 현장 상황 • 그 밖에 차, 노면전차 또는 교통안전시설의 결함 등 교통사고 유발 요인 및 운행기록장치 등 증거의 수집 등과 관련하여 필요한 사항	• 1차조사 결과 사람이 죽거나 다치지 아니한 교통사고로서 공소를 제기할 수 없는 경우에는 2차조사를 생략

교통사고의 대응 방법

- 사고가 발생한 즉시 차량을 정차시킨 후 2차 사고를 방지하기 위해 비상등을 켜고 삼각대를 설치하는 등의 조치를 취한다.
- 119 또는 112에 연락하여 응급 의료 지원이나 사고 사실을 알린다.
- 다친 사람이 있을 경우 응급처치를 실시하고 구급차가 도착할 때까지 지켜본다.
- 사고현장과 차량의 위치를 사진으로 남기고 목격자가 있다면 연락처를 받아 두는 것이 좋다.

(2) 교통사고의 조사보고〈시행규칙 제38조〉

① 조사보고

㉠ **보고대상** : 경찰공무원(자치경찰공무원은 제외한다)이 경찰서장에게 보고

㉡ **교통사고보고서 작성** : 경찰공무원이 교통사고를 조사한 경우에는 교통사고보고서를 작성하여 경찰서장에게 보고하여야 한다.

㉢ **단순 물적피해 교통사고조사보고서 작성** : 조사항목의 일부를 생략하는 경우에는 단순 물적피해 교통사고조사보고서를 작성하여 경찰서장에게 보고하여야 한다.

② 벌점의 산정

㉠ **산정주체** : 경찰서장

㉡ **벌점산정** : 경찰서장은 그 관할구역 안에서 교통사고를 일으킨 사람에 대하여는 벌점을 산정한다.

㉢ **시 · 도경찰청장에게 보고** : 그 사람의 인적사항 · 면허번호 및 벌점 등을 즉시 자동차운전면허대장(전산정보처리조직에 의하여 관리하는 운전면허관리자료를 포함한다)에 기재되도록 전산입력하여 시 · 도경찰청장에게 보고하여야 한다.

section 5 고용주 및 자율주행자동차 운전자의 의무

1 고용주등의 의무〈법 제56조〉

(1) 법규준수의 주의 및 감독

① **감독주체** : 대상 차 또는 노면전차의 운전자를 고용하고 있는 사람이나 직접 운전자나 차 또는 노면전차를 관리하는 지위에 있는 사람 또는 차 또는 노면전차의 사용자(「여객자동차 운수사업법」에 따라 사업용 자동차를 임차한 사람 및 「여신전문금융업법」에 따라 자동차를 대여한 사람을 포함하며, 이하 "고용주등"이라 한다)

② **감독대상 및 범위** : 운전자에게 도로교통법이나 도로교통법에 따른 명령을 지키도록 항상 주의시키고 감독하여야 한다.

(2) 무면허운전, 음주 및 과로한 때 등의 운전금지

고용주등은 제43조(무면허운전 등의 금지), 제44조(음주운전금지), 제45조(과로한 때 등의 운전 금지)의 규정에 따라 운전을 하여서는 아니 되는 운전자가 자동차등 또는 노면전차를 운전하는 것을 알고도 말리지 아니하거나 그러한 운전자에게 자동차등 또는 노면전차를 운전하도록 시켜서는 아니 된다.

❷ 자율주행자동차 운전자의 의무

(1) 자율주행자동차 운전자의 준수사항〈법 제56조의2〉 2024년 신설 법조항

① **직접 운전요구에 지체 없이 대응** : 행정안전부령으로 정하는 완전 자율주행시스템에 해당하지 아니하는 자율주행시스템을 갖춘 자동차의 운전자는 자율주행시스템의 직접 운전 요구에 지체 없이 대응하여 조향장치, 제동장치 및 그 밖의 장치를 직접 조작하여 운전하여야 한다.

② **적용 예외법조항** : 운전자가 자율주행시스템을 사용하여 운전하는 경우에는 제49조 제1항 제10호, 제11호 및 제11호의2를 적용하지 아니한다.

◆ 자율주행시스템을 사용하여 운전할 때 적용되지 않는 법조항

- 운전자는 자동차등 또는 노면전차의 운전 중에는 휴대용 전화(자동차용 전화를 포함한다)를 사용하지 아니할 것〈법 제49조 제1항 제10호〉
- 자동차등 또는 노면전차의 운전 중에는 방송 등 영상물을 수신하거나 재생하는 장치(운전자가 휴대하는 것을 포함하며, 이하 "영상표시장치"라 한다)를 통하여 운전자가 운전 중 볼 수 있는 위치에 영상이 표시되지 아니하도록 할 것〈법 제49조 제1항 제11호〉
- 자동차등 또는 노면전차의 운전 중에는 영상표시장치를 조작하지 아니할 것〈법 제49조 제1항 제11의2호〉

※ 자율주행시스템〈자율주행자동차법 제2조 제1항 제2호〉 … 운전자 또는 승객의 조작 없이 주변상황과 도로 정보 등을 스스로 인지하고 판단하여 자동차를 운행할 수 있게 하는 자동화 장비, 소프트웨어 및 이와 관련한 모든 장치를 말한다.

(2) 자율주행자동차 시험운전자의 준수사항 등〈법 제56조의3〉 2024년 신설 법조항

① **자율주행자동차 안전교육의 수료** : 「자동차관리법」에 따른 임시운행허가를 받은 자동차를 운전하려는 사람은 자율주행자동차의 안전운행 등에 관한 교육(이하 "자율주행자동차 안전교육"이라 한다)을 받아야 한다.

② **교육과정 및 교육방법** : 교육과정, 교육방법 등에 관하여 필요한 사항은 대통령령으로 정한다.

자율주행차의 6단계(미국자동차공학회 ; SAE)

단계	특징	운전자 개입 정도
레벨 0	비자동화	• 운전자 개입 필수
레벨 1	운전자 보조	• 운전자가 반드시 운전대를 잡고 조정해야 함
레벨 2	부분 자동화	• 운전자가 반드시 운전대 잡고 상시 모니터링 필수
레벨 3	조건부 자율 주행	• 운전자가 운전대를 잡고 있지 않아도 되지만 위험 요소나 변수가 발생할 때 운전자의 개입 요구
레벨 4	고도 자율 주행	• 악천후 외에 운전자 개입 거의 없음
레벨 5	완전 자율 주행	• 운전자 필요 없음

최근기출문제

1 「도로교통법 시행령」 제28조에서 자동차 운전석 좌우 옆면 창유리 가시광선 투과율의 기준으로 가장 옳은 것은? 2024.6.22. 서울

① 30퍼센트
② 40퍼센트
③ 60퍼센트
④ 70퍼센트

TIP 자동차 창유리 가시광선 투과율의 기준〈시행령 28조〉
㉠ 앞면 창유리 : 70퍼센트
㉡ 운전석 좌우 옆면 창유리 : 40퍼센트

2 「도로교통법 시행령」 제31조에서 어린이통학버스의 요건 등에 해당하지 않는 것은? 2024.6.22. 서울

① 어린이교육시설에 고용된 운전자의 명의로 등록되어 있는 자동차일 것
② 자동차안전기준에서 정한 어린이운송용 승합자동차의 구조를 갖출 것
③ 어린이통학버스 앞면 창유리 우측상단과 뒷면 창유리 중앙하단의 보기 쉬운 곳에 행정안전부령이 정하는 어린이보호표지를 부착할 것
④ 교통사고로 인한 피해를 전액 배상할 수 있도록 「보험업법」 제4조에 따른 보험에 가입되어 있을 것

TIP ① 등록원부에 어린이교육시설의 장의 명의로 등록되어 있는 자동차 또는 어린이교육시설등의 장이 전세버스운송사업자와 운송계약을 맺은 자동차일 것〈시행령 제31조 제4호〉

Answer 1.② 2.①

3 「도로교통법」 제49조의 모든 운전자의 준수사항을 이행한 것으로 가장 옳은 것은? **2024.2.24. 서울**

① 자동차의 앞면 창유리와 운전석 좌우 옆면 창유리의 가시광선의 투과율이 대통령령으로 정하는 기준보다 낮아 교통안전 등에 지장을 줄 수 있는 차를 운전한 경우

② 행정안전부령으로 정하는 기준에 적합하지 않은 장치이지만, 자율주행자동차의 신기술 개발을 위한 장치를 장착한 차를 운전한 경우

③ 도로 횡단시설을 이용할 수 없는 지체장애인이나 노인 등이 도로를 횡단하고 있어 서행운전 하는 경우

④ 도로에서 자동차를 세워둔 채 시비 · 다툼 등의 행위를 하여 다른 차마의 통행을 방해한 경우

TIP ② 자율주행자동차의 신기술 개발을 위한 장치를 장착한 차를 운전한 경우는 예외 사유로써 위반이라고 할 수 없다.

① 자동차의 앞면 창유리와 운전석 좌우 옆면 창유리의 가시광선의 투과율이 대통령령으로 정하는 기준보다 낮아 교통안전 등에 지장을 줄 수 있는 차를 운전하지 아니할 것. 다만, 요인 경호용, 구급용 및 장의용 자동차는 제외한다〈법 제49조 제1항 제3호〉.

③ 지하도나 육교 등 도로 횡단시설을 이용할 수 없는 지체장애인이나 노인 등이 도로를 횡단하고 있는 경우에는 일시 정지할 것〈법 제49조 제1항 제2호 다목〉

④ 도로에서 자동차등(개인형 이동장치는 제외한다) 또는 노면전차를 세워둔 채 시비 · 다툼 등의 행위를 하여 다른 차마의 통행을 방해하지 아니할 것〈법 제49조 제1항 제5호〉

4 「도로교통법」상 명시된 자동차 등(개인형 이동장치는 제외한다)의 운전자의 난폭운전 행위가 아닌 것은? **2022.6.18. 서울**

① 횡단 · 유턴 · 후진 금지 위반

② 정당한 사유 없는 소음 발생

③ 고속도로에서의 앞지르기 방법 위반

④ 앞뒤로 줄지어 통행

TIP 난폭운전 금지 행위〈법 제46조의3〉

㉠ 신호 또는 지시 위반
㉡ 중앙선 침범
㉢ 속도의 위반
㉣ 횡단 · 유턴 · 후진 금지 위반
㉤ 안전거리 미확보, 진로변경 금지 위반, 급제동 금지 위반
㉥ 앞지르기 방법 또는 앞지르기의 방해금지 위반
㉦ 정당한 사유 없는 소음 발생
㉧ 고속도로에서의 앞지르기 방법 위반
㉨ 고속도로 등에서의 횡단 · 유턴 · 후진 금지 위반

Answer 3.② 4.④

5 **다음 중 「도로교통법」상 난폭운전의 경우가 아닌 것은?** 2022.6.18. 대전

① 속도를 위반하는 경우
② 정당한 사유 없이 소음을 발생하는 경우
③ 신호를 위반하는 경우
④ 차선변경을 무리하게 하는 경우

TIP 난폭운전의 금지〈법 제46조의3〉
㉠ 신호 또는 지시위반
㉡ 중앙선침범
㉢ 속도위반
㉣ 횡단, 유턴, 후진금지 위반
㉤ 안전거리 미확보, 진로변경금지위반, 급제동 금지 위반
㉥ 앞지르기 방법 또는 앞지르기의 방해금지 위반
㉦ 정당한 사유 없는 소음 발생
㉧ 고속도로에서의 앞지르기 방법 위반
㉨ 고속도로 등에서의 횡단, 유턴, 후진 금지 위반

6 **도로교통법에 따른 운전자의 준수사항으로 옳은 것은?** 2022.6.18. 경북

① 원동기 동력을 바퀴에 전달하지 않을 시 원동기 회전수를 증가할 수 있다.
② 차량이 정지 시 휴대폰을 사용하면 안 된다.
③ 운전 시 자동차 등 또는 노면전차의 좌우 또는 전후방을 볼 수 있도록 도움을 주는 영상 표시장치는 영상이 표시되도록 할 수 있다.
④ 화물적재함에 적재중량과 동일한 사람을 태울 수 있다.

TIP ① 자동차 등의 원동기 동력을 차의 바퀴에 전달시키지 아니하고 원동기의 회전수를 증가시키는 행위를 하여서는 아니된다(공회전 금지)〈법 제49조 제1항 제8호〉.
② 자동차 등 또는 노면전차가 정지하고 있는 경우에는 휴대폰 사용이 가능하다〈법 제49조 제1항 제10호〉.
④ 운전자는 자동차의 화물 적재함에 사람을 태우고 운행할 수 없다〈법 제49조 제1항 제12호〉.

Answer 5.④ 6.③

7 **다음 중 자동차 등 또는 노면전차의 운전 중에는 휴대용 전화(자동차용 전화를 포함한다)를 사용이 불가한 경우는?** 2022.6.18. 울산

① 자동차 등 또는 노면전차가 천천히 서행하면서 이동하는 경우
② 안전운전에 장애를 주지 아니하는 장치로서 대통령령으로 정하는 장치를 이용하는 경우
③ 긴급자동차를 운전하는 경우
④ 각종 범죄 및 재해 신고 등 긴급한 필요가 있는 경우

TIP 운전자의 휴대전화 사용금지〈법 제49조 제1항 제10호〉
㉠ 휴대용 전화(자동차용 전화를 포함한다)를 사용하지 아니할 것
㉡ 예외 경우
- 자동차 등이 정지하고 있는 경우
- 긴급자동차를 운전하는 경우
- 각종 범죄 및 재해 신고 등 긴급한 필요가 있는 경우
- 안전운전에 장애를 주지 아니하는 장치로서 대통령령으로 정하는 장치를 이용하는 경우

※ 대통령령으로 정하는 장치란〈시행령 제29조〉: 손으로 잡지 아니하고도 휴대용 전화(자동차용 전화를 포함한다)를 사용할 수 있도록 해 주는 장치를 말한다.

8 **도로교통법상 좌석안전띠를 매지 않아도 되는 경우가 아닌 것은?** 2022.6.18. 대전

① 자동차를 주차시키고 있을 때
② 긴급자동차가 그 본래의 용도로 운행되고 있는 때
③ 부상 · 질병 · 장애 또는 임신한 자가 자동차를 운전하거나 승차하는 때
④ 경호 등을 위한 경찰용 자동차에 의하여 호위되거나 유도되고 있는 자동차를 운전하거나 승차하는 때

TIP 안전띠 착용 예외사유
㉠ 법에서 정하는 예외〈법 제50조 제1항〉: 질병 등으로 인하여 좌석 안전띠를 매는 것이 곤란한 경우
㉡ 행정안전부령에서 정하는 예외〈시행규칙 제31조〉
- 부상 · 질병 · 장애 또는 임신 등으로 인하여 좌석안전띠의 착용이 적당하지 아니하다고 인정되는 자가 자동차를 운전하거나 승차하는 때
- 자동차를 후진시키기 위하여 운전하는 때
- 신장 · 비만, 그 밖의 신체의 상태에 의하여 좌석안전띠의 착용이 적당하지 아니하다고 인정되는 자가 자동차를 운전하거나 승차하는 때
- 긴급자동차가 그 본래의 용도로 운행되고 있는 때
- 경호 등을 위한 경찰용 자동차에 의하여 호위되거나 유도되고 있는 자동차를 운전하거나 승차하는 때
- 국민투표운동 · 선거운동 및 국민투표 · 선거관리업무에 사용되는 자동차를 운전하거나 승차하는 때
- 우편물의 집배, 폐기물의 수집 그 밖에 빈번히 승강하는 것을 필요로 하는 업무에 종사하는 자가 해당업무를 위하여 자동차를 운전하거나 승차하는 때
- 여객 자동차 운송 사업용 자동차의 운전자가 승객의 주취, 약물복용 등으로 좌석안전띠를 매도록 할 수 없는 때

Answer 7.① 8.①

9 **다음 중 어린이통학버스에 신고에 관한 사항으로 맞는 내용은?** 2022.4.23. 경기

① 시 · 도경찰청장은 신고서를 접수한 경우 구비요건을 확인한 후 기준에 적합한 때에는 어린이통학버스 신고증명서를 교부하여야 한다.
② 어린이통학버스 신고증명서는 그 자동차의 앞면 창유리 우측하단의 보기 쉬운 곳에 부착하여야 한다.
③ 어린이통학버스 신고증명서를 잃어버리거나 헐어 못쓰게 된 때에는 어린이통학버스 신고증명서 재교부신청서를 도로교통공단에 제출하여 다시 교부받아야 한다.
④ 어린이통학버스 신고증명서가 헐어 못쓰게 되어 다시 신청하는 때에는 어린이통학버스 신고증명서 재교부신청서에 헐어 못쓰게 된 신고증명서를 첨부하여 관할경찰서장에게 제출하여야 한다.

TIP ① 어린이통학버스(한정면허를 받아 어린이를 여객대상으로 하여 운행되는 운송사업용 자동차는 제외한다)를 운영하려는 자는 행정안전부령으로 정하는 바에 따라 미리 관할 경찰서장에게 신고하고 신고증명서를 발급받아야 한다〈법 제52조 제1항〉.
② 어린이통학버스를 운영하는 자는 어린이통학버스 안에 발급받은 신고증명서를 항상 갖추어 두어야 한다〈법 제52조 제2항〉.
③ 어린이통학버스 신고증명서를 잃어버리거나 헐어 못쓰게 된 때에는 어린이통학버스 신고증명서 재교부신청서를 관할경찰서장에게 제출하여 다시 교부받아야 한다〈시행규칙 제35조 제4항〉.

10 **「도로교통법」상 어린이통학버스 운영자 등에 대한 안전교육 중 〈보기〉의 ㈎에 들어갈 말로 가장 옳은 것은?** 2022.6.18. 서울

> 어린이통학버스를 운영하는 사람과 운전하는 사람은 어린이통학버스 안전교육을 받아야 한다. 어린이통학버스 안전교육 중 정기 안전교육은 어린이통학버스를 계속하여 운전하는 사람과 운전하는 사람 및 동승한 보호자를 대상으로 (가) 마다 정기적으로 실시하는 교육이다.

① 1년
② 2년
③ 3년
④ 5년

TIP 어린이통학버스 운영자 등에 대한 안전교육〈법 제53조의3〉
㉠ 어린이통학버스를 운영하는 사람과 운전하는 사람 및 보호자는 어린이통학버스의 안전운행 등에 관한 교육(어린이통학버스 안전교육)을 받아야 한다.
㉡ 어린이통학버스 안전교육은 다음의 구분에 따라 실시한다.
- 신규 안전교육 : 어린이통학버스를 운영하려는 사람과 운전하려는 사람 및 동승하려는 보호자를 대상으로 그 운영, 운전 또는 동승을 하기 전에 실시하는 교육
- 정기 안전교육 : 어린이통학버스를 계속하여 운영하는 사람과 운전하는 사람 및 동승한 보호자를 대상으로 2년마다 정기적으로 실시하는 교육

Answer 9.④ 10.②

11 「도로교통법」상 어린이통학버스에 대한 설명으로 가장 옳지 않은 것은? 2022.6.18. 서울

① 모든 차의 운전자는 어린이나 영유아를 태우고 있다는 표시를 한 상태로 도로를 통행하는 어린이통학버스를 앞지르지 못한다.

② 어린이통학버스로 사용할 수 있는 자동차는 관할시 · 도지사의 령으로 정하는 자동차로 한정한다.

③ 중앙선이 설치되지 아니한 도로와 편도 1차로인 도로에서는 반대방향에서 진행하는 차의 운전자도 어린이 통학버스에 이르기 전에 일시 정지하여 안전을 확인한 후 서행하여야 한다.

④ 어린이통학버스로 사용할 수 있는 자동차는 도색 · 표지, 보험가입, 소유 관계 등 대통령령으로 정하는 요건을 갖추어야 한다.

TIP ② 어린이통학버스로 사용할 수 있는 자동차는 행정안전부령으로 정하는 자동차로 한정한다. 이 경우 그 자동차는 도색 · 표지, 보험가입, 소유관계 등 대통령령으로 정하는 요건을 갖추어야 한다〈법 제52조 제3항〉.

※ 어린이통학버스 관련 시험에 잘나오는 것

㉠ 도색, 표지 소유관계, 보험관계 : 대통령령(행정안전부령 ×)
㉡ 승차정원 : 9인승 이상(11인승 ×)
㉢ 통학버스 옆을 지날 때 : 일시정지 후 서행(서행 ×)
㉣ 신고증명서 발급권자 : 관할경찰서장(시 · 도경찰청장 ×)
㉤ 안전교육(운영자, 운전자) : 3시간(2시간 ×)
㉥ 안전교육(재교육) : 2년마다(3년마다 ×)

12 다음 중 사고발생 시의 조치에 대한 설명으로 틀린 것은? 2021.4.17. 경기

① 차 또는 노면전차의 운전 등 교통으로 인하여 사람을 사상하거나 물건을 손괴한 경우에는 그 차 또는 노면전차의 운전자나 그 밖의 승무원은 즉시 정차하여 사상자를 구호하는 등 필요한 조치를 하여야 한다.

② 차 또는 노면전차의 운전자등은 경찰공무원이 현장에 있을 때에는 그 경찰공무원에게, 경찰공무원이 현장에 없을 때에는 가장 가까운 국가경찰관서에 지체 없이 신고하여야 한다.

③ 차 또는 노면전차만 손괴된 것이 분명하고 도로에서의 위험방지와 원활한 소통을 위하여 필요한 조치를 한 경우에는 신고하지 아니할 수 있다.

④ 경찰공무원 및 자치경찰공무원은 교통사고가 발생한 경우에는 대통령령으로 정하는 바에 따라 필요한 조사를 하여야 한다.

TIP ④ 경찰공무원(자치경찰공무원은 제외한다)은 교통사고가 발생한 경우에는 대통령령으로 정하는 바에 따라 필요한 조사를 하여야 한다〈법 제54조 제6항〉.

Answer 11.② 12.④

13 **교통사고 발생 시 동승자 등으로 하여금 조치나 신고를 하게 하고 운전을 계속할 수 있는 차량으로 볼 수 없는 것은?** 2021.4.17. 경기

① 어린이통학버스
② 부상자를 운반 중인 차
③ 우편물자동차
④ 노면전차

TIP 사고발생 후 긴급한 경우 동승자로 하여금 신고하게 하고 운전을 계속할 수 있는 경우〈법 제54조 제5항〉
㉠ 긴급자동차의 운전자
㉡ 부상자를 운반 중인 차의 운전자
㉢ 우편물자동차 및 노면전차 등의 운전자

14 **다음 중 모든 운전자의 준수사항 등에 대한 내용으로 바르지 않은 것은?** 2021.4.17. 경기

① 모든 차 또는 노면전차의 운전자는 물이 고인 곳을 운행할 때에는 고인 물을 튀게 하여 다른 사람에게 피해를 주는 일이 없도록 하여야 한다.
② 어린이가 보호자 없이 도로를 횡단할 때, 어린이가 도로에서 앉아 있거나 서 있을 때 또는 어린이가 도로에서 놀이를 할 때 등 어린이에 대한 교통사고의 위험이 있는 것을 발견한 경우에는 일시정지 하여야 한다.
③ 앞을 보지 못하는 사람이 흰색 지팡이를 가지거나 장애인보조견을 동반하는 등의 조치를 하고 도로를 횡단하고 있는 경우에는 일시정지 하여야 한다.
④ 지하도나 육교 등 도로 횡단시설을 이용할 수 없는 지체장애인이나 노인 등이 도로를 횡단하고 있는 경우에는 서행하여야 한다.

TIP ④ 지하도나 육교 등 도로 횡단시설을 이용할 수 없는 지체장애인이나 노인 등이 도로를 횡단하고 있는 경우에는 일시 정지하여야 한다〈법 제49조 제1항 제2호〉.
※ 일시정지해야 하는 경우〈법 제49조 제1항 제2호〉
㉠ 어린이가 보호자 없이 도로를 횡단할 때, 어린이가 도로에서 앉아 있거나 서 있을 때 또는 어린이가 도로에서 놀이를 할 때 등 어린이에 대한 교통사고의 위험이 있는 것을 발견한 경우
㉡ 앞을 보지 못하는 사람이 흰색 지팡이를 가지거나 장애인보조견을 동반하는 등의 조치를 하고 도로를 횡단하고 있는 경우
㉢ 지하도나 육교 등 도로 횡단시설을 이용할 수 없는 지체장애인이나 노인 등이 도로를 횡단하고 있는 경우

Answer 13.① 14.④

15 다음 중 도로교통법상 운전자의 의무 등에 대한 설명으로 가장 올바르지 않은 것은? 2021.4.10. 대구

① 경찰공무원은 술에 취한 상태에서 자동차등, 노면전차 또는 자전거를 운전하였다고 인정할 만한 상당한 이유가 있는 경우에는 운전자가 술에 취하였는지를 호흡조사와 혈액채취 등의 방법으로 측정할 수 있다. 이 경우 운전자는 경찰공무원의 측정에 응하여야 한다.

② 자동차등(개인형 이동장치는 제외한다)의 운전자는 도로에서 2명 이상이 공동으로 2대 이상의 자동차등을 정당한 사유 없이 앞뒤로 또는 좌우로 줄지어 통행하면서 다른 사람에게 위해를 끼치거나 교통상의 위험을 발생하게 하여서는 아니 된다.

③ 요인 경호용, 구급용 및 장의용 자동차를 제외하고는 자동차 앞면 창유리의 가시광선 투과율이 70% 미만보다 낮아 교통안전 등에 지장을 줄 수 있는 차를 운전하지 말아야 한다.

④ 운전자는 긴급자동차를 운전하는 경우 운전 중 휴대용 전화를 사용할 수 있다.

TIP ① 경찰공무원은 교통의 안전과 위험방지를 위하여 필요하다고 인정하거나 술에 취한 상태에서 자동차 등을 운전하였다고 인정할 만한 상당한 이유가 있는 경우에는 운전자가 술에 취하였는지를 호흡조사로 측정할 수 있다. 이 경우 운전자는 경찰공무원의 측정에 응하여야 하며, 측정결과에 불복하는 운전자에 대하여는 그 운전자의 동의를 받아 혈액 채취 등의 방법으로 다시 측정할 수 있다〈법 제44조 제2항 및 제3항〉.

② 법 제46조 제1항

③ 법 제49조 제1항 제3호

④ 법 제49조 제1항 제10호

16 「도로교통법」상 모든 운전자의 준수사항으로 가장 옳지 않은 것은? 2020.6.13. 서울

① 지하도나 육교 등 도로 횡단시설을 이용할 수 없는 지체장애인이나 노인 등이 도로를 횡단하고 있는 경우 일시정지해야 한다.

② 앞면 창유리의 가시광선 투과율이 대통령령으로 정하는 기준보다 낮은 장의용 자동차는 운전하지 않아야 한다.

③ 운전 중에도 각종 범죄 및 재해 신고 시에는 휴대전화를 사용할 수 있다.

④ 운전자가 운전 중 볼 수 있는 위치에 영상이 표시되지 않아야 한다. 다만, 자동차등 또는 노면전차의 좌우 또는 전후방을 볼 수 있도록 도움을 주는 영상의 경우에는 그러하지 아니하다.

TIP ② 자동차의 앞면 창유리와 운전석 좌우 옆면 창유리의 가시광선의 투과율이 대통령령으로 정하는 기준보다 낮아 교통안전 등에 지장을 줄 수 있는 차를 운전하여서는 아니 된다. 다만, 요인(要人) 경호용, 구급용 및 장의용 자동차는 제외한다〈법 제49조 제1항 제3호〉.

Answer 15.① 16.②

출제예상문제

1 「도로교통법령」상 다음 중 무면허운전으로 볼 수 없는 경우는?

① 운전면허가 없는 사람이 군 운전면허를 가지고 군용차량이 아닌 일반차량을 운전하는 경우
② 연습면허를 받고 도로에서 운전연습을 하는 경우
③ 운전면허시험에 합격한 사람이 면허증을 교부받기 전에 운전하는 경우
④ 운전면허 효력이 정지된 기간 중에 운전하는 경우

TIP 무면허 운전에 해당하는 경우
㉠ 운전면허를 받지 않고 운전하는 경우
㉡ 운전면허가 없는 자가 단순히 군 운전면허를 가지고 군용차량이 아닌 차량을 운전하는 경우
㉢ 운전면허증의 종별에 따른 자동차 이외의 자동차를 운전한 경우
㉣ 면허가 취소된 자가 그 면허로 운전한 경우
㉤ 면허취소처분을 받은 자가 운전하는 경우
㉥ 운전면허 효력 정지 기간 중에 운전하는 경우
㉦ 운전면허시험에 합격한 후 면허증을 교부받기 전에 운전하는 경우
㉧ 연습면허를 받지 않고 운전연습을 하는 경우
㉨ 외국인이 입국 후 1년이 지난 상태에서의 국제운전면허를 가지고 운전하는 경우
㉩ 외국인이 국제면허를 인정하지 않는 국가에서 발급받은 국제면허를 가지고 운전하는 경우

2 「도로교통법」상 다음 (　　)안에 맞는 것은?

운전이 금지되는 술에 취한 상태의 기준은 운전자의 혈중알코올농도가 (　　)퍼센트 이상인 경우로 한다.

① 0.01퍼센트 이상인 경우
② 0.02퍼센트 이상인 경우
③ 0.03퍼센트 이상인 경우
④ 0.08퍼센트 이상인 경우

TIP 운전이 금지되는 술에 취한 상태의 기준은 운전자의 혈중알코올농도가 0.03퍼센트 이상인 경우로 한다〈법 제44조 제4항〉.

Answer 1.② 2.③

3 「도로교통법」상 음주운전에 대한 설명으로 옳은 것은?

① 자동차가 아닌 건설기계관리법상 건설기계는 도로교통법상 음주운전금지 대상이 아니다.
② 호흡 측정에 의한 음주 측정 결과에 불복하는 경우 다시 호흡 측정을 할 수 있다.
③ 이미 운전이 종료되고 귀가하여 교통안전과 위험 방지의 필요성이 소멸되었다면 음주측정 대상이 아니다.
④ 술에 취한 상태에 있다고 인정할 만한 상당한 이유가 있음에도 경찰공무원의 음주측정에 응하지 않은 사람은 운전면허가 취소된다.

TIP ① 누구든지 술에 취한 상태에서 자동차등(건설기계 포함)을 운전하여서는 아니 된다〈법 제44조 제1항〉.
② 측정 결과에 불복하는 운전자에 대하여는 그 운전자의 동의를 받아 혈액채취 등의 방법으로 다시 측정할 수 있다〈법 제44조 제3항〉.
③ 술에 취한 상태에서 자동차 등을 운전하였다고 인정할 만한 상당한 이유가 있는 때에는 사후에도 음주 측정을 할 수 있다〈법 제44조 제2항〉.
④ 법 제93조 제1항 제3호

4 「도로교통법 시행규칙」상 음주운전 측정방법의 종류는?

① 1종류 ② 2종류
③ 3종류 ④ 4종류

TIP 술에 취한 상태의 측정방법 등〈시행규칙 제27조의2〉
㉠ 호흡조사 : 호흡을 채취하여 술에 취한 정도를 객관적으로 환산하는 측정 방법
㉡ 혈액채취 : 혈액을 채취하여 술에 취한 정도를 객관적으로 환산하는 측정 방법

5 다음 중 경찰공무원이 위험방지를 위한 조치로 운전금지를 명하고 차를 이동시킬 수 있는 경우는?

① 무면허로 운전할 때 ② 난폭운전을 할 때
③ 술에 취한 상태로 운전할 때 ④ 공동 위험행위의 금지규정을 위반할 때

TIP 경찰공무원은 제44조(술에 취한 상태에서의 운전 금지) 및 제45조(과로한 때 등의 운전 금지)를 위반하여 자동차등 또는 노면전차를 운전하는 사람이나 제44조(술에 취한 상태에서의 운전 금지)를 위반하여 자전거등을 운전하는 사람에 대하여는 정상적으로 운전할 수 있는 상태가 될 때까지 운전의 금지를 명하고 차를 이동시키는 등 필요한 조치를 할 수 있다〈법 제47조 제2항〉.

Answer 3.④ 4.② 5.③

6 「도로교통법」상 자동차등의 운전자가 다음 중 둘 이상의 행위를 연달아 하거나, 하나의 행위를 지속 또는 반복할 경우 난폭운전에 해당된다. 난폭운전의 대상행위를 모두 고른 것은?

㉠ 신호 또는 지시 위반	㉡ 속도의 위반
㉢ 정당한 사유 없는 소음 발생	㉣ 고속도로등에서의 횡단 · 유턴 · 후진 금지 위반
㉤ 고속도로에서의 전용차로 위반	㉥ 급제동금지 위반

① ㉠㉡㉣㉤㉥　　② ㉠㉡㉢㉤㉥
③ ㉠㉡㉢㉣㉤㉥　　④ ㉠㉡㉢㉣㉥

TIP 난폭운전의 대상행위〈법 제46조의3〉
㉠ 신호 또는 지시 위반, 중앙선 침범, 속도의 위반
㉡ 횡단 · 유턴 · 후진금지 위반, 안전거리 미확보, 진로변경 금지 위반, 급제동 금지 위반
㉢ 앞지르기 방법 또는 앞지르기의 방해금지 위반
㉣ 정당한 사유 없는 소음 발생
㉤ 고속도로에서의 앞지르기 방법 위반
㉥ 고속도로등에서의 횡단 · 유턴 · 후진 금지 위반
※ 자동차등(개인형 이동장치는 제외한다)의 운전자는 난폭운전의 대상행위 중 둘 이상의 행위를 연달아 하거나, 하나의 행위를 지속 또는 반복하여 다른 사람에게 위협 또는 위해를 가하거나 교통상의 위험을 발생하게 하여서는 아니 된다〈법 제46조의3〉.

7 안전운전과 친환경 경제운전에 대하여 운전자가 지켜야 할 설명으로 옳은 것은?

① 차량의 속도는 도로상황과 관계없이 차량의 성능에 맞게 조정하여야 한다.
② 도로의 교통상황을 고려하여 제동장치를 정확하게 조작할 필요는 없다.
③ 차량을 경제적인 방법으로 운전하여 연료소모와 탄소배출을 줄이도록 노력해야 한다.
④ 타인에게 위험을 주지 않기 위해 모든 장치 조작을 생략해도 된다.

TIP 안전운전 및 친환경 경제운전의 의무〈법 제48조〉
㉠ 모든 차 또는 노면전차의 운전자는 차 또는 노면전차의 조향장치와 제동장치, 그 밖의 장치를 정확하게 조작하여야 하며, 도로의 교통상황과 차 또는 노면전차의 구조 및 성능에 따라 다른 사람에게 위험과 장해를 주는 속도나 방법으로 운전하여서는 아니 된다.
㉡ 모든 차의 운전자는 차를 친환경적이고 경제적인 방법으로 운전하여 연료소모와 탄소배출을 줄이도록 노력하여야 한다.

Answer 6.④ 7.③

8 「도로교통법」상 운전자가 어린이를 발견했을 때 일시정지 해야 할 상황으로 옳지 않은 것은?

① 어린이가 도로에서 앉아 있거나 서 있을 때
② 어린이에 대한 교통사고의 위험이 있는 것을 발견한 경우
③ 어린이가 도로에서 놀이를 할 때
④ 어린이가 보호자와 함께 도로를 횡단할 때

TIP 운전자가 어린이를 발견했을 때 일시정지 해야 하는 경우〈법 제49조 제1항 제2호 가목〉
㉠ 어린이가 보호자 없이 도로를 횡단할 때
㉡ 어린이가 도로에서 앉아 있거나 서 있을 때
㉢ 어린이가 도로에서 놀이를 할 때
㉣ 어린이에 대한 교통사고의 위험이 있는 것을 발견한 경우

9 자동차 창유리의 가시광선 투과율을 「도로교통법」에서 규제하고 있는 부분으로 옳은 것은?

① 앞뒤 모든 창유리
② 앞면, 운전석 좌우 옆면 창유리
③ 앞면, 운전석 좌우, 뒷면 창유리
④ 뒷좌석 좌우 옆면 창유리

TIP 자동차의 앞면 창유리와 운전석 좌우 옆면 창유리의 가시광선(可視光線)의 투과율이 대통령령으로 정하는 기준보다 낮아 교통안전 등에 지장을 줄 수 있는 차를 운전하여서는 아니 된다. 다만, 요인(要人) 경호용, 구급용 및 장의용(葬儀用) 자동차는 제외한다〈법 제49조 제1항 제3호〉.

10 「도로교통법」상 운전 중 제한되는 행위로 옳지 않은 것은?

① 안전을 확인하지 아니하고 차량의 문을 열거나 내리는 행위
② 정당한 사유 없이 자동차를 급히 출발시키거나 속도를 급격히 높이는 행위
③ 자동차의 화물 적재함에 사람을 태우고 운행하는 행위
④ 운전 중 정차하여 휴대용 전화를 사용하는 행위

TIP ④ 운전 중 정차한 경우에는 휴대용 전화를 사용할 수 있다〈법 제49조 제1항 제10호 가목〉
① 법 제49조 제1항 제7호
② 법 제49조 제1항 제8호 가목
③ 법 제49조 제1항 제12호

Answer 8.④ 9.② 10.④

11 「도로교통법」상 모든 운전자가 지켜야 할 사항으로 옳지 않은 것은?

① 물이 고인 곳을 운행할 때 다른 사람에게 물이 튀지 않도록 주의해야 한다.
② 승객이 차 안에서 춤을 추거나 고성방가를 할 경우에는 운전자의 승낙을 받아야 한다.
③ 도로에서 자동차를 세워둔 채 다른 차량의 통행을 방해해서는 안 된다.
④ 운전자가 차를 떠나는 경우에는 다른 사람이 운전하지 못하도록 필요한 조치를 해야 한다.

TIP ② 운전자는 승객이 차 안에서 안전운전에 현저히 장해가 될 정도로 춤을 추는 등 소란행위를 하도록 내버려두고 차를 운행하지 않아야 한다〈제49조 제1항 제9호〉.

12 「도로교통법」상 자동차가 주행 중에 영상표시장치를 볼 수 없는 경우는?

① 지리안내 또는 교통정보안내 영상을 보는 경우
② 자동차가 정지하고 있을 때 TV를 보는 경우
③ 신속한 뉴스속보를 전하는 영상을 보는 경우
④ 좌우 또는 전후방을 볼 수 있도록 도움을 주는 영상을 보는 경우

TIP 자동차가 주행 중일 때 영상을 볼 수 있는 경우〈법 제49조 제1항 제11호〉
㉠ 자동차등 또는 노면전차가 정지하고 있는 경우
㉡ 자동차등 또는 노면전차에 장착하거나 거치하여 놓은 영상표시장치에 다음의 영상이 표시되는 경우
- 지리안내 영상 또는 교통정보안내 영상
- 국가비상사태 · 재난상황 등 긴급한 상황을 안내하는 영상
- 운전을 할 때 자동차등 또는 노면전차의 좌우 또는 전후방을 볼 수 있도록 도움을 주는 영상

13 「도로교통법령」상 다음 중 특정 운전자가 준수해야 할 사항으로 옳지 않은 것은?

① 운송사업용 자동차의 운전자는 운행기록계가 설치되어 있지 않은 자동차를 운전하여서는 안 된다.
② 사업용 승용자동차의 운전자는 신고한 요금을 초과하는 요금을 받아서는 안 된다.
③ 이륜자동차와 원동기장치자전거(개인형 이동장치 제외)의 운전자는 승차용 안전모를 동승자에게도 착용하게 해야 한다.
④ 자전거 운전자가 낮에 도로를 통행할 때에는 발광장치를 착용해야 한다.

TIP ④ 자전거등의 운전자는 밤에 도로를 통행하는 때에는 전조등과 미등을 켜거나 야광띠 등 발광장치를 착용하여야 한다〈법 제50조 제9항〉.

Answer 11.② 12.③ 13.④

14 「도로교통법령」상 자동차(이륜자동차 제외) 좌석안전띠 착용에 대한 설명으로 옳지 않은 것은?

① 안전을 위하여 자동차의 승차자는 좌석 안전띠를 착용해야 한다.
② 일반도로에서도 운전자와 전 좌석의 동승자가 좌석안전띠를 착용해야 한다.
③ 긴급자동차의 운전자도 긴급한 용무로 출동하는 경우 이외에는 좌석 안전띠를 착용하여야 한다.
④ 전 좌석안전띠 착용은 의무이나 3세 미만 영유아는 보호자가 안고 동승이 가능하다.

TIP ④ 영유아가 좌석안전띠를 매어야 할 때에는 「어린이제품 안전 특별법」에 따른 안전인증을 받은 유아보호용 장구를 착용하여야 한다〈시행규칙 제30조〉.

※ 자동차(이륜자동차는 제외한다)의 운전자는 자동차를 운전할 때에는 좌석안전띠를 매어야 하며, 모든 좌석의 동승자에게도 좌석안전띠(영유아인 경우에는 유아보호용 장구를 장착한 후의 좌석안전띠를 말한다)를 매도록 하여야 한다. 다만, 질병 등으로 인하여 좌석안전띠를 매는 것이 곤란하거나 행정안전부령으로 정하는 사유가 있는 경우에는 그러하지 아니하다〈법 제50조 제1항〉.

15 「도로교통법령」상 운행기록계를 설치해야 하는 운송사업용자동차의 운전행위로 가장 바람직한 것은?

① 운행기록계가 설치되어 있지 않은 자동차를 운전하는 행위
② 고장 등으로 사용할 수 없는 운행기록계가 설치된 자동차를 운전하는 행위
③ 운행기록계를 원래의 목적대로 사용하지 아니하고 자동차를 운전하는 행위
④ 정기적인 운행기록계를 관리하여 사전에 고장 등을 예방하는 행위

TIP 운송사업용 자동차 등 운행기록계를 설치하여야 하는 자동차 운전자의 금지행위〈법 제50조 제5항〉

㉠ 운행기록계가 설치되어 있지 아니하거나 고장 등으로 사용할 수 없는 운행기록계가 설치된 자동차를 운전하는 행위
㉡ 운행기록계를 원래의 목적대로 사용하지 아니하고 자동차를 운전하는 행위
㉢ 승차를 거부하는 행위(사업용 승합자동차와 노면전차의 운전자에 한정한다)

16 「도로교통법시행규칙」상 개인형 이동장치 중 전동이륜평행차의 승차정원은?

① 1명　　② 2명
③ 3명　　④ 5명

TIP 개인형 이동장치의 승차정원〈시행규칙 제33조의3〉

㉠ 전동킥보드 및 전동이륜평행차의 경우 : 1명
㉡ 전동기의 동력만으로 움직일 수 있는 자전거의 경우 : 2명

Answer 14.④ 15.④ 16.①

17 「도로교통법시행규칙」상 승차용 안전모의 기준으로 옳지 않은 것은?

① 풍압에 의하여 차광용 앞창이 시야를 방해하지 아니할 것
② 인체에 상처를 주지 아니하는 구조일 것
③ 안전모의 뒷부분에는 야간운행에 대비하여 반사체가 부착되어 있을 것
④ 무게는 1.5킬로그램 이하일 것

TIP 인명보호장구의 기준〈시행규칙 제32조〉
㉠ 좌우, 상하로 충분한 시야를 가질 것
㉡ 풍압에 의하여 차광용 앞창이 시야를 방해하지 아니할 것
㉢ 청력에 현저하게 장애를 주지 아니할 것
㉣ 충격 흡수성이 있고, 내관통성이 있을 것
㉤ 충격으로 쉽게 벗어지지 아니하도록 고정시킬 수 있을 것
㉥ 무게는 2킬로그램 이하일 것
㉦ 인체에 상처를 주지 아니하는 구조일 것
㉧ 안전모의 뒷부분에는 야간운행에 대비하여 반사체가 부착되어 있을 것

18 음주운전방지장치 부착 조건부 운전면허를 받은 운전자가 지켜야 할 사항으로 옳지 않은 것은?

① 자동차등을 운전하려는 경우에는 음주운전방지장치를 설치한 후 시·도경찰청장에게 등록해야 한다.
② 음주운전 방지장치가 설치되지 않은 자동차등을 운전하여서는 아니 된다.
③ 기존 음주운전 방지장치가 설치·등록된 자동차등을 운전하고자 할 경우에는 신고나 등록하지 않고 운전할 수 있다.
④ 음주운전 방지장치 설치기준 및 방법에 필요한 사항은 대통령령으로 정한다.

TIP ④ 음주운전방지장치 설치기준·방법 및 등록기준·등록절차, 운행기록제출 및 검사의 시기·방법, 그 밖에 필요한 사항은 행정안전부령으로 정한다〈법 제50조의3 제7항〉
①③ 법 제50조의3 제1항
② 법 제50조의3 제3항
※ 누구든지 음주운전 방지장치 부착 조건부 운전면허를 받은 사람을 대신하여 음주운전 방지장치가 설치된 자동차등을 운전할 수 있도록 해당 장치에 호흡을 불어넣거나 다른 부정한 방법으로 음주운전 방지장치가 설치된 자동차등에 시동을 거는 행위를 하여서는 아니 된다〈법 제50조의3 제5항〉.

Answer 17.④ 18.④

19 다음은 「도로교통법」 제50조의3 제6항이다. (　　) 안에 알맞은 것은?

> 음주운전 방지장치의 설치 사항을 시·도경찰청장에게 등록한 자는 연 (　　) 이상 음주운전 방지장치 부착 자동차등의 운행기록을 시·도경찰청장에게 제출하여야 하며, 음주운전 방지장치의 정상 작동여부 등을 점검하는 검사를 받아야 한다

① 1회　　② 2회
③ 3회　　④ 5회

TIP 음주운전 방지장치의 설치 사항을 시·도경찰청장에게 등록한 자는 연 2회 이상 음주운전 방지장치 부착 자동차등의 운행기록을 시·도경찰청장에게 제출하여야 하며, 음주운전 방지장치의 정상 작동여부 등을 점검하는 검사를 받아야 한다〈법 제50조의3 제6항〉.

20 「도로교통법시행규칙」상 음주운전 방지장치의 설치기준으로 옳지 않은 것은?

① 음주운전 방지장치가 갖추어야 하는 부품 및 기능의 기준을 갖출 것
② 음주운전 방지장치를 운전자등 외에는 임의로 해체하거나 조작할 수 없도록 할 것
③ 자동차등의 운행에 지장이 없도록 할 것
④ 음주운전 방지장치의 효용을 해칠 수 없도록 할 것

TIP ② 음주운전 방지장치를 임의로 해체하거나 조작 또는 그 밖의 방법으로 효용을 해칠 수 없도록 하여야 한다〈시행규칙 제33조의4 제2호〉.

21 「도로교통법시행규칙」상 음주운전방지장치 등록증명서를 발급하는 기관은?

① 경찰청장　　② 시·도경찰청장
③ 시·군·구청장　　④ 한국도로교통공단

TIP 음주운전 방지장치를 등록하려는 사람은 음주운전 방지장치 등록신청서를 한국도로교통공단에 제출하고 한국도로교통공단이 심사 후 음주운전 방지장치 등록증명서를 발급한다〈시행규칙 제33조의5〉.

Answer 19.② 20.② 21.④

22 「도로교통법령」상 음주운전 방지장치 등록자가 음주운전 방지장치의 운행기록을 제출해야 하는 기한은?

① 정상 작동여부 검사 기간 말일의 다음 날부터 3개월마다 제출해야 한다.
② 정상 작동여부 검사 기간 말일의 다음 날부터 6개월마다 제출해야 한다.
③ 정상 작동여부 검사 기간 종료일의 다음 날부터 3개월마다 제출해야 한다.
④ 정상 작동여부 검사 기간 종료일의 다음 날부터 6개월마다 제출해야 한다.

TIP 음주운전 방지장치 등록자는 음주운전 방지장치에 기록된 운행기록을 정상 작동여부 검사 기간 말일의 다음 날부터 6개월마다 제출해야 한다〈시행규칙 제33조의8 제1항〉.

23 다음은 「도로교통법시행규칙」 제33조의11의 법조항이다. ( ) 안에 알맞은 것은?

> ( )은 등록된 음주운전 방지장치 중 정상 작동여부 검사 기간이 지난 음주운전 방지장치에 대하여 그 기간이 지난 날부터 ( ) 이내에 음주운전 방지장치 등록자에게 정상 작동여부 검사 기간이 지난 사실과 정상 작동여부 검사를 받지 않는 경우에 부과되는 과태료의 금액 및 근거 법규를 우편, 전자우편 또는 휴대전화를 이용한 문자메시지 등으로 통지해야 한다.

① 시 · 도경찰청장, 7일
② 시 · 도경찰청장, 10일
③ 한국도로교통공단, 7일
④ 한국도로교통공단, 10일

TIP 한국도로교통단은 등록된 음주운전 방지장치 중 정상 작동여부 검사 기간이 지난 음주운전 방지장치에 대하여 그 기간이 지난 날부터 10일 이내에 음주운전 방지장치 등록자에게 다음의 사항을 우편, 전자우편 또는 휴대전화를 이용한 문자메시지 등으로 통지해야 한다〈시행규칙 제33조의11〉.
㉠ 정상 작동여부 검사 기간이 지난 사실
㉡ 정상 작동여부 검사를 받지 않는 경우에 부과되는 과태료의 금액 및 근거 법규.

24 「도로교통법」상 어린이통학버스에 대한 설명으로 옳지 않은 것은?

① 어린이통학버스를 운영하려는 사람은 관할 경찰서장으로부터 신고증명서를 발급받아야 한다.
② 어린이통학버스로 사용할 수 있는 자동차는 대통령령으로 정하는 자동차로 한정한다.
③ 어린이통학버스를 운영하는 사람은 어린이통학버스 안에 신고증명서를 항상 갖추어 두어야 한다.
④ 어린이통학버스는 도색 · 표지, 보험가입, 소유관계 등 대통령령으로 정하는 요건을 갖추어야 한다.

TIP ②④ 어린이통학버스로 사용할 수 있는 자동차는 행정안전부령으로 정하는 자동차로 한정한다. 이 경우 그 자동차는 도색 · 표지, 보험가입, 소유 관계 등 대통령령으로 정하는 요건을 갖추어야 한다〈법 제52조 제3항〉.
① 법 제52조 제1항
③ 법 제52조 제2항

Answer 22.② 23.④ 24.②

25 「도로교통법시행령」상 어린이통학버스의 요건으로 옳지 않은 것은?

① 등록원부에 어린이교육시설등의 운전자명의로 등록되어 있는 자동차이어야 한다.
② 자동차안전기준에서 정한 어린이운송용 승합자동차의 구조를 갖추어야 한다.
③ 교통사고로 인한 피해를 전액 배상할 수 있도록 보험 또는 공제조합에 가입되어 있어야 한다.
④ 어린이통학버스 앞면 창유리 우측상단과 뒷면 창유리 중앙하단의 보기 쉬운 곳에 어린이 보호표지를 부착하여야 한다.

TIP ① 등록원부에 어린이교육시설등의 장의 명의로 등록되어 있는 자동차 또는 어린이교육시설등의 장이 전세버스운송사업자와 운송계약을 맺은 자동차이어야 한다〈시행령 제31조 제4호〉

26 「도로교통법시행규칙」상 어린이통학버스 신고증명서에 대한 설명으로 옳지 않은 것은?

① 관할경찰서장이 신고증명서를 교부하고 어린이 시설이 폐쇄된 경우에는 신고증명서를 회수한다.
② 신고증명서는 어린이통학버스의 운전석 앞쪽 창유리에 부착하여야 한다.
③ 신고증명서가 헐어 못쓰게 되어 다시 신청할 때에는 헐어 못쓰게 된 신고증명서를 재교부신청서에 첨부하여 제출하여야 한다.
④ 신고증명서를 신청할 때에는 어린이통학버스신고서에 보험가입증명서 사본 및 학교 등기·인가 신고서 또는 학원 등록 신고서 사본을 첨부하여야 한다.

TIP ② 어린이통학버스 신고증명서는 그 자동차의 앞면 창유리 우측상단의 보기 쉬운 곳에 부착하여야 한다〈시행규칙 제35조 제3항〉.
① 시행규칙 제35조 제2항 및 제37조 제2호
③ 시행규칙 제35조 제4항
④ 시행규칙 제35조 제1항

27 「도로교통법령」상 어린이통학버스 운전자 및 운영자등의 의무에 대한 설명으로 옳지 않은 것은?

① 어린이통학버스 운전자는 어린이나 영유아가 타고 내리는 경우에만 점멸등을 작동하여야 한다.
② 어린이통학버스 운전자는 승차한 모든 어린이나 영유아가 좌석안전띠를 매도록 한 후 출발한다.
③ 어린이통학버스에 어린이를 태울 때에는 어린이통학버스를 운영하는 자가 지명한 보호자를 함께 태우고 운행하여야 한다.
④ 어린이통학버스 운전자는 안전운행기록을 작성·보관하고 매 분기 주무기관의 장에게 제출하여야 한다.

TIP ④ 어린이통학버스를 운영하는 자는 좌석안전띠 착용 및 보호자 동승 확인 기록(이하 "안전운행기록"이라 한다)을 작성·보관하고 매 분기 어린이통학버스를 운영하는 시설을 감독하는 주무기관의 장에게 안전운행기록을 제출하여야 한다〈법 제53조 제7항〉.

Answer 25.① 26.② 27.④

28 **어린이통학버스의 운전자 및 운영자 등과 관련이 없는 것은?**

① 어린이 하차확인장치 ② 보호자 동승표지
③ 과속운전 방지장치 ④ 안전운행기록

TIP ① 어린이통학버스를 운전하는 사람이 어린이나 영유아의 하차 여부를 확인할 때에는 어린이 하차확인장치를 작동하여야 한다〈법 제53조 제5항〉.
② 어린이통학버스를 운영하는 자는 보호자를 함께 태우고 운행하는 경우에는 보호자 동승표지를 부착할 수 있다〈법 제53조 제6항〉.
④ 어린이통학버스를 운영하는 자는 안전운행기록을 작성 · 보관하여야 한다〈법 제53조 제7항〉.

29 **어린이통학버스 안전교육을 받아야 하는 대상에 포함되지 않는 사람은?**

① 어린이통학버스를 운영하는 사람 ② 어린이통학버스를 운전하는 사람
③ 어린이통학버스를 이용하는 어린이 ④ 어린이통학버스에 동승하는 보호자

TIP 어린이통학버스를 운영하는 사람과 운전하는 사람 및 어린이통학버스에 동승하는 보호자는 어린이통학버스의 안전운행 등에 관한 교육(이하 "어린이통학버스 안전교육"이라 한다)을 받아야 한다〈제53조의3 제1항〉.

30 **「도로교통법령」상 어린이 통학버스 안전교육 대상자의 교육시간은?**

① 1시간 이상 ② 2시간 이상
③ 3시간 이상 ④ 4시간 이상

TIP 어린이통학버스의 안전교육은 교통안전을 위한 어린이 행동특성, 어린이통학버스의 운영 등과 관련된 법령, 어린이 통학버스의 주요 사고사례분석, 그 밖에 운전 및 승차하차 중 어린이 보호를 위하여 필요한 사항 등에 대하여 강의 · 시청각교육 등의 방법으로 3시간 이상 실시한다〈시행령 제31조의2 제3항〉.

31 **어린이통학버스 동승보호자 교육확인증의 비치장소로 적절한 곳은?**

① 어린이교육시설등의 내부에 비치한다. ② 어린이통학버스의 내부에 비치한다.
③ 동승보호자 휴게실에 비치한다. ④ 어린이통학버스의 탑승장소에 붙인다.

TIP 교육확인증의 비치장소〈시행령 제31조의2 제5항〉
㉠ 운영자 교육확인증 : 어린이교육시설등 내부의 잘 보이는 곳
㉡ 운전자 및 동승보호자 교육확인증 : 어린이통학버스의 내부

Answer 28.③ 29.③ 30.③ 31.②

32 「도로교통법」상 어린이통학버스 관련 의무 위반 정보를 제공하는 기관은?

① 경찰청장　　② 시 · 도경찰청장
③ 관할 경찰서장　　④ 한국도로교통공단

TIP 경찰서장은 어린이통학버스를 운영하는 사람이나 운전하는 사람이 제53조 또는 제53조의5를 위반하거나 제53조(어린이통학버스 운전자 및 운영자 등의 의무) 또는 제53조의5(보호자가 동승하지 아니한 어린이통학버스 운전자의 의무)를 위반하여 어린이를 사상(死傷)하는 사고를 유발한 때에는 어린이 교육시설을 감독하는 주무기관의 장에게 그 정보를 제공하여야 한다〈법 제53조의4 제1항〉.

33 대안학교 · 외국인학교시설에서 어린이가 승차 또는 하차할 때 어린이의 승하차를 도와주는 보호자가 탑승하지 않은 어린이통학버스 운전자의 올바른 운전방법은?

① 교통량이 최대한 적은 도로를 선택한 후 보도와 가까운 위치에 어린이통학버스를 정차시킨다.
② 어린이의 안전한 승하차를 확인한 후 신속하게 어린이통학버스를 출발시킨다.
③ 도로의 횡단보도와 가장 가까운 위치에 어린이통학버스를 정차시킨다.
④ 안전한 승하차의 확인을 위해 자동차에서 내린다.

TIP 보호자가 동승하지 아니한 어린이통학버스 운전자의 의무〈법 제53조의5〉
㉠ 어린이통학버스 소유대상시설 : 유아교육진흥원 · 대안학교 · 외국인학교, 교습소 및 아동복지시설(아동보호전문기관 제외), 청소년수련시설, 장애인복지시설(장애인 직업재활시설 제외), 공공도서관, 시 · 도평생교육진흥원 및 시 · 군 · 구평생학습관, 사회복지시설 및 사회복지관의 시설의 시설
㉡ 운전자의 의무 : 어린이의 승차 또는 하차를 도와주는 보호자를 태우지 아니한 어린이통학버스를 운전하는 사람은 어린이가 승차 또는 하차하는 때에 자동차에서 내려서 어린이나 영유아가 안전하게 승하차하는 것을 확인하여야 한다.

34 다음 중 교통사고 발생 시에 경찰공무원에게 신고하지 않아도 되는 경우는?

① 차량만 손괴되고 도로 위험방지를 위한 조치를 완료한 경우
② 사상자를 구호하는 등 필요한 조치를 한 경우
③ 사상자가 발생하여 경찰공무원이 현장에 있는 경우
④ 부상을 입은 피해자가 인적사항을 제공하지 않은 경우

TIP 교통사고 차량 또는 노면전차의 운전자등은 경찰공무원이 현장에 있을 때에는 그 경찰공무원에게, 경찰공무원이 현장에 없을 때에는 가장 가까운 국가경찰관서(지구대, 파출소 및 출장소를 포함한다)에 지체 없이 신고하여야 한다. 다만, 차 또는 노면전차만 손괴된 것이 분명하고 도로에서의 위험방지와 원활한 소통을 위하여 필요한 조치를 한 경우에는 그러하지 아니하다〈법 제54조 제2항〉.

Answer 32.① 33.④ 34.①

35 **교통사고 발생 시 긴급을 요하는 경우 동승자에게 사고발생 시의 조치를 하도록 하고 운전을 계속할 수 있는 차량은?**

① 화재진압 후 소방서로 돌아오는 소방자동차　② 병원으로 부상자를 운반 중인 승용자동차
③ 위험물질을 싣고 가던 화물자동차　④ 교통사고 현장으로 출동하는 견인자동차

TIP 긴급자동차, 부상자를 운반 중인 차, 우편물자동차 및 노면전차 등의 운전자는 긴급한 경우에는 동승자 등으로 하여금 사고발생 시의 조치나 신고를 하게한 후 운전을 계속할 수 있다〈법 제54조 제5항〉.

36 **교통사고가 발생했을 때 경찰공무원이 반드시 조사해야 하는 사항으로 옳지 않은 것은?**

① 사고발생 일시 및 장소
② 사고현장에 남아 있는 운행기록장치 등 증거 수집
③ 사고관련자의 운전면허유효 여부
④ 차량등록 여부와 보험가입 여부

TIP ② 사람이 죽거나 다치지 아니한 교통사고로서 공소를 제기할 수 없는 경우에는 사고현장에 남아 있는 운행기록장치 등의 증거수집에 대한 조사는 생략할 수 있다〈시행령 제32조 단서〉.
※ 교통사고가 발생 시 경찰공무원이 반드시 조사해야 하는 사항〈시행령 제32조〉
㉠ 교통사고 발생 일시 및 장소
㉡ 교통사고 피해 상황
㉢ 교통사고 관련자, 차량등록 및 보험가입 여부
㉣ 운전면허의 유효 여부, 술에 취하거나 약물을 투여한 상태에서의 운전 여부 및 부상자에 대한 구호조치 등 필요한 조치의 이행 여부

37 **다음 중 경찰공무원이 교통사고를 조사한 후 작성해야 하는 보고서에 대한 설명으로 옳은 것은 ?**

① 자치경찰공무원이 교통사고를 조사한 경우에는 교통사고보고서를 자치단체장에게 보고하여야 한다.
② 단순 물적피해 교통사고의 경우에도 모든 조사항목이 포함된 교통사고보고서를 작성하여야 한다.
③ 시·도경찰청장은 그 관할구역 안에서 교통사고를 일으킨 사람에 대하여는 벌점을 산정하여야 한다.
④ 일부 조사항목을 생략하는 경우에도 교통사고 조사보고서를 작성하여야 한다.

TIP ① 경찰공무원(자치경찰공무원은 제외한다)이 교통사고를 조사한 경우에는 교통사고보고서를 작성하여 경찰서장에게 보고하여야 한다〈시행규칙 제38조 제1항〉.
②④ 조사항목의 일부를 생략하는 경우에는 단순 물적피해 교통사고 조사보고서를 작성하여야 한다〈시행규칙 제38조 제1항 단서〉.
③ 경찰서장은 그 관할구역 안에서 교통사고를 일으킨 사람에 대하여는 벌점을 산정한다〈시행규칙 제38조 제2항〉.

Answer 35.② 36.② 37.④

38 **다음 중 교통사고 발생 시 부상자의 의식상태를 확인하는 방법으로 가장 먼저 해야 할 것은?**

① 어느 부위에 출혈이 심한지 살펴본다.
② 부상자의 호흡과 맥박 유무를 확인한다.
③ 말을 걸어보거나 팔을 꼬집어 눈동자를 확인한다.
④ 머리를 뒤로 충분히 젖힌 뒤 입안을 살펴서 기도에 이물질이 있는지 확인한다.

TIP 교통사고 시 부상자의 의식상태 확인방법
㉠ 부상자에게 말을 걸어본다
㉡ 어깨를 가볍게 두드려 보거나 팔을 꼬집어본다.
㉢ 눈동자를 확인한 후 의식이 있으면 말로 안심시킨다.

39 **다음 중 「도로교통법」 제56조에 따라 고용주가 운전을 금지시킬 수 있는 경우에 해당하지 않는 것은?**

① 무면허운전
② 음주운전
③ 고장차량의 운전
④ 과로한 때 등의 운전

TIP 고용주등의 의무〈법 제56조〉
㉠ 운전자에게 도로교통법이나 도로교통법에 따른 명령을 지키도록 항상 주의시키고 감독하여야 한다.
㉡ 무면허운전 등의 금지, 음주운전금지, 과로한 때 등의 운전 금지의 규정에 따라 운전을 하여서는 아니 되는 운전자가 자동차등 또는 노면전차를 운전하는 것을 알고도 말리지 아니하거나 그러한 운전자에게 자동차등 또는 노면전차를 운전하도록 시켜서는 아니 된다.

Answer 38.③ 39.③

40 「도로교통법」상 자율주행자동차 운전자의 준수사항으로 옳지 않은 것은?

① 자율주행시스템의 직접 운전요구가 있을 경우 지체 없이 조향장치나 제동장치를 직접 조작하여 운전해야 한다.

② 자율주행자동차의 교육과정, 교육방법 등에 관한 사항은 행정안전부령으로 정한다.

③ 임시운행허가를 받은 자율주행자동차의 운전자는 자율주행자동차 안전교육을 받아야 한다.

④ 자율주행시스템 사용 시 영상표시장치 표시 및 조작 금지규정은 적용되지 않는다.

TIP ② 자율주행자동차 안전교육의 교육과정, 교육방법 등에 관하여 필요한 사항은 대통령령으로 정한다〈법 제56조의3 제2항〉.

① 법 제56조의2 제1항

③ 법 제56조의3 제1항

④ 법 제56조의2 제2항

Answer 40.②

05 고속도로 및 자동차전용도로에서의 특례

section 1 고속도로 및 자동차전용도로

1 고속도로등의 개요

(1) 개념과 특성

① 고속도로 및 자동차전용도로의 개념

㉠ **고속도로** : 고속도로란 자동차의 고속운행에만 사용하기 위하여 지정된 도로를 말한다.

㉡ **자동차전용도로** : 자동차전용도로란 자동차만 다닐 수 있도록 설치된 도로를 말한다.

② 고속도로의 특성

㉠ **고속주행** : 최저속도 최고속도의 제한이 정해져 있어 안전한 고속주행이 가능하다.

㉡ **차선분리** : 상하행 차선이 중앙분리대나 방호벽으로 분리되어 있어 반대방향차량과의 충돌위험이 적다.

㉢ **출입의 통제** : 보행자, 자전거, 오토바이 등 이륜차의 출입이 금지된다.

㉣ **차량의 출입** : 인터체인지에서만 차량의 진 · 출입이 가능하고 타 시설과의 연계를 제한한다.

㉤ **교통시설물의 설치** : CCTV, 교통정보전광판 등 안전을 위한 다양한 시설물들이 설치되어 있다

㉥ **요금의 징수** : 고속도로의 유지 · 관리를 위한 요금을 징수한다.

㉦ **대피소 및 휴게소** : 일정한 거리마다 졸음쉼터나 휴게소가 마련되어 있다.

자동차전용도로의 특성

- 자동차전용도로는 고속도로보다 속도제한이 낮고 차선 수가 적으며 요금이 부과되지 않는 경우가 많다.
- 보행자와 이륜차의 출입이 금지되어 안전성을 높이지만 고속도로와 달리 일반도로와 더 쉽게 연결되어 입출입 통제가 비교적 적은편이다.

(2) 통칙〈법 제57조〉

① **통행방법의 규정** : 고속도로 또는 자동차전용도로(이하 "고속도로등"이라 한다)에서의 자동차 또는 보행자의 통행방법 등은 이 장에서 정하는 바에 따른다.

② **이외의 규정** : 이 장에서 규정한 것 외의 사항에 관하여는 도로교통법 제1장부터 제4장까지의 규정에서 정하는 바에 따른다.

❷ 위험방지 조치 및 교통안전시설의 설치 · 관리

(1) 위험방지 등의 조치〈법 제58조〉 2022년 경기

① 위험방지 조치권자 : 경찰공무원(자치경찰공무원은 제외한다)

② 위험방지 조치사유

㉠ 도로의 손괴

㉡ 교통사고의 발생

㉢ 그 밖의 사정으로 고속도로등에서 교통이 위험 또는 혼잡하거나 그러할 우려가 있을 때

③ 조치범위와 내용

㉠ **조치범위** : 교통의 위험 또는 혼잡을 방지하고 교통의 안전 및 원활한 소통을 확보하기 위하여 필요한 범위

㉡ **필요한 조치** : 진행 중인 자동차의 통행을 일시 금지 또는 제한하거나 그 자동차의 운전자에게 필요한 조치를 명할 수 있다.

(2) 교통안전시설의 설치 및 관리〈법 제59조〉

① 설치 및 관리

㉠ **설치 및 관리권자** : 고속도로의 관리자

㉡ **설치 · 관리** : 고속도로에서 일어나는 위험을 방지하고 교통의 안전과 원활한 소통을 확보하기 위하여 교통안전시설을 설치 · 관리하여야 한다.

㉢ **경찰청장과 협의** : 고속도로의 관리자가 교통안전시설을 설치하려면 경찰청장과 협의하여야 한다.

② **경찰청장의 지시** : 경찰청장은 고속도로의 관리자에게 교통안전시설의 관리에 필요한 사항을 지시할 수 있다.

❸ 갓길 통행금지 및 고속도로 전용차로의 설치

(1) 갓길 통행금지〈법 제60조〉

① 차로통행 및 갓길 통행금지

㉠ 차로에 따라 통행 : 고속도로등에서 자동차의 고장 등 부득이한 사정이 있는 경우를 제외하고는 행정안전부령으로 정하는 차로에 따라 통행하여야 한다.

㉡ 갓길 통행의 금지 : 자동차의 운전자는 갓길(「도로법」에 따른 길어깨를 말한다)로 통행하여서는 아니 된다.

㉢ 통행방법의 결정 · 고시〈시행규칙 제39조 제2항〉

- 결정권자 : 경찰청장
- 통행방법의 결정 : 경찰청장은 고속도로에서의 교통의 안전과 원활한 소통을 확보하기 위하여 특히 필요하다고 인정되는 경우에는 통행방법을 따로 정하여 고시할 수 있다.

② 갓길을 통행할 수 있는 경우

㉠ 긴급자동차와 고속도로등의 보수 · 유지 등의 작업을 하는 자동차를 운전하는 경우

㉡ 차량정체 시 신호기 또는 경찰공무원등의 신호나 지시에 따라 갓길에서 자동차를 운전하는 경우

③ 고속도로에서의 앞지르기

㉠ 다른 차를 앞지르려면 방향지시기, 등화 또는 경음기를 사용한다.

㉡ 행정안전부령으로 정하는 차로로 안전하게 통행하여야 한다.

(2) 고속도로 전용차로의 설치〈법 제61조〉 2021년 대구

① 전용차로의 설치

㉠ 설치권자 : 경찰청장

㉡ 설치 : 경찰청장은 고속도로의 원활한 소통을 위하여 특히 필요한 경우에는 고속도로에 전용차로를 설치할 수 있다.

② 버스전용차로로 통행할 수 있는 차〈시행령 제9조 제1항 별표1〉

㉠ 승용자동차 : 9인승 이상 승용자동차

㉡ 승합자동차 : 승용자동차 또는 12인승 이하의 승합자동차는 6명 이상이 승차한 경우로 한정한다.

버스전용차로를 통행할 수 있는 차량을 따로 정할 수 있는 경우〈시행령 제9조 제1항 별표1 비고〉

- 경찰청장 : 경찰청장은 설날 · 추석 등의 특별교통관리기간 중 특히 필요하다고 인정할 때에는 고속도로 버스전용차로를 통행할 수 있는 차를 따로 정하여 고시할 수 있다.
- 시장등 : 시장등은 고속도로 버스전용차로와 연결되는 고속도로 외의 도로에 버스전용차로를 설치하는 경우에는 교통의 안전과 원활한 소통을 위하여 그 버스전용차로를 통행할 수 있는 차의 종류, 설치구간 및 시행시기 등을 따로 정하여 고시할 수 있다.

(3) **고속도로에서 차로에 따른 통행차의 기준**〈시행규칙 제16조 제1항 별표9〉

① 편도 2차로

차로구분	통행할 수 있는 차종
1차로	• 앞지르기를 하려는 모든 자동차. 다만, 차량통행량 증가 등 도로상황으로 인하여 부득이하게 시속 80킬로미터 미만으로 통행할 수밖에 없는 경우에는 앞지르기를 하는 경우가 아니라도 통행할 수 있다.
2차로	• 모든 자동차

② 편도 3차로 이상

차로구분	통행할 수 있는 차종
1차로	• 앞지르기를 하려는 승용자동차 및 앞지르기를 하려는 경형 · 소형 · 중형 승합자동차 • 다만, 차량통행량 증가 등 도로상황으로 인하여 부득이하게 시속 80킬로미터 미만으로 통행할 수밖에 없는 경우에는 앞지르기를 하는 경우가 아니라도 통행할 수 있다.
왼쪽 차로	• 승용자동차 및 경형 · 소형 · 중형 승합자동차
오른쪽 차로	• 대형 승합자동차, 화물자동차, 특수자동차, 덤프트럭, 아스팔트살포기, 노상안정기, 콘크리트믹서트럭, 콘크리트펌프, 천공기(트럭적재식을 말한다)

◆ 고속도로에서 왼쪽 차로와 오른쪽 차로의 뜻

• 왼쪽 차로 : 1차로를 제외한 차로를 반으로 나누어 그 중 1차로에 가까운 부분의 차로. 다만, 1차로를 제외한 차로의 수가 홀수인 경우 그 중 가운데 차로는 제외한다.
• **오른쪽 차로** : 1차로와 왼쪽 차로를 제외한 나머지 차로

section 2 고속도로에서의 금지 및 준수사항

1 고속도로에서의 금지행위

(1) **횡단 등의 금지**〈법 제62조〉

① 횡단 · 유턴 · 후진 금지 : 자동차의 운전자는 그 차를 운전하여 고속도로등을 횡단하거나 유턴 또는 후진하여서는 아니 된다.

② 횡단 · 유턴 · 후진 할 수 있는 자동차

㉠ 긴급한 목적을 수행 중인 긴급자동차
㉡ 도로의 위험을 방지 · 제거작업을 위해 보수 · 유지 등의 작업을 하는 자동차
㉢ 교통사고에 대한 응급조치작업 중인 자동차

(2) 통행 등의 금지〈법 제63조〉

자동차(이륜자동차는 긴급자동차만 해당한다) 외의 차마의 운전자 또는 보행자는 고속도로등을 통행하거나 횡단하여서는 아니 된다.

(3) 고속도로등에서의 정차 및 주차의 금지〈법 제64조〉

① **정차 및 주차금지** : 고속도로등에서 차를 정차하거나 주차시켜서는 아니 된다.

② **정차 및 주차를 할 수 있는 경우** 2024년 서울
㉠ 법령의 규정 또는 경찰공무원(자치경찰공무원은 제외한다)의 지시에 따르거나 위험을 방지하기 위하여 일시 정차 또는 주차시키는 경우
㉡ 정차 또는 주차할 수 있도록 안전표지를 설치한 곳이나 정류장에서 정차 또는 주차시키는 경우
㉢ 고장이나 그 밖의 부득이한 사유로 길가장자리구역(갓길을 포함한다)에 정차 또는 주차시키는 경우
㉣ 통행료를 내기 위하여 통행료를 받는 곳에서 정차하는 경우
㉤ 도로의 관리자가 고속도로등을 보수 · 유지 또는 순회하기 위하여 정차 또는 주차시키는 경우
㉥ 경찰용 긴급자동차가 고속도로등에서 범죄수사, 교통단속이나 그 밖의 경찰임무를 수행하기 위하여 정차 또는 주차시키는 경우
㉦ 소방차가 고속도로등에서 화재진압 및 인명 구조 · 구급 등 소방활동, 소방지원활동 및 생활안전활동을 수행하기 위하여 정차 또는 주차시키는 경우
㉧ 경찰용 긴급자동차 및 소방차를 제외한 긴급자동차가 사용 목적을 달성하기 위하여 정차 또는 주차시키는 경우
㉨ 교통이 밀리거나 그 밖의 부득이한 사유로 움직일 수 없을 때에 고속도로등의 차로에 일시 정차 또는 주차시키는 경우

(4) 고속도로 진입 시의 우선순위〈법 제65조〉

① **고속도로 진입시** : 자동차(긴급자동차 제외)의 운전자는 고속도로에 진입하고자 할 때에 그 고속도로를 통행하고 있는 다른 자동차의 통행을 방해하여서는 안 된다.

② **긴급자동차 진입방해 금지** : 긴급자동차 외의 자동차의 운전자는 긴급자동차가 고속도로에 들어가는 때에는 그 진입을 방해하여서는 안 된다.

❷ 자동차 고장시의 조치

(1) 고장 등의 조치〈법 제66조〉

① 고장자동차의 표지 설치 : 고장이나 그 밖의 사유로 고속도로등에서 자동차를 운행할 수 없게 되었을 때에는 고장자동차의 표지를 설치하여야 한다.

② 다른 곳으로 이동조치 : 고장자동차를 고속도로등이 아닌 다른 곳으로 옮겨 놓는 등의 필요한 조치를 하여야 한다.

(2) 운전자의 고속도로 등에서의 준수사항〈법 제67조〉

① 고장자동차 표지 비치 : 고속도로 등을 운행하는 자동차의 운전자는 교통의 안전과 원활한 소통을 확보하기 위하여 고장자동차의 표지를 항상 비치하여야 한다.

② 자동차 고장시 도로의 우측에 정지 : 고장이나 그 밖의 부득이한 사유로 자동차를 운행할 수 없게 되었을 때에는 자동차를 도로의 우측 가장자리에 정지시켜야 한다.

③ 고장 표지의 설치 : 행정안전부령으로 정하는 바에 따라 고장 등 그 표지를 설치하여야 한다.

(3) 고장자동차의 표지〈시행규칙 제40조〉

① 설치해야 하는 표지 2021년 서울

㉠ 안전삼각대

㉡ 사방 500미터 지점에서 식별할 수 있는 적색의 섬광신호 · 전기제등 또는 불꽃신호(밤에 고장이나 그 밖의 사유로 고속도로등에서 자동차를 운행할 수 없게 되었을 때로 한정한다)

② 설치위치 : 고장자동차의 표지를 설치하는 경우 그 자동차의 후방에서 접근하는 자동차의 운전자가 확인할 수 있는 위치에 설치하여야 한다.

최근기출문제

1 「도로교통법」 제64조에서 자동차의 운전자는 고속도로 등에서 차를 정차하거나 주차시켜서는 아니 되나, 예외가 되는 경우가 아닌 것은? 2024.6.22. 서울

① 통행료를 내기 위하여 통행료를 받는 곳에서 정차하는 경우
② 도로의 관리자가 고속도로 등을 보수 · 유지 또는 순회하기 위하여 정차 또는 주차시키는 경우
③ 자치경찰공무원의 지시에 따르거나 위험을 방지하기 위하여 일시 정차 또는 주차시키는 경우
④ 정차 또는 주차할 수 있도록 안전표지를 설치한 곳이나 정류장에서 정차 또는 주차시키는 경우

TIP ③ 경찰공무원(자치경찰공무원은 제외한다)의 지시에 따르거나 위험을 방지하기 위하여 일시 정차 또는 주차시키는 경우에는 정차 및 주차금지할 수 있다〈법 제64조 제1호〉.

2 다음 중 고속도로에서의 관리 및 조치 등에 대한 설명으로 틀린 설명은? 2022.4.23. 경기

① 고속도로의 관리자는 고속도로에서 일어나는 위험을 방지하고 교통의 안전과 원활한 소통을 확보하기 위하여 교통안전시설을 설치 · 관리하여야 한다.
② 고속도로의 관리자가 교통안전시설을 설치하려면 경찰청장과 협의하여야 한다.
③ 경찰청장은 고속도로의 원활한 소통을 위하여 특히 필요한 경우에는 고속도로에 전용차로를 설치할 수 있다.
④ 자치경찰공무원은 도로의 손괴, 교통사고의 발생이나 그 밖의 사정으로 고속도로 등에서 교통이 위험 또는 혼잡하거나 그러할 우려가 있을 때에는 교통의 위험 또는 혼잡을 방지하고 교통의 안전 및 원활한 소통을 확보하기 위하여 필요한 범위에서 진행 중인 자동차의 통행을 일시 금지 또는 제한하거나 그 자동차의 운전자에게 필요한 조치를 명할 수 있다.

TIP 위험방지 등의 조치〈법 제58조〉 … 경찰공무원(자치경찰공무원은 제외한다)은 도로의 손괴, 교통사고의 발생이나 그 밖의 사정으로 고속도로 등에서 교통이 위험 또는 혼잡하거나 그러할 우려가 있을 때에는 교통의 위험 또는 혼잡을 방지하고 교통의 안전 및 원활한 소통을 확보하기 위하여 필요한 범위에서 진행 중인 자동차의 통행을 일시 금지 또는 제한하거나 그 자동차의 운전자에게 필요한 조치를 명할 수 있다.

Answer 1.③ 2.④

3 **「도로교통법 시행규칙」상 자동차의 운전자는 밤에 고장이나 그 밖의 사유로 고속도로에서 자동차를 운행할 수 없게 되었을 때에 식별할 수 있는 적색의 섬광신호 · 전기제등 또는 불꽃신호 표지를 설치하여야 한다. 해당 표지를 설치해야 하는 지점으로 가장 옳은 것은?** 2021.6.5. 서울

① 사방 700미터 지점
② 사방 500미터 지점
③ 사방 300미터 지점
④ 사방 100미터 지점

TIP 자동차의 운전자는 밤에 고장이나 그 밖의 사유로 고속도로에서 자동차를 운행할 수 없게 되었을 때에는 사방 500미터 지점에 식별할 수 있는 적색의 섬광신호, 전기제등 또는 불꽃신호표지를 설치하여야 한다 〈시행규칙 제40조 제1항 제2호〉.

4 **다음 중 「도로교통법」상 고속도로 등에 대한 내용으로 틀린 것은?** 2021.4.10. 대구

① 긴급자동차와 고속도로 등의 보수 · 유지 등의 작업을 하는 자동차를 운전하는 경우 고속도로 등에서 갓길을 통행할 수 있다.
② 고속도로 전용차로의 종류 등에 필요한 사항은 행정안전부령으로 정한다.
③ 고속도로 등에서 정차 또는 주차할 수 있도록 안전표지를 설치한 곳이나 정류장에서 정차 또는 주차시키는 경우 차를 정차 또는 주차할 수 있다.
④ 밤에 고장이나 그 밖의 사유로 고속도로 등에서 자동차를 운행할 수 없게 되었을 때에는 고장자동차의 표지와 사방 500미터 지점에서 식별할 수 있는 적색의 섬광신호 · 전기제등 또는 불꽃신호를 설치하여야 한다.

TIP ② 고속도로 전용차로의 종류 등에 관하여는 법 제15조 제2항 및 제3항을 준용한다〈법 제61조 제2항〉.
※ 법 제15조 제2항 … 전용차로의 종류, 전용차로로 통행할 수 있는 차와 그 밖에 전용차로의 운영에 필요한 사항은 대통령령으로 정한다.

Answer 3.② 4.②

05 출제예상문제

1 경찰공무원이 다음 「도로교통법」 제58조의 조치를 할 경우 그 사유로 가장 옳지 않은 것은?

> 경찰공무원(자치경찰공무원은 제외한다)은 교통의 위험 또는 혼잡을 방지하고 교통의 안전 및 원활한 소통을 확보하기 위하여 필요한 범위에서 진행 중인 자동차의 통행을 일시금지 또는 제한하거나 그 자동차의 운전자에게 필요한 조치를 명할 수 있다.

① 교통사고가 발생한 경우
② 도로가 손괴된 경우
③ 고속도로의 갓길에 장애물이 있는 경우
④ 고속도로가 위험 또는 혼잡하거나 그러할 우려가 있는 경우

TIP 경찰공무원(자치경찰공무원 제외)이 위험방지 등의 조치를 할 수 있는 경우〈법 제58조〉
㉠ 도로의 손괴
㉡ 교통사고의 발생
㉢ 그 밖의 사정으로 고속도로등에서 교통이 위험 또는 혼잡하거나 그러할 우려가 있을 때

2 「도로교통법」상 고속도로 교통안전시설의 설치 및 관리에 대한 설명으로 옳지 않은 것은?

① 설치 및 관리권자는 경찰청장이다.
② 고속도로에서 일어나는 위험을 방지하기 위하여 교통안전시설을 설치 · 관리한다.
③ 경찰청장은 고속도로의 관리자에게 교통안전시설의 관리에 필요한 사항을 지시할 수 있다.
④ 교통안전시설을 설치 · 관리의 목적은 교통의 안전과 원활한 소통을 확보하기 위함이다.

TIP ①②④ 고속도로의 관리자는 고속도로에서 일어나는 위험을 방지하고 교통의 안전과 원활한 소통을 확보하기 위하여 교통안전시설을 설치 · 관리하여야 한다〈법 제59조 제1항〉.
③ 법 제59조 제2항

3 고속도로의 원활한 소통을 위하여 필요할 경우에 고속도로에 전용차로를 설치할 수 있는 사람은?

① 시 · 도지사
② 도로관리청장
③ 고속도로 관리자
④ 경찰청장

TIP 고속도로 전용차로의 설치〈제61조 제1항〉 … 경찰청장은 고속도로의 원활한 소통을 위하여 특히 필요한 경우에는 고속도로에 전용차로를 설치할 수 있다.

Answer 1.③ 2.① 3.④

4 「도로교통법」상 고속도로 갓길을 통행 할 수 있는 경우는?

① 고속도로등의 보수 · 유지 등의 작업을 하는 자동차를 운전하는 경우
② 응급환자가 탑승하고 있는 긴급자동차를 운전하는 경우
③ 긴급한 용무가 있는 사람이 소형자동차를 운전하는 경우
④ 고속도로의 차량정체 시 신호기의 지시에 따라 갓길에서 자동차를 운전하는 경우

TIP 고속도로 갓길을 통행 할 수 있는 경우〈법 제60조 제1항〉
㉠ 긴급자동차와 고속도로등의 보수 · 유지 등의 작업을 하는 자동차를 운전하는 경우
㉡ 차량정체 시 신호기 또는 경찰공무원등의 신호나 지시에 따라 갓길에서 자동차를 운전하는 경우

5 「도로교통법」상 고속도로에서 앞지르기 할 때의 운전요령으로 가장 바르지 않은 것은?

① 방향지시기를 사용하여 앞지르기 의사를 알린다.
② 행정안전부령에서 정한 차로를 통해 안전하게 통행한다.
③ 등화나 경음기를 사용하여 주변 차량에게 알린다.
④ 모든 차로에서 앞지르기가 가능하다.

TIP 자동차의 운전자는 고속도로에서 다른 차를 앞지르려면 방향지시기, 등화 또는 경음기를 사용하여 행정안전부령으로 정하는 차로로 안전하게 통행하여야 한다〈법 제60조 제2항〉.

6 「도로교통법령」상 고속도로 버스전용차로를 이용할 수 있는 자동차의 기준으로 옳은 것은?

① 9인승 승용자동차는 6인 이상 승차한 경우에 통행이 가능하다.
① 11인승 승합자동차는 승차인원에 관계없이 통행이 가능하다.
③ 25인승 이상 승합자동차만 통행이 가능하다.
④ 44인승 이상 승합자동차만 통행이 가능하다.

TIP 버스전용차로로 통행할 수 있는 차〈시행령 제9조 제1항 별표1〉
㉠ 승용자동차 : 9인승 이상 승용자동차
㉡ 승합자동차 : 승용자동차 또는 12인승 이하의 승합자동차는 6명 이상이 승차한 경우로 한정한다.

Answer 4.③ 5.④ 6.①

7 편도 3차로 고속도로를 시속 80㎞ 이상의 속도로 주행 중일 때 왼쪽 차로를 주행할 수 있는 자동차는?

① 대형 승합자동차
② 소형 승합자동차
③ 2.5톤의 화물자동차
④ 특수자동차

TIP 편도 3차로 이상의 고속도로에서 왼쪽 차로를 이용할 수 있는 차는 승용자동차 및 경형 · 소형 · 중형 승합자동차이다〈시행규칙 제16조 제1항 별표9〉.

8 소통이 원활한 편도 3차로 고속도로에서 승용자동차의 앞지르기방법에 대한 설명이다. 옳지 않은 것은?

① 승용자동차가 앞지르기하려고 1차로로 차로를 변경한 후 계속해서 1차로로 주행한다.
② 3차로로 주행 중인 특수자동차가 2차로로 앞지르기한다.
③ 중형승합자동차가 1차로를 이용하여 앞지르기한다.
④ 4.5톤의 화물차가 2차로를 이용하여 앞지르기한다.

TIP ① 소통이 원활한 편도 3차로 고속도로에서 승용자동차가 1차로를 이용하여 앞지르기를 한 후에는 지정된 주행 차로로 복귀하여 주행하여야 한다〈시행규칙 제16조 제1항 별표9〉.

9 「도로교통법령」상 고속도로 차로에 따른 통행차의 기준에 대한 설명으로 옳지 않은 것은?

③ 편도 3차로 고속도로에서 승용자동차는 모든 차로를 주행할 수 있다.
② 고속도로에서 모든 차는 지정된 차로의 오른쪽 차로로 통행할 수 있다.
③ 고속도로에서 승용자동차가 앞지르기를 할 때에는 통행기준에 지정된 차로의 바로 옆 오른쪽 차로로 통행해야한다.
④ 편도 4차로 고속도로에서 대형화물자동차의 주행차로는 오른쪽차로이다.

TIP 앞지르기를 할 때에는 통행 기준에 지정된 차로의 바로 옆 왼쪽 차로로 통행할 수 있다〈시행규칙 제16조 제1항 별표9〉.

Answer 7.② 8.① 9.③

10 「도로교통법령」상 고속도로에서 횡단 · 유턴 · 후진 할 수 있는 자동차로 옳지 않은 것은?

① 도로의 위험을 방지하기 위해 도로의 유지 · 보수작업을 하는 자동차
② 혈액을 운반 중인 긴급자동차
③ 교통사고에 대한 응급조치작업 중인 자동차
④ 사고차량을 이동하고 있는 견인자동차

TIP 고속도로에서 횡단 · 유턴 · 후진 할 수 있는 자동차〈법 제62조〉
㉠ 긴급한 목적을 수행 중인 긴급자동차
㉡ 도로의 위험을 방지 · 제거작업을 위해 보수 · 유지 등의 작업을 하는 자동차
㉢ 교통사고에 대한 응급조치작업 중인 자동차

11 「도로교통법」상 다음 중 고속도로를 통행할 수 있는 자동차는?

① 자전거
② 원동기장치자전거
③ 이륜자동차
④ 덤프트럭

TIP 자동차(이륜자동차는 긴급자동차만 해당한다) 외의 차마의 운전자 또는 보행자는 고속도로등을 통행하거나 횡단하여서는 아니 된다〈법 제63조〉.
※ 고속도로를 통행할 수 있는 차 … 승용자동차, 승합자동차, 특수자동차, 화물자동차, 건설기계 등

12 고속도로에서는 사고예방과 안전을 위해 정차 및 주차를 금지하고 있다. 이에 대한 설명으로 옳지 않은 것은?

① 소방차가 생활안전 활동을 수행하기 위하여 정차 또는 주차할 수 있다.
② 자치경찰공무원의 지시에 따르거나 위험을 방지하기 위하여 정차 또는 주차할 수 있다.
③ 일반자동차가 통행료를 지불하기 위해 통행료를 받는 장소에서 정차할 수 있다.
④ 도로의 관리자가 도로를 순회하기 위하여 지시할 경우에는 정차 또는 주차할 수 있다.

TIP 법령의 규정 또는 경찰공무원(자치경찰공무원은 제외한다)의 지시에 따르거나 위험을 방지하기 위하여 일시 정차 또는 주차할 수 있다〈법 제64조 제1호〉.

Answer 10.④ 11.④ 12.②

13 **다음 중 고속도로 진입 시의 우선순위가 최우선에 해당되는 자동차는?**

① 위험물을 적재한 화물자동차
② 고속도로를 순회 중인 자동차
③ 고속도로의 수리 · 관리를 위한 차
④ 긴급자동차

TIP 긴급자동차 외의 자동차의 운전자는 긴급자동차가 고속도로에 들어가는 경우에는 그 진입을 방해하여서는 아니 된다〈법 제65조 제2항〉.

14 **고속도로에서 자동차가 고장으로 운행할 수 없게 되었을 때의 조치요령으로 가장 바르지 못한 것은?**

① 자동차를 고속도로가 아닌 다른 곳으로 옮겨 놓는 등의 조치를 한다.
② 신속히 비상점멸등을 작동하고 차를 도로 위에 멈춘 다음 즉시 보험회사를 부른다.
③ 고장으로 자동차를 운행할 수 없게 되었을 때에는 고장자동차의 표지를 설치한다.
④ 고장자동차의 표지장치로 안전삼각대를 설치한다.

TIP 자동차의 운전자는 고장이나 그 밖의 사유로 고속도로등에서 자동차를 운행할 수 없게 되었을 때에는 고장자동차의 표지를 설치하여야 하며, 그 자동차를 고속도로등이 아닌 다른 곳으로 옮겨 놓는 등의 필요한 조치를 하여야 한다〈법 제68조〉.

15 **야간에 고속도로를 주행 중에 자동차가 고장 났을 경우 고장자동차표지를 설치해야 지점은?**

① 전방 500미터 지점
② 후방 500미터 지점
③ 전후방 500미터 지점
④ 사방 500미터 지점

TIP 자동차의 운전자는 밤에 고장이나 그 밖의 사유로 고속도로등에서 자동차를 운행할 수 없게 되었을 때에는 사방 500미터 지점에서 식별할 수 있는 적색의 섬광신호 · 전기제등 또는 불꽃신호의 표지를 설치하여야 한다〈시행규칙 제40조 제1항〉.

Answer 13.④ 14.② 15.④

16 **고속도로에서 경미한 교통사고가 발생한 경우에 2차 사고의 예방을 위한 조치로 올바른 요령은?**

① 상대운전자에게 과실이 많음을 확인하고 보험사에 통보할 것을 요청한다.
② 신속하게 고장자동차의 표지를 차량 후방에 설치하고 안전한 장소로 피한 후 관계기관에 신고한다.
② 즉시 하차하여 사진촬영을 통하여 보험처리를 위한 증거를 확보한다.
④ 비상점멸등을 작동시킨 후 자동차 안에서 경찰공무원에 신고한다.

TIP 고속도로에서 경미한 접촉사고 등이 발행하여 자동차가 정차되어 있는 경우에는 사고차량 안 또는 사고차량 전방 · 후방에 있는 것은 2차사고 발생위험이 높다. 따라서 정차 후 고장자동차의 표지를 후방에 설치하고 고속도로의 난간 밖이나 안전한 장소로 피한 후 관계기관(경찰관서, 소방관서, 한국도로공사콜센터 등)에 신고하는 것이 바람직하다〈시행규칙 제40조〉.

※ 고속도로에서는 자동차 긴급 상황 발생 시 사고 예방을 위해 한국도로공사(콜센터 1588-2504)에서 10km까지 무료 견인서비스를 제공하고 있다.

17 **「도로교통법」상 고속도로에서 자동차의 운전자가 준수해야 할 사항으로 옳지 않은 것은?**

① 교통의 안전과 원활한 소통을 확보하기 위하여 안전운행을 하여야 한다.
② 자동차에 고장자동차의 표지를 항상 비치하여야 한다.
③ 고장으로 자동차를 운행할 수 없게 되었을 때에는 자동차를 도로의 우측 가장자리에 정지시켜야 한다.
④ 경찰청에서 정하는 바에 따라 고장 등 그 표지를 설치하여야 한다.

TIP 고속도로등을 운행하는 자동차의 운전자는 교통의 안전과 원활한 소통을 확보하기 위하여 고장자동차의 표지를 항상 비치하며, 고장이나 그 밖의 부득이한 사유로 자동차를 운행할 수 없게 되었을 때에는 자동차를 도로의 우측 가장자리에 정지시키고 행정안전부령으로 정하는 바에 따라 그 표지를 설치하여야 한다〈법 제67조 제2항〉.

Answer 16.② 17.④

06 도로의 사용

section 1 도로에서의 금지행위 및 도로공사의 신고

❶ 도로에서의 금지행위 등〈법 제68조〉

(1) 신호기 조작 및 교통장애물의 방치금지

① 신호기 조작 등의 금지 : 신호기의 조작 및 교통안전시설의 철거 · 이전 · 손괴 등의 금지와 교통안전시설이나 이와 비슷한 인공구조물을 설치하여서는 안 된다.

② 도로에 물건 방치 금지 : 누구든지 교통에 방해될 만한 물건을 함부로 도로에 방치하여서는 안 된다.

(2) 기타 금지행위 2020년 서울

① 술에 취하여 도로에서 갈팡질팡하는 행위

② 도로에서 교통에 방해되는 방법으로 눕거나 앉거나 또는 서있는 행위

③ 교통이 빈번한 도로에서 공놀이, 썰매타기 등의 놀이를 하는 행위

④ 돌 · 유리병 · 쇳조각 그 밖에 도로상의 사람이나 차마를 손상시킬 염려가 있는 물건을 던지거나 발사하는 행위

⑤ 도로를 통행하고 있는 차마에서 밖으로 물건을 던지는 행위

⑥ 도로를 통행하고 있는 차마에 뛰어오르거나 매달리거나 차마에서 뛰어내리는 행위

⑦ 시 · 도경찰청장이 교통상의 위험을 방지하기 위하여 필요하다고 인정하여 지정 · 공고한 행위

❷ 도로공사의 신고 및 안전조치 등〈법 제69조〉

(1) 공사신고 및 공사시간의 제한

① 공사의 신고

㉠ 공사신고 : 공사시행자가 관할 경찰서장에게 신고

㉡ 신고기한 : 공사시행 3일 전

㉢ 신고해야 할 사항 : 공사일시, 공사구간, 공사기간, 시행방법, 그 밖의 필요한 사항

㉣ 긴급한 시공이 필요한 경우 : 산사태, 수도관 파열 등 긴급한 시공이 필요한 경우 안전조치를 하고 공사 시작 후 지체 없이 신고하여야 한다.

② 도로공사신고서에 첨부해야 할 서류〈시행규칙 제42조〉

㉠ 공사구간의 교통관리 및 교통안전시설의 설치계획(필요한 경우에만 첨부한다)

㉡ 공사현장 위치도 및 세부도면

㉢ 도로점용 허가증 등 도로공사 시행의 근거가 되는 서류

㉣ 위임장 및 대리인의 신분증사본(대리인이 신고하는 경우만 해당한다)

③ 공사시간 제한 등 필요한 조치의 명령

㉠ 조치권자 : 관할 경찰서장

㉡ 도로관리청과 사전 협의하여 공사시행자에 대하여 공사시간의 제한 등 필요한 조치를 할 수 있는 경우

- 공사장 주변의 교통정체가 예상하지 못한 수준까지 현저히 증가한 경우
- 교통의 안전과 원활한 소통에 미치는 영향이 중대하다고 판단되는 경우

(2) 교통안전시설 설치 및 원상회복

① 교통안전시설 설치

㉠ 설치 : 공사시행자는 공사기간 중 차마의 통행을 유도하거나 지시 등을 할 필요가 있을 때에는 관할 경찰서장의 지시에 따라 교통안전시설을 설치하여야 한다.

㉡ 안전요원 또는 안전유도 장비배치 : 공사시행자는 공사기간 중 공사의 규모, 주변 교통환경 등을 고려하여 필요한 경우 관할 경찰서장의 지시에 따라 안전요원 또는 안전유도 장비를 배치하여야 한다.

㉢ 도로공사장의 교통안전조치 : 교통안전시설 설치 및 안전요원 또는 안전유도 장비배치에 필요한 사항은 행정안전부령으로 정한다.

② 도로공사장의 교통안전시설 설치 및 안전요원 · 안전유도장비의 배치에 관한 기준〈시행규칙 제42조의2 별표 15의2〉

㉠ 교통안전시설의 설치기준

- 공사시행자는 공사로 인하여 차마의 통행을 유도하거나 지시 등을 할 필요가 있을 때에는 교통안전시설을 설치해야 한다.

- 공사시행자는 기존 도로에 설치된 교통안전시설 중 공사로 인해 위험을 방지하고 교통의 안전과 원활한 소통을 확보하는데 부합하지 않는 시설은 제거하고, 차마와 보행자가 공사장을 피할 수 있도록 교통안전시설을 재설치한다.

㉡ 안전요원의 배치기준

- 배치 : 최소 1명 이상을 감속운행이 시작되는 지점(공사구간 전방 60미터에서 90미터까지의 지점을 말한다)에 배치하고, 고속도로의 경우에는 공사구간 전방 500미터 부근에 추가로 안전요원을 배치한다. 다만, 도심의 도로에서는 주변 교통상황 등에 따라 거리를 축소하여 배치할 수 있다.
- 임무 : 수신호와 깃발(야간에는 신호봉)을 사용하여 차마와 보행자를 통제하고, 안전을 유도한다.
- 복장 : 반사체가 부착되어 있는 안전모 등 인명보호 장구를 착용하고, 야광밴드 등 고휘도(高輝度) 반사장비를 휴대한다.

㉢ 안전유도 장비의 배치기준

- 로봇 신호수 : 안전요원의 배치가 어려운 경우 배치하되, 안전요원과 같은 복장을 착용하도록 하며, 깃발(야간에는 신호봉)을 상 · 하로 움직여 신호하도록 한다.
- 작업보호자동차 : 짧은 시간 내의 공사나 차량 이동식 공사에서 운전자의 주의를 환기시켜 적정 차로로 유도하기 위하여 차량 표면에 점멸 차단판, 경고등, 완충시설 등을 부착한다.
- 그 밖의 안전유도 장비 : 경광등, 공사안내판, 임시 방호울타리, 교통콘, 갈매기 표지, 드럼 등을 공사 규모 및 위치에 따라 필요한 경우에 설치한다.

㉣ 그 밖에 도로공사장의 교통안전조치에 관하여 필요한 사항은 경찰청장이 정한다.

③ 교통안전시설을 훼손한 경우

㉠ 관할 경찰서장에게 신고 : 공사시행자는 공사로 인하여 교통안전시설을 훼손한 경우에는 행정안전부령으로 정하는 바에 따라 원상회복하고 그 결과를 관할 경찰서장에게 신고하여야 한다.

㉡ 교통안전시설의 원상회복〈시행규칙 제43조〉

- 공사시행자는 공사로 인하여 교통안전시설을 훼손한 때에는 부득이한 사유가 없는 한 해당공사가 끝난 날부터 3일 이내에 이를 원상회복하여야 한다.
- 공사시행자는 원상회복 결과를 관할경찰서장에게 신고해야 한다.

section 2 도로의 점용

❶ 도로의 점용허가 등에 관한 통보 등〈법 제70조〉

(1) 점용허가 및 차량운행 제한 통보

① 즉시 통보해야 하는 경우
   ㉠ 도로관리청이 도로의 점용허가를 하였을 때
   ㉡ 도로관리청이 도로에서 통행의 금지나 제한 또는 차량의 운행을 제한하였을 때

② 도로관리청이 통보해야 할 기관
   ㉠ 고속도로의 경우 : 경찰청장에게 그 내용을 즉시 통보
   ㉡ 고속도로 외의 도로의 경우 : 관할 경찰서장에게 그 내용을 즉시 통보

(2) 도로의 점용허가 등에 관한 통보〈시행령 제33조〉

① 허가내용통보 시의 서류 : 도로의 점용허가를 한 도로관리청은 경찰청장이나 관할 경찰서장에게 그 내용을 통보할 때에는 문서로 하되, 허가증 사본과 허가신청서 사본을 첨부하여야 한다.

② 문서로 통보 : 통행의 금지나 제한 또는 차량의 운행제한을 한 도로관리청은 경찰청장이나 관할 경찰서장에게 그 내용을 통보할 때에는 금지 또는 제한한 대상 · 구간 · 기간 및 그 이유를 명확하게 적은 문서로 하여야 한다.

(3) 필요한 조치의 요구

① 통보를 받은 경찰청장이나 관할 경찰서장은 교통의 안전과 원활한 소통을 확보하기 위하여 필요하다고 인정하면 도로관리청에 필요한 조치를 요구할 수 있다.

② 필요한 조치를 요구받은 도로관리청은 정당한 사유가 없으면 필요한 조치를 하여야 한다.

❷ 도로의 위법 인공구조물에 대한 조치〈법 제71조〉

(1) 도로의 위법 인공구조물에 대한 조치 위법 공작물에 대한 조치

① 조치권자 : 경찰서장

② 위반행위의 시정조치 명령 : 경찰서장은 다음의 어느 하나에 해당하는 사람에 대하여 위반행위를 시정하도록 하거나 그 위반행위로 인하여 생긴 교통장해를 제거할 것을 명할 수 있다.

㉠ 교통안전시설이나 그 밖에 이와 비슷한 인공구조물을 함부로 설치한 사람
㉡ 물건을 도로에 내버려 둔 사람
㉢ 「도로법」을 위반하여 교통에 방해가 될 만한 인공구조물 등을 설치하거나 그 공사 등을 한 사람

③ 도로의 위법 인공구조물의 보관 및 매각
㉠ 경찰서장은 위 행위에 해당하는 사람의 성명 · 주소를 알지 못하여 조치를 명할 수 없을 때에는 스스로 그 인공구조물 등을 제거하는 등의 조치를 한 후 보관하여야 한다.
㉡ 인공구조물이 닳아 없어지거나 파괴될 우려가 있거나 보관하는 것이 매우 곤란한 인공구조물 등은 매각하여 그 대금을 보관할 수 있다.

④ 인공구조물의 보관 : 인공구조물 등의 보관 및 매각 등에 필요한 사항은 대통령령으로 정한다.

(2) 인공구조물 등의 보관 등〈시행령 제34조〉

① 인공구조물의 보관
㉠ 보관권자 : 경찰서장
㉡ 공고 및 열람
- 공고 : 경찰서장은 스스로 제거한 인공구조물 등이나 매각대금을 보관하는 경우에는 보관한 날부터 14일간 그 경찰서의 게시판에 공고하여야 한다.
- 열람 : 경찰서장은 행정안전부령으로 정하는 바에 따라 열람부를 작성 · 비치하여 관계자가 열람할 수 있도록 하여야 한다.

㉢ 공고해야 할 사항
- 해당 인공구조물 등의 명칭 · 종류 · 형상 및 수량
- 해당 인공구조물 등이 설치되어 있던 장소 및 그 인공구조물 등을 제거한 일시
- 해당 인공구조물 등 또는 그 매각대금을 보관한 장소
- 그 밖에 해당 인공구조물 등 또는 그 매각대금을 보관하기 위하여 필요하다고 인정되는 사항

② 인공구조물 등의 반환 등〈시행령 제35조〉
㉠ 반환권자 : 경찰서장
㉡ 반환권리자 확인 : 보관한 인공구조물 등이나 그 매각대금을 점유자등에게 반환하려는 경우에는 반환받을 자의 성명 · 주소 및 주민(법인)등록번호를 확인하여 그 자가 정당한 권리자임을 확인하여야 한다.
㉢ 비용의 징수 : 인공구조물 등이나 그 매각대금을 반환할 때에는 인공구조물 등을 제거 · 운반 · 보관 또는 매각하는 등에 든 비용을 점유자등으로부터 징수할 수 있다.

③ 인공구조물의 매각
㉠ 매각권자 : 경찰서장
㉡ 공고기간이 지나도 인공구조물의 점유자 · 소유자 · 관리자(이하 "점유자등"이라 한다)를 알 수 없는 경우
- 공고한 사항을 일간신문, 관보 중 하나 이상에 공고하고 인터넷 홈페이지에도 이를 공고해야 한다.

• 일간신문 등에 공고할 만한 재산적 가치가 없다고 인정되는 경우에는 공고하지 않아도 된다.

㉢ **점유자등이 없는 경우의 조치**〈시행령 제36조〉

• 공고를 한 날부터 6개월이 지나도 해당 인공구조물 등을 반환받을 점유자등을 알 수 없거나 점유자등이 반환을 요구하지 아니하는 경우에는 그 인공구조물 등을 매각하여 그 대금을 보관할 수 있다.

• 매각대금은 공고한 날부터 5년이 지나도 그 대금을 반환받을 자를 알 수 없거나 점유자등이 반환을 요구하지 아니하는 경우에는 국고에 귀속한다.

④ 인공구조물 등의 매각

㉠ **경쟁입찰** : 「국가를 당사자로 하는 계약에 관한 법률」에서 정하는 바에 따라 경쟁입찰로 하여야 한다.

㉡ **경쟁입찰을 하지 않아도 되는 경우**

• 비밀로 매각하지 아니하면 가치가 현저히 감소될 우려가 있는 경우

• 경쟁입찰에 부쳐도 입찰자가 없을 것으로 인정되는 경우

• 그 밖에 경쟁입찰에 부치는 것이 부적당하다고 인정되는 경우

(3) 도로의 지상 인공구조물 등에 대한 위험방지 조치〈법 제72조〉

① 위험방지 조치

㉠ **조치권자** : 경찰서장

㉡ **조치명령의 사유**

• 도로의 지상 인공구조물이나 그 밖의 시설 또는 물건이 교통에 위험을 일으키게 하는 경우

• 교통에 뚜렷이 방해될 우려가 있는 경우

㉢ **조치의 명령** : 인공구조물 등의 소유자 · 점유자 또는 관리자에게 그것을 제거하도록 하거나 그 밖에 교통안전에 필요한 조치를 명할 수 있다.

② 도로의 지상 인공구조물의 보관 및 매각

㉠ **보관** : 경찰서장은 인공구조물 등의 소유자 · 점유자 또는 관리자의 성명 · 주소를 알지 못하여 조치를 명할 수 없을 때에는 스스로 그 인공구조물 등을 제거하는 등 조치를 한 후 보관하여야 한다.

㉡ **매각** : 인공구조물이 닳아 없어지거나 파괴될 우려가 있거나 보관하는 것이 매우 곤란한 인공구조물 등은 매각하여 그 대금을 보관할 수 있다.

※ 도로의 지상 인공구조물 등의 보관 및 매각 등에 필요한 사항은 대통령령으로 정한다.

최근기출문제

1 「도로교통법」상 도로에서의 금지행위로 가장 옳지 않은 것은? 2020.6.13. 서울

① 정차되어 있는 차마에서 뛰어내리는 행위
② 교통이 빈번한 도로에서 공놀이 또는 썰매타기 놀이를 하는 행위
③ 술에 취하여 도로에서 갈팡질팡하는 행위
④ 돌·유리병이나 그 밖에 도로에 있는 사람이나 차마를 손상시킬 우려가 있는 물건을 던지는 행위

TIP 도로에서의 금지행위〈법 제68조〉
㉠ 술에 취하여 도로에서 갈팡질팡하는 행위
㉡ 도로에서 교통에 방해되는 방법으로 눕거나 앉거나 서있는 행위
㉢ 교통이 빈번한 도로에서 공놀이 또는 썰매타기 등의 놀이를 하는 행위
㉣ 돌·유리병·쇳조각이나 그 밖에 도로에 있는 사람이나 차마를 손상시킬 우려가 있는 물건을 던지거나 발사하는 행위
㉤ 도로를 통행하고 있는 차마에서 밖으로 물건을 던지는 행위
㉥ 도로를 통행하고 있는 차마에 뛰어오르거나 매달리거나 차마에서 뛰어내리는 행위
㉦ 그 밖에 시·도경찰청장이 교통상의 위험을 방지하기 위하여 필요하다고 인정하여 지정·공고한 행위

Answer 1.①

출제예상문제

1 도로상에서의 금지행위에 대한 설명 중 옳지 않은 것은?

① 도로에서 교통에 방해되는 방법으로 눕거나 앉거나 서있는 행위
② 교통에 방해될 만한 물건을 도로에 함부로 방치하는 행위
③ 도로상에서 환경미화원이 청소하는 행위
④ 시 · 도경찰청장이 교통상의 위험방지를 위하여 금지할 것으로 지정된 행위

TIP ① 도로상에서 환경미화원이 청소하는 행위는 도로상에서의 금지행위에 포함되지 않는다〈법 제68조〉.

2 공사시행자가 도로를 파거나 뚫는 등의 공사를 하려는 경우에 사전에 신고해야 할 시기는?

① 공사 시작 1일 전에 신고해야 한다.
② 공사 시작 3일 전에 신고해야 한다.
③ 공사 시작 7일 전에 신고해야 한다.
④ 공사 당일에 신고해야 한다.

TIP 도로관리청 또는 공사시행청의 명령에 따라 도로를 파거나 뚫는 등 공사를 하려는 사람(이하 이 조에서 "공사시행자"라 한다)은 공사시행 3일 전에 그 일시, 공사구간, 공사기간 및 시행방법, 그 밖에 필요한 사항을 관할 경찰서장에게 신고하여야 한다. 다만, 산사태나 수도관 파열 등으로 긴급히 시공할 필요가 있는 경우에는 그에 알맞은 안전조치를 하고 공사를 시작한 후에 지체 없이 신고하여야 한다〈법 제69조 제1항〉.

3 공사시행자가 공사로 인해 교통안전시설을 훼손했을 때 조치해야 할 사항으로 옳은 것은?

① 공사 종료 3일 전에 원상회복을 신고하여야 한다.
② 관할 경찰서장의 지시에 따라 공사 중 경비요원 배치를 강화한다.
③ 공사를 완료한 후에 특별한 조치 없이 공사를 완료한다.
④ 훼손된 교통안전시설을 원상회복하고 결과를 경찰서장에게 신고한다.

TIP ①③④ 공사시행자는 공사로 인하여 교통안전시설을 훼손한 경우에는 부득이한 사유가 없는 한 해당공사가 끝난 날부터 3일 이내에 이를 원상회복하고 그 결과를 관할 경찰서장에게 신고하여야 한다〈시행규칙 제43조〉.
② 공사시행자는 공사기간 중 공사의 규모, 주변 교통환경 등을 고려하여 필요한 경우 관할 경찰서장의 지시에 따라 안전요원 또는 안전유도 장비를 배치하여야 한다〈법 제69조 제4항〉.

Answer 1.③ 2.② 3.④

4 도로공사장의 안전요원의 배치기준에 대한 설명으로 옳지 않은 것은?

① 일반도로의 경우에는 최소 1명 이상을 공사구간 전방 60미터에서 90미터까지의 지점에 배치하여야 한다.

② 고속도로의 경우에는 최소 1명 이상을 공사구간 전방 500미터 부근에 추가로 안전요원을 배치하여야 한다.

③ 교통이 복잡한 도심의 도로에서는 주변 교통상황 등에 따라 거리를 늘려서 배치하여야 한다.

④ 안전요원의 임무는 수신호와 깃발(야간에는 신호봉)을 사용하여 차마와 보행자를 통제하고 안전을 유도한다.

TIP 안전요원의 배치기준〈시행규칙 제42조의2 별표 15의2〉

㉠ 배치 : 최소 1명 이상을 감속운행이 시작되는 지점(공사구간 전방 60미터에서 90미터까지의 지점을 말한다)에 배치하고, 고속도로의 경우에는 공사구간 전방 500미터 부근에 추가로 안전요원을 배치한다. 다만, 도심의 도로에서는 주변 교통상황 등에 따라 거리를 축소하여 배치할 수 있다.

㉡ 임무 : 수신호와 깃발(야간에는 신호봉)을 사용하여 차마와 보행자를 통제하고, 안전을 유도한다.

㉢ 복장 : 반사체가 부착되어 있는 안전모 등 인명보호 장구를 착용하고, 야광밴드 등 고휘도(高輝度) 반사장비를 휴대한다.

5 「도로교통법시행규칙」상 도로공사장의 안전유도장비로서 '로봇신호수'를 배치할 수 있는 경우에 대한 설명으로 옳은 것은?

① 로봇신호수는 모든 도로 공사에서 의무적으로 배치되며, 깃발을 좌우로 흔들어 신호한다.

② 로봇신호수는 안전요원의 배치가 어려운 경우에 배치하며, 신호봉을 상하로 움직여 신호하도록 한다.

③ 로봇신호수는 야간에만 배치하며, 모든 도로 공사에서 운전자의 주의를 환기시킨다.

④ 로봇신호수는 안전요원의 배치 여부와 관계없이 배치되며, 신호봉을 좌우로 흔들어 신호한다.

TIP 로봇신호수〈시행규칙 제42조의2 별표 15의2 제3호 가목〉… 안전요원의 배치가 어려운 경우 배치하되, 안전요원과 같은 복장을 착용하도록 하며, 깃발(야간에는 신호봉)을 상 · 하로 움직여 신호하도록 한다.

6 도로관리청이 고속도로에서 도로의 점용허가 또는 차량의 운행제한을 통보할 경우에 통보해야 할 대상은?

① 국토교통부장관
② 경찰청장
③ 시도경찰청장
④ 관할 경찰서장

TIP 도로관리청이 도로에서 도로의 점용허가, 통행의 금지나 제한 또는 차량의 운행제한에 해당하는 행위를 하였을 때의 통보〈법 제70조 제1항〉

㉠ 고속도로의 경우 : 경찰청장에게 그 내용을 즉시 통보

㉡ 고속도로 외의 도로의 경우 : 관할 경찰서장에게 그 내용을 즉시 통보

Answer 4.③ 5.② 6.②

7 **도로의 위법 인공구조물에 대한 경찰서장의 조치 중 적당하지 않은 것은?**

① 인공구조물을 함부로 설치한 사람에게 그 설치물을 제거할 것을 명할 수 있다.
② 인공구조물을 보관한 경우에는 보관한 날부터 21일간 그 경찰서의 게시판에 공고하여야 한다.
③ 제거조치를 명할 수 없을 때에는 스스로 인공구조물을 제거한 후 보관하여야 한다.
④ 파괴될 우려가 있거나 보관하는 것이 매우 곤란한 인공구조물은 매각하여 그 대금을 보관할 수 있다.

TIP ② 경찰서장은 스스로 제거한 인공구조물 등이나 그 매각대금을 보관하는 경우에는 이를 보관한 날부터 14일간 그 경찰서의 게시판에 공고하고, 행정안전부령으로 정하는 바에 따라 열람부를 작성·비치하여 관계자가 열람할 수 있도록 하여야 한다〈시행령 제34조 제1항〉.
① 법 제71조 제1항
③④ 법 제71조 제2항

8 **다음은 인공구조물 등의 점유자가 없는 경우의 조치이다. (   ) 안에 들어갈 알맞은 것은?**

- 경찰서장은 공고를 한 날부터 (   )이 지나도 해당 인공구조물 등을 반환받을 점유자 등을 알 수 없거나 점유자 등이 반환을 요구하지 아니하는 경우에는 그 인공구조물 등을 매각하여 그 대금을 보관할 수 있다.
- 매각대금은 공고한 날부터 (   )이 지나도 그 대금을 반환받을 자를 알 수 없거나 점유자 등이 반환을 요구하지 아니하는 경우에는 국고에 귀속한다.

① 3개월, 3년
② 5개월, 4년
③ 6개월, 5년
④ 9개월, 10년

TIP 인공구조물의 점유자등이 없는 경우의 조치〈시행령 제36조〉
㉠ 경찰서장은 공고를 한 날부터 6개월이 지나도 해당 인공구조물 등을 반환받을 점유자등을 알 수 없거나 점유자등이 반환을 요구하지 아니하는 경우에는 그 인공구조물 등을 매각하여 그 대금을 보관할 수 있다.
㉡ 매각대금은 공고한 날부터 5년이 지나도 그 대금을 반환받을 자를 알 수 없거나 점유자등이 반환을 요구하지 아니하는 경우에는 국고에 귀속한다.

Answer 7.② 8.③

9 위법 인공구조물을 매각할 때 경쟁입찰을 하지 않아도 되는 경우를 설명한 것으로 옳지 않은 것은?

① 인공구조물을 설치한 사람이 3명 이상인 경우
② 경쟁입찰에 부쳐도 입찰자가 없을 것으로 인정되는 경우
③ 비밀로 매각하지 아니하면 가치가 현저히 감소될 우려가 있는 경우
④ 경쟁입찰에 부치는 것이 부적당하다고 인정되는 경우

TIP 위법 인공구조물에 대한 경쟁입찰을 하지 않아도 되는 경우〈시행령 제34조 제3항〉
㉠ 비밀로 매각하지 아니하면 가치가 현저히 감소될 우려가 있는 경우
㉡ 경쟁입찰에 부쳐도 입찰자가 없을 것으로 인정되는 경우
㉢ 그 밖에 경쟁입찰에 부치는 것이 부적당하다고 인정되는 경우

10 경찰서장이 인공구조물을 보관하는 경우 공고 또는 열람부에 작성하여야 할 사항이 아닌 것은?

① 보관한 인공구조물 등의 종류
② 보관한 인공구조물 등의 가격
③ 보관한 인공구조물 등의 명칭
④ 보관한 인공구조물 등의 수량

TIP 인공구조물 보관시 공고하여야 할 사항〈시행령 제34조 제1항〉
㉠ 해당 인공구조물 등의 명칭 · 종류 · 형상 및 수량
㉡ 해당 인공구조물 등이 설치되어 있던 장소 및 그 인공구조물 등을 제거한 일시
㉢ 해당 인공구조물 등 또는 그 매각대금을 보관한 장소
㉣ 그 밖에 해당 인공구조물 등 또는 그 매각대금을 보관하기 위하여 필요하다고 인정되는 사항

11 경찰서장이 도로의 지상 인공구조물 등에 대한 위험방지 조치를 할 수 있는 경우로 바르지 않은 것은?

① 교통에 위험을 일으키게 하는 경우
② 교통량의 증가가 예상되는 경우
③ 교통에 뚜렷이 방해될 우려가 있는 경우
④ 교통사고 발생위험이 현저히 높은 경우

TIP 경찰서장은 도로의 지상(地上) 인공구조물이나 그 밖의 시설 또는 물건이 교통에 위험을 일으키게 하거나 교통에 뚜렷이 방해될 우려가 있으면 그 인공구조물 등의 소유자 · 점유자 또는 관리자에게 그것을 제거하도록 하거나 그 밖에 교통안전에 필요한 조치를 명할 수 있다〈법 제72조 제1항〉.

Answer 9.① 10.② 11.②

07 교통안전교육

section 1 교통안전교육

1 교통안전교육의 개요

(1) 개요

① 개요 : 교통안전교육은 교통사고를 예방하고 안전한 교통문화를 조성하기 위해 진행되는 교육이다.

② 실시기관 : 시 · 도경찰청장이 지정한 자동차운전 전문학원과 시 · 도경찰청장이 지정한 교통안전교육기관에서 실시한다.

(2) 교통안전교육의 구분

① 교통안전교육 : 운전면허를 신규로 받으려는 사람이 받아야 하는 교육이다.

② 특별교통안전교육

㉠ 특별교통안전 의무교육 : 음주운전교육, 배려운전교육, 법규준수교육(의무)

㉡ 특별교통안전 권장교육 : 법규준수교육(권장), 벌점감경교육, 현장참여교육, 고령운전교육

③ 긴급자동차 교통안전교육 : 긴급자동차의 운전업무에 종사하는 사람(소방차, 구급차, 혈액 공급차량 등의 운전자)이 받는 교육이다.

④ 75세 이상인 사람에 대한 교통안전교육 : 75세 이상인 사람으로서 운전면허를 받으려는 사람(시험에 응시하기 전)과 운전면허증 갱신일에 75세 이상인 사람(운전면허증 갱신기간 이내)이 받는 교육이다.

⑤ 음주운전 방지장치 부착 조건부 운전면허 시험 응시 전 교통안전교육 : 음주운전 방지장치 부착 조건부 운전면허를 받으려는 사람(운전면허시험에 응시하기 전)이 받는 교육이다.

❷ 교통안전교육〈법 제73조〉 2022년 대전

(1) 교통안전교육

① 교육대상자 및 교육시간

㉠ **교육대상자** : 운전면허시험에 응시하려는 사람(운전면허를 신규로 받으려는 사람)

㉡ **교육시간** : 시청각교육 등의 방법으로 1시간 실시〈시행령 제37조〉

② 운전면허시험에 응시하기 전 교육을 받아야 할 사항 2021년 대구 2022년 경기 2022년 서울 2022년 경북

㉠ 운전자가 갖추어야 하는 기본예절

㉡ 도로교통에 관한 법령과 지식

㉢ 안전운전 능력

㉣ 교통사고의 예방과 처리에 관한 사항

㉤ 어린이 · 장애인 및 노인의 교통사고 예방에 관한 사항

㉥ 친환경 경제운전에 필요한 지식과 기능

㉦ 긴급자동차에 길 터주기 요령

㉧ 그 밖에 교통안전의 확보를 위하여 필요한 사항

③ 교통안전교육을 받아도 되지 않는 사람

㉠ 특별교통안전 의무교육을 받은 사람

㉡ 자동차운전 전문학원에서 학과교육을 수료한 사람

④ 교육과목 및 내용〈시행규칙 제46조 제1항 별표16 제1호〉

교육과목 및 내용	교육시간	교육방법
• 교통환경의 이해와 운전자의 기본예절 • 도로교통 법령의 이해 • 안전운전 기초이론 • 위험예측과 방어운전 • 교통사고의 예방과 처리 • 어린이 · 장애인 및 노인의 교통사고 예방 • 긴급자동차에 길 터주기 요령 • 친환경 경제운전의 이해 • 전 좌석 안전띠 착용 등 자동차안전의 이해	1시간	시청각

※ 비고

1. 교통안전교육은 운전면허 학과시험 전에 함께 실시할 수 있다.
2. 교육과목 · 내용 및 방법은 교통여건 등 변화에 따라 조정할 수 있다.

(2) 특별교통안전교육〈시행령 제38조 제2항〉

① 특별교통안전교육의 구분

㉠ 특별교통안전 의무교육 : 음주운전교육, 배려운전교육, 법규준수교육(의무)

㉡ 특별교통안전 권장교육 : 법규준수교육(권장), 벌점감경교육, 현장참여교육, 고령운전교육

② 교육방법 및 시간

㉠ 교육실시기관 : 한국도로교통공단

㉡ 교육방법 : 강의 · 시청각교육 또는 현장체험교육

㉢ 교육시간 : 3시간 이상 48시간 이하로 각각 실시

③ 교육받아야 할 사항

㉠ 교통질서

㉡ 교통사고와 그 예방

㉢ 안전운전의 기초

㉣ 교통법규와 안전

㉤ 운전면허 및 자동차관리

㉥ 그 밖에 교통안전의 확보를 위하여 필요한 사항

④ 교육에 사용해야 할 교재〈시행규칙 제46조 제2항〉

㉠ 교통안전교육 : 교통안전교육기관 또는 자동차운전전문학원연합회에서 제작하고 경찰청장이 감수한 교재 사용

㉡ 특별교통안전교육 : 한국도로교통공단에서 제작하고 경찰청장이 감수한 교재 사용

(3) 특별교통안전 의무교육

① 교육대상자

㉠ 운전면허 취소처분을 받은 사람(적성검사 또는 운전면허 반납으로 인하여 운전면허 취소처분을 받은 사람은 제외한다)으로서 운전면허를 다시 받으려는 사람

㉡ 음주운전 · 공동위험행위 · 난폭운전 · 교통사고, 특수폭행 · 특수협박 · 특수손괴의 위반에 해당하여 운전면허효력 정지처분을 받게 되거나 받은 사람으로서 그 정지기간이 끝나지 아니한 사람

㉢ 운전면허 취소처분 또는 운전면허효력 정지처분(음주운전 · 공동위험행위 · 난폭운전 · 교통사고, 특수폭행 · 특수협박 · 특수손괴의 위반에 해당하여 운전면허효력 정지처분 대상인 경우로 한정한다)이 면제된 사람으로서 면제된 날부터 1개월이 지나지 아니한 사람

㉣ 운전면허효력 정지처분을 받게 되거나 받은 초보운전자로서 그 정지기간이 끝나지 아니한 사람

㉤ 어린이 보호구역에서 운전 중 어린이를 사상하는 사고를 유발하여 벌점을 받은 날부터 1년 이내의 사람

※ ㉡부터 ㉤까지에 해당하는 사람으로서 부득이한 사유가 있으면 대통령령으로 정하는 바에 따라 의무교육의 연기(延期)를 받을 수 있다.

② 교육과목 및 내용〈시행규칙 제46조 제1항 별표16 제2호 가목〉 **2021년 대전**

교육과정	교육 대상자		교육시간	교육과목 및 내용	교육방법
음주운전교육	음주운전이 원인이 되어 ①의 ㉠부터 ㉢까지에 해당하는 사람	최근 5년 동안 처음으로 음주운전을 한 사람	12시간 (3회, 회당 4시간)	• 음주운전 위험요인 • 음주운전과 교통사고 • 안전운전과 교통법규 • 음주운전 성향진단 및 해설	강의 · 시청각 · 발표 · 토의 · 영화상영 · 진단 등
		최근 5년 동안 2번 음주운전을 한 사람	16시간 (4회, 회당 4시간)	• 음주운전 위험요인 • 음주운전과 교통사고 • 안전운전과 교통법규 • 음주운전 성향진단 및 해설 • 음주운전 가상체험 및 참여	강의 · 시청각 · 발표 · 토의 · 영화상영 · 진단 · 필기검사 · 과제작성 등
		최근 5년 동안 3번 이상 음주운전을 한 사람	48시간 (12회, 회당 4시간)	• 음주운전 위험요인 • 음주운전과 교통사고 • 안전운전과 교통법규 • 음주운전 성향진단 및 해설 • 음주운전 가상체험 및 참여 • 행동변화를 위한 상담	강의 · 시청각 · 발표 · 토의 · 영화상영 · 진단 · 필기검사 · 과제작성 · 실습 · 상담 등
배려운전교육	보복운전이 원인이 되어 법 제 ①의 ㉠부터 ㉢까지에 해당하는 사람		6시간	• 스트레스 관리 • 분노 및 공격성 관리 • 공감능력 향상 • 보복운전과 교통안전	강의 · 시청각 · 토의 · 검사 · 영화상영 등
법규준수교육(의무)	①, ②를 제외하고 법 제73조제2항 각 호에 해당하는 사람		6시간	• 교통환경과 교통문화 • 안전운전의 기초 • 교통심리 및 행동이론 • 위험예측과 방어운전 • 운전유형 진단 교육 • 교통관련 법령의 이해	강의 · 시청각 · 토의 · 검사 · 영화상영 등

※ 비고

1. 교육과목 · 내용 및 방법에 관한 그 밖의 세부내용은 한국도로교통공단이 정한다.
2. 위 표의 음주운전에 해당하는 교육대상자 선정 시 음주운전 횟수 산정기준은 다음 각 목에 따른다.
   가. 해당 처분의 원인이 된 음주운전도 횟수 산정 시 포함한다.
   나. 최근 5년은 해당 처분의 원인이 된 음주운전을 한 날을 기준으로 기산한다.

(4) 특별교통안전 권장교육

① 교육대상자(시 · 도경찰청장에게 신청한 사람) : 권장교육을 받기 전 1년 이내에 해당 교육을 받지 아니한 사람에 한정한다.

㉠ 교통법규 위반 등 제2항 제2호 및 제4호에 따른 사유 외의 사유로 인하여 운전면허효력 정지처분을 받게 되거나 받은 사람

㉡ 교통법규 위반 등으로 인하여 운전면허효력 정지처분을 받을 가능성이 있는 사람

㉢ 제2항 제2호부터 제4호까지에 해당하여 제2항에 따른 특별교통안전 의무교육을 받은 사람
㉣ 운전면허를 받은 사람 중 교육을 받으려는 날에 65세 이상인 사람

◆ 법 제73조 제2항 제2호 및 제4호

- 제2호 : 음주운전 · 공동위험행위 · 난폭운전 · 교통사고, 특수폭행 · 특수협박 · 특수손괴의 위반에 해당하여 운전면허효력 정지처분을 받게 되거나 받은 사람으로서 그 정지기간이 끝나지 아니한 사람
- 제3호 : 운전면허 취소처분 또는 운전면허효력 정지처분(음주운전 · 공동위험행위 · 난폭운전 · 교통사고, 특수폭행 · 특수협박 · 특수손괴의 위반에 해당하여 운전면허효력 정지처분 대상인 경우로 한정한다)이 면제된 사람으로서 면제된 날부터 1개월이 지나지 아니한 사람
- 제4호 : 운전면허효력 정지처분을 받게 되거나 받은 초보운전자로서 그 정지기간이 끝나지 아니한 사람

② 교육과목 및 내용〈시행규칙 제46조 제1항 별표16 제2호 나목〉

교육과정	교육 대상자	교육시간	교육과목 및 내용	교육방법
법규 준수 교육 (권장)	①의 ㉠에 해당하는 사람 중 교육받기를 원하는 사람	6시간	• 교통환경과 교통문화 • 안전운전의 기초 • 교통심리 및 행동이론 • 위험예측과 방어운전 • 운전유형 진단교육 • 교통관련 법령의 이해	강의 · 시청각 · 토의 · 검사 · 영화상영 등
벌점 감경 교육	①의 ㉡에 해당하는 사람 중 교육받기를 원하는 사람	4시간	• 교통질서와 교통사고 • 운전자의 마음가짐 • 교통법규와 안전 • 운전면허 및 자동차관리 등	강의 · 시청각 · 영화상영 등
현장 참여 교육	①의 ㉢에 해당하는 사람이나 ①의 교육을 받은 사람 중 교육받기를 원하는 사람	8시간	• 도로교통 현장 관찰 • 음주 등 위험상황에서의 운전가상체험 • 교통법규위반별 사고사례분석 및 토의 등	도로교통현장관찰 · 강의 · 시청각 · 토의 · 영화상영 등
고령 운전 교육	①의 ㉣에 해당하는 사람 중 교육받기를 원하는 사람	3시간	• 신체노화와 안전운전 • 약물과 안전운전 • 인지능력 자가진단 및 그 결과에 따른 안전운전 요령 • 교통관련 법령의 이해 • 고령운전자 교통사고실태	강의 · 시청각 · 인지능력 자가진단 등

※ 비고

1. 교육대상자가 치매안심센터 또는 의원 · 병원 · 종합병원에서 교육실시일 전 1년 이내에 받은 선별검사 또는 진단검사 결과를 제출하면 그 결과에 따라 위 표 고령운전교육의 교육과목 및 내용란 중 인지능력 자가진단 및 그 결과에 따른 안전운전 요령에 포함된 치매선별을 위한 자가진단을 대체할 수 있다.
2. 교육과목 · 내용 및 방법에 관한 그 밖의 세부내용은 한국도로교통공단이 정한다.

(5) 긴급자동차 교통안전교육〈시행령 제38조의2〉

① 교육대상자 및 실시기관

㉠ 교육대상자 : 긴급자동차의 운전업무에 종사하는 사람(소방차, 구급차, 혈액 공급차량 등의 운전자)

㉡ 실시기관 : 한국도로교통공단

※ 긴급자동차 교통안전교육 대상자가 국가기관 및 지방자치단체에 소속된 사람인 경우에는 소속 기관에서 실시하는 교육훈련의 방법으로 실시할 수 있다.

② 긴급자동차 교통안전교육의 구분

㉠ 신규 교통안전교육

- 교육대상 : 최초로 긴급자동차를 운전하려는 사람을 대상으로 실시하는 교육
- 교육시간 : 3시간 이상 실시

㉡ 정기 교통안전교육

- 교육대상 : 긴급자동차를 운전하는 사람을 대상으로 3년마다 정기적으로 실시하는 교육
- 교육시간 : 2시간 이상 실시

※ 직전에 긴급자동차 교통안전교육을 받은 날부터 기산하여 3년이 되는 날이 속하는 해의 1월 1일부터 12월 31일 사이에 교육을 받아야 한다.

③ 긴급자동차 교통안전교육 사항

㉠ 긴급자동차와 관련된 도로교통법령

㉡ 긴급자동차의 주요 특성

㉢ 긴급자동차 교통사고의 주요 사례

㉣ 교통사고 예방 및 방어운전

㉤ 긴급자동차 운전자의 마음가짐

④ 교육과목 및 내용〈시행규칙 제46조 제1항 별표16 제3호〉

교육과목 및 내용	교육시간	교육방법
• 긴급자동차 관련 도로교통법령에 관한 내용 • 주요 긴급자동차 교통사고 사례 • 교통사고 예방 및 방어운전 • 긴급자동차 운전자의 마음가짐 • 긴급자동차의 주요 특성	2시간(3시간)	강의 · 시청각 · 영화상영 등

※ 비고

1. 교육과목 · 내용 및 방법에 관한 그 밖의 세부내용은 한국도로교통공단이 정한다.
2. 위 표의 교육시간에서 괄호 안의 것은 신규 교통안전교육의 경우에 적용한다.

⑤ 교육에 사용해야 할 교재 및 세부교육계획의 수립

㉠ 교재사용 : 한국도로교통공단에서 제작하고 경찰청장이 감수한 교재를 사용

㉡ 세부교육계획의 수립 : 한국도로교통공단은 긴급자동차 교통안전교육에 관한 세부교육계획을 수립하여 경찰청장에게 승인을 받아야 한다.

(6) 75세 이상인 사람에 대한 교통안전교육 2022년 대전

① 교육대상자

㉠ 75세 이상인 사람으로서 운전면허를 받으려는 사람(시험에 응시하기 전)

㉡ 운전면허증 갱신일에 75세 이상인 사람(운전면허증 갱신기간 이내)

② 교통안전교육을 받아야 할 사항

㉠ 노화와 안전운전에 관한 사항

㉡ 약물과 운전에 관한 사항

㉢ 기억력과 판단능력 등 인지능력별 대처에 관한 사항

㉣ 교통관련 법령 이해에 관한 사항

③ 실시기관〈시행규칙 제46조의3〉

㉠ 실시기관 : 한국도로교통공단

㉡ 교육에 사용해야 할 교재 : 한국도로교통공단에서 제작하고 경찰청장이 감수한 교재를 사용

㉢ 세부교육계획의 수립 : 한국도로교통공단은 75세 이상인 사람에 대한 교통안전교육에 관한 세부교육계획을 수립하여 경찰청장에게 승인을 받아야 한다.

④ 교육과목 및 내용〈시행규칙 제46조 제1항 별표16 제4호〉

교육과목 및 내용	교육시간	교육방법
• 신체 노화와 안전운전 • 약물과 안전운전 • 인지능력 자가진단 및 그 결과에 따른 안전운전 요령 • 교통관련 법령의 이해 • 고령 운전자 교통사고 실태	2시간	강의 · 시청각 · 인지능력 자가진단 등

※ 비고

1. 교육대상자가 치매안심센터 또는 의원 · 병원 · 종합병원에서 교육실시일 전 1년 이내에 받은 선별검사 또는 진단검사 결과를 제출하면 그 결과에 따라 인지능력 자가진단 및 그 결과에 따른 안전운전 요령에 포함된 치매선별을 위한 자가진단을 대체할 수 있다.
2. 교육대상자가 운전면허증 갱신발급 신청일 전 1년 이내에 특별교통안전 권장교육을 받은 경우에는 교통안전교육을 받은 것으로 본다.
3. 교육과목 · 내용 및 방법에 관한 그 밖의 세부사항은 한국도로교통공단이 정한다.

(7) 음주운전 방지장치의 작동방법 및 음주운전 예방에 관한 교통안전교육 2024년 신설 법조항

① 교육대상자

㉠ 교육대상 : 음주운전 방지장치 부착 조건부 운전면허를 받으려는 사람

㉡ 교육을 받아야 할 시기 : 운진면허시험에 응시하기 전에 음주운전 방지장치의 작동방법 및 음주운전 예방에 관한 교통안전교육을 받아야 한다.

② 교육과목 및 내용〈시행규칙 제46조 제1항 별표16 제5호〉

교육과목 및 내용	교육시간	교육방법
• 음주운전 방지장치 부착 운전자의 준수사항 • 음주운전 방지장치의 작동방법 • 음주운전의 위험성 및 예방	1시간	강의 · 시청각 등

※ 비고

1. 교육과목 · 내용 및 방법에 관한 그 밖의 세부사항은 한국도로교통공단이 정한다.

section 2 교통안전교육기관

1 교통안전교육기관의 지정 등〈법 제74조〉

(1) 교통안전교육기관

① 교통안전교육의 실시기관

㉠ 자동차운전 전문학원 : 시 · 도경찰청장이 자동차운전에 관한 교육 수준을 높이고 운전자의 자질을 향상시키기 위하여 지정한 전문학원

㉡ 교통안전교육기관 : 시 · 도경찰청장이 교통안전교육을 하기 위하여 지정한 기관이나 시설

② 교통안전교육기관으로 지정할 수 있는 시설 2022년 대전

㉠ 자동차운전학원

㉡ 한국도로교통공단과 그 지부(支部) · 지소 및 교육기관

㉢ 평생교육과정이 개설된 대학 부설 평생교육시설

㉣ 제주특별자치도 또는 시 · 군 · 자치구에서 운영하는 교육시설

③ 지정권자 및 지정증 발급

㉠ 지정권자 : 시 · 도경찰청장

㉡ 지정증발급 : 교통안전교육기관을 지정한 경우에는 행정안전부령으로 정하는 지정증을 발급하여야 한다.

④ 교통안전교육기관으로 지정해서는 안 되는 기관이나 시설 2021년 대구

㉠ 지정이 취소된 교통안전교육기관을 설립 · 운영한 자가 그 지정이 취소된 날부터 3년 이내에 설립 · 운영하는 기관 또는 시설

㉡ 지정이 취소된 날부터 3년 이내에 같은 장소에서 설립 · 운영되는 기관 또는 시설

(2) 교통안전교육기관의 지정기준 등〈시행령 제39조〉

① 시설 · 설비기준

㉠ 자동차운전 전문학원(이하 "전문학원"이라 한다)의 시설 · 설비의 기준을 갖출 것

㉡ 경찰청장이 정하여 고시하는 교통안전교육 관리용 전산시스템(본인 여부를 확인할 수 있는 장치를 포함한다) 및 강의용 교육기자재를 갖출 것

② 강사기준

㉠ 교통안전교육강사를 1명 이상 둘 것

㉡ 학과교육강사가 교통안전교육강사를 겸임할 수 있다.

③ 운영기준 : 매주 1회 이상의 야간 교육과정과 매월 1회 이상의 토요일 · 일요일 또는 공휴일 교육과정을 포함하여 1시간의 교육과정을 매주 5회 이상 운영할 수 있을 것

(3) 교통안전교육기관의 지정신청 등〈시행규칙 제47조〉

① 신청기관 및 제출서류

㉠ 신청기관 : 시 · 도경찰청장

㉡ 지정신청서에 첨부해야 할 서류

- 교통안전교육기관카드 1부
- 부대시설 · 설비 등을 나타내는 도면 1부
- 교통안전교육기관의 시설 등의 사용에 관한 전세 또는 임대차 계약서 사본 1부(교통안전교육기관의 시설 등이 다른 사람의 소유인 경우에 한한다)
- 교통안전교육강사의 자격을 증명할 수 있는 서류 사본 1부
- 교통안전교육기관의 직인(한 변의 길이가 3센티미터인 정사각형의 것을 말한다)
- 교통안전교육기관의 장 · 운영책임자의 도장의 인영(印影 : 도장을 찍은 모양을 말한다)

② 확인해야 할 서류 및 명칭사용

㉠ 시 · 도경찰청장이 행정정보의 공동이용을 통하여 확인해야 할 서류

- 설립 · 운영하는 자의 법인의 등기사항증명서(설립 · 운영하는 자가 법인인 경우에 한한다)
- 교통안전교육기관의 토지대장 등본 및 건축물대장 등본
- 교통안전교육기관의 장의 주민등록표 초본(운영책임자를 임명한 경우에는 운영책임자의 주민등록표 초본을 포함한다)
- 설립 · 운영하는 자의 주민등록표 초본(설립 · 운영하는 자가 개인인 경우에 한정한다)

㉡ 명칭사용 및 지정증 발급

- 교통안전교육기관의 장은 기관 또는 시설의 고유명칭에 "부설교통안전교육기관"이라고 표시하여 이를 교통안전교육기관의 명칭으로 사용하여야 한다.
- 교통안전교육기관을 지정한 때에는 교통안전교육기관 지정증을 신청인에게 교부하고, 그 사실을 교통안전교육기관 지정대장에 기록 · 관리하여야 한다.

❷ 교통안전교육기관의 운영책임자〈법 제75조〉

(1) 운영책임자의 임명

① 임명권자 및 운영책임자의 자격

㉠ 임명권자 : 교통안전교육기관의 장

㉡ 임명시기 : 교육업무를 효율적으로 관리하기 위하여 필요하다고 인정하는 때

㉢ 운영책임자의 자격 : 해당 기관의 소속 직원(교통안전교육강사는 제외한다) 중에서 교통안전교육기관의 운영책임자를 임명

② 교통안전교육기관의 장(운영책임자)의 책무 및 선임 · 해임

㉠ 운영책임자의 책무 : 교통안전교육강사를 지도 · 감독하고 교통안전교육 업무가 공정하게 이루어지도록 관리하여야 한다.

㉡ 운영책임자의 선임 및 해임통보〈시행규칙 제48조〉

- 통보기관 : 교통안전교육기관 → 시 · 도경찰청장
- 통보시기 : 운영책임자를 선임 또는 해임한 때에 지체 없이 통보

(2) 교통안전교육의 관리 등〈시행규칙 제49조〉

① 교육생의 본인여부 확인

㉠ 확인자 : 교통안전교육기관의 장(운영책임자)

㉡ 확인시기 : 교육당일 교육생이 본인인지의 여부확인

② 명단작성 및 제출

㉠ 명단작성자 : 교통안전교육강사

㉡ 명단작성 및 이수여부 확인 : 교육을 시작하기 전에 교육생 명단을 작성한 후 교육을 마친 때에는 교육생이 교육을 이수하였는지의 여부를 확인하여 교육생 명단에 서명 또는 날인

㉢ 결과보고 : 교통안전교육기관의 장에게 제출하여 그 결과를 보고

③ 교육확인증 교부

㉠ 발급권자 : 교통안전교육기관의 장

㉡ 발급대상 : 교육과정을 모두 이수한 교육생에게 교육확인증을 교부한 후 교육확인증 발급현황을 교육확인증 발급대장에 기록 · 보관

❸ 교통안전교육강사의 자격기준 등〈법 제76조〉

(1) 교통안전교육강사의 자격

① 강사의 자격기준

㉠ 강사구성 : 교통안전교육기관에는 교통안전교육강사를 두어야 한다.

㉡ 교통안전교육강의 자격 2021년 대구 2022년 대전

- 경찰청장이 발급한 학과교육 강사자격증을 소지한 사람
- 도로교통 관련 행정 또는 교육 업무에 2년 이상 종사한 경력이 있는 사람으로서 대통령령으로 정하는 교통안전교육강사 자격교육을 받은 사람

◆ 대통령령으로 정하는 교통안전교육강사 자격교육〈시행령 제40조〉

- 교통안전교육의 내용과 실시방법 및 운전교육강사로서 필요한 자질에 관하여 한국도로교통공단이 실시하는 교육

※ 교통안전교육기관의 장은 교통안전교육강사가 아닌 사람으로 하여금 교통안전교육을 하게 하여서는 아니 된다.

② 교통안전교육강사가 될 수 없는 사람

㉠ 다음의 어느 하나에 해당하는 죄를 저질러 금고 이상의 형을 선고받고 그 집행이 끝나거나 집행이 면제된 날부터 2년이 지나지 아니한 사람 또는 그 집행유예기간 중에 있는 사람

- 「교통사고처리 특례법」 제3조 제1항에 따른 죄
- 「특정범죄 가중처벌 등에 관한 법률」 제5조의3, 제5조의11 제1항 및 제5조의13에 따른 죄
- 「성폭력범죄의 처벌 등에 관한 특례법」 제2조에 따른 성폭력범죄
- 「아동 · 청소년의 성보호에 관한 법률」 제2조제2호에 따른 아동 · 청소년대상 성범죄

㉡ 자동차를 운전할 수 있는 운전면허를 받지 아니한 사람 또는 초보운전자

(2) 교통안전교육강사의 연수교육

① **시 · 도경찰청장** : 도로교통 관련 법령이 개정되거나 효과적인 교통안전교육을 위하여 필요하다고 인정하면 교통안전교육강사를 대상으로 대통령령으로 정하는 바에 따라 연수교육을 할 수 있다.

◆ 대통령령으로 정하는 바에 따라 연수교육〈시행령 제40조〉

- 교통안전교육강사에 대한 연수교육에 관하여는 시행령 제70조(강사 등에 대한 연수교육)에 따른다.

② **교통안전교육기관의 장** : 교통안전교육강사가 연수교육을 받아야 하는 경우에는 부득이한 사유가 없으면 연수교육을 받을 수 있도록 조치하여야 한다.

❹ 교통안전교육의 수강 확인 등〈법 제77조〉

(1) 교통안전교육 수강확인 보고

① 보고권자 : 교통안전교육강사

② 보고 : 운전면허를 받으려는 사람이 교통안전교육을 마치면 개인별 수강결과를 교통안전교육기관의 장에게 보고하여야 한다.

(2) 교육확인증 발급

① 발급
 ㉠ 발급기관 : 교통안전교육기관의 장
 ㉡ 발급 : 교통안전교육 수강확인 보고를 받은 경우 교통안전교육을 받은 사람에게 교육확인증 발급

② 시 · 도경찰청장에게 보고 : 교육확인증 발급 후 지체없이 관할 시 · 도경찰청장에게 발급사실을 보고

❺ 교통안전교육기관 운영의 정지 또는 폐지의 신고 및 지정의 취소

(1) 교통안전교육기관 운영의 정지 또는 폐지의 신고〈법 제78조〉 2021년 대구

① 정지 또는 폐지의 신고
 ㉠ 신고자 : 교통안전교육기관의 장
 ㉡ 신고기관 : 시 · 도경찰청장

② 신고사유 및 기한 2022년 대전
 ㉠ 신고사유 : 해당 교통안전교육기관의 운영을 1개월 이상 정지하거나 폐지하려는 경우
 ㉡ 신고기한 : 정지 또는 폐지하려는 날의 7일 전까지

③ 교통안전교육기관 운영의 정지 또는 폐지 신고서〈시행규칙 제50조〉
 ㉠ 교통안전교육기관의 운영의 정지 또는 폐지의 신고는 교통안전교육기관 정지 · 폐지신고서에 의한다.
 ㉡ 폐지신고를 하는 때에는 지정증을 첨부하여야 한다.

(2) 교통안전교육기관의 지정취소 등〈법 제79조〉

① 지정취소 및 운영정지의 대상
 ㉠ 취소기관 : 시 · 도경찰청장

㉡ 지정을 취소하거나 1년 이내의 기간을 정하여 운영의 정지를 명할 수 있는 경우 2021년 대구

- 교통안전교육기관이 지정기준에 적합하지 아니하여 시정명령을 받고 30일 이내에 시정하지 아니한 경우
- 교통안전교육기관의 장이 교통안전교육강사가 연수교육을 받을 수 있도록 조치하지 아니한 경우
- 교통안전교육기관의 장이 교통안전교육과정을 이수하지 아니한 사람에게 교육확인증을 발급한 경우
- 교통안전교육기관의 장이 자료제출 또는 보고를 하지 아니하거나 거짓으로 자료제출 또는 보고를 한 경우
- 교통안전교육기관의 장이 관계 공무원의 출입 · 검사를 거부 · 방해 또는 기피한 경우

㉢ 지정을 취소해야 하는 경우 : 교통안전교육기관의 장이 교통안전교육과정을 이수하지 아니한 사람에게 교육확인증을 발급한 경우

② 직권으로 지정의 취소

㉠ 취소권자 : 시 · 도경찰청장

㉡ 지정취소 : 교통안전교육기관이 운영정지 명령을 위반하여 계속 운영행위를 할 때에는 행정안전부령으로 정하는 기준에 따라 지정을 취소할 수 있다.

(3) 교통안전교육기관에 대한 행정처분 기준〈시행규칙 제51조 제1항 별표17의2〉

위반사항	처분기준		
	1차위반	2차위반	3차위반
• 교통안전교육기관이 지정기준에 적합하지 아니하여 시정명령을 받고 30일 이내에 이를 시정하지 아니한 때	운영정지 10일	운영정지 30일	지정취소
• 교통안전교육기관의 장이 교통안전교육강사가 연수교육을 받을 수 있도록 조치하지 아니한 때	1개월 이내 시정명령	운영정지 10일	운영정지 20일
• 교통안전교육기관의 장이 교통안전교육 과정을 이수하지 아니한 사람에게 교육확인증을 교부한 때	지정취소	-	-
• 교통안전교육기관의 장이 자료제출 또는 보고를 하지 아니하거나 허위의 자료제출 또는 보고를 한 때	운영정지 10일	운영정지 20일	운영정지 30일
• 교통안전교육기관의 장이 관계공무원의 출입 · 검사를 거부 · 방해 또는 기피한 때	운영정지 20일	운영정지 40일	운영정지 60일
• 교통안전교육기관의 운영정지 명령에 위반하여 교통안전교육기관의 운영행위를 계속하는 때	운영정지 180일	지정취소	-

※ 교통안전교육기관의 장은 지정취소 또는 운영정지의 통지를 받은 날부터 7일 이내에 지정증을 시 · 도경찰청장에게 반납하여야 한다.

최근기출문제

1 「도로교통법령」상 운전면허를 받으려는 사람이 시험에 응시하기 전에 받아야 하는 교통안전교육에 대한 설명으로 가장 옳지 않은 것은? 2022.6.18. 서울

① 교통안전교육은 시청각교육 등의 방법으로 1시간 실시한다.
② 운전면허 및 자동차관리에 관한 교통안전교육을 받아야 한다.
③ 교육의 과목 · 내용 · 방법 및 시간 등에 관하여 필요한 사항은 행정안전부령으로 정한다.
④ 운전자가 갖추어야 하는 기본예절에 관한 교통안전교육을 받아야 한다.

TIP ② 운전면허를 받으려는 사람의 교통안전교육에서 운전면허 및 자동차관리에 관한사항은 교육내용이 아니다〈법 제73조 제1항〉.

2 다음 중 교통안전교육관련 내용으로 옳지 않은 설명은? 2022.6.18. 대전

① 75세 이상인 사람으로서 운전면허를 받으려는 사람은 교통안전교육을 받아야 한다.
② 교통안전교육 기관이나 시설은 대통령령으로 정하는 시설 · 설비 및 강사 등의 요건을 갖추어야 한다.
③ 도로교통 관련 행정 또는 교육 업무에 3년 이상 종사한 경력이 있는 사람으로서 대통령령으로 정하는 교통안전교육강사 자격교육을 받은 사람은 강사가 가능하다.
④ 교통안전교육기관의 장은 해당 교통안전교육기관의 운영을 1개월 이상 정지하거나 폐지하려면 정지 또는 폐지하려는 날의 7일 전까지 행정안전부령으로 정하는 바에 따라 시 · 도경찰청장에게 신고하여야 한다.

TIP ③ 도로교통 관련 행정 또는 교육 업무에 2년 이상 종사한 경력이 있는 사람으로서 대통령령으로 정하는 교통안전교육강사 자격교육을 받은 사람이 강사가 가능하다〈법 제76조 제2항 제2호〉.
① 법 제73조 제5항
② 법 제74조 제2항
④ 법 제78조

Answer 1.② 2.③

3 「도로교통법」 제73조에서 운전면허시험 전 받아야만 하는 교통안전교육 사항이 아닌 것은? `2022.6.18. 경북`

① 도로교통에 관련 법령과 지식
② 안전운전 능력
③ 어린이 · 장애인 및 노인의 교통사고 예방에 관한 사항
④ 도로운전에 필요한 지식과 기능

TIP ④ 도로운전에 필요한 지식과 기능은 운전면허시험 전 받아야만 하는 교통안전교육 사항이 아니다〈법 제73조 제1항〉.

4 「도로교통법」상 교통안전교육에서의 교육사항이 아닌 것은? `2022.4.23. 경기`

① 기본예절
② 법령과 지식
③ 안전운전능력
④ 자율주행자동차의 지식과 기능

TIP ④ 자율주행자동차의 지식과 기능은 교통안전교육의 교육사항에 포함되지 않는다〈법 제73조 제1항〉.
①②③ 운전자가 갖추어야 하는 기본예절, 도로교통에 관한 법령과 지식, 안전운전능력 등은 교통안전교육의 교육사항에 해당된다〈법 제73조 제1항〉.

5 「도로교통법 시행규칙」상 특별교통안전 의무교육 관련 시간이 틀린 것은? `2021.6.15. 대전`

① 음주운전으로 5년이 지나지 않은 사람은 6시간
② 보복운전 관련한 운전자는 6시간
③ 운전면허효력 정지처분을 받게 되거나 받은 초보운전자로서 그 정지기간이 끝나지 아니한 사람 6시간
④ 최근 5년 동안 2회 음주운전을 한 운전자는 16시간

TIP 특별교통안전 의무교육 시간〈시행규칙 제46조 제1항 별표16〉
㉠ 최근 5년 동안 처음으로 음주운전을 한 사람 : 12시간(3회, 회당 4시간)
㉡ 최근 5년 동안 2번 음주운전을 한 사람 : 16시간(4회, 회당 4시간)
㉢ 최근 5년 동안 3번 이상 음주운전을 한 사람 : 48시간(12회, 회당 4시간)

Answer 3.④ 4.④ 5.①

6 신규로 교통안전교육을 받으려는 사람이 받는 교통안전교육의 내용으로 옳은 것은? 2021.4.10. 대구

① 음주운전 주요 원인
② 알코올이 운전에 미치는 영향
③ 친환경 경제운전에 필요한 지식과 기능
④ 보복운전과 교통안전

TIP 운전면허를 받으려는 사람의 교통안전교육 내용〈법 제73조〉
㉠ 운전자가 갖추어야 하는 기본예절
㉡ 도로교통에 관한 법령과 지식
㉢ 안전운전 능력
㉣ 교통사고의 예방과 처리에 관한 사항
㉤ 어린이 · 장애인 및 노인의 교통사고 예방에 관한 사항
㉥ 친환경 경제운전에 필요한 지식과 기능
㉦ 긴급자동차에 길 터주기 요령
㉧ 그 밖에 교통안전의 확보를 위하여 필요한 사항

7 교통안전교육 등에 대한 설명으로 옳은 것은? 2021.4.10. 대구

① 시 · 도경찰청장은 지정이 취소된 교통안전교육기관을 설립 · 운영한 자가 그 지정이 취소된 날로부터 4년 이내에 설립 · 운영하는 기관 또는 시설을 교통안전교육기관으로 지정하여서는 아니 된다.
② 교통안전교육강사는 도로교통 관련 행정 또는 교육 업무에 1년 이상 종사한 경력이 있는 사람으로서 대통령령으로 정하는 교통안전교육강사 자격교육을 받은 사람이 될 수 있다.
③ 시 · 도경찰청장은 교통안전교육기관이 시정명령을 받고 30일 이내에 시정하지 아니한 경우 2년 이내의 기간을 정하여 운영의 정지를 명할 수 있다
④ 교통안전교육기관의 장은 해당 교통안전교육기관의 운영을 1개월 이상 정지하거나 폐지하려면 정지 또는 폐지하려는 날의 7일 전까지 시 · 도경찰청장에게 신고하여야 한다.

TIP ① 시 · 도경찰청장은 지정이 취소된 교통안전교육기관을 설립 · 운영한 자가 그 지정이 취소된 날부터 3년 이내에 설립 · 운영하는 기관 또는 시설을 교통안전교육기관으로 지정하여서는 아니 된다〈법 제74조 제4항 제1호〉.
② 교통안전교육강사는 도로교통 관련 행정 또는 교육 업무에 2년 이상 종사한 경력이 있는 사람으로서 대통령령으로 정하는 교통안전교육강사 자격교육을 받은 사람이 될 수 있다〈법 제76조 제2항 제2호〉.
③ 시 · 도경찰청장은 교통안전교육기관이 시정명령을 받고 30일 이내에 시정하지 아니한 경우 1년 이내의 기간을 정하여 운영의 정지를 명할 수 있다〈법 제79조 제1항 제1호〉.
④ 법 제78조

Answer 6.③ 7.④

출제예상문제

1 「도로교통법」상 운전면허를 받으려는 사람이 받아야 하는 안전교육은?

① 특별교통안전교육
② 법규준수교육
③ 교통안전교육
④ 특별교통안전권장교육

TIP 운전면허를 받으려는 사람은 대통령령으로 정하는 바에 따라 운전면허시험에 응시하기 전에 교통안전교육을 받아야 한다〈법 제73조 제1항〉.

2 「도로교통법」상 소방차 및 구급차의 운전자가 받아야 하는 안전교육으로 옳은 것은?

① 특별교통안전교육
② 긴급자동차 교통안전교육
③ 배려운전교육
④ 현장참여교육

TIP 긴급자동차 교통안전교육〈법 제73조 제4항〉: 긴급자동차의 운전업무에 종사하는 사람(소방차, 구급차, 혈액 공급차량 등의 운전자)이 받는 교육이다.

3 「도로교통법」상 운전면허증 갱신일에 (   )세 이상인 사람은 운전면허증 갱신기간 이내에 교통안전교육을 받아야 한다. 다음 중 (   ) 안에 알맞은 것은?

① 61
② 65
③ 75
④ 80

TIP 75세 이상인 사람으로서 운전면허를 받으려는 사람은 운전면허시험에 응시하기 전에, 운전면허증 갱신일에 75세 이상인 사람은 운전면허증 갱신기간 이내에 교통안전교육을 받아야 한다〈법 제73조 제5항〉.

Answer 1.③ 2.② 3.③

4 「도로교통법시행규칙」상 교통안전교육의 교육과목 및 내용을 바르게 묶은 것은?

㉠ 위험예측과 방어운전	㉡ 어린이 · 장애인 및 노인의 교통사고 예방
㉢ 공감능력 향상	㉣ 안전운전 기초이론
㉤ 친환경 경제운전의 이해	㉥ 전 좌석 안전띠 착용 등 자동차안전의 이해

① ㉠㉡㉢㉣㉤　　② ㉠㉡㉣㉤㉥
③ ㉡㉢㉣㉤㉥　　④ ㉠㉡㉢㉣㉤㉥

TIP 교통안전교육의 교육과목 및 내용〈시행규칙 제46조 제1항 별표16 제1호〉
㉠ 교통환경의 이해와 운전자의 기본예절
㉡ 도로교통 법령의 이해
㉢ 안전운전 기초이론
㉣ 위험예측과 방어운전
㉤ 교통사고의 예방과 처리
㉥ 어린이 · 장애인 및 노인의 교통사고 예방
㉦ 긴급자동차에 길 터주기 요령
㉧ 친환경 경제운전의 이해
㉨ 전 좌석 안전띠 착용 등 자동차안전의 이해

5 다음 중 「도로교통법령」상 교육시간이 다른 하나를 고르면?

① 배려운전교육　　② 법규준수교육(권장)
③ 긴급자동차 교통안전교육　　④ 법규준수교육(의무)

TIP ③ 긴급자동차 교통안전교육의 교육시간은 2시간(3시간)이다〈시행령 제38조의2〉.
①④ 특별교통안전 의무교육 중 배려운전교육, 법규준수교육(의무)의 교육시간은 6시간이다〈시행규칙 제46조 제1항 별표16 제2호 가목〉.
② 특별교통안전 권장교육 중 법규준수교육(권장)의 교육시간은 6시간이다〈시행규칙 제46조 제1항 별표16 제2호 나목〉.

Answer 4.② 5.③

6 특별교통안전 의무교육 중 음주운전교육의 교육과목 및 내용으로 옳지 않은 것은? (단, 최근 5년 동안 2번 음주운전을 한 사람에 한함)

① 안전운전과 교통법규
② 음주운전 성향진단 및 해설
③ 행동변화를 위한 상담
④ 음주운전 가상체험 및 참여

TIP 음주운전교육의 교육과목 및 내용(최근 5년 동안 2번 음주운전을 한 사람)〈시행규칙 제46조 제1항 별표16 제2호 가목〉
㉠ 음주운전 위험요인
㉡ 음주운전과 교통사고
㉢ 안전운전과 교통법규
㉣ 음주운전 성향진단 및 해설
㉤ 음주운전 가상체험 및 참여

7 특별교통안전 권장교육 중 벌점감경교육의 교육과목 및 내용으로 옳지 않은 것은?

① 위험예측과 방어운전
② 운전자의 마음가짐
③ 운전면허 및 자동차관리
④ 교통질서와 교통사고

TIP 벌점감경교육의 교육과목 및 내용〈시행규칙 제46조 제1항 별표16 제2호 나목〉
㉠ 교통질서와 교통사고
㉡ 운전자의 마음가짐
㉢ 교통법규와 안전
㉣ 운전면허 및 자동차관리 등

8 다음에 해당하는 사람이 받아야 하는 교통안전교육은?

운전면허효력 정지처분을 받게 되거나 받은 초보운전자로서 그 정지기간이 끝나지 아니한 사람

① 특별교통안전 권장교육
② 법규준수교육
③ 벌점감경교육
④ 특별교통안전 의무교육

TIP 운전면허효력 정지처분을 받게 되거나 받은 초보운전자로서 그 정지기간이 끝나지 아니한 사람은 특별교통안전 의무교육을 받아야 한다〈법 제73조 제2항 제4호〉.

Answer 6.③ 7.① 8.④

9 「도로교통법」상 특별교통안전 권장교육대상자로 옳지 않은 사람은?

① 운전면허를 받은 사람 중 교육을 받으려는 날에 65세 이상인 사람
② 교통법규 위반 등으로 인하여 운전면허효력 정지처분을 받을 가능성이 있는 사람
③ 중앙선침범 등의 교통법규 위반의 사유로 인하여 운전면허효력 정지처분을 받게 되거나 받은 사람
④ 음주운전 방지장치 부착 조건부 운전면허를 받으려는 사람

TIP ④ 음주운전 방지장치 부착 조건부 운전면허를 받으려는 사람은 운전면허시험에 응시하기 전에 음주운전 방지장치의 작동방법 및 음주운전 예방에 관한 교통안전교육을 받아야 한다〈법 제73조 제6항〉.

10 다음 중 「도로교통법령」상 교통안전교육방법과 교육시간에 대한 설명으로 옳은 것은?

① 강의 · 시청각교육 등의 방법으로 2시간 실시한다.
② 현장체험교육 등의 방법으로 3시간 실시한다.
③ 시청각교육 등의 방법으로 1시간 실시한다.
④ 강의 · 시청각 · 토의 · 검사 · 영화상영 등의 방법으로 6시간 실시한다.

TIP 교통안전교육은 시청각교육 등의 방법으로 1시간 실시한다〈시행령 제37조 제1항〉.

11 「도로교통법」상 특별교통안전교육 사항으로 옳지 않은 것은?

① 운전면허 및 자동차관리
② 교통사고와 그 예방
③ 긴급자동차에 길 터주기 요령
④ 교통법규와 안전

TIP 특별교통안전교육의 교육사항〈시행령 제38조 제2항〉
㉠ 교통질서
㉡ 교통사고와 그 예방
㉢ 안전운전의 기초
㉣ 교통법규와 안전
㉤ 운전면허 및 자동차관리
㉥ 그 밖에 교통안전의 확보를 위하여 필요한 사항

Answer 9.④ 10.③ 11.③

12 다음 (　　) 안에 숫자를 합한 것으로 옳은 것은?

> 도로교통법 시행령 제38조의2
> ② 법 제73조 제4항에 따른 긴급자동차의 안전운전 등에 관한 교육(이하 "긴급자동차 교통안전교육"이라 한다)은 다음 각 호의 구분에 따라 실시한다.
> 1. 신규 교통안전교육 : 최초로 긴급자동차를 운전하려는 사람을 대상으로 실시하는 교육
> 2. 정기 교통안전교육 : 긴급자동차를 운전하는 사람을 대상으로 (　　)년마다 정기적으로 실시하는 교육. 이 경우 직전에 긴급자동차 교통안전교육을 받은 날부터 기산하여 (　　)이 되는 날이 속하는 해의 1월 1일부터 12월 31일 사이에 교육을 받아야 한다.

① 3　　② 5
③ 6　　④ 8

TIP 3 + 3 = 6이다.
※ 긴급자동차의 긴급자동차 교통안전교육의 실시구분〈시행령 제38조의2 제2항〉.
㉠ 신규 교통안전교육 : 최초로 긴급자동차를 운전하려는 사람을 대상으로 실시하는 교육
㉡ 정기 교통안전교육 : 긴급자동차를 운전하는 사람을 대상으로 3년마다 정기적으로 실시하는 교육. 이 경우 직전에 긴급자동차 교통안전교육을 받은 날부터 기산하여 3년이 되는 날이 속하는 해의 1월 1일부터 12월 31일 사이에 교육을 받아야 한다.

13 특별교통안전 권장교육의 신청기관으로 옳은 것은?

① 시 · 도경찰청장　　② 경찰서장
③ 한국도로교통공단　　④ 자동차운전전문학원

TIP 교통법규 위반 등으로 인하여 운전면허효력 정지처분을 받게 되거나 받은 사람이 시 · 도경찰청장에게 신청하는 경우에는 대통령령으로 정하는 바에 따라 특별교통안전 권장교육을 받을 수 있다〈법 제73조 제3항〉.

14 다음 중 반드시 한국도로교통공단에서 실시하는 교통안전교육을 받지 않아도 되는 것은?

① 교통안전교육　　② 긴급자동차 운전자에 대한 교통안전교육
③ 75세 이상인 사람에 대한 교통안전교육　　④ 특별교통안전교육

TIP ① 교통안전교육은 특별교통안전 의무교육을 받은 사람 또는 자동차운전 전문학원에서 학과교육을 수료한 사람은 교통안전교육을 받지 않아도 된다〈법 제73조 제1항〉.
②③④는 한국도로교통공단에서 실시하는 교육을 받아야 한다.
② 시행령 제38조의2 제3항
③ 시행규칙 제46조의3 제1항
④ 시행령 제38조 제3항

Answer 12.③ 13.① 14.①

15 **긴급자동차 교통안전교육의 교육과목 및 내용을 모두 고른 것으로 옳은 것은?**

㉠ 긴급자동차 운전자의 마음가짐	㉡ 긴급자동차 교통사고의 주요 사례
㉢ 교통사고예방 및 방어운전	㉣ 긴급자동차의 주요특성

① ㉠㉡㉢
② ㉠㉡㉣
③ ㉠㉡㉣
④ ㉠㉡㉢㉣

TIP 긴급자동차 교통안전교육 교육과목 및 내용〈시행규칙 제46조 제1항 별표16 제3호〉
㉠ 긴급자동차 관련 도로교통법령에 관한 내용
㉡ 주요 긴급자동차 교통사고 사례
㉢ 교통사고 예방 및 방어운전
㉣ 긴급자동차 운전자의 마음가짐
㉤ 긴급자동차의 주요 특성

16 **「도로교통법 시행규칙」상 긴급자동차 교통안전교육에 관한 세부교육계획을 수립해야 하는 기관은?**

① 경찰청장
② 지방자치단체의 장
③ 자동차운전 전문학원
④ 한국도로교통공단

TIP 한국도로교통공단은 긴급자동차 교통안전교육에 관한 세부교육계획을 수립하여 경찰청장에게 승인을 받아야 한다〈시행규칙 제46조의2 제3항〉.

17 **75세 이상인 사람이 받아야 하는 교통안전교육에 대한 설명으로 옳지 않은 것은?**

① 75세 이상인 사람에 대한 교통안전교육은 한국도로교통공단에서 실시한다.
② 운전면허증 갱신일에 75세 이상인 사람은 운전면허증 갱신기간 전후 15일 이내에 교통안전교육을 받아야 한다.
③ 교육방법은 강의 · 시청각 · 인지능력 자가진단 등으로 교육시간은 2시간을 실시한다.
④ 교육대상자가 운전면허증 갱신발급 신청일 전 1년 이내에 특별교통안전 권장교육을 받은 경우에는 교통안전교육을 받은 것으로 본다.

TIP ② 운전면허증 갱신일에 75세 이상인 사람은 운전면허증 갱신기간 이내에 교통안전교육을 받아야 한다〈법 제73조 제5항〉.
① 시행규칙 제46조의3 제1항
③ 시행규칙 제46조 제1항 별표16 제4호
④ 시행규칙 제46조 제1항 별표16 제4호 비고 제2호

Answer 15.④ 16.④ 17.②

18 **음주운전 방지장치의 작동방법 및 음주운전 예방에 관한 교통안전교육에 대한 설명이다. 가장 바르지 않은 것은?**

① 음주운전 방지장치 부착 조건부 운전면허를 받으려는 사람이 교육대상이다.

② 교육을 받아야 할 시기는 운전면허시험에 응시하기 전이어야 한다.

③ 교육과목 및 내용은 음주운전방지장치 부착 운전자의 준수사항, 음주운전방지장치의 작동방법, 음주운전의 위험성 및 예방 등이다.

④ 교육방법은 강의 · 시청각교육이며, 교육시간은 2시간이다.

TIP ④ 교육방법은 강의 · 시청각교육이며, 교육시간은 1시간이다〈시행규칙 제46조 제1항 별표16 제5호〉.
①② 법 제73조 제6항
③ 시행규칙 제46조 제1항 별표16 제5호

19 **교통안전교육기관으로 지정할 수 있는 곳으로 바르지 않은 것은?**

① 시 · 군 · 자치구에서 운영하는 사회복지시설

② 자동차운전학원

③ 평생교육과정이 개설된 대학 부설 평생교육시설

④ 한국도로교통공단의 지부 및 지소

TIP 교통안전교육기관으로 지정할 수 있는 시설〈법 제74조 제2항〉
㉠ 자동차운전학원
㉡ 한국도로교통공단과 그 지부(支部) · 지소 및 교육기관
㉢ 「평생교육법」에 따른 평생교육과정이 개설된 대학 부설 평생교육시설
㉣ 제주특별자치도 또는 시 · 군 · 자치구에서 운영하는 교육시설
※ 교통안전교육기관으로 지정할 수 없는 기관이나 시설〈법 제74조 제4항〉
㉠ 지정이 취소된 교통안전교육기관을 설립 · 운영한 자가 그 지정이 취소된 날부터 3년 이내에 설립 · 운영하는 기관 또는 시설
㉡ 지정이 취소된 날부터 3년 이내에 같은 장소에서 설립 · 운영되는 기관 또는 시설

Answer 18.④ 19.①

20 「도로교통법령」상 교통안전교육기관의 지정기준으로 옳지 않은 것은?

① 자동차운전 전문학원의 시설 · 설비의 기준을 갖추어야 한다.
② 전문학원에서는 학과교육강사를 2명 이상 두어야 한다.
③ 경찰청장이 정하여 고시하는 강의용 교육기자재를 갖추어야 한다.
④ 교통안전교육강사를 1명 이상 두어야 한다.

TIP 교통안전교육기관의 지정기준〈시행령 제39조〉
㉠ 시설 · 설비기준
- 자동차운전 전문학원(이하 "전문학원"이라 한다)의 시설 · 설비의 기준을 갖출 것
- 경찰청장이 정하여 고시하는 교통안전교육 관리용 전산시스템(본인 여부를 확인할 수 있는 장치를 포함한다) 및 강의용 교육기자재를 갖출 것

㉡ 강사기준 : 교통안전교육강사를 1명 이상 둘 것. 이 경우 전문학원에서는 학과교육강사가 교통안전교육강사를 겸임할 수 있다.

21 교통안전교육기관의 지정을 신청할 때 갖추어야 할 서류로 옳지 않은 것은?

① 교통안전교육기관의 직인
② 교통안전교육강사의 자격을 증명할 수 있는 서류 사본 1부
③ 교통안전교육기관 임원의 인적사항
④ 교통안전교육기관카드 1부

TIP 교통안전교육기관의 지정신청시 제출해야 하는 서류〈시행규칙 제47조〉
㉠ 교통안전교육기관 지정신청서
㉡ 교통안전교육기관카드 1부
㉢ 부대시설 · 설비 등을 나타내는 도면 1부
㉣ 교통안전교육기관의 시설 등의 사용에 관한 전세 또는 임대차 계약서 사본 1부(교통안전교육기관의 시설 등이 다른 사람의 소유인 경우에 한한다)
㉤ 교통안전교육강사의 자격을 증명할 수 있는 서류 사본 1부
㉥ 교통안전교육기관의 직인
㉦ 교통안전교육기관의 장 · 운영책임자의 도장의 인영(도장을 찍은 모양)

Answer 20.② 21.③

22 **교통안전교육기관의 운영책임자에 대한 설명으로 옳지 않은 것은?**

① 운영책임자는 교육업무를 효율적으로 관리를 위해 필요한 경우에만 임명한다.
② 교통안전교육기관의 장이 소속 교통안전교육강사 중에서 임명할 수 있다.
③ 운영책임자는 교통안전교육을 담당하는 강사를 지도 · 감독한다.
④ 운영책임자를 선임 또는 해임한 때에는 지체 없이 시 · 도경찰청장에게 통보해야 한다.

TIP ①② 교통안전교육기관의 장은 교육업무를 효율적으로 관리하기 위하여 필요하다고 인정하면 해당기관의 소속직원(교통안전교육강사는 제외한다) 중에서 교통안전교육기관의 운영책임자를 임명할 수 있다〈법 제75조 제1항〉.
③ 법 제75조 제2항
④ 시행규칙 제48조

23 **「도로교통법 시행규칙」상 교통안전교육기관의 장이 이행해야 할 사항으로 옳지 않은 것은?**

① 교육당일 교육생이 본인인지의 여부를 확인하여야 한다.
② 교육생 명단을 작성하고 교육이수여부를 확인하여 서명 또는 날인 후 보고하여야 한다.
③ 교육확인증을 받은 사람이 교육확인증을 분실 시에는 재발급이 불가능하다.
④ 교통안전교육 관리용 전산시스템을 정상적으로 유지하도록 수시로 점검하여야 한다.

TIP ③ 교통안전교육기관의 장은 교육확인증을 받은 사람이 교육확인증을 분실 또는 훼손하여 재발급을 신청한 때에는 교육확인증 발급대장에 그 사실을 기록하고 재발급할 수 있다〈시행규칙 제49조 제4항〉.
① 시행규칙 제49조 제1항
② 시행규칙 제49조 제2항
④ 시행규칙 제49조 제5항

24 **「도로교통법」상 교통안전교육강사의 자격기준으로 적절하지 않은 것은?**

① 경찰청장이 발급한 학과교육 강사자격증을 소지한 사람
② 도로교통 관련 업무에 1년 이상 종사한 경력이 있는 사람으로서 자격교육을 받은 사람
③ 교통사고처리 특례법 위반으로 금고 이상의 형을 선고받고 그 집행이 끝난 지 2년이 지난 사람
④ 도로교통 관련 법령 개정 시 필요에 따라 연수교육을 받을 수 있는 사람

TIP ② 도로교통 관련 행정 또는 교육업무에 2년 이상 종사한 경력이 있는 사람으로서 대통령령으로 정하는 교통안전교육강사 자격교육을 받은 사람은 교통안전교육강사가 될 수 있다〈법 제76조 제2항 제2호〉

Answer 22.② 23.③ 24.②

25 교통안전교육을 마친 사람에게 교육확인증을 발급해야 하는 사람은?

① 교통안전교육강사　　② 교통안전교육기관의 장
③ 시 · 도경찰청장　　④ 경찰청장

TIP 교통안전교육강사가 운전면허를 받으려는 사람이 교통안전교육을 마치면 개인별수강결과를 교통안전교육기관의 장에게 보고하면 교통안전교육기관의 장은 교육을 받은 사람에게 교육확인증을 발급하고 지체 없이 관할 시 · 도경찰청장에게 그 사실을 보고하여야 한다〈법 제77조〉.

26 「도로교통법」의 법조항이다. (　) 안에 알맞은 것을 순서대로 나열한 것은?

> 제78조(교통안전교육기관 운영의 정지 또는 폐지의 신고) 교통안전교육기관의 장은 해당 교통안전교육기관의 운영을 (　) 이상 정지하거나 폐지하려면 정지 또는 폐지하려는 날의 (　) 전까지 행정안전부령으로 정하는 바에 따라 시 · 도경찰청장에게 신고하여야 한다.

① 1개월, 7일　　② 2개월, 10일
③ 3개월, 14일　　④ 6개월, 15일

TIP 교통안전교육기관 운영의 정지 또는 폐지의 신고〈법 제78조〉 … 교통안전교육기관의 장은 해당 교통안전교육기관의 운영을 1개월 이상 정지하거나 폐지하려면 정지 또는 폐지하려는 날의 7일 전까지 행정안전부령으로 정하는 바에 따라 시 · 도경찰청장에게 신고하여야 한다.

27 다음 중 교통안전교육기관의 지정을 취소해야 하는 경우는?

① 교통안전교육기관의 장이 교통안전교육강사가 연수교육을 받을 수 있도록 조치하지 않은 경우
② 교통안전교육기관의 장이 관계 공무원의 출입 · 검사를 거부 · 방해한 경우
③ 교통안전교육기관이 지정기준에 적합하지 않아 시정명령을 받고도 30일 이내에 시정하지 않은 경우
④ 교통안전교육기관의 장이 교통안전교육과정을 이수하지 않은 사람에게 교육확인증을 발급한 경우

TIP ④의 경우에는 교통안전교육기관의 지정을 취소해야 한다〈법 제79조 제1항 제3호〉.
①②③의 경우에는 지정을 취소하거나 1년 이내의 기간을 정하여 운영의 정지를 명할 수 있다〈법 제79조 제1항 제1호 · 제2호 · 제5호〉.

Answer 25.② 26.① 27.④

08 운전면허

section 1 운전면허의 종류

1 운전면허〈법 제80조 제1항〉

(1) 운전면허의 취득

① 운전면허의 취득
㉠ 운전면허 발급기관 : 시 · 도경찰청장
㉡ 운전면허 취득 : 자동차등을 운전하려는 사람은 시 · 도경찰청장으로부터 운전면허를 받아야 한다.

② 원동기를 단 차 : 원동기를 단 차 중 교통약자가 최고속도 시속 20킬로미터 이하로만 운행될 수 있는 차를 운전하는 경우에는 운전면허를 받지 않아도 된다.

(2) 운전면허의 종류〈법 제80조 제2항〉 2020년 충북

① 운전면허로 운전할 수 있는 차의 종류〈시행규칙 제53조 별표18〉 2021년 대전

운전면허의 종류		운전할 수 있는 차량
종별	구분	

제1종	대형면허	• 승용자동차
		• 승합자동차
		• 화물자동차
		• 건설기계
		  • 덤프트럭, 아스팔트살포기, 노상안정기
		  • 콘크리트믹서트럭, 콘크리트펌프, 천공기(트럭 적재식)
		  • 콘크리트믹서트레일러, 아스팔트콘크리트재생기
		  • 도로보수트럭, 3톤 미만의 지게차
		• 특수자동차(구난차등은 제외한다)
		☞ 구난차등 : 대형견인차, 소형견인차 및 구난차를 말한다.
		• 원동기장치자전거

	보통면허	• 승용자동차 • 승차정원 15명 이하의 승합자동차

			• 적재중량 12톤 미만의 화물자동차 • 건설기계(도로를 운행하는 3톤 미만의 지게차로 한정한다) • 총중량 10톤 미만의 특수자동차(구난차등은 제외한다) • 원동기장치자전거
	소형면허		• 3륜화물자동차 • 3륜승용자동차 • 원동기장치자전거
	특수면허	대형견인차면허	• 견인형 특수자동차 • 제2종 보통면허로 운전할 수 있는 차량
		소형견인차면허	• 총중량 3.5톤 이하의 견인형 특수자동차 • 제2종 보통면허로 운전할 수 있는 차량
		구난차면허	• 구난형 특수자동차 • 제2종보통면허로 운전할 수 있는 차량
제2종	보통면허		• 승용자동차 • 승차정원 10명 이하의 승합자동차 • 적재중량 4톤 이하의 화물자동차 • 총중량 3.5톤 이하의 특수자동차(구난차등은 제외한다) • 원동기장치자전거
	소형면허		• 이륜자동차(운반차를 포함한다) • 원동기장치자전거
	원동기장치자전거면허		• 원동기장치자전거
연습면허	제1종 보통면허		• 승용자동차 • 승차정원 15명 이하의 승합자동차 • 적재중량 12톤 미만의 화물자동차
	제2종 보통면허		• 승용자동차 • 승차정원 10명 이하의 승합자동차 • 적재중량 4톤 이하의 화물자동차

◆ 위험물 운반차량 및 피견인자동차의 운전범위〈시행규칙 제53조 별표18 비고〉

• 위험물 운반차량
– 적재중량 3톤 이하 또는 적재용량 3천리터 이하의 화물자동차 : 제1종 보통면허가 있어야 운전을 할 수 있다
– 적재중량 3톤 초과 또는 적재용량 3천리터 초과의 화물자동차 : 제1종 대형면허가 있어야 운전할 수 있다.
• 피견인자동차 : 제1종 대형면허, 제1종 보통면허 또는 제2종 보통면허를 가지고 있는 사람이 그 면허로 운전할 수 있는 자동차(이륜자동차는 제외한다)로 견인할 수 있다.
– 총중량 750킬로그램을 초과하는 3톤 이하의 피견인자동차를 견인하기 위해서는 견인하는 자동차를 운전할 수 있는 면허와 소형견인차면허 또는 대형견인차면허를 가지고 있어야 한다.
– 3톤을 초과하는 피견인자동차를 견인하기 위해서는 견인하는 자동차를 운전할 수 있는 면허와 대형견인차면허를 가지고 있어야 한다.

면허로 운전할 수 있는 자동차의 범위

구분	승합자동차	화물자동차	위험물 운반자동차	특수자동차(트레일러, 레커 제외)
제2종보통면허	• 10인 이하	• 4톤 이하	• 운전 못함	• 3.5톤 이하
제1종보통면허	• 15인 이하	• 12톤 미만	• 3톤 이하 3,000리터 이하	• 10톤 미만
제1종대형면허	• 모든 자동차(트레일러, 레커, 이륜자동차는 제외)			

※ 긴급자동차는 차종에 따라 일반 자동차 규정을 적용함

② 운전면허조건의 변경〈법 제80조 제3항 및 제4항〉

㉠ 조건을 변경할 수 있는 기관 : 시 · 도경찰청장

㉡ **운전면허를 받은 사람의 조건변경** : 시 · 도경찰청장은 운전면허를 받을 사람의 신체상태 또는 운전능력에 따라 행정안전부령으로 정하는 바에 따라 운전할 수 있는 자동차등의 구조를 한정하는 등 운전면허에 필요한 조건을 붙일 수 있다.

㉢ **적성검사를 받은 사람의 조건변경** : 시 · 도경찰청장은 적성검사를 받은 사람의 신체상태 또는 운전능력에 따라 조건을 새로 붙이거나 바꿀 수 있다.

(3) 운전면허의 조건 등〈시행규칙 제54조〉

① 적성검사결과의 통보

㉠ **한국도로교통공단** : 한국도로교통공단은 적성검사결과가 운전면허에 조건을 붙여야 하거나 변경이 필요하다고 판단되는 경우에는 그 내용을 시 · 도경찰청장에게 통보하여야 한다.

㉡ **시 · 도경찰청장** : 한국도로교통공단으로부터 통보를 받은 시 · 도경찰청장은 운전면허를 받을 사람 또는 적성검사를 받은 사람에게 붙이거나 바꿀 수 있는 조건을 구분하여야 한다.

② 조건의 구분

㉠ 자동차등의 구조를 한정하는 조건 2022년 경북

- 자동변속기장치 자동차만을 운전하도록 하는 조건
- 삼륜 이상의 원동기장치자전거(이하 "다륜형 원동기장치자전거"라 한다)만을 운전하도록 하는 조건
- 가속페달 또는 브레이크를 손으로 조작하는 장치, 오른쪽 방향지시기 또는 왼쪽 엑셀러레이터를 부착하도록 하는 조건
- 신체장애 정도에 적합하게 제작 · 승인된 자동차등만을 운전하도록 하는 조건

㉡ 의수 · 의족 · 보청기 등 신체상의 장애를 보완하는 보조수단을 사용하도록 하는 조건

㉢ 청각장애인이 운전하는 자동차에는 청각장애인표지와 충분한 시야를 확보할 수 있는 볼록거울을 별도로 부착하도록 하는 조건

③ 조건의 부과기준

㉠ 조건의 부과기준은 별표 20과 같다.

㉡ 운전면허를 받을 사람 또는 적성검사를 받은 사람의 신체상의 상태 또는 운전능력에 따라 2 이상의 조건을 병합하여 부과할 수 있다.

운전면허의 조건부과기준 중 운전면허증의 기재방법〈시행규칙 제54조 제3항 별표20〉

- 자동변속기 : A로 기재한다.
- 의수 : B로 기재한다.
- 의족 : C로 기재한다.
- 보청기 : D로 기재한다.
- 청각장애인 표지 및 볼록거울 : E로 기재한다.
- 수동제동기 · 가속기 : F로 기재한다.
- 특수제작 · 승인차 : 특수제작 · 승인차 : G로 기재한다.
- 우측 방향지시기 : H로 기재한다.
- 왼쪽 엑셀러레이터 : I로 기재한다.

④ 조건변경결과 통보

㉠ 시 · 도경찰청장이 운전에 필요한 조건을 붙이거나 바꾼 때에는 그 내용을 한국도로교통공단에 통보

㉡ 통보를 받은 한국도로교통공단은 운전면허의 조건이 부과되거나 변경되는 사람에게 조건부과(변경)통지서에 따라 그 내용을 통지하여야 한다.

❷ 음주운전 방지장치 부착 조건부 운전면허〈법 제80조의2〉 2024년 신설 법조항

(1) 조건부운전면허의 발급 및 조건

① 조건부운전면허의 발급

㉠ 발급권자 : 시 · 도경찰청장

㉡ 조건부운전면허 발급대상

- 음주운전금지규정을 위반한 날부터 5년 이내에 다시 음주운전금지를 위반하여 운전면허 취소처분을 받은 사람이 자동차등을 운전하려는 경우
- 경찰공무원의 음주측정거부금지규정을 위반한 날부터 5년 이내에 다시 음주측정거부금지규정을 위반하여 운전면허 취소처분을 받은 사람이 자동차등을 운전하려는 경우

※ 자동차등 또는 노면전차를 운전한 경우로 한정하고, 개인형 이동장치를 운전한 경우에는 제외한다.

㉢ 조건부운전면허의 취득 : 시 · 도경찰청장으로부터 음주운전 방지장치 부착 조건부운전면허(이하 "조건부운전면허"라 한다)를 받아야 한다.

② 조건부여〈시행규칙 제54조의2〉

㉠ 조건 부여권자 : 시 · 도경찰청장

㉡ 조건부여 : 시 · 도경찰청장은 운전면허를 받을 사람에게 음주운전 방지장치가 부착된 자동차등 만을 운전하도록 하는 조건을 붙여야 한다.

㉢ 조건의 부과기준 : 조건의 부과기준은 별표 20과 같다.

(2) 음주운전방지장치의 부착

① 부착기간 및 기간산정

㉠ 부착기간 : 음주운전 방지장치는 조건부 운전면허 발급 대상에게 적용되는 운전면허 결격기간과 같은 기간 동안 부착한다.

㉡ 부착기간 산정 : 운전면허 결격기간이 종료된 다음 날부터 부착기간을 산정한다.

② 조건부운전면허의 범위 및 종류 : 조건부 운전면허의 범위 · 발급 · 종류 등에 필요한 사항은 행정안전부령으로 정한다.

> ◆ 음주운전 방지장치〈시행규칙 제2조의5〉
>
> • 자동차등의 시동을 걸기 전 운전자의 호흡을 측정하여 혈중알코올농도가 법 제44조제4항에 따른 기준치 이상인 경우 시동이 걸리지 않도록 하는 장치를 말한다.

3 연습운전면허의 효력〈법 제81조〉

(1) 연습운전면허의 효력

① 효력 : 연습운전면허는 그 면허를 받은 날부터 1년 동안 효력을 가진다.

② 효력중지 : 연습운전면허를 받은 날부터 1년 이전이라도 연습운전면허를 받은 사람이 제1종 보통면허 또는 제2종 보통면허를 받은 경우 연습운전면허는 그 효력을 잃는다.

(2) 연습운전면허를 받은 사람의 준수사항〈시행규칙 제55조〉

① 준수해야 할 장소 : 연습운전면허를 받은 사람이 도로에서 주행연습을 하는 때

② 도로에서 주행연습 할 때 지켜야 할 사항

㉠ 운전면허(연습하고자 하는 자동차를 운전할 수 있는 운전면허에 한한다)를 받은 날부터 2년이 경과된 사람(소지하고 있는 운전면허의 효력이 정지기간 중인 사람을 제외한다)과 함께 승차하여 그 사람의 지도를 받아야 한다.

㉡ 사업용 자동차를 운전하는 등 주행연습 외의 목적으로 운전하여서는 아니 된다.

㉢ 주행연습 중이라는 사실을 다른 차의 운전자가 알 수 있도록 연습 중인 자동차에 별표 21의 표지를 붙여야 한다.

주행연습표지〈시행규칙 제55조 제3호 별표21〉

주 행 연 습

- 바탕은 청색, 글씨는 노란색으로 한다.
- 앞면유리 우측(운전석을 중심으로 한다)하단 및 뒷면유리 중앙상단(제1종 보통연습면허의 경우에는 뒤 적재함 중앙)에 각각 부착한다.

section 2 운전면허시험

1 운전면허의 결격사유〈법 제82조〉

① 운전면허의 결격사유 2021년 대구 2021년 경북 2022년 서울

㉠ 18세 미만(원동기장치자전거의 경우에는 16세 미만)인 사람

㉡ 교통상의 위험과 장해를 일으킬 수 있는 정신질환자 또는 뇌전증 환자로서 대통령령으로 정하는 사람

◆ 대통령령으로 정하는 사람〈시행령 제42조 제1항〉

- 치매, 조현병, 조현정동장애, 양극성 정동장애(조울병), 재발성 우울장애 등의 정신질환 또는 정신 발육지연, 뇌전증 등으로 인하여 정상적인 운전을 할 수 없다고 해당 분야 전문의가 인정하는 사람을 말한다.

㉢ 듣지 못하는 사람(제1종 운전면허 중 대형면허 · 특수면허만 해당한다), 앞을 보지 못하는 사람(한쪽 눈만 보지 못하는 사람의 경우에는 제1종 운전면허 중 대형면허 · 특수면허만 해당한다)이나 그 밖에 대통령령으로 정하는 신체장애인

◆ 대통령령으로 정하는 신체장애인〈시행령 제42조 제2항〉

- 다리, 머리, 척추, 그 밖의 신체의 장애로 인하여 앉아 있을 수 없는 사람을 말한다.
- 신체장애 정도에 적합하게 제작 · 승인된 자동차를 사용하여 정상적인 운전을 할 수 있는 경우는 제외한다.

㉣ 양쪽 팔의 팔꿈치관절 이상을 잃은 사람이나 양쪽 팔을 전혀 쓸 수 없는 사람. 다만, 본인의 신체장애 정도에 적합하게 제작된 자동차를 이용하여 정상적인 운전을 할 수 있는 경우에는 그러하지 아니하다.

㉤ 교통상의 위험과 장해를 일으킬 수 있는 마약 · 대마 · 향정신성의약품 또는 알코올 중독자로서 대통령령으로 정하는 사람

◆ 대통령령으로 정하는 사람〈시행령 제42조 제3항〉

• 마약 · 대마 · 향정신성의약품 또는 알코올 관련 장애 등으로 인하여 정상적인 운전을 할 수 없다고 해당 분야 전문의가 인정하는 사람을 말한다.

㉥ 제1종 대형면허 또는 제1종 특수면허를 받으려는 경우로서 19세 미만이거나 자동차(이륜자동차는 제외한다)의 운전경험이 1년 미만인 사람

㉦ 대한민국의 국적을 가지지 아니한 사람 중 「출입국관리법」 제31조에 따라 외국인등록을 하지 아니한 사람(외국인등록이 면제된 사람은 제외한다)이나 「재외동포의 출입국과 법적 지위에 관한 법률」 제6조 제1항에 따라 국내거소신고를 하지 아니한 사람

② 운전면허 발급제한 기간 2021년 대전

기간	운전면허 발급을 제한하는 경우
5년	㉠ 운전을 하다가 사람을 사상한 후 필요한 조치 및 신고를 하지 아니한 경우 • 무면허운전(면허정지기간 중 운전 포함) • 국제운전면허증 또는 상호인정외국면허증 없이 자동차등의 운전 • 음주운전 • 과로(질병, 약물)운전 • 공동위험행위(2명 이상이 공동으로 2대 이상의 자동차등을 앞뒤로 또는 좌우로 줄지어 통행하면서 다른 사람에게 위해를 끼치거나 교통상의 위험을 발생시키는 행위) ㉡ 운전을 하다가 사람을 사망에 이르게 한 경우 • 음주운전 • 무면허운전(면허정지기간 중 운전 포함) • 국제운전면허증 또는 상호인정외국면허증 없이 자동차등의 운전
4년	5년의 제한 사유 이외의 사유로 교통사고를 야기한 후에 도주한 경우(일반교통사고 야기 후 도주)
3년	㉠ 운전을 하다가 2회 이상 교통사고를 일으킨 경우 • 음주운전 • 음주측정거부(면허유무무관) • 무면허운전(면허정지기간 중 운전 포함) • 국제운전면허증 또는 상호인정외국면허증 없이 자동차등의 운전 ㉡ 자동차등을 이용하여 범죄행위를 한 경우 • 자동차등을 이용하여 범죄행위를 하거나 무면허로 그 자동차등을 운전한 경우 • 다른 사람의 자동차등을 훔치거나 빼앗은 사람이 무면허로 그 자동차등을 운전한 경우
2년	㉠ 3회 이상 위반하여 자동차등을 운전한 경우 • 무면허운전(면허정지기간 중 운전 포함)을 3회 이상 위반하여 자동차등을 운전한 경우 • 국제운전면허증 또는 상호인정외국면허증 없이 3회 이상 위반하여 자동차등을 운전한 경우 ㉡ 2회 이상 위반한 경우 • 음주운전 • 음주측정거부(면허유무무관)

	• 무면허운전(면허정지기간 중 운전포함) • 국제운전면허증 또는 상호인정외국면허증 없이 자동차등을 운전한 경우 • 공동위험행위 ⓒ 운전을 하다가 교통사고를 일으킨 경우 • 음주운전(취소된 날부터) • 음주측정거부(면허유무무관) • 무면허운전(면허정지기간 중 운전 포함) • 국제운전면허증 또는 상호인정외국면허증 없이 자동차등을 운전한 경우 ⓔ 다음의 사유로 운전면허가 취소된 경우 • 운전면허를 받을 수 없는 사람이 운전면허를 받거나 운전면허효력의 정지기간 중 운전면허증 또는 운전면허증을 갈음하는 증명서를 발급받은 사실이 드러난 경우 • 다른 사람의 자동차등을 훔치거나 빼앗은 경우 • 다른 사람이 부정하게 운전면허를 받도록 하기 위하여 운전면허시험에 대신 응시한 경우 ⓜ 운전면허시험에서 부정행위를 한 사람에 대하여 해당 시험을 무효로 처리된 사람
1년	㉠ 다음을 위반하여 자동차등을 운전한 경우 • 무면허운전(면허정지기간 중 운전 포함) → 위반한 날부터 기산 • 국제운전면허증 또는 상호인정외국면허증 없이 자동차등의 운전 • 운전면허효력 정지기간에 운전하여 취소된 경우 → 취소된 날부터 기산 ㉡ 2～5년 제한 사유 이외의 사유로 운전면허가 취소 된 경우 • 누적벌점초과에 의한 취소 → 1년간(121점), 2년간(201점), 3년간(271점) • 공동위험행위 • 음주운전으로 운전면허가 취소 된 때 • 교통사고로 인하여 운전면허가 취소된 때(사고야기 후 도주는 제외) • 무면허 운전 • 운전면허를 받은 사람이 자동차 등을 이용하여 범죄행위(아래 기타 사항에서 상술함)를 한 때 • 음주측정불응, 약물운전 • 면허증대여 또는 대여 받아 운전 • 면허 정지 기간 중에 자동차 등을 운전한자 • 무등록 차량운전 • 경찰공무원을 폭행한 경우 • 연습면허 취소사유가 있었던 경우
기타	㉠ 운전면허 발급이 제한되는 기간 • 운전면허효력 정지처분을 받고 있는 경우에는 그 정지기간 • 국제운전면허증 또는 상호인정외국면허증으로 운전하는 운전자가 운전금지 처분을 받은 경우에는 그 금지기간 • 음주운전 방지장치를 부착하는 기간(조건부 운전면허의 경우는 제외한다) 2023년 신설 ㉡ 운전면허 취소처분을 받은 사람은 운전면허 결격기간이 끝났다 하더라도 그 취소처분을 받은 이후에 특별교통안전의무교육을 받지 아니하면 운전면허를 받을 수 없다.
즉시 응시 가능	• 적성검사를 받지 아니하거나 그 적성검사에 불합격한 사유로 운전면허가 취소된 사람 또는 제 1종 운전면허를 받은 사람이 적성검사에 불합격되어 다시 2종 운전면허를 받으려 하는 경우에는 그러하지 아니하다.

※ 벌금 미만의 형이 확정되거나 선고유예의 판결이 확정된 경우 또는 기소유예나 보호처분의 결정이 있는 경우에는 각 호에 규정된 기간 내라도 운전면허를 받을 수 있다〈법 제82조 제2항〉.

③ **운전면허 취소처분을 받은 사람** : 운전면허 취소처분을 받은 사람은 운전면허 결격기간이 끝났다 하여도 그 취소처분을 받은 이후에 특별교통안전 의무교육을 받지 않으면 운전면허를 받을 수 없다.

운전면허취소 후 발급 제한기간

- 2회 이상 음주운전(측정거부포함) 적발 → 2년
- 음주운전을 하다가 교통사고를 일으킨 경우 → 2년
- 음주운전을 하다가 2회 이상 교통사고를 일으킨 경우 → 3년
- 음주운전을 하다가 사람을 사망에 이르게 한 경우 → 5년

2 운전면허시험〈법 제83조〉

(1) 운전면허시험

① 시행기관 및 시험실시

㉠ **시행기관** : 한국도로교통공단(제1종 보통면허시험 및 제2종 보통면허시험 제외)

㉡ **시험실시** : 운전을 할 수 있는 차의 종류를 기준으로 운전면허의 범위를 구분하여 실시한다.

◆ 응시원서 제출기관〈시행령 제43조〉

- 자동차 운전면허시험 : 한국도로교통공단에 제출
- 원동기장치자전거 운전면허시험 : 그 응시지역을 관할하는 시·도경찰청장이나 한국도로교통공단에 제출

② 시험내용

㉠ 자동차등의 운전에 필요한 적성

㉡ 자동차등 및 도로교통에 관한 법령에 대한 지식

㉢ 자동차등의 관리방법과 안전운전에 필요한 점검의 요령

㉣ 자동차등의 운전에 필요한 기능

㉤ 친환경 경제운전에 필요한 지식과 기능

③ 제1종 보통면허시험과 제2종 보통면허시험

㉠ **시행기관** : 한국도로교통공단

㉡ **시험실시** : 응시자가 도로에서 자동차를 운전할 능력이 있는지에 대하여 실시한다.

㉢ 응시대상

- 제1종 보통면허시험 : 제1종 보통연습면허를 받은 사람을 대상으로 한다.
- 제2종 보통면허시험 : 제2종 보통연습면허를 받은 사람을 대상으로 한다.

④ 교통안전교육 또는 학과교육의 이수

㉠ **교육대상자** : 자동차등 및 도로교통에 관한 법령에 대한 지식 및 자동차등의 관리방법과 안전운전에 필요한 점검의 요령에 대하여 운전면허시험에 응시하려는 사람

㉡ **이수해야 할 교육** : 운전면허시험에 응시하기 전에 교통안전교육 또는 자동차운전 전문학원에서 학과교육을 받아야 한다.

(2) 운전면허시험의 장소결정〈시행령 제44조〉

① 자동차 운전면허험 : 한국도로교통공단이 정한다.

② 원동기장치자전거 면허시험 : 시 · 도경찰청장이나 한국도로교통공단이 정한다.

section 3 운전면허시험의 공고 및 접수

1 운전면허시험의 공고〈시행규칙 제56조〉

(1) 시험의 공고

① 공고권자 : 경찰서장 또는 한국도로교통공단

② 시험실시 공고

㉠ 시험공고 : 운전면허시험일 20일 전에 자동차운전면허시험 실시공고를 하여야 한다.

㉡ 일괄공고 : 월 4회 이상 실시하는 경우에는 월별로 일괄하여 공고할 수 있다.

(2) 시험공고의 방법

① 공고 : 운전면허시험의 공고는 운전면허시험장의 게시판에 공고하여야 한다.

② 홍보 : 신문 또는 방송 등을 통하여 널리 알릴 수 있는 방법으로 하여야 한다.

❷ 운전면허시험의 응시〈시행규칙 제57조〉

(1) 운전면허시험의 응시자

① 응시원서 제출기관 및 제출서류

㉠ 제출기관 : 경찰서장 또는 한국도로교통공단에 제출하고, 신분증명서를 제시해야 한다.

※ 신청인이 원하는 경우에는 신분증명서 제시를 갈음하여 전자적 방법으로 지문정보를 대조하여 본인 확인을 할 수 있다.

㉡ 제출서류

- 자동차운전면허시험 응시원서
- 사진(신청일부터 6개월 내에 모자를 벗은 상태에서 배경 없이 촬영된 상반신 컬러사진으로 규격은 가로 3.5센티미터, 세로 4.5센티미터로 한다) 3장
- 병력신고서(제1종 대형 및 특수 운전면허시험에 응시하려는 경우만 해당한다)
- 질병 · 신체에 관한 신고서(제1종 보통 및 제2종 운전면허시험에 응시하려는 경우만 해당한다)
- 운전면허시험 신청일부터 2년 이내에 발급된 다음의 어느 하나에 해당하는 서류(한쪽 눈만 보지 못하는 사람이 제1종 보통면허시험에 응시하려는 경우에는 의사가 발급한 진단서만 해당한다)로서 운전면허의 적성에 관한 사항을 포함하고 있는 것. 다만, 행정정보의 공동이용을 통하여 확인할 수 있는 사항은 포함하지 않을 수 있다.

–의원, 병원 및 종합병원에서 발행한 양식의 신체검사서
–건강검진 결과 통보서
–의사가 발급한 진단서
–병역판정 신체검사(현역병지원 신체검사를 포함한다) 결과 통보서

(2) 경찰서장 또는 한국도로교통공단

① 정보의 확인

㉠ 확인권자 : 신청을 받은 경찰서장 또는 한국도로교통공단

㉡ 행정정보의 공동이용을 통하여 확인해야 할 정보

- 운전면허시험을 신청한 날부터 2년 내에 실시한 신청인의 건강검진 결과 내역 또는 신청인의 병역판정 신체검사 결과 내역 중 적성검사를 위하여 필요한 시력 또는 청력에 관한 정보
- 신청인이 외국인 또는 재외동포인 경우 외국인등록사실증명 중 국내 체류지에 관한 정보나 국내거소신고사실증명 중 대한민국 안의 거소에 관한 정보
- 신청인이 군복무 중 자동차등에 상응하는 군의 차를 운전한 경험이 있는 사람인 경우 병적증명서 중 지방병무청장이 발급하는 군 운전경력 및 무사고 확인서

② 신청인이 동의하지 않은 경우 : 신청인이 행정정보의 공동이용을 통하여 확인해야 할 정보의 확인에 동의하지 않는 경우에는 관련 자료를 제출하도록 해야 한다.

※ 연습운전면허시험에 응시하려는 사람은 제1종 보통연습면허 및 제2종 보통연습면허를 동시에 신청할 수 없다.

❸ 응시원서의 접수 등〈시행규칙 제58조〉

(1) 응시원서 접수

① 접수기관 및 방법

㉠ 접수기관 : 경찰서장 또는 한국도로교통공단

㉡ 접수대장에 기록 : 응시원서를 접수한 때에는 그 사실을 운전면허응시원서접수대장에 기록

※ 응시원서 접수사실을 전산정보처리조직에 의하여 관리하는 경우에는 운전면허응시원서접수대장에 그 사실을 기록하지 않을 수 있다.

㉢ 운전면허시험 응시표 발급 : 시험 일자를 지정한 후 운전면허시험응시표를 응시자에게 발급

② 응시원서의 유효기간

㉠ 자동차운전면허시험 응시원서의 유효기간은 최초의 필기시험일부터 1년간으로 한다.

㉡ 제1종 보통연습면허 또는 제2종 보통연습면허를 받은 때에는 그 연습운전면허의 유효기간으로 한다.

(2) 운전면허시험응시표의 재발급 및 종합성적표의 작성 · 비치

① 운전면허시험응시표의 재발급

㉠ 재발급사유 : 운전면허시험응시표를 발급받은 사람이 그 운전면허시험응시표를 잃어버리거나 헐어 못쓰게 된 경우

㉡ 재발급장소 : 그 응시지역을 관할하는 경찰서장 또는 한국도로교통공단이 지정하는 장소

② 종합성적표의 작성 · 비치 및 응시표의 회수

㉠ 학과시험 또는 기능시험을 실시한 때에는 운전면허시험 종합성적표를 작성 · 비치하여야 한다.

㉡ 도로주행시험을 실시한 때에는 제1종보통 · 제2종보통운전면허시험 종합성적표를 작성 · 비치하여야 한다.

㉢ 응시표의 회수 : 최종합격자에 대하여는 운전면허시험응시표를 회수하여 이를 보관하여야 한다.

section 4 운전면허시험의 단계

1 적성검사〈시행령 제45조〉

(1) 자동차등의 운전에 필요한 적성의 기준 2023년 서울

① 시력(교정시력을 포함)

㉠ 제1종 운전면허

- 두 눈을 동시에 뜨고 잰 시력이 0.8 이상이고, 두 눈의 시력이 각각 0.5 이상일 것
- 한쪽 눈을 보지 못하는 사람이 보통면허를 취득하려는 경우에는 다른 쪽 눈의 시력이 0.8 이상이고, 수평시야가 120도 이상이며, 수직시야가 20도 이상이고, 중심시야 20도 내 암점(暗點)과 반맹(半盲)이 없어야 한다(의사가 발급한 진단서로 판단).

㉡ 제2종 운전면허

- 두 눈을 동시에 뜨고 잰 시력이 0.5 이상일 것
- 한쪽 눈을 보지 못하는 사람은 다른 쪽 눈의 시력이 0.6 이상이어야 한다.

② 붉은색·녹색 및 노란색을 구별할 수 있을 것(정기·수시적성검사의 경우에는 적용하지 않는다)

③ 55데시벨(보청기를 사용하는 사람은 40데시벨)의 소리를 들을 수 있을 것(제1종 운전면허 중 대형면허 또는 특수면허를 취득하려는 경우에만 적용한다)

④ 조향장치나 그 밖의 장치를 뜻대로 조작할 수 없는 등 정상적인 운전을 할 수 없다고 인정되는 신체상 또는 정신상의 장애가 없을 것(다만, 보조수단이나 신체장애 정도에 적합하게 제작·승인된 자동차를 사용하여 정상적인 운전을 할 수 있다고 인정되는 경우에는 그러하지 아니하다)

(2) 서류를 통한 적성검사의 기준판정

① 판정기관 : 한국도로교통공단

② 적성검사 기준을 갖추었는지를 판정할 수 있는 서류

㉠ 운전면허시험 신청일부터 2년 이내에 발급된 다음의 어느 하나에 해당하는 서류

- 「의료법」에 따른 의원, 병원 및 종합병원에서 발행한 신체검사서
- 「국민건강보험법」에 따른 건강검진 결과 통보서
- 「의료법」에 따라 의사가 발급한 진단서
- 「병역법」에 따른 병역판정 신체검사(현역병지원 신체검사를 포함한다) 결과 통보서

㉡ 행정안전부령으로 정하는 병력(病歷)신고서(제1종 보통면허와 제2종 운전면허의 경우는 제외한다)

㉢ 행정안전부령으로 정하는 질병·신체에 관한 신고서(제1종 보통면허와 제2종 운전면허의 경우만 해당한다)

◆ 제1종 보통면허시험 및 제2종 운전면허시험 응시자의 적성판정〈시행규칙 제59조의2〉

- 제1종 보통면허시험 및 제2종 운전면허시험 응시자의 적성은 자동차운전면허시험(제1종 보통 · 제2종) 응시표 서식 뒤쪽의 질병 · 신체에 관한 신고서로 판정한다.

(3) 서류로 판정하기 곤란한 사람의 판정기준

① **판정대상** : 서류로 조향장치를 뜻대로 조작할 수 있는지 판정하기 곤란한 사람

② **판정기준** : 자동차운전학원에서 2시간 이상 기능교육을 받은 사실이 있는 등 행정안전부령으로 정하는 경우에 해당할 때에는 적성검사 기준에 적합한 것으로 본다.

◆ 신체검사서에 의하여도 판정이 곤란한 사람에 대한 운전적성의 인정방법 등〈시행규칙 제60조〉

- 학원 · 전문학원 또는 지방자치단체 등이 신체장애인의 운전교육을 위하여 설치하는 시설 가운데 시 · 도경찰청장이 인정하는 시설에서 2시간 이상 기능교육을 받은 사실이 있는 경우
- 신체장애정도에 적합하게 제작 · 승인된 자동차를 이용하여 운전면허시험에 응시하는 경우
- 해당분야의 전문의가 발급하는 소견서에 의하여 운전이 가능하다고 인정되는 경우
- 의수 · 의족 등의 보조장구를 사용하거나 보조장구 없이 핸들 · 브레이크 · 엑셀러레이터 등의 조작능력 등을 과학적으로 평가할 수 있는 운동능력평가기기에 의하여 운전적성의 판정에 합격하는 경우

※ 신체상태에 따른 운전면허의 기준〈시행규칙 제61조〉… 신체상태에 따른 운전면허의 기준은 별표 20과 같다.

2 학과시험(필기시험)

(1) 학과시험문제의 출제와 관리〈시행규칙 제62조〉

① 문제지의 작성

㉠ 문제지 작성기관 : 한국도로교통공단

㉡ 문제지 작성 : 한국도로교통공단은 매년 운전면허시험의 학과시험 문제지를 면허시험 종별로 작성한다.

※ 원동기장치자전거면허시험의 학과시험 문제지를 경찰서장에게 배부하여야 한다.

② 문제지의 보관

㉠ 문제지 보관기관 : 경찰서장 및 한국도로교통공단

㉡ 문제지 보관 및 배부

- 보관 : 경찰서장 및 한국도로교통공단은 학과시험 문제지를 분실 · 훼손되지 않도록 보관하여야 한다.
- 배부 : 시험이 시작되기 직전에 소속 경찰공무원(자치경찰공무원 제외) 또는 한국도로교통공단 소속직원을 지명하여 학과시험 문제지를 선별하고 응시자에게 좌석열별로 다르게 배부하도록 하여야 한다.

※ 응시자에게 배부한 학과시험문제지는 시험이 끝나는 즉시 회수하여 보관하여야 한다.

(2) 학과시험(필기시험)의 출제범위

① 도로교통법령 등에 관한 시험의 범위〈시행령 제46조〉
  ㉠ 「도로교통법」 및 「도로교통법」에 따른 명령에 규정된 사항
  ㉡ 「교통사고처리 특례법」 및 같은 법에 따른 명령에 규정된 사항
  ㉢ 「자동차관리법」 및 같은 법에 따른 명령에 규정된 사항 중 자동차등의 등록과 검사에 관한 사항
  ㉣ 교통안전수칙과 교통안전교육에 관한 지침에 규정된 사항

② 자동차등의 점검요령 등에 관한 시험의 범위〈시행령 제47조〉
  ㉠ 자동차등의 기본적인 점검 요령
  ㉡ 경미한 고장의 분별
  ㉢ 유류를 절약할 수 있는 운전방법 등을 포함한 운전장치의 관리방법
  ㉣ 교통안전수칙과 교통안전교육에 관한 지침에 규정된 사항
  ※ 자동차등의 점검요령 등에 관한 시험은 면허의 구분에 따르는 자동차등의 종류별로 실시한다.

(3) 필기시험의 출제비율〈시행규칙 제63조〉

① 도로교통법령 등에 관한 시험 : 자동차등 및 도로교통에 관한 법령에 대한 지식에 관한 시험을 95퍼센트로 한다.

② 자동차등의 점검요령 등에 관한 시험 : 자동차등의 관리방법과 안전운전에 필요한 점검 요령에 관한 시험을 5퍼센트로 한다.

학과시험의 합격자발표〈시행규칙 제64조〉

- 학과시험의 합격자발표는 특별한 사정이 없는 한 시험 당일에 하여야 한다.
- 학과시험의 합격자를 발표하는 때에는 기능시험의 일시 및 장소를 합격자에게 알려주어야 한다.
- 학과시험의 합격자발표는 일정한 장소에 응시자의 수험번호를 게시함으로써 본인에 대한 통지에 대신할 수 있다.

3 장내기능시험〈시행령 제48조〉

(1) 장내기능시험의 실시범위와 자동차등의 종류 2022년 경북

① 장내기능시험의 실시범위
  ㉠ 운전장치를 조작하는 능력
  ㉡ 교통법규에 따라 운전하는 능력
  ㉢ 운전 중의 지각 및 판단 능력

② 장내기능시험에 사용되는 자동차등의 종류 및 채점

㉠ 장내기능시험에 사용되는 자동차등의 종류는 행정안전부령으로 정한다.

㉡ 장내기능시험은 전자채점기로 채점한다.

※ 행정안전부령으로 정하는 기능시험은 운전면허시험관이 직접 채점할 수 있다.

㉢ 전자채점기의 규격 · 설치 및 사용연한 등에 관하여 필요한 사항은 경찰청장이 정한다.

③ 장내기능시험 불합격자 : 장내기능시험에 불합격한 사람은 불합격한 날부터 3일이 지난 후에 다시 장내기능시험에 응시할 수 있다.

(2) 기능시험코스의 종류 · 형상 및 구조〈시행규칙 제65조 별표23〉

① 제1종 대형면허 : 출발코스, 굴절코스, 곡선코스, 방향전환코스, 평행주차코스, 기어변속코스, 교통신호가 있는 십자형교차로 코스, 횡단보도코스, 철길건널목코스, 경사로코스, 종료코스

② 제1종 보통연습면허 및 제2종 보통연습면허 : 출발코스, 경사로코스, 가속코스, 직각주차코스, 신호교차로코스, 종료코스

③ 제2종 소형면허 및 원동기장치자전거면허 : 굴절코스, 곡선코스, 좁은길코스, 연속진로전환코스

④ 특수면허

㉠ 대형견인차면허 : 출발지점에서 도착출발, 시 피견인차를 5분 이내 연결 분리, 총 지정시간 15분 이내

㉡ 소형견인차면허 : 굴절코스, 곡선코스, 방향전환코스

㉢ 구난차면허 : 굴절코스, 곡선코스, 방향전환코스

(3) 기능시험의 채점 및 합격기준〈시행규칙 제66조〉

① 기능시험의 채점

㉠ 채점기준 : 기능시험의 운전면허 종류별 시험항목 · 채점기준 및 합격기준 등은 별표 24와 같다.

㉡ 채점방식 : 기능시험의 채점은 전자채점방식으로 한다.

㉢ 운전면허시험관이 직접 채점할 수 있는 기능시험

- 양팔을 쓸 수 없는 사람
- 보조수단이나 신체장애 정도에 적합하게 제작 · 승인된 자동차를 사용하는 사람에 대한 기능시험
- 경찰서장이 실시하는 원동기장치자전거면허 기능시험
- 응시자가 일시적으로 급격히 증가하여 운전면허시험장 외의 장소에서 실시하는 기능시험

② 기능시험의 합격기준〈시행규칙 제66조 별표24〉

㉠ 제1종 대형면허 : 각 시험항목별 감점기준에 따라 감점한 결과 100점 만점에 80점 이상을 얻은 때

㉡ 제1종 보통연습면허 및 제2종 보통연습면허 : 각 시험항목별 감점기준에 따라 감점한 결과 100점 만점에 80점 이상을 얻은 때

㉢ 제2종 소형면허 및 원동기장치자전거면허 : 각 시험항목별 감점기준에 따라 감점한 결과 100점 만점에 90점 이상을 얻은 때

㉣ **특수면허** : 각 시험항목별 감점기준에 따라 감점한 결과 100점 만점에 90점 이상을 얻은 때

4 도로주행시험〈시행령 제49조〉

(1) 도로주행시험의 실시범위와 실시대상

① 도로주행시험의 실시범위

㉠ 도로에서 운전장치를 조작하는 능력

㉡ 도로에서 교통법규에 따라 운전하는 능력

② 도로주행시험의 실시대상 및 도로주행시험에 사용되는 자동차의 종류

㉠ **실시대상** : 도로주행시험은 연습운전면허를 받은 사람에 대하여 실시한다.

㉡ **도로주행시험에 사용되는 자동차의 종류** : 도로주행시험을 실시하는 도로의 기준 및 도로주행시험에 사용되는 자동차의 종류는 행정안전부령으로 정한다.

③ **도로주행시험 불합격자** : 도로주행시험에 불합격한 사람은 불합격한 날부터 3일이 지난 후에 다시 도로주행시험에 응시할 수 있다.

(2) 도로주행시험을 실시하기 위한 도로의 기준〈시행규칙 제67조 제1항 별표25〉

구분		설정길이 또는 횟수	도로 기준
총 주행거리		5킬로미터 이상	• 주행여건이 양호한 도로 • 교통량에 비해 폭이 넓은 도로 • 보행자 및 차마의 통행량이 비교적 일정한 도로 • 교통안전시설이 정비된 도로 • 기능시험장의 구간을 총 주행거리의 일부로 포함 가능
지시속도에 따른 도로주행		1구간 400미터	시속 40킬로미터 이상의 속도로 주행할 수 있는 도로
차로변경		1회 이상	차로변경이 가능한 편도 2차로 이상의 도로
방향전환	좌회전(유턴포함)또는 우회전	1회 이상	교통정리 중인 교차로 또는 교통정리 중이진 않으나 좌 · 우 방향이 분명한 교차로
	직진		
횡단보도 일시정지 및 통과		1회 이상	교통안전표지가 설치된 횡단보도

(3) 도로주행시험의 실시〈시행규칙 제67조〉

① 실시대상

㉠ **실시대상** : 연습운전면허를 받은 사람

㉡ **실시** : 도로주행시험을 실시하기 위한 도로의 기준에 적합한 도로 중 시 · 도경찰청장이 지정한 도로를 운행하게 함으로써 도로주행시험을 실시한다.

② 채점

㉠ 운행할 도로는 전자채점기로 선택한다.

㉡ 전자채점기의 고장 등으로 전자채점기로 선택하는 것이 곤란한 경우에는 운전면허시험관이 한국도로교통공단에서 정한 기준에 따라 선택한다.

(4) 도로주행시험의 채점 및 합격기준〈시행규칙 제68조〉

① 도로주행시험의 채점

㉠ **채점기준** : 도로주행시험의 운전면허 종류별 시험항목 · 채점기준 및 합격기준 등은 별표 26과 같다.

㉡ **채점방식** : 도로주행시험의 채점은 도로주행시험용 자동차에 같이 탄 운전면허시험관이 전자채점기에 직접 입력하거나 전자채점기로 자동 채점하는 방식으로 한다.

㉢ **전자채점이 곤란한 경우** : 전자채점기의 고장 등으로 전자채점이 곤란한 경우에는 도로주행시험채점표에 운전면허시험관이 직접 기록하는 방식으로 채점한다.

② **도로주행시험의 합격기준** : 도로주행시험은 100점을 만점으로 하되, 70점 이상을 합격으로 한다〈시행규칙 제68조 제1항 별표26 제2호〉.

◆ 도로주행시험에 사용되는 자동차의 요건〈시행규칙 제71조〉

- 시험관이 위험을 방지하기 위하여 사용할 수 있는 별도의 제동장치 등 필요한 장치를 할 것
- 「교통사고처리 특례법」에 따른 요건을 충족하는 보험에 가입되어 있을 것
- 별표 27에 따른 도색과 표지를 할 것

운전면허시험관〈시행규칙 제69조〉

- 시험관의 자격
  - 기능검정원자격증을 받은 한국도로교통공단 소속 직원이 된다.
  - 경찰서장이 실시하는 원동기장치자전거면허 기능시험 시험관은 그 면허시험에 해당하는 운전면허를 받은 경찰공무원(자치경찰공무원은 제외한다)이 된다.
- 운전면허시험관의 준수사항
  - 시험을 실시하기 전에 시험진행방법 및 실격되는 경우 등 주의사항을 응시자에게 설명할 것
  - 출발점에서부터 앞서가는 차와는 충분한 안전거리가 유지되도록 할 것
  - 다음 번호의 응시자를 도로주행시험용 자동차에 동승시키는 등 공정한 평가를 위하여 노력할 것
  - 응시자에게 친절한 언어와 태도로 정하여진 순서에 따라 시험을 진행하되, 시험진행과 관련이 없는 대화를 하지 아니할 것
  - 시험진행 중 교통사고가 발생하지 아니하도록 주의하고, 교통사고가 발생한 경우에는 즉시 소속기관의 장에게 보고할 것

❺ 기능시험 또는 도로주행시험에 사용되는 자동차등의 종별〈시행규칙 제70조〉

(1) 기능시험 또는 도로주행시험에 사용되는 자동차등의 종별

구분		차량	갖추어야 할 기준
제1종 면허	대형면허	승차정원 30명 이상의 승합자동차	• 차량길이 : 1천15센티미터 이상 • 차량너비 : 246센티미터 이상 • 축간거리 : 480센티미터 이상 • 최소회전반경 : 798센티미터 이상
	보통연습면허 및 보통면허	화물자동차	• 차량길이 : 465센티미터 이상 • 차량너비 : 169센티미터 이상 • 축간거리 : 249센티미터 이상 • 최소회전반경 : 520센티미터 이상
	소형면허	3륜화물자동차	
제1종 특수면허	대형견인차면허	견인자동차	기준 없음
		피견인자동차	• 차량길이 : 1천200센티미터 이상 • 차량너비 : 240센티미터 이상 • 축간거리 : 890센티미터 이상
	소형견인차면허	견인자동차	• 차량길이 : 465센티미터 이상 • 차량너비 : 169센티미터 이상 • 축간거리 : 249센티미터 이상 • 최소회전반경 : 520센티미터 이상
		피견인자동차	• 차량길이 : 385센티미터 이상 • 차량너비 : 167센티미터 이상 • 연결장치에서 바퀴까지 거리 : 200센티미터 이상 • 차량무게 : 총중량 750킬로그램 이상
	구난차면허	견인자동차	• 차량길이 : 643센티미터 이상 • 차량너비 : 219센티미터 이상 • 축간거리 : 379센티미터 이상
		피견인자동차	• 차량길이 : 465센티미터 이상 • 차량너비 : 169센티미터 이상 • 축간거리 : 249센티미터 이상 • 최소회전반경 : 520센티미터 이상
제2종 면허	보통연습면허	승용자동차(일반형 또는 승용겸화물형) 또는 3톤 이하의 화물자동차(외관이 일반형 승용자동차와 유사한 밴형)	• 차량길이 : 397센티미터 이상 • 차량너비 : 156센티미터 이상 • 축간거리 : 234센티미터 이상 • 최소회전반경 : 420센티미터 이상
	보통면허	일반형 승용자동차	• 차량길이 : 397센티미터 이상 • 차량너비 : 156센티미터 이상 • 축간거리 : 234센티미터 이상 • 최소회전반경 : 420센티미터 이상
	소형면허	이륜자동차	• 200시시 이상
원동기장치자전거면허		• 배기량 49시시 이상인 이륜의 원동기장치자전거(다륜형 원동기장치자전거만을 운전하는 조건의 면허의 경우에는 삼륜 또는 사륜의 원동기장치자전거로 한다)	

(2) 응시자의 소유차량 및 신체장애인의 적합차량으로 응시

① 응시자의 소유차량으로 응시
- ㉠ 대상 : 제1종 보통연습면허 및 제2종 보통연습면허의 기능시험
- ㉡ 응시자의 소유차량으로 응시 : 응시자가 소유하거나 타고 온 차가 자동차의 구조 및 성능이 기준에 적합한 경우에는 그 차로 응시하게 할 수 있다.

② 신체장애인에 적합차량으로 응시
- ㉠ 실시기관 : 경찰서장 또는 한국도로교통공단
- ㉡ 적용대상 : 조향장치나 그 밖의 장치를 뜻대로 조작할 수 없는 등 정상적인 운전을 할 수 없다고 인정되는 신체장애인
- ㉢ 적합차량으로 응시 : 차의 구조 및 성능이 기준에 적합하고, 자동변속기, 수동가속페달, 수동브레이크, 좌측보조엑셀러레이터, 우측방향지시기 또는 핸들선회장치 등이 장착된 자동차등이나 응시자의 신체장애 정도에 적합하게 제작·승인된 자동차등으로 기능시험 또는 도로주행시험에 응시하게 할 수 있다.

❻ 신체장애인에 대한 기능시험 및 도로주행시험〈시행규칙 제73조〉

(1) 대상 신체장애인 및 기능시험·도로주행시험의 방법

① 대상 신체장애인
- ㉠ 양팔을 쓸 수 없는 사람
- ㉡ 보조수단이나 신체장애 정도에 적합하게 제작·승인된 자동차를 사용하여 정상적인 운전을 할 수 있다고 인정되는 경우

② 기능시험·도로주행시험의 방법
- ㉠ 기능 시험의 채점은 기능시험채점표에 의하여 경찰청장이 정하는 방식으로 행할 것
- ㉡ 기능시험 및 도로주행시험에 사용하는 자동차는 관계행정기관으로부터 형식·구조 또는 장치의 변경승인을 받은 차로서 반드시 내부에 핸드브레이크가 장착되어 있는 응시자의 소유하거나 타고 온 차일 것
- ㉢ 도로주행시험에 사용되는 자동차는 보험에 가입되어 있을 것

(2) 자동차의 표지

① 한국도로교통공단은 도로주행시험을 실시하는 경우에는 별표27 제1호에 따른 착탈식 도로주행시험용 자동차의 표지를 갖추어 도로주행시험에 사용하는 자동차에 붙여야 한다.

② 한국도로교통공단은 신체장애인 운전교육시설에서 요청하는 경우에는 특별한 사정이 없으면 그 신체장애인에 대해서는 그 시설에서 기능시험 또는 도로주행시험을 실시할 수 있다.

❼ 운전면허시험의 방법과 합격기준 등〈시행령 제50조〉

(1) 시험의 구분

① 필기시험

㉠ 자동차등 및 도로교통에 관한 법령에 대한 지식에 관한 시험(95% 출제)

㉡ 자동차등의 관리방법과 안전운전에 필요한 점검요령에 관한 시험(5% 출제)

※ 신체장애인이나 글을 알지 못하는 사람으로서 필기시험을 치르는 것이 곤란하다고 인정되는 사람은 구술시험으로 필기시험을 대신할 수 있다.

② 장내기능시험 : 필기시험에 합격한 사람에 대해서만 장내기능시험을 실시한다.

(2) 합격자의 결정

① 필기시험

㉠ 제1종 운전면허시험 : 100점 만점에 70점 이상 합격

㉡ 제2종 운전면허시험 : 100점 만점에 60점 이상 합격

※ 도로교통법령 등에 관한 시험 및 자동차등의 점검요령 등에 관한 시험을 함께 실시하는 경우에도 같다.

② 도로주행시험 : 100점 만점에 70점 이상 합격

(3) 시험의 합격자

① 운전면허시험의 합격자

㉠ 운전면허시험(제1종 보통면허시험 및 제2종 보통면허시험 제외)의 합격자 : 적성검사 기준에 적합한 사람 가운데 필기시험 및 장내기능에 모두 합격한 사람으로 한다.

㉡ 제1종 보통면허시험 및 제2종 보통면허시험의 합격자 : 각각 제1종 보통연습운전면허 및 제2종 보통연습운전면허를 받은 사람으로서 도로주행시험에 합격한 사람으로 한다.

② 필기시험의 면제 : 필기시험에 합격한 사람은 합격한 날부터 1년 이내에 실시하는 운전면허시험에 한정하여 필기시험을 면제한다.

※ 운전면허시험에 관하여 필요한 사항은 행정안전부령으로 정한다.

section 5 운전면허시험의 면제기준

❶ 운전면허시험의 면제〈법 제84조 제1항〉

(1) 운전면허시험의 일부면제

① 자동차관련학과 졸업 · 전문학원 수료자 및 자격증소지자
   ㉠ 대학 · 전문대학 또는 공업계 고등학교의 기계과나 자동차와 관련된 학과를 졸업한 사람으로서 재학 중 자동차에 관한 과목을 이수한 사람
   ㉡ 자동차의 정비 또는 검사에 관한 기술자격시험에 합격한 사람
   ㉢ 자동차운전 전문학원의 수료증 또는 졸업증을 소지한 사람

② 외국면허증을 가진 사람 가운데 다음의 어느 하나에 해당되는 사람 2023년 서울
   ㉠ 「주민등록법」에 따른 주민등록이 된 사람
   ㉡ 「출입국관리법」에 따른 등록외국인 또는 외국인등록이 면제된 사람
   ㉢ 「난민법」에 따른 난민인정자
   ㉣ 「재외동포의 출입국과 법적 지위에 관한 법률」에 따른 외국국적동포

③ 군(軍) 복무 중 자동차등에 상응하는 군 소속 차를 6개월 이상 운전한 경험이 있는 사람

◆ 군의 자동차운전 경험의 기준〈시행규칙 제75조〉

- 군복무 중 자동차등에 상응하는 군의 차를 운전한 경험이 있는 사람 : 군의 자동차 운전면허증을 교부받아 운전한 경험이 있는 사람으로서 현역복무 중이거나 군복무를 마치고 전역한 후 1년이 경과되지 않은 사람을 말한다.
- 군 복무 중 운전경험을 갖춘 사람인지 여부를 확인하는 자료 : 국방부장관이 발급하는 군운전경력확인서와 군운전경력 및 무사고 확인서로 확인한다.

④ 운전면허 소지경험이 있었던 사람
   ㉠ 적성검사를 받지 아니하여 운전면허가 취소된 후 다시 면허를 받으려는 사람
   ㉡ 운전면허를 받은 후 운전할 수 있는 자동차의 종류를 추가하려는 사람
   ㉢ 운전면허가 취소된 후 다시 운전면허를 받으려는 사람

⑤ 군사분계선 이북지역에서 운전면허를 받은 사실이 인정되는 사람

(2) 운전면허시험의 일부 면제구분〈시행령 제51조 별표3〉

① 자동차관련학과 · 전문학원 수료자 · 북한면허소지자 · 군운전면허소지자

면제대상자	받으려는 면허	면제되는 시험
대학 · 전문대학 또는 공업계 고등학교의 기계과나 자동차와 관련된 학과를 졸업한 사람으로서 재학 중 자동차에 관한 과목을 이수한 사람 및 자동차의 정비 또는 검사에 관한 기술자격시험에 합격한 사람	모든 면허	점검
전문학원의 수료증(연습운전면허를 취득하지 않은 경우만 해당)을 가진 사람으로서 장내기능검정 합격일부터 1년이 지나지 않은 사람	그 수료증에 해당하는 연습운전면허	기능
기능검정원의 졸업증(면허를 취득하지 않은 경우만 해당한다)을 가진 사람으로서 도로주행기능검정 합격일부터 1년이 지나지 않은 사람	그 졸업증에 해당하는 운전면허	도로주행
군사분계선 이북지역에서 운전면허를 받은 사실을 통일부장관이 확인서를 첨부하여 운전면허시험기관의 장에게 통지한 사람	제2종 보통면허	기능
군 복무 중 자동차등에 상응하는 군 소속 차를 6개월 이상 운전한 경험이 있는 사람	제1종 보통면허 및 제2종 보통면허를 제외한 면허	기능 · 법령 · 점검
	제1종 보통면허 및 제2종 보통면허	기능 · 법령 · 점검 · 도로주행

② 기존 운전면허 소지자

면제대상자	받으려는 면허	면제되는 시험
제1종 대형면허를 받은 사람	제1종 특수면허, 제1종 소형면허, 제2종 소형면허	적성 · 법령 · 점검
제1종 보통면허를 받은 사람	제1종 대형면허, 제1종 특수면허	법령 · 점검
	제1종 소형면허, 제2종 소형면허	적성 · 법령 · 점검
제1종 소형면허를 받은 사람	제1종 대형면허, 제1종 특수면허	적성 · 법령 · 점검
	제1종 보통면허, 제2종 보통면허	적성 · 법령 · 점검 · 기능
제1종 특수면허를 받은 사람	제1종 대형면허, 제1종 소형면허, 제2종 소형면허	적성 · 법령 · 점검
	제1종 보통면허	적성 · 법령 · 점검 · 기능
제2종 보통면허를 받은 사람	제1종 특수면허, 제1종 대형면허, 제1종 소형면허	법령 · 점검
	제2종 소형면허	적성 · 법령 · 점검
	제1종 보통면허	법령 · 점검 · 기능
제2종 소형면허 또는 원동기장치자전거면허를 받은 사람	제2종 보통면허	적성
원동기장치자전거면허를 받은 사람	제2종 소형면허	적성 · 법령 · 점검

③ 운전면허를 다시 받으려는 사람

면제대상자	받으려는 면허	면제되는 시험
적성검사를 받지 않아 운전면허가 취소된 후 5년 이내에 다시 운전면허를 받으려는 사람	취소된 운전면허로 운전 가능한 범위(제1종 및 제2종 운전면허의 범위)에 포함된 운전면허	기능 · 도로주행 (도로주행은 제1종 또는 제2종 보통면허를 받으려는 경우에만 면제)
제2종 보통면허를 받은 사람으로서 면허 신청일부터 소급하여 7년간 운전면허가 취소된 사실과 교통사고를 일으킨 사실이 없는 사람	제1종 보통면허	기능 · 법령 · 점검 · 도로주행
제1종 운전면허를 받은 사람으로서 신체장애 등으로 제1종 운전면허 적성검사 기준에 미달된 사람	제2종 보통면허	기능 · 법령 · 점검 · 도로주행
신체장애 등의 사유로 운전면허 적성검사 기준에 미달되어 면허가 취소되고, 다른 종류의 면허를 발급받은 후에 취소된 운전면허의 적성검사 기준을 회복한 사람	취소된 운전면허와 같은 운전면허(제1종 보통면허는 제외한다)	법령 · 점검 · 기능
	취소된 운전면허와 같은 운전면허(제1종 보통면허만 해당)	법령 · 점검 · 기능 · 도로주행
법 제93조 제1항 제15호 · 제16호 또는 제18호에 해당하는 사유로 운전면허가 취소되어 다시 면허를 받으려는 사람	취소된 운전면허로 운전 가능한 범위에 포함된 운전면허	기능 · 도로주행 (도로주행시험은 제1종 또는 제2종 보통면허를 받으려는 경우에만 면제)
법 제93조제1항 제17호에 해당하는 사유로 운전면허가 취소되어 다시 면허를 받으려는 사람	제1종 보통면허, 제2종 보통면허	기능

❷ 외국면허증 소지자의 시험면제 및 외국면허증의 회수〈법 제84조 제2항 및 제3항〉

(1) 개념 및 면제대상

① 외국인면허증 및 국내면허 인정국가의 개념

㉠ 외국인면허증 : 외국운전면허증을 발급한 국가에서 90일을 초과하여 체류하면서 그 체류기간 동안 취득한 것으로서 임시면허증 또는 연습면허증이 아닌 것을 말한다.

㉡ 국내면허인정국가 : 해당 국가가 대한민국 운전면허증을 가진 사람에게 적성시험을 제외한 모든 운전면허시험 과정을 면제하는 국가를 말한다.

② 면제대상

㉠ 외국면허증을 가진 사람에 대하여는 해당국가가 국내면허인정국가인지 여부에 따라 대통령령으로 정하는 바에 따라 면제하는 운전면허시험을 다르게 정할 수 있다(다만, 외교, 공무(公務) 또는 연구 등 대통령령으로 정하는 목적으로 국내에 체류하고 있는 사람이 가지고 있는 외국면허증은 국내면허인정국가의 권한 있는 기관에서 발급한 운전면허증으로 본다).

㉡ 국내면허 인정국가 가운데 우리나라와 운전면허의 상호인정에 관한 약정을 체결한 국가에 대하여는 그 약정한 내용에 따라 운전면허시험의 일부를 면제할 수 있다.

◆ 대통령령으로 정하는 목적으로 국내에 체류하고 있는 사람〈시행령 제52조 제2항〉

• 국내에서의 체류자격이 외교 · 공무 · 협정 · 주재 · 기업투자 · 무역경영 · 교수 · 연구 · 기술지도 · 특정활동 또는 재외동포인 사람과 그 배우자 및 19세 미만의 자녀로서 배우자가 없는 사람을 말한다.

③ 면제기준〈시행령 제51조 별표3〉

면제대상자	받으려는 면허	면제되는 시험
국내면허 인정국가의 권한 있는 기관에서 발급한 자동차운전면허증(이륜자동차 및 원동기장치자전거 면허는 제외한다)을 가진 사람	제2종 보통면허	기능 · 법령 · 점검 · 도로주행
국내면허를 인정하지 않는 국가의 권한 있는 기관에서 발급한 자동차운전면허증(이륜자동차 및 원동기장치자전거 면허는 제외한다)을 가진 사람	제2종 보통면허	기능 · 도로주행

(2) 외국면허증의 회수 및 국내면허의 인정국가 조사

① 외국면허증의 회수권자 및 사유

㉠ 회수권자 : 한국도로교통공단

㉡ 회수사유 : 외국면허증 발급국가의 요청이 있는 경우

② 외국면허증의 회수

㉠ 한국도로교통공단은 외국면허증을 가진 사람에게 운전면허시험의 일부를 면제하고 국내운전면허증을 발급하는 경우에는 해당 외국면허증을 발급한 국가의 요청이 있는 경우 등 대통령령으로 정하는 사유가 있는 경우에만 그 사람의 외국면허증을 회수할 수 있다.

◆ 대통령령으로 정하는 사유가 있는 경우〈시행령 제52조 제5항〉

• 외국면허증을 발급한 국가가 그 외국면허증의 회수를 요청하는 경우
• 외국면허증을 발급하는 국가가 대한민국 운전면허증을 가진 사람에게 운전면허시험의 일부 또는 전부를 면제하고 그 외국면허증을 발급할 때에 그 사람의 대한민국 운전면허증을 회수하는 경우

㉡ 외국면허증을 발급한 국가의 관계 기관의 요청이 있는 경우에는 그 외국면허증을 해당 국가에 송부할 수 있다.

② 국내면허의 인정국가 조사〈시행령 제52조 제3항〉

㉠ 조사기관 : 외교부장관

㉡ 경찰청장에게 통보

- 외교부장관 : 국내면허 인정국가를 연 1회 이상 조사하고, 그 결과를 경찰청장에게 통보하여야 한다.
- 경찰청장 : 외교부장관으로부터 국내면허 인정국가를 통보받은 경우에는 국내면허 인정국가의 범위를 확인하여 이를 고시하여야 한다.

부정행위자에 대한 조치〈법 제84조의2〉

- 경찰청장 : 전문학원의 강사자격시험 및 기능검정원 자격시험에서 부정행위를 한 사람에 대하여는 해당 시험을 무효로 처리한다.
- 시 · 도경찰청장 또는 한국도로교통공단 : 운전면허시험에서 부정행위를 한 사람에 대하여는 해당 시험을 무효로 처리한다.

☞ 시험이 무효로 처리된 사람은 그 처분이 있은 날부터 2년간 해당 시험에 응시하지 못한다.

section 6 운전면허시험관 및 시험의 판정

1 운전면허시험관의 자격 및 시험의 채점표용지

(1) 운전면허시험관의 자격 및 준수사항〈시행규칙 제69조〉

① 시험관의 자격

㉠ 도로주행시험을 실시하는 시험관 : 기능검정원자격증을 받은 한국도로교통공단 소속 직원이 된다.

㉡ 경찰서장이 실시하는 원동기장치자전거면허 기능시험 시험관 : 그 면허시험에 해당하는 운전면허를 받은 경찰공무원(자치경찰공무원은 제외한다)이 된다.

② 시험관이 기능시험 또는 도로주행시험을 실시할 때의 준수사항

㉠ 시험을 실시하기 전에 시험진행방법 및 실격되는 경우 등 주의사항을 응시자에게 설명할 것

㉡ 출발점에서부터 앞서가는 차와는 충분한 안전거리가 유지되도록 할 것

㉢ 다음 번호의 응시자를 도로주행시험용 자동차에 동승시키는 등 공정한 평가를 위하여 노력할 것

㉣ 응시자에게 친절한 언어와 태도로 정하여진 순서에 따라 시험을 진행하되, 시험진행과 관련이 없는 대화를 하지 아니할 것

㉤ 시험진행 중 교통사고가 발생하지 아니하도록 주의하고, 교통사고가 발생한 경우에는 즉시 소속기관의 장에게 보고할 것

(2) 기능시험 또는 도로주행시험의 채점표용지〈시행규칙 제72조〉

① 채점표용지

㉠ 기능시험채점표용지 : 운전면허시험관이 직접 채점하는 기능시험에 사용되는 채점표용지는 기능시험채점표에 의한다.

㉡ 도로주행시험채점표용지 : 운전면허시험관이 직접 기록하는 방식으로 채점하는 도로주행시험에 사용되는 채점표용지는 도로주행시험채점표에 의한다.

② 일련번호 부여

㉠ 일련번호 부여권자 : 경찰서장 또는 한국도로교통공단

㉡ 일련번호 부여

- 해당연도에 사용할 기능시험채점표용지 및 도로주행시험채점표용지에 대하여 미리 일련번호 부여
- 부여한 일련번호 위에 경찰서장이 지명하는 경찰공무원(자치경찰공무원은 제외한다) 또는 한국도로교통공단이 지명하는 소속 직원으로 하여금 검인
- 배부상황을 기능시험채점표용지 배부대장 및 도로주행시험채점표용지 배부대장에 각각 기록

❷ 시험의 판정 및 운전면허번호의 부여

(1) 기능시험 또는 도로주행시험의 판정〈시행규칙 제74조〉

① 합격 또는 불합격판정

㉠ 기능시험 : 응시자 개인별로 그 기능시험이 끝난 후 현장에서 합격 또는 불합격의 판정을 하여야 한다.

㉡ 도로주행시험 : 응시자 개인별로 도로주행시험이 끝난 후 현장에서 합격 또는 불합격의 판정을 하여야 한다.

② 불합격처리 및 보고

㉠ 불합격 처리 : 기능시험 또는 도로주행시험에 출석하지 아니한 사람은 불합격으로 한다.

㉡ 실시결과 보고 : 시험관은 그 시험의 실시일마다 그 날에 실시한 기능시험채점표 또는 도로주행시험채점표를 첨부하여 그 실시결과를 소속기관의 장에게 보고하여야 한다.

(2) 운전면허번호의 부여 등〈시행규칙 제76조〉

① 합격자 명단통보

㉠ 경찰서장 : 원동기장치자전거 운전면허시험에 합격한 사람의 명단을 한국도로교통공단에 통보하여야 한다.

㉡ 한국도로교통공단 : ㉠에 따라 경찰서장으로부터 통보받은 때 또는 운전면허증을 발급하는 때에는 운전면허증을 발급하는 시·도경찰청의 고유번호, 발급연도, 연도별 일련번호, 면허종별 확인번호 및 재발급 횟수가 표시되도록 면허번호를 부여하여야 한다.

※ 운전면허를 받은 사람이 다른 종별의 운전면허시험에 합격한 경우에 부여하는 운전면허증의 면허번호는 최초로 부여한 면허번호로 한다.

② 운전면허증의 제작

㉠ 제작기관 : 한국도로교통공단

㉡ 경찰서장에게 송부 : 한국도로교통공단은 경찰서장으로부터 통보 받은 사람의 원동기장치자전거 운전면허증을 제작하여 해당 경찰서장에게 송부하여야 한다.

section 7 운전면허증의 발급

1 운전면허증의 발급 등〈법 제85조〉

(1) 운전면허증의 발급대상 및 발급방법

① 발급대상 및 발급기관

㉠ 발급대상 : 운전면허시험에 합격한 사람

㉡ 발급기관 : 시 · 도경찰청장

② 운전면허증의 발급

㉠ 시 · 도경찰청장은 운전면허시험에 합격한 사람에 대하여 행정안전부령으로 정하는 운전면허증을 발급하여야 한다.

◆ 행정안전부령으로 정하는 운전면허증〈시행규칙 제77조 제2항〉

- 운전면허증
- 영문운전면허증

㉡ 운전면허시험의 합격일부터 30일 이내에 운전면허시험을 실시한 경찰서장 또는 한국도로교통공단으로부터 운전면허증을 발급받아야 하며, 운전면허증을 발급받지 아니하고 운전하여서는 안 된다〈시행규칙 제77조 제1항〉.

③ 연습운전면허증 : 자동차운전면허시험응시표에 연습운전면허번호 및 유효기간을 기재하여 교부하는 것으로 그 발급을 대신할 수 있다〈시행규칙 제77조 제3항〉.

(2) 운전면허범위의 확대 및 축소발급

① 운전면허범위의 확대발급

㉠ 발급대상 : 운전면허를 받은 사람이 다른 범위의 운전면허를 추가로 취득하는 경우

㉡ 확대발급 : 운전면허의 범위를 확대(기존에 받은 운전면허의 범위를 추가하는 것을 말한다)하여 운전면허증 발급

② 운전면허범위의 축소발급

㉠ 발급대상 : 운전면허를 받은 사람이 운전면허의 범위를 축소(기존에 받은 운전면허의 범위에서 일부 범위를 삭제하는 것을 말한다)하기를 원하는 경우

㉡ 축소발급 : 운전면허의 범위를 축소하여 운전면허증 발급

(3) 운전면허의 효력 및 운전면허증의 대여금지

① 효력발생 및 취소 · 정지처분의 승계

㉠ 효력발생 : 운전면허의 효력은 본인 또는 대리인이 운전면허증을 발급받은 때부터 발생한다.

㉡ 취소 · 정지처분의 승계 : 운전면허의 범위를 확대하거나 축소하는 경우에도 운전면허 취소 · 정지처분의 효력과 벌점은 그대로 승계된다.

② 운전면허증의 대여금지 : 발급받은 운전면허증은 부정하게 사용할 목적으로 다른 사람에게 빌려주거나 빌려서는 아니 되며, 이를 알선하여서도 아니 된다.

운전면허증의 재발급〈법 제86조〉

- 신청기관 : 시 · 도경찰청장
- 신청시기 : 운전면허증을 잃어버렸거나 헐어 못 쓰게 되었을 때
- 운전면허증의 재발급 신청
  - 운전면허증의 재발급을 신청하려는 사람은 신청서를 한국도로교통공단에 제출(신분증명서 제시)
    ☞ 신청인이 원할 경우 전자적 방법으로 지문정보를 대조하여 본인 확인
- 재발급된 운전면허증을 수령할 때 기존 운전면허증 반납

❷ 모바일운전면허증 발급 및 운전면허증의 확인 등〈법 제85조의2〉 2024년 신설 법조항

(1) 모바일운전면허증 발급 및 증빙서류의 대체

① 발급대상 및 발급기관

㉠ 발급대상 : 운전면허증을 발급받으려는 사람이 모바일운전면허증(이동통신단말장치에 암호화된 형태로 설치된 운전면허증을 말한다)을 신청하는 경우 이를 추가로 발급할 수 있다.

㉡ 발급기관 : 시 · 도경찰청장

② 운전면허증으로 증빙서류 대체

㉠ 대상기관 및 대체 증빙서류

- 대상기관 : 국가기관, 지방자치단체, 공공단체, 사회단체, 기업체 등
- 운전면허소지자의 성명 · 사진 · 주소 · 주민등록번호 · 운전면허번호 등을 확인할 필요가 있으면 증빙서류를 붙이지 아니하고 운전면허증(모바일운전면허증을 포함한다)으로 확인하여야 한다.

㉡ 운전면허증으로 증빙서류를 대체할 수 있는 경우

- 운전면허의 범위 및 운전할 수 있는 차의 종류를 확인하는 경우
- 민원서류나 그 밖의 서류를 접수하는 경우
- 특정인에게 자격을 인정하는 증서를 발급하는 경우
- 그 밖에 신분을 확인하기 위하여 필요한 경우

(2) 운전면허확인서비스의 제공

① 제공기관 : 시 · 도경찰청장

② 운전면허확인서비스 제공

㉠ 시 · 도경찰청장은 경찰청에 연계된 운전면허정보를 이용하여 운전면허확인서비스(이동통신단말장치를 이용하여 성명 · 사진 · 주소 · 주민등록번호 · 운전면허번호 및 발급 관련사항을 확인할 수 있는 서비스를 말한다)를 제공할 수 있다.

㉡ 운전면허확인서비스를 이용하여 성명 · 사진 · 주소 · 주민등록번호 · 운전면허번호 및 발급 관련사항을 확인하는 경우 운전면허증으로 성명 · 사진 · 주민등록번호 · 운전면허번호 및 발급 관련사항을 확인한 것으로 본다.

※ 모바일운전면허증 및 운전면허확인서비스의 발급 및 신청 등에 필요한 사항은 행정안전부령으로 정한다.

❸ 영문운전면허증 및 모바일운전면허증의 신청

(1) 영문운전면허증 및 모바일운전면허증의 신청

구분	영문운전면허증〈시행규칙 제78조〉	모바일운전면허증의 신청〈시행규칙 제78조의2〉
개요	• 운전면허증의 뒤쪽에 영문으로 운전면허증의 내용을 표기한 운전면허증	• 이동통신단말장치에 암호화된 형태로 설치된 운전면허증
신청기관	• 경찰서장 또는 한국도로교통공단	• 경찰서장 또는 한국도로교통공단
신청대상	• 영문운전면허증을 발급받으려는 사람	• 모바일운전면허증을 발급받으려는 사람
제출서류	• 신청서에 사진 1장을 첨부(신분증명서 제시) ☞ 신청인이 원할 경우 지문정보 대조가능	• 신청서(신분증명서 제시) ☞ 신청인이 원할 경우 지문정보 대조가능
동시신청	• 자동차운전면허시험 응시원서 제출할 때 • 정기적성검사신청서 제출할 때	• 자동차운전면허시험 응시원서 제출할 때 • 정기적성검사신청서 제출할 때
면허증수령시	• 기존의 운전면허증 반납(분실 시 예외)	• 모바일로 운전면허증 발급
확인사항	• 신청인의 여권정보 확인	• 신분증명서 제시

(2) 모바일운전면허증을 발급받으려는 사람이 신청하는 경우

① 운전면허증 또는 영문운전면허증에 모바일운전면허증 발급에 필요한 보안사항을 전자적방식으로 저장한 집적회로(IC, Integrated Circuit) 칩을 포함할 수 있다.

② 모바일운전면허증을 다시 발급받으려는 사람은 집적회로칩과 이동통신단말장치를 이용하여 본인확인을 할 수 있다.

③ 모바일운전면허증의 발급에 필요한 정보를 암호화하기 위해 이동통신단말장치에 설치 · 사용하는 전자적 정보의 유효기간은 3년으로 한다.

❹ 운전면허확인서비스의 신청 등〈시행규칙 제78조의3〉 2024년 신설 법조항

① 운전면허확인서비스

㉠ 개요 : 운전면허확인서비스란 이동통신단말장치를 이용하여 성명 · 사진 · 주소 · 주민등록번호 · 운전면허번호 및 발급 관련사항을 확인할 수 있는 서비스를 말한다.

㉡ 제공신청서 제출

- 제출기관 : 시 · 도경찰청장
- 신청시제출 : 운전면허확인서비스를 제공받으려는 자는 운전면허확인서비스 제공신청서를 시 · 도경찰청장에게 제출

㉢ 운전면허확인서비스 제공 신청서에 첨부해야 할 서류
- 운전면허확인서비스 제공이 필요한 사업의 범위, 추진방법 및 기술의 명칭 · 내용이 포함된 사업계획서
- 운전면허확인서비스 제공이 필요한 사업의 안전성 검증자료 및 이용자 보호방안
- 그 밖에 운전면허확인서비스 제공 여부를 결정하기 위하여 시 · 도경찰청장이 요구하는 자료

② 운전면허확인서비스 제공

㉠ 운전면허확인서비스 제공 신청서를 제출받은 시 · 도경찰청장이 확인해야 할 행정정보
- 신청인이 법인인 경우 : 법인 등기사항증명서
- 신청인이 개인인 경우 : 주민등록표 초본(신청인이 확인에 동의하지 않으면 주민등록표초본 첨부요구)

㉡ 신청을 받은 시 · 도경찰청장은 운전면허확인서비스를 제공하려는 경우 운전면허확인서비스 제공내역을 통보해야 한다.

③ 시 · 도경찰청장은 운전면허확인서비스의 안정적인 제공을 위하여 필요한 경우 운전면허확인서비스를 제공받는 자에게 개인정보의 처리 및 보호조치에 관한 자료 등 운전면허확인서비스 제공과 관련된 자료를 요청할 수 있다.

5 조건부 운전면허증의 발급 등〈법 제85조의3〉 2024년 신설 법조항

① 발급기관 및 조건

㉠ 발급기관 : 시 · 도경찰청장

㉡ 발급조건
- 조건부 운전면허를 받으려는 사람은 운전면허시험에 합격하여야 한다.
- 시 · 도경찰청장은 운전면허시험에 합격한 사람에 대하여 행정안전부령으로 정하는 조건부 운전면허증을 발급하여야 한다.

② 재발급

㉠ 재발급사유 : 조건부 운전면허증을 잃어버렸거나 헐어 못 쓰게 되었을 때

㉡ 재발급 : 행정안전부령으로 정하는 바에 따라 시 · 도경찰청장에게 신청하여 다시 발급받을 수 있다.

③ 조건의 소멸 : 발급한 조건부 운전면허증의 조건 기간이 경과하면 해당 조건은 소멸한 것으로 본다.

④ 발급대상자 본인확인 : 조건부 운전면허증 발급 대상자 본인 확인에 대해서는 제87조의2를 준용한다. 이 경우 “운전면허증”은 “조건부 운전면허증”으로 본다.

조건부운전면허증

- 조건부 운전면허증은 특정 조건을 충족하거나 제한된 상황에서 운전을 허용하기 위해 발급되는 운전면허증을 말한다.
- 조건부 운전면허증은 야간운전금지, 고속도로운전금지, 속도제한 등을 조건으로 면허를 허용하는 방식이다.

section 8 운전면허증의 갱신

1 운전면허증의 갱신과 정기적성검사〈법 제87조〉

(1) 운전면허증의 갱신

① 갱신발급

㉠ **갱신발급기관** : 시 · 도경찰청장

㉡ **갱신발급** : 운전면허를 받은 사람은 갱신기간 이내에 대통령령으로 정하는 바에 따라 시 · 도경찰청장으로부터 운전면허증을 갱신하여 발급받아야 한다.

② 갱신 신청서제출〈시행령 제53조〉

㉠ **신청서제출** : 운전면허증 갱신기간 동안에 행정안전부령으로 정하는 신청서를 시 · 도경찰청장에게 제출(한국도로교통공단이 대행)하여야 한다.

㉡ **대행기관** : 운전면허증의 갱신발급 업무를 대행하는 한국도로교통공단은 행정안전부령으로 정하는 대장에 운전면허증을 갱신하여 발급한 내용을 기록하여야 한다.

③ 운전면허증의 갱신방법〈시행규칙 제81조〉

㉠ **갱신대상** : 운전면허증을 갱신하여 발급받으려는 사람

㉡ **신청서제출** : 신청서에 사진 1장을 첨부하여 한국도로교통공단에 제출(신분증명서 제시)

※ 신청인이 원할 경우 전자적 방법으로 지문정보를 대조하여 본인 확인

㉠ **한국도로교통공단** : 신청을 받은 한국도로교통공단은 신청인이 외국인 또는 재외동포인 경우 행정정보의 공동이용을 통하여 신청인의 외국인등록사실증명 중 국내 체류지에 관한 정보나 국내거소신고사실증명 중 대한민국 안의 거소에 관한 정보를 확인하여야 한다.

※ 신청인이 해당 정보의 확인에 동의하지 아니하는 경우에는 관련 자료를 제출하도록 하여야 한다.

㉣ **운전면허증 반납** : 갱신된 운전면허증을 수령할 때에는 기존의 운전면허증을 반납해야 한다.

④ 갱신하여 발급받아야 하는 기간 **2024년 서울**

㉠ **최초의 운전면허증 갱신기간** : 운전면허시험에 합격한 날부터 기산하여 10년(운전면허시험 합격일에 65세 이상 75세 미만인 사람은 5년, 75세 이상인 사람은 3년, 한쪽 눈만 보지 못하는 사람으로서 제1종 운전면허 중 보통면허를 취득한 사람은 3년)이 되는 날이 속하는 해의 1월 1일부터 12월 31일까지

㉡ **㉠ 외의 운전면허증 갱신기간** : 직전의 운전면허증 갱신일부터 기산하여 매 10년(직전의 운전면허증 갱신일에 65세 이상 75세 미만인 사람은 5년, 75세 이상인 사람은 3년, 한쪽 눈만 보지 못하는 사람으로서 제1종 운전면허 중 보통면허를 취득한 사람은 3년)이 되는 날이 속하는 해의 1월 1일부터 12월 31일까지

(2) 정기적성검사

① 적성검사 실시

㉠ **적성검사 실시기관** : 한국도로교통공단

㉡ **적성검사 대상** : 운전면허증 갱신기간에 한국도로교통공단이 실시하는 정기 적성검사를 받아야 한다.

② 운전면허증 갱신기간에 정기 적성검사를 받아야 하는 사람

㉠ 제1종 운전면허를 받은 사람

㉡ 제2종 운전면허를 받은 사람 중 운전면허증 갱신기간에 70세 이상인 사람

③ 정기적성검사 신청서제출〈시행령 제54조〉

㉠ **신청서제출기관** : 한국도로교통공단

㉡ **신청서제출** : 정기 적성검사를 받아야 하는 사람은 운전면허증 갱신기간 동안에 신청서를 한국도로교통공단에 제출하여야 한다.

㉢ **적성검사합격자** : 시 · 도경찰청장은 정기 적성검사에 합격한 신청인에게 새로운 운전면허증을 발급하여야 한다.

④ 정기적성검사의 신청방법〈시행규칙 제82조〉

㉠ **대상** : 정기적성검사를 받으려는 사람

㉡ **신청서제출** : 정기적성검사신청서를 첨부하여 한국도로교통공단에 제출(신분증명서 제시)

※ 신청인이 원할 경우 전자적 방법으로 지문정보를 대조하여 본인 확인

㉡ 신청서에 첨부해야 할 서류

- 사진 2장
- 병력신고서(제1종 대형 · 특수 · 소형 면허 소지자만 해당한다)
- 질병 · 신체에 관한 신고서(제1종 보통면허와 제2종 운전면허 소지자만 해당한다)
- 적성검사 신청일부터 2년 이내에 발급된 다음의 어느 하나에 해당하는 서류(제1종 보통면허를 받은 사람으로서 한쪽 눈만 보지 못하는 사람의 경우 의사가 발급한 진단서만 해당한다)로서 검사하려는 적성에 관한 사항을 포함하고 있는 것

–「의료법」에 따른 의원, 병원 및 종합병원에서 발행한 별지 서식에 첨부된 양식의 신체검사서

–「국민건강보험법」에 따른 건강검진 결과 통보서
–「의료법」에 따라 의사가 발급한 진단서
–「병역법」에 따른 병역판정 신체검사(현역병지원 신체검사를 포함한다) 결과 통보서

㉢ **한국도로교통공단** : 신청을 받은 한국도로교통공단은 행정정보의 공동이용을 통하여 다음의 정보를 확인하여야 한다.

- 적성검사를 신청한 날부터 2년 내에 실시한 「국민건강보험법」 제52조 또는 「의료급여법」 제14조에 따른 신청인의 건강검진 결과 내역 또는 「병역법」 제11조에 따른 신청인의 병역판정 신체검사 결과 내역 중 적성검사를 위하여 필요한 시력 또는 청력에 관한 정보
- 신청인이 외국인 또는 재외동포인 경우 외국인등록사실증명 중 국내 체류지에 관한 정보나 국내거소신고사실증명 중 대한민국 안의 거소에 관한 정보

※ 신청인이 해당 정보의 확인에 동의하지 아니하는 경우에는 관련 자료를 제출하도록 하여야 한다.

(3) 운전면허증의 갱신발급

① 운전면허증을 갱신하여 받을 수 없는 사람

㉠ 교통안전교육을 받지 아니한 사람
㉡ 정기 적성검사를 받지 아니하거나 이에 합격하지 못한 사람

② 운전면허증 갱신연기

㉠ **대상** : 운전면허증을 갱신하여 발급받거나 정기 적성검사를 받아야 하는 사람
㉡ **연기사유** : 해외여행 또는 군 복무 등 대통령령으로 정하는 사유로 그 기간 이내에 운전면허증을 갱신하여 발급받거나 정기 적성검사를 받을 수 없는 때
㉢ **갱신연기** : 대통령령으로 정하는 바에 따라 이를 미리 받거나 그 연기를 받을 수 있다.

❷ 운전면허증 갱신발급 및 정기 적성검사의 연기〈시행령 제55조〉

(1) 기간의 연기 및 방법

① **연기신청서 제출기관** : 시 · 도경찰청장(한국도로교통공단이 대행)

② 운전면허증 갱신발급 및 정기적성검사를 미리 받거나 또는 연기할 수 있는 사유

㉠ 해외에 체류 중인 경우
㉡ 재해 또는 재난을 당한 경우
㉢ 질병이나 부상으로 인하여 거동이 불가능한 경우
㉣ 법령에 따라 신체의 자유를 구속당한 경우
㉤ 군 복무 중(「병역법」에 따라 의무경찰 또는 의무소방원으로 전환복무 중인 경우를 포함하고, 병으로 한정한다)이거나 「대체역의 편입 및 복무 등에 관한 법률」에 따라 대체복무요원으로 복무 중인 경우
㉥ 그 밖에 사회통념상 부득이하다고 인정할 만한 상당한 이유가 있는 경우

③ 기간을 연기할 수 있는 방법

㉠ 행정안전부령으로 정하는 바에 따라 운전면허증 갱신기간 이전에 미리 운전면허증을 갱신하여 발급

㉡ 행정안전부령으로 정하는 운전면허증 갱신발급 연기신청서에 연기사유를 증명할 수 있는 서류를 첨부하여 시 · 도경찰청장에게 제출

(2) 기간의 연기신청〈시행규칙 제83조〉

① 연기신청기간 및 제출

㉠ 연기신청기간 : 운전면허증 갱신발급의 연기를 신청하려는 사람은 운전면허증 갱신기간 만료일까지

㉡ 연기신청서 제출기관 : 한국도로교통공단

㉢ 연기신청서 제출 : 연기사유를 증명할 수 있는 서류(행정정보의 공동이용을 통하여 확인할 수 있는 경우는 제외)를 첨부하여 한국도로교통공단에 제출(신분증명서 제시 : 해외체류 시에는 신분증명서 사본 제출 가능)

※ 신청인이 원하는 경우 … 신분증명서 제시를 갈음하여 전자적 방법으로 지문정보를 대조하여 본인확인이 가능하다.

② 신청을 받은 한국도로교통공단이 행정정보의 공동이용을 통하여 확인해야 할 정보

㉠ 출입국에 관한 사실증명(해외체류 중임을 이유로 연기신청 할 때만 해당)

㉡ 병적증명서(군 복무중임을 이유로 연기를 신청할 때만 해당)

※ 신청인이 동의하지 아니하는 경우에는 그 서류를 첨부하도록 하여야 한다.

③ 한국도로교통공단

㉠ 운전면허증 갱신발급을 연기한 때에는 자동차운전면허대장에 그 내용을 기록

㉡ 운전면허증 갱신발급 연기사실확인서를 작성하여 신청인에게 발급

(3) 기간의 연기 및 갱신발급기한

① 기간의 연기기관

㉠ 기간의 연기기관 : 시 · 도경찰청장

㉡ 기간의 연기 : 시 · 도경찰청장은 신청사유가 타당하다고 인정할 때에는 운전면허증 갱신기간 이전에 미리 운전면허증을 갱신하여 발급하거나 운전면허증 갱신기간을 연기하여야 한다.

② 갱신기간 연기의 기한

㉠ 대상 : 운전면허증 갱신기간의 연기를 받은 사람

㉡ 연기기한 : 연기사유가 없어진 날부터 3개월 이내에 운전면허증을 갱신하여 발급받아야 한다.

❸ 운전면허증 발급 대상자 본인 확인〈법 제87조의2〉

(1) 발급 대상자 본인확인

① 본인확인기관 : 시 · 도경찰청장

② 본인확인 : 시 · 도경찰청장은 운전면허증을 발급하려는 경우에는 운전면허증 발급을 받으려는 사람의 주민등록증(모바일 주민등록증 포함)이나 여권, 그 밖에 행정안전부령으로 정하는 신분증명서의 사진 등을 통하여 본인인지를 확인할 수 있다.

◆ 행정안전부령으로 정하는 본인 여부를 확인할 수 있는 신분증명서의 종류〈시행규칙 제83조의2〉

- 「출입국관리법」에 따라 발급된 외국인등록증
- 「선원법」에 따라 발급된 선원수첩
- 그 밖에 사진, 생년월일, 성명이 기재되어 본인인지를 확인할 수 있는 신분증명서로서 경찰청장이 정하는 것

(2) 지문정보의 대조 및 면허증 발급거부

① 지문정보의 대조 : 시 · 도경찰청장은 신분증으로 본인인지를 확인하기 어려운 경우에는 운전면허증 발급을 받으려는 사람의 동의를 받아 전자적 방법으로 지문정보를 대조하여 확인할 수 있다.

② 면허증의 발급거부 : 시 · 도경찰청장은 운전면허증 발급을 받으려는 사람이 본인 확인절차를 따르지 아니하는 경우에는 운전면허증 발급을 거부할 수 있다.

section 9 수시적성검사

❶ 수시적성검사〈법 제88조〉

(1) 실시기관 및 대상

① 실시시관 : 한국도로교통공단

② 수시적성검사의 대상 : 운전면허 또는 제2종 운전면허를 받은 시람(국제운전면허증 또는 상호인정외국면허증을 받은 사람 포함)이 안전운전에 장애가 되는 후천적 신체장애 등 대통령령으로 정하는 사유에 해당되는 경우

◆ 대통령령으로 정하는 사유〈시행령 제56조〉

- 법 제82조 제1항 제2호부터 제5호까지의 어느 하나에 해당하거나 그 밖에 안전운전에 장애가 되는 신체장애 등이 있다고 인정할 만한 상당한 이유가 있는 경우

〈법 제82조 제1항 제2호부터 제5호〉

- 제2호 : 교통상의 위험과 장해를 일으킬 수 있는 정신질환자 또는 뇌전증 환자로서 대통령령으로 정하는 사람
- 제3호 : 듣지 못하는 사람(제1종 운전면허 중 대형면허 · 특수면허만 해당), 앞을 보지 못하는 사람(한쪽 눈만 보지 못하는 사람의 경우에는 제1종 운전면허 중 대형면허 · 특수면허만 해당)이나 그 밖에 대통령령으로 정하는 신체장애인
- 제4호 : 양쪽 팔의 팔꿈치관절 이상을 잃은 사람이나 양쪽 팔을 전혀 쓸 수 없는 사람
- 제5호 : 교통상의 위험과 장해를 일으킬 수 있는 마약 · 대마 · 향정신성의약품 또는 알코올 중독자로서 대통령령으로 정하는 사람

- 후천적 신체장애 등에 관한 개인정보가 경찰청장에게 통보된 경우

(2) 수시적성검사의 기간 · 통지〈시행령 제56조〉

① 수시적성검사 통지

㉠ 통지기관 : 한국도로교통공단

㉡ 통지 : 수시 적성검사를 받아야 하는 사람에게 행정안전부령으로 정하는 바에 따라 그 사실을 등기우편 등으로 통지한다.

② 통지기간 및 방법〈시행규칙 제84조 제1항〉

㉠ 수시적성검사를 받아야 한다는 사실을 수시적성검사 기간 20일 전까지 통지해야 한다.

㉡ 수시적성검사 기간에 수시 적성검사를 받지 아니한 사람에 대하여는 다시 수시적성검사 기간을 지정하여 수시 적성검사 기간 20일 전까지 통지해야 한다.

㉢ 수시적성검사 통지받을 사람의 주소 등을 모르거나 통지서를 송달할 수 없는 경우 : 주소지를 관할하는 운전면허시험장의 게시판에 14일간 이를 공고함으로써 통지를 대신한다.

(3) 수시적성검사대상자(통지를 받은 사람)

① 수시적성검사의 신청

㉠ 신청서 제출기관 : 한국도로교통공단

㉡ 제출기한 : 수시적성검사대상자는 한국도로교통공단이 정하는 날부터 3개월 이내에 수시적성검사를 받아야 한다.

※ 수시적성검사대상자는 수시적성검사 기간 동안에 행정안전부령으로 정하는 수시 적성검사 신청서를 한국도로교통공단에 제출하여야 한다.

② 신청서제출 시 첨부해야 할 서류(신분증명서 제시)

㉠ 사진 2장

㉡ 적성검사 신청일부터 2년 이내에 발급된 다음의 어느 하나에 해당하는 서류(제1종 보통면허를 받은 사람으로서 한쪽 눈만 보지 못하는 사람의 경우 의사가 발급한 진단서만 해당한다)로서 검사하려는 적성에 관한 사항을 포함하고 있는 것(행정정보의 공동이용을 통하여 확인할 수 있는 사항은 포함하지 않을 수 있다)

- 「의료법」에 따른 의원, 병원 및 종합병원에서 발행한 별지 서식에 첨부된 양식의 신체검사서
- 「국민건강보험법」에 따른 건강검진 결과 통보서
- 「의료법」에 따라 의사가 발급한 진단서
- 「병역법」에 따른 병역판정 신체검사(현역병지원 신체검사를 포함한다) 결과 통보서

※ 신청인이 원하는 경우 … 신분증명서 제시를 갈음하여 전자적 방법으로 지문정보를 대조하여 본인확인이 가능하다.

(4) 정밀감정인〈시행규칙 제84조 제6항〉

① 개념 및 의견제공

㉠ **정밀감정인의 개념** : 정밀감정인이란 분야별 운전적성을 정밀감정하기 위하여 한국도로교통공단이 위촉한 의사를 말한다.

㉡ **의견의 제공** : 법 제82조 제1항 제2호 및 제5호에 해당하는 사람에 대한 수시적성검사의 합격판정은 정밀감정인의 의견을 들은 후 운전적성판정위원회가 결정한다.

◆ 법 제82조 제1항 제2호부터 제5호

- 제2호 : 교통상의 위험과 장해를 일으킬 수 있는 정신질환자 또는 뇌전증 환자로서 대통령령으로 정하는 사람
- 제5호 : 교통상의 위험과 장해를 일으킬 수 있는 마약 · 대마 · 향정신성의약품 또는 알코올 중독자로서 대통령령으로 정하는 사람

② 정밀감정인의 위촉 · 운용 등

㉠ **정밀감정인의 위촉 · 운용** : 정밀감정인의 위촉 · 운용 등에 관하여 필요한 사항은 한국도로교통공단이 정한다.

㉡ **수당지급** : 의견을 제출한 정밀감정인에게는 예산의 범위에서 수당을 지급할 수 있다.

❷ 수시적성검사의 연기 등〈시행령 제57조〉

(1) 기간의 연기신청

① 연기신청

㉠ 연기신청대상 : 수시적성검사대상자

㉡ 연기신청서 제출기관 : 한국도로교통공단

㉢ 연기시기 : 수시적성검사 기간 동안에 수시적성검사를 받을 수 없을 때

② 연기신청서 제출

㉠ 연기신청서 제출 : 수시적성검사 기간 이전에 미리 적성검사를 받거나 수시적성검사 연기신청서를 한국도로교통공단에 제출하여야 한다.

㉡ 수시 적성검사의 연기 사유

- 해외에 체류 중인 경우
- 재해 또는 재난을 당한 경우
- 질병이나 부상으로 인하여 거동이 불가능한 경우
- 법령에 따라 신체의 자유를 구속당한 경우
- 군 복무 중(「병역법」에 따라 의무경찰 또는 의무소방원으로 전환복무 중인 경우를 포함하고, 사병으로 한정한다)인 경우
- 그 밖에 사회통념상 부득이하다고 인정할 만한 상당한 이유가 있는 경우

③ 수시적성검사의 연기

㉠ 연기 : 한국도로교통공단은 신청사유가 타당하다고 인정될 때에는 수시적성검사를 그 기간 이전에 실시하거나 한 차례만 연기할 수 있다.

㉡ 기한 : 수시적성검사를 연기받은 사람은 그 사유가 없어진 날부터 3개월 이내에 수시 적성검사를 받아야 한다.

(2) 수시적성검사의 연기방법〈시행규칙 제85조〉

① 연기신청기간 및 제출

㉠ 연기신청기간 : 수시적성검사연기를 신청하려는 사람은 수시적성검사기간 만료일까지

㉡ 연기신청서 제출기관 : 한국도로교통공단

㉢ 연기신청서 제출 : 신청서에 연기사유를 증명할 수 있는 서류(행정정보의 공동이용을 통하여 확인할 수 있는 경우 제외)를 첨부하여 한국도로교통공단에 제출(신분증명서 제시)

※ 신청인이 원하는 경우 … 신분증명서 제시를 갈음하여 전자적 방법으로 지문정보를 대조하여 본인확인이 가능하다.

② 신청을 받은 한국도로교통공단이 행정정보의 공동이용을 통하여 확인해야 할 정보

㉠ 출입국에 관한 사실증명(해외체류 중임을 이유로 연기신청 할 때만 해당)

㉡ 병적증명서(군 복무중임을 이유로 연기를 신청할 때만 해당)

※ 신청인이 동의하지 아니하는 경우에는 그 서류를 첨부하도록 하여야 한다.

③ 한국도로교통공단

㉠ 수시적성검사를 연기한 때에는 자동차운전면허대장에 그 내용을 기록

㉡ 적성검사 연기사실확인서를 작성하여 신청인에게 발급

3 수시적성검사 관련 개인정보의 통보〈법 제89조〉

(1) 통보기관

① **경찰청장에게 통보** : 수시적성검사를 받아야 하는 사람의 후천적 신체장애 등에 관한 개인정보를 가지고 있는 기관 가운데 대통령령으로 정하는 기관의 장은 수시 적성검사와 관련이 있는 개인정보를 경찰청장에게 통보하여야 한다.

◆ 대통령령으로 정하는 기관의 장〈시행령 제58조 제1항〉

- 병무청장
- 보건복지부장관
- 특별시장 · 광역시장 · 도지사 · 특별자치도지사 또는 시장 · 군수 · 구청장(자치구의 구청장을 말한다)
- 육군참모총장, 해군참모총장, 공군참모총장 및 해병대사령관
- 근로복지공단 이사장
- 보험요율 산출기관의 장
- 공제조합의 이사장
- 치료감호시설의 장
- 국민연금공단 이사장
- 국민건강보험공단 이사장

② 개인정보내용 및 통보방법

㉠ **통보방법** : 경찰청장에게 통보하여야 하는 개인정보의 내용 및 통보방법과 그 밖에 개인정보의 통보에 필요한 사항은 대통령령으로 정한다.

㉡ **통보시기〈시행령 제58조 제2항〉** : 개인정보를 행정안전부령으로 정하는 바에 따라 매 분기 1회 이상 경찰청장에게 통보하여야 한다.

(2) 수시적성검사 대상자의 개인정보의 내용〈시행령 제58조 제2항 별표4〉

보유기관	보유내용
각 군 참모총장 및 해병대사령관	• 군 재직 중 정신질환으로 인하여 전역조치한 사람에 대한 자료
병무청장	• 정신질환 또는 시력장애로 징집이 면제된 사람에 대한 자료
특별자치시장 · 특별자치도지사 · 시장 · 군수 · 구청장	• 정신질환으로 보호의무자의 동의에 의하여 입원 · 치료 중인 사람으로서 입원기간이 6개월 이상인 사람에 대한 자료 및 정신질환으로 특별자치시장 · 특별자치도지사 · 시장 · 군수 · 구청장에 의하여 입원 · 치료 중인 사람에 대한 자료
특별시장 · 광역시장 · 도지사 및 특별자치도지사	• 마약류 중독으로 치료 중인 사람에 대한 자료
보건복지부장관	• 마약류 중독자로 판명되거나 마약류 중독으로 의료기관 또는 치료보호기관에서 치료 중인 사람에 대한 자료 • 시각장애인(시력으로 인한 장애에 한정한다)으로 등록된 사람에 대한 자료
치료감호시설의 장	• 치료감호 후 완치되지 않고 출소한 사람에 대한 자료
국민연금공단 이사장	• 시력 감퇴로 장애연금을 지급받는 사람에 대한 장애등급 정보
국민건강보험공단 이사장	• 노인장기요양 등급을 받은 사람 중 치매질환이 있는 사람에 대한 자료
근로복지공단 이사장	• 산업재해로 인하여 장해 판정을 받아 보험금을 지급받은 사람에 대한 자료
보험료율 산출기관의 장(보험개발원장)	• 교통사고로 인한 피해로 장애 판정을 받아 보험금을 지급받은 사람에 대한 자료
공제조합의 이사장	• 교통사고로 인한 피해로 장애 판정을 받아 공제금을 지급받은 사람에 대한 자료

(3) 수시적성검사 관련 개인정보의 통보방법 등〈시행규칙 제86조〉

① **경찰청장에게 통보** : 개인정보를 보유한 기관의 장은 개인정보자료를 서식 또는 전자적 매체에 기록하여 경찰청장에게 통보하여야 한다.

② **한국도로교통공단에 통보** : 경찰청장은 통보받은 개인정보자료를 한국도로교통공단에 통보하여야 한다.

section 10 전문의 정밀진단 및 임시운전증명서 등

❶ 정신질환 등이 의심되는 사람에 대한 조치〈법 제90조〉

(1) 전문의의 정밀진단을 받게 할 수 있는 조치

① 조치할 수 있는 기관 : 한국도로교통공단

② 운전면허시험 중인 사람과 적성검사를 받는 사람 중 해당분야 전문의의 정밀진단을 받게 할 수 있는 사람

㉠ 교통상의 위험과 장해를 일으킬 수 있는 정신질환자 또는 뇌전증 환자로서 대통령령으로 정하는 사람

㉡ 교통상의 위험과 장해를 일으킬 수 있는 마약 · 대마 · 향정신성의약품 또는 알코올 중독자로서 대통령령으로 정하는 사람

(2) 운전적성판정위원회의 설치 및 운영〈시행규칙 제87조〉

① 설치목적 및 장소

㉠ 설치목적 : 전문의의 정밀진단을 받은 사람에 대한 운전가능성의 여부와 수시적성검사의 합격여부의 판정하기 위하여 운전적성판정위원회(이하 "판정위원회"라 한다)를 둔다.

㉡ 설치장소 : 한국도로교통공단의 운전면허시험장마다 판정위원회를 둔다.

② 판정위원회의 구성

㉠ 위원의 구성 : 위원장을 포함한 5명 이상 7명 이하의 위원으로 구성한다.

㉡ 위원장 : 위원장은 한국도로교통공단의 운전면허시험장의 장이 된다.

㉢ 위원 : 위원은 교통전문가, 해당분야 전문의, 한국도로교통공단 소속 직원 중 위원장이 지명하는 사람으로 한다.

③ 의결 : 판정위원회의 회의는 재적위원 3분의 2이상의 출석과 출석위원 과반수의 찬성으로 의결한다.

④ 판정위원회의 위원장 및 위원은 수시적성검사의 합격여부의 판정과 관련하여 공정성을 해치는 행위를 하여서는 아니된다.

⑤ 그 밖에 판정위원회의 운영에 필요한 사항은 한국도로교통공단이 정한다.

❷ 임시운전증명서〈법 제91조〉

(1) 임시운전증명서의 발급

① 발급기관
　㉠ 발급기관 : 시 · 도경찰청장
　㉡ 발급 : 행정안전부령으로 정하는 바에 따라 임시운전증명서를 발급할 수 있다.

② 임시운전증명서를 발급할 수 있는 경우
　㉠ 운전면허증을 받은 사람이 재발급 신청을 한 경우
　㉡ 정기적성검사 또는 운전면허증 갱신발급신청을 하거나 수시적성검사를 신청한 경우(소지하고 있는 운전면허증에 행정안전부령으로 정하는 사항을 기재하여 발급함으로써 임시운전증명서 발급을 갈음할 수 있다)

◆ 임시운전증명서의 교부에 대신하는 표시방법〈시행규칙 제89조〉

• 임시운전증명서의 교부에 대신하고자 하는 때에는 운전면허증의 뒷면에 접수사유 · 접수일자 · 면허증교부예정일자 및 처리담당자의 성명을 기재한 후 날인하여야 한다.

　㉢ 운전면허의 취소처분 또는 정지처분 대상자가 운전면허증을 제출한 경우

③ 임시운전증명서의 효력 : 임시운전증명서는 그 유효기간 중에는 운전면허증과 같은 효력이 있다.

(2) 임시운전증명서의 유효기간〈시행규칙 제88조〉 2024년 서울

① 유효기간 : 임시운전증명서의 유효기간은 20일 이내로 하되, 운전면허의 취소 또는 정지처분 대상자의 경우에는 40일 이내로 할 수 있다.

② 유효기간의 연장 : 경찰서장이 필요하다고 인정하는 경우에는 그 유효기간을 1회에 한하여 20일의 범위에서 연장할 수 있다.

❸ 운전면허증 휴대 및 제시 등의 의무〈법 제92조〉

(1) 운전면허증 휴대의무

① 운전 중 운전면허증 휴대 : 자동차등을 운전할 때에는 운전면허증등을 지니고 있어야 한다.

② 운전할 때 휴대해야 하는 운전면허증 등
　㉠ 운전면허증, 국제운전면허증 또는 상호인정외국면허증이나 건설기계조종사면허증
　㉡ 운전면허증등을 갈음하는 증명서

• 임시운전증명서
• 범칙금 납부통고서 또는 출석지시서
• 출석고지서

(2) 운전면허증의 제시요구

① 운전면허증의 제시요구 수용 : 운전자는 운전 중에 교통안전이나 교통질서 유지를 위하여 경찰공무원이 운전면허증등 또는 이를 갈음하는 증명서를 제시할 것을 요구하거나 운전자의 신원 및 운전면허 확인을 위한 질문을 할 때에는 이에 응하여야 한다.

② 모바일운전면허증의 부정사용 금지 : 누구든지 다른 사람 명의의 모바일운전면허증을 부정하게 사용하여서는 아니 된다.

무면허운전자의 적발보고〈시행규칙 제90조〉

• 경찰서장은 그 관할구역 안에서 무면허운전자를 적발한 때에는 운전면허결격사유기록자료표를 작성하고, 전산입력하여 시·도경찰청장에게 보고하여야 한다.

section 11 운전면허의 취소·정지 및 운전면허증의 반납

1 운전면허의 취소·정지〈법 제93조〉

(1) 운전면허의 취소·정지

① 운전면허의 취소·정지권자 및 범위
㉠ 운전면허의 취소·정지권자 : 시·도경찰청장
㉡ 취소·정지대상 운전면허(조건부운전면허는 포함하고, 연습운전면허는 제외) : 운전자가 받은 모든 범위의 운전면허 포함

② 운전면허의 취소·정지대상
㉠ 운전면허를 취소하거나 1년 이내의 범위에서 운전면허의 효력을 정지시킬 수 있는 경우
• 술에 취한 상태에서 자동차등을 운전한 경우
• 음주운전을 하거나 경찰공무원의 음주측정(자동차등을 운전한 경우)을 거부한 사람이 다시 음주운전금을 운전면허 정지사유에 해당된 경우

- 술에 취한 상태에 있다고 인정할 만한 상당한 이유가 있음에도 불구하고 경찰공무원의 측정에 응하지 아니한 경우
- 약물의 영향으로 인하여 정상적으로 운전하지 못할 우려가 있는 상태에서 자동차등을 운전한 경우
- 공동 위험행위를 한 경우
- 난폭운전을 한 경우
- 최고속도보다 시속 100킬로미터를 초과한 속도로 3회 이상 자동차등을 운전한 경우
- 교통사고로 사람을 사상한 후 사고발생 시의 필요한 조치 또는 신고를 하지 아니한 경우
- 제82조 제1항 제2호부터 제5호까지의 규정에 따른 운전면허를 받을 수 없는 사람에 해당된 경우

◆ 법 제82조 제1항 제2호부터 제5호

- 제2호 : 교통상의 위험과 장해를 일으킬 수 있는 정신질환자 또는 뇌전증 환자로서 대통령령으로 정하는 사람
- 제3호 : 듣지 못하는 사람(제1종 운전면허 중 대형면허 · 특수면허만 해당한다), 앞을 보지 못하는 사람(한쪽 눈만 보지 못하는 사람의 경우에는 제1종 운전면허 중 대형면허 · 특수면허만 해당한다)이나 그 밖에 대통령령으로 정하는 신체장애인
- 제4호 : 양쪽 팔의 팔꿈치관절 이상을 잃은 사람이나 양쪽 팔을 전혀 쓸 수 없는 사람. 다만, 본인의 신체장애 정도에 적합하게 제작된 자동차를 이용하여 정상적인 운전을 할 수 있는 경우에는 그러하지 아니하다.
- 제5호 : 교통상의 위험과 장해를 일으킬 수 있는 마약 · 대마 · 향정신성의약품 또는 알코올 중독자로서 대통령령으로 정하는 사람

- 운전면허를 받을 수 없는 사람이 운전면허를 받거나 운전면허효력의 정지기간 중 운전면허증 또는 운전면허증을 갈음하는 증명서를 발급받은 사실이 드러난 경우
- 거짓이나 그 밖의 부정한 수단으로 운전면허를 받은 경우
- 정기적성검사 또는 수시적성검사를 받지 아니하거나 그 적성검사에 불합격한 경우(정기 적성검사 기간이 지난 경우는 제외한다)
- 운전 중 고의 또는 과실로 교통사고를 일으킨 경우
- 운전면허를 받은 사람이 자동차등을 이용하여 「형법」 제258조의2(특수상해) · 제261조(특수폭행) · 제284조(특수협박) 또는 제369조(특수손괴)를 위반하는 행위를 한 경우
- 운전면허를 받은 사람이 자동차등을 범죄의 도구나 장소로 이용하여 다음 각 목의 어느 하나의 죄를 범한 경우

–「국가보안법」 중 제4조부터 제9조까지의 죄 및 같은 법 제12조 중 증거를 날조 · 인멸 · 은닉한 죄

–「형법」 중 다음 어느 하나의 범죄

- 살인 · 사체유기 또는 방화
- 강도 · 강간 또는 강제추행
- 약취 · 유인 또는 감금
- 상습절도(절취한 물건을 운반한 경우에 한정한다)
- 교통방해(단체 또는 다중의 위력으로써 위반한 경우에 한정한다)

–「보험사기방지 특별법」 중 제8조(보험사기죄), 제9조(상습범), 제10조(미수범)의 죄

- 다른 사람의 자동차등을 훔치거나 빼앗은 경우

- 다른 사람이 부정하게 운전면허를 받도록 하기 위하여 운전면허시험에 대신 응시한 경우
- 도로교통법에 따른 교통단속 임무를 수행하는 경찰공무원등 및 시 · 군공무원을 폭행한 경우
- 운전면허증을 부정하게 사용할 목적으로 다른 사람에게 빌려주거나 다른 사람의 운전면허증을 빌려서 사용한 경우
- 「자동차관리법」에 따라 등록되지 아니하거나 임시운행허가를 받지 아니한 자동차(이륜자동차는 제외한다)를 운전한 경우
- 제1종 보통면허 및 제2종 보통면허를 받기 전에 연습운전면허의 취소 사유가 있었던 경우
- 다른 법률에 따라 관계 행정기관의 장이 운전면허의 취소처분 또는 정지처분을 요청한 경우(정당한 사유가 없으면 관계 행정기관의 장의 요청에 따라 운전면허를 취소하거나 1년 이내의 범위에서 정지하여야 한다)
- 승차정원, 적재중량 및 적재용량 규정의 위반 또는 화물에 덮개를 씌우지 않고 화물자동차를 운전한 경우
- 도로교통법이나 도로교통법에 따른 명령 또는 처분을 위반한 경우
- 운전면허를 받은 사람이 자신의 운전면허를 실효(失效)시킬 목적으로 시 · 도경찰청장에게 자진하여 운전면허를 반납하는 경우. 다만, 실효시키려는 운전면허가 취소처분 또는 정지처분의 대상이거나 효력정지 기간 중인 경우는 제외한다.
- 음주운전 방지장치가 설치된 자동차등을 시 · 도경찰청에 등록하지 아니하고 운전한 경우
- 음주운전 방지장치가 설치되지 아니하거나 설치기준에 부합하지 아니한 음주운전 방지장치가 설치된 자동차등을 운전한 경우
- 음주운전 방지장치가 해체 · 조작 또는 그 밖의 방법으로 효용이 떨어진 것을 알면서 해당 장치가 설치된 자동차등을 운전한 경우

ⓛ 운전면허를 취소해야 하는 경우 **2020년 부산**

- 음주운전을 하거나 경찰공무원의 음주측정(자동차등을 운전한 경우)을 거부한 사람이 다시 음주운전금을 운전면허 정지사유에 해당된 경우
- 술에 취한 상태에 있다고 인정할 만한 상당한 이유가 있음에도 불구하고 경찰공무원의 측정에 응하지 아니한 경우
- 제82조 제1항 제2호부터 제5호까지의 규정에 따른 운전면허를 받을 수 없는 사람에 해당된 경우
- 운전면허를 받을 수 없는 사람이 운전면허를 받거나 운전면허효력의 정지기간 중 운전면허증 또는 운전면허증을 갈음하는 증명서를 발급받은 사실이 드러난 경우
- 거짓이나 그 밖의 부정한 수단으로 운전면허를 받은 경우(취소하여야 하는 운전면허의 범위는 운전자가 거짓이나 그 밖의 부정한 수단으로 받은 그 운전면허로 한정한다)
- 정기적성검사 또는 수시적성검사를 받지 아니하거나 그 적성검사에 불합격한 경우(정기 적성검사 기간이 지난 경우는 제외한다)
- 도로교통법에 따른 교통단속 임무를 수행하는 경찰공무원등 및 시 · 군공무원을 폭행한 경우
- 「자동차관리법」에 따라 등록되지 아니하거나 임시운행허가를 받지 아니한 자동차(이륜자동차는 제외한다)를 운전한 경우
- 제1종 보통면허 및 제2종 보통면허를 받기 전에 연습운전면허의 취소 사유가 있었던 경우

- 운전면허를 받은 사람이 자신의 운전면허를 실효시킬 목적으로 시 · 도경찰청장에게 자진하여 운전면허를 반납하는 경우. 다만, 실효시키려는 운전면허가 취소처분 또는 정지처분의 대상이거나 효력정지 기간 중인 경우는 제외한다.
- 음주운전 방지장치가 설치된 자동차등을 시 · 도경찰청에 등록하지 아니하고 운전한 경우
- 음주운전 방지장치가 설치되지 아니하거나 설치기준에 부합하지 아니한 음주운전 방지장치가 설치된 자동차등을 운전한 경우
- 음주운전 방지장치가 해체 · 조작 또는 그 밖의 방법으로 효용이 떨어진 것을 알면서 해당 장치가 설치된 자동차등을 운전한 경우

(2) 벌점의 부과

① 벌점부과

㉠ **벌점부과권자** : 시 · 도경찰청장

㉡ **벌점부과** : 시 · 도경찰청장은 운전면허를 취소하거나 운전면허의 효력을 정지하려고 할 때 그 기준으로 활용하기 위하여 교통법규를 위반하거나 교통사고를 일으킨 사람에 대하여는 행정안전부령으로 정하는 바에 따라 위반 및 피해의 정도 등에 따라 벌점을 부과할 수 있다.

② **벌점합산에 따른 면허취소** : 벌점이 행정안전부령으로 정하는 기간 동안 일정한 점수를 초과하는 경우에는 행정안전부령으로 정하는 바에 따라 운전면허를 취소 또는 정지할 수 있다.

(3) 연습운전면허의 취소 및 예외의 사유

① 연습운전면허의 취소

㉠ 시 · 도경찰청장은 연습운전면허를 발급받은 사람이 운전 중 고의 또는 과실로 교통사고를 일으키거나 도로교통법이나 도로교통법에 따른 명령 또는 처분을 위반한 경우에는 연습운전면허를 취소하여야 한다.

㉡ 본인에게 귀책사유가 없는 경우 등 대통령령으로 정하는 경우에는 연습운전면허를 취소하지 않는다.

② 연습운전면허 취소의 예외 사유〈시행령 제59조〉

㉠ 한국도로교통공단에서 도로주행시험을 담당하는 사람, 자동차운전학원의 강사, 전문학원의 강사 또는 기능검정원의 지시에 따라 운전하던 중 교통사고를 일으킨 경우

㉡ 도로가 아닌 곳에서 교통사고를 일으킨 경우

㉢ 교통사고를 일으켰으나 물적 피해만 발생한 경우

(4) 연습운전면허의 취소 · 정지에 대한 통지

① 사전통지

㉠ **사전통지권자** : 시 · 도경찰청장

㉡ **통지대상** : 운전면허의 취소처분 또는 정지처분, 연습운전면허의 취소처분을 받은 사람

㉢ **통지내용** : 처분의 당사자에게 처분내용과 의견제출 기한 등을 통지

② **사후통지** : 행정안전부령으로 정하는 바에 따라 처분의 이유와 행정심판을 제기할 수 있는 기간 등을 통지

※ 적성검사를 받지 않은 사유로 운전면허를 취소할 경우 … 적성검사만료일 전까지 적성검사를 받지 않으면 운전면허가 취소된다는 사실의 조건부통지를 함으로써 처분의 사전 및 사후통지를 갈음할 수 있다.

❷ 벌점산정

(1) 일반기준〈시행규칙 제91조 제1항 별표28 제1호〉

① 용어의 정의

㉠ **벌점** : 행정처분의 기초자료로 활용하기 위하여 법규위반 또는 사고야기에 대하여 그 위반의 경중, 피해의 정도 등에 따라 배점되는 점수를 말한다.

㉡ **누산점수** : 위반 · 사고시의 벌점을 누적하여 합산한 점수에서 상계치(무위반 · 무사고 기간 경과 시에 부여되는 점수 등)를 뺀 점수를 말한다.

• 누산점수 = 매 위반 · 사고 시 벌점의 누적 합산치 − 상계치

㉢ **처분벌점** : 구체적인 법규위반 · 사고야기에 대하여 앞으로 정지처분기준을 적용하는데 필요한 벌점으로서, 누산점수에서 이미 정지처분이 집행된 벌점의 합계치를 뺀 점수를 말한다.

• 처분벌점 = 누산점수 − 이미 처분이 집행된 벌점의 합계치

② 벌점의 종합관리

㉠ **누산점수의 관리** : 법규위반 또는 교통사고로 인한 벌점은 행정처분기준을 적용하고자 하는 당해 위반 또는 사고가 있었던 날을 기준으로 하여 과거 3년간의 모든 벌점을 누산하여 관리한다.

㉡ **무위반 · 무사고기간 경과로 인한 벌점 소멸** : 처분벌점이 40점 미만인 경우에, 최종의 위반일 또는 사고일로부터 위반 및 사고 없이 1년이 경과한 때에는 그 처분벌점은 소멸한다.

㉢ 벌점공제

- 인적 피해 있는 교통사고를 야기하고 도주한 차량의 운전자를 검거하거나 신고하여 검거하게 한 운전자(교통사고의 피해자가 아닌 경우로 한정한다)에게는 검거 또는 신고할 때마다 40점의 특혜점수를 부여하여 기간에 관계없이 그 운전자가 정지 또는 취소처분을 받게 될 경우 누산점수에서 이를 공제한다. 이 경우 공제되는 점수는 40점 단위로 한다.
- 경찰청장이 정하여 고시하는 바에 따라 무위반 · 무사고 서약을 하고 1년간 이를 실천한 운전자에게는 실천할 때마다 10점의 특혜점수를 부여하여 기간에 관계없이 그 운전자가 정지처분을 받게 될 경우 누산점수에서 이를 공제하되, 공제되는 점수는 10점 단위로 한다. 다만, 교통사고로 사람을 사망에 이르게 하거나 법 제93조제1항제1호 · 제5호의2 · 제10호의2 · 제11호 및 제12호 중 어느 하나에 해당하는 사유로 정지처분을 받게 될 경우에는 공제할 수 없다.

㉣ **개별기준 적용에 있어서의 벌점 합산(법규위반으로 교통사고를 야기한 경우)** : 법규위반으로 교통사고를 야기한 경우에는 다음의 각 벌점을 모두 합산한다.

- 도로교통법이나 도로교통법에 의한 명령을 위반한 때(교통사고의 원인이 된 법규위반이 둘 이상인 경우에는 그 중 가장 중한 것 하나만 적용한다)
- 교통사고를 일으킨 때(인적피해 교통사고) : 사고결과에 따른 벌점
- 교통사고를 일으킨 때(교통사고야기 시 조치불이행) : 조치 등 불이행에 따른 벌점

③ 벌점 등 초과로 인한 운전면허의 취소 · 정지

㉠ **벌점 · 누산점수 초과로 인한 면허 취소** : 1회의 위반 · 사고로 인한 벌점 또는 연간 누산점수가 다음 표의 벌점 또는 누산점수에 도달한 때에는 그 운전면허를 취소한다.

기간	벌점 또는 누산점수
1년간	121점 이상
2년간	201점 이상
3년간	271점 이상

㉡ **벌점 · 처분벌점 초과로 인한 면허 정지** : 운전면허 정지처분은 1회의 위반 · 사고로 인한 벌점 또는 처분벌점이 40점 이상이 된 때부터 결정하여 집행하되, 원칙적으로 1점을 1일로 계산하여 집행한다.

④ 처분벌점 및 정지처분 집행일수의 감경

㉠ **감경대상** : 처분벌점이 40점 미만인 사람

㉡ **벌점감경교육 수료한 경우** : 특별교통안전 권장교육 중 벌점감경교육을 마친 경우

㉢ **감경벌점** : 경찰서장에게 교육확인증을 제출한 날부터 처분벌점에서 20점을 감경한다.

(2) 취소처분 개별기준〈시행규칙 제91조 제1항 별표28 제2호〉

위반사항	내용
교통사고를 일으키고 구호조치를 하지아니한 때	• 교통사고로 사람을 죽게 하거나 다치게 하고, 구호조치를 하지 아니한 때
술에 취한 상태에서 운전한 때	• 술에 취한 상태의 기준(혈중알코올농도 0.03퍼센트 이상)을 넘어서 운전을 하다가 교통사고로 사람을 죽게 하거나 다치게 한 때 • 혈중알코올농도 0.08퍼센트 이상의 상태에서 운전한 때 • 술에 취한 상태의 기준을 넘어 운전하거나 술에 취한 상태의 측정에 불응한 사람이 다시 술에 취한 상태(혈중알코올농도 0.03퍼센트 이상)에서 운전한 때
술에 취한 상태의 측정에 불응한 때	• 술에 취한 상태에서 운전하거나 술에 취한 상태에서 운전하였다고 인정할 만한 상당한 이유가 있음에도 불구하고 경찰공무원의 측정 요구에 불응한 때
운전면허증을 부정하게 사용할 목적으로 다른 사람에게 운전면허증을 대여한 경우	• 면허증 소지자가 부정하게 사용할 목적으로 다른 사람에게 면허증을 빌려준 경우 • 면허 취득자가 부정하게 사용할 목적으로 다른 사람의 면허증을 빌려서 사용한 경우
결격사유에 해당	• 교통상의 위험과 장해를 일으킬 수 있는 정신질환자 또는 뇌전증환자

	• 앞을 보지 못하는 사람(한쪽 눈만 보지 못하는 사람의 경우에는 제1종 운전면허 중 대형면허 · 특수면허로 한정한다) • 듣지 못하는 사람(제1종 운전면허 중 대형면허 · 특수면허로 한정한다) • 양 팔의 팔꿈치 관절 이상을 잃은 사람, 또는 양팔을 전혀 쓸 수 없는 사람. 다만, 본인의 신체장애 정도에 적합하게 제작된 자동차를 이용하여 정상적으로 운전할 수 있는 경우는 제외한다. • 다리, 머리, 척추 그 밖의 신체장애로 인하여 앉아 있을 수 없는 사람 • 교통상의 위험과 장해를 일으킬 수 있는 마약, 대마, 향정신성 의약품 또는 알코올 중독자
약물을 사용한 상태에서 자동차 등을 운전한 때	• 약물(마약 · 대마 · 향정신성 의약품 및 환각물질)의 투약 · 흡연 · 섭취 · 주사 등으로 정상적인 운전을 하지 못할 염려가 있는 상태에서 자동차등을 운전한 때
공동위험행위	• 공동위험행위로 구속된 때
난폭운전	• 난폭운전으로 구속된 때
속도위반	• 최고속도보다 100km/h를 초과한 속도로 3회 이상 운전한 때
정기적성검사 불합격 또는 정기 적성검사 기간 1년경과	• 정기적성검사에 불합격하거나 적성검사기간 만료일 다음 날부터 적성검사를 받지 아니하고 1년을 초과한 때
수시적성검사 불합격 또는 수시 적성검사 기간 경과	• 수시적성검사에 불합격하거나 수시적성검사 기간을 초과한 때
운전면허 행정처분기간중 운전행위	• 운전면허 행정처분 기간 중에 운전한 때
허위 또는 부정한 수단으로 운전면허를 받은 경우	• 허위 · 부정한 수단으로 운전면허를 받은 때 • 결격사유에 해당하여 운전면허를 받을 자격이 없는 사람이 운전면허를 받은 때 • 운전면허 효력의 정지기간중에 면허증 또는 운전면허증에 갈음하는 증명서를 교부받은 사실이 드러난 때
등록 또는 임시운행 허가를 받지 아니한 자동차를 운전한 때	• 등록되지 아니하거나 임시운행 허가를 받지 아니한 자동차(이륜자동차를 제외한다)를 운전한 때
자동차등을 이용하여 형법상 특수상해 등을 행한 때(보복운전)	• 자동차등을 이용하여 형법상 특수상해, 특수폭행, 특수협박, 특수손괴를 행하여 구속된 때
다른 사람을 위하여 운전면허시험에 응시한 때	• 운전면허를 가진 사람이 다른 사람을 부정하게 합격시키기 위하여 운전면허 시험에 응시한 때
운전자가 단속 경찰공무원 등에 대한 폭행	• 단속하는 경찰공무원 등 및 시 · 군 · 구 공무원을 폭행하여 형사입건된 때
연습면허 취소사유가 있었던 경우	• 제1종 보통 및 제2종 보통면허를 받기 이전에 연습면허의 취소사유가 있었던 때(연습면허에 대한 취소절차 진행 중 제1종 보통 및 제2종 보통면허를 받은 경우를 포함한다)

(3) 정지처분 개별기준(벌점산정)〈시행규칙 제91조 제1항 별표28 제3호〉 2021년 대구 2021년 경기 2022년 대전 2022년 울산

① 도로교통법이나 도로교통법에 의한 명령을 위반한 때

벌점	위반사항
100	• 속도위반(100km/h 초과) • 술에 취한 상태의 기준을 넘어서 운전한 때(혈중알코올농도 0.03퍼센트 이상 0.08퍼센트 미만) • 자동차등을 이용하여 형법상 특수상해 등(보복운전)을 하여 입건된 때
80	• 속도위반(80km/h 초과 100km/h 이하)
60	• 속도위반(60km/h 초과 80km/h 이하)
40	• 정차 · 주차위반에 대한 조치불응(단체에 소속되거나 다수인에 포함되어 경찰공무원의 3회이상의 이동명령에 따르지 아니하고 교통을 방해한 경우에 한한다) • 공동위험행위로 형사입건된 때 • 난폭운전으로 형사입건된 때 • 안전운전의무위반(단체에 소속되거나 다수인에 포함되어 경찰공무원의 3회 이상의 안전운전 지시에 따르지 아니하고 타인에게 위험과 장해를 주는 속도나 방법으로 운전한 경우에 한한다) • 승객의 차내 소란행위 방치운전 • 출석기간 또는 범칙금 납부기간 만료일부터 60일이 경과될 때까지 즉결심판을 받지 아니한 때
30	• 통행구분 위반(중앙선 침범에 한함) • 속도위반(40㎞/h 초과 60㎞/h 이하) • 철길건널목 통과방법위반 • 회전교차로 통행방법 위반(통행 방향 위반에 한정한다) • 어린이통학버스 특별보호 위반 • 어린이통학버스 운전자의 의무위반(좌석안전띠를 매도록 하지 아니한 운전자는 제외한다) • 고속도로 · 자동차전용도로 갓길통행 • 고속도로 버스전용차로 · 다인승전용차로 통행위반 • 운전면허증 등의 제시의무위반 또는 운전자 신원확인을 위한 경찰공무원의 질문에 불응
15	• 신호 · 지시위반 • 속도위반(20㎞/h 초과 40㎞/h 이하) • 속도위반(어린이보호구역 안에서 오전 8시부터 오후 8시까지 사이에 제한속도를 20km/h 이내에서 초과한 경우에 한정한다) • 앞지르기 금지시기 · 장소위반 • 적재 제한 위반 또는 적재물 추락 방지 위반 • 운전 중 휴대용 전화 사용 • 운전 중 운전자가 볼 수 있는 위치에 영상 표시 • 운전 중 영상표시장치 조작 • 운행기록계 미설치 자동차 운전금지 등의 위반
10	• 통행구분 위반(보도침범, 보도 횡단방법 위반) • 차로통행 준수의무 위반, 지정차로 통행위반(진로변경 금지장소에서의 진로변경 포함) • 일반도로 전용차로 통행위반 • 안전거리 미확보(진로변경 방법위반 포함) • 앞지르기 방법위반

	• 보행자 보호 불이행(정지선위반 포함) • 승객 또는 승하차자 추락방지조치위반 • 안전운전 의무 위반 • 노상 시비 · 다툼 등으로 차마의 통행 방해행위 • 자율주행자동차 운전자의 준수사항 위반 • 돌 · 유리병 · 쇳조각이나 그 밖에 도로에 있는 사람이나 차마를 손상시킬 우려가 있는 물건을 던지거나 발사하는 행위 • 도로를 통행하고 있는 차마에서 밖으로 물건을 던지는 행위

② 자동차등의 운전 중 교통사고를 일으킨 때

㉠ 사고결과에 따른 벌점기준 : 인적피해 교통사고 2021년 대전

벌점	구분	위반사항
90	사망 1명마다	• 사고발생 시부터 72시간 이내에 사망한 때
15	중상 1명마다	• 3주 이상의 치료를 요하는 의사의 진단이 있는 사고
5	경상 1명마다	• 3주 미만 5일 이상의 치료를 요하는 의사의 진단이 있는 사고
2	부상신고 1명마다	• 5일 미만의 치료를 요하는 의사의 진단이 있는 사고

㉡ 조치 등 불이행에 따른 벌점기준 : 교통사고야기 시 조치불이행

벌점	위반사항
15	• 물적 피해가 발생한 교통사고를 일으킨 후 도주한 때
  30 60	• 교통사고를 일으킨 즉시(그때, 그 자리에서 곧)사상자를 구호하는 등의 조치를 하지 아니하였으나 그 후 자진신고를 한 때 (가) 고속도로, 특별시 · 광역시 및 시의 관할구역과 군(광역시의 군은 제외)의 관할구역 중 경찰관서가 위치하는 리 또는 동 지역에서 3시간(그 밖의 지역에서는 12시간) 이내에 자진신고를 한 때 (나) (가)에 따른 시간 후 48시간 이내에 자진신고를 한 때

③ 자동차등 이용 범죄 및 자동차등 강도 · 절도 시의 벌점 기준

㉠ 자동차등을 법정형 상한이 유기징역 10년 이하인 범죄의 도구나 장소로 이용한 경우

벌점	위반사항
100	자동차등을 범죄의 도구나 장소로 이용하여 다음의 어느 하나의 죄를 범한 경우 • 「국가보안법」 중 제5조, 제6조, 제8조, 제9조 및 같은 법 제12조 중 증거를 날조 · 인멸 · 은닉한 죄 • 「형법」 중 다음 어느 하나의 범죄 　• 살인, 사체유기 또는 방화 　• 강간 · 강제추행 　• 약취 · 유인 또는 감금 　• 상습절도(절취한 물건을 운반한 경우에 한정한다) 　• 교통방해(단체 또는 다중의 위력으로써 위반한 경우에 한정한다) • 「보험사기방지 특별법」 제8조 및 제10조(제8조의 미수범만 해당한다)의 죄

㉡ 다른 사람의 자동차등을 훔치고 이를 운전한 경우

벌점	위반사항
100	• 다른 사람의 자동차등을 훔친 경우

※ 운전면허의 취소 · 정지처분 기준 등〈시행규칙 제91조 제3항 및 제4항〉

㉠ 연습운전면허를 받은 사람에 대하여는 벌점을 관리하지 아니한다.

㉡ 경찰서장 또는 한국도로교통공단은 운전면허를 받은 사람이 운전면허 취소사유에 해당하는 경우에는 즉시 그 사람의 인적사항 및 면허번호 등을 전산입력하여 시 · 도경찰청장에게 보고하여야 한다.

연습운전면허 취소처분의 기준〈시행규칙 제91조 제2항 별표29〉

- 도로에서 자동차등의 운행으로 인한 교통사고(물적 피해만 발생한 경우 제외)를 일으킨 때
- 술에 취한 상태에서의 운전한 때(혈중알코올농도 0.03퍼센트 이상)
- 술에 취한 상태의 음주측정에 불응한 때
- 다른 사람에게 연습운전면허증 대여 또는 대여 받거나 부정한 방법으로 입수한 면허증으로 운전한 때(도난, 분실 제외)
- 결격사유에 해당하는 때
- 약물을 사용한 상태에서 자동차등을 운전한 때
- 허위 · 부정수단으로 연습운전면허를 취득한 경우
- 등록되지 아니하거나 임시운행 허가를 받지 아니한 자동차(이륜자동차 제외)를 운전한 때
- 자동차등을 다음 범죄의 도구나 장소로 이용한 경우
  - 「국가보안법」 중 증거를 날조 · 인멸 · 은닉한 죄
  - 「형법」 중 다음 어느 하나의 범죄
    - 살인, 사체유기 또는 방화
    - 강도, 강간 또는 강제추행
    - 약취 · 유인 또는 감금
    - 상습절도(절취한 물건을 운반한 경우에 한정한다)
    - 교통방해(단체 또는 다중의 위력으로써 위반한 경우에 한정한다)
  - 「보험사기방지 특별법」 제8조, 제9조 및 제10조의 죄
- 다른 사람의 자동차등을 훔치거나 빼앗아 이를 운전한 때
- 다른 사람을 위하여 운전면허 시험에 응시한 때
- 단속 경찰공무원 등등 및 시 · 군 · 구 공무원을 폭행한 때
- 연습운전면허로 운전할 수 없는 자동차등을 운전하는 등 준수사항을 위반한 때
- 도로교통법이나 도로교통법에 따른 명령을 위반한 때

❸ 운전면허의 정지 · 취소처분 절차〈시행규칙 제93조〉

① 운전면허 정지 · 취소처분권자 : 시 · 도경찰청장 또는 경찰서장

② 운전면허의 취소 또는 정지처분 절차

㉠ 사전통지서 발송 또는 발급

- 시 · 도경찰청장 또는 경찰서장 : 정지 · 취소처분 대상자에게 사전통지서 발송 또는 발급하여야 한다.
  ※ 정지 · 취소처분 대상자의 주소 등을 확인할 수 없거나 발송이 불가능한 경우 … 운전면허대장에 기재된 그 대상자의 주소지를 관할하는 경찰관서의 게시판에 14일간 이를 공고함으로써 통지를 대신할 수 있다.
- 통지를 받은 처분의 상대방 또는 그 대리인 : 지정된 일시에 출석하거나 서면으로 이의를 제기할 수 있다. 이 경우 지정된 기일까지 이의를 제기하지 아니한 때에는 이의가 없는 것으로 본다.
- 운전면허의 정지 또는 취소처분을 결정한 때 : 결정통지서를 그 처분의 대상자에게 발송 또는 발급하여야 한다.

㉡ 운전면허증의 제출을 요구받은 경우

- 운전면허의 취소대상자 또는 정지대상자(1회의 법규위반 또는 교통사고로 운전면허가 정지되는 사람에 한한다)로서 법규위반의 단속현장이나 교통사고의 조사과정에서 경찰공무원으로부터 운전면허증의 제출을 요구받은 사람은 구술 또는 서면으로 이의를 제기할 수 있다. 다만, 운전면허의 취소 또는 정지처분이 결정된 사람의 경우에는 그러하지 아니하다.
- 경찰공무원은 처분의 상대방 또는 그 대리인이 구두로 이의를 제기하는 때에는 그 내용을 진술서에 기재하고, 처분의 상대방 등으로 하여금 확인하게 한 후 서명 또는 날인하게 하여야 한다.
- 운전면허의 취소 또는 정지처분을 받아야 하는 사람이 이의를 제기하는 때에는 주취운전자정황진술보고서에 기재한 후 서명 또는 날인하게 하여야 한다.

③ 교통사고 또는 법규위반에 대한 불송치 · 불기소 또는 무죄의 확정판결을 받은 경우

㉠ 시 · 도경찰청장 : 시 · 도경찰청장은 한국도로교통공단에 즉시 그 내용을 통보해야 한다.

㉡ 한국도로교통공단 : 한국도로교통공단은 즉시 취소당시의 정기적성검사기간, 운전면허증 갱신기간 또는 연습운전면허의 잔여기간을 유효기간으로 하는 운전면허증을 새로이 발급해야 한다.

운전면허 취소처분절차의 특례〈시행규칙 제94조〉

- 시 · 도경찰청장은 운전면허를 받은 사람이 정기적성검사를 받지 아니하였다는 이유로 운전면허를 취소하려면 정기 적성검사기간 만료일부터 10개월이 경과되기 전에 운전면허조건부취소결정통지서를 그 대상자에게 발송하여야 한다.
- 이 경우 운전면허조건부취소결정통지서는 운전면허 취소처분 사전통지서 및 운전면허 취소처분 결정통지서를 대신한다.

❹ 운전면허 처분에 대한 이의신청〈법 제94조〉

(1) 이의신청

① 이의신청 기관 및 대상자 2022년 울산

㉠ 이의신청기관 : 시 · 도경찰청장

㉡ 이의신청 대상자 : 운전면허의 취소처분 또는 정지처분이나 연습운전면허 취소처분에 대하여 이의(異議)가 있는 사람

㉢ 이의신청 기한 : 처분을 받은 날부터 60일 이내

② 이의심의위원회 구성 및 행정심판 청구

㉠ 이의심의위원회 구성

- 시 · 도경찰청장은 이의를 심의하기 위하여 행정안전부령으로 정하는 바에 따라 운전면허행정처분 이의심의위원회를 두어야 한다.
- 이의심의위원회의 위원 중 공무원이 아닌 사람은 「형법」을 적용할 때에는 공무원으로 본다.

운전면허행정처분 이의심의위원회의 설치 및 운영〈시행규칙 제96조〉

- 설치권자 : 시 · 도경찰청장
- 설치목적 : 시 · 도경찰청장의 운전면허와 관련된 행정처분에 이의가 제기된 경우 이를 심의하기 위함
- 심의위원회의 구성
  - 위원의 구성 : 위원장을 포함한 7인의 위원으로 구성
  - 위원장 : 위원장은 시 · 도경찰청장이 지명하는 시 · 도경찰청의 과장급 경찰공무원(자치경찰공무원은 제외한다)이 되고
  - 위원 : 위원은 교통전문가 등 민간인 중 시 · 도경찰청장이 위촉하는 3인과 시 · 도경찰청 소속 경정 이상의 경찰공무원(자치경찰공무원은 제외한다) 중 위원장이 지명하는 3인으로 한다.
    ☞ 민간인 위원의 임기는 2년으로 하되, 연임할 수 있다.
- 의결 : 심의위원회의 회의는 재적위원 3분의 2이상의 출석과 출석위원 과반수의 찬성으로 의결한다.
- 심의위원회의 위원장과 위원은 운전면허 행정처분의 심의와 관련하여 공정성을 해치는 행위를 하여서는 아니 된다.
- 그 밖에 심의위원회의 구성 및 운영에 관하여 필요한 사항은 경찰청장이 정한다.

㉡ 행정심판의 청구

- 이의를 신청한 사람은 그 이의신청과 관계없이 「행정심판법」에 따른 행정심판을 청구할 수 있다.
- 이 경우 이의를 신청하여 그 결과를 통보받은 사람(결과를 통보받기 전에 「행정심판법」에 따른 행정심판을 청구한 사람은 제외한다)은 통보받은 날부터 90일 이내에 「행정심판법」에 따른 행정심판을 청구할 수 있다.

(2) 운전면허 처분에 대한 이의신청의 절차〈시행규칙 제95조〉

① 이의신청서 제출기관 : 시 · 도경찰청장

② 이의신청 기한 : 운전면허 처분에 이의가 있는 사람은 그 처분을 받은 날부터 60일 이내에 운전면허처분 이의신청서에 운전면허처분서를 첨부하여 시 · 도경찰청장에게 제출하여야 한다.

범죄경력조회 및 수사경력조회〈법 제94조의2〉

> • 시 · 도경찰청장은 운전면허 결격기간에 해당하는 사람이 운전면허 결격사유가 된 법률 위반과 관련하여 같은 항 단서에 해당하는 확정판결 또는 처분을 받았는지 여부와 운전면허가 취소 · 정지된 사람이 그 처분의 원인이 된 법률 위반과 관련하여 무죄의 확정판결 또는 불기소처분을 받았는지 여부를 확인하기 위하여 「형의 실효 등에 관한 법률」에 따른 범죄경력조회 및 수사경력조회를 할 수 있다.

5 운전면허증의 반납〈법 제95조〉 2022년 서울

(1) 운전면허증의 반납기관 및 대상

① 반납기관 : 주소지를 관할하는 시 · 도경찰청장

② 반납(모바일운전면허증의 경우 전자적 반납 포함) 기한

반납해야 하는 경우	반납기한
• 운전면허 취소처분을 받은 경우 • 운전면허효력 정지처분을 받은 경우 • 운전면허증을 잃어버리고 다시 발급받은 후 그 잃어버린 운전면허증을 찾은 경우	반납사유가 발생한 날부터 7일 이내
• 연습운전면허증을 받은 사람이 제1종 보통면허증 또는 제2종 보통면허증을 받은 경우 • 운전면허증 갱신을 받은 경우	새로운 운전면허증을 받기 위하여 운전면허증을 제출한 때

(2) 운전면허증의 직접회수 및 반환

① 운전면허증의 직접회수 : 경찰공무원은 운전면허증을 반납하지 아니한 사람이 소지한 운전면허증을 직접 회수(모바일운전면허증의 경우 전자적 회수를 포함한다)할 수 있다.

② 운전면허증의 반환 : 시 · 도경찰청장이 운전면허증을 반납받았거나 운전면허증을 회수하였을 때에는 이를 보관하였다가 정지기간이 끝난 즉시 돌려주어야 한다.

최근기출문제

1 「도로교통법 시행규칙」 제91조에서 운전면허 정지처분 개별기준상 벌점 40점을 받는 경우가 아닌 것은?

2024.6.22. 서울

① 정차 · 주차 위반에 대한 조치불응(단체에 소속되거나 다수인에 포함되어 경찰공무원의 3회 이상의 이동명령에 따르지 아니하고 교통을 방해한 경우에 한한다.)

② 안전운전의무위반(단체에 소속되거나 다수인에 포함되어 경찰공무원의 3회 이상의 안전운전 지시에 따르지 아니하고 타인에게 위험과 장애를 주는 속도나 방법으로 운전한 경우에 한한다.)

③ 승객의 차내 소란행위 방치운전

④ 고속도로 버스전용차로 통행위반

TIP ④ 고속도로 버스전용차로 · 다인승전용차로 통행위반은 벌점 30점이다〈규칙 제91조 제1항 별표28〉.

※ 벌점 40점을 받는 경우〈시행규칙 제91조 제1항 별표28〉

㉠ 정차 · 주차위반에 대한 조치불응(단체에 소속되거나 다수인에 포함되어 경찰공무원의 3회이상의 이동명령에 따르지 아니하고 교통을 방해한 경우에 한한다)

㉡ 공동위험행위로 형사입건된 때

㉢ 난폭운전으로 형사입건된 때

㉣ 안전운전의무위반(단체에 소속되거나 다수인에 포함되어 경찰공무원의 3회 이상의 안전운전 지시에 따르지 아니하고 타인에게 위험과 장해를 주는 속도나 방법으로 운전한 경우에 한한다)

㉤ 승객의 차내 소란행위 방치운전

㉥ 출석기간 또는 범칙금 납부기간 만료일부터 60일이 경과될 때까지 즉결심판을 받지 아니한 때

2 「도로교통법 시행규칙」상 임시운전증명서의 유효기간에 대한 설명으로 가장 옳지 않은 것은?

2024.2.24. 서울

① 임시운전증명서의 유효기간은 20일 이내로 한다.

② 운전면허의 취소처분 대상자의 경우에는 임시운전증명서의 유효기간을 40일 이내로 할 수 있다.

③ 운전면허의 정지처분 대상자의 경우에는 임시운전증명서의 유효기간을 40일 이내로 할 수 있다.

④ 경찰서장이 필요하다고 인정하는 경우에는 임시운전증명서의 유효기간을 1회에 한하여 30일의 범위에서 연장할 수 있다.

TIP 임시운전증명서〈시행규칙 제88조〉

㉠ 임시운전증명서의 유효기간은 20일 이내로 한다.

㉡ 운전면허의 취소 또는 정지처분 대상자의 경우에는 40일 이내로 할 수 있다.

㉢ 경찰서장이 필요하다고 인정하는 경우에는 그 유효기간을 1회에 한하여 20일의 범위에서 연장할 수 있다.

Answer 1.④ 2.④

3 「도로교통법」상 〈보기〉의 ㉠, ㉡에 들어갈 내용으로 가장 옳은 것은? 2024.2.24. 서울

> 최초의 운전면허증 갱신기간은 제83조 제1항 또는 제2항에 따른 운전면허시험에 합격한 날부터 기산하여 10년(운전면허시험 합격일에 65세 이상 75세 미만인 사람은 ___㉠___, 75세 이상인 사람은 ___㉡___)이 되는 날이 속하는 해의 1월 1일부터 12월 31일까지 이다.

	㉠	㉡		㉠	㉡
①	5년	2년	②	5년	3년
③	7년	2년	④	7년	3년

TIP 최초의 운전면허증 갱신기간은 제83조 제1항 또는 제2항에 따른 운전면허시험에 합격한 날부터 기산하여 10년(운전면허시험 합격일에 65세 이상 75세 미만인 사람은 5년, 75세 이상인 사람은 3년, 한쪽 눈만 보지 못하는 사람으로서 제1종 운전면허 중 보통면허를 취득한 사람은 3년)이 되는 날이 속하는 해의 1월 1일부터 12월 31일까지이다〈법 제87조 제1항 제1호〉.

4 한국도로교통공단으로 부터 통보 받은 시 · 도경찰청장이 운전면허를 받을 사람 또는 적성검사를 받은 사람에게 붙이거나 바꿀 수 있는 자동차 등의 구조를 한정하는 조건으로 옳지 않은 것은? 2022.6.18. 경북

① 신체장애에 적합하게 제작 및 승인된 자동차 조건
② 가속페달과 브레이크를 손으로 조작하는 장치, 왼쪽 방향지시기, 오른쪽 가속페달을 부착하는 조건
③ 삼륜이상 원동기장치자전거만 운전하는 조건
④ 자동변속기장착 자동차만 운전하는 조건

TIP 자동차 등의 구조를 한정하는 조건〈시행규칙 제54조 제2항 제1호〉

㉠ 자동변속기장치 자동차만을 운전하도록 하는 조건
㉡ 삼륜 이상의 원동기장치자전거(이하 "다륜형 원동기장치자전거"라 한다) 만을 운전하도록 하는 조건
㉢ 가속페달 또는 브레이크를 손으로 조작하는 장치, 오른쪽 방향지시기 또는 왼쪽 엑셀레이터를 부착하도록 하는 조건
㉣ 신체상애 성도에 적합하게 제작 · 승인된 자농자능만을 운전하도록 하는 조건〈시행규칙 제54조 제2항 제1호〉

Answer 3.② 4.②

5 「도로교통법」상 운전면허의 결격사유에 대한 설명으로 가장 옳지 않은 것은? 2022.6.18. 서울

① 무면허운전 금지를 위반하여 자동차를 운전한 경우에는 그 위반한 날부터 1년간 운전면허를 받을 수 없다.

② 음주운전 금지를 위반하여 운전을 하다가 사람을 사상한 후 사고발생 시의 조치에 따른 필요한 조치 및 신고를 하지 아니한 경우에는 그 위반한 날부터 3년간 운전면허를 받을 수 없다.

③ 자동차 등을 이용하여 범죄행위를 하거나 다른 사람의 자동차 등을 훔치거나 빼앗은 사람이 무면허 운전 금지를 위반하여 그 자동차 등을 운전한 경우에는 그 위반한 날부터 3년간 운전면허를 받을 수 없다.

④ 음주운전 금지를 위반하여 운전을 하다가 교통사고를 일으킨 경우에는 운전면허가 취소된 날부터 2년간 운전면허를 받을 수 없다.

TIP ② 음주운전 금지를 위반하여 운전을 하다가 사람을 사상한 후 사고발생 시의 조치에 따른 필요한 조치 및 신고를 하지 아니한 경우에는 그 위반한 날부터 5년간 운전면허를 받을 수 없다〈법 제82조 제2항 제3호〉.

6 도로교통법 시행령 상 장내기능 시험에 대한 설명으로 적절한 것은? 2022.4.23. 경북

① 도로교통법규에 따라 운전하는 능력을 평가한다.

② 장내기능 시험차량은 대통령령으로 지정된 차량을 사용한다.

③ 전자채점기로 채점하고, 다만, 경찰청장의 명령에 따라 기능 시험은 운전면허시험관이 직접 채점한다.

④ 장내기능 시험 불합격자는 불합격일자로부터 2일 이내에 재 응시가 가능하다.

TIP 자동차 등의 운전에 필요한 장내기능시험〈시행령 제48조〉

㉠ 자동차 등의 운전에 필요한 기능에 관한 시험(이하 "장내기능시험"이라 한다)은 다음의 사항에 대하여 실시한다.
- 운전 장치를 조작하는 능력
- 교통법규에 따라 운전하는 능력
- 운전 중의 지각 및 판단 능력

㉡ 장내기능시험에 사용되는 자동차 등의 종류는 행정안전부령으로 정한다.

㉢ 장내기능시험은 전자채점기로 채점한다. 다만, 행정안전부령으로 정하는 기능시험은 운전면허시험관이 직접 채점할 수 있다.

㉣ ㉢에 따른 전자채점기의 규격 · 설치 및 사용연한 등에 관하여 필요한 사항은 경찰청장이 정한다.

㉤ 장내기능시험에 불합격한 사람은 불합격한 날부터 3일이 지난 후에 다시 장내기능 시험에 응시할 수 있다.

Answer 5.② 6.①

7 「도로교통법」상 운전면허증의 반납에 대한 설명으로 가장 옳지 않은 것은? 2022.6.18. 서울

① 운전면허 취소처분을 받은 경우 그 사유가 발생한 날부터 7일 이내에 반납하여야 한다.
② 경찰공무원은 취소처분을 받고 법정 기한 내에 운전면허증을 반납하지 아니한 사람이 소지한 운전면허증을 직접 회수할 수 있다.
③ 시 · 도경찰청장이 운전면허효력 정지처분을 받은 사람으로부터 운전면허증을 회수하였을 때에는 이를 보관하였다가 정지기간이 끝난 6개월 후 돌려주어야 한다.
④ 운전면허증을 갱신 받았을 때, 기존 운전면허증은 반납하여야 한다.

TIP ③ 시 · 도경찰청장은 운전면허효력 정지처분을 받은 경우에 따라 운전면허증을 반납 받았거나 운전면허효력 정지처분을 받은 사람으로부터 운전면허증을 회수하였을 때에는 이를 보관하였다가 정지기간이 끝난 즉시 돌려주어야 한다〈법 제95조 제3항〉.

8 다음 중 보복운전으로 입건 시 처분 벌점으로 맞는 것은? 2022.6.18. 울산

① 30점 ② 50점
③ 60점 ④ 100점

TIP 자동차등을 이용하여 형법상 특수상해 등(보복운전)을 하여 입건된 때에는 벌점이 100점이다〈시행령 제93조 제1항 별표8 제3호〉.
※ 난폭운전과 보복운전
㉠ 난폭운전 : 불특정인 대상 → 도로교통법적용 → 벌점 40점(입건 시)
㉡ 보복운전 : 특정인대상 → 형법적용 → 벌점 100점(입건 시)

9 다음 보기에서 벌점이 동일한 것을 묶은 것은? 2022.6.18. 대전

㉠ 공동위험행위로 형사입건된 때
㉡ 운전 중 휴대용 전화사용
㉢ 고속도로 버스전용차로 · 다인승전용차로 통행위반
㉣ 앞지르기 방법위반
㉤ 철길건널목 통과방법위반

① ㉠, ㉤ ② ㉡, ㉣
③ ㉢, ㉤ ④ ㉣, ㉤

TIP ㉠ 40점 ㉡ 15점 ㉢ 30점 ㉣ 10점 ㉤ 30점〈시행규칙 제91조 제1항 별표28〉

Answer 7.③ 8.④ 9.③

10 **다음 중 운전면허에 대한 설명으로 틀린 설명은?** 2022.4.23. 경기

① 국제운전면허증을 발급받은 사람은 국내에 입국한 날부터 1년 동안만 그 국제운전면허증으로 자동차 등을 운전할 수 있다.

② 운전면허의 결격사유로 교통상의 위험과 장해를 일으킬 수 있는 정신질환자 또는 뇌전증 환자로서 경찰서장이 정하는 사람은 운전면허를 받을 수 없다.

③ 연습운전면허는 그 면허를 받은 날부터 1년 동안 효력을 가진다. 다만, 연습운전면허를 받은 날부터 1년 이전이라도 연습운전면허를 받은 사람이 제1종 보통면허 또는 제2종 보통면허를 받은 경우 연습운전면허는 그 효력을 잃는다.

④ 운전면허를 받지 아니하거나 운전면허의 효력이 정지된 경우에는 자동차 등 운전한 경우에는 그 위반한 날(운전면허효력 정지기간에 운전하여 취소된 경우에는 그 취소된 날)부터 1년, 원동기장치자전거면허를 받으려는 경우에는 6개월의 결격기간이 주어진다.

TIP ② 교통상의 위험과 장해를 일으킬 수 있는 정신질환자 또는 뇌전증 환자로서 대통령령으로 정하는 사람은 운전면허를 받을 수 없다〈법 제82조 제1항 제2호〉.

11 **운전면허의 취소처분 또는 정지처분에 대한 이의신청 기간으로 옳은 것은?** 2022.4.23. 울산

① 그 처분을 받은 날부터 15일 이내
② 그 처분을 받은 날부터 30일 이내
③ 그 처분을 받은 날부터 60일 이내
④ 그 처분을 받은 날부터 90일 이내

TIP 운전면허 처분에 대한 이의신청〈법 제94조 제1항〉

㉠ 이의 신청자
- 운전면허 취소 처분 자
- 운전면허 정지 처분 자
- 연습운전면허 취소 처분 자

㉡ 이의신청 사유 : 처분에 대하여 이의(異議)가 있는 경우

㉢ 이의신청 기관 : 시 · 도경찰청장

㉣ 이의신청 기간 : 그 처분을 받은 날부터 60일 이내에 행정안전부령으로 정하는 바에 따라 이의를 신청할 수 있다.

Answer 10.② 11.③

12 다음 중 벌점이 가장 낮은 것은? 2021.4.17. 경기

① 앞지르기 금지시기장소위반
② 철길건널목 통과방법위반
③ 승객의 차내 소란행위 방치운전
④ 속도위반(60km/h 초과)

TIP ① 벌점 15점 ② 벌점 30점 ③ 벌점 40점 ④ 벌점 60점

※ 주요 벌점〈시행규칙 제91조 제1항 별표28〉

벌점	위반 사항
100	• 속도위반(100km/h 초과) • 술에 취한 상태의 기준을 넘어서 운전한 때(혈중알코올농도 0.03퍼센트 이상 0.08퍼센트 미만) • 자동차 등을 이용하여 형법상 특수상해 등(보복운전)을 하여 입건된 때
80	• 속도위반(80km/h 초과 100km/h 이하)
60	• 속도위반(60km/h 초과 80km/h 이하)

13 다음 중 운전면허의 결격사유로 옳은 것은? 2021.4.10. 대구

① 치매, 조현병, 조현정동장애, 양극성 정동장애(조울병), 재발성 우울장애 등의 정신질환 또는 정신 발육지연, 뇌전증 등으로 인하여 정상적인 운전을 할 수 없다고 해당 분야 전문의가 인정하는 사람
② 한쪽 팔의 팔꿈치관절 이상을 잃은 사람이나 양쪽 팔을 전혀 쓸 수 없는 사람
③ 제1종 대형면허 또는 제1종 특수면허를 받으려는 경우로서 20세 미만이거나 자동차(이륜자동차는 제외한다)의 운전경험이 2년 미만인 사람
④ 듣지 못하는 사람(제1종 운전면허 중 보통면허 · 특수면허만 해당한다), 앞을 보지 못하는 사람(한쪽 눈만 보지 못하는 사람의 경우에는 제1종 운전면허 중 보통면허 · 특수면허만 해당한다)이나 그 밖에 대통령령으로 정하는 신체장애인

TIP ② 양쪽 팔꿈치관절 이상을 잃은 사람이나 양쪽 팔을 전혀 쓸 수 없는 사람. 다만, 본인의 신체장애 정도에 적합하게 제작된 자동차를 이용하여 정상적인 운전을 할 수 있는 경우에는 그러하지 아니하다〈법 제82조 제1항 제4호〉.

③ 제1종 대형면허 또는 제1종 특수면허를 받으려는 경우로서 19세 미만이거나 자동차(이륜자동차는 제외)의 운전경험이 1년 미만인 사람〈법 제82조 제1항 제6호〉

④ 듣지 못하는 사람(제1종 운전면허 중 대형면허 · 특수면허만 해당한다), 앞을 보지 못하는 사람(한쪽 눈만 보지 못하는 사람의 경우에는 제1종 운전면허 중 대형면허 · 특수면허만 해당한다)이나 그 밖에 대통령령으로 정하는 신체장애인〈법 제82조 제1항 제3호〉

Answer 12.① 13.①

14 다음 중 위반 시 벌점이 가장 낮은 경우는? `2021.4.10. 대구`

① 일반도로 전용차로 통행 위반
② 신호 · 지시 위반
③ 철길 건널목 위반
④ 20km/h 초과 속도 위반

TIP ① 일반도로 전용차로 통행위반 : 10점
② 신호 · 지시위반 : 15점
③ 철도건널목 통과방법위반 : 30점
④ 속도위반(20km/h 초과 40km/h 이하) : 15점

15 「도로교통법」상 운전면허 발급제한이 2년이 되는 것은 모두 몇 개인가? `2021.4.10. 대구`

가. 무면허인 자가 원동기장치자전거를 운전한 경우
나. 음주운전의 규정을 2회 이상 위반해서 취소된 경우
다. 음주운전 또는 음주측정을 위반하여 운전을 하다가 교통사고를 일으켜 취소된 경우
라. 공동위험행위 2회 이상 위반으로 취소된 경우

① 1개
② 2개
③ 3개
④ 4개

TIP 2년 간 운전면허 발급제한〈법 제82조 제2항〉
㉠ 2회 이상 음주측정 거부 (면허 유무 무관)
㉡ 2회 이상 음주운전 (취소된 날부터)
㉢ 1회 음주운전 또는 음주 측정을 거부하여 운전을 하다가 교통사고로 면허 취소된 경우
㉣ 무면허운전 3회 이상 위반 또는 운전면허 발급제한기간 중에 국제운전면허증 또는 상호인정 외국면허증으로 자동차 등을 운전 3회 이상 위반한 자 (위반한 날 또는 취소된 날부터)
㉤ 2회 이상 공동 위험행위(취소된 날부터) (면허 유무 무관)
㉥ 다른 사람의 자동차 등을 훔치거나 빼앗은 자가 운전면허가 있는 상태에서 운전한 경우 (취소된 날부터)
㉦ 운전면허시험 대리응시 (취소된 날부터)
㉧ 허위 등 부정한 방법으로 면허증 또는 증명서를 교부 받은 때 (취소된 날부터)
㉨ 운전면허를 받을 자격이 없는 사람이 운전면허를 받았을 경우
㉩ 운전면허효력의 정지 기간 중 운전면허증 또는 운전면허증에 갈음하는 증명서를 교부받은 사실이 드러난 때

Answer 14.① 15.③

08 출제예상문제

1 다음 중 자동차운전면허증의 발급주체는?

① 행정안전부장관　　② 경찰청장
③ 시 · 도경찰청장　　④ 시 · 도지사

TIP 자동차등을 운전하려는 사람은 시 · 도경찰청장으로부터 운전면허를 받아야 한다〈법 제80조 제1항〉.

2 「도로교통법령」상 운전면허 취득절차로 가장 옳은 것은?

① 신체검사(적성검사) → 학과시험 → 기능시험 → 연습운전면허 발급 → 도로주행시험 → 교통안전교육
② 교통안전교육 → 신체검사(적성검사) → 학과시험 → 기능시험 → 연습운전면허 발급 → 도로주행시험
③ 신체검사(적성검사) → 교통안전교육 → 학과시험 → 도로주행시험 → 기능시험 → 연습운전면허 발급
④ 교통안전교육 → 신체검사(적성검사) → 학과시험 → 기능시험 → 도로주행시험 → 연습운전면허 발급

TIP 운전면허 취득절차는 교통안전교육의 수료 → 신체검사(적성검사) → 학과시험 → 기능시험 → 연습운전면허증 발급 → 도로주행시험 순으로 진행된다.

3 다음 중 「도로교통법」상 운전면허의 종류를 바르게 나열한 것은?

① 제1종 면허, 제2종 면허, 제3종 면허
② 제1종 면허, 제2종 면허, 특수면허
③ 제1종 면허, 제2종 면허, 국제면허, 연습운전면허
④ 제1종 면허, 제2종 면허, 연습운전면허

TIP 운전면허의 종류〈법 제80조 제2항〉
㉠ 제1종 운전면허 : 대형면허 · 보통면허 · 소형면허 · 특수면허
㉡ 제2종 운전면허 : 보통면허 · 소형면허 · 원동기장치자전거면허
㉢ 연습운전면허 : 제1종 보통연습면허 · 제2종 보통연습면허

Answer 1.③ 2.② 3.④

4 다음 중 운전면허에 따라 운전할 수 있는 자동차 등의 기준으로 옳지 않은 것은?

① 12톤 이상의 화물자동차 – 제1종 대형면허
② 승차정원 10인 이하의 승합자동차 – 제2종 보통면허
③ 3륜 승용자동차 – 원동기장치자전거면허
④ 적재중량 4톤 이하의 화물자동차 – 제2종 보통면허

TIP ③ 3륜 승용자동차는 제1종 소형면허로 운전할 수 있다〈시행규칙 제53조 별표18〉.
※ 제1종 소형면허로 운전할 수 있는 차량〈시행규칙 제53조 별표18〉
㉠ 3륜화물자동차
㉡ 3륜승용자동차
㉢ 원동기장치자전거

5 적재중량 3.5톤의 화물자동차를 도로에서 운전하려고 한다. 운전자가 취득해야하는 운전면허의 종류는?

① 제1종 대형견인차면허
② 제1종 구난차면허
③ 제1종 보통면허
④ 제2종 보통면허

TIP 제2종 보통면허로 운전할 수 있는 차량〈시행규칙 제53조 별표18〉
㉠ 승용자동차
㉡ 승차정원 10명 이하의 승합자동차
㉢ 적재중량 4톤 이하의 화물자동차
㉣ 총중량 3.5톤 이하의 특수자동차(구난차등은 제외한다)
㉤ 원동기장치자전거

6 「도로교통법령」상 총중량 750㎏ 이하의 피견인자동차를 견인할 수 없는 운전면허는?

① 제1종 보통면허
② 제1종 대형면허
③ 제2종 보통면허
④ 제1종 보통연습면허

TIP ④ 연습면허로는 피견인자동차를 견인할 수 없다〈시행규칙 제53조 별표18 비고〉.

Answer 4.③ 5.④ 6.④

7 「도로교통법」상 승차정원 15인승의 긴급 승합자동차를 처음 운전하려고 할 때 필요한 조건으로 맞는 것은?

① 제1종 대형면허를 소지하고, 교통안전교육 2시간 이상 받아야 한다.
② 제1종 보통면허를 소지하고, 교통안전교육을 3시간 이상 받아야 한다.
③ 제1종 특수면허(구난차)를 소지하고, 교통안전교육 2시간 이상 받아야 한다.
④ 제2종 보통면허를 소지하고, 교통안전교육 3시간 이상 받아야 한다.

TIP 승차정원 15인승의 승합자동차는 1종 대형면허 또는 1종 보통면허가 필요하다〈시행규칙 제53조 별표18〉.
※ 긴급자동차 업무에 종사하는 사람의 교통안전교육〈시행령 제38조의2 제2항〉
㉠ 신규 교통안전교육 : 최초로 긴급자동차를 운전하려는 사람을 대상으로 실시하는 교육(3시간 이상)
㉡ 정기 교통안전교육 : 긴급자동차를 운전하는 사람을 대상으로 3년마다 정기적으로 실시하는 교육(2시간 이상)

8 운전면허를 받을 사람 또는 적성검사를 받은 사람에게 붙이거나 바꿀 수 있는 운전면허의 조건을 결정할 수 있는 주체는?

① 한국도로교통공단 ② 의원 · 병원 및 종합병원
③ 시 · 도경찰청장 ④ 시 · 도지사

TIP 시 · 도경찰청장이 운전에 필요한 조건을 붙이거나 바꾼 때에는 그 내용을 한국도로교통공단에 통보하고, 그 통보를 받은 한국도로교통공단은 운전면허의 조건이 부과되거나 변경되는 사람에게 조건부과(변경)통지서에 따라 그 내용을 통지하여야 한다〈시행규칙 제54조 제4항〉.

9 「도로교통법」상 운전면허의 조건 부과기준 중 운전면허증 기재방법으로 옳지 않는 것은?

① A – 수동변속기 ② D – 보청기
③ E – 청각장애인 표지 및 볼록거울 ④ I – 왼쪽 엑셀러레이터

TIP 운전면허의 조건부과기준 중 운전면허증의 기재방법〈시행규칙 제54조 제3항 별표20〉
㉠ 자동변속기 : 자동변속기는 A로 기재한다.
㉡ 의수 : 의수는 B로 기재한다.
㉢ 의족 : 의족은 C로 기재한다.
㉣ 보청기 : 보청기는 D로 기재한다.
㉤ 청각장애인 표지 및 볼록거울 : E로 기재한다.
㉥ 수동제동기 · 가속기 : 수동제동기 · 가속기는 F로 기재한다.
㉦ 특수제작 · 승인차 : 특수제작 · 승인차는 G로 기재한다.
㉧ 우측 방향지시기 : 우측 방향지시기는 H로 기재한다.
㉨ 왼쪽 엑셀러레이터 : 왼쪽 엑셀러레이터는 I로 기재한다.

Answer 7.② 8.③ 9.①

10 다음 중 「도로교통법」상 조건부 운전면허를 받아야 하는 경우는?

① 음주운전으로 2회 위반 후 5년이 지난 경우
② 개인형이동장치를 운전하고자 하는 경우
③ 음주운전금지규정 위반 후 5년 이내에 다시 음주운전을 하여 면허취소처분을 받은 경우
④ 음주운전 방지장치를 부착하지 않고 운전한 경우

TIP 음주운전 또는 경찰관의 음주측정에 관한 규정을 위반(자동차등 또는 노면전차를 운전한 경우로 한정한다. 다만, 개인형 이동장치를 운전한 경우는 제외한다)한 날부터 5년 이내에 음주운전 또는 경찰관의 음주측정을 불응하여 운전면허 취소처분을 받은 사람이 자동차등을 운전하려는 경우에는 시 · 도경찰청장으로부터 음주운전 방지장치 부착 조건부운전면허(이하 "조건부운전면허"라 한다)를 받아야 한다〈법 제80조의2 제1항〉.

11 다음 중 「도로교통법」상 연습운전면허의 유효기간은?

① 받은 날부터 6개월
② 받은 날부터 10개월
③ 받은 날부터 1년
④ 받은 날부터 2년

TIP 연습운전면허의 효력〈법 제81조〉 … 연습운전면허는 그 면허를 받은 날부터 1년 동안 효력을 가진다. 다만, 연습운전면허를 받은 날부터 1년 이전이라도 연습운전면허를 받은 사람이 제1종 보통면허 또는 제2종 보통면허를 받은 경우 연습운전면허는 그 효력을 잃는다.

12 연습운전면허를 받은 사람의 준수사항으로 바르지 않은 것은?

① 연습운전면허를 받은 사람은 사업용 자동차를 운전할 수 없다.
② 성인인 보호자와 함께 승차하여 그 사람의 안내를 받아야 한다.
③ 주행연습 중이라는 표지를 자동차에 붙여야 한다.
④ 주행연습 외의 목적으로 운전하여서는 아니 된다.

TIP ② 운전면허(연습하고자 하는 자동차를 운전할 수 있는 운전면허에 한한다)를 받은 날부터 2년이 경과된 사람(소지하고 있는 운전면허의 효력이 정지기간 중인 사람을 제외한다)과 함께 승차하여 그 사람의 지도를 받아야 한다〈시행규칙 제55조〉.

Answer 10.③ 11.③ 12.②

13 「도로교통법」상 운전면허의 취득 시 결격사유로 틀린 것은?

① 다리, 머리, 척추, 그 밖의 신체의 장애로 인하여 앉아 있을 수 없는 사람
② 술에 취한상태 외에 과로, 질병 또는 약물의 영향과 그 밖의 사유로 운전면허 취소처분을 받은 사람
③ 마약, 대마, 향정신성의약품 또는 알코올관련 장애 등으로 인하여 정상적인 운전을 할 수 없다고 해당 분야 전문의가 인정하는 사람
③ 정신 발육지연, 뇌전증 등으로 인하여 정상적인 운전을 할 수 없다고 해당 분야 전문의 가 인정하는 사람

TIP ② 음주운전, 무면허운전, 음주측정불응, 약물운전 등으로 운전면허 취소처분을 받은 사람은 1년 후에 운전면허시험에 응시할 수 있다〈법 제82조 제2항 제7호〉.
① 시행령 제42조 제2항
③ 시행령 제42조 제3항
④ 시행령 제42조 제1항

14 다음 중 운전면허 결격기간이 다른 하나를 고르면?

① 음주운전 또는 음주측정불응 후 운전을 하다가 2회 이상 교통사고를 일으킨 경우(운전면허가 취소된 날부터)
② 무면허운전 또는 운전면허결격기간을 위반하여 운전을 하다가 2회 이상 교통사고를 일으킨 경우(위반한 날부터)
③ 자동차등을 이용하여 범죄행위를 하거나 다른 사람의 자동차등을 훔치거나 빼앗은 사람이 무면허로 그 자동차등을 운전한 경우(위반한 날부터)
④ 무면허운전, 음주운전, 과로한 때의 운전, 공동위험행위의 규정에 따른 사유가 아닌 다른 사유로 사람을 사상한 후 사고발생시의 조치 및 신고를 하지 않은 경우(운전면허가 취소된 날부터)

TIP ④ 무면허운전, 음주운전, 과로한 때의 운전, 공동위험행위의 규정에 따른 사유가 아닌 다른 사유로 사람을 사상한 후 사고발생시의 조치 및 신고를 하지 않은 경우의 결격기간은 운전면허가 취소된 날부터 4년이다〈법 제82조 제2항 제4호〉.
①②③은 운전면허 결격기간이 3년이다〈법 제82조 제2항 제5호〉.

Answer 13.② 14.④

15 다음 중 제1종 대형면허 또는 제1종 특수면허를 받을 수 있는 사람은?

① 19세 미만인 사람
② 제2종 소형면허를 받은 후 6개월이 경과된 자
③ 연령이 70세인 자가 운전경력이 2년 이상인 때
④ 듣지 못하는 사람

TIP 제1종 대형면허 또는 제1종 특수면허를 받으려는 경우로서 19세 미만이거나 자동차(이륜자동차는 제외)의 운전경험이 1년 미만인 사람은 운전면허를 받을 수 없다〈법 제82조 제1항 제6호〉.

16 「도로교통법령」상 운전면허시험에 대한 설명으로 옳지 않은 것은?

① 제1종 · 제2종 보통면허시험을 제외한 운전면허시험은 한국도로교통공단이 실시한다.
② 원동기장치자전거면허시험은 시 · 도경찰청장이나 한국도로교통공단이 실시한다.
③ 제1종 · 제2종 보통면허시험은 시 · 도경찰청장이 도로에서 자동차를 운전할 능력이 있는지에 대하여 실시한다.
④ 운전면허시험에 응시할 사람은 운전면허시험에 응시하기 전에 교통안전교육 또는 자동차운전 전문학원에서 학과교육을 받아야 한다.

TIP ③ 제1종 보통면허시험과 제2종 보통면허시험은 한국도로교통공단이 응시자가 도로에서 자동차를 운전할 능력이 있는지에 대하여 실시한다. 이 경우 제1종 보통면허시험은 제1종 보통연습면허를 받은 사람을 대상으로 하고, 제2종 보통면허시험은 제2종 보통연습면허를 받은 사람을 대상으로 한다〈법 제83조 제2항〉.
①② 운전면허시험(제1종 보통면허시험 및 제2종 보통면허시험은 제외한다)은 한국도로교통공단이 운전면허의 구분에 따라 실시한다. 다만, 대통령령으로 정하는 운전면허시험(원동기장치자전거면허를 위한 운전면허시험)은 대통령령으로 정하는 바에 따라 시 · 도경찰청장이나 한국도로교통공단이 실시한다〈법 제83조 제1항〉.
④ 법 제83조 제4항

17 「도로교통법시행규칙」상 운전면허시험의 공고시기로 올바른 것은?

① 경찰청장 또는 한국도로교통공단이 시험일 14일 전에 공고
② 시 · 도경찰청장이 시험일 14일 전
③ 경찰서장 또는 한국도로교통공단이 시험일 20일 전에 공고
④ 한국도로교통공단이 시험일 20일 전에 공고

TIP 경찰서장 또는 한국도로교통공단은 운전면허 시험을 실시하려는 경우에는 시험일 20일 전에 공고하여야 한다. 다만, 월 4회 이상 실시하는 경우에는 월별로 일괄하여 공고할 수 있다〈시행규칙 제56조 제1항〉.

Answer 15.③ 16.③ 17.③

18 **행정정보의 공동이용을 통하여 운전면허시험의 응시신청을 받은 기관이 확인해야 하는 정보로 옳지 않은 것은? (단, 신청인이 해당 정보의 확인에 동의한 경우에 한함)**

① 「국민건강보험법」에 따른 신청인의 건강검진 결과 내역
② 신청인이 외국인인 경우 외국인등록사실증명 중 국내 체류지에 관한 정보
③ 「병역법」에 따른 신청인의 시력 또는 청력에 관한 병역판정 신체검사에 관한 정보
④ 신청인이 군복무 중 군의 차를 운전한 경험이 있는 사람인 경우 운전한 차량에 대한 정보

TIP 행정정보의 공동이용을 통하여 확인해야 하는 응시자의 정보〈시행규칙 제57조 제2항〉
㉠ 운전면허시험을 신청한 날부터 2년 내에 실시한 「국민건강보험법」에 따른 신청인의 건강검진 결과 내역 또는 「병역법」에 따른 신청인의 병역판정 신체검사 결과 내역 중 적성검사를 위하여 필요한 시력 또는 청력에 관한 정보
㉡ 신청인이 외국인 또는 재외동포인 경우 외국인등록사실증명 중 국내 체류지에 관한 정보나 국내거소신고사실증명 중 대한민국 안의 거소에 관한 정보
㉢ 신청인이 군복무 중 자동차등에 상응하는 군의 차를 운전한 경험이 있는 사람인 경우 병적증명서 중 지방병무청장이 발급하는 군 운전경력 및 무사고 확인서

19 **「도로교통법시행규칙」상 자동차운전면허시험 응시원서의 유효기간은?**

① 최초의 필기시험일부터 1년간
② 응시원서의 접수일로부터 1년간
③ 최초의 필기시험일부터 2년간
④ 응시원서의 접수일로부터 2년간

TIP 자동차운전면허시험 응시원서의 유효기간은 최초의 필기시험일부터 1년간으로 하되, 제1종 보통연습면허 또는 제2종 보통연습면허를 받은 때에는 그 연습운전면허의 유효기간으로 한다〈시행규칙 제58조 제2항〉.

20 **한국도로교통공단이 적성검사 기준을 갖추었는지의 여부를 판정할 때 의사가 발급한 진단서는 운전면허시험 신청일부터 ( ) 이내에 발급된 서류이어야 한다. ( )안에 올바른 것은?**

① 6개월
② 1년
③ 2년
④ 3년

TIP 한국도로교통공단이 적성검사 기준을 갖추었는지를 판정할 수 있는 서류는 운전면허시험 신청일부터 2년 이내에 발급된 서류이어야 한다〈시행령 제45조 제2항〉.

Answer 18.④ 19.① 20.③

21 「도로교통법령」상 자동차등의 운전에 필요한 적성기준으로 올바르게 서술된 것은?

① 제2종 운전면허를 취득하려는 사람이 한쪽 눈을 보지 못하는 경우 다른 쪽 눈의 시력은 0.5 이상이어야 한다.
② 제1종 대형면허를 취득하려는 사람은 40데시벨의 소리를 들을 수 있어야 한다.
③ 운전면허를 취득하려는 사람은 붉은색 · 녹색 및 주황을 구별할 수 있어야 한다.
④ 제1종 운전면허를 취득하려는 사람은 두 눈을 동시에 뜨고 잰 시력이 0.5 이상이어야 한다.

TIP ① 제2종 운전면허를 취득하려는 사람은 두 눈을 동시에 뜨고 잰 시력이 0.5 이상이어야 한다. 다만, 한쪽 눈을 보지 못하는 사람은 다른 쪽 눈의 시력이 0.6 이상이어야 한다〈시행령 제45조 제1항 제1호 나목〉.
② 제1종 운전면허 중 대형면허 또는 특수면허를 취득하려는 사람은 55데시벨(보청기를 사용하는 사람은 40데시벨)의 소리를 들을 수 있어야 한다〈시행령 제45조 제1항 제3호〉.
④ 제1종 운전면허를 취득하려는 사람은 두 눈을 동시에 뜨고 잰 시력이 0.8 이상이고, 두 눈의 시력이 각각 0.5 이상이어야 한다〈시행령 제45조 제1항 제1호 가목〉.

22 운전면허의 필기시험에 대한 설명으로 옳지 않은 것은?

① 운전면허시험의 학과시험문제지는 면허시험 종별로 한국도로교통공단이 매년 작성한다.
② 필기시험은 도로교통법령 등에 관한 사항에서 95%를 출제한다.
③ 자동차등의 관리방법과 점검요령에 관한 시험은 자동차등의 종류별로 실시한다.
④ 학과시험의 합격자는 필기시험일로부터 3일 후에 발표한다.

TIP ④ 학과시험의 합격자발표는 특별한 사정이 없는 한 시험 당일에 하여야 한다〈시행규칙 제64조 제1항〉.
① 시행규칙 제62조 제1항
② 시행규칙 제63조
③ 시행령 제47조 제2항

23 「도로교통법령」상 학과시험의 필기시험에서 합격기준에 대한 설명 중 옳지 않은 것은?

① 제1종 대형면허시험은 100점 만점에 90점 이상
② 원동기장치자전거면허시험은 100점 만점에 60점 이상
③ 제1종 보통면허시험은 100점 만점에 70점 이상
④ 제2종 보통면허시험은 100점 만점에 60점 이상

TIP 학과시험의 합격기준〈시행령 제50조 제2항〉
㉠ 제1종 운전면허시험 : 100점 만점에 70점 이상
㉡ 제2종 운전면허시험 : 100점 만점에 60점 이상
㉢ 원동기장치자전거 : 100점 만점에 60점 이상

Answer 21.③ 22.④ 23.①

24 **다음 중 필기시험을 치르는 것이 곤란하다고 인정되는 사람에게 시행할 수 있는 시험은?**

① 구술시험 ② 면접시험
③ 장내기능시험 ④ 도로주행시험

TIP 신체장애인이나 글을 알지 못하는 사람으로서 필기시험을 치르는 것이 곤란하다고 인정되는 사람은 구술시험으로 필기시험을 대신할 수 있다〈시행령 제50조 제1항〉.

25 **다음 중 운전면허시험에 관한 설명 중 옳지 않은 것은?**

① 필기시험은 필기시험 합격일로부터 1년간 유효하다.
② 도로주행시험 불합격자는 불합격한 날 2일 후 다시 응시할 수 있다.
③ 장내기능시험은 전자채점기로 채점한다.
④ 운전면허시험의 일부를 면제할 수 있다.

TIP ② 도로주행시험에 불합격한 사람은 불합격한 날부터 3일이 지난 후에 다시 도로주행시험에 응시할 수 있다〈시행령 제49조 제4항〉.
① 필기시험에 합격한 사람은 합격한 날부터 1년 이내에 실시하는 운전면허시험에 한정하여 그 합격한 시험을 면제한다〈시행령 제50조 제6항〉.
③ 시행령 제48조 제3항
④ 시행령 제51조

26 **「도로교통법령」상 제1종 보통연습면허 기능시험의 코스로 옳지 않은 것은?**

① 경사로코스 ② 직각주차코스
③ 신호교차로코스 ④ 철길건널목코스

TIP 기능시험코스의 종류〈시행규칙 제65조 별표23〉
㉠ 제1종 대형면허 : 출발코스, 굴절코스, 곡선코스, 방향전환코스, 평행주차코스, 기어변속코스, 교통신호가 있는 십자형교차로 코스, 횡단보도코스, 철길건널목코스, 경사로코스, 종료코스
㉡ 제1종 보통연습면허 및 제2종 보통연습면허 : 출발코스, 경사로코스, 가속코스, 직각주차코스, 신호교차로코스, 종료코스
㉢ 제2종 소형면허 및 원동기장치자전거면허 : 굴절코스, 곡선코스, 좁은길코스, 연속진로전환코스

Answer 24.① 25.② 26.④

27 「도로교통법령」상 특수면허 중 소형견인차면허의 기능시험에 대한 설명으로 옳지 않은 것은?

① 소형견인차 시험은 굴절, 곡선, 방향전환코스 견인을 통과하여야 한다.
② 소형견인차 시험코스의 통과기준은 각 코스마다 3분 이내이다.
③ 소형견인차 면허 합격기준은 100점 만점에 80점 이상이다.
③ 소형견인차 시험 각 코스의 확인선 미접촉 시 각 10점씩 감점된다.

TIP ③ 특수면허 중 소형견인차면허의 합격기준은 각 시험항목별 감점기준에 따라 감점한 결과 100점 만점에 90점 이상을 얻은 때이다〈시행규칙 제66조 별표24 제4호 나목〉.

28 장내기능시험에서 운전면허시험관이 직접 채점할 수 있는 기능시험으로 옳지 않은 것은?

① 신체장애 정도에 적합하게 제작 · 승인된 자동차를 사용하는 사람에 대한 기능시험
② 시 · 도경찰청장이 실시하는 원동기장치자전거면허 기능시험
③ 양팔을 쓸 수 없는 사람에 대한 기능시험
④ 응시자가 급격히 증가하여 운전면허시험장 외의 장소에서 실시하는 기능시험

TIP 운전면허시험관이 직접 채점할 수 있는 기능시험〈시행규칙 제66조 제2항〉
㉠ 양팔을 쓸 수 없는 사람에 대한 기능시험
㉡ 신체장애 정도에 적합하게 제작 · 승인된 자동차를 사용하는 사람에 대한 기능시험
㉢ 경찰서장이 실시하는 원동기장치자전거면허 기능시험
㉣ 응시자가 일시적으로 급격히 증가하여 운전면허시험장 외의 장소에서 실시하는 기능시험
※ 기능시험의 채점은 전자채점방식으로 한다〈시행규칙 제66조 제2항〉.

29 다음 중 「도로교통법령」상 도로주행시험에 응시할 수 있는 대상자는?

① 제1종 보통연습운전면허를 받은 사람
② 제2종 보통면허필기시험에 합격한 사람
③ 제1종 대형면허에 응시하고자 하는 사람
④ 제2종 보통면허시험 적성검사에 합격한 사람

TIP 도로주행시험은 연습운전면허를 받은 사람에 대하여 실시한다〈시행령 제49조 제2항〉.

Answer 27.③ 28.② 29.①

30 도로주행시험을 실시하기 위한 도로의 기준으로 가장 바르지 않은 것은?

① 시속 40킬로미터 이상의 속도로 주행할 수 있는 도로이어야 한다.
② 차로변경이 가능한 편도 2차로 이상의 도로이어야 한다.
③ 총 주행거리는 10킬로미터 이상이어야 한다.
④ 교통안전표지가 설치된 횡단보도가 있어야 한다.

TIP ③ 총 주행거리는 5킬로미터 이상이어야 한다〈시행규칙 제67조 제1항 별표25〉.

31 「도로교통법령」상 도로주행시험의 합격기준으로 옳은 것은?

① 100점 만점 90점 이상
② 100점 만점 60점 이상
③ 100점 만점 80점 이상
④ 100점 만점 70점 이상

TIP 도로주행시험의 합격기준은 100점 만점 70점 이상을 합격으로 한다〈시행규칙 제68조 제1항 별표26 제2호〉.

32 기능시험 또는 도로주행시험에 사용되는 자동차등의 종별이 잘못 연결된 것은?

① 제1종 대형면허 – 승차정원 30명 이상의 승합자동차
② 제2종 보통면허 – 일반형 승용자동차
③ 제1종 보통면허 – 승차정원 15명 이하의 승합자동차
④ 제2종 소형면허 – 200시시 이상인 이륜자동차

TIP ③ 제1종 보통연습면허 및 제1종 보통면허시험에 사용되는 자동차는 차량길이가 465센티미터 이상인 화물자동차이어야 한다〈시행규칙 제70조 제1항 제2호〉.

※ 제1종 보통면허의 기능시험 또는 도로주행시험에 사용되는 화물자동차의 기준〈시행규칙 제70조〉
㉠ 차량길이: 465센티미터 이상
㉡ 차량너비: 169센티미터 이상
㉢ 축간거리: 249센티미터 이상
㉣ 최소회전반경: 520센티미터 이상

Answer 30.③ 31.④ 32.③

33 운전면허시험의 일부를 면제할 수 있는 기준으로 옳지 않은 것은?

① 적성검사를 받지 않아 운전면허가 취소된 후 다시 면허를 받으려는 사람
② 군복무 중에 군(軍) 소속 자동차를 3개월 이상 운전한 경력이 있는 사람
③ 외국면허증 소지자 중 등록외국인
④ 운전면허를 받은 사실이 인정되는 탈북민

TIP ② 군(軍) 복무 중 자동차등에 상응하는 군 소속 차를 6개월 이상 운전한 경험이 있는 사람이어야 한다〈법 제84조 제1항 제4호〉.

34 제1종 보통면허를 받은 사람이 제1종 특수면허를 취득할 경우 면제되는 시험은?

① 필기시험
② 적성 · 필기시험
③ 기능 · 필기시험
④ 적성 · 필기시험 · 기능

TIP 제1종 보통면허를 받은 사람이 면제받는 기준〈시행령 제51조 별표3 제7호〉
㉠ 제1종 대형면허, 제1종 특수면허 : 필기시험(법령 · 점검)
㉡ 제1종 소형면허, 제2종 소형면허 : 적성 · 필기시험(법령 · 점검)

35 다음은 「도로교통법」상 외국면허증에 대한 설명이다. (　　) 안에 알맞은 것은?

그 운전면허증을 발급한 국가에서 (　　)을 초과하여 체류하면서 그 체류기간 동안 취득한 것으로서 임시면허증 또는 연습면허증이 아닌 것을 말한다.

① 30일
② 60일
③ 90일
④ 100일

TIP 그 운전면허증을 발급한 국가에서 90일을 초과하여 체류하면서 그 체류기간 동안 취득한 것으로서 임시면허증 또는 연습면허증이 아닌 것을 말한다〈법 제84조 제2항〉.

Answer 33.② 34.① 35.③

36 **운전면허시험관에 대한 설명으로 바르지 못한 것은?**

① 기능시험과 도로주행시험의 시험관은 한국도로교통공단 소속 직원이 된다.
② 원동기장치자전거면허 기능시험의 시험관은 경찰공무원 또는 자치경찰공무원이 된다.
③ 응시자와 시험진행과 관련이 없는 대화를 하지 말아야 한다.
④ 도로주행시험 중 교통사고가 발생한 경우에는 즉시 소속기관의 장에게 보고하여야 한다.

TIP ② 경찰서장이 실시하는 원동기장치자전거면허 기능시험의 시험관은 그 면허시험에 해당하는 운전면허를 받은 경찰공무원(자치경찰공무원은 제외한다)이 된다〈시행규칙 제69조 제1항〉.

37 **신체장애인에 대한 기능시험 및 도로주행시험의 방법으로 옳지 않은 않은 것은?**

① 기능시험은 기능시험채점표에 의해 경찰청장이 정한 방식으로 행한다.
② 도로주행시험에 사용하는 자동차는 반드시 핸드브레이크가 장착되어 있어야 한다.
③ 도로주행시험용 자동차는 한국도로교통공단이 정한 표준 차량이어야 한다.
④ 도로주행시험에 사용되는 자동차는 보험에 가입되어 있어야 한다.

TIP ③ 기능시험 및 도로주행시험에 사용하는 자동차는 관계행정기관으로부터 형식 · 구조 또는 장치의 변경승인을 받은 차로서 반드시 내부에 핸드브레이크가 장착되어 있는 응시자의 소유하거나 타고 온 차이어야 한다〈시행규칙 제73조 제1항 제2호〉.

38 **기능시험 및 도로주행시험의 합격 또는 불합격을 판정하여 통보해야 하는 시기는?**

① 기능시험은 기능시험이 끝난 후 현장에서 문자로 판정여부를 통보한다.
② 도로주행시험은 시험 종료 후 2일 이내에 우편으로 통지한다.
③ 기능시험은 시험당일 24시간 이내에 문자로 통보한다.
④ 도로주행시험은 도로주행시험이 끝난 후 현장에서 응시자 개인별로 판정한다.

TIP 기능시험 및 도로주행시험의 합격 또는 불합격의 통보〈시행규칙 제74조〉
㉠ 기능시험 : 응시자 개인별로 그 기능시험이 끝난 후 현장에서 합격 또는 불합격을 판정한다.
㉡ 도로주행시험 : 응시자 개인별로 도로주행시험이 끝난 후 현장에서 합격 또는 불합격을 판정한다.

Answer 36.② 37.③ 38.④

39 다음은 「도로교통법 시행규칙」 제75조에서 정하고 있는 군의 자동차운전 경험의 기준이다. (　　) 안에 알맞은 것은?

> 군복무 중 자동차등에 상응하는 군의 차를 운전한 경험이 있는 사람이란 군의 자동차 운전면허증을 교부받아 운전한 경험이 있는 사람으로서 현역복무 중이거나 군복무를 마치고 전역한 후 (　　)이 경과되지 않은 사람을 말한다.

① 6개월　　② 9개월
③ 1년　　④ 1년 6개월

TIP 군복무 중 자동차등에 상응하는 군의 차를 운전한 경험이 있는 사람이란 군의 자동차 운전면허증을 교부받아 운전한 경험이 있는 사람으로서 현역복무 중이거나 군복무를 마치고 전역한 후 1년이 경과되지 않은 사람을 말한다〈시행규칙 제75조 제1항〉.

40 「도로교통법 시행규칙」상 운전면허번호를 부여하는 기관은?

① 행정안전부　　② 경찰청
③ 시 · 도경찰청　　④ 한국도로교통공단

TIP 한국도로교통공단은 원동기장치자전거 운전면허시험에 합격한 사람의 명단을 경찰서장으로부터 통보받은 때 또는 운전면허증을 발급하는 때에는 운전면허증을 발급하는 시 · 도경찰청의 고유번호, 발급연도, 연도별 일련번호, 면허종별 확인번호 및 재발급 횟수가 표시되도록 면허번호를 부여하여야 한다〈시행규칙 제76조 제2항〉.

41 「도로교통법」상 다음 (　　)안에 알맞은 것은?

> 운전면허시험을 부정행위로 인하여 그 시험이 무효로 처리된 사람은 그 처분이 있는 날부터 (　　)간 해당시험에 응시하지 못한다.

① 1년　　② 2년
③ 3년　　④ 5년

TIP 부정행위자에 대한 조치〈법 제84조의2〉

㉠ 경찰청장은 전문학원의 강사자격시험 및 기능검정원 자격시험에서, 시 · 도경찰청장 또는 한국도로교통공단은 운전면허시험에서 부정행위를 한 사람에 대하여는 해당 시험을 각각 무효로 처리한다.
㉡ 시험이 무효로 처리된 사람은 그 처분이 있은 날부터 2년간 해당 시험에 응시하지 못한다.

Answer 39.③ 40.④ 41.②

42 운전면허시험 합격자는 합격일로부터 며칠 이내에 면허증을 발급받을 수 있는가?

① 7일 이내　　② 15일 이내
③ 20일 이내　　④ 30일 이내

TIP 운전면허시험에 합격한 사람은 그 합격일부터 30일 이내에 운전면허시험을 실시한 경찰서장 또는 한국도로교통공단으로부터 운전면허증을 발급받아야 한다〈시행규칙 제77조 제1항〉.

43 「도로교통법」상 운전면허증의 발급에 대한 설명으로 옳지 않은 것은?

① 운전면허증은 본인 또는 대리인이 발급받은 때부터 그 효력이 발생한다.
② 운전면허의 범위를 확대하거나 축소한 경우에는 기존의 벌점은 소멸된다.
③ 운전면허를 받은 사람이 운전면허의 범위를 확대하여 운전면허증을 발급받을 수 있다.
④ 시·도경찰청장은 운전면허시험에 합격한 사람에 대하여 행정안전부령으로 정하는 운전면허증을 발급하여야 한다.

TIP ② 운전면허의 효력은 본인 또는 대리인이 운전면허증을 발급받은 때부터 발생한다. 이 경우 운전면허의 범위를 확대하거나 축소하는 경우에도 받게 되거나 받은 운전면허 취소·정지처분의 효력과 벌점은 그대로 승계된다〈법 제85조 제5항〉.

44 자동차운전면허시험 응시표에 유효기간 등을 기재하여 교부하는 운전면허증은?

① 영문운전면허증　　② 모바일운전면허증
③ 연습운전면허증　　④ 임시운전면허증

TIP 연습운전면허증은 자동차운전면허시험응시표에 연습운전면허번호 및 유효기간을 기재하여 교부하는 것으로 그 발급을 대신할 수 있다〈시행규칙 제77조 제3항〉.

45 모바일운전면허증 발급에 대한 설명으로 옳은 것은?

① 운전면허를 신청할 때에는 반드시 모바일운전면허증을 발급받아야 한다.
② 직접 운전면허증을 신청하는 사람에게만 한국도로교통공단이 발급할 수 있다.
③ 모바일운전면허증은 특정 운전면허에만 발급이 가능하다.
④ 운전면허증 발급을 신청한 사람이 모바일운전면허증을 추가로 신청하는 경우 발급받을 수 있다.

TIP 시·도경찰청장은 운전면허증을 발급받으려는 사람이 모바일운전면허증을 신청하는 경우 이를 추가로 발급할 수 있다〈법 제85조의2 제1항〉.
※ 모바일운전면허증 … 이동통신단말장치에 암호화된 형태로 설치된 운전면허증을 말한다.

Answer 42.④ 43.② 44.③ 45.④

46 영문운전면허증의 신청에 대한 설명으로 옳지 않은 것은?

① 영문운전면허증을 신청하려는 사람은 사진 1장을 첨부하여 경찰서장 또는 한국도로교통공단에 제출해야 한다.
② 영문운전면허증 발급 신청 시 신청인의 여권정보는 반드시 사본으로 제출해야 한다.
③ 운전면허시험 응시원서를 제출하면서 영문운전면허증 발급을 신청할 수 있다.
④ 영문운전면허증 수령 시 기존 운전면허증을 잃어버린 경우를 제외하고는 반납해야 한다.

TIP ② 영문운전면허증의 발급 신청을 받은 경찰서장 또는 한국도로교통공단은 행정정보의 공동이용을 통하여 신청인의 여권정보를 확인해야 하며, 신청인이 확인에 동의하지 않는 경우에는 그 사본을 제출(여권을 제시하는 것으로 갈음할 수 있다)하도록 해야 한다. 다만, 신청인이 여권을 발급받은 사실이 없는 경우에는 확인을 생략할 수 있다〈시행규칙 제78조 3항〉.

47 모바일운전면허증의 신청에 대한 설명으로 옳지 않은 것은?

① 모바일운전면허증을 신청하려는 사람은 신분증명서를 제시하거나 지문정보를 대조하여 본인 확인을 할 수 있다.
② 운전면허시험 응시원서를 제출할 때 모바일운전면허증 발급을 신청할 수 있다.
③ 이동통신단말장치에 저장된 모바일운전면허증의 전자적정보의 유효기간은 5년으로 한다.
④ 모바일운전면허증을 다시 발급받으려는 사람은 집적회로(IC) 칩과 이동통신단말장치를 이용하여 본인 확인을 할 수 있다.

TIP ③ 모바일운전면허증의 발급에 필요한 정보를 암호화하기 위해 이동통신단말장치에 설치 · 사용하는 전자적 정보의 유효기간은 3년으로 한다〈시행규칙 제78조의2 제5항〉.

48 조건부 운전면허증을 다시 발급받을 수 있는 경우로 가장 적절한 것은?

① 운전면허증을 발급받은 후 10년이 지난 경우
② 조건부 운전면허증이 헐어 못 쓰게 되었을 때
③ 운전면허 시험에 합격하지 못하였을 때
④ 조건부 운전면허증을 소지하고 있는 사람이 모바일운전면허증을 신청할 때

TIP 조건부 운전면허증을 잃어버렸거나 헐어 못 쓰게 되었을 때에는 행정안전부령으로 정하는 바에 따라 시 · 도경찰청장에게 신청하여 다시 발급받을 수 있다〈법 제85조의3 제3항〉.

Answer 46.② 47.③ 48.②

49 운전면허확인서비스의 신청에 대한 설명으로 옳지 않은 것은?

① 운전면허확인서비스를 제공받으려는 자는 사업계획서와 이용자 보호방안 등을 포함한 서류를 시·도 경찰청장에게 제출해야 한다.
② 운전면허확인서비스를 제공받으려는 자는 운전면허확인서비스 제공이 필요한 사업의 안전성 검증자료 및 이용자 보호방안에 관한 서류를 첨부해야 한다.
③ 운전면허확인서비스의 안정적인 제공을 위해 개인정보 처리 및 보호조치에 관한 자료를 요청할 수 있다.
④ 운전면허확인서비스 제공 신청인이 법인인 경우 법인등기사항증명서를 첨부해야 한다.

TIP ④ 운전면허확인서비스 제공 신청서를 제출받은 시·도경찰청장은 신청인이 법인인 경우에는 행정정보의 공동이용을 통하여 법인 등기사항증명서를 확인해야 한다〈시행규칙 제78조의3 제2항〉.

50 운전면허확인서비스를 통하여 확인할 수 있는 사항으로 옳지 않은 것은?

① 신용정보
② 사진 및 주소
③ 주민등록번호
④ 운전면허번호

TIP 운전면허확인서비스〈시행규칙 제78조의3 제1항〉… 이동통신단말장치를 이용하여 성명·사진·주소·주민등록번호·운전면허번호 및 발급 관련사항을 확인할 수 있는 서비스를 말한다.

51 「도로교통법 시행령」상 운전면허증의 갱신기간은?

① 3년
② 5년
③ 10년
④ 15년

TIP 운전면허증 갱신기간은 직전의 운전면허증 갱신일부터 기산하여 매 10년(직전의 운전면허증 갱신일에 65세 이상 75세 미만인 사람은 5년, 75세 이상인 사람은 3년, 한쪽 눈만 보지 못하는 사람으로서 제1종 운전면허 중 보통면허를 취득한 사람은 3년)이 되는 날이 속하는 해의 1월 1일부터 12월 31일까지이다〈법 제87조 제1항 제2호〉.

52 「도로교통법」상 정기적성검사의 실시기관은?

① 한국도로교통공단
② 시·도경찰청
③ 경찰청
④ 국토교통부

TIP 적성검사대상자는 한국도로교통공단이 실시하는 정기적성검사를 받아야 한다〈법 제87조 제2항〉.

Answer 49.④ 50.① 51.③ 52.①

53 「도로교통법」상 고령자 면허갱신 및 적성검사의 주기가 3년인 사람의 연령기준으로 옳은 것은?

① 61세 이상　　② 65세 이상
③ 70세 이상　　④ 75세 이상

TIP 최초의 운전면허증 갱신기간은 운전면허시험에 합격한 날부터 기산하여 10년(운전면허시험 합격일에 65세 이상 75세 미만인 사람은 5년, 75세 이상인 사람은 3년, 한쪽 눈만 보지 못하는 사람으로서 제1종 운전면허 중 보통면허를 취득한 사람은 3년)이 되는 날이 속하는 해의 1월 1일부터 12월 31일까지이다〈법 제87조 제1항 제1호〉.

54 다음 적성검사에 대한 설명 중 옳지 않은 것은?

① 군인, 경찰은 정기적성검사 면제대상자이다.
② 적성검사를 기간 내에 받지 않을 때에는 행정처분을 받는다.
③ 부득이한 사유가 발생한 때에는 유효기간 전에 연기신청을 할 수 있다.
④ 안전운전에 장애가 되는 신체장애 등이 있다고 인정할 만한 사유가 있는 사람은 수시적성검사 대상자이다.

TIP ① 운전면허증을 갱신하여 발급받거나 정기 적성검사를 받아야 하는 사람이 해외여행 또는 군 복무 등 대통령령으로 정하는 사유로 그 기간 이내에 운전면허증을 갱신하여 발급받거나 정기 적성검사를 받을 수 없는 때에는 대통령령으로 정하는 바에 따라 이를 미리 받거나 그 연기를 받을 수 있다〈법 제87조 제4항〉.

55 「도로교통법령」상 운전면허증을 발급 받으려는 사람의 본인여부 확인절차에 대한 설명으로 옳지 않은 것은?

① 신청인의 동의 없이 전자적 방법으로 지문정보를 대조하여 확인할 수 있다.
① 선원수첩이나 모바일 주민등록증으로 본인여부를 확인할 수 있다.
② 신분증명서 또는 지문정보로 본인여부를 확인 할 수 없으면 운전면허증을 발급받을 수 없다.
④ 본인여부 확인을 거부하는 경우 운전면허증 발급을 거부할 수 있다.

TIP ① 시 · 도경찰청장은 신분증명서의 사진 등을 통하여 본인인지를 확인하기 어려운 경우에는 운전면허증 발급을 받으려는 사람의 동의를 받아 전자적 방법으로 지문정보를 대조하여 확인할 수 있다〈법 제87조의2 제2항〉.

Answer 53.④ 54.① 55.①

56 제1종 대형면허 소지자가 정기적성검사를 신청할 때 제출해야 할 서류로 옳지 않은 것은?

① 정기적성검사신청서
② 질병 · 신체에 관한 신고서
③ 병력신고서
④ 사진 2장

TIP ② 질병 · 신체에 관한 신고서는 제1종 보통면허와 제2종 운전면허 소지자만 해당한다〈시행규칙 제82조 제1항 제4호〉.

57 운전면허증 갱신발급 및 정기적성검사의 연기절차에 대한 설명으로 옳지 않은 것은?

① 신청서를 관할 구청에 제출하고, 신분증명서를 제시해야 한다.
② 신청인이 원하는 경우 지문정보를 대조하여 본인여부를 확인을 할 수 있다.
③ 군 복무자가 연기신청을 할 경우 한국도로교통공단은 병적증명서를 확인해야 한다.
④ 운전면허증 갱신발급을 연기한 때에는 연기사실확인서를 신청인에게 발급하여야 한다.

TIP ① 운전면허증 갱신발급(정기적성검사를 받아야 하는 경우 정기적성검사를 포함한다)의 연기를 신청하려는 사람은 운전면허증 갱신기간 만료일까지 신청서에 연기사유를 증명할 수 있는 서류(행정정보의 공동이용을 통하여 확인할 수 있는 경우는 제외한다)를 첨부하여 한국도로교통공단에 제출하고, 신분증명서를 제시하여야 한다〈시행규칙 제83조 제1항〉.

58 「도로교통법」상 운전면허증 갱신발급이나 정기적성검사의 연기사유로 옳지 않은 것은?

① 육 · 해 · 공군의 장교로 복무 중인 경우
② 부상을 입어 거동하기 어려운 경우
③ 재해 또는 재난을 당한 경우
④ 법령에 의하여 신체의 자유를 구속당한 경우

TIP ① 「병역법」에 따라 의무경찰 또는 의무소방원으로 전환복무 중인 경우를 포함하고, 사병으로 한정한다〈시행령 제55조 제1항 제5호〉.

※ 운전면허증 갱신발급 및 정기 적성검사의 연기대상자〈시행령 제55조 제1항〉
㉠ 해외에 체류 중인 경우
㉡ 재해 또는 재난을 당한 경우
㉢ 질병이나 부상으로 인하여 거동이 불가능한 경우
㉣ 법령에 따라 신체의 자유를 구속당한 경우
㉤ 군 복무 중(「병역법」에 따라 의무경찰 또는 의무소방원으로 전환복무 중인 경우를 포함하고, 사병으로 한정한다)인 경우
㉥ 그 밖에 사회통념상 부득이하다고 인정할 만한 상당한 이유가 있는 경우

Answer 56.② 57.① 58.①

59 운전면허증 갱신기간을 연기 받은 사람이 연기 후 운전면허증을 갱신하여 발급받아야 할 기한은?

① 연기사유가 없어진 날부터 1개월 이내
② 연기사유가 없어진 날부터 3개월 이내
③ 연기사유가 없어진 날부터 6개월 이내
④ 연기사유가 없어진 날부터 7개월 이내

TIP 운전면허증 갱신기간의 연기를 받은 사람은 그 사유가 없어진 날부터 3개월 이내에 운전면허증을 갱신하여 발급받아야 한다〈시행령 제55조 제3항〉.

60 수시 적성검사를 받아야 할 사람에 속하지 않는 경우는?

① 교통상의 위험을 일으킬 수 있는 정신질환자로서 대통령령으로 정하는 사람
② 교통상의 위험을 일으킬 수 있는 알코올 중독자로서 대통령령으로 정하는 사람
③ 후천적 신체장애로 인해 안전운전에 장애가 있는 것으로 판단되는 사람
④ 운전면허 취득 후 5년 이상 적성검사를 받지 않은 사람

TIP ④ 수시 적성검사는 법에서 규정된 특정 신체적 · 정신적 조건을 가진 사람에 대해 요구되며, 운전면허시험에 합격한 날부터 기산하여 10년이 되는 날이 속하는 해에 적성검사를 받아야 한다〈법 제82조〉.
② 법 제82조 제1항 제5호
③ 법 제88조 제1항

61 「도로교통법 시행령」상 수시적성검사를 받아야 한다는 사실을 통지해야 하는 기한은?

① 수시적성검사 기간 10일 전까지
② 수시적성검사 기간 15일 전까지
③ 수시적성검사 기간 20일 전까지
④ 수시적성검사 기간 30일 전까지

TIP 한국도로교통공단은 수시 적성검사를 받아야 하는 사람에게 수시 적성검사를 받아야 한다는 사실을 수시 적성검사 기간 20일 전까지 통지하여야 하며, 수시 적성검사 기간에 수시 적성검사를 받지 아니한 사람에 대하여는 다시 수시 적성검사 기간을 지정하여 수시 적성검사 기간 20일 전까지 통지하여야 한다〈시행규칙 제84조 제1항〉.

Answer 59.② 60.④ 61.③

62 **수시적성검사의 합격여부를 결정하는 과정을 설명한 것으로 가장 옳지 않은 것은?**

① 정밀감정인(한국도로교통공단이 위촉한 의사)의 의견을 반영하여야 한다.
② 합격여부는 운전적성판정위원회가 결정한다.
③ 최종 합격여부는 경찰청장이 결정한다.
④ 한국도로교통공단은 건강검진결과 내역 등을 확인하여야 한다.

TIP ②③ 수시 적성검사의 합격 판정은 정밀감정인(분야별 운전적성을 정밀감정하기 위하여 한국도로교통공단이 위촉하는 의사를 말한다)의 의견을 들은 후 운전적성판정위원회가 결정한다〈시행규칙 제84조 제6항〉.
① 시행령 제56조 제5항
④ 시행규칙 제84조 제4항

63 **다음은 「도로교통법시행규칙」 제87조의 운전적성판정위원회에 관한 설명으로 옳지 않은 것은?**

① 판정위원회는 전문의의 정밀진단을 받은 사람의 운전가능성 여부를 판정하기 위해 설치된다.
② 판정위원회의 구성은 위원장을 포함하여 최소 5명, 최대 7명으로 이루어진다.
③ 판정위원회의 의결은 재적위원 과반수의 출석과 출석위원 3분의 2 이상의 찬성으로 이루어진다.
④ 판정위원회의 운영에 필요한 사항은 한국도로교통공단이 정한다.

TIP ③ 판정위원회의 회의는 재적위원 3분의 2이상의 출석과 출석위원 과반수의 찬성으로 의결한다〈법 제87조 제3항〉.

64 **운전면허시험 중인 사람과 적성검사를 받는 사람 중에 정신질환이 의심되는 사람에게 한국도로교통공단이 취할 수 있는 올바른 조치는?**

① 해당 분야 전문의의 정밀진단을 받게 한다.
② 운전면허시험과 적성검사를 중단시킨다.
③ 시 · 도경찰청에 통보한다.
④ 합격 후에 운전면허증의 교부를 보류한다.

TIP 정신질환 등이 의심되는 사람에 대한 조치〈법 제90조〉 … 한국도로교통공단은 운전면허시험 중인 사람과 적성검사를 받는 사람 중에 해당하는 사람이 정신질환 · 신체장애인 · 알코올 중독자 등에 해당한다고 인정할 만한 상당한 사유가 있는 경우에는 해당 분야 전문의의 정밀진단을 받게 할 수 있다.

Answer 62.③ 63.③ 64.①

65 다음은 「도로교통법」 제89조 제1항의 내용이다. 밑줄 친 ㉠에 해당하지 않는 기관의 장은 누구인가?

> 수시 적성검사를 받아야 하는 사람의 후천적 신체장애 등에 관한 개인정보를 가지고 있는 기관 가운데 ㉠ 대통령령으로 정하는 기관의 장은 수시 적성검사와 관련이 있는 개인정보를 경찰청장에게 통보하여야 한다.

① 병무청장　　② 보건복지부장관
③ 행정안전부장관　　④ 국민연금공단 이사장

TIP 대통령령으로 정하는 기관의 장〈시행령 제58조〉

㉠ 병무청장
㉡ 보건복지부장관
㉢ 특별시장 · 광역시장 · 도지사 · 특별자치도지사 또는 시장 · 군수 · 구청장(자치구의 구청장을 말한다)
㉣ 육군참모총장, 해군참모총장, 공군참모총장 및 해병대사령관
㉤ 「산업재해보상보험법」에 따른 근로복지공단 이사장
㉥ 「보험업법」에 따른 보험요율 산출기관의 장
㉦ 「화물자동차 운수사업법」 또는 「여객자동차 운수사업법」에 따라 설립된 공제조합의 이사장
㉧ 「치료감호 등에 관한 법률」에 따른 치료감호시설의 장
㉨ 「국민연금법」에 따른 국민연금공단 이사장
㉩ 「국민건강보험법」에 따른 국민건강보험공단 이사장

66 다음 중 임시운전증명서에 관한 설명으로 옳은 것은?

① 유효기간 중이라도 운전면허증과 같은 효력은 없다.
② 면허증의 재발급, 적성검사 또는 갱신발급 신청, 운전면허증을 제출한 경우 발급받는다.
③ 유효기간은 20일이며, 회수에 관계없이 연장할 수 있다.
④ 외국인들을 대상으로 발행하는 면허증이다.

TIP ① 임시운전증명서는 그 유효기간 중에는 운전면허증과 같은 효력이 있다〈법 제91조 제2항〉.
③ 유효기간은 20일로 하되 1회에 한하여 연장할 수 있다〈시행규칙 제88조 제2항〉.
④ 운전면허증의 재발급, 갱신발급, 기재사항 변경 및 운전면허증 반납 시 발급받는 면허증이다〈법 제91조 제1항〉.

Answer 65.③ 66.②

67 **자동차등을 운전할 때에는 운전면허증을 휴대해야 한다. 이 때 운전면허증을 갈음할 수 있는 증명서로 옳지 않은 것은?**

① 범칙금 납부통고서 ② 출석고지서
③ 임시운전증명서 ④ 주민등록등본

TIP 자동차등을 운전할 때 휴대해야 하는 운전면허증 등〈법 제92조 제1항〉
㉠ 운전면허증, 국제운전면허증 또는 상호인정외국면허증이나 건설기계조종사면허증(이하 "운전면허증등"이라 한다)
㉡ 운전면허증등을 갈음하는 다음의 증명서
• 임시운전증명서
• 범칙금 납부통고서 또는 출석지시서
• 출석고지서

68 **「도로교통법」상 반드시 운전면허를 취소해야 하는 사유(필요적 운전면허 취소사유)로 볼 수 없는 것은?**

① 적성검사를 받지 아니한 경우
② 설치기준에 부합하지 않은 음주운전 방지장치가 설치된 자동차등을 운전한 경우
③ 단속 경찰공무원 및 시 · 군공무원을 폭행한 경우
④ 다른 사람의 운전 면허증을 빌려서 사용한 경우

TIP ④의 경우는 운전면허를 취소하거나 1년 이내의 범위에서 운전면허정지처분을 받게 되는 경우에 해당한다〈법 제93조 제1항 제15호〉.

69 **「도로교통법 시행령」상 연습운전면허 취소사유로 옳지 않은 것은?**

① 허위 · 부정수단으로 연습운전면허를 취득한 경우
② 등록되지 아니하거나 임시운행 허가를 받지 아니한 이륜자동차를 운전한 때
③ 혈중알코올농도 0.03퍼센트 이상의 술에 취한 상태에서의 운전한 때
④ 도로에서 자동차등의 운행으로 인한 교통사고를 일으킨 때

TIP ② 등록되지 아니하거나 임시운행 허가를 받지 아니한 자동차(이륜자동차 제외)를 운전한 때에는 연습운전의 취소대상이 된다〈시행규칙 제91조 제2항 별표29 제8호〉.

Answer 67.④ 68.④ 69.②

70 **착한운전 마일리지제도에 대한 설명으로 옳지 않은 것은?**

① 무위반 · 무사고 서약을 하고 1년간 이를 실천한 운전자에게는 실천할 때마다 인센티브를 부여하는 제도이다.

② 운전면허의 효력이 정지 중인 자와 도로교통법령을 위반하여 부과된 범칙금 · 과태료를 납부하지 않은 자는 제외한다.

③ 서약을 실천한 운전자에게 특혜점수로 10점을 부여한다.

④ 서약 실천기간 중에 교통사고를 유발하거나 교통법규를 위반하면 다시 서약할 수 없다.

TIP ④ 서약 실천기간 중에 교통사고를 발생하거나 교통법규를 위반해도 다시 서약할 수 있다〈운전면허 특혜점수 부여에 관한 기준 고시〉.

※ 착한운전 마일리지 제도

㉠ 운전자가 1년 동안 무사고 · 무위반을 실천하면 마일리지 10점을 적립해주는 제도를 말한다. 이 마일리지는 운전면허 정지처분 시 벌점이나 정지일수를 감경하는 데 활용할 수 있다.

㉡ 무위반 · 무사고 서약을 하고 1년간 이를 실천한 운전자에게는 실천할 때마다 10점의 특혜점수를 부여하여 기간에 관계없이 그 운전자가 정지처분을 받게 될 경우 누산점수에서 이를 공제하되, 공제되는 점수는 10점 단위로 한다〈시행규칙 제91조 제1항 별표28 제1호 나목〉.

71 **자동차등을 이용하여 보복운전으로 구속되었다면 「도로교통법령」상 운전면허의 행정처분은?**

① 면허가 취소된다.

② 100일간의 면허정지 처분을 받는다.

③ 60일간의 면허정지 처분을 받는다.

④ 벌점 90점이 부과된다.

TIP 자동차등을 이용하여 형법상 특수상해 등을 행한 때(보복운전)〈시행규칙 제91조 제1항 별표28 제2호 12의2〉

㉠ 자동차 등을 이용하여 형법상 특수상해, 특수협박, 특수손괴를 행하여 구속된 때 면허를 취소한다.

㉡ 보복운전으로 인하여 형사 입건된 때에는 벌점 100점이 부과된다.

72 **「도로교통법령」상 자동차운전 중 법규위반행위에서 면허취소대상으로 볼 수 없는 것은?**

① 공동위험행위로 구속된 때

② 운전면허 행정처분 기간 중에 운전한 때

③ 수시적성검사 기간을 초과한 때

④ 최고속도보다 90km/h를 초과하는 속도로 3회 이상 운전한 때

TIP ④ 최고속도보다 100km/h를 초과한 속도로 3회 이상 운전한 때에 면허취소대상이다〈시행규칙 제91조 제1항 별표28 제2호 6의4〉.

Answer 70.④ 71.① 72.④

73 다음 중 「도로교통법령」상 교통법규 위반행위의 벌점이 다른 하나를 고르면?

① 앞지르기금지 위반　　② 안전거리 미확보
③ 안전운전의무 위반　　④ 승객 · 승하차자 추락방지조치 위반

TIP ① 앞지르기 금지시기 · 장소위반은 벌점이 15점이다〈시행규칙 제91조 제1항 별표28 제3호〉.
②③④는 벌점이 10점이다〈시행규칙 제91조 제1항 별표28 제3호〉.

74 「도로교통법령」상 벌점이 가장 무거운 것은?

① 혈중알코올농도 0.08%의 음주운전　　② 통행구분 중 중앙선 침범
③ 교통사고로 사망 1명인 경우　　④ 매시 30km 이상 속도위반

TIP ①은 벌점이 100점, ②는 벌점이 30점, ③은 벌점이 90점, ④는 벌점이 15점이다〈시행규칙 제91조 제1항 별표28〉.

75 「도로교통법」상 벌점 누산점수초과로 인한 운전면허 취소 기준으로 옳은 것은?

① 1년간 90점 이상　　② 1년간 121점 이상
③ 2년간 200점 이상　　④ 3년간 250점 이상

TIP 면허가 취소되는 벌점누산점수 기준〈시행규칙 제91조 제1항 별표28 제1호 다목〉
㉠ 1년간 121점 이상
㉡ 2년간 201점 이상
㉢ 3년간 271점 이상

76 「도로교통법」상 운전면허 취소처분에 대한 이의가 있는 경우, 운전면허행정처분 이의심의위원회에 신청할 수 있는 기간은?

① 그 처분을 받은 날로부터 30일 이내　　② 그 처분을 안 날로부터 30일 이내
③ 그 처분을 받은 날로부터 60일 이내　　④ 그 처분을 안 날로부터 60일 이내

TIP 운전면허의 취소처분 또는 정지처분이나 연습운전면허 취소처분에 대하여 이의가 있는 사람은 그 처분을 받은 날부터 60일 이내에 행정안전부령으로 정하는 바에 따라 시 · 도경찰청장에게 이의를 신청할 수 있다〈법 제94조 제1항〉.

Answer 73.① 74.① 75.② 76.③

77 다음은 「도로교통법시행규칙」 제94조이다. (　　) 안에 알맞은 것은?

(　　)은 운전면허를 받은 사람이 정기적성검사를 받지 아니하였다는 이유로 운전면허를 취소하려면 정기 적성검사기간 만료일부터 (　　)이 경과되기 전에 운전면허조건부취소결정통지서를 그 대상자에게 발송하여야 한다.

① 시 · 도경찰청장, 10개월
② 관할 경찰청장, 6개월
③ 시 · 군 · 구청장, 3개월
④ 한국도로교통공단, 2개월

TIP 운전면허 취소처분절차의 특례〈시행규칙 제94조〉 … 시 · 도경찰청장은 운전면허를 받은 사람이 정기적성검사를 받지 아니하였다는 이유로 운전면허를 취소하려면 정기적성검사기간 만료일부터 10개월이 경과되기 전에 운전면허조건부취소결정통지서를 그 대상자에게 발송하여야 한다. 이 경우 운전면허조건부취소결정통지서는 운전면허 취소처분 사전통지서 및 운전면허 취소처분 결정통지서를 대신한다.

78 「도로교통법령」상 교통사고 사상자의 기준에서 부상신고를 가장 바르게 설명한 것은?

① 5일 미만의 치료를 요하는 부상
② 10일 미만의 치료를 요하는 부상
③ 14일 미만의 치료를 요하는 부상
④ 15일 미만의 치료를 요하는 부상

TIP 인적피해 교통사고의 기준〈시행규칙 제91조 제1항 별표28 제3호(주)〉
㉠ 사망자 : 교통사고 발생 시부터 72시간 이내에 사망한 경우
㉡ 중상자 : 3주 이상의 치료를 요하는 부상자
㉢ 경상자 : 5일 이상 3주 미만의 치료를 요하는 부상자
㉣ 부상신고 : 5일 미만의 치료를 요하는 부상을 입은 경우

79 운전면허행정처분 이의심의위원회에 대한 설명으로 옳지 않은 것은?

① 심의위원회는 위원장을 포함한 9명의 위원으로 구성한다.
② 심의위원회의 회의는 재적위원 3분의 2 이상이 출석하고 출석위원 과반수의 찬성으로 의결된다.
③ 심의위원회의 민간위원은 교통전문가 중 시 · 도경찰청장이 위촉하고 임기는 2년으로 한다.
④ 심의위원회의 위원장은 시 · 도경찰청장이 지명하는 과장급 경찰공무원이 맡는다.

TIP ① 심의위원회는 위원장을 포함한 7인의 위원으로 구성한다〈시행규칙 제96조 제2항〉.

Answer 77.① 78.① 79.①

09 국제운전면허증

section 1 국제운전면허증 및 상호인정외국면허증

1 국제운전면허증 또는 상호인정외국면허증에 의한 자동차등의 운전〈법 제96조〉

(1) 국제운전면허증 또는 상호인정외국면허증에 의한 자동차등의 운전

① 운전 대상자 및 유효기간 2022년 경기

㉠ **자동차등을 운전할 수 있는 사람** : 국제운전면허증 또는 상호인정외국면허증을 외국의 권한 있는 기관에서 발급받은 사람

㉡ **유효기간** : 입국한 날로부터 1년의 기간에 한하여 국내에서 국제운전면허증 또는 상호인정외국면허증으로 자동차를 운전할 수 있다.

◆ 우리나라에서 인정되는 협약 · 협정 또는 약정

- 1949년 제네바에서 체결된 「도로교통에 관한 협약」
- 1968년 비엔나에서 체결된 「도로교통에 관한 협약」
- 우리나라와 외국 간에 국제운전면허증을 상호 인정하는 협약, 협정 또는 약정
- 우리나라와 외국 간에 상대방 국가에서 발급한 운전면허증을 상호 인정하는 협약 · 협정 또는 약정

② **운전할 수 있는 자동차의 종류** : 운전할 수 있는 자동차의 종류는 그 국제운전면허증 또는 상호인정외국면허증에 기재된 것으로 한정한다.

(2) 국제운전면허증 또는 상호인정외국면허증 소지자의 운전금지

① 운전금지 자동차 및 예외 자동차

㉠ **사업용 자동차 운전금지** : 국제운전면허증을 외국에서 발급받은 사람 또는 상호인정외국면허증으로 운전하는 사람은 「여객자동차 운수사업법」 또는 「화물자동차 운수사업법」에 따른 사업용 자동차를 운전할 수 없다.

㉡ **렌터카 운전가능** : 「여객자동차 운수사업법」에 따른 대여사업용 자동차를 임차(렌터카)하여 운전하는 경우에는 그러하지 아니하다.

② **운전면허결격기간에 운전금지** : 운전면허 결격사유에 해당하는 사람으로서 운전면허결격기간이 지나지 아니한 사람은 자동차등을 운전하여서는 아니 된다.

❷ 자동차등의 운전 금지〈법 제97조〉

(1) 국제운전면허증 또는 상호인정외국면허증의 운전 금지

① 자동차운전금지 조치

㉠ 금지조치권자 : 그 사람의 주소지를 관할하는 시 · 도경찰청장

㉡ 금지할 수 있는 기간 : 행정안전부령으로 정한 기준에 따라 1년을 넘지 아니하는 범위

② 자동차운전을 금지할 수 있는 경우

㉠ 적성검사를 받지 아니하였거나 적성검사에 불합격한 경우

㉡ 운전 중 고의 또는 과실로 교통사고를 일으킨 경우

㉢ 대한민국 국적을 가진 사람이 운전면허가 취소되거나 효력이 정지된 후 운전면허결격기간이 지나지 아니한 경우

㉣ 자동차등의 운전에 관하여 도로교통법이나 도로교통법에 따른 명령 또는 처분을 위반한 경우

◆ 자동차등의 운전금지 통지〈시행규칙 제97조〉

- 시 · 도경찰청장은 국제운전면허증 또는 상호인정외국면허증을 가지고 국내에서 자동차등을 운전하는 사람에 대하여 운전을 금지하는 경우에는 자동차등의 운전금지통지서에 따라 당사자에게 그 사실을 통지해야 한다.

(2) 운전면허증 제출 및 반환

① 면허증 제출

㉠ 면허증 제출기관 : 국제운전면허증 또는 상호인정외국면허증에 의한 운전을 금지한 시 · 도경찰청장

㉡ 면허증 제출 : 자동차등의 운전이 금지된 사람은 지체 없이 국제운전면허증 또는 상호인정외국면허증을 제출하여야 한다.

② 운전면허증 반환

㉠ 면허증 반환기관 : 시 · 도경찰청장

㉡ 면허증의 반환대상

- 운전 금지기간이 끝난 경우
- 금지처분을 받은 사람이 그 금지기간 중에 출국하는 경우에는 그 사람의 반환청구가 있는 경우

㉢ 면허증 반환시기 : 반환청구가 있으면 지체 없이 보관 중인 국제운전면허증 또는 상호인정외국면허증을 돌려주어야 한다.

section 2 국제운전면허증의 발급

1 국제운전면허증의 발급〈법 제98조〉

(1) 국제운전면허증의 신청 및 유효기간

① 국제운전면허증의 신청
- ㉠ 신청기관 : 시 · 도경찰청장
- ㉡ 신청 : 운전면허를 받은 사람이 국외에서 운전하기 위하여 「도로교통에 관한 협약」에 의한 국제운전면허증을 발급받으려면 시 · 도경찰청장에게 신청하여야 한다.

② 유효기간 : 국제운전면허증의 유효기간은 발급받은 날로부터 1년으로 한다.

(2) 국제운전면허증의 효력 및 발급

① 국제운전면허증의 효력
- ㉠ 효력상실 : 국내운전면허의 효력이 없어지거나 취소된 때에는 국제운전면허증의 효력도 없어진다.
- ㉡ 효력정지 : 국내운전면허의 효력이 정지된 때에는 그 정지기간 중 국제운전면허증도 효력이 정지된다.

② 국제운전면허증발급에 필요한 사항 : 국제운전면허증의 발급에 필요한 사항은 행정안전부령으로 정한다.

2 국제운전면허증의 발급 방법〈시행규칙 제98조〉

(1) 신청서의 제출

① 신청서 제출기관 및 신청대상
- ㉠ 신청서 제출기관 : 시 · 도경찰청장 또는 한국도로교통공단(신분증명서 제시)
- ㉡ 국제운전면허증의 신청대상 : 운전면허를 받은 사람(원동기장치자전거면허 및 연습운전면허를 받은 사람은 제외한다)이 국제운전면허증을 발급받으려는 경우

② 신청서류 및 본인확인
- ㉠ 신청서류 : 신청서에 사진 1장을 첨부
- ㉡ 본인확인 : 신청인이 원하는 경우에는 신분증명서 제시를 갈음하여 전자적 방법으로 지문정보를 대조하여 본인 확인을 할 수 있다.

(2) 신청을 받은 시 · 도경찰청장 또는 한국도로교통공단

① 여권정보 확인
- ㉠ 신청을 받은 시 · 도경찰청장 또는 한국도로교통공단은 「전자정부법」 제36조제1항에 따른 행정정보의 공동이용을 통하여 신청인의 여권정보를 확인하여야 한다.
- ㉡ 신청인이 확인에 동의하지 아니하는 경우에는 여권의 사본을 제출(여권을 제시하는 것으로 갈음할 수 있다)하도록 하여야 한다.

② 신청서를 받은 때
- ㉠ 국제운전면허증을 발급하여야 한다.
- ㉡ 국제운전면허발급대장에 그 내용을 기록하여야 한다.

❸ 국제운전면허증 발급의 제한〈법 제98조의2〉

(1) 발급거부

시 · 도경찰청장은 국제운전면허증을 발급받으려는 사람이 납부하지 아니한 범칙금 또는 과태료(도로교통법을 위반하여 부과된 범칙금 또는 과태료)가 있는 경우 국제운전면허증의 발급을 거부할 수 있다.

(2) 예외규정

범칙금 납부기간 또는 과태료로서 대통령령으로 정하는 납부기간 중에 있는 경우에는 발급을 거부할 수 없다.

09 최근기출문제

1 다음 중 운전면허에 대한 설명으로 틀린 설명은? 2022.4.23. 경기

① 국제운전면허증을 발급받은 사람은 국내에 입국한 날부터 1년 동안만 그 국제운전면허증으로 자동차 등을 운전할 수 있다.

② 운전면허의 결격사유로 교통상의 위험과 장해를 일으킬 수 있는 정신질환자 또는 뇌전증 환자로서 경찰서장이 정하는 사람은 운전면허를 받을 수 없다.

③ 연습운전면허는 그 면허를 받은 날부터 1년 동안 효력을 가진다. 다만, 연습운전면허를 받은 날부터 1년 이전이라도 연습운전면허를 받은 사람이 제1종 보통면허 또는 제2종 보통면허를 받은 경우 연습운전면허는 그 효력을 잃는다.

④ 운전면허를 받지 아니하거나 운전면허의 효력이 정지된 경우에는 자동차 등 운전한 경우에는 그 위반한 날(운전면허효력 정지기간에 운전하여 취소된 경우에는 그 취소된 날)부터 1년, 원동기장치자전거면허를 받으려는 경우에는 6개월의 결격기간이 주어진다.

TIP ② 교통상의 위험과 장해를 일으킬 수 있는 정신질환자 또는 뇌전증 환자로서 대통령령으로 정하는 사람은 운전면허를 받을 수 없다〈법 제82조 제1항 제2호〉.

Answer 1.②

09 출제예상문제

1 「도로교통법」상 국제운전면허증을 발급받고자 할 때 신청은 누구에게 하는가?

① 경찰청장
② 시 · 도경찰청장
③ 외교부장관
④ 행정안전부장관

TIP 운전면허를 받은 사람이 국외에서 운전을 하기 위하여 「도로교통에 관한 협약」에 따른 국제운전면허증을 발급받으려면 시 · 도경찰청장에게 신청하여야 한다〈법 제98조 제1항〉.

2 국제운전면허증 또는 상호인정외국면허증에 의한 자동차등의 운전과 관련한 내용으로 틀린 설명은?

① 운전면허결격기간과 관계없이 운전면허 결격사유에 해당하지 않으면 자동차등을 운전할 수 있다.
② 운전할 수 있는 자동차의 종류는 그 국제운전면허증 또는 상호인정 외국면허증에 기재 된 것으로 한정한다.
③ 국제운전면허증 또는 상호인정외국면허증을 발급받은 사람은 국내에 입국한 날부터 1년 동안 자동차등을 운전할 수 있다.
④ 적성검사를 받지 않은 경우 1년의 범위 안에서 자동차등의 운전을 금지할 수 있다.

TIP ① 대한민국 국적을 가진 사람이 운전면허가 취소되거나 효력이 정지된 후 운전면허결격기간이 지나지 아니한 경우에는 국제운전면허증 또는 상호인정외국면허증에 의한 자동차등의 운전을 금지할 수 있다〈법 제97조 제1항 제3호〉.

2 다음 중 상호인정외국면허증으로 운전하는 사람이 국내에서 자동차를 운전할 수 있는 경우는?

① 택시를 운전 운전한 경우
② 영업용 렌터카를 임차하여 운전한 경우
③ 1.5톤 이하의 영업용 화물자동차를 운전 운전한 경우
④ 15인승 이하의 마을버스를 운전한 경우

TIP 국제운전면허증을 외국에서 발급받은 사람 또는 상호인정외국면허증으로 운전하는 사람은 「여객자동차 운수사업법」 또는 「화물자동차 운수사업법」에 따른 사업용 자동차를 운전할 수 없다. 다만, 「여객자동차 운수사업법」에 따른 대여사업용 자동차를 임차하여 운전하는 경우에는 그러하지 아니하다〈법 제96조 제2항.〉

Answer 1.② 2.① 3.②

3 상호인정외국면허증의 소지자가 적성검사에 불합격한 경우 운전을 금지할 수 있는 주체는?

① 행정안전부장관
② 경찰청장
③ 주소지를 관할하는 시 · 도경찰청장
④ 주소지를 관할하는 시 · 군 · 구청장

TIP 국제운전면허증 또는 상호인정외국면허증을 가지고 국내에서 자동차등을 운전하는 사람이 적성검사를 받지 아니하였거나 적성검사에 불합격한 경우에는 그 사람의 주소지를 관할하는 시 · 도경찰청장은 행정안전부령으로 정한 기준에 따라 1년을 넘지 아니하는 범위에서 국제운전면허증 또는 상호인정외국면허증에 의한 자동차등의 운전을 금지할 수 있다〈법 제97조 제1항 제1호〉.

4 「도로교통법」상 국제운전면허증의 유효기간으로 옳은 것은?

① 발급신청한 날부터 2년
② 발급받은 날부터 2년
③ 발급신청한 날부터 1년
④ 발급받은 날부터 1년

TIP 국제운전면허증의 유효기간은 발급받은 날부터 1년으로 한다〈법 제98조 제2항〉.

5 「도로교통법시행규칙」상 국제운전면허증의 발급절차에 대한 설명으로 옳지 않은?

① 국제운전면허증을 신청하려는 사람은 사진 1장을 첨부한 신청서를 제출하고 신분증명서를 제시하여야 한다.
② 신청인은 국제운전면허증 신청 시 여권정보확인을 위해 여권원본을 직접 제출하여야 한다.
③ 신청서를 받은 시 · 도경찰청장 또는 한국도로교통공단은 국제운전면허증을 발급하여야 한다.
④ 제1종 연습운전면허를 받은 사람은 국제운전면허증 발급 받을 수 없다.

TIP ② 국제운전면허증의 신청을 받은 시 · 도경찰청장 또는 한국도로교통공단은 행정정보의 공동이용을 통하여 신청인의 여권정보를 확인하여야 한다. 다만, 신청인이 확인에 동의하지 아니하는 경우에는 여권의 사본을 제출(여권을 제시하는 것으로 갈음할 수 있다)하도록 하여야 한다〈시행규칙 제98조 제2항〉.

Answer 3.③ 4.④ 5.②

10 자동차운전학원

section 1 자동차운전학원

❶ 자동차운전학원의 등록〈법 제99조〉

(1) 등록 및 등록조건

① 등록기관 및 대상
- ㉠ 등록기관 : 시 · 도경찰청장
- ㉡ 등록대상 : 자동차운전학원(이하 "학원"이라 한다)을 설립 · 운영하려는 자

② 등록조건
- ㉠ 등록조건 : 시설 및 설비 등과 강사의 정원(定員) 및 배치기준 등 필요한 조건을 갖추어 대통령령으로 정하는 바에 따라 시 · 도경찰청장에게 등록
- ㉡ 등록사항의 변경 : 대통령령으로 정하는 등록사항을 변경하려는 경우에도 또한 같다.

(2) 자동차운전학원의 등록신청서류 제출〈시행령 제60조〉

① 제출서류
- ㉠ 등록신청서 : 등록신청서에 학원의 운영 등에 관한 원칙을 적은 서류 등 행정안전부령으로 정하는 서류를 첨부하여 시 · 도경찰청장에게 제출
- ㉡ 등록신청서에 적어야 할 사항
  - 설립 · 운영자(법인인 경우에는 그 법인의 임원을 말하며, 공동으로 설립 · 운영하는 경우에는 모든 설립 · 운영자를 말한다. 이하 같다)의 인적사항
  - 시설 및 설비
  - 강사의 명단 · 정원 및 배치 현황
  - 교육과정
  - 개원 예정 연월일
- ㉢ 학원의 운영 등에 관한 원칙에 포함되어야 할 사항
  - 학원의 목적 · 명칭 및 위치

- 교육생의 교육과정별 정원
- 교육과정 및 교육시간
- 교육생의 입원 및 퇴원에 관한 사항
- 교육기간 및 휴강일
- 교육과정 수료의 인정기준
- 수강료 및 이용료

② 자동차운전학원 등록신청서에 첨부해야 할 서류 및 시 · 도경찰청장의 확인사항〈시행규칙 제99조〉

㉠ 자동차운전학원 등록신청서에 첨부해야 할 서류

- 학원의 운영 등에 관한 원칙 1부
- 학원카드 1부
- 건축물사용승인서 또는 임시사용승인서 1부(가설건축물인 경우에 한한다)
- 기능교육장 등 학원의 시설을 나타내는 축적 400분의 1의 평면도 및 위치도, 현황측량성과도(기능교육장 등 학원 시설의 면적을 증명하기 위하여 공공기관에서 작성하는 서류를 말한다. 이하 같다) 각 1부
- 기능교육용 자동차(기능교육을 실시하기 위한 자동차등을 말한다. 이하 같다)의 경우에는 별지 제94호 서식의 기능교육용 자동차 확인증 1부
- 강사선임통지서 1부
- 정관 1부(설립자가 법인인 경우에 한한다)
- 학원 시설 등의 사용에 관한 전세 또는 임대차 계약서 사본 1부(학원의 시설 등이 다른 사람의 소유인 경우에 한한다)
- 학사관리전산시스템 설치확인서 1부

㉡ 시 · 도경찰청장이 행정정보의 공동이용을 통해 확인해야 할 서류

- 학원 부지의 토지대장 등본 및 건축물대장 등본(가설건축물인 경우를 제외한다)
- 설립 · 운영자(법인인 경우에는 그 법인의 임원을 말하고, 공동으로 설립 · 운영하는 경우에는 설립자와 운영자 모두를 말한다)의 주민등록표 초본
- 법인의 등기사항증명서(설립자가 법인인 경우에 한한다)
- 도로주행교육용 자동차(도로주행교육을 실시하기 위한 자동차를 말한다)의 경우에는 자동차등록원부

(3) 변경등록〈시행령 제61조〉

① 변경등록을 해야 할 사항

㉠ 설립 · 운영자의 인적사항

㉡ 학원의 명칭 또는 위치

㉢ 강의실, 휴게실, 양호실, 기능교육을 위한 장소(이하 "기능교육장"이라 한다) 또는 교육용 자동차에 관한 사항

㉣ 학원의 운영 등에 관한 원칙

② 변경등록 신청

㉠ 학원의 변경등록을 하려는 자는 변경등록신청서에 행정안전부령으로 정하는 변경사항을 증명할 수 있는 서류를 첨부하여 시 · 도경찰청장에게 제출하여야 한다.

㉡ 시 · 도경찰청장은 신청이 기준에 적합하면 등록증에 변경사항을 적어 다시 내주어야 한다.

❷ 학원의 조건부 등록〈법 제100조〉

(1) 등록 및 등록조건

① 학원의 조건부 등록

㉠ **등록기관** : 시 · 도경찰청장

㉡ **조건부학원의 등록** : 학원 등록을 할 경우 대통령령으로 정하는 기간에 시설 및 설비 등을 갖출 것을 조건으로 하여 학원의 등록을 받을 수 있다.

② 조건부학원의 취소

㉠ **취소사유** : 등록을 한 자가 정당한 사유 없이 기간 내에 시설 및 설비 등을 갖추지 않은 경우

㉡ **조건부학원등록의 취소** : 조건부학원등록을 취소하여야 한다.

(2) 조건부등록 신청서 제출〈시행령 제62조〉

① 제출서류

㉠ **등록신청서** : 조건부등록 신청서에 학원의 운영 등에 관한 원칙을 적은 서류 등 행정안전부령으로 정하는 서류를 첨부하여 시 · 도경찰청장에게 제출

㉡ **등록신청서에 적어야 할 사항**

- 설립 · 운영자(법인인 경우에는 그 법인의 임원을 말하며, 공동으로 설립 · 운영하는 경우에는 모든 설립 · 운영자를 말한다)의 인적사항
- 시설 및 설비
- 강사의 명단 · 정원 및 배치 현황
- 교육과정
- 개원 예정 연월일

② 조건부등록의 수락 및 연장

㉠ **조건부등록의 수락** : 시 · 도경찰청장은 신청내용을 검토한 결과 1년 이내에 시설 및 설비 등의 기준을 갖출 수 있을 것으로 인정되면 1년 이내에 그 기준을 갖출 것을 조건으로 하여 조건부등록을 받을 수 있다.

㉡ 조건부등록의 연장 : 조건부등록을 한 자가 ㉠에 따른 기간 이내에 시설 및 설비 등을 갖출 수 없는 부득이한 사유로 조건부등록 기간의 연장을 신청한 경우 시 · 도경찰청장은 한 차례만 6개월의 범위에서 그 기간을 연장할 수 있다.

(3) 시설 · 설비 완성신고서 제출 및 등록증교부

① 완성신고서 제출

㉠ 제출기관 : 시 · 도경찰청장

㉡ 시설 · 설비 완성신고서 제출 : 조건부등록을 한 자는 기간 만료 후 10일 이내에 시설 · 설비 완성신고서에 행정안전부령으로 정하는 서류를 첨부하여 제출하여야 한다.

㉡ 등록증 교부 : 시 · 도경찰청장은 신고를 받은 경우 그 내용이 등록기준에 적합한지 확인하고, 적합하면 행정안전부령으로 정하는 바에 따라 등록증을 내주어야 한다.

3 학원의 시설기준 등〈법 제101조〉

(1) 시설 · 설비 설치 및 교육용자동차의 구비

① 시설 및 설비의 설치

㉠ 학원에는 대통령령으로 정하는 기준에 따라 강의실 · 기능교육장 · 부대시설 등 교육에 필요한 시설(장애인을 위한 교육 및 부대시설을 포함한다) 및 설비 등을 갖추어야 한다.

㉡ 학원 및 전문학원이 갖추어야 할 시설〈시행령 제63조 제1항 별표5〉

- 강의실 및 사무실
- 화장실 및 급수시설, 채광시설, 환기시설, 냉난방시설 및 조명시설
- 방음시설 및 소방시설, 휴게실 및 양호실
- 기능교육장
- 정비장 및 주차시설
- 교육용 자동차(전문학원의 기능검정용 자동차를 포함한다)
- 학사관리 전산시스템

교육용 자동차의 기준〈시행령 제63조 제1항 및 제67조 제2항 별표5 제9호〉

- 기능 및 도로주행 교육용 자동차의 공통기준
  - 교육생이 교육 중 과실로 인하여 발생한 사고에 대하여 금액 이상을 보상받을 수 있는 보험에 가입할 것
  - 강사가 위험을 방지할 수 있는 별도의 제동장치 등 필요한 장치를 갖출 것
  - 전문학원의 경우 자동변속기, 수동가속페달, 수동브레이크, 왼쪽 보조 액셀러레이터, 오른쪽 방향지시기, 핸들선회장치 등이 장착된 장애인 기능교육용 자동차 및 도로주행교육용 자동차를 각각 1대 이상 확보할 것
  - 제2종 소형 또는 원동기장치자전거 운전교육 시 필요한 안전모, 안전장갑, 관절보호대 등 보호장구를 갖출 것
- 기능교육용 자동차의 기준
  - 교육생이 기능교육을 받는 데 지장이 없을 정도의 대수를 확보할 것(대수를 확보하는 경우에 기능교육장의 면적 300제곱미터당 1대를 초과하지 않도록 할 것)
  - 자동차검사대행자 또는 지정정비사업자가 행정안전부령으로 정하는 바에 따라 실시하는 검사를 받은 자동차를 사용할 것
- 도로주행교육용 자동차의 기준
  - 학원등 설립 · 운영자의 명의로 학원등의 소재지를 관할하는 행정기관에 등록된 자동차일 것. 다만, 관할 행정기관 외의 행정기관에 등록된 자동차의 경우에는 관할 시 · 도경찰청장의 승인을 받아 사용할 수 있다.
  - 도로주행교육용 자동차의 대수는 해당 학원등 기능교육장에서 동시에 교육이 가능한 최대 자동차 대수의 3배를 초과하지 않을 것
  - 정기검사를 받은 자동차를 사용할 것

② 교육용 자동차 구비〈시행령 제63조〉

㉠ **기능교육용 자동차** : 기능교육장에서 기능교육을 실시하기 위한 자동차

㉡ **도로주행교육용 자동차** : 도로주행교육을 실시하기 위한 자동차

※ 도로주행교육용 자동차에는 도로주행교육 표지를 붙이는 등 행정안전부령으로 정하는 바에 따라 표시 등을 하여야 한다.

(2) 교육용 자동차의 기준 및 검사

① 기능교육용 자동차 또는 도로주행교육용 자동차의 기준〈시행규칙 제102조〉

㉠ 기능시험 또는 도로주행시험에 사용되는 자동차의 기준에 적합하여야 한다.

㉡ 교육용 자동차에는 표지등(도로주행교육용 자동차에 한한다)을 설치하고, 시 · 도경찰청장이 교육용 자동차의 확인 시 학원별로 부여한 차량고유번호의 표시와 도색 및 표지를 하여야 한다.

㉢ 시 · 도경찰청장은 도로주행교육용 자동차가 기준에 적합한지의 여부를 확인하기 위하여 연 1회 이상 도로주행교육용 자동차의 점검을 실시하되, 이에 관하여 필요한 사항은 경찰청장이 정한다.

② 기능교육용 자동차의 검사〈시행규칙 제103조〉

㉠ 학원 또는 전문학원을 설립 · 운영하는 자가 기능교육용 자동차의 검사를 받기 위하여 자동차를 검사장소까지 운행하려는 때에는 특별시장 · 광역시장 · 제주특별자치도지사 또는 도지사로부터 임시운행허가를 받아야 한다.

㉡ 학원 또는 전문학원을 설립 · 운영하는 자는 기능교육용 자동차의 검사를 받고자 하는 때에는 정기검사 기간에 기능교육용 자동차와 교부받은 기능교육용 자동차 확인증을 자동차검사대행자 또는 지정정비사업자에게 제시하여야 한다.

㉢ 자동차검사대행자 또는 지정정비사업자가 기능교육용 자동차를 검사한 때에는 기능교육용 자동차 확인증에 사용유효기간을 기재하여 교부하여야 한다.

기능교육용 자동차의 사용유효기간〈시행규칙 제103조 제4항〉

- 승용자동차 및 승용겸 화물자동차 : 2년
- 화물자동차 : 1년
- 승합자동차, 대형견인차, 소형견인차 및 구난차
  - 차령 5년 이하 : 1년
  - 차령 5년 초과 : 6개월

☞ 제작 · 판매사로부터 출고한 후 3개월 이내에 시 · 도경찰청장에게 기능교육용 자동차로 확인신청을 한 자동차의 경우에는 사용유효기간을 4년으로 한다.

- 기능교육용 이륜자동차 및 원동기장치자전거의 사용연한 : 10년

(3) 코스 및 도로의 기준 등〈시행규칙 제104조〉

① **기능교육장** : 기능교육장(기능교육을 위한 장소를 말한다) 코스의 종류 · 형상 · 구조의 기준은 기능시험코스의 종류 · 형상 및 구조에 의한다.

② **도로주행교육을 실시하는 도로의 기준** : 도로주행교육(도로상 운전능력을 익히기 위한 교육을 말한다)을 실시하는 도로의 기준은 별표 25에 따른 도로주행시험을 실시하기 위한 도로의 기준에 의한다.

학원등록 등의 결격사유〈법 제102조〉

- 피성년후견인
- 파산선고를 받고 복권되지 아니한 사람
- 금고 이상의 형을 선고받고 그 집행이 끝나거나 집행을 받지 아니하기로 확정된 후 3년이 지나지 아니한 사람 또는 금고 이상의 형을 선고받고 그 집행유예기간 중에 있는 사람
- 법원의 판결에 의하여 자격이 정지 또는 상실된 사람
- 등록이 취소된 날부터 1년이 지나지 아니한 학원의 설립 · 운영자 또는 학원의 등록이 취소된 날부터 1년 이내에 같은 장소에서 학원을 설립 · 운영하려는 사람
- 임원 중에 위의 결격사유에 해당하는 사람이 있는 법인

section 2 학원의 강사

❶ 학원의 강사 및 교육과정 등〈법 제103조〉

(1) 학원의 강사

① 학원에서 교육을 담당하는 강사

㉠ 개념 : 학원에서 교육을 담당하는 강사란 자동차등의 운전에 필요한 도로교통에 관한 법령 · 지식 및 기능교육을 하는 사람을 말한다.

㉡ 자격요건 · 정원 · 배치기준 및 교육과정과 방법

- 자격요건 · 정원 및 배치기준 등에 관하여 필요한 사항은 대통령령으로 정한다.
- 학원의 교육과정, 교육방법 및 운영기준 등에 관하여 필요한 사항은 대통령령으로 정한다.

② 학원강사의 자격요건〈시행령 제64조〉

㉠ 학원 강사의 자격요건

- 학과교육강사자격증을 발급받은 사람
- 기능교육강사자격증을 발급받은 사람

㉡ 학원강사의 정원 및 배치기준 2024년 서울

<table>
<tr><th>구분</th><th colspan="2">내용</th></tr>
<tr><td>학과교육강사</td><td colspan="2">• 강의실 1실당 1명 이상</td></tr>
<tr><td rowspan="4">기능교육강사</td><td>제1종 대형면허</td><td>• 교육용 자동차 10대당 3명 이상</td></tr>
<tr><td>제1종 보통면허
제2종 보통면허
제1종 보통연습면허
제2종 보통연습면허</td><td>다음에 따라 산정한 강사 정원을 합산한다.
• 운전면허별 교육용 자동차가 10대 이상인 경우에는 해당 운전면허별 교육용 자동차 대수의 합계 10대당 3명 이상
• 운전면허별 교육용 자동차가 10대 미만인 경우에는 해당 운전면허별로 각 1명 이상</td></tr>
<tr><td>제1종 특수면허</td><td>• 각각 교육용 자동차 2대당 1명 이상</td></tr>
<tr><td>제2종 소형면허
원동기장치자전거면허</td><td>• 교육용 자동차등 10대당 1명 이상</td></tr>
</table>

※ 기능교육강사는 교육용 자동차등의 대수에 따른 비율로 산정한 강사 정원이 정수(整數)가 아닌 경우에는 소수점 이하를 올림한다.

※ 교육용 자동차등에는 고장 등에 대비하기 위한 예비용 자동차등(이하 "예비용자동차등"이라 한다)은 포함되지 않는다.

③ 강사의 정원을 확보 및 준수사항

㉠ **강사정원확보** : 학원을 설립 · 운영하는 자는 강사정원을 확보하여야 하며, 강사의 결원이 생겼을 때에는 지체 없이 그 결원을 보충하여야 한다.

㉡ 학원(전문학원을 포함)의 강사의 준수사항

- 교육자로서의 품위를 유지하고 성실히 교육할 것
- 거짓이나 그 밖의 부정한 방법으로 운전면허를 받도록 알선 · 교사(敎唆)하거나 돕지 아니할 것
- 운전교육과 관련하여 금품, 향응, 그 밖의 부정한 이익을 받지 아니할 것
- 수강 사실을 거짓으로 기록하지 아니할 것
- 연수교육을 받을 것
- 자동차운전교육과 관련하여 시 · 도경찰청장이 지시하는 사항에 따를 것

(2) 학원의 교육과정〈시행령 제65조〉 2021년 서울

구분	내용
교육과정	• 학과교육 과정 • 기능교육 및 도로주행교육 과정
교육방법	• 운전면허의 범위별로 구분하여 행정안전부령으로 정하는 최소 시간 이상 교육할 것 • 교육생 1명에 대한 교육시간은 학과교육의 경우에는 1일 7시간을 초과하지 아니할 것 • 기능교육 및 도로주행교육의 경우에는 1일 4시간을 초과하지 아니할 것 • 도로주행교육은 도로에서 실시할 것
운영기준	• 행정안전부령으로 정하는 정원의 범위에서 교육을 실시할 것 • 자동차운전교육생을 모집하기 위한 사무실 등을 학원 밖에서 별도로 운영하지 아니할 것 • 교육생이 학원의 위치, 연락처, 교육시간에 관하여 착오를 일으킬 만한 정보를 표시하거나 광고하지 아니할 것 • 교육시간을 모두 수료하지 아니한 교육생에게 운전면허시험에 응시하도록 유도하지 아니할 것

(3) 운전면허의 종별 교육과목 · 교육시간 및 교육방법〈시행규칙 제106조 제1항 별표32〉

① 학원 및 전문학원의 교육과목 및 교육시간

교육과목 \ 면허종별		보통(연습)면허	대형면허, 대형견인차면허 및 구난차면허	소형견인차면허	소형면허
학과교육	운전이론 등	3시간	3시간	3시간	5시간
기능교육	기본조작	4시간	5시간	2시간	5시간
	응용주행		5시간	2시간	5시간
	소계	4시간	10시간	4시간	10시간
도로주행교육(연습면허소지자)		6시간	·	·	·
계		13시간	13시간	7시간	15시간

② 학원 및 전문학원의 교육과정별 · 단계별 교육내용

㉠ 제1종 보통(연습)면허 및 제2종 보통(연습)면허

교육과정	단계별	시간	교육내용
학과교육	1교시 ~ 3교시		• 교통사고 실태 및 인명 존중, 사각지대와 운전, 인간의 능력과 차에 작용하는 자연의 힘, 초보운전자의 교통사고사례, 야간운전, 거친 날씨의 운전, 교통사고발생 시 조치, 보험, 안전운전 장치의 이해, 고속주행 시 안전운전
기능교육	1단계	1교시 ~ 3교시	• 운전장치조작, 차로준수, 돌발 시 급제동, 경사로, 직각주차, 교차로 통과, 가속 요령 등
	2단계	4교시	• 1단계 교육과정에 대한 종합적인 운전
도로주행교육	1단계	1교시 ~ 6교시	• 도로주행 시 운전자의 마음가짐, 주변교통과 합류하는 방법, 속도선택, 교차로 통행방법, 위험을 예측한 방어운전 요령 등

㉡ 제1종 대형면허

교육과정	단계별	시간	교육내용
학과교육	• 대형자동차 운전 및 구조적 특징, 교통사고 실태 및 인명 존중, 사각지대와 운전, 인간의 능력과 차에 작용하는 자연의 힘, 대형 교통사고사례, 야간운전, 거친 날씨의 운전, 교통사고발생 시 조치, 보험, 안전운전 장치의 이해 등		
기능교육	1단계	1교시 ~ 5교시	• 운전장치조작, 경사로 운전, 모퉁이 통행, 방향전환, 기어변속능력, 평행주차 요령, 돌발상황 대응 요령, 엔진 시동상태 유지 등
	2단계	6교시 ~ 10교시	• 1단계 교육과정에 대한 종합적인 운전

㉢ 제1종 특수면허

면허종별	교육과정	단계별	시간	교육내용
대형견인차 구난차	학과교육	• 견인차 및 구난차의 구조적 특징, 교통사고 실태 및 인명 존중, 사각지대와 운전, 인간의 능력과 차에 작용하는 자연의 힘, 대형 교통사고사례, 야간운전, 거친 날씨의 운전, 교통사고발생 시 조치, 보험, 안전운전 장치의 이해 등		
	기능교육	1단계	1교시 ~ 5교시	• 운전장치 조작, 피견인차 연결 및 분리방법, 전 · 후진 요령(구난차의 경우 굴절 · 곡선 통과 요령)
		2단계	6교시 ~ 10교시	• 방향전환 요령, 주차 요령 등
소형견인차	학과교육	• 차량견인시 주의사항, 견인차의 구조적 특징, 교통사고 실태 및 인명 존중, 사각지대와 운전, 인간의 능력과 차에 작용하는 자연의 힘, 대형 교통사고사례, 야간운전, 거친 날씨의 운전, 교통사고발생 시 조치, 보험, 안전운전 장치의 이해 등		
	기능교육	1단계	1교시 ~ 3교시	• 운전장치 조작, 방향전환, 굴절코스, 곡선통과, 전 · 후진 요령
		2단계	4교시	• 1단계 교육과정에 대한 종합적인 운전

㉣ 제1종 소형면허 및 제2종 소형면허

면허종별	교육과정	단계별	시간	교육내용
제1종 소형면허	학과교육	1교시～5교시		• 제1종 · 제2종 보통연습면허와 같다.
	기능교육	1단계	1교시～5교시	• 제1종 대형면허와 같다.
		2단계	6교시～10교시	
제2종 소형면허	학과교육	1교시～ 5교시		• 제1종 · 제2종 보통연습면허와 같다.
	기능 교육	1단계	1교시～5교시	• 이륜자동차 취급방법, 굴절 · 곡선 · 좁은 길 코스 통과 요령, 연속진로전환코스 통과 요령, 시동상태 유지 등
		2단계	6교시～10교시	교육과정에 대한 종합운전

③ 전문학원의 기능교육 방법

㉠ **동승교육** : 1단계 과정에 있는 제1종 보통면허(연습면허를 포함한다), 제2종 보통면허(연습면허를 포함한다), 제1종 대형면허 및 제1종 특수면허 교육생에 대하여 기능교육강사가 기능교육용 자동차의 운전석 옆자리에 승차하여 운전석에서 수강하는 교육생 1명에 대하여 실시하는 교육으로서, 2단계 과정 또는 최소교육시간 외의 교육과정에 있는 교육생이라도 원하는 경우에는 동승교육을 실시해야 한다.

㉡ **집합교육** : 1단계 과정에 있는 제1종 소형면허, 제2종 소형면허 및 원동기장치자전거면허 교육생에 대하여 기능교육강사가 5명 이내의 교육생과 함께 실시한다.

㉢ **단독교육** : 2단계 과정 또는 최소교육시간 외의 교육과정에 있는 교육생에 대하여 기능교육강사가 기능교육용자동차에 함께 승차하지 않고 교육생 단독으로 실시하는 운전연습교육이다.

㉣ **개별코스교육** : 보통연습면허 이외의 면허의 1단계 과정에 있어서 교육생의 운전능력이 부족하다고 판단되는 코스에 대하여 4시간의 범위에서 3명 이내의 교육생과 함께 실시할 수 있다.

㉤ **모의운전장치교육** : 1단계 과정 중 운전장치조작의 경우 2시간을 초과하지 않는 범위에서 모의운전장치로 실시할 수 있다. 다만, 제1종 보통연습면허 및 제2종 보통연습면허의 경우에는 기능교육의 최소교육시간 이외의 교육과정에서만 모의운전장치로 교육을 실시할 수 있다.

2 교육과정의 운영기준 등〈시행규칙 제107조〉

(1) 교육의 실시

① **실시권자** : 학원 또는 전문학원을 설립 · 운영하는 자

② 실시해야 하는 교육의 기준

㉠ 학과교육

• 운전면허의 종별 교육과목 및 교육시간에 따라 교육을 실시할 것
• 교육시간은 50분을 1시간으로 하되, 1일 1인당 7시간을 초과하지 아니할 것

• 응급처치교육은 응급의학 관련 의료인이나 응급구조사 또는 응급처치에 관한 지식과 경험이 있는 강사로 하여금 실시하게 할 것

㉡ 기능교육

• 운전면허의 종별 교육과목 · 교육시간 및 교육방법 등에 따라 단계적으로 교육을 실시할 것
• 교육시간은 50분을 1시간으로 하되, 1일 1명당 4시간을 초과하지 아니할 것
• 교육생을 2명 이상 승차시키지 아니할 것

㉢ 도로주행교육

• 운전면허 또는 연습운전면허를 받은 사람에 대하여 실시하되, 별표 32의 운전면허의 종별 교육과목 · 교육시간 및 교육방법 등에 따라 실시할 것
• 기능교육을 담당하는 강사가 도로주행교육용 자동차에 같이 승차하여 지도하고, 교육생을 2명 이상 승차시키지 아니할 것
• 교육시간은 50분을 1시간으로 하되, 1일 1명당 4시간을 초과하지 아니할 것. 다만, 운전면허를 받은 사람에 대하여는 그러하지 아니하다.
• 지정된 도로에서 기준에 따라 교육을 실시할 것
• 도로주행교육을 위한 도로의 지정에 관하여는 제124조 제3항 및 제4항의 규정을 준용한다.

운전교육 수강신청 시 제출해야 하는 서류 등〈시행규칙 제105조〉

• 운전교육을 받으려는 사람은 다음서류를 첨부한 수강신청서와 수강료를 해당 학원 또는 전문학원에 납부하여야 한다.
  –주민등록증 사본 1부
  –사진 4매
  –운전면허시험응시표 사본 1부 또는 운전경력증명서 1부(해당하는 사람에 한한다)

(2) 학원 또는 전문학원을 설립 · 운영하는 자의 감독

① 수강사실의 입력 및 전자서명

㉠ **수강사실의 입력** : 교육생으로 하여금 교육이 시작되기 전과 교육이 끝난 후에 학사관리 전산시스템에 출석 및 수강사실을 입력하게 하여야 한다.

㉡ **전자서명** : 교육을 한 강사로 하여금 교육생의 수강사실을 확인한 후 전자서명을 하도록 하여야 한다.

② 감독 및 교육의 실시

㉠ **감독** : 학원 또는 전문학원을 설립 · 운영하는 자는 학과교육 기준 내지 도로주행교육 기준에 따라 교육이 실시되는지의 여부를 수시로 감독하여야 한다.

㉡ **교육실시** : 그 밖에 교육과정 운영 등 교육의 실시에 관하여 이 규칙에 정하지 아니한 사항은 경찰청장이 정한다.

section 3 자동차운전 전문학원

1 자동차운전 전문학원의 지정 등〈법 제104조〉

(1) 전문학원의 지정

① 지정권자 : 시 · 도경찰청장

② 전문학원의 지정

㉠ 지정 : 자동차운전에 관한 교육 수준을 높이고 운전자의 자질을 향상시키기 위하여 등록된 학원으로서 대통령령으로 정하는 바에 따라 자동차운전 전문학원(이하 "전문학원"이라 한다)으로 지정할 수 있다.

㉡ 자동차운전 전문학원(이하 "전문학원"이라 한다)으로 적합한 학원의 기준

- 자격요건을 갖춘 학감을 둘 것(학원을 설립 · 운영하는 자가 자격요건을 갖춘 경우에는 학감을 겸임할 수 있으며 이 경우에는 학감을 보좌하는 부학감을 두어야 한다)
  ※ 학감 … 전문학원의 학과 및 기능에 관한 교육과 학사운영을 담당하는 사람을 말한다.
- 대통령령으로 정하는 기준에 따라 강사 및 기능검정원을 둘 것
  ※ 기능검정원 … 기능검정을 하는 사람을 말한다.
- 대통령령으로 정하는 기준에 적합한 시설 · 설비 및 교통안전교육기관의 지정에 필요한 시설 · 설비 등을 갖출 것
- 교육방법 및 졸업자의 운전 능력 등 해당 전문학원의 운영이 대통령령으로 정하는 기준에 적합할 것

③ 전문학원으로 지정할 수 없는 학원

㉠ 제113조(제1항 제2호부터 제4호까지 제외)에 따라 등록이 취소된 학원 또는 전문학원(이하 "학원등"이라 한다)을 설립 · 운영하는 자(이하 "학원등 설립 · 운영자"라 한다) 또는 학감이나 부학감이었던 사람이 등록이 취소된 날부터 3년 이내에 설립 · 운영하는 학원

㉡ 제113조(제1항제2호부터 제4호까지 제외)에 따라 등록이 취소된 경우 취소된 날부터 3년 이내에 같은 장소에서 설립 운영되는 학원

◆ 법 제113조 제1항 제2호 · 제3호 · 제4호

- 시설기준에 미달하게 된 경우
- 정당한 사유 없이 개원(開院) 예정일부터 2개월이 지날 때까지 개원하지 아니한 경우
- 정당한 사유 없이 계속하여 2개월 이상 휴원한 경우

④ **중요사항의 변경** : 지정받은 전문학원이 대통령령으로 정하는 중요사항을 변경하려면 소재지를 관할하는 시 · 도경찰청장의 승인을 받아야 한다.

◆ 대통령령으로 정하는 중요사항을 변경〈시행령 제68조〉

- 학감(學監)
- 전문학원의 명칭 또는 위치
- 강의실 · 휴게실 · 양호실 · 기능교육장 또는 교육용 자동차에 관한 사항
- 전문학원의 운영 등에 관한 원칙

(2) 전문학원의 지정방법〈시행령 제66조〉

① 지정방법 및 신청기관

㉠ 지정방법

- 전문학원으로 지정받으려는 자는 행정안전부령으로 정하는 바에 따라 시설 · 설비 등을 갖추어야한다.
- 전문학원 지정신청서에 학원의 운영 등에 관한 원칙을 적은 서류를 첨부하여 신청하여야 한다.

㉡ 신청기관 : 시 · 도경찰청장

② 전문학원의 지정 : 시 · 도경찰청장은 지정신청이 요건에 적합하면 그 학원을 전문학원으로 지정하여야 한다.

(3) 전문학원의 지정기준〈시행령 제67조〉 2021년 경기

① 전문학원의 강사 및 기능검정원의 배치기준(교육용 자동차등에 예비용자동차등은 포함되지 않음)

구분	내용	
학과교육강사	• 1일 학과교육 8시간당 1명 이상	
기능교육강사	제1종 대형면허	• 교육용 자동차 10대당 3명 이상
	제1종 보통면허, 제2종 보통면허 제1종 보통연습면허 또는 제2종 보통연습면허	• 교육용 자동차 10대당 5명 이상
	제1종 특수면허	• 각각 교육용 자동차 2대당 1명 이상
	제2종 소형면허 및 원동기장치자전거면허	• 교육용 자동차등 10대당 1명 이상
기능검정원	• 교육생 정원 200명당 1명 이상	

※ 기능교육강사는 교육용 자동차등의 대수에 따른 비율로 산정한 강사 정원이 정수(整數)가 아닌 경우에는 소수점 이하를 올림한다.

② 전문학원의 시설 · 설비 및 교육용 자동차의 기준

㉠ 전문학원의 시설 · 설비 등의 기준은 별표 5와 같다.

㉡ 전문학원의 교육용 자동차의 기준, 도로주행교육용 자동차의 표지, 기능교육장 코스의 종류 · 형상 · 구조 및 도로주행교육 · 도로주행기능검정 등을 실시하는 도로의 기준에 관하여는 제63조 제2항부터 제4항까지의 규정을 준용한다.

③ 전문학원의 운영기준

㉠ 학원의 교육과정에 따른 교육과정, 교육방법 및 운영기준에 따라 교육을 실시할 것

㉡ 학과교육, 기능교육 및 도로주행교육별로 각각 3개월 이내에 교육이 수료될 수 있도록 할 것

④ **도로주행시험 합격률** : 법졸업자의 운전능력은 전문학원의 지정 신청이 있는 날부터 6개월 동안 그 학원의 교육과정을 마친 교육생의 도로주행시험 합격률이 60퍼센트 이상이어야 한다.

(4) 전문학원의 지정신청방법〈시행규칙 제113조〉

① 신청서 제출

㉠ **신청대상** : 학원을 설립 · 운영하는 자가 전문학원의 지정을 받으려는 경우

㉡ **신청서 제출기관** : 시 · 도경찰청장

② 지정신청서에 첨부해야 할 서류

㉠ 전문학원의 운영 등에 관한 원칙 1부

㉡ 자동차운전전문학원카드 1부

㉢ 코스부지와 코스의 종류 · 형상 및 구조를 나타내는 축척 400분의 1의 평면도와 위치도 및 현황측량성과도 각 1부

㉣ 전문학원의 부대시설 · 설비 등을 나타내는 도면 1부

㉤ 건축물사용승인서 또는 임시사용승인서(학원의 건물이 가설건축물인 경우) 및 학원 시설 등의 사용에 관한 전세 또는 임대차 계약서 사본(학원의 재산이 다른 사람의 소유인 경우)에 따른 서류 각 1부

㉥ 전문학원의 직인 및 학감(설립 · 운영자가 학감을 겸임하는 경우에는 부학감)의 도장의 인영

㉦ 기능검정원의 자격증 사본 1부, 기능검정합격사실을 증명하기 위한 도장의 인영

㉧ 강사의 자격증 사본

㉨ 강사 · 기능검정원 선임통지서 1부

㉩ 기능시험전자채점기 설치확인서 1부

㉪ 장애인교육용 자동차의 확보를 증명할 수 있는 서류 1부

㉫ 학사관리전산시스템 설치확인서 1부

※ ㉥ ~ ㉧까지의 서류는 시 · 도경찰청장이 지정하는 기일까지 제출할 수 있다.

(5) 전문학원의 지정 등〈시행규칙 제114조〉

① 지정신청자의 통보

㉠ **지정신청자 통보** : 시 · 도경찰청장은 전문학원의 지정신청이 있은 때에는 한국도로교통공단에 그 내용을 통보하여야 한다.

㉡ **도로주행시험 결과통보** : 통보를 받은 때에는 신청이 있는 날부터 6월동안 그 학원의 교육과정을 수료한 교육생에 대한 도로주행시험 결과를 시 · 도경찰청장에게 통보하여야 한다.

② 전문학원으로 지정

㉠ **전문학원의 지정** : 시 · 도경찰청장은, 전문학원의 지정을 신청한 학원이 도로주행시험 합격률 등 전문학원의 지정기준을 갖추었다고 인정되는 때에는 그 학원을 전문학원으로 지정

㉡ **자동차운전전문학원지정증 발급** : 자동차운전전문학원지정증을 지정신청인에게 발급하고, 자동차운전전문학원 지정대장에 이를 기재하여야 한다.

◆ 전문학원의 교육방법 등의 기준〈시행규칙 제106조 제1항 별표32〉

• 전문학원의 교육방법 등의 기준은 별표 32와 같다.

❷ 학감 및 기능검정의 방법 등

(1) 전문학원의 학감 등〈법 제105조〉

① 전문학원의 학감이나 부학감이 갖추어야 할 요건

㉠ 도로교통에 관한 업무에 3년 이상 근무한 경력(관리직 경력만 해당한다)이 있는 사람 또는 학원등의 운영 · 관리에 관한 업무에 3년 이상 근무한 경력이 있거나 학원등의 교육 · 검정 등 대통령령으로 정하는 업무에 5년 이상 근무한 경력이 있는 사람

◆ 대통령령으로 정하는 업무〈시행령 제68조의2〉

• 기능교육
• 도로주행교육
• 기능검정

㉡ 등록이 취소된 학원등을 설립 · 운영한 자, 학감 또는 부학감이었던 경우에는 등록이 취소된 날부터 3년이 지난 사람

② 전문학원의 학감이나 부학감이 될 수 없는 사람

㉠ 미성년자 또는 피성년후견인

㉡ 파산선고를 받고 복권되지 아니한 사람

㉢ 도로교통법 또는 다른 법의 규정을 위반하여 금고 이상의 실형을 선고받고 그 형의 집행이 끝나거나(끝난 것으로 보는 경우를 포함한다) 집행을 받지 아니하기로 확정된 날부터 2년(제150조의 벌칙을 위반한 경우에는 3년)이 지나지 아니한 사람

㉣ 벌금형을 선고받고 3년이 지나지 아니한 사람

㉤ 금고 이상의 형을 선고받고 그 집행유예기간 중에 있는 사람

㉥ 금고 이상의 형의 선고유예를 받고 그 유예기간 중에 있는 사람

㉦ 법률 또는 판결에 의하여 자격이 상실되거나 정지된 사람

㉧ 「국가공무원법」 또는 「경찰공무원법」 등 관련 법률에 따라 징계면직처분을 받은 날부터 2년이 지나지 아니한 사람

(2) 기능검정의 방법 및 실시〈시행령 제69조〉

① 기능검정의 방법

㉠ 장내기능검정 : 전문학원의 기능교육장에서 기능교육용 자동차를 이용하여 기능검정원이 운전면허의 범위별로 시험의 기준에 따라 실시한다.

㉡ 도로주행기능검정 : 도로에서 도로주행교육용 자동차를 이용하여 기능검정원이 운전면허의 범위별로 시험의 기준에 따라 실시한다.

② 기능검정의 실시

㉠ 장내기능검정 : 운전면허의 결격사유에 해당하지 아니하는 사람으로서 장내기능검정일 전 6개월 이내에 학과교육과 기능교육을 모두 수료한 사람에 대하여 실시한다.

㉡ 도로주행기능검정 : 도로주행교육을 수료한 사람 중에서 그 사람이 소지하고 있는 연습운전면허의 유효기간이 지나지 아니한 사람에 대하여 실시한다.

③ 시험불합격자 : 장내기능검정 또는 도로주행기능검정에 합격하지 못한 교육생에 대해서는 장내기능검정 또는 도로주행검정에 불합격한 날부터 3일이 지난 후에 다시 기능검정을 실시할 수 있다.

(3) 수료증 또는 졸업증의 발급 · 재발급〈시행규칙 제125조〉

① 수료증의 발급

㉠ 수료증교부 : 학감은 장내기능검정 및 도로주행기능검정 결과 기능검정원이 합격사실을 증명한 때에는 교육생에게 수료증을 교부하고, 수료증발급대장에 이를 기재하여야 한다.

㉡ 발급기준 : 수료증 또는 졸업증은 장내기능검정 또는 도로주행기능검정 합격일을 기준으로 발급한다.

② 수료증의 재발급

㉠ 재발급 : 수료증 또는 졸업증을 잃어버렸거나 헐어 못쓰게 된 때에는 학감에게 신청하여 다시 발급받을 수 있다.

㉡ 대장에 기록 : 학감이 수료증 또는 졸업증을 재발급한 때에는 그 사실을 수료증발급대장 또는 졸업증발급대장에 각각 기재하여야 한다.

자동차운전학원과 전문학원의 비교

구분	자동차운전학원(일반학원)	자동차운전전문학원(전문학원)
설립요건		• 6개월 동안 도로주행사업 합격률 60% 이상
자체시험	• 자체시험 불가(공단 면허시험장에서 시험)	• 자체시험 가능
지정권자		• 시 · 도경찰청장
학과강사	• 1일 교육시간 7시간 초과 불가	• 8시간 당 학과 강사 1명 이상
기능강사	• 1종 대형, 1 · 2종 보통 : 차 10대 당 3명 이상 • 1종 특수 : 차 2대 당 1명 이상 • 2종 소형 및 원동기 : 차 10대 당 1명 이상	• 1종 대형차 : 10대 당 3명 이상 • 1 · 2종 보통 : 차 10대 당 5명 이상 • 1종 특수 : 차 2대 당 1명 이상 • 2종 소형 및 원동기 : 차 10대 당 1명 이상
기능검정원(감독관)	• 해당 없음	• 수강생 정원 200명 당 기능검정원 1명 이상
학감	• 해당없음	• 필요
	• 해당없음	• 운영자가 학감을 겸할 경우 필요

section 4 전문학원의 강사 및 기능검정원

❶ 전문학원의 강사〈법 제106조〉

(1) 강사자격증의 취득

① 강사자격시험 및 연수교육

㉠ 강사자격증 발급권자 : 경찰청장

㉡ 시험합격 및 연수교육 : 전문학원의 강사가 되려는 사람은 행정안전부령으로 정하는 강사자격시험에 합격하고 경찰청장이 지정하는 전문기관에서 자동차운전교육에 관한 연수교육을 수료하여야 한다.

② 자격증발급 및 대여금지

㉠ 강사자격증 발급 : 경찰청장은 자격을 갖춘 사람에게 행정안전부령으로 정하는 바에 따라 강사자격증을 발급하여야 한다.

㉡ 대여금지 : 발급받은 강사자격증은 부정하게 사용할 목적으로 다른 사람에게 빌려주거나 빌려서는 아니 되며, 이를 알선하여서도 아니 된다.

③ 전문학원의 강사가 될 수 없는 사람

㉠ 법 제76조 제3항 제2호의 규정에 해당하는 사람

> ◆ 법 제76조 제3항 제2호
>
> 다음의 어느 하나에 해당하는 죄를 저질러 금고 이상의 형을 선고받고 그 집행이 끝나거나 집행이 면제된 날부터 2년이 지나지 아니한 사람 또는 그 집행유예기간 중에 있는 사람
> - 「교통사고처리 특례법」 제3조 제1항에 따른 죄
> - 「특정범죄 가중처벌 등에 관한 법률」 제5조의3, 제5조의11 제1항 및 제5조의13에 따른 죄
> - 「성폭력범죄의 처벌 등에 관한 특례법」 제2조에 따른 성폭력범죄
> - 「아동 · 청소년의 성보호에 관한 법률」 제2조 제2호에 따른 아동 · 청소년대상 성범죄

㉡ 강사자격증이 취소된 날부터 3년이 지나지 아니한 사람

㉢ 기능교육에 사용되는 자동차등을 운전할 수 있는 운전면허를 받지 아니한 사람

㉣ 기능교육에 사용되는 자동차를 운전할 수 있는 운전면허를 받은 날부터 2년이 지나지 아니한 사람

(2) 강사자격 취소 및 효력의 정지

① 강사의 자격을 취소하거나 1년 이내의 범위에서 강사자격의 효력을 정지시킬 수 있는 경우

㉠ 거짓이나 그 밖의 부정한 방법으로 강사자격증을 발급받은 경우

㉡ 다음의 어느 하나에 해당하는 죄를 저질러 금고 이상의 형(집행유예를 포함한다)을 선고받은 경우
- 「교통사고처리 특례법」 제3조 제1항에 따른 죄
- 「특정범죄 가중처벌 등에 관한 법률」 제5조의3, 제5조의11 제1항 및 제5조의13에 따른 죄
- 「성폭력범죄의 처벌 등에 관한 특례법」 제2조에 따른 성폭력범죄
- 「아동 · 청소년의 성보호에 관한 법률」 제2조 제2호에 따른 아동 · 청소년대상 성범죄

㉢ 강사의 자격정지 기간 중에 교육을 한 경우

㉣ 강사의 자격증을 다른 사람에게 빌려 준 경우

㉤ 기능교육에 사용되는 자동차를 운전할 수 있는 운전면허가 취소된 경우(학과시험 담당강사는 적용제외)

㉥ 기능교육에 사용되는 자동차를 운전할 수 있는 운전면허의 효력이 정지된 경우(학과시험 담당강사는 적용제외)

㉦ 강사의 업무에 관하여 부정한 행위를 한 경우

㉧대가를 받고 자동차운전교육을 한 경우

㉨ 그 밖에 이 법이나 이 법에 따른 명령 또는 처분을 위반한 경우

② 강사의 자격을 취소해야 하는 경우

㉠ 거짓이나 그 밖의 부정한 방법으로 강사자격증을 발급받은 경우

㉡ 다음의 어느 하나에 해당하는 죄를 저질러 금고 이상의 형(집행유예를 포함한다)을 선고받은 경우
- 「교통사고처리 특례법」 제3조 제1항에 따른 죄
- 「특정범죄 가중처벌 등에 관한 법률」 제5조의3, 제5조의11 제1항 및 제5조의13에 따른 죄

- 「성폭력범죄의 처벌 등에 관한 특례법」 제2조에 따른 성폭력범죄
- 「아동 · 청소년의 성보호에 관한 법률」 제2조 제2호에 따른 아동 · 청소년대상 성범죄

㉢ 강사의 자격정지 기간 중에 교육을 한 경우

㉣ 강사의 자격증을 다른 사람에게 빌려 준 경우

㉤ 기능교육에 사용되는 자동차를 운전할 수 있는 운전면허가 취소된 경우

❷ 기능검정원〈법 제107조〉

(1) 기능검정원자격증의 취득

① 기능검정원 자격시험 및 연수교육

㉠ 기능검정원자격증 발급권자 : 경찰청장

㉡ 시험합격 및 연수교육 : 기능검정원이 되려는 사람은 행정안전부령으로 정하는 기능검정원 자격시험에 합격하고 경찰청장이 지정하는 전문기관에서 자동차운전 기능검정에 관한 연수교육을 수료하여야 한다.

② 자격증발급 및 대여금지

㉠ 기능검정원자격증 발급 : 경찰청장은 연수교육을 수료한 사람에게 행정안전부령으로 정하는 바에 따라 기능검정원 자격증을 발급하여야 한다.

㉡ 대여금지 : 발급받은 기능검정원 자격증은 부정하게 사용할 목적으로 다른 사람에게 빌려주거나 빌려서는 아니 되며, 이를 알선하여서도 아니 된다.

③ 기능검정원이 될 수 없는 사람

㉠ 법 제76조 제3항 제2호의 규정에 해당하는 사람

◆ 법 제76조 제3항 제2호

다음의 어느 하나에 해당하는 죄를 저질러 금고 이상의 형을 선고받고 그 집행이 끝나거나 집행이 면제된 날부터 2년이 지나지 아니한 사람 또는 그 집행유예기간 중에 있는 사람

- 「교통사고처리 특례법」 제3조 제1항에 따른 죄
- 「특정범죄 가중처벌 등에 관한 법률」 제5조의3, 제5조의11 제1항 및 제5조의13에 따른 죄
- 「성폭력범죄의 처벌 등에 관한 특례법」 제2조에 따른 성폭력범죄
- 「아동 · 청소년의 성보호에 관한 법률」 제2조제2호에 따른 아동 · 청소년대상 성범죄

㉡ 기능검정원의 자격이 취소된 경우에는 그 자격이 취소된 날부터 3년이 지나지 아니한 사람

㉢ 기능검정에 사용되는 자동차를 운전할 수 있는 운전면허를 받지 아니하거나 운전면허를 받은 날부터 3년이 지나지 아니한 사람

(2) 강사자격 취소 및 효력의 정지

① 기능검정원의 자격을 취소하거나 1년 이내의 범위에서 강사자격의 효력을 정지시킬 수 있는 경우

㉠ 거짓으로 제108조 제4항에 따른 기능검정의 합격 사실을 증명한 경우

㉡ 거짓이나 그 밖의 부정한 방법으로 기능검정원자격증을 발급받은 경우

㉢ 다음의 어느 하나에 해당하는 죄를 저질러 금고 이상의 형(집행유예를 포함한다)을 선고받은 경우

- 「교통사고처리 특례법」 제3조제1항에 따른 죄
- 「특정범죄 가중처벌 등에 관한 법률」 제5조의3, 제5조의11 제1항 및 제5조의13에 따른 죄
- 「성폭력범죄의 처벌 등에 관한 특례법」 제2조에 따른 성폭력범죄
- 「아동 · 청소년의 성보호에 관한 법률」 제2조 제2호에 따른 아동 · 청소년대상 성범죄

㉣ 기능검정원의 자격정지 기간 중에 기능검정을 한 경우

㉤ 기능검정원의 자격증을 다른 사람에게 빌려 준 경우

㉥ 기능검정에 사용되는 자동차를 운전할 수 있는 운전면허가 취소된 경우

㉦ 기능검정에 사용되는 자동차를 운전할 수 있는 운전면허의 효력이 정지된 경우

㉧ 기능검정원의 업무에 관하여 부정한 행위를 한 경우

㉨ 그 밖에 이 법이나 이 법에 따른 명령 또는 처분을 위반한 경우

② 기능검정원의 자격을 취소해야 하는 경우

㉠ 거짓으로 제108조 제4항에 따른 기능검정의 합격 사실을 증명한 경우

㉡ 거짓이나 그 밖의 부정한 방법으로 기능검정원자격증을 발급받은 경우

㉢ 다음의 어느 하나에 해당하는 죄를 저질러 금고 이상의 형(집행유예를 포함한다)을 선고받은 경우

- 「교통사고처리 특례법」 제3조 제1항에 따른 죄
- 「특정범죄 가중처벌 등에 관한 법률」 제5조의3, 제5조의11 제1항 및 제5조의13에 따른 죄
- 「성폭력범죄의 처벌 등에 관한 특례법」 제2조에 따른 성폭력범죄
- 「아동 · 청소년의 성보호에 관한 법률」 제2조 제2호에 따른 아동 · 청소년대상 성범죄

㉣ 기능검정원의 자격정지 기간 중에 기능검정을 한 경우

㉤ 기능검정원의 자격증을 다른 사람에게 빌려 준 경우

㉥ 기능검정에 사용되는 자동차를 운전할 수 있는 운전면허가 취소된 경우

전문학원 강사 및 기능검정원의 자격시험〈시행규칙 제118조〉

구분	내용	
실시기관	• 한국도로교통공단	
시험방법	• 제1차 시험과 제2차 시험으로 구분하여 실시	
합격기준	제1차 시험	• 매 과목 100점을 만점으로 하여 평균 70점 이상 득점한 사람
	제2차 시험	• 제1차 시험 합격자를 대상으로 실시 • 100점을 만점으로 하여 85점 이상 득점한 사람
시험의 유효기간	제1차 시험	• 합격일부터 1년
	제2차 시험	• 합격일부터 2년

※ 그 밖에 자격시험의 실시에 관하여 필요한 사항은 경찰청장이 정한다.

section 5 기능검정 및 강사 등에 대한 연수교육

1 기능검정〈법 제108조〉

(1) 기능검정실시

① 기능검정의 개요

㉠ 기능검정이란 운전기능 또는 도로에서 운전하는 능력이 있는지에 관한 검정을 말한다.

㉡ 시 · 도경찰청장은 전문학원의 학감으로 하여금 대통령령으로 정하는 바에 따라 해당 전문학원의 교육생을 대상으로 기능검정을 하게 할 수 있다.

② 기능검정의 실시

㉠ 전문학원의 학감은 기능검정원으로 하여금 행정안전부령으로 정하는 바에 따라 기능검정의 대상자에게 기능검정을 하게 하여야 한다.

㉡ 기능검정을 하게 해야 할 대상

- 학과교육과 장내기능교육을 수료한 사람
- 도로주행교육을 수료한 사람

(2) 기능점검의 합격자

① 기능검정원은 자기가 실시한 기능검정에 합격한 사람에게 그 합격 사실을 행정안전부령으로 정하는 바에 따라 서면(書面)으로 증명하여야 한다.

② 전문학원의 학감은 기능검정원이 합격 사실을 서면으로 증명한 사람에게는 기능검정의 종류별로 행정안전부령으로 정하는 바에 따라 수료증 또는 졸업증을 발급하여야 한다.

❷ 강사 등에 대한 연수교육 등〈법 제109조〉

(1) 연수교육의 실시기관 및 대상

① 실시기관 및 연수대상

㉠ 실시기관 : 시 · 도경찰청장이 실시 할 수 있다.

㉡ 연수교육 대상

- 학원등 설립 · 운영자
- 학원등의 강사
- 기능검정원

② 연수교육의 수료 및 교육과목 등

㉠ 연수교육의 수료 : 연수교육의 통보를 받은 학원등 설립 · 운영자는 특별한 사유가 없으면 연수교육을 받아야 하며, 학원등의 강사 및 기능검정원이 연수교육을 받을 수 있도록 조치하여야 한다.

㉡ 실시기준 등 : 학원등 설립 · 운영자는 학원등에 강사의 성명 · 연령 · 경력 등 인적사항과 교육과목을 행정안전부령으로 정하는 바에 따라 게시하여야 한다.

(2) 실시기준〈시행령 제70조〉

① 실시조건 : 도로교통 관련 법령이 개정되는 등 교육이 필요하다고 인정될 때

② 경비 및 비품지원 : 학원등의 설립 · 운영자는 강사 및 기능검정원의 연수교육에 필요한 경비 및 비품 등을 지원하여야 한다.

③ 기타 필요한 사항 : 연수교육에 필요한 사항은 경찰청장이 정한다.

최근기출문제

1 「도로교통법령」상 자동차운전학원 기능교육 강사의 정원 및 배치기준이 바르게 연결된 것을 다음에서 모두 고른 것은? 2024.06.22. 서울

> ㉠ 제1종 대형면허 : 교육용 자동차 10대당 3명 이상
> ㉡ 제1종 특수면허 : 교육용 자동차 3대당 1명 이상
> ㉢ 제2종 보통연습면허 : 교육용 자동차 10대 당 2명 이상
> ㉣ 제2종 소형면허 : 교육용 자동차 10대당 1명 이상

① ㉠, ㉡
② ㉠, ㉣
③ ㉡, ㉢
④ ㉢, ㉣

TIP 학원의 기능교육강사 배치기준〈시행령 제64조 제2항 제2호〉
㉠ 제1종 대형면허, 제1종 보통면허, 제2종 보통면허, 제1종 보통연습면허 또는 제2종 보통연습면허 : 각각 교육용 자동차 10대당 3명 이상(다만, 제1종 보통연습면허 또는 제2종 보통연습면허 교육용 자동차가 각각 10대 미만인 경우에는 각각 1명 이상을 두어야 한다)
㉡ 제1종 특수면허 : 각각 교육용 자동차 2대당 1명 이상
㉢ 제2종 소형면허 및 원동기장치자전거면허 : 교육용 자동차등 10대당 1명 이상

2 「도로교통법시행령」상 자동차운전학원의 교육생 1명에 대한 교육시간으로 가장 옳은 것은? 2021.06.05. 서울

① 학과교육의 경우에는 1일 8시간을 초과하지 아니할 것
② 학과교육의 경우에는 1일 9시간을 초과하지 아니할 것
③ 기능교육 및 도로주행교육의 경우에는 1일 4시간을 초과하지 아니할 것
④ 기능교육 및 도로주행교육의 경우에는 1일 6시간을 초과하지 아니할 것

TIP 자동차운전학원의 교육방법〈시행령 제65조 제1항 제2호〉
㉠ 운전면허의 범위별로 구분하여 행정안전부령으로 정하는 최소 시간 이상 교육할 것
㉡ 교육생 1명에 대한 교육시간은 학과교육의 경우에는 1일 7시간, 기능교육 및 도로주행교육의 경우에는 1일 4시간을 각각 초과하지 아니할 것

Answer 1.② 2.③

3 다음 중 자동차운전 전문학원의 지정기준 등에 대한 설명으로 바르지 않은 것은? 2021.04.17. 경기

① 학과교육강사는 1일 학과교육 8시간당 1명 이상이어야 한다.

② 자동차운전 전문학원으로 지정을 받으려면 일정 자격요건을 갖춘 학감을 두어야 한다. 다만, 학원을 설립·운영하는 자가 자격요건을 갖춘 경우에는 학감을 겸임할 수 있으며 이 경우에는 학감을 보좌하는 부학감을 두지 않아도 된다.

③ 학감이나 부학감은 도로교통에 관한 업무에 3년 이상 근무한 경력(관리직 경력만 해당한다)이 있는 사람 또는 학원 등의 운영·관리에 관한 업무에 3년 이상 근무한 경력이 있는 사람으로 파산선고를 받고 복권되지 아니한 사람은 될 수 없다.

④ 전문학원의 기능검정원은 교육생 정원 200명당 1명 이상이어야 한다.

TIP ② 자동차운전 전문학원으로 지정을 받으려면 일정 자격요건을 갖춘 학감을 두어야 한다. 다만, 학원을 설립·운영하는 자가 자격요건을 갖춘 경우에는 학감을 겸임할 수 있으며 이 경우에는 학감을 보좌하는 부학감을 두어야 한다〈법 제104조 제1항 제1호〉.

① 시행령 제67조 제1항 제1호

③ 법 제105조 제2호 나목

④ 시행령 제67조 제1항 제4호

Answer 3.②

10 출제예상문제

1 「도로교통법」상 자동차운전학원의 설립 · 운영하려는 자가 학원등록신청을 해야 하는 기관은?

① 경찰청장
② 시 · 도경찰청장
③ 관할 경찰서정
④ 시 · 군 · 구청장

TIP 자동차운전학원을 설립 · 운영하려는 자는 시설 및 설비 등과 강사의 정원 및 배치기준 등 필요한 조건을 갖추어 대통령령으로 정하는 바에 따라 시 · 도경찰청장에게 등록하여야 한다〈법 제99조〉.

2 「도로교통법」 제99조 후단의 대통령령으로 정하는 변경등록해야 할 사항에 포함되지 않는 것은?

① 학원의 명칭 또는 위치
② 설립 · 운영자의 인적사항
③ 사무실, 휴게실, 화장실, 기능교육을 위한 장소에 관한 사항
④ 학원의 운영 등에 관한 원칙

TIP ③ 강의실, 휴게실, 양호실, 기능교육을 위한 장소(이하 "기능교육장"이라 한다) 또는 교육용 자동차에 관한 사항이다〈시행령 제61조 제1항〉.

3 「도로교통법령」 상 학원의 조건부 등록에 대한 설명으로 옳지 않은 것은?

① 시설 및 설비 등을 갖출 것을 조건으로 한국도로교통공단이 학원의 등록을 받는 것을 말한다.
② 학원등록의 신청내용을 검토한 후 1년 이내에 시설 및 설비 등의 기준을 갖출 수 있을 것으로 인정되면 조건부등록을 받을 수 있다.
③ 부득이한 사유로 조건부등록 기간의 연장을 신청한 경우 6개월의 범위에서 한 차례만 기간을 연장할 수 있다.
④ 조건부등록을 한 자는 기간 만료 후 10일 이내에 시설 · 설비 완성신고서를 제출하여야 한다.

TIP ① 시 · 도경찰청장은 학원등록을 할 경우 대통령령으로 정하는 기간에 시설 및 설비 등을 갖출 것을 조건으로 하여 학원의 등록을 받을 수 있다〈법 제100조 제1항〉.

Answer 1.② 2.③ 3.①

4 「도로교통법시행령」 상 학원시설 및 설비기준 중 기능교육용자동차의 기준에 대한 설명이다. ( ) 안에 알맞은?

> 기능교육용자동차는 교육생이 기능교육을 받는 데 지장이 없을 정도의 대수를 확보하여야 하며, 대수를 확보하는 경우에 기능교육장의 면적 ( )제곱미터당 1대를 초과하지 않도록 하여야 한다.

① 100
② 200
③ 300
④ 500

TIP 기능교육용 자동차의 기준〈시행령 제63조 제1항 및 제67조 제2항 별표5 제9호〉

㉠ 교육생이 기능교육을 받는 데 지장이 없을 정도의 대수를 확보할 것(대수를 확보하는 경우에 기능교육장의 면적 300제곱미터당 1대를 초과하지 않도록 할 것)
㉡ 자동차검사대행자 또는 지정정비사업자가 행정안전부령으로 정하는 바에 따라 실시하는 검사를 받은 자동차를 사용할 것

5 「도로교통법 시행규칙」상 기능교육용 자동차의 사용유효기간을 잘못 연결한 것을 고르면?

① 승용자동차 : 2년
② 화물자동차 : 1년
③ 승합자동차의 차령 5년 이하 : 1년
④ 승용겸 화물자동차 : 1년

TIP 기능교육용 자동차의 사용유효기간〈시행규칙 제103조 제4항〉

㉠ 승용자동차 및 승용겸 화물자동차 : 2년
㉡ 화물자동차 : 1년
㉢ 승합자동차, 대형견인차, 소형견인차 및 구난차
- 차령 5년 이하: 1년
- 차령 5년 초과: 6개월

※ 확인검사를 받은 자동차로서 제작·판매사로부터 출고한 후 3개월 이내에 시·도경찰청장에게 기능교육용 자동차로 확인신청을 한 자동차의 경우에는 다음 각 호의 구분에 불구하고 사용유효기간을 4년으로 한다.

㉣ 기능교육용 이륜자동차 및 원동기장치자전거의 사용연한 : 10년

Answer 4.③ 5.④

6 **운전교육을 받으려는 사람이 학원 또는 전문학원에 등록할 때 필요한 것으로 옳지 않은 것은?**

① 주민등록증 사본 1부 ② 사진 1매
③ 수강료납부 ④ 수강신청서

TIP 운전교육을 받으려는 사람은 다음의 서류를 첨부한 수강신청서와 수강료를 해당 학원 또는 전문학원에 납부하여야 한다〈시행규칙 제105조〉.
㉠ 주민등록증 사본 1부
㉡ 사진 4매
㉢ 운전면허시험응시표 사본 1부 또는 운전경력증명서 1부(해당하는 사람에 한한다)

7 **학원에서 교육을 담당하는 학원강사에 대한 설명으로 바르지 못한 것은?**

① 제1종 보통연습면허 교육용 자동차가 10대 미만인 경우에는 강사를 2명 이상을 두어야 한다.
② 학원 강사의 자격요건은 학과 또는 기능교육강사자격증을 취득하여야 한다.
③ 학원의 강사는 연수교육을 받아야 한다.
④ 학원을 설립 · 운영하는 자는 강사의 정원을 확보하여야 한다.

TIP 제1종 보통면허, 제2종 보통면허, 제1종 보통연습면허 및 제2종 보통연습면허는 다음에 따라 산정한 강사 정원을 합산한다〈시행령 제64조 제2항 제2호 나목〉.
- 운전면허별 교육용 자동차가 10대 이상인 경우에는 해당 운전면허별 교육용 자동차 대수의 합계 10대당 3명 이상
- 운전면허별 교육용 자동차가 10대 미만인 경우에는 해당 운전면허별로 각 1명 이상

8 **「도로교통법 시행령」상 학원의 교육과정 및 교육방법에 대한 설명으로 옳지 않은 것은?**

① 학원은 학과교육, 기능교육, 도로주행교육으로 구분하여 교육을 실시해야 한다.
② 교육생 1명에 대한 교육시간은 학과교육의 경우 1일 8시간, 기능교육 및 도로주행교육의 경우 1일 5시간을 초과할 수 없다.
③ 도로주행교육은 기준에 맞는 도로에서 실시해야 한다.
④ 학원은 행정안전부령으로 정한 정원의 범위 내에서 교육을 실시해야 한다.

TIP ② 교육생 1명에 대한 교육시간은 학과교육의 경우에는 1일 7시간, 기능교육 및 도로주행교육의 경우에는 1일 4시간을 각각 초과하지 않아야 한다〈시행령 제65조 제1항 제2호 나목〉.

Answer 6.② 7.① 8.②

9 「도로교통법 시행령」상 학원의 운영기준으로 가장 바르지 않은 것은?

① 행정안전부령으로 정하는 정원의 범위에서 교육을 실시해야 한다.
② 교육시간을 모두 수료하지 아니한 교육생에게 운전면허시험에 응시하도록 유도하지 않아야 한다.
③ 자동차운전교육생을 모집하기 위한 사무실 등은 학원 밖에서 별도로 운영하여야 한다.
④ 교육시간을 모두 수료하지 아니한 교육생에게 운전면허시험에 응시하도록 유도하지 않아야 한다.

TIP ③ 자동차운전교육생을 모집하기 위한 사무실 등을 학원 밖에서 별도로 운영하지 않아야 한다〈시행령 제65조 제1항 제3호 나목〉.

10 다음 중 학원 및 전문학원에서 보통(연습)면허의 운전이론에 대한 학과교육시간은?

① 3시간 ② 4시간
③ 5시간 ④ 6시간

TIP 학과교육과목 및 교육시간〈시행규칙 제106조 제1항 별표32 제1호〉

교육과목	보통(연습)면허	대형면허 대형견인차면허 및 구난차면허	소형견인차면허	소형면허	원동기장치 자전거면허
운전이론	3시간	3시간	3시간	5시간	5시간

11 「도로교통법시행규칙」상 학원 및 전문학원의 기능교육방법에 해당하지 않는 것은?

① 개별코스교육 ② 동승교육 및 집합교육
③ 모의운전장치교육 ④ 도로주행교육

TIP 전문학원의 기능교육방법으로는 동승교육, 집합교육, 단독교육, 개별코스교육, 모의운전장치교육이 있다〈시행규칙 제106조 제1항 별표32 제3호〉.

12 다음 중 「도로교통법시행규칙」상 연습면허소지자의 도로주행교육시간은 얼마인가?

① 4시간 ② 5시간
③ 6시간 ④ 7시간

TIP 연습면허소지자의 도로주행교육시간은 6시간이다〈시행규칙 제106조 제1항 별표32 제1호〉.

Answer 9.③ 10.① 11.④ 12.③

13 **다음은 학원 또는 전문학원의 교육과정 운영기준에 대한 설명이다. 옳지 않은 것은?**

① 학과교육시간은 1일 1인당 4시간을 초과하지 않아야 한다.
② 학과교육에서는 응급처치교육을 실시해야 한다.
③ 운전면허를 소지하지 않은 사람의 도로주행교육시간은 1일 1명당 4시간을 초과하지 않아야 한다.
④ 기능교육과 도로주행교육에서 교육생을 2명 이상 승차시키지 않아야 한다.

TIP ① 학과교육의 교육시간은 50분을 1시간으로 하되, 1일 1인당 7시간을 초과하지 않아야 한다〈시행규칙 제107조 제1항 제2호〉.

14 **「도로교통법」상 자동차운전 전문학원의 지정권자는?**

① 행정안전부장관 ② 경찰청장
③ 시 · 도경찰청장 ④ 한국도로교통공단

TIP 시 · 도경찰청장은 자동차운전에 관한 교육 수준을 높이고 운전자의 자질을 향상시키기 위하여 등록된 학원 중 기준에 적합한 학원을 대통령령으로 정하는 바에 따라 자동차운전 전문학원(이하 "전문학원"이라 한다)으로 지정할 수 있다〈법 제104조 제1항〉.

15 **다음은 자동차운전 전문학원의 지정기준이다. 옳은 것만 모두 고르면?**

㉠ 기능검정원을 둘 것
㉡ 자격요건을 갖춘 학감을 둘 것
㉢ 기준에 적합한 시설 · 설비 및 교통안전교육기관의 지정에 필요한 시설 · 설비 등을 갖출 것
㉣ 교육방법 및 졸업자의 운전 능력 등 해당 전문학원의 운영이 기준에 적합할 것

① ㉠㉡㉢ ② ㉠㉢㉣
③ ㉡㉢㉣ ④ ㉠㉡㉢㉣

TIP 자동차운전 전문학원의 지정기준〈법 제104조 제1항〉
㉠ 자격요건을 갖춘 학감을 둘 것. 다만, 학원을 설립 · 운영하는 자가 자격요건을 갖춘 경우에는 학감을 겸임할 수 있으며 이 경우에는 학감을 보좌하는 부학감을 두어야 한다.
㉡ 대통령령으로 정하는 기준에 따라 기능검정원을 둘 것
㉢ 대통령령으로 정하는 기준에 적합한 시설 · 설비 및 제74조제2항에 따른 교통안전교육기관의 지정에 필요한 시설 · 설비 등을 갖출 것
㉣ 교육방법 및 졸업자의 운전 능력 등 해당 전문학원의 운영이 대통령령으로 정하는 기준에 적합할 것

Answer 13.① 14.③ 15.④

16 다음 중 자동차운전 전문학원으로 지정할 수 있는 학원은?

① 등록취소된 학원등의 설립·운영자가 등록이 취소된 날부터 2년 이내에 설립·운영하는 학원
② 시설기준의 미달로 등록이 취소된 날부터 2년 이내에 같은 장소에서 설립·운영되는 학원
③ 등록취소된 학원등의 학감이나 부학감이었던 사람이 등록이 취소된 날부터 3년 이내에 설립·운영하는 학원
④ 거짓으로 등록하였다가 등록이 취소된 날부터 3년 이내에 같은 장소에서 설립·운영되는 학원

TIP 전문학원으로 지정할 수 없는 학원〈법 제104조 제2항〉.

㉠ 제113조(제1항 제2호부터 제4호까지는 제외)에 따라 등록이 취소된 학원등 설립·운영자 또는 학감이나 부학감이었던 사람이 등록이 취소된 날부터 3년 이내에 설립·운영하는 학원
㉡ 제113조(제1항 제2호부터 제4호까지는 제외)에 따라 등록이 취소된 경우 취소된 날부터 3년 이내에 같은 장소에서 설립·운영되는 학원

※ 등록이 취소된 경우 중 전문학원으로 지정할 수 있는 경우〈법 제113조 제1항 제2호·제3호·제4호〉
㉠ 시설기준에 미달하게 된 경우
㉡ 정당한 사유 없이 개원(開院) 예정일부터 2개월이 지날 때까지 개원하지 아니한 경우
㉢ 정당한 사유 없이 계속하여 2개월 이상 휴원한 경우

17 전문학원의 강사 및 기능검정원의 배치기준을 연결한 것으로 바르지 못한 것은?

① 학과교육강사 : 1일 학과교육 7시간당 1명 이상
② 제1종 대형면허 기능교육강사 : 교육용 자동차 10대당 3명 이상
③ 도로주행 기능교육강사 : 교육용 자동차 1대당 1명 이상
④ 기능검정원 : 교육생 정원 200명당 1명 이상

TIP 전문학원의 강사 및 기능검정원의 배치기준〈시행령 제67조 제1항〉

㉠ 학과교육강사 : 1일 학과교육 8시간당 1명 이상
㉡ 기능교육강사
- 제1종 대형면허 : 교육용 자동차 10대당 3명 이상
- 제1종 보통연습면허 또는 제2종 보통연습면허 : 각각 교육용 자동차 10대당 5명 이상
- 제1종 특수면허 : 각각 교육용 자동차 2대당 1명 이상
- 제2종 소형면허 및 원동기장치자전거면허: 교육용 자동차등 10대당 1명 이상

㉢ 도로주행 기능교육강사 : 교육용 자동차 1대당 1명 이상
㉣ 기능검정원 : 교육생 정원 200명당 1명 이상

Answer 16.② 17.①

18 **전문학원의 지정기준에 있어서 학과교육, 기능교육 및 도로주행교육을 수료해야 하는 기한은?**

① 각각 3개월 이내에 교육이 수료될 수 있도록 해야 한다.
② 각각 6개월 이내에 교육이 수료될 수 있도록 해야 한다.
③ 모든 교육을 합하여 3개월 이내에 교육이 수료될 수 있도록 해야 한다.
④ 모든 교육을 합하여 6개월 이내에 교육이 수료될 수 있도록 해야 한다.

TIP 학과교육, 기능교육 및 도로주행교육별로 각각 3개월 이내에 교육이 수료될 수 있도록 하여야 한다〈시행령 제67조 제4항 제2호〉.

19 **다음은 「도로교통법」 제104조 제3항이다. ㉠에 해당하는 내용으로 옳지 않은 것은?**

지정받은 전문학원이 ㉠ 대통령령으로 정하는 중요사항을 변경하려면 소재지를 관할하는 시 · 도경찰청장의 승인을 받아야 한다.

① 학감(學監) 및 부학감
② 전문학원의 명칭 또는 위치
③ 교육용 자동차에 관한 사항
④ 휴게실 · 양호실에 관한 사항

TIP 전문학원 중요사항의 변경〈시행령 제68조〉
㉠ 학감(學監)
㉡ 전문학원의 명칭 또는 위치
㉢ 강의실 · 휴게실 · 양호실 · 기능교육장 또는 교육용 자동차에 관한 사항
㉣ 전문학원의 운영 등에 관한 원칙

20 **「도로교통법령」상 시 · 도경찰청장이 강사등에 대한 연수교육을 실시할 경우 그 대상으로 옳지 않은 사람은?**

① 학원등 설립 · 운영자
② 한국도로교통공단의 소속 직원
③ 학원등의 강사
④ 기능검정원

TIP 시 · 도경찰청장은 도로교통 관련 법령이 개정되는 등 교육이 필요하다고 인정될 때에는 학원등의 설립 · 운영자, 강사 및 기능검정원에 대하여 연수교육을 실시할 수 있다〈시행령 제70조 제1항〉.

Answer 18.① 19.① 20.②

21 「도로교통법」상 전문학원의 학감이나 부학감의 자격요건으로 바르지 않은 것은? (단, 법을 위반한 적이 없는 성인에 한함)

① 도로교통에 관한 관리직업무에 3년 이상 근무한 경력이 있는 사람
② 학원등의 운영 · 관리에 관한 업무에 3년 이상 근무한 경력이 있는 사람
③ 학원등의 교육 · 검정 등 기능교육, 도로주행교육, 기능검정업무에 3년 이상 근무한 경력이 있는 사람
④ 등록이 취소된 학원등에서 학감 또는 부학감이었던 자로 등록이 취소된 날부터 3년이 지난 사람

TIP ③ 학원등의 교육 · 검정 등 기능교육, 도로주행교육, 기능검정업무에 5년 이상 근무한 경력이 있는 사람으로서 다음의 어느 하나에 해당되지 아니하는 사람이어야 한다〈법 제105조〉.

※ ①②④의 사람 중 다음에 해당되는 사람이 아니어야 한다.
㉠ 미성년자 또는 피성년후견인
㉡ 파산선고를 받고 복권되지 아니한 사람
㉢ 이 법 또는 다른 법의 규정을 위반하여 금고 이상의 실형을 선고받고 그 형의 집행이 끝나거나(끝난 것으로 보는 경우를 포함한다) 집행을 받지 아니하기로 확정된 날부터 2년(제150조(벌칙)의 어느 하나를 위반한 경우에는 3년)이 지나지 아니한 사람
㉣ 벌금형을 선고받고 3년이 지나지 아니한 사람
㉤ 금고 이상의 형을 선고받고 그 집행유예기간 중에 있는 사람
㉥ 금고 이상의 형의 선고유예를 받고 그 유예기간 중에 있는 사람
㉦ 법률 또는 판결에 의하여 자격이 상실되거나 정지된 사람
㉧ 「국가공무원법」 또는 「경찰공무원법」 등 관련 법률에 따라 징계면직처분을 받은 날부터 2년이 지나지 아니한 사람

22 전문학원의 강사 및 기능검정원에 대한 설명으로 가장 바르지 않은 것은?

① 행정안전부령으로 정하는 자격시험에 합격해야 한다.
② 경찰청장이 지정하는 전문기관에서 연수교육을 수료해야 한다.
③ 강사자격증은 한국도로교통공단이 발급한다.
④ 강사나 기능검정원자격이 취소된 날부터 3년이 지나지 않은 사람은 강사나 기능검정원가 될 수 없다.

TIP ③ 경찰청장은 자격시험에 합격한 사람에게 강사 및 기능검정원의 자격증을 발급하여야 한다〈법 제106조 제2항 및 법 제107조 제2항〉.

Answer 21.③ 22.③

11 보칙

section 1 운전자의 정보관리 및 운전면허증등의 보관

1 운전자에 관한 정보관리 및 제공 등〈법 제137조〉

(1) 전산시스템의 구축 · 운영

① 운전자위반정보의 유지 · 관리

㉠ 전산시스템의 구축 · 운영권자 : 경찰청장

㉡ 운전자위반정보의 유지 · 관리 : 경찰청장은 운전자의 운전면허 · 교통사고 및 교통법규 위반에 관한 정보를 통합적으로 유지 · 관리할 수 있도록 전산시스템을 구축 · 운영하여야 한다.

② 운전자위반정보의 등록 · 관리

㉠ 시 · 도경찰청장 및 경찰서장 : 운전자의 운전면허 · 교통사고 및 교통법규 위반에 관한 정보를 전산시스템에 등록 · 관리하여야 한다.

㉡ 한국도로교통공단 : 운전면허에 관한 정보를 각각 전산시스템에 등록 · 관리하여야 한다.

(2) 증명의 신청·발급 및 운전면허증 진위여부 확인

① 증명신청 및 발급

㉠ 증명신청 : 운전자 본인 또는 그 대리인은 행정안전부령으로 정하는 바에 따라 시 · 도경찰청장, 경찰서장 또는 한국도로교통공단에 운전자의 위반정보 및 운전면허에 관한 정보를 확인하는 증명을 신청할 수 있다.

㉡ 증명발급 : 시 · 도경찰청장, 경찰서장 또는 한국도로교통공단은 증명의 신청을 받으면 행정안전부령으로 정하는 바에 따라 운전자에 관한 정보를 확인하는 서류로써 증명하여 주어야 한다.

② 운전면허증의 진위여부 확인 : 경찰청장 또는 한국도로교통공단은 운전면허증의 진위 여부에 대한 확인요청이 있는 경우 제1항에 따른 전산시스템을 이용하여 그 진위를 확인하여 줄 수 있다.

❷ 운전경력의 증명 및 교통사고사실의 확인

(1) 운전경력의 증명 등〈시행규칙 제129조의2〉

① 운전경력증명을 받으려는 사람

㉠ **신청서 제출** : 운전경력증명을 받으려는 사람은 운전경력증명서 발급 신청서를 경찰서장에게 제출하고, 신분증명서를 제시(해외에 체류하는 등의 사유로 신분증명서를 제시할 수 없는 경우는 신분증명서 사본의 제출로 갈음할 수 있다)하여야 한다.

㉡ **지문정보 대조** : 신청인이 원하는 경우에는 신분증명서 제시를 갈음하여 전자적 방법으로 지문정보를 대조하여 본인 확인을 할 수 있다.

② 신청을 받은 경찰서장

㉠ **여권정보확인** : 신청(영문으로 발급하려는 경우에 한정한다)을 받은 경찰서장은 행정정보의 공동이용을 통하여 신청인의 여권정보를 확인하여야 한다.

㉡ **관련 자료제출요구** : 신청인이 해당 정보의 확인에 동의하지 아니하는 경우에는 관련 자료를 제출하도록 하여야 한다.

③ 운전경력증명서 발급

㉠ **발급 및 발급대장 관리** : 경찰서장은 신청을 받은 경우에는 의 운전경력증명서를 발급하고, 운전경력증명서 발급대장을 작성 · 관리하여야 한다.

㉡ **발급기준** : 운전경력증명서의 발급은 자동차운전면허대장에 기재된 사항을 기준으로 한다. 이 경우 연습운전면허를 받은 기간은 운전경험기간이나 운전경력에서 제외한다.

(2) 교통사고사실의 확인 등〈시행규칙 제129조의3〉

① 교통사고사실의 확인을 받으려는 사람

㉠ **신청서 제출** : 경찰서장으로부터 교통사고 발생사실의 확인을 받으려는 교통사고의 당사자나 그 대리인은 교통사고사실확인원 발급 신청서(대리인이 신청하는 경우에는 발급대상자의 위임장 및 신분증명서 사본을 첨부해야 한다)를 경찰서장에게 제출하고, 신분증명서를 제시해야 한다.

㉡ **지문정보 대조** : 신청인이 원하는 경우에는 신분증명서 제시를 갈음하여 전자적 방법으로 지문정보를 대조하여 본인 확인을 할 수 있다.

② 신청을 받은 경찰서장

㉠ **발급 및 발급대장 기재** : 신청을 받은 경찰서장은 신청서를 제출한 사람에게 교통사고사실확인원을 발급하고, 발급 사실을 교통사고사실확인원 발급대장에 기재하여야 한다.

㉡ **발급기준** : 교통사고사실확인원은 교통사고에 대한 조사가 종결된 후 교통사고보고서에 기재된 사항을 기준으로 발급한다.

③ **통보** : 경찰서장은 교통사고사실확인원을 발급한 때에는 그 발급 사실을 해당 교통사고의 반대 당사자에게 전화, 이메일 등의 방법으로 통보하여야 한다.

❸ 자료의 요청 등〈법 제137조의2〉

(1) 외국인의 체류지 또는 거소확인 요청

① **요청권자** : 시 · 도경찰청장

② **체류지 · 거소정보 요청** : 운전면허를 소지한 등록외국인이나 외국국적동포의 체류지 또는 거소를 확인하기 위하여 필요한 경우에는 경찰청장을 거쳐 법무부장관에게 해당 체류지 또는 거소 정보의 제공을 요청할 수 있다.

(2) 외국인의 지문정보 제공요청

① **요청권자** : 시 · 도경찰청장

② **정보제공요청** : 운전면허증 발급을 받으려는 등록외국인이나 외국국적동포가 본인인지를 확인하기 위하여 필요한 경우에는 경찰청장을 거쳐 법무부장관에게 해당 등록외국인이나 외국국적동포의 지문정보의 제공을 요청할 수 있다.

※ 정보의 사용료나 수수료는 면제한다.

❹ 운전면허증등의 보관〈법 제138조〉

(1) 출석지시서 및 범칙금 납부통고서

① 경찰공무원의 운전면허증 보관

㉠ 경찰공무원은 자동차등의 운전자가 다음의 어느 하나에 해당하는 경우에는 현장에서 범칙금 납부통고서 또는 출석지시서를 발급하고, 운전면허증등의 제출을 요구하여 이를 보관할 수 있다.

- 교통사고를 일으킨 경우
- 운전면허의 취소처분 또는 정지처분의 대상이 된다고 인정되는 경우
- 외국에서 발급한 국제운전면허증 또는 상호인정외국면허증을 가진 사람으로서 범칙행위를 한 경우

㉡ ㉠의 경우 그 범칙금 납부통고서 또는 출석지시서에 운전면허증등의 보관 사실을 기록하여야 한다.

② **효력** : 출석지시서 또는 범칙금 납부통고서는 그 출석기일 또는 범칙금의 납부기일까지 운전면허증(연습운전면허증 제외)과 같은 효력이 있다.

③ 출석지시서

㉠ 출석 : 출석지시서를 받은 사람은 출석지시서를 받은 날로부터 10일 이내에 출석하여야 한다.

㉡ 출석지시서 교부 및 통보〈시행규칙 第130조〉

- 경찰공무원이 출석지시서를 교부한 때에는 그 경찰공무원은 교통법규위반자적발보고서 또는 교통법규위반자적발통보서에 위법사실을 기재하여 소속 또는 관할경찰서장에게 보고 또는 통보하여야 한다.
- 경찰서장은 보고 또는 통보를 받은 때에는 즉시 그 위반자의 인적사항 · 면허번호 및 위반내용을 전산입력하여 시 · 도경찰청장에게 보고 또는 통보하여야 한다.

(2) 출석지시불이행자의 처리〈시행령 第83조〉

① 출석지시서를 받은 사람

㉠ 지정된 장소로 출석 : 출석지시서를 받은 사람은 출석지시서를 받은 날부터 10일 이내에 지정된 장소로 출석하여야 한다.

㉡ 출석지시불이행자

- 출석지시불이행자란 출석지시서를 받고 기간 이내에 지정된 장소로 출석하지 않은 사람 중 즉결심판의 대상이 되는 사람을 말한다.
- 경찰서장은 출석지시불이행자에 대해서는 출석기간 만료일부터 30일 이내에 즉결심판을 위한 출석의 일시 · 장소 등을 알리는 즉결심판 출석통지서를 발송하여야 한다. 이 경우 즉결심판을 위한 출석일시는 출석기간 만료일부터 40일이 초과되어서는 아니 된다.

㉢ 즉결심판기일 불출석

- 경찰서장은 출석지시불이행자가 즉결심판기일에 출석하지 아니하여 즉결심판절차가 진행되지 못한 경우에는 그 출석지시불이행자에게 지체 없이 즉결심판을 위하여 다시 정한 출석의 일시 · 장소 등을 알리는 즉결심판 출석최고서를 발송하여야 한다.
- 이 경우 즉결심판을 위한 출석일시는 법원의 사정으로 즉결심판을 할 수 없는 경우 등 다른 부득이한 사정이 없으면 출석기간 만료일부터 60일이 초과되어서는 아니 된다.

② 운전면허효력의 일시정지

㉠ 일시정지권자 : 시 · 도경찰청장

㉡ 운전면허효력의 일시정지 : 즉결심판의 출석 최고에도 불구하고 출석지시불이행자가 출석하지 아니하여 즉결심판절차가 진행되지 못한 경우에는 그 출석지시불이행자의 운전면허의 효력을 일시 정지시킬 수 있다.

※ 출석지시불이행자에 대한 즉결심판 청구에 필요한 사항은 행정안전부령으로 정한다.

비용의 지원〈법 제138조의2〉

- 국가는 예산의 범위에서 지방자치단체에 대하여 어린이 보호구역 및 노인 및 장애인 보호구역의 설치 및 관리에 필요한 비용의 전부 또는 일부를 보조할 수 있다. 다만, 어린이 · 노인 또는 장애인의 교통사고 발생률이 높은 보호구역에는 우선적으로 보조하여야 한다.
- 국가 또는 지방자치단체는 어린이 하차확인장치의 설치 · 운영에 필요한 비용의 전부 또는 일부를 지원할 수 있다.

section 2 수수료 및 수강료 등

1 수수료〈법 제139조〉

(1) 수수료의 납부

① 납부대상

㉠ 행정안전부령으로 정하는 바에 따라 수수료를 내야 하는 사람

- 긴급자동차의 지정을 신청하는 사람
- 차로의 너비를 초과하는 차의 통행허가를 신청하는 사람
- 안전기준을 초과한 승차 허가 또는 적재 허가를 신청하는 사람
- 교통안전교육기관의 지정을 신청하는 사람
- 운전면허증을 발급 또는 재발급 받으려고 신청하는 사람
- 국제운전면허증 발급을 신청하는 사람
- 전문학원의 지정을 신청하는 사람
- 강사 또는 기능검정원의 자격시험에 응시하거나 그 자격증의 발급(재발급 포함)을 신청하는 사람

※ 경찰청장 또는 시 · 도경찰청장이 업무를 대행하게 한 경우에는 그 업무를 대행하는 한국도로교통공단이 경찰청장의 승인을 받아 결정 · 공고하는 수수료를 한국도로교통공단에 내야 한다.

㉡ 한국도로교통공단이 경찰청장의 승인을 받아 결정 · 공고하는 수수료를 내야 하는 사람

- 운전면허시험의 응시를 신청하는 사람
- 정기 적성검사 또는 수시 적성검사를 신청하거나 적성검사 연기를 신청하는 사람

(2) 수수료 납부방법〈시행규칙 제131조〉

① 납부기관 및 방법
   ㉠ 납부 및 반환기관 : 경찰서장 또는 한국도로교통공단
   ㉡ 납부방법 : 현금납부, 신용카드, 직불카드 등으로 납부

② 수수료의 전부 또는 일부 반환
   ㉠ 운전면허시험을 신청한 사람
   - 수수료를 과오납한 경우에는 그 과오납한 금액의 전부
   - 경찰서장 또는 한국도로교통공단의 귀책사유로 시험에 응시하지 못한 경우에는 납부한 수수료의 전부
   - 지정된 시험일 전날까지 응시접수를 취소하는 경우에는 납부한 수수료의 전부

   ㉡ 강사 또는 기능검정원 자격시험을 신청한 사람
   - 수수료를 과오납한 경우에는 그 과오납한 금액의 전부
   - 한국도로교통공단의 귀책사유로 시험에 응시하지 못한 경우에는 납부한 수수료의 전부
   - 응시원서 접수기간에 접수를 취소하는 경우에는 납부한 수수료의 전부
   - 응시접수 마감일 다음 날부터 5일 이내에 접수를 취소한 경우에는 납부한 수수료의 100분의 50

(3) 수수료 징수의 대행〈시행규칙 제132조〉

① 징수대행인 지정 : 한국도로교통공단은 수수료를 징수하는데 필요한 자력과 신용이 있는 자 중 수수료징수 대행인을 지정할 수 있다.

② 수수료 대행지역에 따라 수수료징수대행인에게 대행수수료를 지급하는 비율
   ㉠ 서울특별시 : 수수료징수금액의 1천분의 30
   ㉡ 서울특별시 외의 지역 : 수수료징수금액의 1천분의 40

❷ 수강료

(1) 교통안전교육기관의 수강료 등〈법 제140조〉

① 교육생으로부터 수강료를 받을 수 있는 경우
   ㉠ 자율주행자동차 안전교육을 하는 자
   ㉡ 교통안전교육을 하는 자

② 수강료의 산정〈시행령 제84조〉
   ㉠ 교통안전교육기관이 수강료를 정할 때에는 교육시간, 교육방법 등을 고려하여야 한다.
   ㉡ 다만, 교통안전교육을 시청각교육만으로 실시하는 경우에는 수강료를 받지 아니한다.

(2) 영수증을 교부〈시행규칙 제133조〉

① 영수증 교부권자 : 교통안전교육기관의 장 및 한국도로교통공단

② 영수증 교부 : 수강료를 받은 때에는 교육대상자에게 영수증을 교부하여야 한다.

section 3 지도 · 감독 및 전용차로의 단속

❶ 지도 및 감독 등〈법 제141조〉

(1) 지도 · 감독기관 및 대상

① 지도 · 감독
- ㉠ 지도 · 감독기관 : 시 · 도경찰청장
- ㉡ 지도 · 감독의 목적 : 교통안전교육기관 또는 학원등의 건전한 육성 · 발전을 위하여 적절한 지도 · 감독을 하여야 한다.

② 보고 및 검사
- ㉠ 서류검사 : 시 · 도경찰청장은 필요하다고 인정하면 시설 · 설비 및 교육에 관한 사항이나 각종 통계자료를 제출 또는 보고하게 하거나 관계 공무원으로 하여금 해당 시설에 출입하여 시설 · 설비, 장부와 그 밖의 관계 서류를 검사하게 할 수 있다.
- ㉡ 명령 : 시 · 도경찰청장은 시설 · 설비의 개선과 그 밖에 필요하다고 판단하는 사항에 대하여 명령을 할 수 있다.

(2) 지도 · 감독 대상 및 관계공무원

① 지도 · 감독해야 할 대상자
- ㉠ 교통안전교육기관의 장
- ㉡ 학원등 설립 · 운영자
- ㉢ 전문학원의 학감

② 지도 · 감독공무원 : 교통안전교육기관 또는 학원등에 출입 · 검사하는 관계 공무원은 그 권한을 나타내는 증표를 지니고 이를 관계인에게 보여주어야 한다.

◆ 행정소송과의 관계〈법 제142조〉

• 도로교통법에 따른 처분으로서 해당 처분에 대한 행정소송은 행정심판의 재결(裁決)을 거치지 아니하면 제기할 수 없다.

❷ 전용차로 운행 등에 대한 시 · 군공무원의 단속〈법 제143조〉

(1) 단속범위 및 출석고지서 발급

① 단속공무원 및 단속대상

㉠ 단속공무원 : 시 · 군공무원

㉡ 단속대상

• 전용차로 통행금지 의무

• 긴급자동차에 대한 진로양보 의무

• 정차 및 주차 금지 의무

② 출석고지서의 발급

㉠ **고지서발급 및 운전면허증 보관** : 위반한 운전자가 있으면 행정안전부령으로 정하는 바에 따라 현장에서 위반행위의 요지와 경찰서장(제주특별자치도의 경우 제주특별자치도지사로 한다)에게 출석할 기일 및 장소 등을 구체적으로 밝힌 고지서를 발급하고, 운전면허증의 제출을 요구하여 이를 보관할 수 있다.

㉡ **고지서의 효력** : 운전면허증을 보관한 경우 그 고지서는 출석기일까지 운전면허증과 같은 효력이 있다.

(2) 경찰서장에 통보 및 권한남용금지

① 경찰서장에 통보

㉠ **시 · 군공무원** : 시 · 군공무원은 고지서를 발급한 때에는 지체 없이 관할 경찰서장에게 운전면허증을 첨부하여 통보하여야 한다.

㉡ **경찰서장** : 경찰서장은 통보를 받으면 위반행위를 확인하여야 한다.

② **권한남용의 금지** : 시 · 군공무원은 고지시를 발급하거나 조치를 할 때에는 본래의 목적에서 벗어나 직무상 권한을 남용하여서는 아니 된다.

(3) 전용차로 통행금지 의무 위반자 등에 대한 고지서 등〈시행규칙 제134조〉

① 고지서의 보고 및 통보

㉠ 단속담당공무원이 운전자에게 교부하는 고지서에는 운전면허증 또는 운전면허증을 대신할 수 있는 증명서를 보관하고 있는 사실을 기재하여야 한다.

㉡ 고지서는 경찰서장에게의 통보 또는 제주특별자치도지사에게 보고한다.

② 통고처분 및 의견진술
㉠ 경찰서장 또는 제주특별자치도지사는 통보 또는 보고받은 사항이 범칙행위로 인정되는 때에는 통고처분을 할 수 있다.
㉡ 통고처분을 하고자 하는 때에는 출석한 위반운전자의 진술을 들어야 한다.

❸ 교통안전수칙과 교통안전에 관한 교육지침의 제정 등〈법 제144조〉

(1) 교통안전수칙의 제정 · 보급

① 제정 · 보급 기관 : 경찰청장

② 교통안전수칙의 제정 시 포함되어야 할 사항
㉠ 도로교통의 안전에 관한 법령의 규정
㉡ 자동차등의 취급방법, 안전운전 및 친환경 경제운전에 필요한 지식
㉢ 긴급자동차에 길 터주기 요령
㉣ 그 밖에 도로에서 일어나는 교통상의 위험과 장해를 방지 · 제거하여 교통의 안전과 원활한 소통을 확보하기 위하여 필요한 사항

(2) 교통안전교육에 관한 지침의 제정 · 공표

① 제정기관 및 목적
㉠ 제정기관 : 경찰청장
㉡ 제정목적 : 도로를 통행하는 사람을 대상으로 교통안전에 관한 교육을 하는 자가 효과적이고 체계적으로 교육을 할 수 있도록 하기 위함

② 교통안전교육제정 시 포함해야 할 사항
㉠ 자동차등의 안전운전 및 친환경 경제운전에 관한 사항
㉡ 교통사고의 예방과 처리에 관한 사항
㉢ 보행자의 안전한 통행에 관한 사항
㉣ 어린이 · 장애인 및 노인의 교통사고 예방에 관한 사항
㉤ 긴급자동차에 길 터주기 요령에 관한 사항
㉥ 그 밖에 교통안전에 관한 교육을 효과적으로 하기 위하여 필요한 사항
※ 경찰청장은 교통안전교육에 관한 지침을 제정하여 공표하여야 한다.

(3) 교통안전수칙 등의 제정 · 보급〈시행규칙 제135조〉

① 교통안전수칙과 교통안전교육에 관한 지침내용
  ㉠ 보행자와 운전자가 함께 지켜야 하는 사항
  ㉡ 자전거를 타는 사람이 지켜야 하는 사항
  ㉢ 자동차등의 운전자가 지켜야 하는 사항
  ㉣ 국민이 꼭 알아야 하는 교통과 관련되는 제도 또는 규정
  ㉤ 그 밖에 교통안전 및 교통안전에 관한 교육을 실시하기 위하여 필요한 사항
  ※ 교통안전수칙과 교통안전교육에 관한 지침은 운전자와 보행자가 쉽게 이해할 수 있도록 하여야 한다.

② 교통안전수칙과 교통안전교육지침의 발간 · 보급 주기
  ㉠ 교통안전수칙과 교통안전교육에 관한 지침은 매년 1회 이상 발간 · 보급하여야 한다.
  ㉡ 다만, 그 내용을 변경할 필요가 없는 때에는 그러하지 아니할 수 있다.

section 4 교통정보의 제공

1 교통정보의 제공〈법 제145조〉

(1) 교통정보의 수집 · 분석 · 제공

① 교통정보의 제공
  ㉠ 제공기관 : 경찰청장
  ㉡ 제공 : 교통의 안전과 원활한 소통을 확보하기 위하여 필요한 정보를 수집하여 분석하고 그 결과를 신속하게 일반에게 제공하여야 한다.

② 교통정보센터를 구축 · 운영
  ㉠ 구축 · 운영기관 : 경찰청장
  ㉡ 구축 · 운영 및 전담기관의 지정
    • 교통정보 수집 · 분석 · 제공을 위하여 교통정보센터를 구축 · 운영할 수 있다.
    • 교통정보센터의 효율적인 운영을 위하여 전담기관을 지정할 수 있다.

(2) 전담기관의 지정 취소 및 업무의 정지

① 전담기관의 지정 취소 및 6개월의 범위에서 업무의 전부 또는 일부를 정지할 수 있는 경우
- ㉠ 거짓이나 그 밖의 부정한 방법으로 지정을 받은 경우 : 지정을 취소해야 한다.
- ㉡ 지정기준에 적합하지 아니하게 된 경우

② 구축 · 운영 및 전담기관의 지정 : 교통정보센터 구축 · 운영, 전담기관의 지정 · 운영 및 지정취소 · 업무정지 등에 필요한 사항은 대통령령으로 정한다.

❷ 교통정보센터의 구축 · 운영 및 전담기관의 지정 등〈시행령 제84조의2〉 2024년 신설 법조항

(1) 교통정보의 제공내용 및 교통정보센터의 수행업무

① 경찰청장이 수집 · 분석하여 일반에게 제공해야 하는 교통정보
- ㉠ 자동차등의 통행량, 속도 등 소통에 관한 정보
- ㉡ 교통안전시설, 차로, 도로의 부속물 등 도로 현황에 관한 정보
- ㉢ 어린이보호구역, 노인 · 장애인보호구역 등 보행자 보호를 위하여 필요한 정보
- ㉣ 교통사고, 도로공사, 도로의 파손 등 교통에 방해가 되는 상황에 관한 정보
- ㉤ ㉠부터 ㉣까지의 정보에 준하는 것으로서 경찰청장이 필요하다고 인정하는 정보

② 경찰청장이 구축 · 운영해야 하는 교통정보센터의 수행업무
- ㉠ 교통정보의 수집 · 분석 · 제공 업무
- ㉡ 교통정보센터의 유지 · 보수 등 운영에 관한 업무
- ㉢ 교통정보의 수집 · 분석 · 제공을 위한 기술지원 업무
- ㉣ 교통정보의 수집 · 분석 · 제공 관련 조사 · 연구 · 개발 업무
- ㉤ 그 밖에 교통정보센터의 효율적 운영을 위하여 경찰청장이 필요하다고 인정하는 업무

※ 경찰청장은 관계 기관의 장에게 교통정보체계의 구축과 운영에 필요한 자료 또는 정보를 요청할 수 있다. 이 경우 관계 기관의 장은 정당한 사유가 없으면 그 요청에 따라야 한다.

(2) 교통정보센터 운영 전담기관

① 교통정보센터 운영 전담기관의 지정기준
- ㉠ 도로교통안전 업무를 전문적으로 수행하는 기관 또는 단체일 것
- ㉡ 교통정보센터의 업무를 수행할 수 있는 전담조직 및 전문인력을 갖출 것
- ㉢ 교통정보센터 운영 전담기관의 조직 · 인력 · 운영 등에 대한 내부 규정(정관 또는 이에 준하는 규정을 말한다)을 갖출 것

② 교통정보센터 운영 전담기관의 지정

㉠ 지정신청서 제출기관 : 경찰청장

㉡ 지정신청서 제출 : 교통정보센터 운영 전담기관의 지정을 받으려는 자는 행정안전부령으로 정하는 지정신청서(전자문서로 된 신청서를 포함한다)를 경찰청장에게 제출해야 한다. 이 경우 경찰청장은 행정정보의 공동이용을 통하여 법인등기사항증명서(법인인 경우만 해당한다)를 확인해야 한다.

㉡ 지정신청서에 첨부해야 할 서류(전자문서 포함)

- 업무추진계획서
- 전담조직 및 전문인력의 보유 현황에 관한 서류
- 내부 규정

◆ 행정안전부령으로 정하는 지정신청서〈시행규칙 제135조의2〉 2024년 신설 법조항

- 교통정보센터 운영 전담기관 지정신청서를 말한다.

③ 교통정보센터 운영 전담기관의 지정 및 지정취소 · 업무정지

㉠ 지정 및 지정취소 · 업무정지 : 경찰청장은 교통정보센터 운영 전담기관을 지정하거나 지정취소 또는 업무정지를 한 경우에는 그 사실을 경찰청 인터넷 홈페이지에 공고해야 한다.

㉡ 교통정보센터 운영 전담기관의 지정취소 및 업무정지 기준〈시행령 제84조의2 제7항 별표5의2 제2호〉

위반행위		행정처분기준		
		1차 위반	2차 위반	3차 이상 위반
거짓이나 그 밖의 부정한 방법으로 지정을 받은 경우		지정취소		
지정기준에 적합하지 않게 된 경우	지정기준 중 어느 하나의 지정기준에 적합하지 않게 된 경우	업무정지 1개월	업무정지 3개월	지정취소
	지정기준 중 둘 이상의 지정기준에 적합하지 않게 된 경우	업무정지 3개월	업무정지 6개월	지정취소

④ 교통정보센터 운영 전담기관이 경찰청장에게 제출해야 할 사항

㉠ 해당 연도 업무추진결과

㉡ 다음 연도 업무추진계획 및 필요 예산

※ 제출기한 … 매년 12월 31일까지 경찰청장에게 제출해야 한다.

❸ 광역 교통정보 사업 및 위법사항의 통보 등 업무 협조

(1) 광역 교통정보 사업〈법 제145조의2〉

① 광역 교통정보사업 추진기관 : 경찰청장

② 시장등과 협의 : 경찰청장은 각 시 · 도경찰청장으로 하여금 광역 교통정보를 수집하고, 이를 다른 지역의 교통정보와 연계하여 분석한 결과를 일반에게 제공하는 사업을 시장등과 협의하여 추진하게 할 수 있다.

(2) 위법사항의 통보 등 업무 협조〈시행령 제85조〉

① 관할 관청에 통보 : 경찰서장은 자동차 운전자가 승차거부, 부당요금징수, 합승강요행위 또는 자가용자동차의 영업행위 등을 한 사실을 발견하였을 때에는 관할 관청에 이를 통보하여야 한다.

② 신호기의 설치 : 시 · 도경찰청장은 국토교통부장관이 관리하는 4차로 이상의 도로에 신호기(信號機)를 설치하려는 경우에는 그 설치장소가 적합한지와 그 밖의 도로시설을 함께 개선하여야 하는지 등에 관하여 미리 관할 지방국토관리청장의 의견을 들어야 한다.

section 5 표시장 및 위임 · 위탁과 국제협력 전담기관

❶ 무사고 또는 유공운전자의 표시장〈법 제146조〉

(1) 표시장의 수여

① 표시장의 수여기관 및 수여자의 자격

㉠ 표시장 수여기관 및 구분

- 표시장의 수여기관 : 경찰청장
- 표시장의 구분 : 무사고운전자 또는 유공운전자의 표시장

㉡ 표시장수여자의 자격

- 무사고운전자의 표시장 : 운전면허를 받은 사람으로서 운전에 종사하면서 일정 기간 교통사고를 일으키지 아니한 사람
- 유공운전자의 표시장 : 정부의 표창에 관한 법령에 따라 경찰 기관의 장의 표창을 받은 사람

② 표시장의 종류 및 대상 : 표시장의 종류, 표시장 수여의 대상, 그 밖에 표시장 수여에 필요한 사항은 행정안전부령으로 정한다.

(2) 무사고운전자 등에 대한 표시장의 수여 상 및 종류 등〈시행규칙 第136조〉

① 무사고운전자의 표시장

㉠ 수여대상자 : 무사고운전자의 표시장은 10년 이상의 사업용 자동차 무사고 운전경력이 있는 사람으로서 사업용자동차의 운전에 종사하고 있는 사람에게 수여

㉡ 운전경력별 표시장의 종류 및 운전경력

- 교통안전장 : 30년 이상
- 교통삼색장 : 25년 이상
- 교통질서장 : 20년 이상
- 교통발전장 : 15년 이상
- 교통성실장 : 10년 이상

② 유공운전자의 표시장 : 「정부표창규정」에 따라 경찰기관의 장의 표창을 받은 사람에게 수여한다.

표시장의 수여시기〈시행규칙 第137조〉

- 무사고운전자의 표시장의 수여 : 연 1회 실시한다.
- 유공운전자의 표시장의 수여 : 수시로 실시한다.

(3) 무사고운전자 표시장의 신청〈시행규칙 第138조〉

① 신청서 제출

㉠ 제출기관 : 관할 경찰서장

㉡ 제출 및 송부 : 무사고운전자의 표시장을 받으려는 사람은 무사고운전자표시장 신청서를 주소지를 관할하는 경찰서장에게 제출하고, 제출받은 관할경찰서장은 이를 확인한 후 시·도경찰청장에게 송부해야 한다.

※ 이 경우 담당 공무원은 행정정보의 공동이용을 통하여 신청인의 운전면허정보를 확인해야 하며, 신청인이 확인에 동의하지 않는 경우에는 그 사본을 첨부하도록 해야 한다.

㉢ 무사고운전자표시장 신청서에 첨부해야 할 서류

- 사업체별 취업확인서 또는 경력증명서
- 위임장 및 대리인의 신분증 사본(대리인이 신청하는 경우만 해당한다)

② 보고 및 수여

㉠ 시·도경찰청장은 신청서를 받은 때에는 표시장수여대상의 해당여부를 확인하고 그 결과를 경찰청장에게 보고하여야 한다.

㉡ 보고를 받은 경찰청장이 무사고운전자표시장을 수여하는 경우에는 휴대용 무사고운전자증과 서식의 무사고운전자증을 함께 수여하여야 한다.

② 위임 및 위탁 등〈법 제147조 및 시행령 제86조〉

(1) 시장등의 위임 또는 위탁

① 시장등

㉠ 권한 · 사무를 위임 또는 위탁해야 하는 기관

- 특별시장 · 광역시장의 권한 : 시 · 도경찰청장에게 위임
- 시장 · 군수(광역시의 군수는 제외한다) : 경찰서장에게 위탁

㉡ 위탁할 수 있는 권한

- 교통안전시설의 설치 · 관리에 관한 권한
- 유료도로 관리자에 대한 지시 권한

※ 광역교통신호체계의 구성을 위하여 필요하다고 인정되는 경우 관계 시장 · 군수는 상호 협의하여 ㉠에 따른 권한을 시 · 도경찰청장에게 공동으로 위탁할 수 있다.

② 특별시장 및 광역시장

㉠ 특별 · 광역시장 : 관할구역의 구청장(자치구의 구청장을 말한다)과 군수에게 위임

㉡ 위탁할 수 있는 권한

- 구 및 군 소속 단속담당공무원의 임면권(任免權)
- 주차위반 차에 대한 조치 권한
- 차의 견인 · 보관 및 반환 업무를 대행하게 하는 권한 및 대행 업무 수행에 필요한 조치와 교육을 명하는 권한
- 과태료의 부과 및 징수 권한

(2) 시 · 도경찰청장의 위탁

① 권한 또는 사무의 일부 위임 · 위탁

㉠ 시 · 도경찰청장 : 관할 경찰서장에게 위임하거나 교통 관련 전문교육기관 또는 전문연구기관 등에 위탁

㉡ 시 · 도경찰청장 또는 경찰서장 : 시장등으로부터 위임받거나 위탁받은 사무의 일부를 교통 관련 전문교육기관 또는 전문연구기관에 위탁

② 관할 경찰서장에게 위임해야 하는 권한

- 원동기장치자전거 운전면허시험
- 임시운전증명서 발급
- 운전면허효력 정지처분
- 운전면허 취소처분을 위한 사전 통지
- 자동차등의 운전 금지
- 자격정지처분
- 과태료(법 제160조 제1항에 따른 과태료 제외)의 부과 및 징수

③ 한국도로교통공단에 위탁 또는 대행

㉠ 시 · 도경찰청장이 위탁할 수 있는 업무

- 음주운전 방지장치의 등록
- 음주운전 방지장치의 운행기록의 접수 · 보관 및 음주운전 방지장치 정상 작동 여부 등의 검사
- 교통안전교육강사 및 강사등에 대한 연수교육

㉡ 시 · 도경찰청장 또는 경찰청장이 한국도로교통공단으로 하여금 대행하게 할 수 있는 업무

- 운전면허증의 발급(관할 경찰서장이 실시하는 원동기장치자전거 운전면허시험에 따른 운전면허증 발급은 제외)
- 모바일운전면허증의 발급(관할 경찰서장이 실시하는 원동기장치자전거 운전면허시험에 따른 모바일운전면허증 발급은 제외)
- 운전면허확인서비스의 제공
- 조건부 운전면허증의 발급
- 조건부 운전면허증의 재발급
- 운전면허증의 재발급
- 운전면허증의 갱신발급
- 운전면허증 발급 대상자 본인 확인. 다만, 제3항제1호에 따라 관할 경찰서장이 실시하는 원동기장치자전거 운전면허시험에 따른 운전면허증 발급 시의 대상자 본인 확인은 제외한다.
- 운전면허증의 반납 접수
- 국제운전면허증의 신청 접수 및 발급
- 강사자격증 발급 및 기능검정원자격증의 발급

❸ 주차단속의 특례

(1) 권한의 위임에 따른 주차단속의 특례〈시행령 제87조〉

① 주차단속기관 : 특별시장 · 광역시장

② 주차위반조치 및 통보

㉠ 주차위반에 대한 조치 : 특별시장 · 광역시장은 교통의 원활한 소통과 안전을 위하여 필요한 경우에는 주차위반 차에 대하여 직접 주차위반에 대한 조치를 할 수 있다.

㉡ 구청장 또는 군수에게 통보 : 특별시장 · 광역시장은 주차위반 사실을 직접 적발 · 단속한 경우에는 다음의 자료를 갖추어 위반장소를 관할하는 구청장 또는 군수에게 통보하여야 한다.

- 주차위반 차에 과태료부과대상차표지를 붙인 후 해당 차를 촬영하거나 무인 교통단속용 장비로 주차위반 차를 촬영한 사진, 비디오테이프, 그 밖의 영상기록매체(이하 "사진증거"라 한다) 등의 증거자료
- 위반장소 · 위반내용 및 차량번호 등을 적은 서류

③ 단속대장에 기록 및 보존

㉠ 특별시장 · 광역시장은 주차위반 사실을 직접 적발 · 단속한 경우에는 행정안전부령으로 정하는 단속대장에 그 사실을 기록하여야 한다.

㉡ 이 경우 단속대장은 특별한 사유가 없으면 전자적 처리가 가능한 방법으로 작성 · 관리하여야 한다.

(2) 도지사의 주차단속의 특례〈시행령 제87조의2〉

① **시장 또는 군수에게 통보** : 도지사는 주차위반 사실을 적발 · 단속한 경우에는 사진증거자료 및 위반사항과 차량번호 등의 자료를 갖추어 위반장소를 관할하는 시장 또는 군수에게 통보하여야 한다.

② **준용** : 도지사가 주차위반 사실을 적발 · 단속한 경우 단속대장에의 등재와 증거자료 보전에 관하여는 제87조 제3항 및 제4항을 준용한다. 이 경우 "특별시장 · 광역시장"은 각각 "도지사"로 본다.

교통안전심의위원회의 설치〈시행규칙 제141조〉

- 도로교통안전에 관한 시책과 교통안전시설 관련 신기술 등을 심의하기 위하여 경찰청에 교통안전심의위원회(이하 "교통안전위원회"라 한다)를 둔다.
- 교통안전위원회는 위원장을 포함하여 25인 이상 30인 이내의 위원으로 구성하되, 위원장은 경찰청 소속 국장급 경찰공무원(자치경찰공무원은 제외한다)으로 하고, 위원은 도로교통안전 관련 분야의 지식과 경험이 풍부한 전문가 또는 공무원 중 경찰청장이 위촉 또는 임명하는 사람이 된다.
- 위원 중 공무원이 아닌 위원의 임기는 2년으로 하되, 연임할 수 있다.
- 그 밖에 교통안전위원회의 운영 등에 관하여 필요한 사항은 경찰청장이 정한다.

4 국제협력 전담기관의 지정〈법 제147조의3〉 2024년 신설 법조항

(1) 전담기관지정

① 지정기관 : 경찰청장

② 전담기관지정 : 도로교통 관련 국제협력을 위하여 기술의 국제교류, 국제표준화 및 국제공동연구개발 등의 업무를 전담하는 기관을 지정할 수 있다.

② 전담기관의 지정을 취소하거나 6개월의 범위에서 업무의 전부 또는 일부를 정지할 수 있는 경우

㉠ 거짓이나 그 밖의 부정한 방법으로 지정을 받은 경우(지정을 취소해야 한다)

㉡ 지정기준에 적합하지 아니하게 된 경우

(2) 국제협력 전담기관의 업무 · 지정기준 등〈시행령 제87조의3〉 2024년 신설 법조항

① 국제협력 전담기관의 업무

㉠ 도로교통 관련 국내외 기술 현황 조사 · 분석 및 국제교류 업무

㉡ 도로교통 관련 국내외 제도 및 정책의 조사 · 분석 · 표준화 관련 업무

㉢ 도로교통 관련 국제공동연구개발 등 국제협력 관련 업무

㉣ 그 밖에 도로교통 관련 기술의 국제교류, 국제표준화 및 국제공동연구개발 등을 위하여 경찰청장이 필요하다고 인정하는 업무

② 국제협력 전담기관의 지정기준

㉠ 도로교통 업무를 전문적으로 수행하는 기관 또는 단체일 것

㉡ ㉠의 업무를 수행할 수 있는 전담조직 및 전문인력을 갖출 것

㉢ 국제협력 전담기관의 조직 · 인력 · 운영 등에 대한 내부 규정을 갖출 것

③ 지정절차

㉠ **신청서 제출** : 국제협력 전담기관의 지정을 받으려는 자는 국제협력 전담기관 지정신청서(전자문서로 된 신청서를 포함한다)에 다음 각 호의 서류(전자문서를 포함한다)를 첨부하여 경찰청장에게 제출해야 한다.

※ 이 경우 경찰청장은 행정정보의 공동이용을 통하여 법인등기사항증명서(법인인 경우만 해당한다)를 확인해야 한다.

㉡ 국제협력 전담기관 지정신청서에 첨부해야 할 서류

- 업무추진계획서
- 전담조직 및 전문인력의 보유 현황에 관한 서류
- 내부 규정

④ 공고 및 업무정지기준

㉠ **공고** : 경찰청장은 국제협력 전담기관을 지정하거나 지정취소 또는 업무정지를 한 경우에는 그 사실을 경찰청 인터넷 홈페이지에 공고해야 한다.

㉡ **지정취소 및 업무정지의 기준** : 국제협력 전담기관의 지정취소 및 업무정지의 기준은 별표 5의3과 같다.

⑤ **업무추진 계획 및 결과 제출** : 국제협력 전담기관은 다음의 사항을 매년 12월 31일까지 경찰청장에게 제출해야 한다.

㉠ 해당 연도 업무추진결과

㉡ 다음 연도 업무추진계획

최근기출문제

1 「도로교통법 시행령」에서 〈보기〉의 ㈎에 들어갈 내용으로 가장 옳은 것은? 2024.6.22. 서울

보기

제83조(출석지시불이행자의 처리) 「도로교통법」 제138조 제1항에 따라 출석지시서를 받은 사람은 출석지시서를 받은 날부터 ___㈎___일 이내에 지정된 장소로 출석하여야 한다.

① 10
② 15
③ 20
④ 30

TIP 출석지시불이행자의 처리〈시행령 제83조 제1항〉… 법 제138조 제1항에 따라 출석지시서를 받은 사람은 출석지시서를 받은 날부터 10일 이내에 지정된 장소로 출석하여야 한다.

2 「도로교통법 시행규칙」상 무사고운전자 등에 대한 표시장의 수여 상 및 종류 등에 대한 설명으로 가장 옳지 않은 것은? 2024.2.24. 서울

① 무사고운전자의 표시장은 10년 이상의 사업용 자동차 무사고 운전경력이 있는 사람으로서 사업용자동차의 운전에 종사하고 있는 사람에게 수여한다.
② 교통성실장은 운전경력별 표시장의 종류에 속한다.
③ 교통질서장은 20년 이상의 운전경력을 갖추어야 한다.
④ 무사고운전자의 표시장과 유공운전자의 표시장의 수여는 연 1회 실시한다.

TIP ④ 무사고운전자의 표시장 수여는 연 1회, 유공운전자의 표시장의 수여는 수시로 실시한다〈시행규칙 제137조〉.

※ 무사고운전자 등에 대한 표시장의 수여〈시행규칙 136조 제1항〉

㉠ 수여 상 : 무사고운전자의 표시장은 10년 이상의 사업용 자동차 무사고 운전경력이 있는 사람으로서 사업용자동차의 운전에 종사하고 있는 사람에게 수여한다.

㉡ 운전경력별 표시장의 종류 및 운전경력
- 교통안전장 : 30년 이상
- 교통삼색장 : 25년 이상
- 교통질서장 : 20년 이상
- 교통발전장 : 15년 이상
- 교통성실장 : 10년 이상

☞ 유공운전자의 표시장은 「정부표창규정」에 따라 경찰기관의 장의 표창을 받은 사람에게 수여한다〈시행규칙 136조 제2항〉.

Answer 1.① 2.④

3 **아래 법 조항에 따라 시 · 군공무원이 발급하는 출석고지시의 발급대상에 해당되지 않는 운전자는?**

2022.6.18. 인천

> 시 · 군공무원은 위반한 운전자가 있으면 행정안전부령으로 정하는 바에 따라 현장에서 위반행위의 요지와 경찰서장(제주특별자치도의 경우 제주특별자치도지사로 한다. 이하 이 조에서 같다)에게 출석할 기일 및 장소 등을 구체적으로 밝힌 고지서를 발급하고, 운전면허증의 제출을 요구하여 이를 보관할 수 있다.
>
> – 도로교통법 제143조의 일부 –

① 제15조 제3항에 따른 전용차로 통행금지 의무 위반

② 제24조 제1항에 따른 철길건널목 일시정지 의무 위반

③ 제29조 제4항 · 제5항에 따른 긴급자동차에 대한 진로양보 의무 위반

④ 제32조부터 제34조까지의 규정에 따른 정차 및 주차 금지 의무 위반

TIP 시 · 군 공무원이 발부할 수 있 출석고지서의 발부대상〈법 제143조 제1항〉

㉠ 전용차로 통행금지 의무

㉡ 긴급자동차에 대한 진로양보 의무 위반

㉢ 주 · 정차 금지 의무 위반

4 **〈보기〉는 「도로교통법 시행령」의 출석지시불이행자의 처리에 대한 내용이다. ㈎에 들어갈 내용으로 옳은 것은?**

2021. 6. 5. 서울

보기

> 법 제138조(운전면허증 등의 보관) 제1항에 따라 출석지시서를 받은 사람은 출석지시서를 받은 날부터 ㈎ 이내에 지정된 장소로 출석하여야 한다.

① 3일　　② 7일

③ 10일　　④ 15일

TIP 법 제138조 제1항에 따라 운전면허증 등의 보관에 따라 출석지시는 출석지시를 받은 날로부터 10일 이내에 지정된 장소로 출석하여야 한다〈시행령 제83조 제1항〉.

Answer 3.② 4.③

5 경찰공무원이 다음 사항에 해당되어 현장에서 범칙금 납부통고서 또는 출석지시서를 발급하고, 운전면허증 등의 제출을 요구하여 이를 보관할 수 있는 사항으로 옳은 것을 모두 고른다면 몇 개인가? 2021.4.10. 대구

> 가. 교통사고를 일으킨 경우
> 나. 운전면허의 취소처분 또는 정지처분이 아닌 교통법규를 위반한 경우
> 다. 외국에서 발급한 국제운전면허증을 가진 사람으로서 제162조 제1항에 따른 과태료 처분을 받은 경우

① 가
② 가, 나
③ 나, 다
④ 가, 다

TIP 운전면허증 등의 보관〈법 제138조〉
㉠ 교통사고를 일으킨 경우
㉡ 운전면허의 취소처분 또는 정지처분의 대상이 된다고 인정되는 경우
㉢ 외국에서 발급한 국제운전면허증 또는 상호인정외국면허증을 가진 사람으로서 범칙행위를 한 경우

Answer 5.①

출제예상문제

1 「도로교통법」상 운전자에 관한 정보의 관리 및 제공에 대한 설명으로 옳지 않은 것은?

① 경찰청장은 운전자에 관한 정보를 통합적으로 유지 · 관리하기 위해 전산시스템을 구축 · 운영하여야 한다.
② 한국도로교통공단은 운전면허에 관한 정보를 시 · 도경찰청장 및 경찰서장에게 제출하여야 한다.
③ 운전자는 대리인을 통해 경찰서장에게 정보를 확인하는 증명을 신청할 수 있다.
④ 운전면허증의 진위 여부 확인 요청이 있는 경우 경찰청장은 전산시스템을 이용해 확인할 수 있다.

TIP ② 시 · 도경찰청장 및 경찰서장은 운전자의 운전면허 · 교통사고 및 교통법규 위반에 관한 정보를 한국도로교통공단은 운전면허에 관한 정보를 각각 전산시스템에 등록 · 관리하여야 한다〈제137조 제2항〉.

2 「도로교통법」상 다음에 해당하는 경우로 옳지 않은 것은?

경찰공무원이 자동차등의 운전자가 현장에서 범칙금 납부통고서 또는 출석지시서를 발급하고, 운전면허증등의 제출을 요구하여 이를 보관할 수 있다.

① 교통사고를 일으킨 경우
② 운전자가 범칙금 납부통고서를 받은 경우
③ 운전면허의 취소처분 또는 정지처분의 대상이 된다고 인정되는 경우
④ 외국에서 발급한 국제운전면허증 소지자가 범칙행위를 한 경우

TIP 경찰공무원이 운전면허증등을 보관할 수 있는 경우〈법 제138조 제1항〉
㉠ 교통사고를 일으킨 경우
㉡ 운전면허의 취소처분 또는 정지처분의 대상이 된다고 인정되는 경우
㉢ 외국에서 발급한 국제운전면허증 또는 상호인정외국면허증을 가진 사람으로서 제162조 제1항에 따른 범칙행위를 한 경우

Answer 1.② 2.②

3 **출석지시서를 받은 운전자가 출석기간을 지키지 않은 경우 경찰서장이 즉결심판출석통지서를 발송해야 하는 기한?**

① 출석지시서 발급일부터 20일 이내
② 출석지시서 발급일부터 30일 이내
③ 출석기간 만료일부터 30일 이내
④ 출석기간 만료일부터 40일 이내

TIP 경찰서장은 출석지시서를 받고 10일 이내에 지정된 장소로 출석하지 아니한 사람 중 즉결심판의 대상이 되는 사람(이하 "출석지시불이행자"라 한다)에 대해서는 출석기간 만료일부터 30일 이내에 즉결심판을 위한 출석의 일시 · 장소 등을 알리는 즉결심판 출석통지서를 발송하여야 한다. 이 경우 즉결심판을 위한 출석일시는 출석기간 만료일부터 40일이 초과되어서는 아니 된다〈시행령 제83조 제2항〉.

4 **「도로교통법시행령」상 출석지시불이행자의 처리방법에 대한 설명으로 옳지 않은 것은?**

① 출석지시불이행자가 출석기간 내에 출석하지 않은 경우 출석기간 만료일부터 30일 이내에 즉결심판 출석통지서를 발송해야 한다.
② 즉결심판 출석통지서를 받은 출석지시불이행자가 출석하지 않은 경우 즉결심판 출석최고서를 발송하여야 하며, 이 경우 출석일시는 출석기간 만료일부터 60일이 초과되지 않아야 한다.
③ 출석지시서를 받은 사람은 출석지시서를 받은 날부터 10일 이내에 지정된 장소로 출석하여야 한다.
④ 출석지시불이행자가 즉결심판 출석최고에도 불구하고 출석하지 않을 경우 경찰서장은 운전면허를 취소할 수 있다.

TIP ④ 시 · 도경찰청장은 즉결심판의 출석 최고에도 불구하고 출석지시불이행자가 출석하지 아니하여 즉결심판 절차가 진행되지 못한 경우에는 출석지시불이행자의 운전면허의 효력을 일시 정지시킬 수 있다〈제83조 제4항〉.

5 **「도로교통법 시행규칙」상 운전경력증명서를 발급하는 기관은?**

① 행전안전부
② 시 · 도경찰청장
③ 경찰서장
④ 한국도로교통공단

TIP 경찰서장은 운전경력증명서 발급 신청을 받은 경우에는 운전경력증명서를 발급하고, 운전경력증명서 발급대장을 작성 · 관리하여야 한다〈시행규칙 제129조의2 제3항〉.

Answer 3.③ 4.④ 5.③

6 다음 중 교통사고사실확인원 발급에 대한 설명으로 옳지 않은 것은?

① 교통사고에 대한 조사가 종결되면 교통사고보고서가 작성되기 전에 교통사고사실확인원을 발급할 수 있다.

② 교통사고사실확인원 발급 신청 시 대리인은 발급대상자의 위임장 및 신분증명서 사본을 제출해야 한다.

③ 경찰서장은 교통사고사실확인원을 발급한 경우 해당 교통사고의 반대 당사자에게 발급 사실을 통보해야 한다.

④ 경찰서장은 교통사고사실확인원 발급사실을 교통사고사실확인원 발급대장에 기재하여야 한다.

TIP 교통사고사실확인원은 교통사고에 대한 조사가 종결된 후 교통사고보고서에 기재된 사항을 기준으로 발급한다〈제129조의3 제3항〉.

7 「도로교통법」 제139조에서 정하고 있는 수수료 납부대상으로 옳지 않은 사람은?

① 차로의 너비를 초과하는 차의 통행허가를 신청하는 사람

② 긴급자동차의 지정을 신청하는 사람

③ 국제운전면허증 발급에 관한 공고를 신청하는 사람

④ 운전면허증을 재발급 받으려고 신청하는 사람

TIP 수수료를 납부해야 하는 사람〈법 제139조 제1항〉

㉠ 긴급자동차의 지정을 신청하는 사람
㉡ 차로의 너비를 초과하는 차의 통행허가를 신청하는 사람
㉢ 안전기준을 초과한 승차 허가 또는 적재 허가를 신청하는 사람
㉣ 교통안전교육기관의 지정을 신청하는 사람
㉤ 운전면허증을 발급 또는 재발급 받으려고 신청하는 사람
㉥ 국제운전면허증 발급을 신청하는 사람
㉦ 전문학원의 지정을 신청하는 사람
㉧ 강사 또는 기능검정원의 자격시험에 응시하거나 그 자격증의 발급(재발급을 포함한다)을 신청하는 사람

Answer 6.① 7.③

8 **경찰서장 또는 한국도로교통공단이 운전면허시험을 신청한 사람에게 납부한 수수료를 반환해야 하는 경우로 틀린 것은?**

① 수수료를 과오납한 경우
② 지정된 시험일 전에 응시접수를 취소하는 경우
③ 한국도로교통공단의 귀책사유로 시험에 응시하지 못한 경우
④ 운전면허시험의 응시원서를 분실한 경우

TIP 운전면허시험 신청자수수료의 전부 또는 일부를 반환해야 하는 경우〈시행규칙 제131조 제5항 제1호〉
㉠ 수수료를 과오납한 경우에는 그 과오납한 금액의 전부
㉡ 경찰서장 또는 한국도로교통공단의 귀책사유로 시험에 응시하지 못한 경우에는 납부한 수수료의 전부
㉢ 지정된 시험일 전날까지 응시접수를 취소하는 경우에는 납부한 수수료의 전부

9 **한국도로교통공단이 서울지역의 수수료징수대행인에게 지급해야 하는 대행수수료의 비율은?**

① 1천분의 10
② 1천분의 20
③ 1천분의 30
④ 1천분의 50

TIP 한국도로교통공단이 수수료징수대행인에게 대행지역에 따라 지급하는 대행수수료〈시행규칙 제132조 제2항〉
㉠ 서울특별시 : 수수료징수금액의 1천분의 30
㉡ 서울특별시 외의 지역 : 수수료징수금액의 1천분의 40

10 **「도로교통법령」상 교통안전교육기관이 받아야 하는 수강료에 대한 설명으로 옳지 않은 것은?**

① 교통안전교육기관은 교육생으로부터 수강료를 받을 수 있다.
② 교통안전교육을 시청각교육만으로 실시하는 경우에는 수강료의 100분의 50을 받아야 한다.
③ 수강료를 정할 때에는 교육시간, 교육방법 등을 고려하여야 한다.
④ 교통안전교육기관의 장 및 한국도로교통공단은 수강료를 받은 때에는 교육대상자에게 영수증을 교부하여야 한다.

TIP ②③ 교통안전교육기관이 수강료를 정할 때에는 교육시간, 교육방법 등을 고려하여야 한다. 다만, 교통안전교육을 시청각교육만으로 실시하는 경우에는 수강료를 받지 아니한다〈시행령 제84조〉.
① 법 제140조
④ 시행규칙 제133조

Answer 8.④ 9.③ 10.②

11 「도로교통법」상 교통안전교육기관 또는 학원등을 지도 · 감독할 수 있는 기관은?

① 시 · 도지사
② 시 · 도경찰청장
③ 경찰서장
④ 한국도로교통공단

TIP 시 · 도경찰청장은 교통안전교육기관 또는 학원등의 건전한 육성 · 발전을 위하여 적절한 지도 · 감독을 하여야 한다〈법 제141조 제1항〉.

12 「도로교통법」상 시 · 군공무원이 출석고지서를 발급할 수 있는 대상으로 적절하지 않은 것은?

① 긴급자동차에 진로 양보를 하지 않은 운전자
② 전용차로 통행금지 의무를 위반한 운전자
③ 정차 및 주차금지 의무를 위반한 운전자
④ 음주운전금지 의무를 위반한 운전자

TIP 시 · 군공무원은 전용차로 통행금지 의무, 긴급자동차에 대한 진로양보 의무 또는 정차 및 주차 금지 의무를 위반한 운전자가 있으면 행정안전부령으로 정하는 바에 따라 현장에서 위반행위의 요지와 경찰서장(제주특별자치도의 경우 제주특별자치도지사로 한다)에게 출석할 기일 및 장소 등을 구체적으로 밝힌 고지서를 발급하고, 운전면허증의 제출을 요구하여 이를 보관할 수 있다. 이 경우 그 고지서는 출석기일까지 운전면허증과 같은 효력이 있다〈법 제143조 제1항〉.

13 「도로교통법령」상 다음 중 시 · 군공무원의 교통단속에 대한 설명으로 틀린 것은?

① 시 · 군공무원이 교부하는 고지서에 운전면허증을 대신할 수 있는 증명서를 보관하고 있는 사실을 기재하여야 한다.
② 경찰서장은 시 · 군공무원의 통보를 받으면 위반행위를 확인하여야 한다.
③ 시 · 군공무원이 고지서를 발급할 때 위반행위의 고지여부는 경찰공무원이 판단하여야 한다.
④ 경찰서장은 시 · 군공무원으로부터 통보받은 사항이 범칙행위로 인정되는 때에는 출석한 위반운전자의 진술을 들어야 한다.

TIP ③ 금지의무를 위반한 운전자가 있으면 행정안전부령으로 정하는 바에 따라 현장에서 위반행위의 요지와 출석할 기일 및 장소 등을 구체적으로 밝힌 고지서를 발급하여야 한다〈법 제143조 제1항〉.
① 시행규칙 제134조 제1항
② 법 제143조 제3항
④ 시행규칙 제134조 제4항

Answer 11.② 12.④ 13.③

14 「도로교통법」상 교통안전교육에 관한 지침을 제정하여 공표하여야 하는 기관은?

① 경찰청장
② 시 · 도경찰청장
③ 경찰서장
④ 한국도로교통공단

TIP 경찰청장은 도로를 통행하는 사람을 대상으로 교통안전에 관한 교육을 하는 자가 효과적이고 체계적으로 교육을 할 수 있도록 하기 위하여 교통안전교육에 관한 지침을 제정하여 공표하여야 한다〈법 제144조 제1항 및 제2항〉.

15 교통안전수칙을 제정할 때 포함되어야 할 사항으로 옳지 않은 것은?

① 긴급자동차에 길 터주기 요령
② 자율주행자동차의 운전요령
③ 자동차등의 취급방법
④ 도로교통의 안전에 관한 법령의 규정

TIP 교통안전수칙 제정 · 보급할 때 포함되어야 할 사항〈법 제144조 제1항〉
㉠ 도로교통의 안전에 관한 법령의 규정
㉡ 자동차등의 취급방법, 안전운전 및 친환경 경제운전에 필요한 지식
㉢ 긴급자동차에 길 터주기 요령
㉣ 그 밖에 도로에서 일어나는 교통상의 위험과 장해를 방지 · 제거하여 교통의 안전과 원활한 소통을 확보하기 위하여 필요한 사항

16 「도로교통법시행규칙」 제135조에 따라 교통안전수칙과 교통안전교육에 관한 지침을 제정 · 보급하고자 할 때 포함되어야 할 내용으로 옳지 않은 것은?

① 국민이 꼭 알아야 하는 교통과 관련되는 제도 또는 규정
② 자동차등의 운전자가 지켜야 하는 사항
③ 보행자와 운전자가 함께 지켜야 하는 사항
④ 교통사고시 응급처치요령 및 사고조치에 관한 사항

TIP 교통안전수칙과 교통안전교육에 관한 지침을 제정 · 보급할 때 포함되어야 할 사항〈시행규칙 제135조 제1항〉
㉠ 보행자와 운전자가 함께 지켜야 하는 사항
㉡ 자전거를 타는 사람이 지켜야 하는 사항
㉢ 자동차등의 운전자가 지켜야 하는 사항
㉣ 국민이 꼭 알아야 하는 교통과 관련되는 제도 또는 규정

Answer 14.① 15.② 16.④

17 경찰청장이 교통안전수칙과 교통안전교육에 관한 지침을 발간 · 보급해야 하는 시기로 적절한 것은?

① 매월 1회 이상
② 매년 1회 이상
③ 6개월에 1회 이상
④ 2년에 1회 이상

TIP 경찰청장은 교통안전수칙과 교통안전교육에 관한 지침은 매년 1회 이상 발간 · 보급하여야 한다. 다만, 그 내용을 변경할 필요가 없는 때에는 그러하지 아니할 수 있다〈시행규칙 제135조 제2항〉.

18 교통정보의 제공에 대한 설명으로 틀린 것은?

① 교통정보센터는 경찰청장이 구축 · 운영한다.
② 경찰청장은 관계 기관의 장에게 교통정보 제공을 요청할 수 있다.
③ 교통정보에는 도로의 통행량 및 도로공사와 같은 교통방해상황에 관한 정보가 포함된다.
④ 교통정보는 경찰청의 치안목적을 위한 정보로 일반 국민에게는 제공되지 않는다.

TIP ④ 경찰청장은 교통의 안전과 원활한 소통을 확보하기 위하여 필요한 정보를 수집하여 분석하고 그 결과를 신속하게 일반에게 제공하여야 한다〈법 제145조 제1항〉.

※ 경찰청장이 수집 · 분석하여 일반에게 제공하는 교통정보〈시행령 제84조의2 제1항〉
㉠ 자동차등의 통행량, 속도 등 소통에 관한 정보
㉡ 교통안전시설, 차로, 도로의 부속물 등 도로 현황에 관한 정보
㉢ 어린이보호구역, 노인 · 장애인보호구역 등 보행자 보호를 위하여 필요한 정보
㉣ 교통사고, 도로공사, 도로의 파손 등 교통에 방해가 되는 상황에 관한 정보
㉤ ㉠부터 ㉣까지의 정보에 준하는 것으로서 경찰청장이 필요하다고 인정하는 정보

Answer 17.② 18.④

19 다음 중 위법사항의 통보 및 업무 협의에 대한 설명으로 틀린 것은?

① 경찰서장은 자가용자동차로 영업행위를 한 운전자는 시 · 도경찰청장에게 통보하여야 한다.
② 경찰청장은 각 시 · 도경찰청장으로 하여금 광역 교통정보를 수집하고, 이를 다른 지역의 교통정보와 연계하여 분석한 결과를 일반에게 제공하는 사업을 시장등과 협의하여 추진하게 할 수 있다.
③ 시 · 도경찰청장은 국토교통부장관이 관리하는 4차로 이상의 도로에 신호기를 설치할 경우에는 관할 지방국토관리청장의 의견을 들어야 한다.
④ 영업용화물자동차의 운전자가 부당요금을 징수한 사실을 발견한 경찰서장은 이를 관할 관청에 통보하여야 한다.

TIP ①④ 경찰서장은 자동차 운전자가 「여객자동차 운수사업법」 · 「화물자동차 운수사업법」 및 같은 법에 따른 명령을 위반하여 승차거부, 부당요금징수, 합승강요행위 또는 자가용자동차의 영업행위 등을 한 사실을 발견하였을 때에는 관할 관청에 이를 통보하여야 한다〈시행령 제85조 제1항〉.
② 법 제145조의2
③ 시행령 제85조 제2항

20 「도로교통법령」상 유공운전자의 표시장을 수여할 수 있는 사람은?

① 대통령　　② 국무총리
③ 경찰청장　　④ 경찰서장

TIP 경찰청장은 운전면허를 받은 사람으로서 운전에 종사하면서 일정 기간 교통사고를 일으키지 아니한 사람과 정부의 표창에 관한 법령에 따라 경찰 기관의 장의 표창을 받은 사람에게 무사고운전자 또는 유공운전자의 표시장을 수여할 수 있다〈법 제146조 제1항〉.

21 「도로교통법 시행규칙」상 무사고운전자 표시장의 수여기준을 잘못 연결한 것은?

① 교통안전장 : 사업용자동차의 무사고운전경력 30년 이상
② 교통발전장 : 사업용자동차의 무사고운전경력 15년 이상
③ 교통질서장 : 사업용자동차의 무사고운전경력 10년 이상
④ 교통삼색장 : 사업용자동차의 무사고운전경력 25년 이상

TIP 운전경력별 표시장의 종류 및 운전경력의 기준〈시행규칙 제136조 제1항〉
㉠ 교통안전장 : 30년 이상
㉡ 교통삼색장 : 25년 이상
㉢ 교통질서장 : 20년 이상
㉣ 교통발전장 : 15년 이상
㉤ 교통성실장 : 10년 이상

Answer 19.① 20.③ 21.③

22 **무사고운전자 표시장의 신청절차에 대한 설명으로 가장 옳지 않은 것은?**

① 무사고운전자 표시장을 받고자 하는 사람은 무사고운전자표시장 신청서를 제출해야 한다.
② 대리인이 신청할 경우에는 대리인의 신분증사본과 위임장을 첨부해야 한다.
③ 신청서를 제출받은 관할경찰서장은 이를 확인한 후 경찰청장에게 송부해야 한다.
④ 무사고운전자표시장을 수여할 때에는 휴대용 무사고운전자증과 무사고운전자증을 함께 수여하여야 한다.

TIP ①③ 무사고운전자의 표시장을 받으려는 사람은 무사고운전자표시장 신청서를 주소지를 관할하는 경찰서장에게 제출하고, 제출받은 관할경찰서장은 이를 확인한 후 시·도경찰청장에게 송부해야 한다〈시행규칙 제138조 제1항〉.

23 **특별시장·광역시장은 시·도경찰청장에게 위임하고, 시장·군수는 경찰서장에게 위탁할 수 있는 권한은?**

① 구 및 군 소속 단속담당공무원의 임면권
② 운전면허 취소처분을 위한 사전 통지
③ 연수교육
④ 유료도로 관리자에 대한 지시 권한

TIP ① 구 및 군 소속 단속담당공무원의 임면권은 특별시장·광역시장이 관할구역의 구청장 및 군수에게 위임하는 권한이다〈시행령 제86조 제2항 제1호〉.
② 운전면허 취소처분을 위한 사전 통지는 시·도경찰청장이 관할 경찰서장에게 위임하는 권한이다〈시행령 제86조 제3항 제4호〉.
③ 시·도경찰청장은 연수교육을 한국도로교통공단에 위탁한다〈시행령 제86조 제4항〉.

24 **다음 중 시·도경찰청장이 관할 경찰서장에게 위임할 수 있는 권한으로 틀린 것은?**

① 원동기장치자전거 운전면허시험
② 운전면허 취소처분을 위한 사전 통지
③ 운전면허증의 갱신발급
④ 기능검정원의 자격정지처분

TIP ③의 운전면허증의 갱신발급은 시·도경찰청장 또는 경찰청장이 한국도로교통공단에게 대행하게 할 수 있는 업무이다〈시행령 제86조 제5항 제3호〉.
①②④ 시행령 제86조 제3항

Answer 22.③ 23.④ 24.③

25 **다음 중 한국도로교통공단이 대행할 수 있는 업무로 적절하지 않은 것은 무엇인가?**

① 임시운전증명서 발급
② 모바일운전면허증의 발급
③ 국제운전면허증의 발급
④ 운전면허증 재발급

TIP ①의 임시운전증명서 발급은 시 · 도경찰청장이 관할 경찰서장에게 위임하는 권한이다〈시행령 제86조 제3항 제2호〉.
②③④ 시행령 제86조 제5항

26 **다음 중 특별시장 · 광역시장 또는 도지사가 주차위반 사실을 적발 · 단속한 경우에 대한 설명으로 적절하지 않은 것은?**

① 불법주차에 대하여 도로교통법에 따른 주차위반에 대한 조치를 할 수 있다.
② 주차위반 사실을 직접 적발 · 단속한 경우에는 위반장소를 관할하는 구청장 또는 군수에게 통보하여야 한다.
③ 주차위반 사실을 적발 · 단속한 경우에는 위반장소를 관할하는 경찰서장에게 통보할 수 있다.
④ 주차위반 사실을 직접 적발 · 단속한 경우에는 단속대장에 그 사실을 기록하여야 한다.

TIP ③ 도지사는 주차위반 사실을 적발 · 단속한 경우에는 위반장소를 관할하는 시장 또는 군수에게 통보하여야 한다〈시행령 제87조의2〉.
①②④ 시행령 제87조

27 **교통안전위원회에 대한 설명으로 옳지 않은 것은?**

① 위원장은 경찰청 소속 국장급 경찰공무원(자치경찰공무원 포함)으로 한다.
② 교통안전위원회는 위원장을 포함하여 25인 이상 30인 이내의 위원으로 구성한다.
③ 위원장은 경찰청 소속 국장급 경찰공무원(자치경찰공무원 포함)으로
④ 위원은 도로교통안전 관련 분야의 지식과 경험이 풍부한 전문가 또는 공무원 중 경찰청장이 위촉 또는 임명한다.

TIP ① 위원장은 경찰청 소속 국장급 경찰공무원으로 한다. 다만, 자치경찰공무원은 제외한다〈시행규칙 제141조 제2항〉.

Answer 25.① 26.③ 27.①

28 **도로교통 관련 국제협력을 위하여 경찰청장이 지정하는 국제협력전담기관이 전담하는 업무로 옳지 않은 것은?**

① 기술의 국제교류 ② 국제기관으로의 인력파견
③ 국제공동연구개발 ④ 국제표준화

TIP 경찰청장은 도로교통 관련 국제협력을 위하여 기술의 국제교류, 국제표준화 및 국제공동연구개발 등의 업무를 전담하는 기관을 지정할 수 있다〈법 제147조의3 제1항〉.

29 **국제협력 전담기관에 대한 설명으로 옳지 않은 것은?**

① 국제협력 전담기관이 거짓이나 그 밖의 부정한 방법으로 지정을 받은 경우에는 지정을 취소해야 한다.
② 국제협력 전담기관의 지정을 받으려면 도로교통 업무를 전문적으로 수행하는 기관 또는 단체이어야 한다.
③ 국제협력 전담기관은 도로교통 관련 국내외 제도 및 정책의 조사 · 분석 · 표준화 관련 업무도 수행하여야 한다.
④ 국제협력 전담기관의 지정을 받으려는 자는 지정신청서를 행정안전부에게 제출해야 한다.

TIP ④ 국제협력 전담기관의 지정을 받으려는 자는 행정안전부령으로 정하는 지정신청서(전자문서로 된 신청서를 포함한다)를 경찰청장에게 제출해야 한다〈시행령 제87조의3 제3항〉.
① 법 제147조의3 제2항 제1호
② 시행령 제87조의3 제2항 제1호
③ 시행령 제87조의3 제1항 제2호

30 **국제협력전담기관이 해당 연도 업무추진결과와 다음 연도 업무추진계획을 경찰청장에게 매년 제출해야 하는 기한은?**

① 3월 31일까지 ② 6월 30일까지
③ 12월 31일까지 ④ 수시로 제출

TIP 국제협력 전담기관은 해당 연도 업무추진결과와 다음 연도 업무추진계획에 관한 사항을 매년 12월 31일까지 경찰청장에게 제출해야 한다〈시행령 제87조의3 제6항〉.

Answer 28.② 29.④ 30.③

12 벌칙

section 1 벌칙

1 사고발생 조치의 불이행 및 음주관련 벌칙

(1) 교통사고 발생 시의 조치를 하지 아니한 사람〈법 제148조〉

① 벌칙 : 5년 이하의 징역이나 1천500만 원 이하의 벌금

② 제외대상 : 주 · 정차된 차만 손괴한 것이 분명한 경우에 피해자에게 인적 사항을 제공하지 아니한 사람은 제외

(2) 음주운전 및 음주측정을 불응한 사람〈법 제148조의2〉 2021년 경기 2021년 대전 2021년 경북 2022년 인천

① 2진 아웃 : 음주운전 또는 음주측정을 불응하여 벌금이상의 형을 선고받고 그 형이 확정된 날로부터 10년 이내에 다시 같은 내용을 위반한 사람(개인형 이동장치는 제외)
- ㉠ 음주측정불응 : 1년 이상 6년 이하의 징역이나 500만 원 이상 3천만 원 이하의 벌금
- ㉡ 0.2% 이상 : 2년 이상 6년 이하의 징역이나 1천만 원 이상 3천만 원 이하의 벌금
- ㉢ 0.03% 이상 0.2% 미만 : 1년 이상 5년 이하의 징역이나 500만 원 이상 2천만 원 이하의 벌금

② 경찰공무원의 음주측정에 불응
- ㉠ 대상 : 술에 취한 상태에 있다고 인정할 만한 상당한 이유가 있는 사람으로서 경찰공무원의 측정에 응하지 아니하는 사람(자동차등 또는 노면전차를 운전한 경우로 한정
- ㉡ 벌칙 : 1년 이상 5년 이하의 징역이나 500만 원 이상 2천만 원 이하의 벌금

③ 음주운전자의 처벌기준
- ㉠ 혈중알코올농도가 0.2퍼센트 이상인 사람 : 2년 이상 5년 이하의 징역이나 1천만 원 이상 2천만 원 이하의 벌금
- ㉡ 혈중알코올농도가 0.08퍼센트 이상 0.2퍼센트 미만인 사람 : 1년 이상 2년 이하의 징역이나 500만 원 이상 1천만 원 이하의 벌금
- ㉢ 혈중알코올농도가 0.03퍼센트 이상 0.08퍼센트 미만인 사람 : 1년 이하의 징역이나 500만 원 이하의 벌금

(3) 약물운전 등〈법 제148조의2 제4항〉

① 대상 : 약물로 인하여 정상적으로 운전하지 못할 우려가 있는 상태에서 자동차등 또는 노면전차를 운전한 사람

② 벌칙 : 3년 이하의 징역이나 1천만 원 이하의 벌금

2 음주운전 방지장치 및 신호기 관련 벌칙

(1) 음주운전 방지장치〈법 제148조의3〉 2023년 신설 법조항

① 음주운전 방지장치를 해체 · 조작하거나 그 밖의 방법으로 효용을 해친 자 : 3년 이하의 징역 또는 3천만 원 이하의 벌금

② 음주운전 방지장치가 해체 · 조작되었거나 효용이 떨어진 것을 알면서 해당 장치가 설치된 자동차등을 운전한 자 : 1년 이하의 징역 또는 300만 원 이하의 벌금

③ 조건부 운전면허를 받은 사람을 대신하여 음주운전 방지장치가 설치된 자동차등을 운전할 수 있도록 해당 장치에 호흡을 불어넣거나 다른 부정한 방법으로 음주운전 방지장치가 설치된 자동차등에 시동을 걸어 운전할 수 있도록 한 사람 : 1년 이하의 징역 또는 300만 원 이하의 벌금

(2) 신호기조작 및 교통안전시설의 손괴〈법 제149조〉

① 함부로 신호기를 조작하거나 교통안전시설을 철거 · 이전하거나 손괴한 사람 : 3년 이하의 징역이나 700만 원 이하의 벌금

② 신호기조작 및 교통안전시설의 손괴행위로 인하여 도로에서 교통위험을 일으키게 한 사람 : 5년 이하의 징역이나 1천500만 원 이하의 벌금

3 금고 · 징역형 및 벌금 · 구류처분의 벌칙

(1) 금고 또는 징역형의 벌칙

① 2년 이하의 징역이나 500만 원 이하의 벌금〈법 제150조〉
  ㉠ 공동 위험행위를 하거나 주도한 사람
  ㉡ 수강 결과를 거짓으로 보고한 교통안전교육강사

㉢ 교통안전교육을 받지 아니하거나 기준에 미치지 못하는 사람에게 교육확인증을 발급한 교통안전교육기관의 장

㉣ 운전면허증, 강사자격증 또는 기능검정원 자격증을 빌려주거나 빌린 사람 또는 이를 알선한 사람

㉤ 다른 사람의 명의의 모바일운전면허증을 부정하게 사용한 사람

㉥ 거짓이나 그 밖의 부정한 방법으로 학원의 등록을 하거나 전문학원의 지정을 받은 사람

㉦ 전문학원의 지정을 받지 아니하고 수료증 또는 졸업증을 발급한 사람

㉧ 대가를 받고 자동차등의 운전교육을 한 사람

◆ 벌칙〈법 제151조〉

- 차 또는 노면전차의 운전자가 업무상 필요한 주의를 게을리 하거나 중대한 과실로 다른 사람의 건조물이나 그 밖의 재물을 손괴한 경우에는 2년 이하의 금고나 500만 원 이하의 벌금에 처한다.

② 1년 이하의 징역이나 500만 원 이하의 벌금〈법 제151조의2〉

㉠ 자동차등을 난폭운전한 사람

㉡ 최고속도보다 시속 100킬로미터를 초과한 속도로 3회 이상 자동차등을 운전한 사람

③ 1년 이하의 징역이나 300만 원 이하의 벌금〈법 제152조〉

㉠ 운전면허(원동기장치자전거면허는 제외)를 받지 아니하거나(운전면허의 효력이 정지된 경우 포함) 또는 국제운전면허증 또는 상호인정외국면허증을 받지 아니하고(운전이 금지된 경우와 유효기간이 지난 경우 포함) 자동차를 운전한 사람

㉡ 조건부 운전면허를 발급받고 음주운전 방지장치가 설치되지 아니하거나 설치기준에 적합하지 아 니하게 설치된 자동차등을 운전한 사람

㉢ 운전면허를 받지 아니한 사람(운전면허의 효력이 정지된 사람 포함)에게 자동차를 운전하도록 시킨 고용주등

㉣ 거짓이나 그 밖의 부정한 수단으로 운전면허를 받거나 운전면허증 또는 운전면허증을 갈음하는 증명서를 발급받은 사람

㉤ 교통에 방해가 될 만한 물건을 함부로 도로에 내버려둔 사람

㉥ 교통안전교육강사가 아닌 사람으로 하여금 교통안전교육을 하게 한 교통안전교육기관의 장

㉦ 학원등의 유사명칭 등을 사용한 사람

④ 6개월 이하의 징역이나 200만 원 이하의 벌금 또는 구류〈법 제153조 제1항〉

㉠ 정비불량차를 운전하도록 시키거나 운전한 사람

㉡ 경찰공무원의 요구 · 조치 또는 명령에 따르지 아니하거나 이를 거부 또는 방해한 사람

㉢ 교통단속을 회피할 목적으로 교통단속용 장비의 기능을 방해하는 장치를 제작 · 수입 · 판매 또는 장착한 사람

㉣ 교통단속용 장비의 기능을 방해하는 장치를 한 차를 운전한 사람

㉤ 교통사고 발생 시의 조치 또는 신고 행위를 방해한 사람

㉥ 함부로 교통안전시설이나 그 밖에 그와 비슷한 인공구조물을 설치한 사람
㉦ 운전면허에 필요한 조건을 위반하여 운전한 사람

(2) 벌금이나 구류처분의 벌칙

① 100만 원 이하의 벌금 또는 구류〈법 제153조 제2항〉
㉠ 고속도로, 자동차전용도로, 중앙분리대가 있는 도로에서 제13조제3항을 고의로 위반하여 운전한 사람
㉡ 최고속도보다 시속 100킬로미터를 초과한 속도로 자동차등을 운전한 사람

② 30만 원 이하의 벌금이나 구류〈법 제154조〉
㉠ 자동차등에 도색 · 표지 등을 하거나 그러한 자동차등을 운전한 사람
㉡ 원동기장치자전거를 운전할 수 있는 운전면허를 받지 아니하거나(원동기장치자전거를 운전할 수 있는 운전면허의 효력이 정지된 경우 포함) 국제운전면허증 또는 상호인정외국면허증 중 원동기장치자전거를 운전할 수 있는 것으로 기재된 국제운전면허증 또는 상호인정외국면허증을 발급받지 아니하고(운전이 금지된 경우와 유효기간이 지난 경우 포함) 원동기장치자전거를 운전한 사람(다만, 개인형 이동장치를 운전하는 경우 제외)
㉢ 과로 · 질병으로 인하여 정상적으로 운전하지 못할 우려가 있는 상태에서 자동차등 또는 노면전차를 운전한 사람(다만, 개인형 이동장치를 운전하는 경우는 제외한다)
㉣ 보호자를 태우지 아니하고 어린이통학버스를 운행한 운영자
㉤ 어린이나 영유아가 하차하였는지를 확인하지 아니한 운전자
㉥ 어린이 하차확인장치를 작동하지 아니한 운전자. 다만, 점검 또는 수리를 위하여 일시적으로 장치를 제거하여 작동하지 못하는 경우는 제외한다.
㉦ 보호자를 태우지 아니하고 운행하는 어린이통학버스에 보호자 동승표지를 부착한 자
㉧ 사고발생 시 조치상황 등의 신고를 하지 아니한 사람
㉨ 원동기장치자전거를 운전할 수 있는 운전면허를 받지 아니하거나(원동기장치자전거를 운전할 수 있는 운전면허의 효력이 정지된 경우 포함) 국제운전면허증 또는 상호인정외국면허증 중 원동기장치자전거를 운전할 수 있는 것으로 기재된 국제운전면허증 또는 상호인정외국면허증을 발급받지 아니한 사람(운전이 금지된 경우와 유효기간이 지난 경우 포함)에게 원동기장치자전거를 운전하도록 시킨 고용주등
㉩ 고속도로등을 통행하거나 횡단한 사람
㉪ 도로공사의 신고를 하지 아니하거나 조치를 위반한 사람 또는 교통안전시설을 설치하지 아니하거나 안전요원 또는 안전유도 장비를 배치하지 아니한 사람 또는 교통안전시설을 원상회복하지 아니한 사람
㉫ 인공구조물 철거 등 경찰서장의 명령을 위반한 사람
㉬ 최고속도보다 시속 80킬로미터를 초과한 속도로 자동차등을 운전한 사람(제151조의2 제2호 및 제153조 제2항 제2호에 해당하는 사람 제외)

③ 20만 원 이하의 벌금 또는 구류〈법 제155조〉 : 경찰공무원의 운전면허증등의 제시요구나 운전자 확인을 위한 진술요구에 따르지 아니한 사람

④ 20만 원 이하의 벌금이나 구류 또는 과료(科料)〈법 제156조〉

㉠ 제5조, 제13조 제1항부터 제3항(제13조 제3항의 경우 고속도로, 자동차전용도로, 중앙분리대가 있는 도로에서 고의로 위반하여 운전한 사람 제외)까지 및 제5항, 제14조 제2항 · 제3항 · 제5항, 제15조 제3항(제61조 제2항에서 준용하는 경우를 포함한다), 제15조의2 제3항, 제16조 제2항, 제17조 제3항(제151조의2 제2호, 제153조 제2항 제2호 및 제154조 제9호에 해당하는 사람 제외), 제18조, 제19조 제1항 · 제3항 및 제4항, 제21조 제1항 · 제3항 및 제4항, 제24조, 제25조, 제25조의2, 제26조부터 제28조까지, 제32조, 제33조, 제34조의3, 제37조(제1항 제2호는 제외), 제38조 제1항, 제39조 제1항 · 제3항 · 제4항 · 제5항, 제48조 제1항, 제49조(같은 조 제1항 제1호 · 제3호를 위반하여 차 또는 노면전차를 운전한 사람과 같은 항 제4호의 위반행위 중 교통단속용 장비의 기능을 방해하는 장치를 한 차를 운전한 사람 제외), 제50조 제5항부터 제10항(같은 조 제9항을 위반하여 자전거를 운전한 사람 제외)까지, 제51조, 제53조 제1항 및 제2항(좌석안전띠를 매도록 하지 아니한 운전자 제외), 제62조 또는 제73조 제2항(같은 항 제1호 제외)을 위반한 차마 또는 노면전차의 운전자

㉡ 금지 · 제한 또는 조치를 위반한 차 또는 노면전차의 운전자

㉢ 앞지르기금지, 끼어들기금지, 긴급자동차의 우선통행, 어린이보호버스의 보호자가 동승하지 않은 운전자의 의무, 갓길통행금지, 고속도로에서의 정차 및 주차금지, 고속도로 진입시 우선순위, 고장등의 조치를 위반한 사람

㉣ 서행 또는 일시정지할 장소, 정차 또는 주차의 방법 및 시간의 제한, 어린이통학버스이 도색 및 표시금지를 위반하거나 주차금지에 따른 명령을 위반한 사람

㉤ 시 · 도경찰청장의 승차인원, 적재중량 또는 적재용량의 제한을 위반한 사람

㉥ 좌석안전띠를 매지 아니하거나 인명보호 장구를 착용하지 아니한 운전자(자전거 운전자는 제외한다)

㉦ 자율주행시스템의 직접 운전 요구에 지체 없이 대응하지 아니한 자율주행자동차의 운전자

㉧ 경찰공무원의 운전면허증 회수를 거부하거나 방해한 사람

㉨ 주 · 정차된 차만 손괴한 것이 분명한 경우에 피해자에게 인적 사항을 제공하지 아니한 사람

㉩ 술에 취한 상태에서 자전거등을 운전한 사람

㉪ 술에 취한 상태에 있다고 인정할 만한 상당한 이유가 있는 사람으로서 경찰공무원의 측정에 응하지 아니한 사람(자전거등을 운전한 사람으로 한정한다)

㉫ 원동기장치자전거를 운전할 수 있는 운전면허를 받지 아니하거나(원동기장치자전거를 운전할 수 있는 운전면허의 효력이 정지된 경우를 포함한다) 국제운전면허증 또는 상호인정외국면허증 중 원동기장치자전거를 운전할 수 있는 것으로 기재된 국제운전면허증 또는 상호인정외국면허증을 발급받지 아니하고(운전이 금지된 경우와 유효기간이 지난 경우를 포함한다) 개인형 이동장치를 운전한 사람

⑤ 20만 원 이하의 벌금이나 구류 또는 과료〈법 제157조〉
  ㉠ 신호 또는 지시의무, 보행자의 보도통행, 도로의 횡단 규정을 위반한 보행자(실외이동로봇이 위반한 경우에는 실외이동로봇 운용자 포함)
  ㉡ 통행의 금지 · 제한 또는 조치를 위반한 보행자(실외이동로봇이 위반한 경우에는 실외이동로봇 운용자 포함)
  ㉢ 실외이동로봇 운용자의 의무규정을 위반한 실외이동로봇 운용자
  ㉣ 행렬 등의 우측통행을 위반하거나 경찰공무원의 조치를 위반한 행렬등의 보행자나 지휘자
  ㉤ 도로에서의 금지행위를 한 사람

❹ 형의 병과 및 양벌규정

(1) 형의 병과 및 형의 감경이나 면제

① 형의 병과 : 죄를 범한 사람에 대하여는 정상(情狀)에 따라 벌금 또는 과료와 구류의 형을 병과(竝科)할 수 있다.

② 형의 감경이나 면제 : 긴급자동차(소방차 · 구급차 · 혈액 공급차량과 대통령령으로 정하는 경찰용 자동차만 해당)의 운전자가 그 차를 본래의 긴급한 용도로 운행하는 중에 교통사고를 일으킨 경우에는 그 긴급활동의 시급성과 불가피성 등 정상을 참작하여 형을 감경하거나 면제할 수 있다.

(2) 양벌규정

① 법인의 대표자나 법인 또는 개인의 대리인, 사용인, 그 밖의 종업원이 법인 또는 개인의 업무에 관하여 위반행위를 하면 그 행위자를 벌하는 외에 그 법인 또는 개인에게도 해당 조문의 벌금 또는 과료의 형을 과(科)한다.

② 다만, 법인 또는 개인이 그 위반행위를 방지하기 위하여 해당 업무에 관하여 상당한 주의와 감독을 게을리하지 아니한 경우에는 그러하지 아니하다.

section 2 과태료 및 과태료 납부

1 과태료

(1) 과태료 대상〈법 제160조〉

① 500만 원 이하의 과태료 부과
- ㉠ 교통안전교육기관 운영의 정지 또는 폐지 신고를 하지 아니한 사람
- ㉡ 강사의 인적 사항과 교육 과목을 게시하지 아니한 사람
- ㉢ 수강료등을 게시하지 아니하거나 게시된 수강료등을 초과한 금액을 받은 사람
- ㉣ 수강료등의 반환 등 교육생 보호를 위하여 필요한 조치를 하지 아니한 사람
- ㉤ 학원이나 전문학원의 휴원 또는 폐원 신고를 하지 아니한 사람
- ㉥ 간판이나 그 밖의 표지물 제거, 시설물의 설치 또는 게시문의 부착을 거부·방해 또는 기피하거나 게시문이나 설치한 시설물을 임의로 제거하거나 못쓰게 만든 사람
- ㉦ 어린이통학버스를 신고하지 아니하고 운행한 운영자
- ㉧ 요건을 갖추지 아니하고 어린이통학버스를 운행한 운영자
- ㉨ 음주운전 방지장치가 설치된 자동차등을 등록한 후 행정안전부령에 따른 음주운전 방지장치 부착 자동차등의 운행기록을 제출하지 아니하거나 정상 작동 여부를 검사받지 아니한 사람

② 20만 원 이하의 과태료 부과
- ㉠ 고인물을 튀게 하여 다른 사람에게 피해주는 행위, 창유리가시광선 규정을 위반한 차 또는 노면전차의 운전자
- ㉡ 동승자에게 좌석안전띠를 매도록 하지 아니한 운전자
- ㉢ 동승자에게 인명보호 장구를 착용하도록 하지 아니한 운전자(자전거 운전자 제외)
- ㉣ 어린이통학버스 안에 신고증명서를 갖추어 두지 아니한 어린이통학버스의 운영자
- ㉤ 어린이통학버스에 탑승한 어린이나 영유아의 좌석안전띠를 매도록 하지 아니한 운전자
- ㉥ 어린이통학버스 안전교육을 받지 아니한 사람
- ㉦ 어린이통학버스 안전교육을 받지 아니한 사람에게 어린이통학버스를 운전하게 하거나 어린이통학버스에 동승하게 한 어린이통학버스의 운영자
- ㉧ 안전운행기록을 제출하지 아니한 어린이통학버스의 운영자
- ㉨ 고속도로등에서의 준수사항을 위반한 운전자
- ㉩ 긴급자동차의 안전운전 등에 관한 교육을 받지 아니한 사람
- ㉪ 운전면허증 갱신기간에 운전면허를 갱신하지 아니한 사람

ⓔ 정기 적성검사 또는 수시 적성검사를 받지 아니한 사람

ⓕ 어린이가 개인형 이동장치를 운전하게 한 어린이의 보호자

ⓗ 자율주행자동차 안전교육을 받지 아니한 사람

③ **고용주등에게 20만 원 이하의 과태료 부과** : 차량의 위반한 사실이 사진, 비디오테이프나 그 밖의 영상기록매체에 의하여 입증된 경우

㉠ 위반행위를 한 운전자를 확인할 수 없어 고지서를 발급할 수 없는 경우

㉡ 범칙금 통고처분을 할 수 없는 경우

※ ③에도 불구하고 과태료처분을 할 수 없는 경우

㉠ 차 또는 노면전차를 도난당하였거나 그 밖의 부득이한 사유가 있는 경우
㉡ 운전자가 해당 위반행위로 제156조(벌칙)에 따라 처벌된 경우(범칙금 통고처분을 받은 경우 포함)
㉢ 「질서위반행위규제법」에 따른 의견 제출 또는 이의제기의 결과 위반행위를 한 운전자가 밝혀진 경우
㉣ 자동차가 자동차대여사업자 또는 시설대여업자가 대여한 자동차로서 그 자동차만 임대한 것이 명백한 경우

◆ 그 밖의 부득이한 사유가 있는 경우〈시행규칙142조〉

- 범죄의 예방 · 진압이나 그 밖에 긴급한 사건 · 사고의 조사를 위한 경우
- 도로공사 또는 교통지도단속을 위한 경우
- 응급환자의 수송 또는 치료를 위한 경우
- 화재 · 수해 · 재해 등의 구난작업을 위한 경우
- 「장애인 복지법」에 따른 장애인의 승 · 하차를 돕는 경우
- 그 밖에 부득이한 사유라고 인정할 만한 상당한 이유가 있는 경우

(2) 과태료의 부과 · 징수〈법 제161조〉

① **과태료의 부과 · 징수권자** : 시 · 도경찰청장, 제주특별자치도지사, 시장등, 교육감

② 위탁

㉠ **위탁권자** : 시 · 도경찰청장

㉡ **한국자산관리공사에 위탁** : 시 · 도경찰청장은 도로교통법에 따른 과태료 징수와 관련된 업무의 일부를 대통령령으로 정하는 바에 따라 한국자산관리공사에 위탁할 수 있다.

(3) 과태료부과 및 징수 절차 등〈시행령 제88조〉

① 단속대장과 과태료 부과대상자 명부기록

㉠ 시 · 도경찰청장, 시장등 또는 교육감은 과태료를 부과하려는 경우에는 행정안전부령으로 정하는 단속대장과 과태료 부과대상자 명부에 그 내용을 기록하여야 한다.

㉡ 이 경우 단속대장은 특별한 사유가 없으면 전자적 처리가 가능한 방법으로 작성 · 관리하여야 한다.

② 주차 · 정차위반 차

㉠ 시장등은 정차 및 주차금지 규정을 위반한 차의 고용주등에게 과태료를 부과하려는 경우에는 주차 · 정차위반 차에 과태료부과대상차표지를 붙인 후 해당 차를 촬영하거나 무인 교통단속용 장비로 주차 · 정차위반 차를 촬영한 사진증거 등의 증거자료를 갖추어 부과하여야 한다.

㉡ 증거자료는 관련 번호를 부여하여 보존하여야 한다.

※ 고용주등 … 운전자를 고용하고 있는 사람이나 직접 운전자나 차를 관리하는 지위에 있는 사람 또는 차의 사용자를 말한다.

③ 경찰서장에게 통보 : 시장등은 차의 고용주등에게 과태료처분을 할 수 없을 때에는 위반행위를 한 운전자를 증명하는 자료를 첨부하여 관할 경찰서장에게 그 사실을 통보하여야 한다.

④ 자진납부자에 대한 과태료 감경비율 : 자진납부자에 대한 과태료 감경비율은 감경범위에서 다음의 기준에 따라 행정안전부령으로 정하는 비율로 한다.

㉠ 과태료 체납률

㉡ 위반행위의 종류, 내용 및 정도

㉢ 범칙금과의 형평성

⑤ 과태료의 납부기한

㉠ 과태료는 과태료 납부고지서를 받은 날부터 60일 이내에 내야 한다.

㉡ 다만, 천재지변이나 그 밖의 부득이한 사유로 과태료를 낼 수 없을 때에는 그 사유가 없어진 날부터 5일 이내에 내야 한다.

㉢ 시장등은 과태료의 납부 고지를 받은 자가 납부기간 이내에 과태료를 내지 아니하면 체납처분을 하기 전에 지방세 중 자동차세의 납부고지서와 함께 미납과태료(가산금을 포함한다)의 납부를 고지할 수 있다.

⑥ 차적지에서 과태료 징수

㉠ 시 · 도경찰청장 또는 시장등은 차적지가 다른 관할구역인 경우에는 행정안전부령으로 정하는 바에 따라 차적지를 관할하는 시 · 도경찰청장 또는 시장등에게 과태료 징수를 의뢰하여야 한다.

㉡ 이 경우 과태로 징수를 의뢰한 시장등은 차적지를 관할하는 시장등에게 징수된 과태료의 100분의 30 범위에서 행정안전부령으로 정하는 징수 수수료를 지급하여야 한다.

※ 차적지 … 차의 등록원부가 있는 지역 또는 노면전차 운영자의 소재지(법인인 경우에는 주된 사무소의 소재지를 말한다)가 있는 지역을 말한다.

⑦ 과태료의 부과 및 징수 등에 필요한 사항은 행정안전부령으로 정한다.

◆ 과태료 징수수수료〈시행규칙 제148조〉

- 과태료의 징수를 차적지의 특별시장 · 광역시장 · 제주특별자치도지사 또는 구청장등에게 의뢰한 경우의 징수 수수료는 징수된 과태료의 100분의 30으로 한다.

(4) 과태료 징수업무 위탁〈시행령 제88조의2〉

① 다음의 어느 하나에 해당하는 사람

㉠ 과태료를 5백만 원 이상 체납한 사람

㉡ 과태료를 7년 이상 체납한 사람

㉢ 체납자 중 본인명의의 소득 또는 재산이 없는 등의 사유로 시 · 도경찰청장이 징수가 어렵다고 판단한 사람

② 다음의 어느 하나에 해당하는 업무

㉠ 체납자의 주소 또는 거소 확인

㉡ 체납자의 재산 조사

㉢ 체납과태료의 납부를 촉구하는 안내문 발송과 전화 또는 방문 상담

(5) 과태료의 부과기준〈시행령 제88조 제4항 별표6〉

위반행위 및 행위자	과태료 금액
• 신호 또는 지시를 따르지 않은 차 또는 노면전차의 고용주등	• 승합자동차등 : 8만 원 • 승용자동차등 : 7만 원 • 이륜자동차등 : 5만 원
• 통행을 금지하거나 제한한 도로를 통행한 차 또는 노면전차의 고용주등	• 승합자동차등 : 6만 원 • 승용자동차등 : 5만 원 • 이륜자동차등 : 4만 원
• 어린이가 개인형 이동장치를 운전하게 한 어린이의 보호자	• 10만 원
• 보도를 침범한 차의 고용주등	• 승합자동차등 : 8만 원 • 승용자동차등 : 7만 원 • 이륜자동차등 : 5만 원
• 중앙선을 침범한 차의 고용주등 • 회전교차로에서 반시계방향으로 통행하지 않은 차의 고용주등 • 고속도로에서 갓길로 통행한 차의 고용주등 • 고속도로에서 전용차로로 통행한 차의 고용주등	• 승합자동차등 : 10만 원 • 승용자동차등 : 9만 원 • 이륜자동차등 : 7만 원
• 안전지대 등 안전표지에 의하여 진입이 금지된 장소에 들어간 차의 고용주등	• 승합자동차등 : 8만 원 • 승용자동차등 : 7만 원 • 이륜자동차등 : 5만 원
• 차로를 따라 통행하지 않은 차의 고용주등 • 시 · 도경찰청장이 지정한 통행방법에 따라 통행하지 않은 차의 고용주등 • 안전표지가 설치되어 특별히 진로 변경이 금지된 곳에서 진로를 변경한 차의 고용주등 • 진로를 변경하려는 방향으로 오고 있는 다른 차의 정상적 통행에 장애를 줄 우려가 있음에도 진로를 변경한 차의 고용주등 • 방향전환 · 진로변경 및 회전교차로 진입 · 진출하는 경우에 신호하지 않은 차의 고용주등	• 승합자동차등 : 4만 원 • 승용자동차등 : 4만 원 • 이륜자동차등 : 3만 원

위반 행위		범칙금
• 일반도로에서 전용차로로 통행한 차의 고용주등		• 승합자동차등 : 6만 원 • 승용자동차등 : 5만 원 • 이륜자동차등 : 4만 원
• 제한속도를 준수하지 않은 차 또는 노면전차의 고용주등	• 60km/h 초과	• 승합자동차등 : 14만 원 • 승용자동차등 : 13만 원 • 이륜자동차등 : 9만 원
	• 40km/h 초과 60km/h 이하	• 승합자동차등 : 11만 원 • 승용자동차등 : 10만 원 • 이륜자동차등 : 7만 원
	• 20km/h 초과 40km/h 이하	• 승합자동차등 : 8만 원 • 승용자동차등 : 7만 원 • 이륜자동차등 : 5만 원
	• 20km/h 이하	• 승합자동차등 : 4만 원 • 승용자동차등 : 4만 원 • 이륜자동차등 : 3만 원
• 무단 횡단 · 유턴 · 후진을 한 차의 고용주등 • 앞지르기를 한 차의 고용주등 • 앞지르기가 금지된 시기 및 장소인 경우에 앞지르기를 한 차의 고용주등		• 승합자동차등 : 8만 원 • 승용자동차등 : 7만 원 • 이륜자동차등 : 5만 원
• 고속도로등에서 횡단 · 유턴 · 후진을 한 차의 고용주등		• 승합자동차등 : 6만 원 • 승용자동차등 : 5만 원 • 이륜자동차등 : 4만 원
• 끼어들기를 한 차의 고용주등		• 승합자동차등 : 4만 원 • 승용자동차등 : 4만 원 • 이륜자동차등 : 3만 원
• 교차로 통행방법을 위반하여 우회전을 한 차 또는 노면전차의 고용주등 • 교차로 통행방법을 위반하여 좌회전을 한 차 또는 노면전차의 고용주등 • 교차로에서 다른 차 또는 노면전차의 통행에 방해가 될 우려가 있음에도 교차로에 들어간 차 또는 노면전차의 고용주등 • 회전교차로에서의 서행이나 일시정지를 않고 회전교차로에 진입한 차의 고용주등		• 승합자동차등 : 6만 원 • 승용자동차등 : 5만 원 • 이륜자동차등 : 4만 원
• 보행자의 횡단을 방해하거나 위험을 줄 우려가 있음에도 일시정지하지 않은 차 또는 노면전차의 고용주등 • 어린이 보호구역 내의 횡단보도 앞에서 일시정지하지 않은 차 또는 노면전차의 고용주등		• 승합자동차등 : 8만 원 • 승용자동차등 : 7만 원 • 이륜자동차등 : 5만 원
• 도로의 오른쪽 가장자리에 일시정지하지 않거나 진로를 양보하지 않은 차 또는 노면전차의 고용주등		• 승합자동차등 : 8만 원 • 승용자동차등 : 7만 원 • 이륜자동차등 : 5만 원
• 정차 또는 주차를 한 차의 고용주등		• 승합자동차등 : 5만 원(6만 원) • 승용자동차등 : 4만 원(5만 원)

<table>
<tr><td rowspan="2">• 정차 또는 주차를 한 차의 고용주등</td><td>• 안전표지가 설치된 곳에 정차 또는 주차를 한 경우</td><td>• 승합자동차등 : 9만 원(10만 원)
• 승용자동차등 : 8만 원(9만 원)</td></tr>
<tr><td>• 안전표지가 설치된 곳 외의 곳에 정차 또는 주차를 한 경우</td><td>• 승합자동차등 : 5만 원(6만 원)
• 승용자동차등 : 4만 원(5만 원)</td></tr>
<tr><td colspan="2">• 등화점등 · 조작을 불이행(안개가 끼거나 비 또는 눈이 올 때는 제외한다)한 차 또는 노면전차의 고용주등</td><td>• 승합자동차등 : 3만 원
• 승용자동차등 : 3만 원
• 이륜자동차등 : 2만 원</td></tr>
<tr><td colspan="2">• 승차 인원에 관한 운행상의 안전기준을 넘어선 상태로 운전한 차 또는 노면전차의 고용주등</td><td>• 승합자동차등 : 8만 원
• 승용자동차등 : 7만 원
• 이륜자동차등 : 5만 원</td></tr>
<tr><td colspan="2">• 적재중량 및 적재용량에 관한 운행상의 안전기준을 넘어선 상태로 운전한 차 또는 노면전차의 고용주등
• 운전 중 실은 화물이 떨어지지 않도록 덮개를 씌우거나 묶는 등 확실하게 고정될 수 있도록 필요한 조치를 하지 않은 차 또는 노면전차의 고용주등
• 안전운전의무를 지키지 않은 차 또는 노면전차의 고용주등</td><td>• 승합자동차등 : 6만 원
• 승용자동차등 : 5만 원
• 이륜자동차등 : 4만 원</td></tr>
<tr><td colspan="2">• 고인 물 등을 튀게 하여 다른 사람에게 피해를 준 차 또는 노면전차의 운전자</td><td>• 승합자동차등 : 2만 원
• 승용자동차등 : 2만 원
• 이륜자동차등 : 1만 원</td></tr>
<tr><td colspan="2">• 창유리의 가시광선 투과율 기준을 위반한 차의 운전자</td><td>• 2만 원</td></tr>
<tr><td colspan="2">• 운전 중 휴대용 전화를 사용한 차 또는 노면전차의 고용주등
• 운전 중 운전자가 볼 수 있는 위치에 영상을 표시한 차 또는 노면전차의 고용주등
• 운전 중 영상표시장치를 조작한 차 또는 노면전차의 고용주등</td><td>• 승합자동차등 : 8만 원
• 승용자동차등 : 7만 원
• 이륜자동차등 : 5만 원</td></tr>
<tr><td rowspan="2">• 동승자에게 좌석안전띠를 매도록 하지 않은 운전자</td><td>• 동승자가 13세 미만인 경우</td><td>• 6만 원</td></tr>
<tr><td>• 동승자가 13세 이상인 경우</td><td>• 3만 원</td></tr>
<tr><td colspan="2">• 동승자에게 인명보호 장구를 착용하도록 하지 않은 운전자(자전거 운전자는 제외한다)</td><td>• 2만 원</td></tr>
<tr><td colspan="2">• 운전자 또는 동승자가 인명보호 장구를 착용하지 않은 이륜자동차 · 원동기장치자전거(개인형 이동장치는 제외한다)의 고용주등</td><td>• 3만 원</td></tr>
<tr><td rowspan="3">• 음주운전 방지장치가 설치된 자동차등을 등록한 후 행정안전부령에 따른 음주운전 방지장치 부착 자동차등의 운행기록을 제출하지 않거나 정상 작동 여부를 검사받지 않은 사람</td><td>• 음주운전 방지장치 부착 자동차등의 운행기록을 제출하지 않거나 정상 작동 여부를 검사받지 않은 기간이 3일 이내인 사람</td><td>• 10만 원</td></tr>
<tr><td>• 음주운전 방지장치 부착 자동차등의 운행기록을 제출하지 않거나 정상 작동 여부를 검사받지 않은 기간이 3일 초과 150일 이내인 사람</td><td>• 10만 원에 검사 시기 종료일의 다음 날부터 계산하여 3일을 초과할 때마다 10만 원을 더한 금액</td></tr>
<tr><td>• 음주운전 방지장치 부착 자동차등의 운행기록을 제</td><td>• 500만 원</td></tr>
</table>

	출하지 않거나 정상 작동 여부를 검사받지 않은 기간이 150일을 초과한 사람	
• 어린이통학버스를 신고하지 않고 운행한 운영자		• 30만 원
• 어린이통학버스 안에 신고증명서를 갖추어 두지 않은 어린이통학버스의 운영자		• 3만 원
• 요건을 갖추지 아니하고 어린이통학버스를 운행한 운영자		• 30만 원
• 어린이통학버스에 탑승한 어린이나 유아의 좌석안전띠를 매도록 하지 않은 운전자		• 6만 원
• 안전운행기록을 제출하지 아니한 어린이통학버스 운영자		• 8만 원
• 어린이통학버스 안전교육을 받지 않은 사람		• 8만 원
• 어린이통학버스 안전교육을 받지 않은 사람에게 어린이통학버스를 운전하게 하거나 어린이통학버스에 동승하게 한 어린이통학버스의 운영자		• 8만 원
• 고속도로등에서 자동차의 고장 등 부득이한 사정이 없음에도 행정안전부령으로 정하는 차로에 따라 통행하지 않은 차의 고용주등		• 승합자동차등 : 6만 원 • 승용자동차등 : 5만 원
• 고속도로에서 앞지르기 통행방법을 준수하지 않은 차의 고용주등		• 승합자동차등 : 8만 원 • 승용자동차등 : 7만 원
• 고속도로등에서의 준수사항을 위반한 운전자		• 승합자동차등 : 2만 원 • 승용자동차등 : 2만 원 • 이륜자동차등 : 1만 원
• 도로를 통행하고 있는 차에서 밖으로 물건을 던지는 행위를 한 차의 고용주등		• 6만 원
• 긴급자동차의 안전운전 등에 관한 교육을 받지 않은 사람		• 8만 원
• 교통안전교육기관 운영의 정지 또는 폐지 신고를 하지 않은 사람		• 100만 원
• 운전면허증 갱신기간에 운전면허를 갱신하지 않은 사람		• 2만 원
• 정기 적성검사 또는 수시 적성검사를 받지 않은 사람		• 3만 원
• 강사의 인적 사항과 교육 과목을 게시하지 않은 사람		• 100만 원
• 수강료등을 게시하지 않거나 게시된 수강료등을 초과한 금액을 받은 사람		• 100만 원
• 수강료등의 반환 등 교육생 보호를 위하여 필요한 조치를 하지 않은 사람		• 100만 원
• 학원이나 전문학원의 휴원 또는 폐원 신고를 하지 않은 사람		• 100만 원
• 간판이나 그 밖의 표지물의 제거, 시설물의 설치 또는 게시문의 부착을 거부 · 방해 또는 기피하거나 게시문이나 설치한 시설물을 임의로 제거하거나 못 쓰게 만든 사람		• 100만 원

(6) 어린이보호구역 및 노인 · 장애인보호구역에서의 과태료 부과기준〈시행령 제88조 제4항 별표7〉

<table>
<tr><th colspan="2">위반행위 및 행위자</th><th>차량 종류별 과태료 금액</th></tr>
<tr><td colspan="2">• 신호 또는 지시를 따르지 않은 차 또는 노면전차의 고용주등</td><td>• 승합자동차등 : 14만 원
• 승용자동차등 : 13만 원
• 이륜자동차등 : 9만 원</td></tr>
<tr><td rowspan="4">• 제한속도를 준수하지 않은 차 또는 노면전차의 고용주등</td><td>• 60km/h 초과</td><td>• 승합자동차등 : 17만 원
• 승용자동차등 : 16만 원
• 이륜자동차등 : 11만 원</td></tr>
<tr><td>• 40㎞/h 초과 60㎞/h 이하</td><td>• 승합자동차등 : 14만 원
• 승용자동차등 : 13만 원
• 이륜자동차등 : 9만 원</td></tr>
<tr><td>• 20㎞/h 초과 40㎞/h 이하</td><td>• 승합자동차등 : 11만 원
• 승용자동차등 : 10만 원
• 이륜자동차등 : 7만 원</td></tr>
<tr><td>• 20㎞/h 이하</td><td>• 승합자동차등 : 7만 원
• 승용자동차등 : 7만 원
• 이륜자동차등 : 5만 원</td></tr>
<tr><td rowspan="2">• 정차 또는 주차를 한 차의 고용주등</td><td>• 어린이보호구역에서 위반한 경우</td><td>• 승합자동차등 : 13만 원(14만 원)
• 승용자동차등 : 12만 원(13만 원)</td></tr>
<tr><td>• 노인 · 장애인보호구역에서 위반한 경우</td><td>• 승합자동차등 : 9만 원(10만 원)
• 승용자동차등 : 8만 원(9만 원)</td></tr>
</table>

※ 과태료금액에서 괄호 안의 것은 같은 장소에서 2시간 이상 정차 또는 주차 위반을 하는 경우에 적용한다.

※ 비고

㉠ 승합자동차등 : 승합자동차, 4톤 초과 화물자동차, 특수자동차, 건설기계 및 노면전차를 말한다.
㉡ 승용자동차등 : 승용자동차 및 4톤 이하 화물자동차를 말한다.
㉢ 이륜자동차등 : 이륜자동차 및 원동기장치자전거(개인형 이동장치는 제외한다)를 말한다.

❷ 과태료 납부방법 등

(1) 과태료 납부방법 등〈법 제161조의2〉

① 신용카드, 직불카드등으로 납부

㉠ 납부 : 과태료 납부금액이 대통령령으로 정하는 금액 이하인 경우에는 대통령령으로 정하는 과태료 납부 대행기관을 통하여 신용카드, 직불카드 등(이하 "신용카드등"이라 한다)으로 낼 수 있다.

◆ 대통령령으로 정하는 금액〈시행령 제89조 제1항〉

• 200만원(부가되는 가산금 및 중가산금을 포함한다)을 말한다.

◆ 대통령령으로 정하는 과태료 납부대행기관〈시행령 제89조 제2항〉

- 기획재정부장관의 허가를 받아 설립된 금융결제원
- 시설, 업무수행능력, 자본금 규모 등을 고려하여 경찰청장이 과태료 납부대행기관으로 지정하여 고시한 기관

㉡ 과태료납부 대행기관 : 정보통신망을 이용하여 신용카드등에 의한 결제를 수행하는 기관으로서 대통령령으로 정하는 바에 따라 과태료 납부대행기관으로 지정받은 자를 말한다.

㉢ 납부일 기준 : 신용카드등으로 내는 경우에는 과태료 납부대행기관의 승인일을 납부일로 본다.

② 과태료 납부 대행기관

㉠ 과태료 납부 대행기관은 납부자로부터 신용카드등에 의한 과태료 납부대행 용역의 대가로 대통령령으로 정하는 바에 따라 납부대행 수수료를 받을 수 있다.

㉡ 과태료 납부대행기관의 지정 및 운영, 납부대행 수수료 등에 관하여 필요한 사항은 대통령령으로 정한다.

◆ 납부대행수수료〈시행령 제89조 제3항〉

- 납부대행수수료는 경찰청장이 과태료 납부대행기관의 운영경비 등을 종합적으로 고려하여 승인하며, 해당 과태료금액(부가되는 가산금 및 중가산금을 포함한다)의 1천분의 15를 초과할 수 없다.

※ 경찰청장은 신용카드, 직불카드 등에 의한 과태료 납부에 필요한 사항을 정할 수 있다.

(2) 과태료 · 범칙금수납정보시스템 운영계획의 수립 · 시행〈법 제161조의3〉

① 운영계획의 수립 · 시행

㉠ 운영계획의 수립 · 시행기관 : 경찰청장

㉡ 운영계획을 수립 · 시행 : 경찰청장은 누구든지 과태료 및 범칙금의 내용을 편리하게 조회하고 전자납부할 수 있도록 하기 위하여 과태료 · 범칙금수납정보시스템 운영계획을 수립 · 시행할 수 있다.

※ 전자납부 … 인터넷이나 전화통신장치 또는 자동입출금기의 연계방식을 통한 납부를 말한다.

② 과태료 · 범칙금수납정보시스템 운영계획을 수립 · 시행에 포함해야 할 사항

㉠ 과태료 · 범칙금 납부대행기관 정보통신망과 수납통합처리시스템의 연계

㉡ 과태료 및 범칙금 납부의 실시간 처리 및 안전한 관리와 수납통합처리시스템의 운영

㉢ 그 밖에 대통령령으로 정하는 운영계획의 수립 · 시행에 필요한 사항

◆ 대통령령으로 정하는 운영계획의 수립 · 시행에 필요한 사항〈시행령 제90조〉

- 과태료 · 범칙금의 조회, 납부 및 수납처리 절차 관련 시스템의 성능개선과 안전성 제고에 관한 사항
- 과태료 · 범칙금 납부의 편의성 제고를 위한 각종 서식의 개선에 관한 사항

최근기출문제

1 「도로교통법」상 벌칙에 대한 설명으로 가장 옳지 않은 것은? 2022.6.18. 서울

① 운전면허의 효력이 정지된 경우 자동차를 운전한 사람은 6개월 이하의 징역이나 200만 원 이하의 벌금 또는 구류에 처한다.

② 정비 불량차를 운전하도록 시킨 사람은 6개월 이하의 징역이나 200만 원 이하의 벌금 또는 구류에 처한다.

③ 교통단속용 장비의 기능을 방해하는 장치를 한 차를 운전한 사람은 6개월 이하의 징역이나 200만 원 이하의 벌금 또는 구류에 처한다.

④ 고속도로에서 고의로 중앙선의 좌측 부분으로 통행한 운전자는 100만 원 이하의 벌금 또는 구류에 처한다.

TIP ①은 무면허운전으로 1년 이하 징역 또는 300만 원이하 벌금이다〈법 제152조 제1호〉.

2 「도로교통법」상 음주운전의 처벌 기준으로 바르지 않은 것은? 2022.6.18. 인천

① 음주측정불응시에는 1년 이상 5년 이하 징역이나 500만 원 이상 2천만 원 이하 벌금에 처한다.

② 혈중알콜농도 0.04% 운전하다 적발될 시 1년 이하의 징역이나 500만 원 이하의 벌금에 처한다.

③ 혈중알콜농도 0.08%~0.2%에서 운전하다 적발될 시 면허취소와 함께 결격기간 1년이 주어지며, 혈중알콜농도 0.2%에서 사고시에는 2년간 면허취득을 할 수 없다.

④ 혈중알콜농도 0.03%에서 운전하다 적발될 시에는 면허가 취소된다.

TIP ④ 혈중알콜농도 0.03 ~ 0.08 미만은 면허취소가 아니고 100일 이하의 면허정지처분을 받는다.
① 술에 취한 상태에 있다고 인정할 만한 상당한 이유가 있는 사람으로서 경찰공무원의 측정에 응하지 아니하는 사람(자동차등 또는 노면전차를 운전한 경우로 한정한다)은 1년 이상 5년 이하의 징역이나 500만 원 이상 2천만 원 이하의 벌금에 처한다〈법 제148조의2 제2항〉.

Answer 1.① 2.④

3 다음 중 벌칙이 가장 무거운 법정형은? 2022.6.18. 인천

① 교통단속용 장비의 기능을 방해하는 장치를 한 차를 운전한 사람
② 경찰관서에서 사용하는 무전기와 동일한 주파수의 무전기를 사용하여 운전한 사람
③ 긴급자동차가 아닌 자동차에 부착된 경광등, 사이렌 또는 비상등을 부착하여 운전한 사람
④ 「자동차 및 자동차부품의 성능과 기준에 관한 규칙」에서 정하지 아니한 것으로서 안전운전에 현저히 장애가 될 정도의 장치를 부착하여 운전한 사람

TIP ①은 6개월 이하의 징역이나 200만 원 이하의 벌금이다〈법 제153조 제1항〉.
②③④는 불법부착장치 차 운전으로 범칙금 대상자로 범칙금(승합자동차 등 2만 원, 승용자동차 등 2만 원)대상이다〈시행령 제93조 제1항 별표8〉.

4 「도로교통법」상 음주운전에 대한 처벌내용으로 옳은 것은? 2021.4.17. 경기

① 혈중알코올농도가 0.2퍼센트 이상 0.5퍼센트 미만인 사람은 3년 이상의 징역이나 2,000만 원 이하의 벌금에 처한다.
② 혈중알코올농도가 0.08퍼센트 이상 0.2퍼센트 미만인 사람은 1년 이상 3년 이하의 징역이나 500만 원 이상 1천만 원 이하의 벌금에 처한다.
③ 혈중알코올농도가 0.03퍼센트 이상 0.08퍼센트 미만인 사람은 1년 이하의 징역이나 500만 원 이하의 벌금에 처한다.
④ 혈중알코올농도가 0.2퍼센트 이상인 사람은 2년 이상 5년 이하의 징역이나 1천만 원 이상 3천만 원 이하의 벌금에 처한다.

TIP 음주운전자의 벌칙〈제148조의2 제3항〉
㉠ 혈중알코올농도가 0.2퍼센트 이상인 사람 : 2년 이상 5년 이하의 징역이나 1천만 원 이상 2천만 원 이하의 벌금
㉡ 혈중알코올농도가 0.08퍼센트 이상 0.2퍼센트 미만인 사람 : 1년 이상 2년 이하의 징역이나 500만 원 이상 1천만 원 이하의 벌금
㉢ 혈중알코올농도가 0.03퍼센트 이상 0.08퍼센트 미만인 사람 : 1년 이하의 징역이나 500만 원 이하의 벌금

Answer 3.① 4.③

5 「도로교통법」상 음주운전에 대한 처벌기준으로 틀린 것은? 2021.6.5. 대전

① 음주수치 0.03 이상 0.08 미만일 경우 2년 이하의 징역 및 500만 원 이하의 벌금
② 혈중알코올농도가 0.08퍼센트 이상 0.2퍼센트 미만인 경우 1년 이상 2년 이하의 징역이나 500만 원 이상 1천만 원 이하의 벌금
③ 음주측정 1회 거부시 1년 이상 5년 이하 징역이나 500만 원 이상 2천만 원 이하 벌금
④ 음주수치 0.2% 이상 시 2년 이상 5년 이하 징역 및 1천만 원 이상 2천만 원 이하 벌금

TIP ① 혈중알코올농도가 0.03퍼센트 이상 0.08퍼센트 미만인 사람은 1년 이하의 징역이나 500만 원 이하의 벌금이다〈제148조의2 제3항 제3호〉.

6 「도로교통법」상 술에 취한 상태에서 자동차 등을 운전한 사람에 대한 처벌로 옳지 않은 것은? 2021.6.5. 경북

① 혈중알코올농도 0.03퍼센트 이상 0.08퍼센트 미만인 사람－1년 이하의 징역이나 500만 원 이하의 벌금
② 혈중알코올농도 0.08퍼센트 이상 0.2퍼센트 미만인 사람－2년 이상 4년 이하의 징역이나 500만 원 이상 1천만 원 이하의 벌금
③ 혈중알코올농도 0.2퍼센트 이상인 사람－2년 이상 5년 이하의 징역이나 1천만 원 이상 2천만 원 이하의 벌금
④ 술에 취한 상태에 있다고 인정할만한 상당한 이유가 있는 사람으로서 경찰공무원의 음주측정에 응하지 않은 사람－1년 이상 5년 이하의 징역이나 500만 원 이상 2천만 원 이하의 벌금

TIP ② 혈중알코올농도가 0.08퍼센트 이상 0.2퍼센트 미만인 사람은 1년 이상 2년 이하의 징역이나 500만 원 이상 1천만 원 이하의 벌금이다〈제148조의2 제3항 제2호〉.

Answer 5.① 6.②

7 「도로교통법」상 교통법규 위반자에 대한 벌칙이 가장 중한 것은? 2021.6.5. 경북

① 정비 불량 자동차를 운전하게 하거나 운전하는 사람
② 교통단속을 회피할 목적으로 교통단속용 장비의 기능을 방해하는 장치를 제작 · 수입 · 판매 또는 장착한 사람
③ 약물로 인하여 정상적으로 운전하지 못할 우려가 있는 상태에서 자동차 등을 운전한 사람
④ 교통사고 발생 시 운전자나 그 밖의 승무원의 조치 또는 신고행위를 방해한 사람

TIP ③ 약물로 인하여 정상적으로 운전하지 못할 우려가 있는 상태에서 자동차 등 또는 노면전차를 운전한 사람은 3년 이하의 징역이나 1천만 원 이하의 벌금에 처한다〈법 148조의2 제4항〉.
①②④ 6개월 이하의 징역이나 200만 원 이하의 벌금 또는 구류에 처한다〈법 제153조 제1항〉.

8 「도로교통법」상 위반 사례 중 과태료 금액이 가장 높은 것은? 2021.6.5. 서울

① 제한속도보다 20km/h를 초과하여 위반한 승용자동차
② 고속도로에서 갓길로 통행하여 법을 위반한 승용자동차
③ 창유리의 가시광선 투과율 기준을 위반한 차의 운전자에 부과하는 과태료
④ 교차로에서 우회전 통행방법을 위반한 승용자동차

TIP ① 승용 7만 원, 승합 8만 원〈시행령 제88조 제4항 별표6 제4호〉
② 승용 9만 원, 승합 10만 원〈시행령 제88조 제4항 별표6 제2호〉
③ 2만 원〈시행령 제88조 제4항 별표6 제8호〉
④ 승용 5만 원, 승합 6만 원〈시행령 제88조 제4항 별표6 제4의4호〉

9 다음 중 교통법규 위반에 대한 벌칙이 가장 무거운 것은? 2020.10.17. 부산

① 자동차 등에 도색 · 표지 등을 하거나 그러한 자동차 등을 운전한 사람
② 교통단속을 회피할 목적으로 교통단속용 장비의 기능을 방해하는 장치를 제작, 수입, 판매 또는 장착한 사람
③ 과로 · 질병으로 인하여 정상적으로 운전하지 못할 우려가 있는 상태에서 자동차 등을 운전한 사람
④ 경찰공무원의 운전면허증 제시 요구나 진술 요구에 따르지 아니한 사람

TIP ② 6개월 이하의 징역이나 200만 원 이하의 벌금〈법 제153조 제1항 제3호〉
① 30만 원 이하의 벌금이나 구류〈법 제154조 제1호〉
③ 30만 원 이하의 벌금이나 구류〈법 제154조 제3호〉
④ 20만 원 이하의 벌금 또는 구류〈법 제155조〉

Answer 7.③ 8.② 9.②

10 다음 중 과태료 부과가 가장 큰 것은? 2020.10.17. 충북

① 고속도로에서 앞지르기 통행 방법을 준수하지 않은 승합자동차의 고용주
② 제한 속도 40km/h 도로에서 60km/h 이하로 운행한 승합자동차
③ 운전면허 갱신을 하지 않은 사람이 자동차를 운행한 사람
④ 정기적성 검사 또는 수시적성 검사를 받지 아니한 사람

TIP ① 승합자동차등은 8만 원, 승용자동차등은 7만 원의 과태료가 부과된다〈시행령 제88조 제4항 별표6 제11의8호〉.
② 승합자동차등과 승용자동차등 모두 4만 원이다〈시행령 제88조 제4항 별표6 제4호〉.
③ 2만 원의 과태료가 부과된다〈시행령 제88조 제4항 별표6 제14호〉.
④ 3만 원의 과태료가 부과된다〈시행령 제88조 제4항 별표6 제15호〉.

Answer 10.①

12 출제예상문제

1 「도로교통법」상 주행 중에 교통사고 발생 시의 조치를 하지 아니한 사람에 대한 벌칙으로 옳은 것은?

① 1년 이하의 징역이나 5백만 원 이하의 벌금
② 2년 이하의 징역이나 1천만 원 이하의 벌금
③ 3년 이하의 징역이나 1천500만 원 이하의 벌금
④ 5년 이하의 징역이나 1천500만 원 이하의 벌금

TIP 교통사고 발생 시의 조치를 하지 아니한 사람(주 · 정차된 차만 손괴한 것이 분명한 경우에 피해자에게 인적 사항을 제공하지 아니한 사람은 제외한다)은 5년 이하의 징역이나 1천500만 원 이하의 벌금에 처한다〈법 제148조〉.

2 「도로교통법령」상 승용자동차를 음주운전한 경우 처벌기준으로 옳지 않은 것은?

① 최초 위반 시 혈중알코올농도가 0.2퍼센트 이상인 경우 2년 이상 5년 이하의 징역이나 1천만 원 이상 2천만 원 이하의 벌금
② 음주측정거부 1회 위반 시 1년 이상 5년 이하의 징역이나 5백만 원 이상 2천만 원 이하의 벌금
③ 혈중알코올농도가 0.05퍼센트로 2회 위반한 경우 1년 이하의 징역이나 5백만 원 이하의 벌금
④ 최초 위반 시 혈중알코올농도 0.08퍼센트 이상 0.2퍼센트 미만의 경우 1년 이상 2년 이하의 징역이나 5백만 원 이상 1천만 원 이하의 벌금

TIP ③ 음주운전으로 벌금 이상의 형을 선고받고 그 형이 확정된 날부터 10년 내에 다시 운전한 사람 중 혈중알코올농도가 0.03퍼센트 이상 0.2퍼센트 미만인 사람은 1년 이상 5년 이하의 징역이나 500만 원 이상 2천만 원 이하의 벌금에 처한다〈법 제148조의2 제1항 제3호〉.

3 술에 취한 상태에서 자동차를 운전한 운전자가 경찰공무원의 음주측정에 응하지 않은 경우의 처벌규정은?

① 1년 이상 5년 이하의 징역이나 500만 원 이상 2천만 원 이하의 벌금
② 1년 이상 3년 이하의 징역이나 300만 원 이상 1천500만 원 이하의 벌금
③ 2년 이상 5년 이하의 징역이나 700만 원 이상 2천만 원 이하의 벌금
④ 2년 이상 3년 이하의 징역이나 500만 원 이상 1천500만 원 이하의 벌금

Answer 1.④ 2.③ 3.①

TIP ① 술에 취한 상태에 있다고 인정할 만한 상당한 이유가 있는 사람으로서 경찰공무원의 측정에 응하지 아니하는 사람(자동차등 또는 노면전차를 운전한 경우로 한정한다)은 1년 이상 5년 이하의 징역이나 500만 원 이상 2천만 원 이하의 벌금에 처한다〈법 제148조의2 제2항〉.

4 다음 중 3년 이하의 징역이나 1천만 원 이하의 벌금에 처할 수 있는 경우로 옳은 것은?

① 혈중알코올농도가 0.15%의 상태에서 자동차를 운전한 사람
② 음주운전 방지장치를 해체 · 조작하거나 그 밖의 방법으로 효용을 해친 사람
③ 약물로 인하여 정상적으로 운전하지 못할 우려가 있는 상태에서 자동차등을 운전한 사람
④ 신호기를 조작하거나 교통안전시설을 철거 · 이전하여 도로에서 교통위험을 일으키게 한 사람

TIP ③ 약물로 인하여 정상적으로 운전하지 못할 우려가 있는 상태에서 자동차등 또는 노면전차를 운전한 사람은 3년 이하의 징역이나 1천만 원 이하의 벌금에 처한다〈법 제148조의2 제4항〉.
① 혈중알코올농도가 0.08퍼센트 이상 0.2퍼센트 미만인 사람은 1년 이상 2년 이하의 징역이나 500만 원 이상 1천만 원 이하의 벌금에 처한다〈법 제148조의2 제3항 제2호〉.
② 음주운전 방지장치를 해체 · 조작하거나 그 밖의 방법으로 효용을 해친 자는 3년 이하의 징역 또는 3천만 원 이하의 벌금에 처한다〈법 제148조의3 제1항〉.
④ 신호기를 조작하거나 교통안전시설을 철거 · 이전하여 도로에서 교통위험을 일으키게 한 사람은 5년 이하의 징역이나 1천500만 원 이하의 벌금에 처한다〈법 제149조 제2항〉.

5 「도로교통법」상 다음에 해당하는 사람의 처벌기준으로 옳은 것은?

조건부 운전면허를 받은 사람을 대신하여 음주운전 방지장치가 설치된 자동차등을 운전할 수 있도록 해당 장치에 호흡을 불어넣거나 다른 부정한 방법으로 음주운전 방지장치가 설치된 자동차등에 시동을 걸어 운전할 수 있도록 한 사람

① 3년 이하의 징역 또는 3천만 원 이하의 벌금에 처한다.
② 1년 이하의 징역 또는 300만 원 이하의 벌금에 처 한다.
③ 3년 이하의 징역이나 1천만 원 이하의 벌금에 처한다.
④ 1년 이상 2년 이하의 징역이나 500만 원 이상 1천만 원 이하의 벌금에 처한다.

TIP 조건부 운전면허를 받은 사람을 대신하여 음주운전 방지장치가 설치된 자동차등을 운전할 수 있도록 해당 장치에 호흡을 불어넣거나 다른 부정한 방법으로 음주운전 방지장치가 설치된 자동차등에 시동을 걸어 운전할 수 있도록 한 사람은 1년 이하의 징역 또는 300만 원 이하의 벌금에 처한다〈법 제148조의3 제3항〉.

Answer 4.③ 5.②

6 「도로교통법」상 벌칙이 다른 하나를 고르면?

① 운전면허증을 빌려주거나 빌린 사람 또는 이를 알선한 사람
② 다른 사람의 명의의 모바일운전면허증을 부정하게 사용한 사람
③ 자동차의 운전자가 중대한 과실로 다른 사람의 건조물이나 그 밖의 재물을 손괴한 경우
④ 공동 위험행위를 하거나 주도한 사람

TIP ③ 차 또는 노면전차의 운전자가 업무상 필요한 주의를 게을리 하거나 중대한 과실로 다른 사람의 건조물이나 그 밖의 재물을 손괴한 경우에는 2년 이하의 금고나 500만 원 이하의 벌금에 처한다〈법 제151조〉.
①②④의 경우에는 2년 이하의 징역이나 500만 원 이하의 벌금에 처한다〈법 제150조〉.

7 「도로교통법」상 다음에 해당하는 사람의 처벌기준으로 옳은 것은?

㉠ 자동차등을 난폭운전한 사람 ㉡ 최고속도보다 시속 100킬로미터를 초과한 속도로 3회 이상 자동차등을 운전한 사람

① 2년 이하의 징역 또는 1천만 원 이하의 벌금
② 1년 이하의 징역 또는 300만 원 이하의 벌금
③ 2년 이하의 징역이나 1천500만 원 이하의 벌금
④ 1년 이하의 징역이나 500만 원 이하의 벌금

TIP ㉠㉡에 해당하는 사람은 1년 이하의 징역이나 500만 원 이하의 벌금에 처한다〈제151조의2〉.

8 「도로교통법」상 1년 이하의 징역이나 300만 원 이하의 벌금에 처해지는 경우에 해당하지 않는 사람은?

① 경찰공무원의 요구 · 조치 또는 명령에 따르지 아니하거나 이를 거부 또는 방해한 사람
② 조건부 운전면허를 발급받고 음주운전 방지장치가 설치되지 않은 자동차를 운전한 사람
③ 거짓이나 그 밖의 부정한 수단으로 운전면허를 발급받은 사람
④ 교통에 방해가 될 만한 물건을 함부로 도로에 내버려둔 사람

TIP ①에 해당하는 사람은 6개월 이하의 징역이나 200만 원 이하의 벌금 또는 구류에 처한다〈법 제153조 제1항 제2호〉.
②③④에 해당하는 사람은 1년 이하의 징역이나 300만 원 이하의 벌금에 처한다〈법 제152조〉.

Answer 6.③ 7.④ 8.①

9 **고속도로나 자동차전용도로에서 고의로 도로의 좌측부분으로 운전한 사람의 처벌규정은?**

① 300만 원 이하의 벌금 또는 구류
② 200만 원 이하의 벌금 또는 구류
③ 100만 원 이하의 벌금 또는 구류
④ 50만 원 이하의 벌금 또는 구류

TIP 고속도로, 자동차전용도로, 중앙분리대가 있는 도로에서 법 제13조 제3항(도로의 중앙우측부분통행)을 고의로 위반하여 운전한 사람은 100만 원 이하의 벌금 또는 구류에 처한다〈법 제153조 제2항〉.

10 **「도로교통법」상 다음에 해당하는 사람의 처벌기준은?**

> ㉠ 보호자를 태우지 아니하고 어린이통학버스를 운행한 운영자
> ㉡ 사고발생 시 조치상황 등의 신고를 하지 아니한 사람
> ㉢ 어린이나 영유아가 하차하였는지를 확인하지 아니한 운전자
> ㉣ 자동차에 도색 · 표지 등을 하거나 그러한 자동차를 운전한 사람

① 100만 원 이하의 벌금
② 50만 원 이하의 벌금
③ 30만 원 이하의 벌금이나 구류
④ 20만 원 이하의 벌금이나 구류

TIP ㉠㉡㉢㉣에 해당하는 사람은 30만 원 이하의 벌금이나 구류에 처한다〈법 제154조〉.

11 **경찰공무원의 운전면허증 제시요구에 따르지 않은 사람에게 벌금을 부과할 경우 그 금액은?**

① 100만 원
② 50만 원
③ 30만 원
④ 20만 원

TIP 경찰공무원의 운전면허증등의 제시 요구나 운전자 확인을 위한 진술 요구에 따르지 아니한 사람은 20만 원 이하의 벌금 또는 구류에 처한다〈법 제155조〉.

Answer 9.③ 10.③ 11.④

12 「도로교통법」상 과태료의 부과금액이 다른 하나를 고르면?

① 어린이통학버스 안에 신고증명서를 갖추어 두지 아니한 어린이통학버스의 운영자
② 교통안전교육기관 운영의 정지 또는 폐지 신고를 하지 아니한 사람
③ 어린이통학버스를 신고하지 아니하고 운행한 운영자
④ 요건을 갖추지 아니하고 어린이통학버스를 운행한 운영자

TIP ①에 해당하는 사람에게는 20만 원 이하의 과태료를 부과한다〈법 제160조 제2항 제4호〉.
②③④에 해당하는 사람에게는 500만 원 이하의 과태료를 부과한다〈법 제160조 제1항〉.

13 「도로교통법」상 다음에 해당하는 사람의 과태료 부과 금액으로 옳은 것은?

> 음주운전 방지장치가 설치된 자동차등을 등록한 후 행정안전부령에 따른 음주운전 방지장치 부착 자동차등의 운행기록을 제출하지 아니하거나 정상 작동 여부를 검사받지 아니한 사람

① 100만 원 이하
② 200만 원 이하
③ 300만 원 이하
④ 500만 원 이하

TIP 위에 해당하는 사람에게는 500만 원 이하의 과태료를 부과한다〈법 제160조 제1항 제9호〉.

14 다음 중 과태료의 부과 · 징수권자로 가장 바르지 않은 주체는?

① 시 · 도경찰청장
② 제주특별자치도지사
③ 교육감
④ 한국도로교통공단

TIP 과태료는 대통령령으로 정하는 바에 따라 시 · 도경찰청장, 제주특별자치도지사, 교육감이 부과 · 징수한다〈법 제161조 제1항〉.

Answer 12.① 13.④ 14.④

15 「도로교통법령」상 신호 또는 지시를 따르지 않은 승용자동차의 고용주등에 대한 과태료 금액은?

① 10만 원 ② 8만 원
③ 7만 원 ④ 5만 원

TIP 신호 또는 지시를 따르지 않은 차 또는 노면전차의 고용주등의 과태료〈시행령 제88조 제4항 별표6 제1호〉
㉠ 승합자동차등 : 8만원
㉡ 승용자동차등 : 7만원
㉢ 이륜자동차등 : 5만원

16 13세 미만인 동승자에게 좌석안전띠를 매도록 하지 않은 운전자의 과태료 금액은?

① 10만 원 ② 8만 원
③ 6만 원 ④ 3만 원

TIP 동승자에게 좌석안전띠를 매도록 하지 않은 운전자〈시행령 제88조 제4항 별표6 제9호〉
㉠ 동승자가 13세 미만인 경우 : 6만 원
㉡ 동승자가 13세 이상인 경우 : 3만 원

17 고용주가 소유하고 있는 승합자동차 1대와 승용자동차 1대가 고속도로에서 앞지르기 통행방법을 준수하지 않았을 경우 고용주등이 납부해야 하는 과태료 합계금액은?

① 10만 원 ② 11만 원
③ 13만 원 ④ 15만 원

TIP 고속도로에서 앞지르기 통행방법을 준수하지 않은 차의 고용주등〈시행령 제88조 제4항 별표6 제11조의8호〉
㉠ 승합자동차등 : 8만 원
㉡ 승용자동차등 : 7만 원
※ 8만 원 + 7만 원 = 15만 원이다.

Answer 15.③ 16.③ 17.④

18 「도로교통법령」상 다음에 해당하는 사람의 과태료 금액을 모두 합하면?

> ㉠ 운전면허증 갱신기간에 운전면허를 갱신하지 않은 사람
> ㉡ 정기 적성검사 또는 수시 적성검사를 받지 않은 사람

① 5만 원 ② 7만 원
③ 11만 원 ④ 12만 원

TIP ㉠의 과태료 금액이 2만원이다〈시행령 제88조 제4항 별표6 제14호〉.
㉡의 과태료 금액이 3만원이다〈시행령 제88조 제4항 별표6 제15호〉.
※ 2만 원 + 3만 원 = 5만 원이다.

19 노인 · 장애인보호구역에서 제한속도를 준수하지 않고 60km/h 초과하여 운전한 승합자동차등차의 고용주등에게 부과되는 과태료의 금액은?

① 11만 원 ② 16만 원
③ 17만 원 ④ 18만 원

TIP 제한속도를 준수하지 않고 60km/h 초과한 차 또는 노면전차의 고용주등〈시행령 제88조 제4항 별표7 제2호〉
㉠ 승합자동차등 : 17만원
㉡ 승용자동차등 : 16만원
㉢ 이륜자동차등 : 11만원

20 과태료의 납부고지서를 받은 사람이 과태료를 납부해야 하는 기한은? (단, 납부고지서를 받은 날부터)

① 20일 이내 ② 30일 이내
③ 50일 이내 ④ 60일 이내

TIP 과태료는 과태료 납부고지서를 받은 날부터 60일 이내에 내야 한다. 다만, 천재지변이나 그 밖의 부득이한 사유로 과태료를 낼 수 없을 때에는 그 사유가 없어진 날부터 5일 이내에 내야 한다〈시행령 제88조 제6항〉.

Answer 18.① 19.③ 20.④

21 「도로교통법령」상 과태료를 신용카드등으로 납부할 수 있는 금액의 범위는?

① 50만 원 이하　　② 100만 원 이하
③ 200만 원 이하　　④ 300만 원 이하

TIP 과태료 납부금액이 대통령령으로 정하는 금액 이하인 경우에는 대통령령으로 정하는 과태료 납부대행기관을 통하여 신용카드, 직불카드 등(이하 "신용카드등"이라 한다)으로 낼 수 있다〈법 제161조의2 제1항〉.
※ 대통령령으로 정하는 금액〈시행령 제89조 제1항〉 … 200만원(부가되는 가산금 및 중가산금을 포함한다)을 말한다.

22 「도로교통법」상 과태료 · 범칙금수납정보시스템 운영계획의 수립 · 시행기관은?

① 행정안전부　　② 경찰청장
③ 시 · 도경찰청장　　④ 금융결제원

TIP 경찰청장은 누구든지 과태료 및 범칙금의 내용을 편리하게 조회하고 전자납부할 수 있도록 하기 위하여 과태료 · 범칙금수납정보시스템 운영계획을 수립 · 시행할 수 있다〈법 제161조의3〉.

23 「도로교통법 시행규칙」상 과태료의 징수를 구청장등에게 의뢰한 경우의 징수수수료율로 옳은 것은?

① 5%　　② 10%
③ 20%　　④ 30%

TIP 과태료의 징수를 차적지의 특별시장 · 광역시장 · 제주특별자치도지사 또는 구청장등에게 의뢰한 경우의 징수수수료는 징수된 과태료의 100분의 30으로 한다〈시행규칙 제148조〉.

Answer 21.③ 22.② 23.④

13 범칙행위의 처리에 관한 특례

section 1 범칙행위 및 범칙금액

1 통칙 및 범칙금

(1) 통칙〈법 제162조〉

① **범칙행위** : 「도로교통법」에서 범칙행위는 주로 경미한 교통법규 위반행위로서 범칙행위를 한 운전자의 경우에는 차량종류별로 범칙금액을 부과 받는다.

② **범칙** : 범칙이란 본질적으로는 범죄의 구성요건을 충족하고 있으나 형벌 및 형사절차를 적용하지 않고 행정처분으로서의 통고처분에 의한 제재를 하는 위반행위를 의미한다.

(2) 범칙자 및 범칙금

① **범칙자** : 범칙행위를 한 사람으로서 다음의 어느 하나에 해당하지 아니하는 사람을 말한다.
- ㉠ 범칙행위 당시 운전면허증등 또는 이를 갈음하는 증명서를 제시하지 못하거나 경찰공무원의 운전자 신원 및 운전면허 확인을 위한 질문에 응하지 아니한 운전자
- ㉡ 범칙행위로 교통사고를 일으킨 사람. 다만, 「교통사고처리 특례법」에 따라 업무상과실치상죄·중과실치상죄 또는 이 법 제151조의 죄에 대한 벌을 받지 아니하게 된 사람은 제외한다.

② **범칙금** : 범칙자가 「도로교통법」에 따른 통고처분에 따라 국고 또는 제주특별자치도의 금고에 내야 할 금전을 가리킨다.

❷ 범칙행위 및 범칙금액

(1) 운전자〈시행령 제93조 제1항 별표8〉

범칙행위	차량 종류별 범칙금액
• 속도위반(60㎞/h 초과) • 어린이통학버스 운전자의 의무 위반(좌석안전띠를 매도록 하지 않은 경우는 제외한다)	• 승합자동차등 : 13만 원 • 승용자동차등 : 12만 원 • 이륜자동차등 : 8만 원
• 인적 사항 제공의무 위반(주 · 정차된 차만 손괴한 것이 분명한 경우에 한정한다)	• 승합자동차등 : 13만 원 • 승용자동차등 : 12만 원 • 이륜자동차등 : 8만 원 • 자전거등 및 손수레등 : 6만 원
• 개인형 이동장치 무면허 운전 • 약물의 영향과 그 밖의 사유로 정상적으로 운전하지 못할 우려가 있는 상태에서 자전거등을 운전	• 자전거등 : 10만 원
• 속도위반(40㎞/h 초과 60㎞/h 이하) • 승객의 차 안 소란행위 방치 운전 • 어린이통학버스 특별보호 위반	• 승합자동차등 : 10만 원 • 승용자동차등 : 9만 원 • 이륜자동차등 : 6만 원
• 소방시설의 안전표지가 설치된 곳(5미터 이내)에서 정차 · 주차 금지 위반 • 승차정원을 초과하여 동승자를 태우고 개인형 이동장치를 운전	• 승합자동차등 : 9만 원 • 승용자동차등 : 8만 원 • 이륜자동차등 : 6만 원 • 자전거등 및 손수레등 : 4만 원
• 신호 · 지시 위반 • 중앙선 침범, 통행구분 위반 • 자전거횡단도 앞 일시정지의무 위반 • 속도위반(20㎞/h 초과 40㎞/h 이하) • 횡단 · 유턴 · 후진 위반 • 앞지르기 방법 위반 • 앞지르기 금지 시기 · 장소 위반 • 철길건널목 통과방법 위반 • 회전교차로 통행방법 위반 • 횡단보도 보행자 횡단 방해(신호 또는 지시에 따라 도로를 횡단하는 보행자의 통행 방해와 어린이 보호구역에서의 일시정지 위반을 포함한다) • 보행자전용도로 통행 위반(보행자전용도로 통행방법 위반을 포함한다) • 긴급자동차에 대한 양보 · 일시정지 위반 • 긴급한 용도나 그 밖에 허용된 사항 외에 경광등이나 사이렌 사용 • 승차 인원 초과, 승객 또는 승하차자 추락 방지조치 위반 • 어린이 · 앞을 보지 못하는 사람 등의 보호 위반 • 운전 중 휴대용 전화 사용 • 운전 중 운전자가 볼 수 있는 위치에 영상 표시 • 운전 중 영상표시장치 조작	• 승합자동차등 : 7만 원 • 승용자동차등 : 6만 원 • 이륜자동차등 : 4만 원 • 자전거등 및 손수레등 : 3만 원

• 운행기록계 미설치 자동차 운전 금지 등의 위반 • 고속도로 · 자동차전용도로 갓길 통행 • 고속도로버스전용차로 · 다인승전용차로 통행 위반	
• 통행 금지 · 제한 위반 • 일반도로 전용차로 통행 위반 • 노면전차 전용로 통행 위반 • 고속도로 · 자동차전용도로 안전거리 미확보 • 앞지르기의 방해 금지 위반 • 교차로 통행방법 위반 • 회전교차로 진입 · 진행방법 위반 • 교차로에서의 양보운전 위반 • 보행자의 통행 방해 또는 보호 불이행 • 정차 · 주차 금지 위반(제10조의3 제2항에 따라 안전표지가 설치된 곳에서의 정차 · 주차 금지 위반은 제외한다) • 주차금지 위반 • 정차 · 주차방법 위반 • 경사진 곳에서의 정차 · 주차방법 위반 • 정차 · 주차 위반에 대한 조치 불응 • 적재 제한 위반, 적재물 추락 방지 위반 또는 영유아나 동물을 안고 운전하는 행위 • 안전운전의무 위반 • 도로에서의 시비 · 다툼 등으로 인한 차마의 통행 방해 행위 • 급발진, 급가속, 엔진 공회전 또는 반복적 · 연속적인 경음기 울림으로 인한 소음 발생 행위 • 화물 적재함에의 승객 탑승 운행 행위 • 개인형 이동장치 인명보호 장구 미착용 • 자율주행자동차 운전자의 준수사항 위반 • 고속도로 지정차로 통행 위반 • 고속도로 · 자동차전용도로 횡단 · 유턴 · 후진 위반 • 고속도로 · 자동차전용도로 정차 · 주차 금지 위반 • 고속도로 진입 위반 • 고속도로 · 자동차전용도로에서의 고장 등의 경우 조치 불이행	• 승합자동차등 : 5만 원 • 승용자동차등 : 4만 원 • 이륜자동차등 : 3만 원 • 자전거등 및 손수레등 : 2만 원
• 혼잡 완화조치 위반 • 차로통행 준수의무 위반, 지정차로 통행 위반, 차로 너비보다 넓은 차 통행 금지 위반(진로 변경 금지 장소에서의 진로 변경을 포함한다) • 속도위반(20㎞/h 이하) • 진로 변경방법 위반 • 급제동 금지 위반 • 끼어들기 금지 위반 • 서행의무 위반 • 일시정지 위반 • 방향전환 · 진로변경 및 회전교차로 진입 · 진출 시 신호 불이행 • 운전석 이탈 시 안전 확보 불이행 • 동승자 등의 안전을 위한 조치 위반 • 시 · 도경찰청 지정 · 공고 사항 위반 • 좌석안전띠 미착용	• 승합자동차등 : 3만 원 • 승용자동차등 : 3만 원 • 이륜자동차등 : 2만 원 • 자전거등 및 손수레등 : 1만 원

<table>
<tr><td colspan="2">• 이륜자동차 · 원동기장치자전거(개인형 이동장치는 제외한다) 인명보호 장구 미착용
• 등화점등 불이행 · 발광장치 미착용(자전거 운전자는 제외한다)
• 어린이통학버스와 비슷한 도색 · 표지 금지 위반</td><td></td></tr>
<tr><td colspan="2">• 최저속도 위반
• 일반도로 안전거리 미확보
• 등화 점등 · 조작 불이행(안개가 끼거나 비 또는 눈이 올 때는 제외한다)
• 불법부착장치 차 운전(교통단속용 장비의 기능을 방해하는 장치를 한 차의 운전은 제외한다)
• 사업용 승합자동차 또는 노면전차의 승차 거부
• 택시의 합승(장기 주차 · 정차하여 승객을 유치하는 경우로 한정한다) · 승차거부 · 부당요금징수행위
• 운전이 금지된 위험한 자전거등의 운전</td><td>• 승합자동차등 : 2만 원
• 승용자동차등 : 2만 원
• 이륜자동차등 : 1만 원
• 자전거등 및 손수레등 : 1만 원</td></tr>
<tr><td colspan="2">• 술에 취한 상태에서의 자전거등 운전</td><td>• 개인형 이동장치 : 10만 원
• 자전거 : 3만 원</td></tr>
<tr><td colspan="2">• 술에 취한 상태에 있다고 인정할만한 상당한 이유가 있는 자전거등 운전자가 경찰공무원의 호흡조사 측정에 불응</td><td>• 개인형 이동장치 : 13만 원
• 자전거 : 10만 원</td></tr>
<tr><td colspan="2">• 돌, 유리병, 쇳조각, 그 밖에 도로에 있는 사람이나 차마를 손상시킬 우려가 있는 물건을 던지거나 발사하는 행위(동승자 포함)
• 도로를 통행하고 있는 차마에서 밖으로 물건을 던지는 행위(동승자 포함)</td><td>• 모든 차마 : 5만 원</td></tr>
<tr><td rowspan="2">• 특별교통안전교육의 미이수</td><td>㉠ 과거 5년 이내에 음주운전을 1회 이상 위반하였던 사람으로서 다시 음주운전을 하여 운전면허효력 정지처분을 받게 되거나 받은 사람이 그 처분기간이 끝나기 전에 특별교통안전교육을 받지 않은 경우</td><td>• 차종 구분 없음 : 15만 원</td></tr>
<tr><td>㉡ ㉠ 외의 경우</td><td>• 차종 구분 없음 : 10만 원</td></tr>
<tr><td colspan="2">• 경찰관의 실효된 면허증 회수에 대한 거부 또는 방해</td><td>• 차종 구분 없음 : 3만 원</td></tr>
</table>

※ 비고

㉠ 승합자동차등 : 승합자동차, 4톤 초과 화물자동차, 특수자동차, 건설기계 및 노면전차를 말한다.

㉡ 승용자동차등 : 승용자동차 및 4톤 이하 화물자동차를 말한다.

㉢ 이륜자동차등 : 이륜자동차 및 원동기장치자전거(개인형 이동장치는 제외한다)를 말한다.

㉣ 손수레등 : 손수레, 경운기 및 우마차를 말한다.

(2) **보행자 등**〈시행령 제93조 제1항 별표9〉

범칙행위	범칙금액
• 보행자가 돌 · 유리병 · 쇳조각이나 그 밖에 도로에 있는 사람이나 차마를 손상시킬 우려가 있는 물건을 던지거나 발사하는 행위	5만 원
• 보행자가 교통안전시설이 표시하는 신호 또는 지시와 경찰공무원등이 하는 신호 또는 지시를 위반한 경우(실외이동로봇이 위반한 경우에는 실외이동로봇 운용자를 포함한다)	3만 원
• 보행자가 보도와 차도가 구분된 도로에서 보도로의 통행 의무를 위반한 경우	
• 실외이동로봇의 운용자가 실외이동로봇의 운용 장치를 도로의 교통상황과 실외이동로봇의 구조 및 성능에 따라 차, 노면전차 또는 다른 사람에게 위험과 장해를 주는 방법으로 운용하는 경우	
• 보행자가 지하도 또는 육교가 설치되어 있는 도로에서 지하도 바로 위 또는 육교 바로 밑으로 횡단한 경우	
• 보행자가 안전표지 등에 의하여 횡단이 금지되어 있는 도로의 부분에서 그 도로를 횡단한 경우	
• 보행자가 술에 취하여 도로에서 갈팡질팡하는 행위	
• 보행자가 도로에서 교통에 방해되는 방법으로 눕거나 앉거나 서있는 행위	
• 보행자가 교통이 빈번한 도로에서 공놀이 또는 썰매타기 등의 놀이를 하는 행위	
• 보행자가 도로를 통행하고 있는 차마에 뛰어오르거나 매달리거나 차마에서 뛰어내리는 행위	
• 보행자가 시 · 도경찰청장의 통행 금지 또는 제한, 경찰서장의 통행 금지 또는 제한, 경찰공무원의 통행 금지 또는 제한을 위반한 경우	2만 원
• 보행자가 횡단보도, 지하도, 육교나 그 밖의 도로 횡단시설이 설치되어 있는 도로에서 그 곳으로 횡단하지 않은 경우	
• 보행자가 차의 바로 앞이나 뒤로 횡단한 경우	
• 보행자가 경찰공무원이 보행자, 차마 또는 노면전차의 통행이 밀려서 교통 혼잡이 뚜렷하게 우려될 때 혼잡을 덜기 위하여 한 조치를 위반한 경우	1만 원
• 행렬등의 보행자나 지휘자가 차도의 우측 통행 의무를 위반한 경우	

(3) 어린이보호구역 및 노인 · 장애인보호구역에서의 범칙행위 및 범칙금액〈시행령 제93조 제2항 별표10〉

〈오전 8시부터 오후 8시까지 범칙행위를 한 경우〉

범칙행위		차량 종류별 범칙금액
• 신호 · 지시 위반 • 횡단보도 보행자 횡단 방해		• 승합자동차등 : 13만 원 • 승용자동차등 : 12만 원 • 이륜자동차등 : 8만 원 • 자전거등 및 손수레등 : 6만 원
• 속도위반	• 60㎞/h 초과	• 승합자동차등 : 16만 원 • 승용자동차등 : 15만 원 • 이륜자동차등 : 10만 원
	• 40㎞/h 초과 60㎞/h 이하	• 승합자동차등 : 13만 원 • 승용자동차등 : 12만 원 • 이륜자동차등 : 8만 원
	• 20㎞/h 초과 40㎞/h 이하	• 승합자동차등 : 10만 원 • 승용자동차등 : 9만 원 • 이륜자동차등 : 6만 원
	• 20㎞/h 이하	• 승합자동차등 : 6만 원 • 승용자동차등 : 6만 원 • 이륜자동차등 : 4만 원
• 통행 금지 · 제한 위반 • 보행자 통행 방해 또는 보호 불이행		• 승합자동차등 : 9만 원 • 승용자동차등 : 8만 원 • 이륜자동차등 : 6만 원 • 자전거등 및 손수레등 : 4만 원
• 정차 · 주차 금지 위반	• 어린이보호구역에서 위반한 경우	• 승합자동차등 : 13만 원 • 승용자동차등 : 12만 원 • 이륜자동차등 : 9만 원 • 자전거등 : 6만 원
	• 노인 · 장애인보호구역에서 위반한 경우	• 승합자동차등 : 9만 원 • 승용자동차등 : 8만 원 • 이륜자동차등 : 6만 원 • 자전거등 : 4만 원
• 주차금지 위반	• 어린이보호구역에서 위반한 경우	• 승합자동차등 : 13만 원 • 승용자동차등 : 12만 원 • 이륜자동차등 : 9만 원 • 자전거등 : 6만 원
	• 노인 · 장애인보호구역에서 위반한 경우	• 승합자동차등 : 9만 원 • 승용자동차등 : 8만 원 • 이륜자동차등 : 6만 원 • 자전거등 : 4만 원

• 정차 · 주차방법 위반	• 어린이보호구역에서 위반한 경우	• 승합자동차등 : 13만 원 • 승용자동차등 : 12만 원 • 이륜자동차등 : 9만 원 • 자전거등 : 6만 원
	• 노인 · 장애인보호구역에서 위반한 경우	• 승합자동차등 : 9만 원 • 승용자동차등 : 8만 원 • 이륜자동차등 : 6만 원 • 자전거등 : 4만 원
• 정차 · 주차 위반에 대한 조치 불응	• 어린이보호구역에서의 위반에 대한 조치에 불응한 경우	• 승합자동차등 : 13만 원 • 승용자동차등 : 12만 원 • 이륜자동차등 : 9만 원 • 자전거등 : 6만 원
	• 노인 · 장애인보호구역에서의 위반에 대한 조치에 불응한 경우	• 승합자동차등 : 9만 원 • 승용자동차등 : 8만 원 • 이륜자동차등 : 6만 원 • 자전거등 : 4만 원

※ 비고 … 속도위반을 60㎞/h 초과하여 범칙금 납부통고를 받은 운전자가 통고처분을 이행하지 않아 가산금을 더 할 경우 범칙금의 최대 부과금액은 20만 원으로 한다.

section 2 통고처분 및 범칙금의 납부

❶ 통고처분 및 범칙금의 납부통고

(1) **통고처분**〈법 제163조〉

① 통고처분

㉠ **통고처분대상** : 범칙행위를 하여 범칙자로 인정하는 사람에 대하여는 이유를 분명하게 밝힌 범칙금 납부통고서로 범칙금을 낼 것을 통고할 수 있다.

㉡ 즉결심판을 받아야 하는 사람

- 성명이나 주소가 확실하지 않은 사람
- 달아날 우려가 있는 사람
- 범칙금 납부통고서 받기를 거부한 사람

② **일사부재리 원칙** : 범칙금을 낸 사람은 범칙행위에 대해 다시 처벌되지 않는다.

(2) 범칙금의 납부 통고 등〈시행령 제94조〉

① 범칙금납부통고서등 발급

㉠ 경찰서장 또는 제주특별자치도지사는 범칙자로 인정되는 사람에게 범칙금의 납부를 통고할 때에는 범칙금납부통고서등을 함께 발급하고, 범칙금 납부고지서 원부와 범칙자 적발보고서를 작성하여야 한다.

㉡ 이 경우 범칙자로 인정되는 사람이 본인의 위반 사실을 인터넷 조회 · 납부 시스템에서 확인하고, 이 시스템을 통하여 범칙금납부통고서등을 발급받거나 바로 범칙금을 낸 경우에는 범칙금납부통고서등을 발급한 것으로 본다.

㉢ 범칙금납부통고서에 적어야 할 사항

- 통고처분을 받은 사람의 인적사항 및 운전면허번호
- 위반 내용 및 적용 법조문
- 범칙금의 액수 및 납부기한
- 통고처분 연월일
- 벌점

② 관할하는 경찰서장에게 사본 발송

㉠ 경찰서장은 해당 경찰서의 관할구역 밖에 거주하는 범칙자로 인정되는 사람에게 범칙금납부통고서등을 발급하였을 때에는 그 사람의 주소지를 관할하는 경찰서장에게 범칙자 적발보고서의 사본을 발송하여야 한다.

㉡ 다만, 2개 이상의 경찰서가 있는 도시에 거주하는 운전자가 그 도시에서 범칙행위를 하여 범칙금납부통고서등을 발급한 경우에는 그러하지 아니하다.

③ 전산입력 : 경찰서장은 자동차등의 운전자에게 범칙금납부통고서등을 발급했거나 제주특별자치도지사로부터 통고처분 사실을 통보받았을 때에는 범칙자의 인적사항 · 면허번호 및 범칙내용을 즉시 자동차운전면허대장에 전산입력하여 시 · 도경찰청장에게 보고되도록 해야 한다.

❷ 범칙금 납부

(1) 범칙금 납부〈법 제164조〉

① 납부기간

㉠ 범칙금 납부통고서를 받은 사람은 10일 이내에 국고은행, 지점, 대리점, 우체국 또는 제주특별자치도지사가 지정하는 금융회사 등이나 그 지점에 범칙금을 내야 한다.

㉡ 천재지변이나 그 밖의 부득이한 사유로 범칙금을 낼 수 없는 경우에는 부득이한 사유가 없어지게 된 날부터 5일 이내에 범칙금을 내야 한다.

② 가산금 : 납부기간 이내에 범칙금을 납부하지 않은 사람은 납부기간이 끝나는 날의 다음 날부터 20일 이내에 통고받은 범칙금의 100분의 20을 더한 금액을 납부해야 한다.

(2) 범칙금의 납부방법〈시행령 제96조〉

① 수납기관에 납부

㉠ 범칙금의 납부 통고를 받은 범칙자는 함께 발급받은 범칙금 영수증서 및 범칙금 납부고지서를 수납기관에 제시하고 범칙금을 내야 한다.

㉡ 범칙금은 분할하여 낼 수 없다.

② 수납기관의 업무

㉠ 범칙금을 받은 수납기관은 같은 항에 따라 제시된 범칙금 영수증서에 범칙금 납부 사실을 확인하여 범칙금을 낸 사람에게 내주어야 한다.

㉡ 수납기관이 범칙금을 받았을 때에는 지체 없이 범칙금의 납부 통고를 한 경찰서장 또는 제주특별자치도지사에게 전자매체 등을 이용하여 범칙금을 받은 사실을 통보하여야 한다.

(3) 범칙금 징수사항 기록부의 비치〈시행령 제97조〉

① 기록부에 기록

㉠ 경찰서장 또는 제주특별자치도지사는 수납기관으로부터 범칙금 수납 사실을 통보받은 때마다 해당 징수사항을 범칙금 징수사항 기록부에 기록하여야 한다.

㉡ 다만, 전자매체를 통하여 통보받은 경우에는 수납 사실을 출력하여 보관하는 것으로 그 기록을 대신할 수 있다.

② 기록 또는 출력 · 보관 : 경찰서장이 범칙자의 주소지를 관할하는 경찰서장에게 범칙자 적발보고서 사본을 발송한 경우에는 이를 받은 경찰서장이 기록 또는 출력 · 보관을 하여야 한다.

section 3 즉결심판

1 통고처분 불이행자 및 현장즉결심판대상자의 처리

(1) 통고처분 불이행자 등의 처리〈법 제165조〉

① 즉결심판 청구

㉠ 경찰서장 또는 제주특별자치도지사가 지체 없이 즉결심판을 청구해야 할 사람

- 성명이나 주소가 확실하지 아니한 사람
- 납부기간에 범칙금을 납부하지 아니한 사람

㉡ 즉결심판을 청구하지 않아야 할 사람 : 납부기간에 범칙금을 납부하지 않은 사람이 즉결심판이 청구되기 전까지 통고받은 범칙금액에 100분의 50을 더한 금액을 납부한 사람에 대해서는 즉결심판을 청구하지 않는다.

② 즉결심판의 취소 : 즉결심판이 청구된 피고인이 즉결심판의 선고 전까지 통고받은 범칙금액에 100분의 50을 더한 금액을 내고 납부를 증명하는 서류를 제출하면 경찰서장 또는 제주특별자치도지사는 피고인에 대한 즉결심판 청구를 취소하여야 한다.

(2) 현장즉결심판대상자의 처리〈시행령 제98조〉

① 즉결심판 출석통지서 발송

㉠ 경찰서장 또는 제주특별자치도지사는 현장즉결심판대상자에게 즉결심판을 위한 출석의 일시 · 장소 등을 알리는 즉결심판 출석통지서를 출석일 10일 전까지 발급하거나 발송하여야 한다.

㉡ 경찰서장 또는 제주특별자치도지사는 현장즉결심판대상자가 즉결심판기일에 출석하지 아니하여 즉결심판절차가 진행되지 못한 경우에는 그 현장즉결심판대상자에게 즉결심판을 위하여 다시 정한 출석의 일시 · 장소 등을 알리는 즉결심판 출석최고서를 다시 정한 출석일 10일 전까지 발송하여야 한다.

② 운전면허의 효력정지 및 즉결심판 청구

㉠ 운전면허의 효력정지 : 시 · 도경찰청장은 제2항의 즉결심판 출석 최고에도 불구하고 운전자인 현장즉결심판대상자가 출석하지 아니하여 즉결심판절차가 진행되지 못한 경우에는 현장즉결심판대상자의 운전면허의 효력을 일시 정지시킬 수 있다.

㉡ 즉결심판 청구 : 경찰서장 또는 제주특별자치도지사는 법 제165조제1항에 따라 즉결심판을 청구하려는 경우에는 즉결심판청구서를 작성하여 관할 법원에 제출하여야 한다.

❷ 즉결심판 청구 등

(1) 통고처분불이행자에 대한 즉결심판 청구 등〈시행령 제99조〉

① 납부고지서 발송

㉠ 경찰서장 또는 제주특별자치도지사는 통고처분불이행자에게 범칙금 납부기간 만료일(범칙금을 낼 수 있는 기간의 마지막 날)부터 30일 이내에 즉결심판 출석통지서를 범칙금등(범칙금에 그 100분의 50을 더한 금액) 영수증 및 범칙금등 납부고지서와 함께 발송하여야 한다.

㉡ 이 경우 즉결심판을 위한 출석일은 범칙금 납부기간 만료일부터 40일이 초과되어서는 아니 된다.

㉢ 즉결심판 출석통지서에 적어야 할 사항
- 통고처분을 받은 사람의 인적사항 및 운전면허번호
- 위반 내용 및 적용 법조문
- 범칙금의 액수 및 납부기한
- 통고처분 연월일
- 즉결심판 출석 일시 · 장소
- 범칙금등을 낼 경우 즉결심판을 받지 아니하여도 된다는 사실

② 출석최고서 발송

㉠ 경찰서장 또는 제주특별자치도지사는 통고처분불이행자가 범칙금등을 내지 아니하고 즉결심판기일에 출석하지도 아니하여 즉결심판절차가 진행되지 못한 경우에는 즉결심판을 위한 출석의 일시 및 장소를 다시 정하여 지체 없이 그 통고처분불이행자에게 즉결심판 출석최고서를 범칙금등 영수증 및 범칙금등 납부고지서와 함께 발송하여야 한다.

㉡ 이 경우 즉결심판을 위한 출석일은 법원의 사정으로 즉결심판을 할 수 없는 경우 등 특별한 사정이 있는 경우 외에는 범칙금 납부기간 만료일부터 60일이 초과되어서는 아니 된다.

③ **운전면허의 효력정지** : 시 · 도경찰청장은 즉결심판 출석 최고에도 불구하고 운전자인 통고처분불이행자가 범칙금등을 내지 아니하고 즉결심판기일에 출석하지도 아니하여 즉결심판절차가 진행되지 못한 경우에는 그 통고처분불이행자의 운전면허의 효력을 일시 정지시킬 수 있다.

(2) 제주특별자치도지사의 즉결심판불응자 통보 등〈시행령 제100조〉

① 제주특별자치도지사는 다음의 어느 하나에 해당하는 사유가 발생한 경우에는 관할 시 · 도경찰청장에게 지체 없이 해당 사실을 통보하고 관련 서류를 보내야 한다.

㉠ 즉결심판 출석 최고에도 불구하고 운전자인 현장즉결심판대상자가 출석하지 아니하여 즉결심판절차가 진행되지 못한 경우

㉡ 즉결심판 출석 최고에도 불구하고 운전자인 통고처분불이행자가 범칙금등을 내지 아니하고 즉결심판기일에 출석하지도 아니하여 즉결심판절차가 진행되지 못한 경우

② 제주특별자치도지사는 통보 이후에 범칙금을 내거나 즉결심판절차가 진행되는 경우에는 관할 시 · 도경찰청장에게 지체 없이 그 사실을 통보하고 관련 서류를 보내야 한다.

최근기출문제

1 「도로교통법 시행령」상 승합자동차 운전 중 범칙금액 7만 원에 해당하는 범칙행위가 아닌 것은?

2024.2.24. 서울

① 속도위반(40km/h 초과 60km/h 이하)
② 신호 · 지시 위반
③ 앞지르기 금지 시기 · 장소 위반
④ 철길건널목 통과방법 위반

TIP ① 범칙금 10만 원이다〈시행령 제93조 제1항 별표8 제2호〉.
②③④ 범칙금 7만 원이다〈시행령 제93조 제1항 별표8 제4호 · 제9호 · 제10호〉.

2 어린이보호구역 및 노인 · 장애인보호구역에서의 범칙행위에 대한 범칙금액으로 옳은 것은?

2021.4.10. 대구

① 신호위반한 승합자동차 : 15만 원
② 횡단보도 보행자 횡단을 방해한 승용자동차 : 13만 원
③ 속도위반(20km/h 초과 40km/h 이하)한 승용자동차 : 9만 원
④ 보행자 통행 방해 또는 보호 불이행한 승용자동차 : 6만 원

TIP ① 신호 · 지시 위반한 승합자동차 등 : 13만 원〈시행령 제93조 제2항 별표10 제1호〉
② 횡단보도 보행자 횡단을 방해한 승용자동차 : 12만 원〈시행령 제93조 제2항 별표10 제2호〉
④ 보행자 통행 방해 또는 보호 불이행한 승용자동차 : 8만 원〈시행령 제93조 제2항 별표10 제5호〉

Answer 1.① 2.③

3 다음 중 통고 처분 대상자로 맞는 것은? (2020.10.17. 충북)

① 달아날 우려가 있는 사람
② 성명, 주소가 확실하지 아니한 사람
③ 범칙금 납부 통고서 받기를 거부한 사람
④ 행위를 인정한 신원이 확실한 사람

TIP 통고처분 제외 대상자〈법 제163조 제1항〉
㉠ 성명이나 주소가 확실하지 아니한 사람
㉡ 달아날 우려가 있는 사람
㉢ 범칙금 납부통고서 받기를 거부한 사람
☞ 통고처분〈법 제163조 제1항〉… 경찰서장이나 제주특별자치도지사는 범칙자로 인정하는 사람에 대하여는 이유를 분명하게 밝힌 범칙금 납부통고서로 범칙금을 낼 것을 통고할 수 있다.

4 제한속도가 100km/h인 도로에서 150km/h로 과속운행을 한 승합자동차의 운전자에게 부과되는 범칙금은? (2019.6.15. 서울)

① 8만 원
② 10만 원
③ 12만 원
④ 15만 원

TIP 속도위반(40km/h 초과 60km/h 이하)의 승합자동차의 범칙금은 10만 원이다〈시행령 제93조 제1항 별표8 제2호〉.

Answer 3.④ 4.②

출제예상문제

1 「도로교통법」상 범칙금에 대한 설명으로 옳지 않은 것은?

① 범칙금을 낸 사람은 범칙행위에 대하여 다시 벌 받지 아니한다.
② 경찰서장은 납부기간에 범칙금을 납부하지 아니한 사람에 대하여는 지체 없이 즉결심판을 청구하여야 한다.
③ 범칙금을 내지 아니한 사람은 납부기간이 끝나는 날의 다음 날부터 20일 이내에 통고받은 범칙금에 100분의 20을 더한 금액을 내야 한다.
④ 범칙금 납부통고서를 받은 사람은 15일 이내에 범칙금을 내야 한다.

TIP ④ 범칙금 납부통고서를 받은 사람은 10일 이내에 경찰청장이 지정하는 국고은행, 지점, 대리점, 우체국 또는 제주특별자치도지사가 지정하는 금융회사 등이나 그 지점에 범칙금을 내야 한다〈법 제164조 제1항〉.
① 법 제164조 제3항
② 법 제165조 제1항
③ 법 제164조 제2항

2 「도로교통법령」상 승용자동차의 운전자가 앞지르기 금지시기를 위반한 경우의 범칙금은?

① 3만 원　② 5만 원
③ 6만 원　④ 7만 원

TIP 앞지르기 금지 시기 · 장소 위반〈시행령 제93조 제1항 별표8 제9호〉
㉠ 승합자동차등 : 7만원
㉡ 승용자동차등 : 6만원
㉢ 이륜자동차등 : 4만원
㉣ 자전거등 및 손수레등 : 3만원

3 승용자동차의 운전 중 휴대전화를 사용한 경우 부과되는 벌칙으로 알맞은 것은?

① 벌점 20점 및 8만 원의 범칙금 부과　② 벌점 15점 및 6만 원의 범칙금 부과
③ 벌점 10점 및 3만 원의 범칙금 부과　④ 5만 원의 범칙금 부과

TIP 운전 중 휴대전화 사용한 승용자동차의 운전자
㉠ 벌점 : 15점〈시행규칙 제91조 제1항 별표28 제17호〉
㉡ 범칙금 : 6만 원〈시행령 제93조 제1항 별표8 제15호〉

Answer 1.④ 2.③ 3.②

4 다음은 승용자동차의 법규 위반행위이다. 범칙금액은?

• 횡단 · 유턴 · 후진 위반	• 앞지르기 방법 위반
• 앞지르기 금지 시기 · 장소 위반	• 회전교차로 통행방법 위반

① 3만 원 ② 6만 원
③ 8만 원 ④ 10만 원

TIP 표 안의 범칙금액
㉠ 승합자동차등 : 7만 원〈시행령 제93조 제1항 별표8 제7호〉
㉡ 승용자동차등 : 6만 원〈시행령 제93조 제1항 별표8 제8호〉
㉢ 이륜자동차등 : 4만 원〈시행령 제93조 제1항 별표8 제9호〉
㉣ 자전거등 및 손수레등 : 3만 원〈시행령 제93조 제1항 별표8 제10의2호〉

5 「도로교통법령」상 다음에 해당하는 사람의 범칙금은?

돌, 유리병, 쇳조각, 그 밖에 도로에 있는 사람이나 차마를 손상시킬 우려가 있는 물건을 던지거나 발사하는 행위를 한 사람

① 1만 원 ② 2만 원
③ 3만 원 ④ 5만 원

TIP 돌, 유리병, 쇳조각, 그 밖에 도로에 있는 사람이나 차마를 손상시킬 우려가 있는 물건을 던지거나 발사하는 행위를 한 모든 차마의 운전자에게는 5만 원의 범칙금이 부과된다〈시행령 제93조 제1항 별표8 제65호〉.

6 「도로교통법령」상 술에 취한 상태에서 자전거를 운전한 경우의 처벌규정으로 옳은 것은?

① 처벌규정이 없다. ② 범칙금 2만 원이다.
③ 범칙금 3만 원이다. ④ 과태료 5만 원을 부과한다.

TIP 술에 취한 상태에서 자전거등을 운전한 경우〈시행령 제93조 제1항 별표8 제64의2호〉
㉠ 개인형 이동장치 : 10만원
㉡ 자전거 : 3만원

Answer 4.② 5.④ 6.③

7 「도로교통법령」상 승용자동차 운전자에 대한 범칙행위별 범칙금액이 바르지 않은 것은?

① 최저속도를 위반한 경우 2만 원
② 좌석안전띠를 미착용한 경우 3만 원
③ 속도위반이 20km/h 초과 40km/h 이하인 경우 6만 원
④ 자율주행자동차 운전자의 준수사항을 위반한 경우 4만 원

TIP ① 최저속도를 위반한 경우에는 범칙금 2만 원이 부과된다〈시행령 제93조 제1항 별표8 제59호〉.
②③④ 시행령 제93조 제1항 별표8 제56호 · 제6호 · 제38의3호

8 「도로교통법령」상 소방용수시설 또는 비상소화장치가 설치된 곳으로부터 5미터 이내에 승용자동차를 주차한 경우의 범칙금은? (안전표지가 설치됨)

① 4만 원
② 6만 원
③ 8만 원
④ 10만 원

TIP 안전표지가 설치되고 소방용수시설 또는 비상소화장치가 설치된 곳에서의 5미터 이내 정차 · 주차금지위반〈시행령 제93조 제1항 별표8 제3의3호〉
㉠ 승합자동차등 : 9만원
㉡ 승용자동차등 : 8만원
㉢ 이륜자동차등 : 6만원
㉣ 자전거등 및 손수레등 : 4만원

9 「도로교통법령」상 술에 취한 상태에 있다고 인정할만한 상당한 이유가 있는 자전거 운전자가 경찰공무원의 정당한 음주측정 요구에 불응한 경우의 처벌은?

① 20만 원 이하의 벌금 또는 구류에 처한다.
② 20만 원의 과태료를 부과한다.
③ 범칙금 10만 원의 통고처분한다.
④ 처벌하지 않는다.

TIP 술에 취한 상태에 있다고 인정할만한 상당한 이유가 있는 자전거등 운전자가 경찰공무원의 호흡조사 측정에 불응한 경우에는 범칙금이 개인형 이동장치는 13만 원, 자전거는 10만원이다〈시행령 제93조 제1항 별표8 제64의3호〉.

Answer 7.① 8.③ 9.③

10 「도로교통법령」상 자동차전용도로도로에서 승용자동차 운전자의 속도위반에 대한 범칙금 기준으로 옳은 것은?

① 제한속도기준 시속 20킬로미터 이하 : 범칙금 3만 원
② 제한속도기준 시속 20킬로미터 초과 40킬로미터 이하 : 범칙금 5만 원
③ 제한속도기준 시속 40킬로미터 초과 60킬로미터 이하 : 범칙금 8만 원
④ 제한속도기준 시속 60킬로미터 초과 100킬로미터 이하 : 범칙금 20만 원

TIP ② 범칙금 6만 원이다〈시행령 제93조 제1항 별표8 제6호〉.
③ 범칙금 9만 원이다〈시행령 제93조 제1항 별표8 제2호〉.
④ 제한속도기준 시속 60킬로미터 초과는 범칙금 12만 원이다〈시행령 제93조 제1항 별표8 제1호〉.

11 「도로교통법령」상 다음에 해당하는 사람의 범칙금액으로 옳은 것은?

> 실외이동로봇의 운용자가 실외이동로봇의 운용 장치를 도로의 교통상황과 실외이동로봇의 구조 및 성능에 따라 차, 노면전차 또는 다른 사람에게 위험과 장해를 주는 방법으로 운용하는 경우

① 범칙금 2만 원이다.
② 범칙금 3만 원이다.
③ 범칙금 4만 원이다.
④ 범칙금 5만 원이다.

TIP 위 실외이동로봇의 운용자의 범칙금액은 3만 원이다〈시행령 제93조 제1항 별표9 제4호〉.

12 「도로교통법령」상 어린이 보호구역에서 승합자동차 운전자가 오전 10시경 신호위반을 했을 때의 범칙금액은?

① 8만 원
② 10만 원
③ 12만 원
④ 13만 원

TIP 어린이보호구역에서의 신호 · 지시 위반의 범칙금액〈시행령 제93조 제2항 별표10 제1호〉
㉠ 승합자동차등 : 13만 원
㉡ 승용자동차등 : 12만 원
㉢ 이륜자동차등 : 8만 원
㉣ 자전거등 및 손수레등 : 6만 원

Answer 10.① 11.② 12.④

13 「도로교통법령」상 노인보호구역에서 오후 2시경 발생한 범칙행위에 대한 설명으로 가장 옳은 것은?

① 자전거 운전자가 횡단보도에서 횡단하는 노인보행자의 횡단을 방해하면 범칙금은 5만 원이다.
② 5톤 화물자동차 운전자가 주차금지위반을 하는 경우 범칙금은 10만 원이다.
③ 승용차 운전자가 노인보행자의 통행을 방해하면 범칙금은 8만 원이다.
④ 경운기 운전자가 보행자보호를 불이행하는 경우 범칙금은 6만 원이다.

TIP ① 자전거 운전자가 횡단보도에서 횡단하는 노인보행자의 횡단을 방해하면 범칙금은 6만 원이다〈시행령 제93조 제2항 별표10 제2호〉.
② 5톤 화물자동차 운전자가 주차금지위반을 하는 경우 범칙금은 9만 원이다〈시행령 제93조 제2항 별표10 제6호 나목〉.
③④ 자전거등 및 손수레등 운전자가 보행자보호를 불이행하는 경우 범칙금은 4만 원이다〈시행령 제93조 제2항 별표10 제5호〉.
※ 손수레등 … 손수레, 경운기 및 우마차를 말한다.

14 「도로교통법령」상 14시 00분 어린이보호구역에서의 범칙행위 중 범칙금액으로 옳은 것은?

① 승용자동차의 정차 · 주차 금지 위반 : 10만 원
② 5톤 화물자동차의 횡단보도 보행자 횡단방해 : 13만 원
③ 승용자동차의 정차 · 주차 위반에 대한 조치 불응 : 8만 원
④ 승용자동차의 어린이 보호 불이행 : 10만 원

TIP ① 승용자동차의 정차 · 주차금지위반은 범칙금 12만 원이다〈시행령 제93조 제2항 별표10 제6호〉.
③ 승용자동차의 정차 · 주차 위반에 대한 조치불응은 범칙금 12만 원이다〈시행령 제93조 제2항 별표10 제9호〉.
④ 승용자동차의 어린이 보호 불이행은 범칙금 8만 원이다〈시행령 제93조 제2항 별표10 제5호〉.
②의 승합자동차등의 범칙금은 13만 원이다〈시행령 제93조 제2항 별표10 제2호〉.
※ 승합자동차등 … 승합자동차, 4톤 초과 화물자동차, 특수자동차, 건설기계 및 노면전차를 말한다〈시행령 제93조 제2항 별표10 비고〉.

Answer 13.③ 14.②

15 「도로교통법령」상 오전 8시부터 오후 8시까지 사이 노인 · 장애인보호구역에서 주차금지를 위반한 승용자동차의 범칙금액은?

① 8만 원
② 9만 원
③ 12만 원
④ 13만 원

TIP 노인 · 장애인보호구역에서 주차금지 위반〈시행령 제93조 제2항 별표10 제7호 나목〉
㉠ 승합자동차등 : 9만 원
㉡ 승용자동차등 : 8만 원
㉢ 이륜자동차등 : 6만 원
㉣ 자전거등 : 4만 원

16 다음 중 「도로교통법」상 통고처분 대상자는?

① 달아날 우려가 있는 사람
② 성명이나 주소가 확실하지 아니한 사람
③ 범칙금 납부통고서 받기를 거부한 사람
④ 범칙 행위를 한 신원이 확실한 사람

TIP ④ 범칙자로 인정하는 사람에 대하여는 이유를 분명하게 밝힌 범칙금 납부통고서로 범칙금을 낼 것을 통고할 수 있다. ①②③의 경우 통고처분을 할 수 없어 즉결심판을 받는다〈법 제163조 제1항〉.

Answer 15.① 16.④

17 **다음은 「도로교통법」 제164조 범칙금의 납부에 대한 법조항이다. (　　) 안에 알만은 것은?**

> 범칙금 납부통고서를 받은 사람은 (　　) 이내에 경찰청장이 지정하는 국고은행, 지점, 대리점, 우체국 또는 제주특별자치도지사가 지정하는 금융회사 등이나 그 지점에 범칙금을 내야 한다. 다만, 천재지변이나 그 밖의 부득이한 사유로 말미암아 그 기간에 범칙금을 낼 수 없는 경우에는 부득이한 사유가 없어지게 된 날부터 (　　) 이내에 내야 한다.

① 20일, 10일　　② 15일, 7일
③ 10일, 5일　　④ 7일, 3일

TIP 범칙금 납부통고서를 받은 사람은 10일 이내에 경찰청장이 지정하는 국고은행, 지점, 대리점, 우체국 또는 제주특별자치도지사가 지정하는 금융회사 등이나 그 지점에 범칙금을 내야 한다. 다만, 천재지변이나 그 밖의 부득이한 사유로 말미암아 그 기간에 범칙금을 낼 수 없는 경우에는 부득이한 사유가 없어지게 된 날부터 5일 이내에 내야 한다〈법 제164조 제1항〉.

18 **범칙금납부 통고서를 받은 사람이 2차 납부기간에도 범칙금을 납부하지 않았을 경우에 대한 설명으로 옳지 않은 것은?**

① 지체 없이 즉결심판을 청구하여야 한다.
② 즉결심판선고 전까지 범칙금액에 50%를 더한 금액을 납부하면 즉결심판청구를 취소한다.
③ 「도로교통법」에 따른 과태료 부과한다.
④ 범칙금액에 100분의 50을 더한 금액을 납부하면 즉결심판을 청구하지 않는다.

TIP ③ 즉결심판이 청구되기 전까지 통고받은 범칙금액에 100분의 50을 더한 금액을 납부한 사람에 대해서는 즉결심판을 청구하지 아니하다〈법 제165조 제1항〉.

Answer 17.③ 18.③

19 **다음 중 범칙금 수납 및 처리 절차에 대한 설명으로 옳은 것은?**

① 범칙자는 범칙금 납부고지서 없이 범칙금을 납부할 수 있다.
② 범칙금은 필요에 따라 분할납부가 가능하다.
③ 우체국은 범칙금의 수납기관이 아니다.
④ 수납기관은 범칙금을 받은 경우 지체 없이 경찰청장에게 통보해야 한다.

TIP ④ 수납기관이 범칙금을 받았을 때에는 지체 없이 범칙금의 납부 통고를 한 경찰서장 또는 제주특별자치도지사에게 전자매체 등을 이용하여 범칙금을 받은 사실을 통보하여야 한다〈시행령 제96조 제4항〉.
① 범칙금의 납부통고를 받은 범칙자는 발급받은 범칙금 영수증서 및 범칙금 납부고지서를 수납기관에 제시하고 범칙금을 납부해야 한다〈시행령 제96조 제1항〉.
② 범칙금은 분할하여 납부할 수 없다〈시행령 제96조 제2항〉.
③ 범칙금의 수납기관은 국고은행, 지점, 대리점, 우체국은 한국은행 본점 · 지점, 한국은행이 지정한 국고대리점 · 수납대리점 또는 우체국으로 한다〈시행령 제95조〉.

20 **다음은 「도로교통법시행령」 제99조 통고처분불이행자에 대한 즉결심판 청구에 대한 법조항이다. (　　) 안에 알맞은 숫자를 모두 합하면?**

경찰서장 또는 제주특별자치도지사는 통고처분불이행자에게 범칙금 납부기간 만료일부터 (　　)일 이내에 즉결심판 출석통지서를 범칙금등(범칙금에 그 100분의 (　　)을 더한 금액) 영수증 및 범칙금등 납부고지서와 함께 발송하여야 한다. 이 경우 즉결심판을 위한 출석일은 범칙금 납부기간 만료일부터 (　　)일이 초과되어서는 아니 된다.

① 90　　② 110
③ 120　　④ 130

TIP 경찰서장 또는 제주특별자치도지사는 통고처분불이행자에게 범칙금 납부기간 만료일부터 30일 이내에 즉결심판 출석통지서를 범칙금등(범칙금에 그 100분의 50을 더한 금액) 영수증 및 범칙금등 납부고지서와 함께 발송하여야 한다. 이 경우 즉결심판을 위한 출석일은 범칙금 납부기간 만료일부터 40일이 초과되어서는 아니 된다〈시행령 제99조 제1항〉.
※ 30 + 50 = 40 = 120이다.

Answer 19.④ 20.③

21 **다음 중 범칙금납부통고 절차에 대한 설명으로 옳지 않은?**

① 경찰서장은 관할구역 밖에 거주하는 범칙자에게 범칙금 납부통고서를 발급한 경우 해당 사람의 주소지를 관할하는 경찰서장에게 범칙자 적발보고서 사본을 발송하여야 한다.

② 범칙자로 인정되는 사람이 위반 사실을 인터넷 조회 · 납부 시스템에서 확인하고 바로 범칙금을 납부한 경우 범칙금 납부통고서 발급 절차는 생략된 것으로 본다.

③ 경찰서장은 자동차 운전자에게 범칙금 납부통고서를 발급한 경우 해당 내용은 즉시 전산입력되어 시 · 도경찰청장에게 보고되도록 해야 한다.

④ 범칙금 납부통고서에는 위반장소 및 위반내용 · 벌점 등을 적어야 한다.

TIP ④ **범칙금납부통고서에 적어야 할 사항**〈시행령 제94조 제1항〉

㉠ 통고처분을 받은 사람의 인적사항 및 운전면허번호
㉡ 위반내용 및 적용법조문
㉢ 범칙금의 액수 및 납부기한
㉣ 통고처분 연월일
㉤ 벌점

Answer 21.④

PART

02 교통사고처리 특례법

01. 교통사고처리특례법

01 교통사고처리특례법

section 1 총칙

1 목적 및 용어의 정의

(1) 목적〈법 제1조〉 2015년 전남

「교통사고처리특례법」은 업무상 과실 또는 중대한 과실로 교통사고를 일으킨 운전자에 관한 형사처벌 등의 특례를 정함으로써 교통사고로 인한 피해의 신속한 회복을 촉진하고 국민생활의 편익을 증진함을 목적으로 한다.

(2) 용어의 정의〈법 제2조〉

① 차 : 「도로교통법」상의 자동차, 건설기계, 원동기장치자전거, 자전거, 사람 또는 가축의 힘이나 그 밖의 동력으로 도로에서 운전되는 것과 「건설기계관리법」상의 건설기계를 말한다.

② 교통사고 : 교통으로 인하여 사람을 사상하거나 물건을 손괴하는 것을 말한다.

2 처벌의 특례〈법 제3조〉

(1) 교통사고로 사람을 사상케 한 경우 2016년 대구

① 사유 : 차의 운전자가 교통사고로 인하여 사람을 사상(사망 · 부상)에 이르게 한 때

② 벌칙 : 5년 이하의 금고 또는 2,000만 원 이하의 벌금에 처한다.

(2) 공소제기를 할 수 없는 경우

① 공소제기 금지 : 차의 교통으로 업무상과실치상죄 또는 중과실치상죄와 「도로교통법」 제151조의 죄를 범한 운전자에 대하여는 피해자의 명시적인 의사에 반하여 공소를 제기할 수 없다.

② 「도로교통법」 제151조(벌칙) : 차의 운전자가 업무상 필요한 주의를 게을리 하거나 중대한 과실로 다른 사람의 건조물이나 그 밖의 재물을 손괴한 경우에는 2년 이하의 금고나 500만 원 이하의 벌금에 처한다.

(3) 공소제기를 할 수 있는 경우

① 차의 운전자가 다음의 업무상과실치상죄 또는 중과실치상죄를 범한 경우

㉠ 피해자를 구호하는 등의 조치를 하지 아니하고 도주하거나 피해자를 사고 장소로부터 옮겨 유기하고 도주한 경우

㉡ 음주측정 요구에 따르지 아니한 경우(운전자가 채혈 측정을 요청하거나 동의한 경우는 제외)

② 다음의 중대법규위반으로 업무상과실치상죄 또는 중과실치상죄를 범한 경우 2016년 대구 2022년 전남

㉠ 신호기가 표시하는 신호 또는 교통정리를 하는 경찰공무원등의 신호를 위반하거나 통행금지 또는 일시정지를 내용으로 하는 안전표지가 표시하는 지시를 위반하여 운전한 경우

㉡ 중앙선을 침범하거나 횡단, 유턴 또는 후진한 경우

㉢ 제한속도를 시속 20킬로미터 초과하여 운전한 경우

㉣ 앞지르기의 방법 · 금지시기 · 금지장소 또는 끼어들기의 금지를 위반하거나 고속도로에서의 앞지르기 방법을 위반하여 운전한 경우

㉤ 철길건널목 통과방법을 위반하여 운전한 경우

㉥ 횡단보도에서의 보행자 보호 의무를 위반하여 운전한 경우

㉦ 운전면허 또는 건설기계조종사면허를 받지 아니하거나 국제운전면허증을 소지하지 아니하고 운전한 경우(이 경우 운전면허 또는 건설기계조종사면허의 효력이 정지 중이거나 운전의 금지 중인 때에는 운전면허 또는 건설기계조종사면허를 받지 아니하거나 국제운전면허증을 소지하지 아니한 것으로 본다)

㉧ 술에 취한 상태에서 운전을 하거나 약물의 영향으로 정상적으로 운전하지 못할 우려가 있는 상태에서 운전한 경우

㉨ 보도가 설치된 도로의 보도를 침범하거나 보도 횡단방법을 위반하여 운전한 경우

㉩ 승객의 추락 방지의무를 위반하여 운전한 경우

㉪ 어린이 보호구역에서 규정을 준수하고 어린이의 안전에 유의하면서 운전하여야 할 의무를 위반하여 어린이의 신체를 상해에 이르게 한 경우

㉫ 자동차의 화물이 떨어지지 아니하도록 필요한 조치를 하지 아니하고 운전한 경우

교통사고처리 특례법상 특례조항(중대법규위반) 12개 항목

- 신호지시위반 (신호기 또는 경찰공무원등의 신호, 통행금지 또는 일시정지의 안전표지가 표시하는 지시)
- 중앙선침범 (고속도로 등에서 유턴, 횡단, 후진 위반 등 모두 포함)
- 제한속도위반 (제한속도를 시속 20킬로 초과하여 운전)
- 앞지르기위반 (방법, 시기, 장소 금지 모두 포함)
- 철길건널목 통과방법위반
- 횡단보도 보행자 보호 의무위반
- 무면허운전
- 음주운전
- 보도침범사고
- 승객추락방지의무위반(개문발차)
- 어린이 보호구역 안전운전 의무위반
- 화물 적재물 낙하 추락 방지 의무위반

☞ 12개 항목 중에서 인적 교통사고를 발생시키지 않아도 형사처벌이 가능한 것은 2개이다(무면허 운전과 음주운전).

※ 교통사고 후 처벌 시 적용되는 법

구분	사고	도주, 음주, 약물
인피사고	교통사고처리 특례법	특정범죄 가중처벌 등에 관한 법률
물피사고	도로교통법	

section 2 보험 등에 가입된 경우의 특례

1 공소의 제기

(1) 공소를 제기할 수 없는 경우〈법 제4조 제1항〉 2016년 대구

교통사고를 일으킨 차가 「보험업법」상의 보험업의 허가, 정관변경의 보고, 기초서류의 신고 · 확인, 「여객자동차 운수사업법」상 조합 및 연합회의 공제사업, 공제조합의 설립 또는 「화물자동차 운수사업법」상 공제사업규정에 따른 보험 또는 공제에 가입된 경우에는 규정된 죄를 범한 차의 운전자에 대하여 공소를 제기할 수 없다.

(2) 공소제기를 할 수 있는 경우〈법 제4조 제1항 단서〉

① 처벌의 원칙의 공소 제기를 할 수 있는 경우의 단서에 해당하는 경우

② 피해자가 신체의 상해로 인하여 생명에 대한 위험이 발생하거나 불구가 되거나 불치 또는 난치의 질병이 생긴 경우

③ 보험계약 또는 공제계약이 무효로 되거나 해지되거나 계약상의 면책 규정 등으로 인하여 보험회사, 공제조합 또는 공제사업자의 보험금 또는 공제금 지급의무가 없어진 경우

(3) 보험 · 공제의미 및 가입사실의 증명〈법 제4조 제2항 및 제3항〉

① **보험 또는 공제의 의미** : 보험 또는 공제란 교통사고의 경우 「보험업법」에 따른 보험회사나 「여객자동차 운수사업법」 또는 「화물자동차 운수사업법」에 따른 공제조합 또는 공제사업자가 인가된 보험약관 또는 승인된 공제약관에 따라 피보험자와 피해자 간 또는 공제조합원과 피해자 간의 손해배상에 관한 합의 여부와 상관없이 피보험자나 공제조합원을 갈음하여 피해자의 치료비에 관하여는 통상비용의 전액을, 그 밖의 손해에 관하여는 보험약관이나 공제약관으로 정한 지급기준금액을 대통령령으로 정하는 바에 따라 우선 지급하되, 종국적으로는 확정판결이나 그 밖에 이에 준하는 집행권원상 피보험자 또는 공제조합원의 교통사고로 인한 손해배상금 전액을 보상하는 보험 또는 공제를 말한다.

② **보험 또는 공제가입사실의 증명** : 보험 또는 공제에 가입된 사실은 보험회사, 공제조합 또는 공제사업자가 보험 또는 공제의 취지를 적은 서면에 의하여 증명되어야 한다.

❷ 치료비의 우선지급

(1) 우선 지급할 치료비에 관한 통상비용의 범위〈시행령 제2조〉

① 우선 지급하여야 할 치료비에 관한 통상비용의 범위
  ㉠ 진찰료
  ㉡ 일반병실의 입원료. 다만, 진료상 필요로 일반 병실보다 입원료가 비싼 병실에 입원한 경우에는 그 병실의 입원료
  ㉢ 처치 · 투약 · 수술 등 치료에 필요한 모든 비용
  ㉣ 인공팔다리 · 의치 · 안경 · 보청기 · 보철구 및 그 밖에 치료에 부수하여 필요한 기구 등의 비용
  ㉤ 호송 · 다른 보호시설로의 이동, 퇴원 및 통원에 필요한 비용
  ㉥ 보험약관 또는 공제약관에서 정하는 환자식대 · 간병료 및 기타 비용

② 외국에서 치료받은 경우

㉠ 치료비에 관한 통상비용의 계산에 있어서 피해자가 외국에서 치료를 받은 경우의 비용은 국내의료기관에서 동일한 치료를 하는 경우 그에 상당한 비용으로 한다.

㉡ 다만, 국내의료기관에서 치료가 불가능하여 외국에서 치료를 받은 경우에는 그에 소요되는 비용으로 한다.

(2) 우선 지급할 치료비 외의 손해배상금의 범위〈시행령 제3조〉

① **부상의 경우** : 보험약관 또는 공제약관에서 정한 지급기준에 의하여 산출한 위자료의 전액과 휴업손해액의 100분의 50에 해당하는 금액

② **후유장애의 경우** : 보험약관 또는 공제약관에서 정한 지급기준에 의하여 산출한 위자료 전액과 상실수익액의 100분의 50에 해당하는 금액

③ **대물손해의 경우** : 보험약관 또는 공제약관에서 정한 지급기준에 의하여 산출한 대물배상액의 100분의 50에 해당하는 금액

(3) 손해배상금의 우선지급절차〈시행령 제4조〉

① **손해배상금우선지급의 청구** : 피해자가 손해배상금의 우선지급을 받고자 하는 때에는 금융위원회 또는 국토교통부장관이 정하는 바에 의하여 보험사업자 또는 공제사업자에게 손해배상금우선지급의 청구를 하여야 한다.

② **손해배상금의 지급** : 손해배상금우선지급의 청구를 받은 보험사업자 또는 공제사업자는 그 청구를 받은 날로부터 7일 이내에 이를 지급하여야 한다.

③ **우선지급액에서의 공제** : 피해자가 손해배상액 또는 가불금을 지급받은 때에는 보험사업자 또는 공제사업자는 손해배상금의 우선지급액에서 이를 공제할 수 있다.

치상사고를 일으킨 자가 종합보험에 가입된 경우의 특례

- 교통사고를 야기한 자가 종합보험 또는 공제에 가입된 경우에는 운전자에 대하여 공소를 제기할 수 없다(반의사불벌죄).

  ☞ 공소권이 있어 처벌하는 경우

  - 인피사고 야기도주 (미신고 포함)
  - 사망사고
  - 음주측정거부
  - 특례조항(중대법규위반) 12개 항목 위반하여 치상사고 유발
  - 피해자의 생명이 위험하거나 불구, 불치, 난치의 상태 유발 (중상해)
  - 보험계약 등의 무효 등 보험회사 등의 보험금 지급의무가 없어진 경우

❸ 벌칙 및 양벌규정

(1) 벌칙〈법 제5조〉

① 3년 이하의 징역 또는 1천만 원 이하의 벌금

㉠ 보험회사, 공제조합 또는 공제사업자의 사무를 처리하는 사람이 보험 또는 공제가입사실의 증명서면을 거짓으로 작성한 경우

㉡ ㉠의 거짓으로 작성된 문서를 그 정황을 알고 행사한 사람

② 1년 이하의 징역 또는 300만 원 이하의 벌금 : 보험회사, 공제조합 또는 공제사업자가 정당한 사유 없이 제 공제가입사실의 증명서면을 발급하지 않은 경우

(2) 양벌규정〈법 제6조〉

① 법인의 대표자, 대리인, 사용인, 그 밖의 종업원이 그 법인의 업무에 관하여 제5조(벌칙)의 위반행위를 하면 그 행위자를 벌하는 외에 그 법인에도 해당 조문의 벌금형을 과(科)한다.

② 다만, 법인이 그 위반행위를 방지하기 위하여 해당 업무에 관하여 상당한 주의와 감독을 게을리 하지 아니한 경우에는 그러하지 아니하다.

최근기출문제

1 「교통사고처리 특례법」 상 12대 중과실 위반이 아닌 것은? 2022.7.16. 전남

① 제한속도를 15km/h 초과 ② 일시정지 등 안전표지 지시 위반
③ 횡단보도에서 보행자 보호 위반 ④ 앞지르기 금지 위반

TIP 「교통사고처리 특례법」상 특례조항(중대법규위반) 12개 항목〈교통사고처리 특례법 제3조 제2항〉
㉠ 신호위반
㉡ 중앙선 침범(고속도로 유턴, 횡단, 후진 등 포함)
㉢ 음주운전
㉣ 무면허운전
㉤ 과속(20km초과)
㉥ 보도침범
㉦ 보행자 보호의무 위반(횡단보도)
㉧ 앞지르기 위반(방법, 시기, 장소 등 포함)
㉨ 철길건널목 통과 방법 위반
㉩ 승객 추락방지 조치위반
㉪ 어린이 보호구역 위반
㉫ 적재물, 추락방지 조치위반
※ 12개 항목 중에서 인적 교통사고를 발생시키지 않아도 형사처벌이 가능한 것 → 음주운전, 무면허운전

2 다음 중 「교통사고처리 특례법」과 관련된 설명으로 올바른 것은? 2016.6.18. 대구

① 교통사고를 일으킨 차가 「여객자동차 운수사업법」 또는 「화물자동차 운수사업법」에 따른 보험 또는 공제에 가입된 경우에는 업무상 과실치상죄 또는 중과실치상죄를 범한 운전자에 대하여는 피해자의 명시적인 의사에 반하여 공소를 제기할 수 없다.
② 차의 운전자가 교통사고로 인하여 업무상과실 또는 중과실로 인하여 사람을 사상케 한 자는 2년 이하의 금고 또는 5백만 원 이하의 벌금에 처한다.
③ 제한속도를 매시 20킬로미터를 초과해서 피해자가 발생한 경우는 보험가입 시 공소를 제기할 수 없다.
④ 건널목 통과방법을 위반하여 피해자가 발생한 경우는 보험 가입 시 공소를 제기할 수 없다.

TIP ② 차의 운전자가 교통사고로 인하여 「형법」 제268조의 죄를 범한 경우에는 5년 이하의 금고 또는 2천만 원 이하의 벌금에 처한다〈법 제3조 제1항〉.
③④는 중대법규위반으로 공소를 제기할 수 있는 경우이다〈법 제3조 제2항 제3호 및 제5호〉.

Answer 1.① 2.①

3 「교통사고처리특례법」의 목적은? 2015.8.8. 전남

① 교통상의 모든 위험과 장애를 방지하고 제거하여 안전하고 원활한 교통을 확보함을 목적으로 한다.
② 자동차를 효율적으로 관리하고 자동차의 성능 및 안전을 확보함으로써 공공복리를 증진함을 목적으로 한다.
③ 교통사고로 인한 피해의 신속한 회복을 촉진하고 국민생활의 편익을 증진함을 목적으로 한다.
④ 종합보험에 가입된 가해자에게 형사처벌 면책의 특례를 주는데 목적이 있다.

TIP 「교통사고처리특례법」의 목적〈법 제1조〉 … 교통사고처리특례법은 업무상과실 또는 중대한 과실로 교통사고를 일으킨 운전자에 관한 형사처벌 등의 특례를 정함으로써 교통사고로 인한 피해의 신속한 회복을 촉진하고 국민생활의 편익을 증진함을 목적으로 한다.

Answer 3.③

출제예상문제

1 「교통사고처리특례법」의 목적으로 가장 옳은 것은?

① 교통사고 피해자에 대한 신속한 보상과 처리
② 피해의 신속한 회복 촉진 및 국민생활의 편익 증진
③ 가해 운전자의 형사 처분 면제
④ 종합보험에 가입된 가해자의 법적 특례

TIP 교통사고처리특례법의 목적〈법 제1조〉: 교통사고처리특례법법은 업무상과실 또는 중대한 과실로 교통사고를 일으킨 운전자에 관한 형사처벌 등의 특례를 정함으로써 교통사고로 인한 피해의 신속한 회복을 촉진하고 국민생활의 편익을 증진함을 목적으로 한다.

2 다음 중 「교통사고처리특례법」상 교통사고에 대한 정의로 가장 알맞은 것은?

① 차가 손괴되는 것
② 일반적인 교통수단에 의해 발생하는 모든 사고
③ 차의 교통으로 인하여 사람을 사상하거나 물건을 손괴하는 것
④ 차의 운전자가 운전 중 사고를 일으키는 것

TIP 교통사고란 차의 교통으로 인하여 사람을 사상(死傷)하거나 물건을 손괴(損壞)하는 것을 말한다〈법 제2조 제2호〉.

3 「교통사고처리특례법」상 차의 운전자가 교통사고로 인하여 사람을 사망에 이르게 한 때의 형사처벌 기준은?

① 5년 이하의 금고 또는 2,000만 원 이하의 벌금에 처한다.
② 3년 이하의 징역 또는 1,500만 원 이하의 벌금에 처한다.
③ 2년 이하의 금고 또는 1,000만 원 이하의 벌금에 처한다.
④ 1년 이하의 징역 또는 500만 원 이하의 벌금에 처한다.

TIP 차의 운전자가 교통사고로 인하여 사람을 사상(사망 · 상해)에 이르게 한 경우에는 5년 이하의 금고 또는 2천만원 이하의 벌금에 처한다〈법 제3조 제1항〉.

Answer 1.② 2.③ 3.①

4 **다음 중 교통사고 발생시 가해 운전자가 종합보험 등에 가입하였거나 피해자와 합의하였더라도 형사처분을 받는 경우는?**

① 제한속도를 매시 10km 초과하여 운전하다 중상 2명인 사고
② 교차로 통과방법을 위반하여 사람을 다치게 한 사고
③ 고속도로에서 후진하다 사망 2명인 사고
④ 자가용이 운전 미숙으로 교각을 들이받은 사고

TIP 고속도로 등을 횡단하거나 유턴 또는 후진해서 사람을 치사시킨 경우에 종합보험에 가입하였거나 피해자와 합의하였더라도 형사처분을 받는다〈법 제3조 제2항 제2호〉.

5 **「교통사고처리특례법」상 어린이보호구역에서 자동차에 싣고 가던 화물이 떨어져 어린이에게 상해를 입힌 운전자에 대한 처벌 2가지는? (상해기준 3주)**

① 운전자보험에 가입되어 있으면 형사처벌이 면제된다.
② 피해자와 합의하면 형사처벌되지 않는다.
③ 종합보험의 가입여부와 관계없이 형사처벌 된다.
④ 피해자가 형사처벌을 요구할 경우에만 형사처벌된다.

TIP 자동차의 화물이 떨어지지 아니하도록 필요한 조치를 하지 아니하고 운전한 경우에 해당되어 종합보험에 가입되어도 형사처벌을 받게 된다〈법 제3조 제2항 제12호〉.

6 **다음 중 「교통사고처리특례법」상 보험 등에 가입되었어도 공소를 제기할 수 있는 것은?**

① 경상 이상 사고
② 타인의 재물을 손괴한 사고
③ 중상이 1명 이상인 사고
④ 사망사고

TIP 교통사고를 일으킨 차가 「보험업법」, 「여객자동차 운수사업법」 또는 「화물자동차 운수사업법」에 따른 보험 또는 공제에 가입된 경우에는 죄를 범한 차의 운전자에 대하여 공소를 제기할 수 없다. 다만, 처벌의 원칙의 공소제기를 할 수 있는 경우의 단서에 해당하는 경우와 피해자가 신체의 상해로 인하여 생명에 대한 위험이 발생하거나 불구가 되거나 불치 또는 난치의 질병이 생긴 경우, 보험계약 또는 공제계약이 무효로 되거나 해지되거나 계약상의 면책 규정 등으로 인하여 보험회사, 공제조합 또는 공제사업자의 보험금 또는 공제금 지급의무가 없어진 경우에는 공소를 제기할 수 있다〈법 제4조 제1항〉.

Answer 4.③ 5.③ 6.④

7 **다음 중 「교통사고처리특례법」상 교통사고의 사상자발생 시 형사처벌의 대상이 되는 경우로 옳지 않은 것은?**

① 승객의 추락 방지의무를 위반하여 운전한 경우
② 회전교차로의 통행방법을 위반하여 운전한 경우
③ 보도가 설치된 도로의 보도를 침범하여 운전한 경우
④ 횡단보도에서의 보행자 보호 의무를 위반하여 운전한 경우

TIP ①③④는 공소를 제기할 수 있는 경우에 해당한다〈법 제3조 제2항 제10호 · 제9호 · 제6호〉.

8 **다음 중 「교통사고처리특례법시행령」에 있어서 우선 지급할 치료비의 통상비용에 해당하지 않는 것은?**

① 간병료
② 수술비
③ 위자료
④ 퇴원 비용

TIP 우선 지급할 치료비의 통상비용〈시행령 제2조 제1항〉… 진찰료, 일반병실의 입원료, 처지 · 투약 · 수술 등 치료에 필요한 모든 비용, 인공팔다리 · 의치 · 안경 · 보청기 · 보철구 및 그 밖에 치료에 부수하여 필요한 기구 등의 비용, 호송 · 다른 보호시설로의 이동, 퇴원 및 통원에 필요한 비용, 보험약관 또는 공제약관에서 정하는 환자 식대, 간병료 및 기타 비용

9 **「교통사고처리특례법령」상 다음에 해당하는 사람의 벌칙은?**

보험회사 또는 공제사업자가 정당한 사유 없이 제공제가입사실의 증명서면을 발급하지 않은 경우

① 3년 이하의 징역 또는 1천만 원 이하의 벌금에 처한다.
② 2년 이하의 징역 또는 5백만 원 이하의 벌금에 처한다.
③ 1년 이하의 징역 또는 200만 원 이하의 벌금에 처한다.
④ 1년 이하의 징역 또는 300만 원 이하의 벌금에 처한다.

TIP 보험회사, 공제조합 또는 공제사업자가 정당한 사유 없이 공제가입사실의 증명서면을 발급하지 아니한 경우에는 1년 이하의 징역 또는 300만 원 이하의 벌금에 처한다〈법 제5조 제3항〉.

Answer 7.② 8.③ 9.④

10 「교통사고처리특례법령」상 우선 지급하여야 할 치료비 외의 손해배상금의 범위에 대한 설명으로 옳은 것은?

① 부상의 경우 보험약관 또는 공제약관에서 정한 지급기준에 의하여 산출한 위자료의 전액과 상실수익액의 100분의 50에 해당하는 금액
② 후유장애의 경우 보험약관 또는 공제약관에서 정한 지급기준에 의하여 산출한 위자료 전액과 휴업손해액의 100분의 50에 해당하는 금액
③ 대물손해의 경우 보험약관 또는 공제약관에서 정한 지급기준에 의하여 산출한 대물배상액의 100분의 50에 해당하는 금액
④ 부상과 후유장애에 의한 위자료가 중복되는 경우에는 제외하고 지급

TIP 우선 지급하여야 할 치료비 외의 손해배상금의 범위〈시행령 제3조 제1항〉
㉠ 부상의 경우 : 보험약관 또는 공제약관에서 정한 지급기준에 의하여 산출한 위자료의 전액과 휴업손해액의 100분의 50에 해당하는 금액
㉡ 후유장애의 경우 : 보험약관 또는 공제약관에서 정한 지급기준에 의하여 산출한 위자료 전액과 상실수익액의 100분의 50에 해당하는 금액
㉢ 대물손해의 경우 : 보험약관 또는 공제약관에서 정한 지급기준에 의하여 산출한 대물배상액의 100분의 50에 해당하는 금액
※ 부상과 후유장애의 경우 위자료가 중복되면 보험약관 또는 공제약관이 정하는 바에 의하여 지급한다.

11 손해배상금우선지급의 청구를 받은 보험사업자가 청구인에게 손해배상금을 지급해야 하는 기한은?

① 7일 이내
② 10일 이내
③ 15일 이내
④ 20일 이내

TIP 손해배상금우선지급의 청구를 받은 보험사업자 또는 공제사업자는 그 청구를 받은 날로부터 7일 이내에 이를 지급하여야 한다〈시행령 제4조 제2항〉.

Answer 10.③ 11.①

MEMO

MEMO